黄河小浪底水库山西库区考古报告之三

垣曲上亳

山西省考古研究所 编著

王晓毅 王小娟 主编

科学出版社

北 京

内 容 简 介

本书是位于山西省的垣曲上亳遗址 2002 年和 2003 年的考古发掘报告。上亳是垣曲境内一处非常重要的古遗址，其文化层从新石器时代仰韶早期一直延续到汉代，出土了各种陶器及部分骨器、石器、蚌器、铁器等，为进一步研究垣曲盆地古代文化面貌提供了重要资料。

本书适合于从事文物考古研究特别是新石器时代考古的专家学者，以及相关专业的大专院校师生参考阅读。

图书在版编目（CIP）数据

垣曲上亳／王晓毅，王小娟主编；山西省考古研究所编著 .—北京：科学出版社，2010

ISBN 978-7-03-028522-5

Ⅰ.①垣… Ⅱ.①王… ②王… ③山… Ⅲ.①文化遗址－发掘报告－垣曲县 Ⅳ.①K878.05

中国版本图书馆 CIP 数据核字（2010）第 153227 号

责任编辑：孙　莉　孔国平／责任校对：张凤琴
责任印制：赵德静／封面设计：谭　硕
封面题字：王　陆

科 学 出 版 社 出版
北京东黄城根北街 16 号
邮政编码：100717
http://www.sciencep.com

中国科学院印刷厂 印刷
科学出版社发行　各地新华书店经销

*

2010 年 9 月第　一　版　　开本：889×1194　1/16
2010 年 9 月第一次印刷　　印张：20 1/2　插页：17
印数：1—1 600　　　　　字数：558 000

定价：198.00 元
（如有印装质量问题，我社负责调换）

主　编：王晓毅　王小娟

绘　图：孙先徒

照　相：梁　军

序

宋建忠

晓毅和小娟的考古报告要出版了，邀我审稿并作序。这两位都是我的学生，他们做的事，我是要负些责任的，于是，欣然应允。

1996年，晓毅还在山西大学读书时，就在我领队的垣曲宁家坡遗址实习，每晚都会拉三两个同学跑我们这边来喝酒打牌，与他那些略显老实的同学比起来，多了几分成熟与世故。1997年，晓毅以山西省优秀毕业生的身份分配到我所工作，所里把他安排到第二研究室，我当时正是研究室主任，此后的几年他一直跟着我做基础的田野工作，一个探方一个探方、一个墓一个墓这样扎扎实实地挖了四年。四年多的时间里，他和几个老技工打成一片，吃、住、干活都在一起，每次从家里来工地的时候，都会把他父亲私藏的好酒带几瓶来和技工们一起分享，他刚办完婚礼不到一星期就跑工地了，能吃苦、脑子活、为人大方，是我对他来单位最初几年的印象。2001年冬天，开始安排他整理当年在大运高速路上发掘的襄汾小陈遗址报告，这是他第一次独立做一件事情，在没有暖气的侯马南山，他带着两三个技工做了整整三个月，10万字的报告交稿了。2002年夏天，他作为辅导老师，带山西大学99级同学田野实习，地点还是在垣曲，与他实习的宁家坡遗址隔河相望。2002年的冬天和2003年的冬天，作为执行领队，他负责了垣曲上亳遗址的发掘。再后来，他自己有了领队资质，做了所里的中层领导，这些年做过的工地我已经数不过来了，但我印象中，他是我所少数几个没有欠账的领队。

小娟是我在山西大学带的硕士研究生，她上学期间，参加了我所很多田野和室内工作，与她打交道的同事都觉得她勤奋、踏实、做起事情一心一意，心无旁骛。她论文选题的时候，也想选对某个考古学问题研究之类的，我当时想，目前的研究生，缺乏更多的是基本功的培训，于是我让她选了《垣曲上亳遗址陶器研究》这个题目，首先是提高她摸陶片和认陶片的能力，其次，对类型学和地层学的认识也将上一个台阶，同时，对陶器制法研究和陶器化学成分的分析也为她拓展新石器时代考古的新思路打基础。不负众望，一个女孩子，在条件艰苦的侯马南山基地坚持15个月，在完成论文的同时，还为报告的编写做了大量的基础工作。她的论文被评为"山西大学2009届优秀硕士毕业论文"，她本人也被评为优秀毕业生。她自己说的一句话让我很感动，"过去的苦都不是苦，眼前的苦才是真的苦"。

上亳遗址是垣曲境内一处非常重要的遗址，其新石器时代地层堆积涵盖了从仰韶早期到龙山时期，发展序列完整、连续，为进一步认识垣曲盆地新石器时代各个阶段的文化面貌、演变关系提供了重要资料。两位报告编写者很好地把握了出土遗存的特点，报告结构合理，叙述准确清楚，图文搭配得当。该报告以出土遗迹为单位，全面报道出土的遗物，非常有利于其他学者的阅读和研究，是值得称道的。

晓毅和小娟，目前分别师从石金鸣先生和赵辉先生攻读博士研究生，愿他们在以后工作和学习当中，越走越好。

是为序。

目　　录

序 ·· 宋建忠（i）

第一章　概　　述 ···（1）

第二章　地层堆积与文化分期 ···（5）
　　第一节　地层堆积 ··（5）
　　第二节　文化分期 ··（11）

第三章　仰韶中期遗存 ··（17）
　　第一节　文化遗迹 ··（17）
　　第二节　文化遗物 ··（30）

第四章　仰韶晚期遗存 ··（95）
　　第一节　文化遗迹 ··（95）
　　第二节　文化遗物 ··（102）

第五章　庙底沟二期遗存 ···（144）
　　第一节　文化遗迹 ··（144）
　　第二节　文化遗物 ··（151）

第六章　龙山期遗存 ···（207）
　　第一节　文化遗迹 ··（207）
　　第二节　文化遗物 ··（210）

第七章　东周遗存 ··（222）
　　第一节　文化遗迹 ··（222）
　　第二节　文化遗物 ··（224）

第八章　结　　语 ··（238）
　　第一节　对上亳遗址仰韶中期遗存的认识 ··（238）
　　第二节　对上亳遗址仰韶晚期遗存的认识 ··（240）
　　第三节　对上亳遗址庙底沟二期遗存的认识 ···（242）

第四节　对上亳遗址龙山期遗存的认识 …………………………………………（243）

　　第五节　余论 …………………………………………………………………………（244）

附录一　上亳遗址陶器研究 ……………………………………………………………（246）

附录二　上亳遗址^{14}C测年数据 ……………………………………………………（298）

附录三　上亳遗址陶器化学组成测试报告 ……………………………………………（299）

Summary ………………………………………………………………………………（309）

插 图 目 录

图一	上亳遗址位置图	(2)
图二	上亳遗址地形图	(3)
图三	Ⅰ区探方、遗迹分布平面图	(插页)
图四	Ⅱ区探方、遗迹分布平面图	(7)
图五	Ⅲ区探方、遗迹分布平面图	(8)
图六	Ⅰ区地层堆积剖面图	(9)
图七 A	Ⅱ区地层堆积剖面图	(10)
图七 B	Ⅱ区 T221、T222 东壁剖面图	(11)
图八	Ⅲ区地层堆积剖面图	(12)
图九	Ⅰ区主要遗迹单位关系系络图	(13)
图一○	Ⅱ区主要遗迹单位关系系络图	(14)
图一一	Ⅲ区主要遗迹单位关系系络图	(15)
图一二	仰韶中期 F1 平、剖面图	(18)
图一三	仰韶中期 Y301 平、剖面图	(19)
图一四	仰韶中期 Y302 平、剖面图	(20)
图一五	仰韶中期 H73 平、剖面图	(24)
图一六	仰韶中期 H83 平、剖面图	(24)
图一七	仰韶中期 H212 平、剖面图	(25)
图一八	仰韶中期 H324 平、剖面图	(25)
图一九	仰韶中期 H30 平、剖面图	(26)
图二○	仰韶中期 H224 平、剖面图	(26)
图二一	仰韶中期 H235 平、剖面图	(26)
图二二	仰韶中期 H251 平、剖面图	(26)
图二三	仰韶中期 H309 平、剖面图	(27)
图二四	仰韶中期 H321 平、剖面图	(27)
图二五	仰韶中期 H38 平、剖面图	(28)
图二六	仰韶中期 H245 平、剖面图	(28)
图二七	仰韶中期 H302 平、剖面图	(29)
图二八	仰韶中期 H313 平、剖面图	(29)
图二九	仰韶中期 H4 平、剖面图	(29)
图三○	仰韶中期 H229 平、剖面图	(30)
图三一	Y301 出土陶器	(32)
图三二	Y302 出土陶器	(34)

图三三	H73 出土陶器、石球	(35)
图三四	H83 出土陶器、石器	(36)
图三五	H83 出土陶器	(38)
图三六	H83 出土陶器	(39)
图三七	H212 出土陶器	(40)
图三八	H312、H313、H324 出土陶器	(42)
图三九	H30 出土陶器、骨笄	(43)
图四〇	H30 出土陶器	(45)
图四一	H224、H251 出土陶器	(46)
图四二	H235 出土陶器	(47)
图四三	H235 出土陶器	(48)
图四四	H309 出土陶器	(49)
图四五	H309 出土彩陶器	(50)
图四六	H309 出土陶器	(52)
图四七	H321 出土陶器、石刀	(53)
图四八	H321 出土陶器	(54)
图四九	H38 出土陶器	(55)
图五〇	H38 出土陶器	(56)
图五一	H245 出土陶器	(57)
图五二	H245 出土陶器、石锤	(58)
图五三	H302 出土陶器	(59)
图五四	H4 出土陶器	(60)
图五五	H4 出土陶器	(61)
图五六	H229 出土陶器	(63)
图五七	H229 出土陶器	(64)
图五八	H2、H13 出土陶器、骨笄	(65)
图五九	H14 出土陶器	(66)
图六〇	H19 出土陶器、石器	(67)
图六一	H25、H45 出土陶器	(69)
图六二	H29、H34 出土陶器	(70)
图六三	H33 出土陶器	(72)
图六四	H33 出土陶器	(73)
图六五	H37 出土陶器、石器	(74)
图六六	H39 出土陶器	(75)
图六七	H55 出土陶器	(76)
图六八	H55 出土陶器	(77)
图六九	H68 出土陶器	(79)
图七〇	H76、H80、H82 出土陶器、蚌刀	(79)

图七一	H85 出土陶器	(81)
图七二	H87、H88、H89、H96、H100 出土陶器	(83)
图七三	H90 出土陶器	(84)
图七四	H103 出土陶器	(85)
图七五	H104、H105 出土陶器	(86)
图七六	H210 出土陶器、石刀	(87)
图七七	H218、H253 出土陶器、石球	(88)
图七八	H241 出土陶器	(90)
图七九	H303、H306 出土陶器	(91)
图八〇	H311 出土陶器、骨锥	(92)
图八一	H327 出土陶器	(94)
图八二	仰韶晚期 H58 平、剖面图	(98)
图八三	仰韶晚期 H78 平、剖面图	(98)
图八四	仰韶晚期 H233 平、剖面图	(98)
图八五	仰韶晚期 H247 平、剖面图	(98)
图八六	仰韶晚期 H94 平、剖面图	(99)
图八七	仰韶晚期 H206 平、剖面图	(99)
图八八	仰韶晚期 H238 平、剖面图	(99)
图八九	仰韶晚期 H322 平、剖面图	(100)
图九〇	仰韶晚期 H27 平、剖面图	(100)
图九一	仰韶晚期 H92 平、剖面图	(101)
图九二	仰韶晚期 H11 平、剖面图	(101)
图九三	仰韶晚期 H209 平、剖面图	(101)
图九四	仰韶晚期 H242 平、剖面图	(101)
图九五	H58 出土陶器、石锤	(104)
图九六	H78 出土陶器	(105)
图九七	H233、H94 出土陶器	(106)
图九八	H247 出土陶器、石器、骨器	(108)
图九九	H206、H238 出土陶器	(110)
图一〇〇	H307、H318、H322 出土陶器	(111)
图一〇一	H27 出土陶器、石器、骨器	(113)
图一〇二	H92 出土陶器、石斧	(114)
图一〇三	H11 出土陶器	(115)
图一〇四	H11 出土陶器、骨锥、石器	(117)
图一〇五	H209 出土陶器、石器	(119)
图一〇六	H209 出土陶器	(120)
图一〇七	H242 出土陶器	(121)
图一〇八	H6 出土陶器	(122)

图一〇九	H6 出土陶器	(123)
图一一〇	H6 出土陶器	(124)
图一一一	H6 出土陶器、石器	(126)
图一一二	H7 出土陶器	(127)
图一一三	H7 出土陶器、石器、骨角器	(128)
图一一四	H10 出土陶器	(129)
图一一五	H15 出土陶器、石锤	(131)
图一一六	H20、H22、H24、H31、H49 出土陶器、石器	(132)
图一一七	H61 出土陶器、角器	(134)
图一一八	H62 出土陶器	(135)
图一一九	H74、H84 出土陶器	(136)
图一二〇	H109 出土陶器	(137)
图一二一	H204 出土陶器、石刀	(138)
图一二二	H205 出土陶器	(139)
图一二三	H205 出土石器、陶器、骨器	(140)
图一二四	H217、H237、H243、H250 出土陶器	(142)
图一二五	庙底沟二期 H9 平、剖面图	(146)
图一二六	庙底沟二期 H219 平、剖面图	(146)
图一二七	庙底沟二期 H234 平、剖面图	(147)
图一二八	庙底沟二期 H236 平、剖面图	(147)
图一二九	庙底沟二期 H43 平、剖面图	(148)
图一三〇	庙底沟二期 H203 平、剖面图	(148)
图一三一	庙底沟二期 H231 平、剖面图	(148)
图一三二	庙底沟二期 H323 平、剖面图	(148)
图一三三	庙底沟二期 H326 平、剖面图	(149)
图一三四	庙底沟二期 H222 平、剖面图	(149)
图一三五	庙底沟二期 H228 平、剖面图	(149)
图一三六	庙底沟二期 H12 平、剖面图	(150)
图一三七	庙底沟二期 H208 平、剖面图	(150)
图一三八	H9 出土陶器	(152)
图一三九	H219、H234 出土陶器	(154)
图一四〇	H236 出土陶器、石凿	(155)
图一四一	H236 出土陶器	(156)
图一四二	H43 出土陶器	(158)
图一四三	H43 出土陶器、石球	(159)
图一四四	H203 出土陶器	(161)
图一四五	H231 出土陶器、石锤	(162)
图一四六	H323、H326 出土陶器	(164)

图一四七	H222、H228 出土陶器	(165)
图一四八	H12 出土陶鼎	(166)
图一四九	H12 出土陶器	(167)
图一五〇	H12 出土陶罐	(169)
图一五一	H12 出土夹砂深腹陶罐	(170)
图一五二	H12 出土泥质双錾陶罐	(172)
图一五三	H12 出土其他陶罐	(173)
图一五四	H12 出土夹砂陶缸	(174)
图一五五	H12 出土泥质陶缸	(176)
图一五六	H12 出土陶器	(177)
图一五七	H12 出土陶器	(178)
图一五八	H12 出土陶器底	(179)
图一五九	H12 出土陶鼎足	(180)
图一六〇	H12 出土陶鼎足	(181)
图一六一	H12 出土石器、陶釜、骨锥	(182)
图一六二	H208 出土陶器、石器、骨笄	(183)
图一六三	H208 出土陶器	(185)
图一六四	H3 出土石铲、骨器、陶盆	(186)
图一六五	H8 出土陶器、石斧	(187)
图一六六	H32 出土陶器、石铲	(189)
图一六七	H35、H48 出土陶器	(190)
图一六八	H60、H63、H65、H71 出土陶器	(192)
图一六九	H79 出土石镞（H79∶1）	(193)
图一七〇	H101 出土陶器	(194)
图一七一	H102 出土陶器	(195)
图一七二	H102 出土陶器、石器、骨角器	(197)
图一七三	H202 出土陶器	(198)
图一七四	H207 出土陶器	(200)
图一七五	H213、H214 出土陶器、石球	(201)
图一七六	H221、H249 出土陶器、石斧	(202)
图一七七	H301 出土陶器	(203)
图一七八	H315 出土陶器、石器、鹿角	(205)
图一七九	H319 出土陶器	(206)
图一八〇	龙山期 H5 平、剖面图	(208)
图一八一	龙山期 H50 平、剖面图	(208)
图一八二	龙山期 H201 平、剖面图	(208)
图一八三	龙山期 H240 平、剖面图	(209)
图一八四	龙山期 H325 平、剖面图	(209)

图一八五	龙山期 H108 平、剖面图	(209)
图一八六	龙山期 H211 平、剖面图	(210)
图一八七	H5 出土陶器	(212)
图一八八	H5 出土陶器、石环	(213)
图一八九	H50 出土陶器、石刮削器	(215)
图一九〇	H50 出土陶器	(216)
图一九一	H201、H211、H240 出土陶器、石刀	(218)
图一九二	H314、H325 出土陶器	(219)
图一九三	H108、H329 出土陶器	(220)
图一九四	东周 H215 平、剖面图	(223)
图一九五	东周 H216 平、剖面图	(223)
图一九六	东周 H99 平、剖面图	(223)
图一九七	东周 H305 平、剖面图	(223)
图一九八	东周 H244 平、剖面图	(224)
图一九九	T304②出土陶器	(225)
图二〇〇	T309②、T315②出土陶器	(226)
图二〇一	H215 出土陶器	(228)
图二〇二	H216 出土陶器	(229)
图二〇三	H99 出土陶器	(230)
图二〇四	H99 出土陶瓦、铁钁	(232)
图二〇五	H305、H320 出土陶器	(233)
图二〇六	H244 出土陶器	(234)
图二〇七	H64、H77 出土陶器、石器、青铜镞	(235)
图二〇八	H223、H225 出土陶器、石器、蚌器	(236)

插 表 目 录

表号	名称	页码
表一	上亳遗址遗迹数量统计表	(16)
表二	仰韶中期灰坑一览表	(21)
表三	仰韶中期典型灰坑陶系及器形统计表	(31)
表四	仰韶晚期灰坑一览表	(95)
表五	仰韶晚期典型灰坑陶系及器形统计表	(102)
表六	庙底沟二期灰坑一览表	(144)
表七	庙底沟二期典型灰坑陶系及器形统计表	(151)
表八	龙山期灰坑一览表	(207)
表九	龙山期典型灰坑陶系及器形统计表	(210)
表十	东周时期灰坑一览表	(222)

图 版 目 录

图版一　　上亳遗址总况
图版二　　仰韶中期陶器
图版三　　仰韶中期彩陶钵
图版四　　仰韶中期彩陶钵
图版五　　仰韶中期彩陶钵
图版六　　仰韶中期彩陶盆
图版七　　仰韶中期陶器
图版八　　仰韶中期陶器
图版九　　仰韶中期夹砂罐
图版一〇　仰韶中期陶器
图版一一　仰韶晚期尖底瓶
图版一二　仰韶晚期尖底瓶
图版一三　仰韶晚期陶器
图版一四　仰韶晚期陶器
图版一五　仰韶晚期陶器
图版一六　仰韶晚期陶器
图版一七　仰韶晚期陶器
图版一八　仰韶晚期陶器
图版一九　庙底沟二期陶器
图版二〇　庙底沟二期陶器
图版二一　庙底沟二期陶器
图版二二　庙底沟二期陶器
图版二三　庙底沟二期陶器
图版二四　庙底沟二期陶器
图版二五　庙底沟二期夹砂陶罐
图版二六　庙底沟二期陶器
图版二七　庙底沟二期陶器
图版二八　庙底沟二期与龙山期陶器
图版二九　龙山期陶器
图版三〇　龙山期与东周陶器

第一章 概　　述

　　晋南地区位于晋、陕、豫三省交界，西北倚吕梁山，北靠霍泰山，西面、南面濒临黄河，地理位置优越。分布于该地区的三个主要盆地——临汾盆地、运城盆地及垣曲盆地，均环山、临水。优越的自然环境与得天独厚的地理位置，孕育了丰富的古代文化，从而成为中华文明探源工程[①]关注的中心地区之一。

　　垣曲盆地位于中条山南麓，太行山踞其北，王屋山屏其右，黄河绕其南，形成一个较封闭的山间小盆地，自西向东分布有涧河、亳清河、沇河、西阳河等，水系极为发达。优越的自然地理环境，使其成为古人类偏爱的聚居地之一。目前已发现旧石器时代至明清时期的古文化遗址146处[②]，其在考古学文化研究中的地位可见一斑。

　　垣曲盆地的考古调查，自20世纪80年代的普查[③]之后，大规模、更全面的调查工作是中国历史博物馆考古部于21世纪初对垣曲盆地以河流为单位所开展的聚落考古研究[④]，经统计，垣曲县境内包含有新石器时代文化遗存的遗址共69处。其中经正式发掘且有相关报告或简报的遗址有近十处，而古城东关遗址大型发掘报告[⑤]的出版，为建立垣曲盆地新石器时代考古学文化谱系以及探讨相邻地区文化之间的关系，积累了可靠的资料。

　　上亳遗址位于王茅镇东南上亳村，分布于垣曲县境内黄河的最大支流——亳清河东岸。周围分布多处典型的新石器时代遗址，如其东南有小赵遗址，西南隔河相望于宁家坡遗址，东北为古城东关遗址（图一）。该遗址内涵丰富，包含有仰韶中期、仰韶晚期、庙底沟二期、龙山期及东周遗存，其中以新石器时代遗存为主，是研究垣曲盆地新石器时代文化序列以及探讨其文化面貌的又一处重要遗址。

　　王茅镇在垣曲县城东南22公里处，总面积55平方公里，是县境内较大的集镇之一。上亳原名为上亳城，清康熙三年（1664年），编5个里，设东南亳川、西北皋长2个乡，上亳城即辖属于后者。民国八年（1919年），全县划为3个区，上亳城属第一区，区公所设县城（今古城）内。其间经多次改动，频易隶属，至民国三十七年（1948年），上亳城又改隶属于第四区。1953年分三批将村缩编为乡镇，上亳城、下亳城与白水合并为亳城。1954年将第一区政府与第四区政府撤销，1956年，亳城与小赵合并为亳城乡。1958年又经合并，全县共16个乡，上亳城改属于王茅乡。1984年改人民公社为乡（镇），全县共划分为5镇12乡，上亳城正式辖属于王茅镇[⑥]。2000年，因黄河小浪底水库建设，行政区划部分变更，至此，王茅镇共辖13个行政村[⑦]。上亳城改名为上亳是在2000年以后。

---

① 王巍：《中华文明起源研究的新动向与新进展——以中华文明探源工程（第一阶段：2004—2005年）为中心》，《社会科学管理与评论》2007年2期。
② 国家文物局：《中国文物地图集·山西分册》，北京：中国地图出版社，2006年。
③ 中国社会科学院考古研究所山西工作队：《山西垣曲古文化遗址的调查》，《考古》1985年10期。
④ 中国国家博物馆考古部：《垣曲盆地聚落考古研究》，北京：科学出版社，2007年。
⑤ 中国历史博物馆部等：《垣曲古城东关》，北京：科学出版社，2001年。
⑥ 垣曲县志编纂委员会：《垣曲县志》，太原：山西人民出版社，1993年。
⑦ 垣曲县志编纂委员会：《垣曲县志（1991—2000）》，北京：中华书局，2001年。

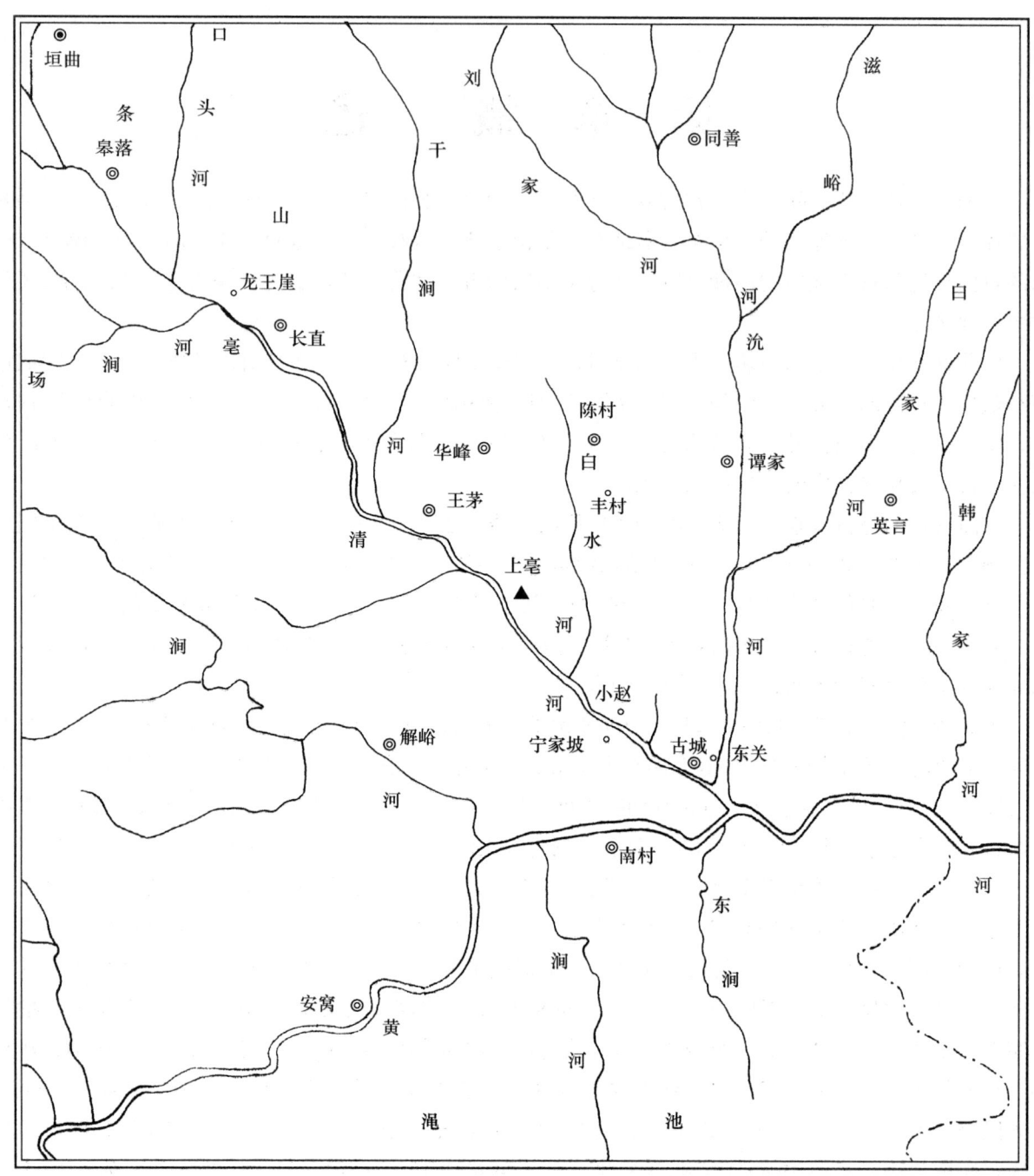

图一 上亳遗址位置图

为配合国家重点工程黄河小浪底水利工程建设，经报国家文物局批准，2002年与2003年秋季，山西省考古研究所对上亳遗址有计划地进行了发掘，历时4个月。遗址分布于平地，整个地势为西北高、东南低，呈台阶状，高差约1米，其南为断崖（图二；图版一）。该遗址依地势分为三个区，

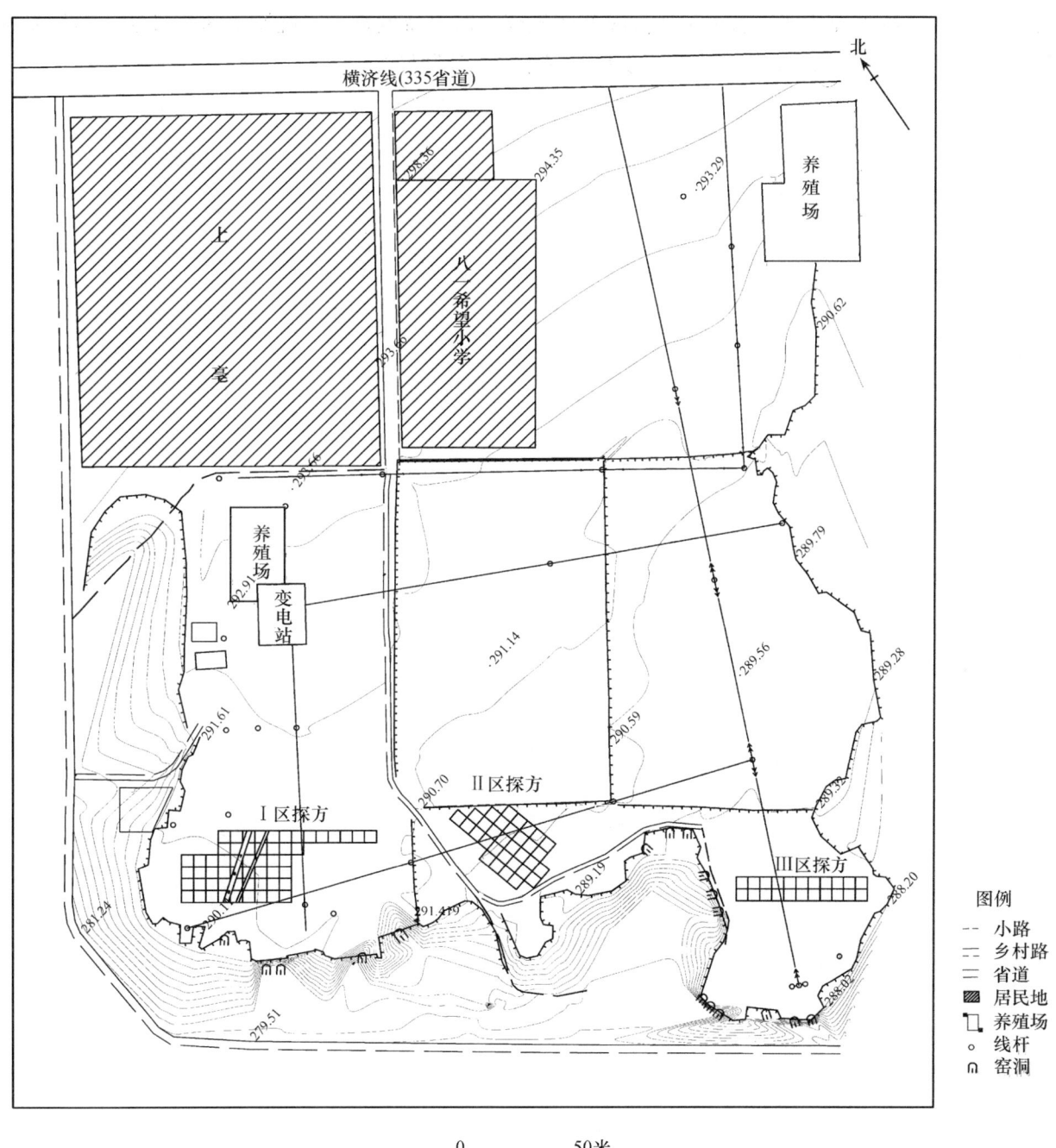

图二　上亳遗址地形图

发掘前Ⅰ区为打麦场，Ⅱ区与Ⅲ区为现代耕地。2002年秋，发掘重点放在第Ⅱ发掘区，开探方32个，发掘面积800平方米，Ⅰ区开探方18个，编号T101～T117，发掘面积450平方米。2003年秋，继续前一年的工作，重点发掘Ⅲ区与Ⅰ区，Ⅲ区开探方22个，发掘面积550平方米，Ⅰ区在前一年已发掘了东北部与南部，开挖探方38个，编号为T80～T99、T118～T134，发掘面积950平方米。总计发掘面积2750平方米。整个工地由薛新明担任领队主持发掘，王晓毅为执行领队，参加发掘的人员有孙先徒、冀保金、李全贵、宋小兵、张立强、贺利昌等。

第二章 地层堆积与文化分期

上毫遗址分布于毫清河东北岸,整体呈长条形,东西长约380米,南北宽约200米,面积7.6万余平方米。遗址覆盖区分布有3个小台地,遂依据地形选定此3个台地为发掘区。Ⅰ区位于西北部,布5米×5米探方56个,编号为T80～T134,揭露面积1400平方米(图三)。Ⅱ区位于Ⅰ区南部,布5米×5米探方32个,编号为T201～T232,发掘面积为800平方米(图四)。Ⅲ区位于Ⅱ区东南,相隔较远,布5米×5米探方22个,编号为T301～T322,发掘面积550平方米(图五)。以上三个发掘区揭露总面积2750平方米。

第一节 地层堆积

遗址各区的文化堆积虽略有差异,但Ⅰ区和Ⅱ区遗迹单位均在耕扰层下开口,Ⅲ区分布有东周文化层,其下叠压遗迹单位。以下分别介绍三个发掘区的地层堆积状况。

因地形所限,Ⅰ、Ⅲ区按北偏东45°布设探方,但为叙述方便,仍按"上北下南、左西右东"进行标注。

一、Ⅰ区

地层堆积仅一层,即近现代耕扰层,颜色由灰黄色渐变为灰褐色,地表土质略硬,其下土质松软,厚0.2～0.5米。本层遍布各个探方,其下除G1、G2为现代沟铺设下水管道、电缆之外,余皆为文化遗迹。东周、龙山、庙底沟二期、仰韶晚期、仰韶中期的灰坑、房址等均开口于此层下。现举4个实例说明如下:

T118～T121北壁剖面(图六,1):

第1层:近现代耕扰层,表层呈灰黄色,土质略硬,其下渐变为灰褐色,土质疏松,厚0.2～0.5米。包含物有少量近代瓷片、古代陶片、碎石块及料姜石等。现代下水管道G1,庙底沟二期灰坑H32,仰韶晚期灰坑H31、H15,仰韶中期灰坑H4、H33,均开口于此层下。H32打破H33。

以下为黄色生土。

T102、T111、T120、T129西壁剖面(图六,2):

第1层:近现代耕扰层,表层灰黄色,土质略硬,其下渐变为灰褐色,土质疏松,厚约0.3米。包含有近代瓷片、碎石块、红烧土、古代碎陶片及料姜石等。庙底沟二期灰坑H3、H8,仰韶晚期灰坑H7、H49,仰韶中期灰坑H45,均开口于此层下。H8打破H7,H49打破H45。

以下为黄色生土。

T97、T107、T116东壁剖面(图六,3):

第1层:近现代耕扰层,地表往下,逐渐由灰黄色变为灰褐色,土质由略硬变为松软,厚约0.25米。包含近代碎瓷片、碎石块、料姜石、红烧土块及古代陶片。仰韶晚期灰坑H92,仰韶中期灰坑H87、H39、H38,均开口于此层下。H92打破H87。

以下为黄色生土。

T105～T108 南壁剖面（图六，4）：

第1层：近现代耕扰层，表层土为灰黄色，其下逐渐变为灰褐色，土质由略硬变为疏松，厚约0.2米。包含有近代碎瓷片、石块、烧土块、料姜石及古代陶片等。庙底沟二期灰坑H12，仰韶晚期灰坑H11、H6，仰韶中期灰坑H38，均开口于此层下。

以下为黄色生土。

二、Ⅱ区

地层堆积与Ⅰ区相近，在耕扰层下分布文化遗迹。Ⅱ区耕扰层略薄，厚0.15～0.4米，黄褐色土，土质略硬，包含有少量近代瓷片、碎石块及古代陶片等。此层遍布各个探方，其下皆为文化遗迹。元代墓葬、东周灰坑、龙山期灰坑、庙底沟二期灰坑、仰韶晚期灰坑、仰韶中期灰坑均开口于此层下。现举例如下：

T207～T210 西壁剖面（图七A，1）：

第1层：耕扰层，黄褐色土，土质略硬，厚0.15～0.4米。包含有近代瓷片、碎石块及少量古代陶片。元代墓葬M201，龙山灰坑H201、H211，庙底沟二期灰坑H226、H213、H202，仰韶晚期灰坑H209均开口于此层下。M201、H211均打破H213，H201打破H202。

以下为黄色生土。

T203、T209、T219、T225 南壁剖面（图七A，2）：

第1层：耕扰层，黄褐土，土质略硬，厚约0.25米。包含少量近代瓷片、碎石块及古代陶片等。庙底沟二期灰坑H231、H203、H214，仰韶中期灰坑H253，均开口于该层下。H231打破H253。

以下为黄色生土。

T204、T210、T220、T226 北壁剖面（图七A，3）：

第1层：耕扰层，黄褐色土，土质略硬，厚约0.25米。包含有少量近代瓷片、碎石块及古代陶片等。东周灰坑H216，庙底沟二期灰坑H221、H228，仰韶晚期灰坑H250，仰韶中期灰坑H251、H229、H218，均开口于此层下。H216打破H221，H228打破H229、H251。

以下为黄色生土。

T221、T222 东壁剖面（图七B）：

第1层：耕扰层，黄褐土，土质略硬，厚约0.25米。内含有少量近代碎瓷片、碎石块及古代陶片等。庙底沟二期灰坑H234，仰韶中期灰坑H235、H251，均开口于此层下。H234打破H235。

以下为黄色生土。

三、Ⅲ区

文化堆积共分为2层，第1层为耕扰层，第2层为东周文化层，这两层在各个探方普遍存在。第1层略薄，黄褐土，土质疏松，厚0.15～0.3米。第2层为灰褐土，土质略硬，厚0.3～0.5米，部分探方出土陶片较多。其下分布文化遗迹，东周、龙山、庙底沟二期、仰韶晚期、仰韶中期的灰坑及陶窑均开口于此层下。现以T320～T322北壁、T303、T314西壁为例说明如下：

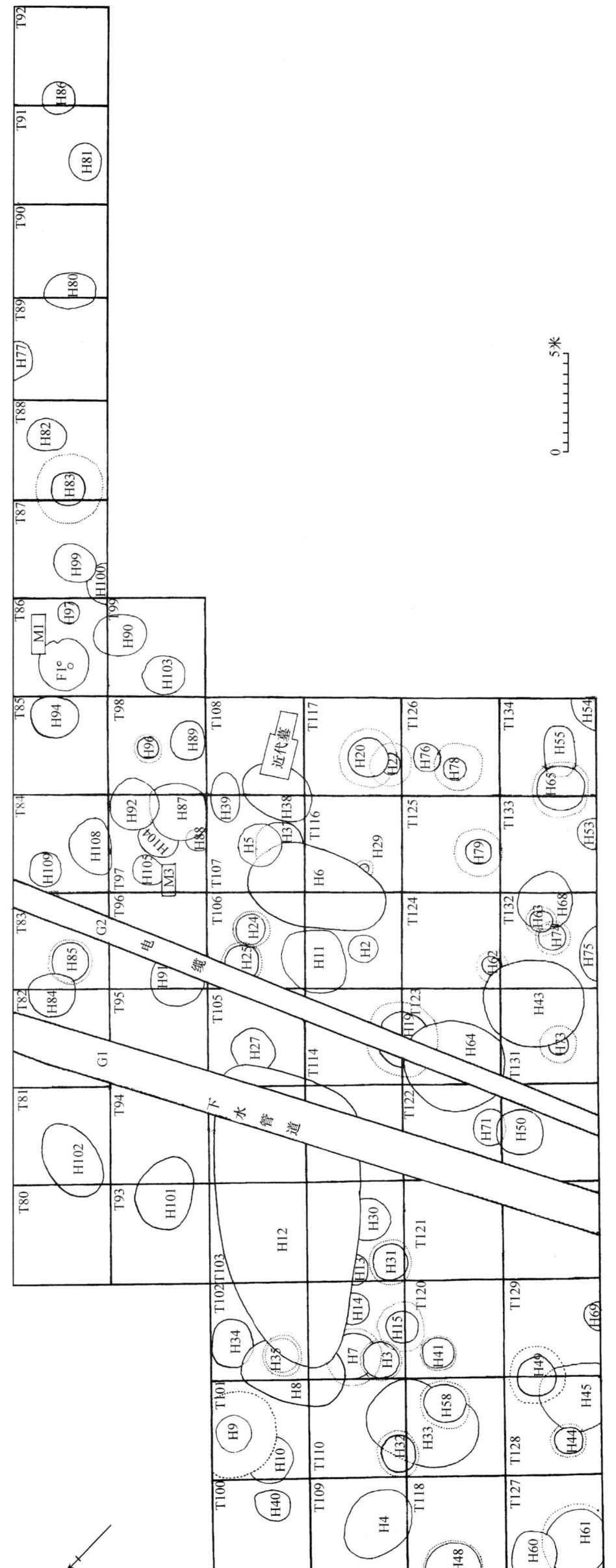

图三 I区探方、遗迹分布平面图

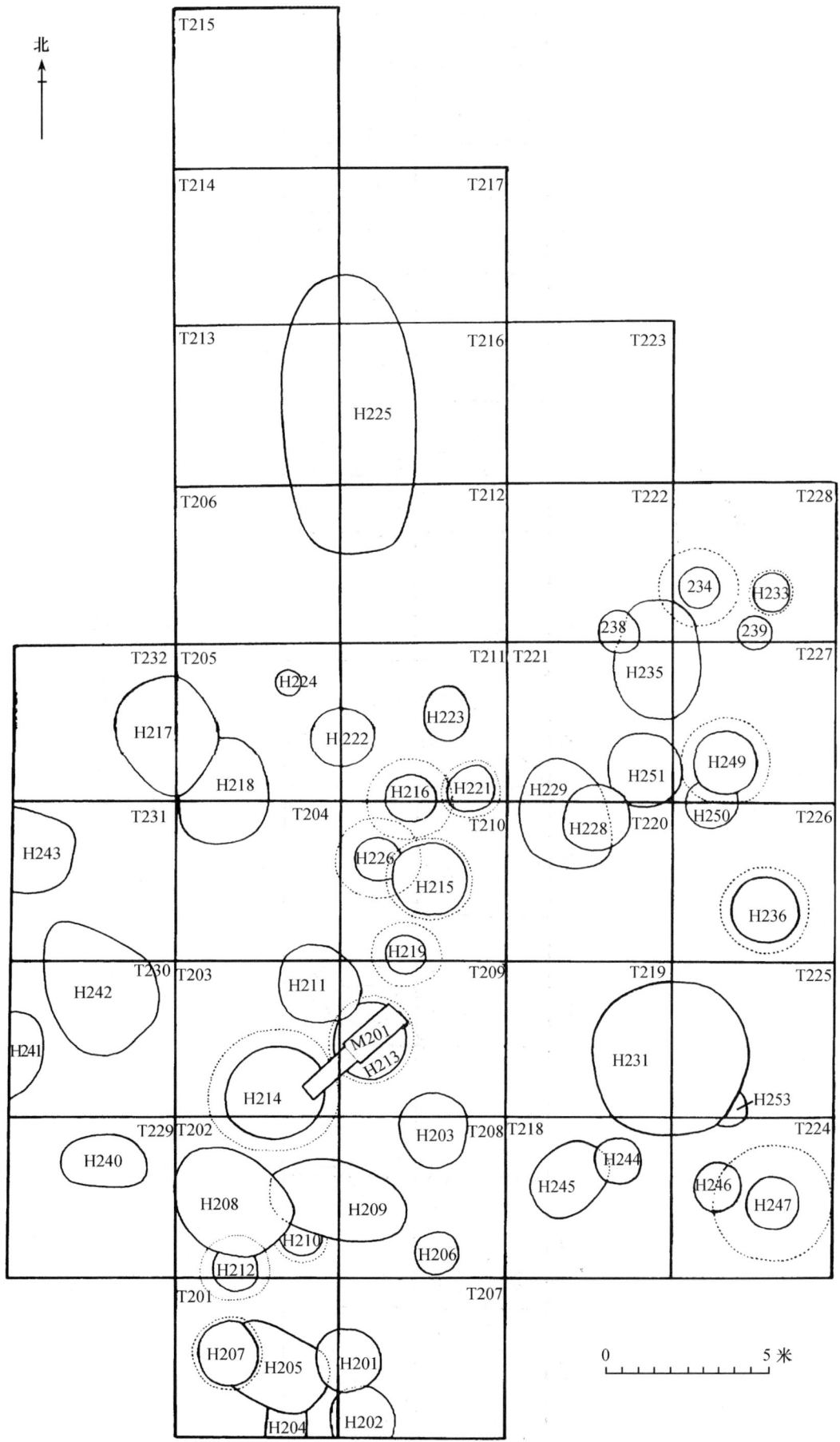

图四 Ⅱ区探方、遗迹分布平面图

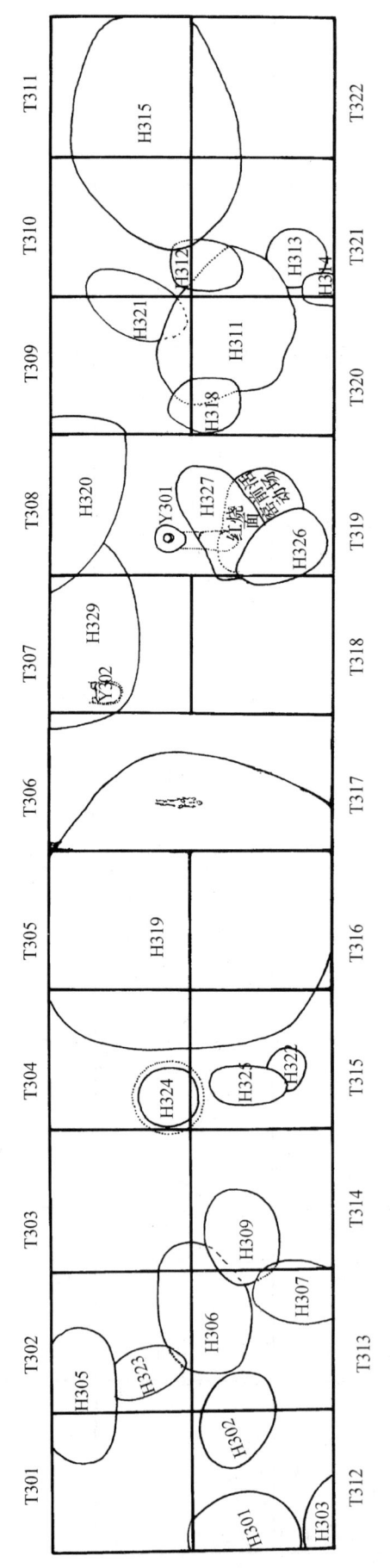

图五　Ⅲ区探方、遗迹分布平面图

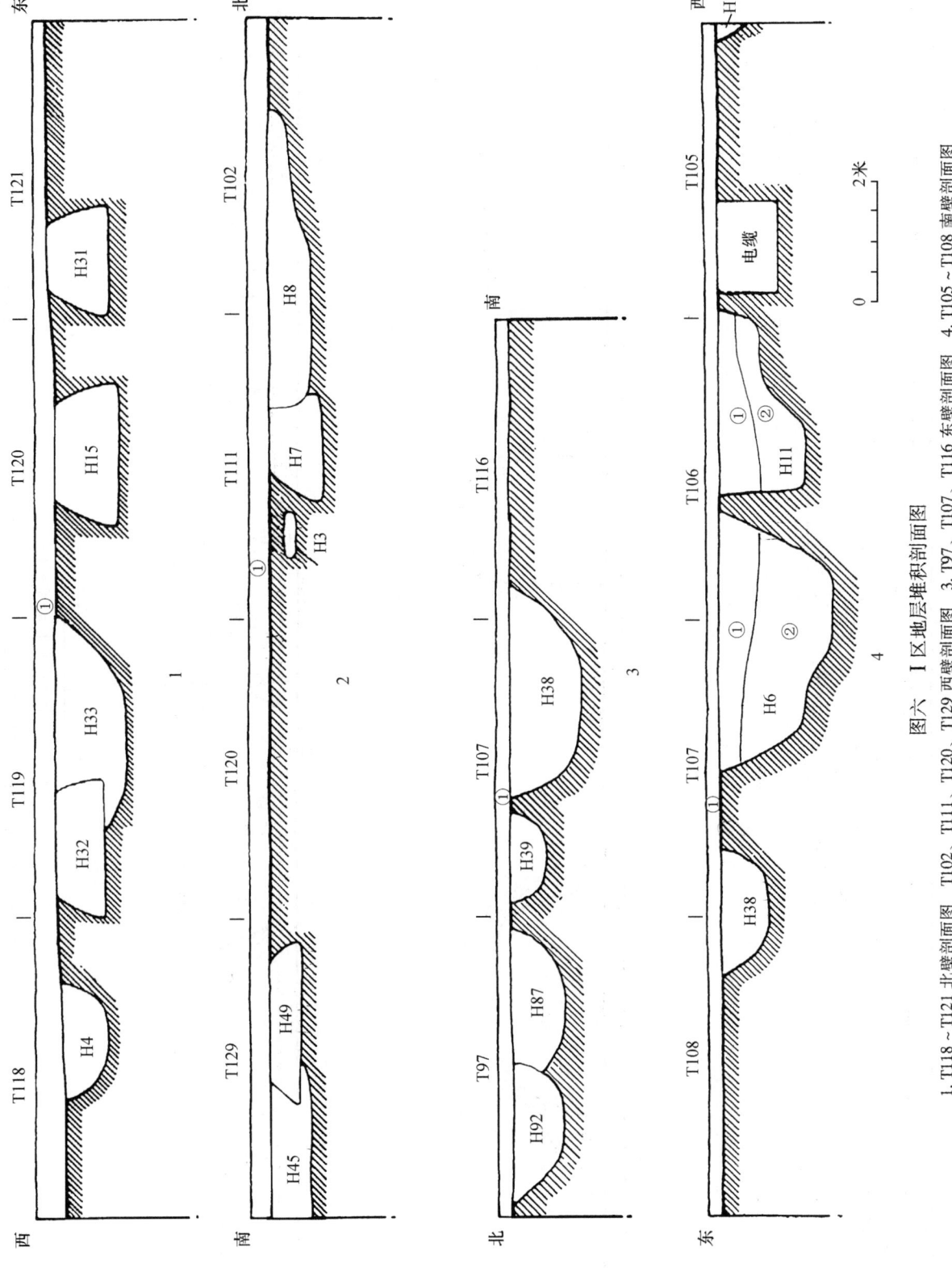

图六 I区地层堆积剖面图

1. T118～T121 北壁剖面图　2. T102、T111、T120、T129 西壁剖面图　3. T97、T107、T116 东壁剖面图　4. T105～T108 南壁剖面图

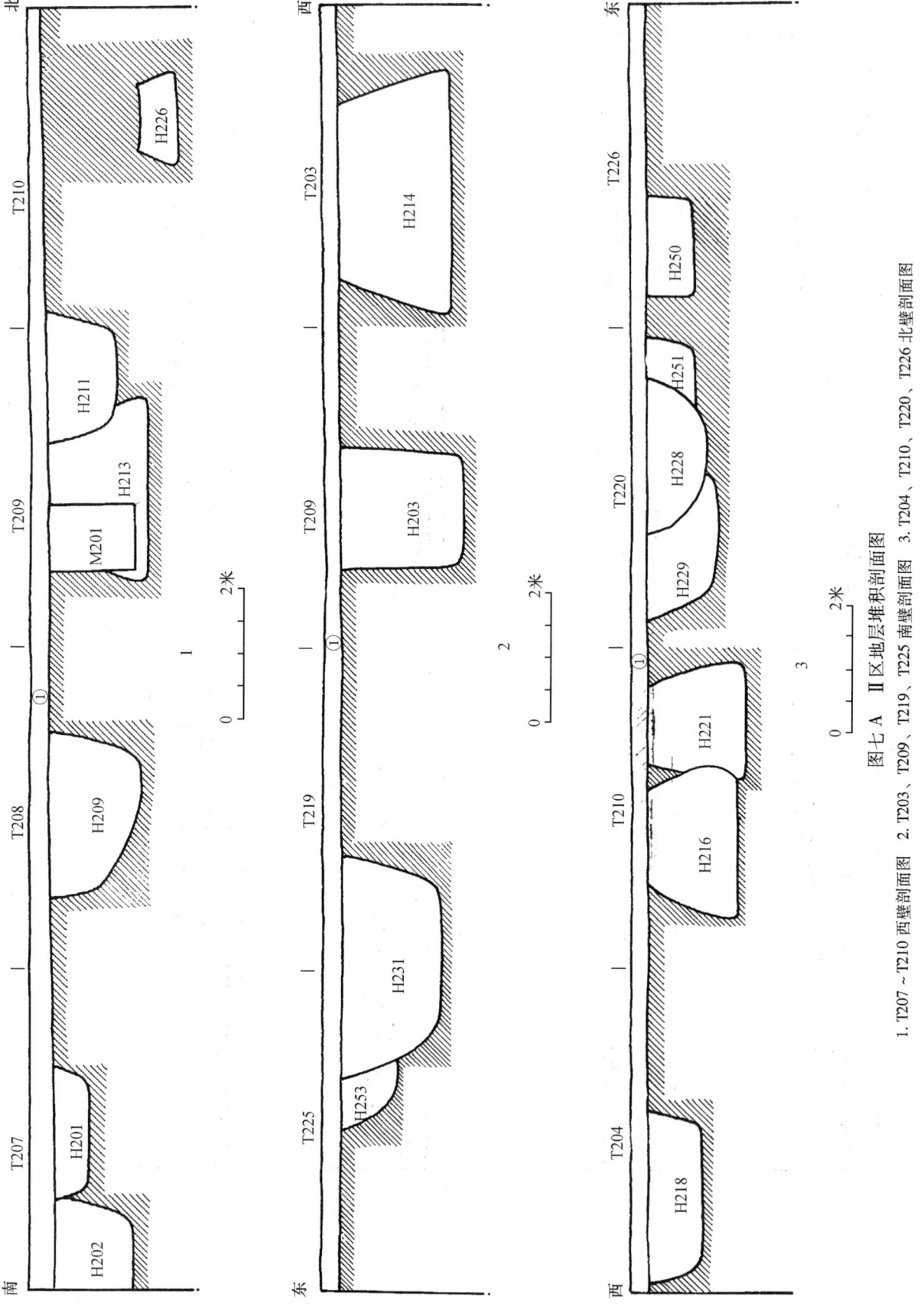

图七 A Ⅱ区地层堆积剖面图

1. T207～T210 西壁剖面图　2. T203、T209、T219、T225 南壁剖面图　3. T204、T210、T220、T226 北壁剖面图

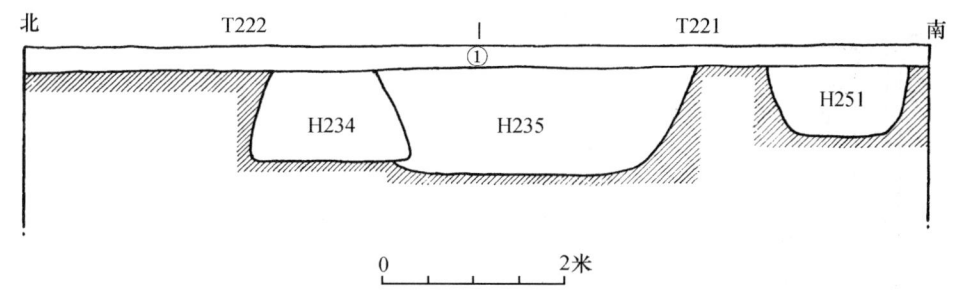

图七 B　Ⅱ区 T221、T222 东壁剖面图

T320～T322 北壁剖面（图八，1）：

第 1 层：耕扰层，黄褐色土，土质疏松，厚约 0.15 米。包含有少量近代瓷片、碎石块、料姜石等。

第 2 层：东周文化层，灰褐土，土质略硬，厚约 0.3 米。出土有东周时期碎陶片，可辨器形有盆、豆、罐等。庙底沟二期灰坑 H315，仰韶晚期灰坑 H318，仰韶中期灰坑 H311、H312，均开口于此层下。H315 打破 H312，H312、H318 打破 H311。

本层下为黄色生土。

T303、T314 西壁剖面（图八，2）：

第 1 层：耕扰层，黄褐土，疏松，厚约 0.25 米。包含有少量近代碎瓷片、烧土块、碎石块、料姜石等。

第 2 层：东周文化层，灰褐色土，土质较硬，厚 0.3～0.45 米。出土物有东周时期鬲、罐、豆、盂、盆等残片。仰韶晚期灰坑 H307，仰韶中期灰坑 H309、H306，均开口于此层下。H307 打破 H309，H309 打破 H306。

本层下为黄色生土。

第二节　文 化 分 期

地层的叠压与遗迹间的打破关系是整理、分析考古材料早晚关系的基本方法，也是对考古遗存进行文化分期的主要依据。以上三个发掘区的地层均较简单，因此，遗迹间的叠压、打破关系成为分期的关键。通过整理各区主要遗迹单位之间的相互关系（图九～图一一），并结合相关单位内出土器物的总体特征，可将该遗址的文化遗存从早到晚分为仰韶中期、仰韶晚期、庙底沟二期、龙山期、东周、汉代、元代几个大的时段。由于汉代、元代遗存极少，在此不作介绍。

经统计，遗迹单位共 147 个（表一），其中房址 1 座，陶窑 2 座，墓葬 2 座，灰坑 142 个。现将各期的地层单位和遗迹分列如下：

仰韶中期：

属于这一期的遗迹有灰坑、房址、陶窑。计有房址 1 座；陶窑 2 座；灰坑 53 个，其中Ⅰ区 32 个，Ⅱ区 11 个，Ⅲ区 10 个。

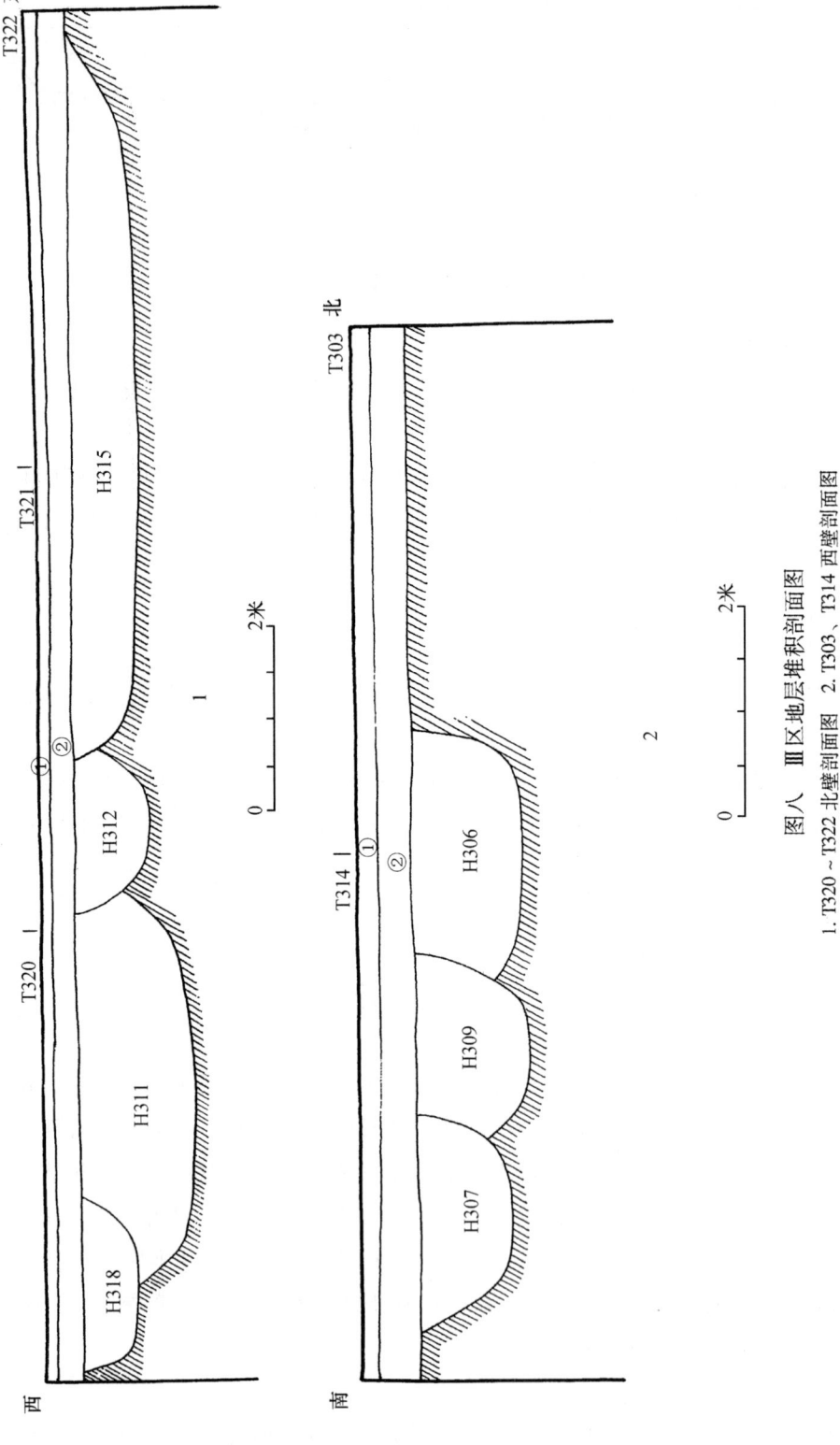

图八　Ⅲ区地层堆积剖面图
1. T320～T322 北壁剖面图　2. T303、T314 西壁剖面图

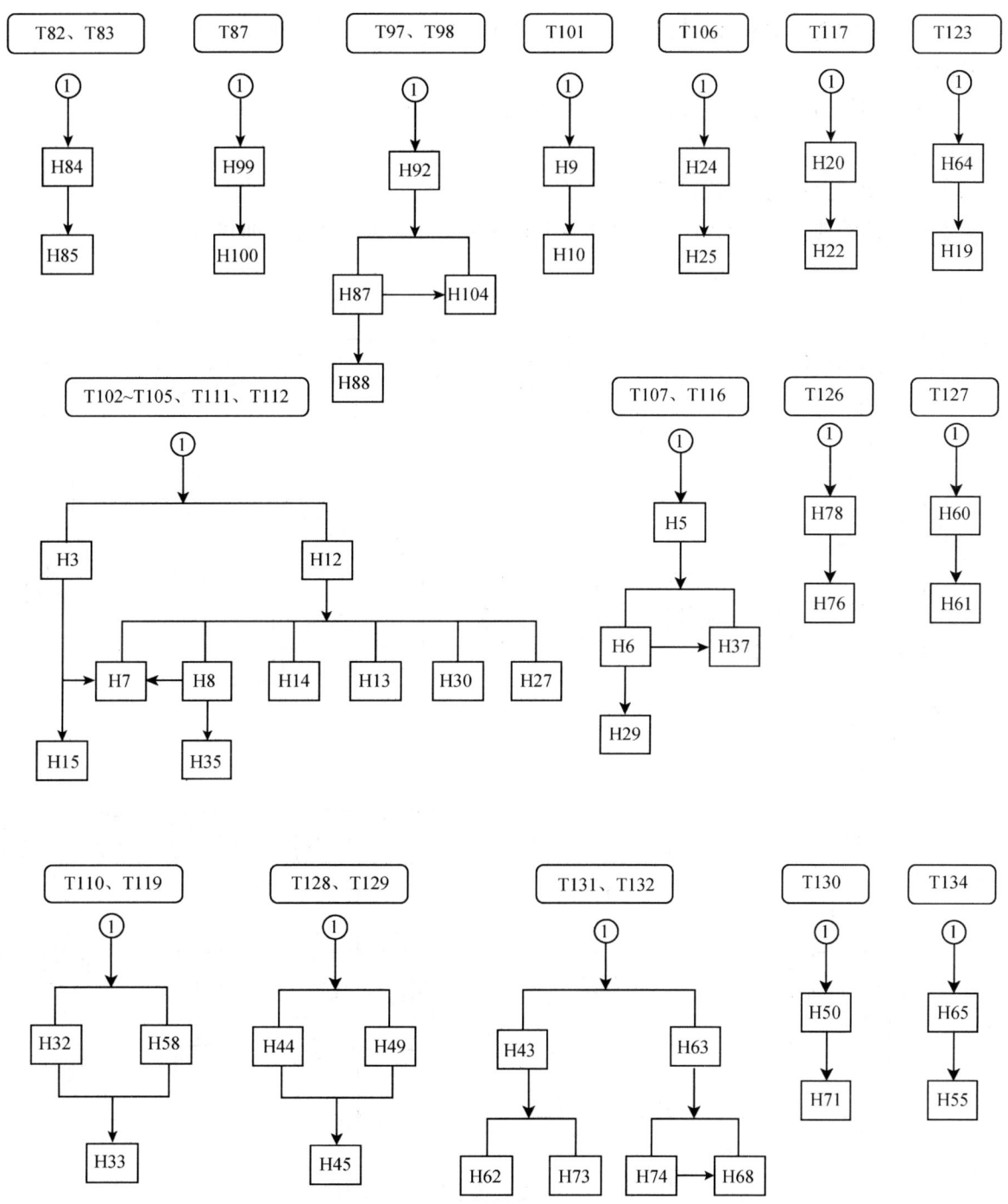

图九　Ⅰ区主要遗迹单位关系系统图

仰韶晚期：

属于这一期的遗迹只有灰坑。计35个，其中Ⅰ区20个，Ⅱ区12个，Ⅲ区3个。

庙底沟二期：

属于这一期的遗迹也只有灰坑。计35个，其中Ⅰ区15个，Ⅱ区15个，Ⅲ区5个。

龙山期：

属于这一期的遗迹也只有灰坑。计9个，其中Ⅰ区3个，Ⅱ区3个，Ⅲ区3个。

东周时期：

属于这一期的地层为Ⅲ区第2层。

属于这一期的遗迹只有灰坑。计10个，其中Ⅰ区3个，Ⅱ区5个，Ⅲ区2个。

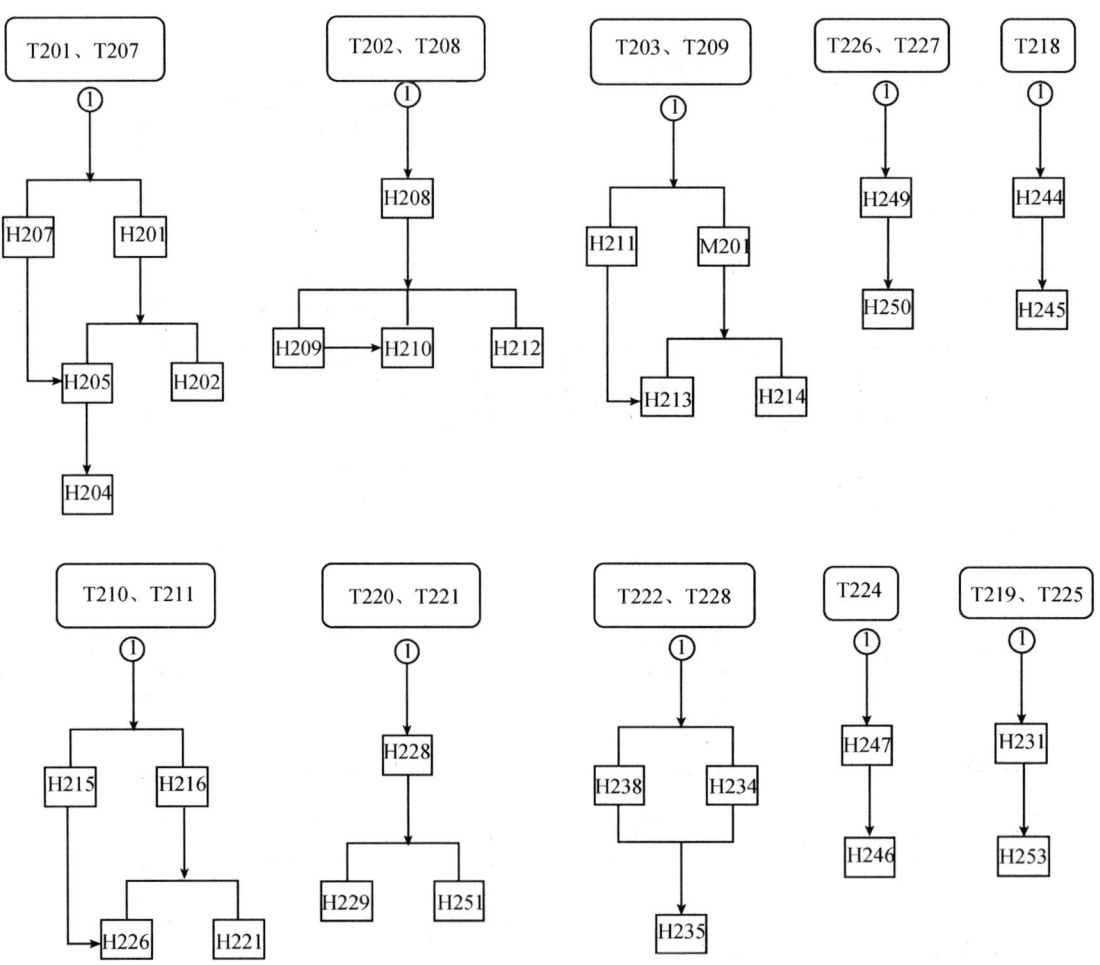

图一〇　Ⅱ区主要遗迹单位关系系统图

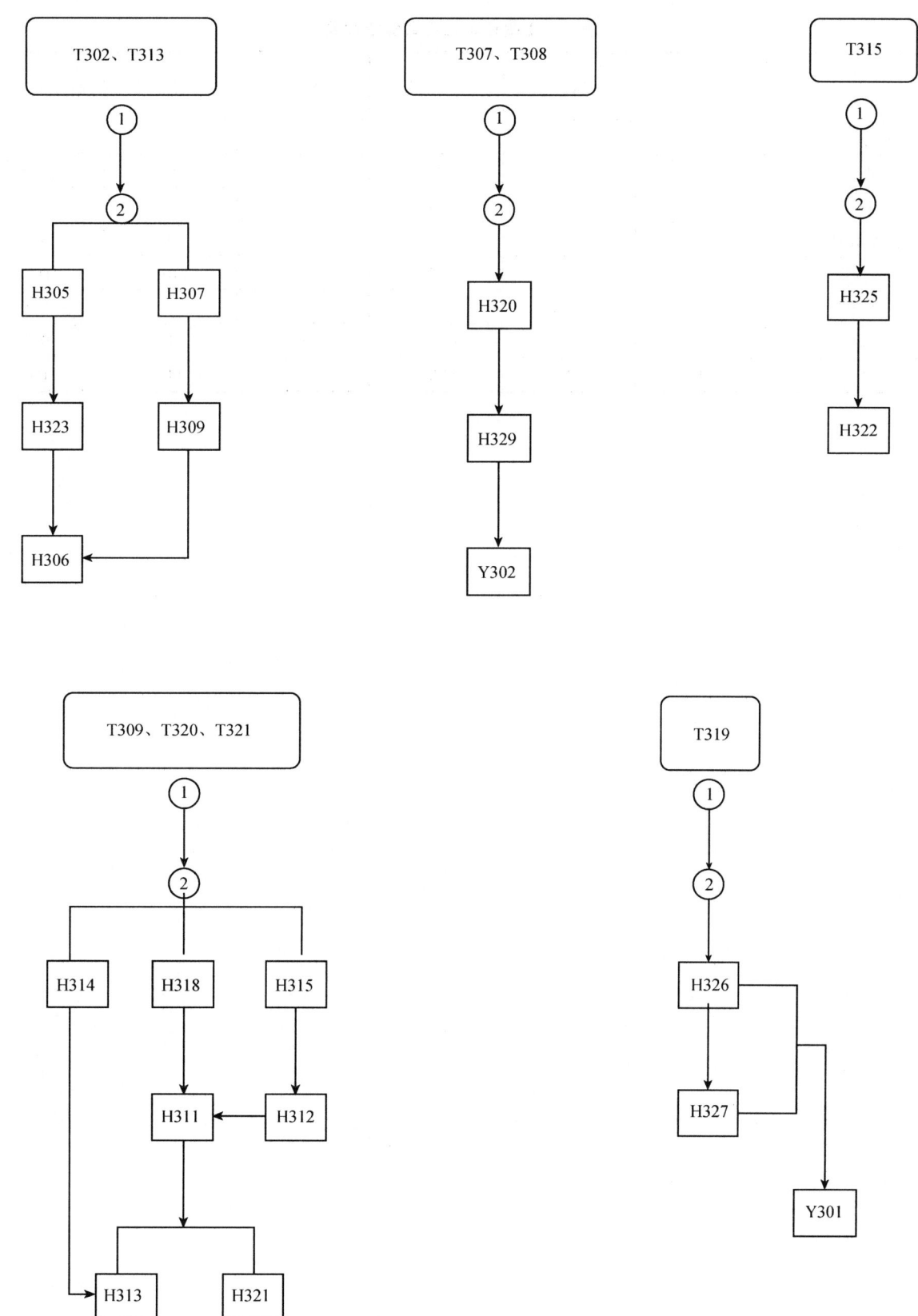

图一一　Ⅲ区主要遗迹单位关系系统图

表一 上亳遗址遗迹数量统计表

遗迹 分期	房址	陶窑	灰坑	墓葬	合计	百分比（%）
仰韶中期	1	2	53		56	38.1
仰韶晚期			35		35	23.8
庙底沟二期			35		35	23.8
龙山期			9		9	6.1
东周			10		10	6.8
汉代				1	1	0.7
元代				1	1	0.7
合计	1	2	142	2	147	100

第三章 仰韶中期遗存

上亳遗址仰韶中期遗存，在三个发掘区中均有分布。相对于其他时期遗迹的数量，Ⅰ区和Ⅲ区该期的文化遗存占较大比例，Ⅱ区的比例亦仅次于庙底沟二期。总之，仰韶中期遗存是整个遗址的主体，文化遗迹也相对丰富。为最大限度地保留原始信息，同时客观、全面地反映遗存的整体面貌，采取将遗迹与遗物分开说明的方式，而遗物则以单位进行介绍，以便于相关学者的进一步深入研究。

第一节 文化遗迹

文化遗迹是每个遗址中的主体部分，对每个遗迹及遗迹之间的相互关系认真解读，才可窥见整个遗址文化面貌之一斑。仰韶中期的文化遗迹包括房址1座，陶窑2座，灰坑53座。下面分别对这些不同种类和性质的遗迹予以介绍。

一、房　　址

F1　位于探方T86中部偏西，开口于第1层下，被M1打破。平面呈圆形，为浅半地穴式。最大径2.6米，最小径2.5米。室内中部有柱洞2个，南北并排。柱洞D1呈浅袋状坑，底大口小，口径0.18米，底径0.23米，深0.17米。D2略大，直径约0.28米，深0.2米。墙壁有部分烧结，呈黑色，厚约0.03米，室内底部除部分烧结外，均为硬面，中间夹杂小料姜石，质地坚硬。门及门道被M1打破，具体情况不详。房内堆积有大量红烧土块，夹杂部分褐黄色土，质地较硬，出土物仅几块泥质红陶片（图一二）。

二、陶　　窑

均位于Ⅲ区，为横穴式窑，但因破坏严重，Y302仅残留火膛部分，Y301保存相对好一些。

Y301　位于T308南部与T319中部，开口于第2层下，距地表0.4米，被H327和H326打破。由窑室、火膛和窑前活动场组成。窑体略呈长方形，由窑室和火膛两部分组成，长约2.2米，宽0.64~1米，残高0.6米，总体面积约2.4平方米。窑室近圆形，直径约1.1米，窑顶破坏严重，残存窑壁高0.5米，内部残留圆柱形支柱高0.4米。整个窑室内壁平整光滑，烧结厚8厘米，其中青灰层厚2.5厘米，红烧层厚5.5厘米。火膛位于窑室南部，呈长方形过洞式，长约1.2米，宽0.64米，高0.44米。火膛口前有一块椭圆形红烧面，长0.95米。窑内堆积有较多红烧土块，部分青灰烧结块，夹杂有黄褐色土，质地较硬，出土陶片多为泥质红陶，器形有尖底瓶、敞口钵、盆、罐、支钉等。

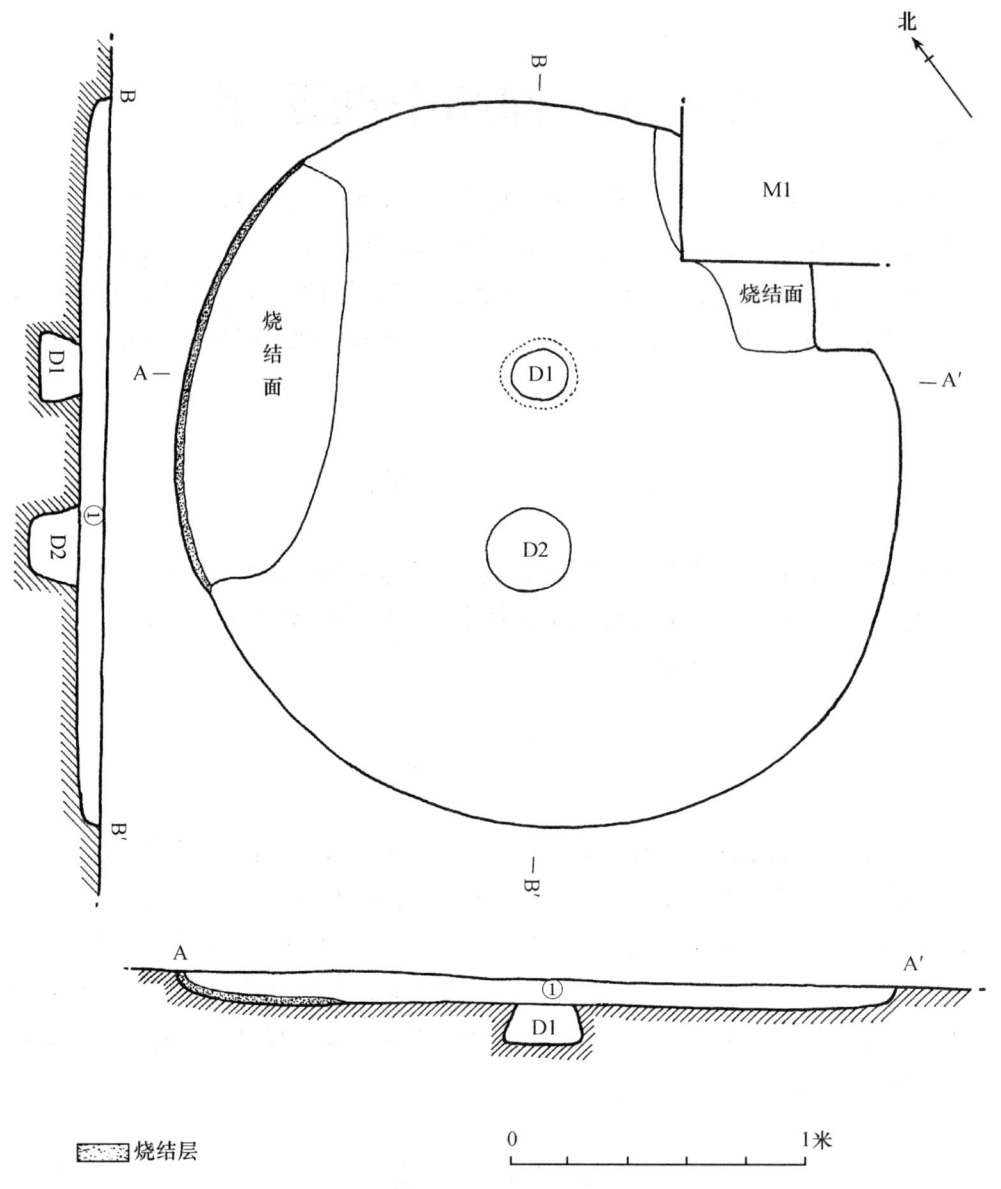

图一二　仰韶中期 F1 平、剖面图

在火膛之南有一块卵状窑前活动场，长约 3.8 米，宽约 2.4 米，四壁倾斜至底部，呈椭圆形平底，底径长 2.4 米，周壁不甚规整，有严重塌陷或破坏现象，深约 0.7 米。活动场出土陶片与窑内一致（图一三）。

Y302　位于 T307 西部，叠压于 H329 之下。该窑破坏严重，仅存留火膛及两个火口部分，平面形状略呈"凹"字形。火膛平面呈椭圆形，结构简单，为竖井状，直径 0.9~0.94 米，残深 0.6 米。火口并列位于火膛北端，呈斜坡状，残长约 0.4 米，深 0.26~0.36 米。窑内堆积为褐红色土及大量碎小颗粒状的红烧结块，质地疏松，出土陶片多为红陶，可辨器形有钵、盆、罐、尖底瓶等（图一四）。

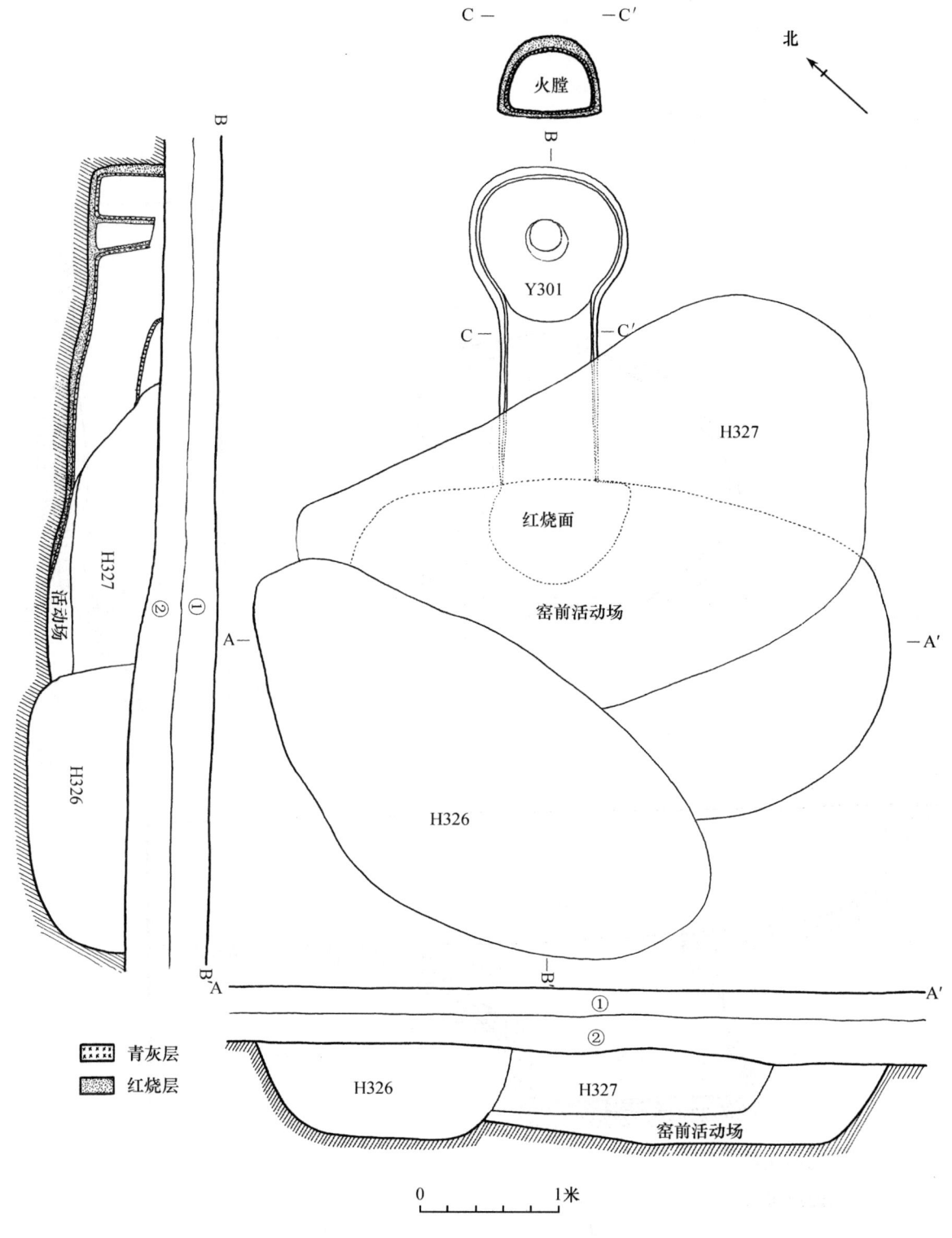

图一三 仰韶中期 Y301 平、剖面图

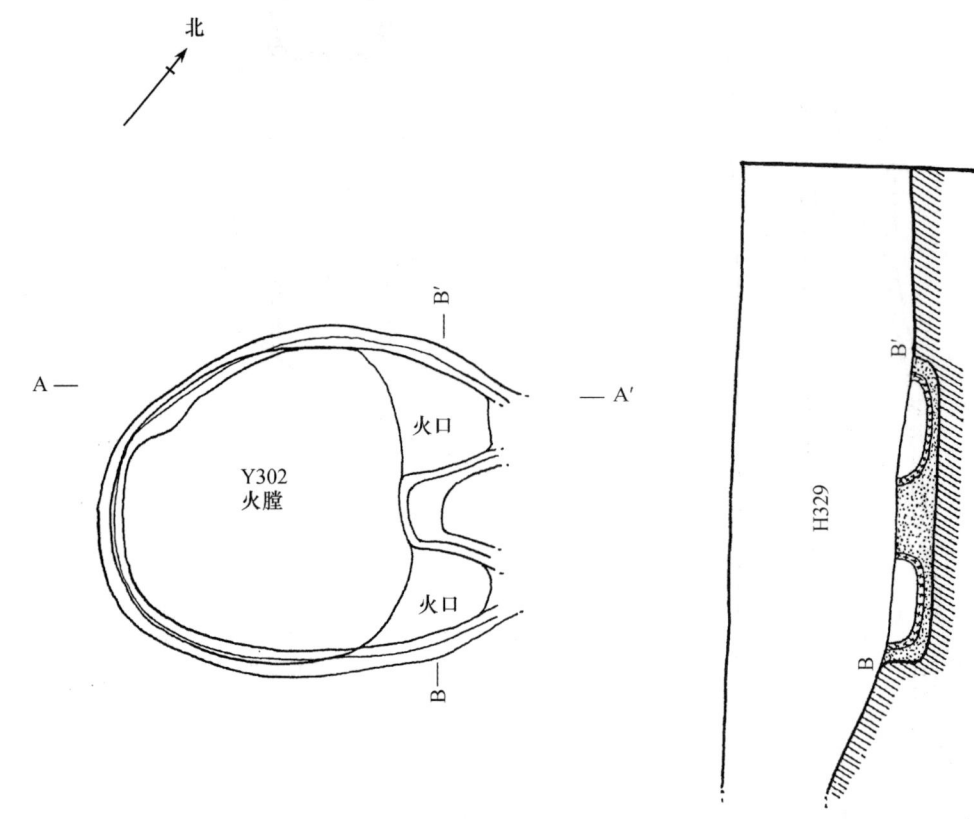
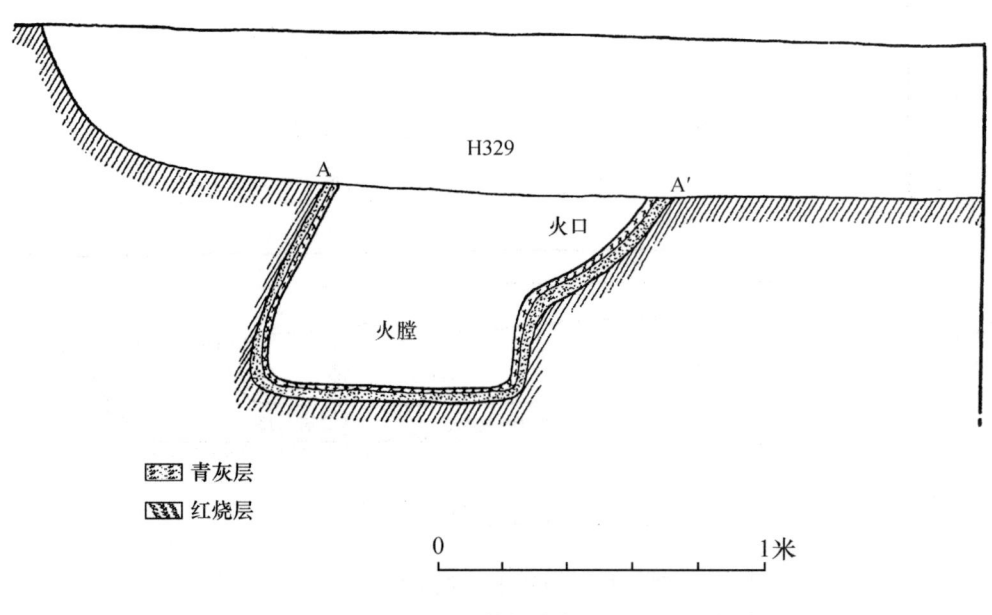

图一四　仰韶中期 Y302 平、剖面图

三、灰　　坑

53 个。平面形状可分圆形、椭圆形、长条形、不规则形四类，以圆形居多。形制可分为袋状、筒形、锅底状和不规则形四种（表二），分别占该时期遗迹总量的 18.9%、32.1%、24.5% 和 24.5%。灰坑规模不尽相同，口径最大者近 6 米，最小者仅 0.5 米，最深者 2.1 米，浅者 0.3 米。填土多灰色或灰褐色，少许红褐色、黄褐色，部分灰坑的坑内堆积略复杂，可分层。坑内多夹杂碎石块、红烧土块、料姜石等。所出遗物以陶片为主，其次有石器、骨器、角器、蚌器及少量兽骨。现依据形制分别举例说明如下：

表二　仰韶中期灰坑一览表

单位	位置	打破关系	形制	尺寸（米）			堆积物
				口径	底径	坑深	
H2	T115 中部		圆形锅底	1		0.3	灰褐土，土质疏松
H4	T109 中部		椭圆形	3~4		0.7~1.4	分两层：1 层为灰褐土，土质略硬，厚 0.4~0.9；2 层为灰土，土质疏松
H13	T112 西部	被 H12 打破	椭圆形斜壁	1.35		1.1~1.3	分两层：1 层为灰土，厚 0.5 米；2 层为黄褐土
H14	T111 东部	被 H12 打破	圆形筒状	1.5		1.2	灰土，土质疏松
H19	T114 南部、T123 北部	被 H64 打破	圆形袋状	2.8	3.9	1.2	灰土，土质疏松
H25	T106 西部	被 H24 打破	圆形袋状	1.6	2.1	1.05	灰褐土，土质疏松
H29	T116 西部	被 H6 打破	圆形袋状	0.5	1	1.3	灰褐土，土质疏松
H30	T112 中部	被 H12 打破	圆形筒状	2		1.5	灰褐土，土质略硬
H33	T110 南部、T119 北部	被 H32、H58 打破	不规则形	4~5.8		1.2	红褐土，土质较硬
H34	T102 北部	被 H8 打破	椭圆形筒状	2.4		1.6	红褐土，土质较硬
H37	T107 南部	被 H5、H6 打破	长条形平底	2.4~3.1		1.7	灰褐土，土质疏松
H38	T107、T108、T116、T117	被近代墓打破	椭圆形锅底	2.6~4		1.2	灰土，土质疏松
H39	T107 东部、T108 西部		圆角长条形锅底	1.4~2.5		0.6	红褐土，土质略硬
H45	T128 西部、T129 东部	被 H44、H49 打破	不规则形	3.5（残）		0.7	褐黄土，土质较硬
H55	T134 中部	被 H65 打破	长条形平底	1.5~2.6		1.6	灰土
H68	T132 东部、T133 西部	被 H63、H74 打破	椭圆形平底	2.9		2	灰褐土，土质疏松
H69	T129 南部		圆形平底	1.5		0.6	灰土

续表

单位	位置	打破关系	形制	口径	底径	坑深	堆积物
H73	T131 中部	被 H43 打破	圆形袋状	1.1	1.9	2.1	灰土，土质疏松
H76	T126 中北	被 H78 打破	圆形锅底	1.5		0.7	浅灰土，土质疏松
H80	T89 东部、T90 西部		不规则形	1.6~2.6		0.5	灰褐土，土质疏松
H82	T88 中北		椭圆形平底	1.5~2.05		0.6	灰土，土质疏松
H83	T87 东部、T88 西部		圆形袋状	1.5	3.5	1.4	灰土，土质疏松
H85	T83 中部	被 H84 打破	圆形袋状	1.9	2.3	1.3	灰褐土，土质疏松
H87	T97 东南、T98 西南	打破 H88、H104，被 H92 打破	椭圆形锅底	2.9		0.9	灰土，土质疏松
H88	T97 南部	被 H87 打破	圆形锅底	1.2		1.1	灰土，土质疏松
H89	T98 南部		椭圆形斜底	2		0.8~1.2	灰土，土质疏松
H90	T86 南部、T99 北部		椭圆形平底	1.95~2.6		1.5	灰褐土，土质疏松
H96	T98 中部		圆形袋状	1.1	1.7	0.8	灰土，土质疏松
H100	T87 南部	被 H99 打破	圆形（残）	2		0.5	浅灰土，土质疏松
H103	T99 西部		圆形斜壁平底	1.95		1.6	灰褐土，土质疏松
H104	T97 中部	被 H92、H87 打破	椭圆形平底	1.6~2.1		0.5	灰土，土质疏松
H105	T97 西部	被 M3 打破	椭圆形圜底	1.5		0.4	灰土，土质疏松
H210	T202 东南	被 H208、H209 打破	圆形袋状	1.2	1.5	0.7	黄褐土，土质较硬
H212	T202 南部、T201 北部	被 H208 打破	圆形袋状	1.3	2.1	1.1	分两层：1 层灰土，厚 0.7 米；2 层黄褐土，土质略硬
H218	T204 北部、T205 南部	被 H217 打破	椭圆形平底	2.65~3.4		0.85	灰褐色土，土质较硬
H224	T205 北部		圆形筒状	0.8		0.5	灰黑土，土质坚硬
H229	T221 南部、T220 北部	被 H228 打破	不规则形	2.5~3.5		1.2	灰褐土

续表

单位	位置	打破关系	形制	尺寸（米）			堆积物
				口径	底径	坑深	
H235	T221、T227、T222、T228	H238、被H234打破	椭圆形平底	2.75～4.2		1.2	黄褐土，土质疏松
H241	T230 西部		不规则形	1～2.2		0.8	浅灰土，土质疏松
H245	T218 中部	被 H244 打破	椭圆形锅底	2～2.5		1.4	分两层：1层灰褐土，土质略硬；2层灰土，疏松
H246	T224 中西部	被 H247 打破	圆形锅底	1.5		1.25	浅灰土，土质疏松
H251	T221 东南、T227 西南	被 H228 打破	圆形平底	2.1		0.8	灰褐土
H253	T225 南部、T224 北部	被 H231 打破	圆形锅底	1.2		1	灰土
H302	T312 东、T313 西部		椭圆形锅底	3.4～2.4		0.8	灰色土，含少量石块
H303	T312 西南		口残平底	1～2.6（残）	—	0.4	浅灰色土，含少量红烧土块
H306	T302、T313、T303、T314	被 H323、H309 打破	椭圆形平底	3.2～4.6	—	1.05	灰色土，含少量石块及兽骨
H309	T313 东、T314 西部	打破 H306，被 H307 打破	椭圆形平底	2.5～3.3	—	1.1	浅灰色土，较纯净
H311	T309 南、T320 东北、T321 北	打破 H321、H313，被 H312、H318 打破	不规则形平底	4.3～5.7	—	1.2	灰色土，含少量碎红烧土块
H312	T310 南、T321 北部	打破 H311，被 H315 打破	椭圆形锅底	1.7～2.5	—	0.8	灰色土，含少量红烧土块
H313	T321 西南	被 H311、H314 打破	圆形锅底	2.1	—	0.8	灰褐色土，含少量红烧土块
H321	T309 东、T310 西部	被 H311 打破	椭圆形平底	2.2～3.8	—	1	浅灰色土，含少量红烧土块
H324	T304 西南、T315 西北		圆形袋状	2.1	2.5	1.5	浅灰色土，含少量红烧土块及碎石块
H327	T319 北部	打破 Y301，被 H326 打破	不规则形平底	2.2～4.9	—	0.6	灰褐色土，含少量红烧土块

注：为方便辨识，Ⅰ区灰坑编号均在H1～H199之间，Ⅱ区编号则从H201起，Ⅲ区编号自H301起。口径一栏有两个数据的，因其平面形状为椭圆形或长条形、不规则形，分别代表坑口短径、长径或最窄、最宽处的数据。

1. 袋状坑

10座。口小底大，剖面形状呈袋状，部分灰坑坑壁及底部加工规整而光滑。举例如下：

H73 位于探方T131中部，开口于第1层下，被H43打破。圆形袋状，坑壁加工光滑，坑底平整。口径1.1米，底径1.9米，坑深2.1米。填土为灰土，土质疏松，含少量黄土块及碎红烧土块。出土陶片以泥质红陶为主，器形有钵、盆、罐、瓮、缸等（图一五）。

H83 位于探方T87东部与T88西部，开口于第1层下。圆形袋状，坑壁斜直外张，加工光滑，坑底平坦。口径1.5米，底径3.5米，坑深1.4米。填土为灰土，土质疏松，含少量红烧土块及碎石块等。出土大量陶片，器类多种，常见器形有尖底瓶、葫芦口瓶、钵、盆、夹砂罐、瓮等。还有纺轮、石刀、石锤等小件。复原多件器物（图一六）。

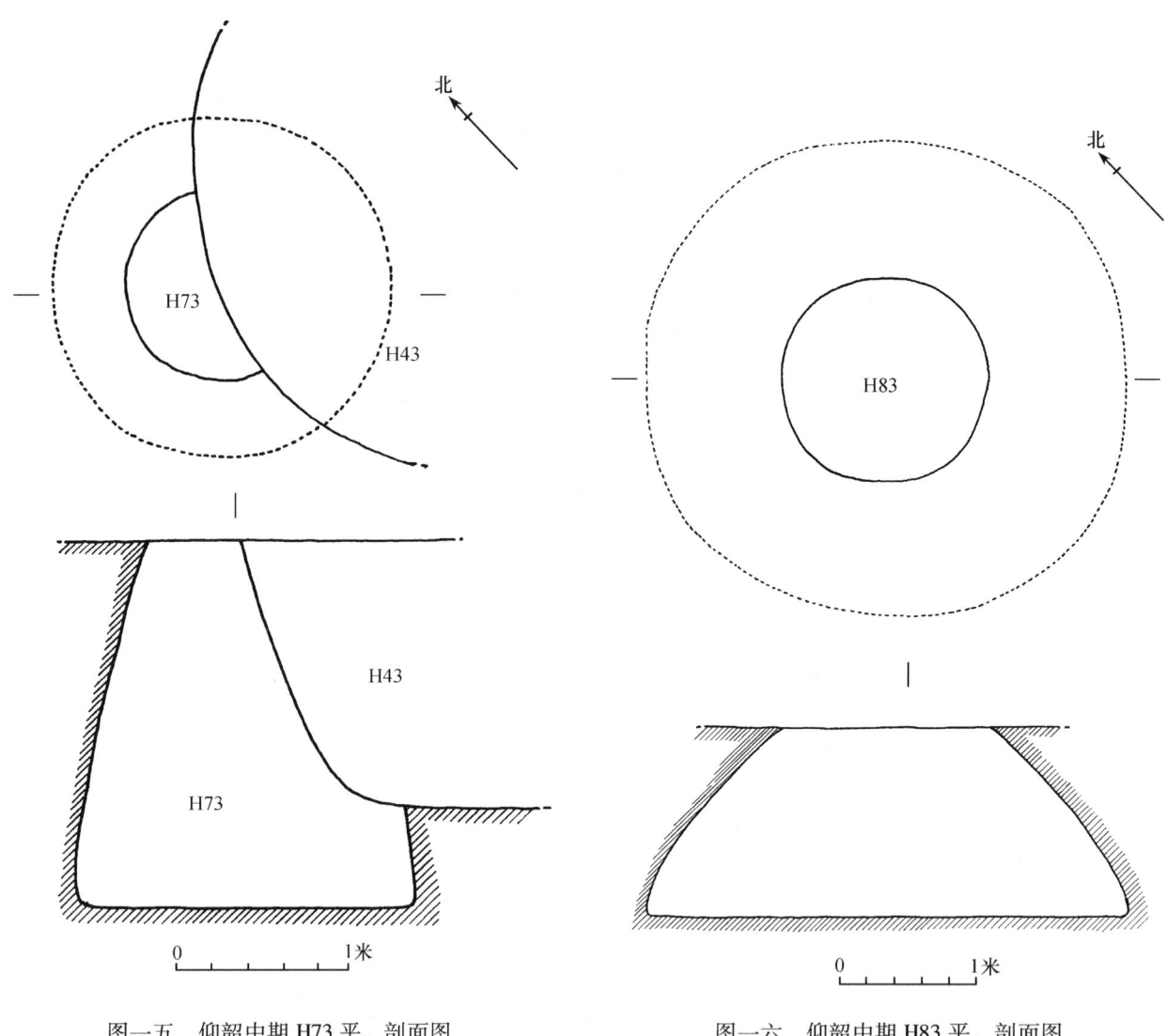

图一五　仰韶中期H73平、剖面图　　　　　图一六　仰韶中期H83平、剖面图

H212 位于探方T202南与T201北部，开口于第1层下，被H208打破。坑口为圆形，坑壁斜向外扩张，加工较光滑，底部较平整。口径1.3米，底径2.1米，坑深1.1米。填土分2层，第1层为灰土，厚0.6米，土质疏松，含少量碎石块及烧土块；第2层为灰褐土，土质略硬，含少量红烧土块。出土陶片较多，器形以尖底瓶、盆、钵、夹砂罐为主（图一七）。

H324　位于探方 T304 西南与 T315 北部，开口于第 2 层下。坑口为圆形，坑壁外扩呈袋状，平底，坑壁加工光滑，坑底平坦。口径 2.1 米，底径 2.5 米，坑深 1.5 米。填土为浅灰色，含少量红烧土块及碎石块。出土陶片以泥质红陶、夹砂褐陶为主，有钵、盆、罐等器形（图一八）。

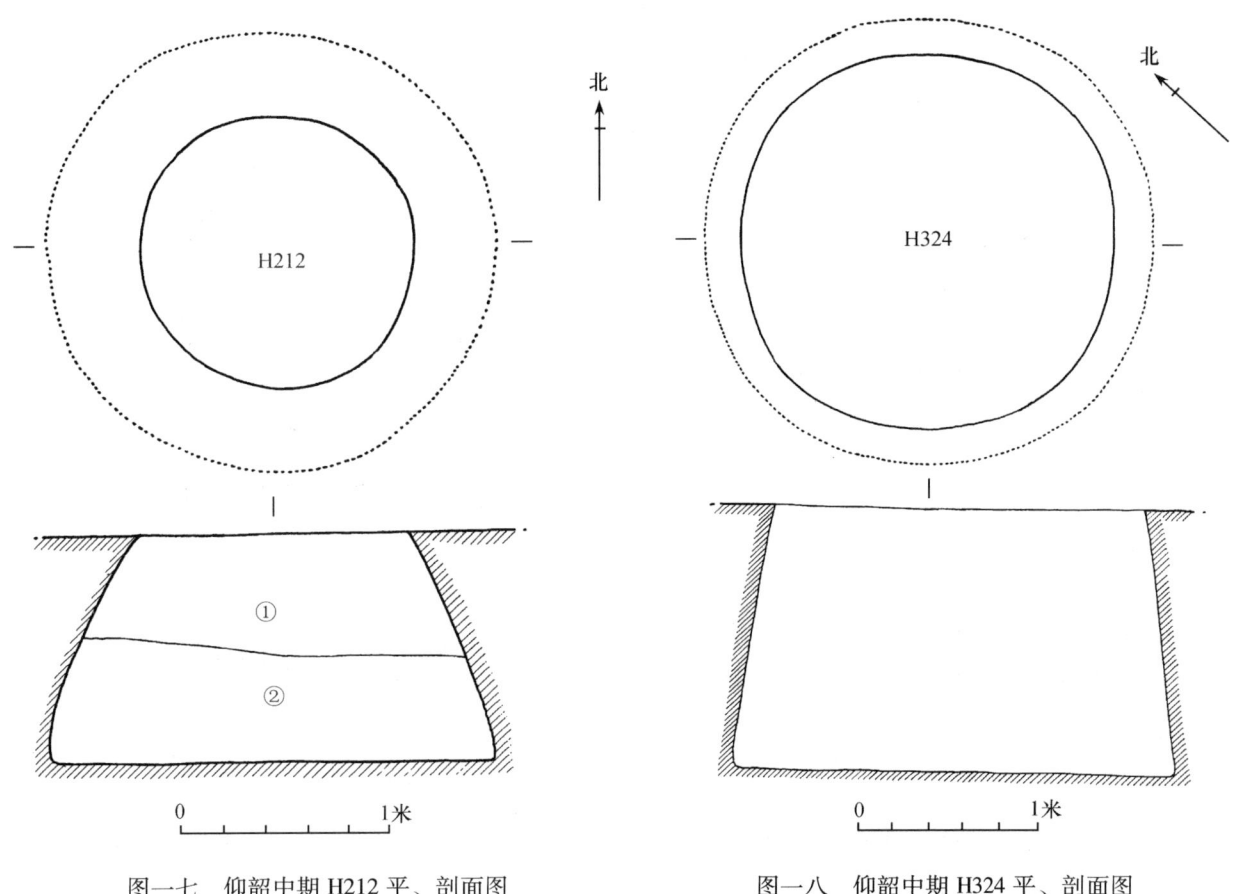

图一七　仰韶中期 H212 平、剖面图　　　　　图一八　仰韶中期 H324 平、剖面图

2. 筒状坑

17 座。坑口有圆形、椭圆形、长条形之分，剖面形状有直壁平底和斜壁平底之别。坑深多在 1 米左右，坑口以椭圆形居多，直壁者多经加工而光滑、规整。举例如下：

H30　位于探方 T112 中部，开口于第 1 层下，被 H12 打破。圆形筒状，直壁，加工较光滑，底部平整。口径 2 米，坑深 1.5 米。填土为灰褐土，土质略硬，含少量红烧土块。出土陶片较多，主要器形有尖底瓶、盆、钵、彩陶钵及盆、夹砂罐、缸等。复原多件器物（图一九）。

H224　位于探方 T205 北部，开口于第 1 层下。坑口为圆形，坑壁较直，加工粗糙，底部平坦。口径 0.8 米，坑深 0.5 米。填土为灰褐土，土质疏松，含少量碎石块及烧土块。出土陶片较少，可辨器形有尖底瓶、盆、夹砂罐等（图二〇）。

H235　位于探方 T222 东南、T228 西南、T221 东北、T227 西北，开口于第 1 层下。被 H238、H234 打破。坑口平面为椭圆形，面积较大，坑壁略斜，加工粗糙，平底。坑口长径 4.2 米，短径 2.75 米，坑深 1.2 米。填土为黄褐土，土质疏松，夹杂少量红烧土块。出土陶片较多，以泥质红陶为主，可辨器形有尖底瓶、钵、盆、夹砂罐等（图二一）。

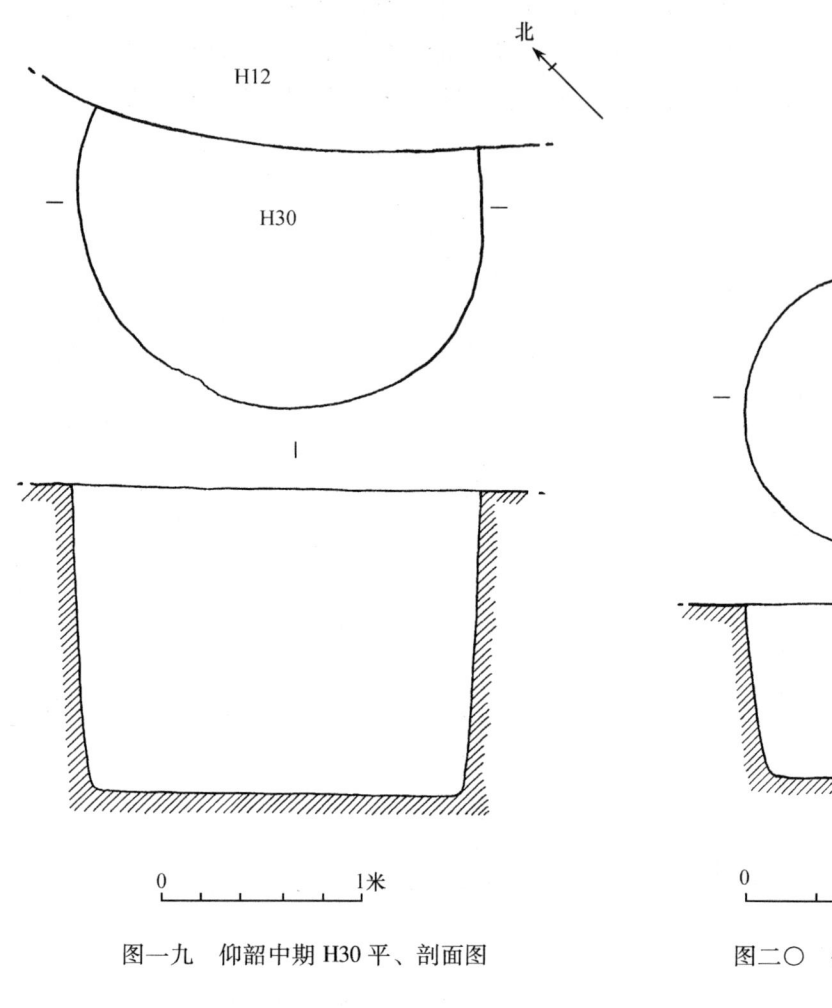

图一九　仰韶中期 H30 平、剖面图

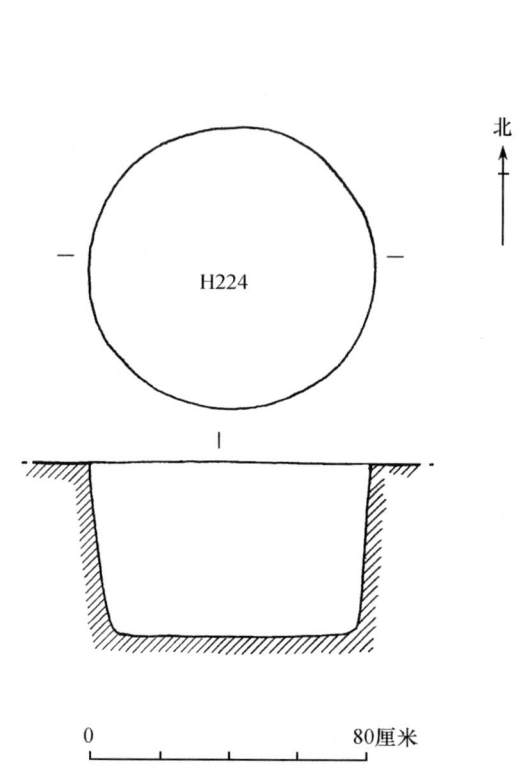

图二〇　仰韶中期 H224 平、剖面图

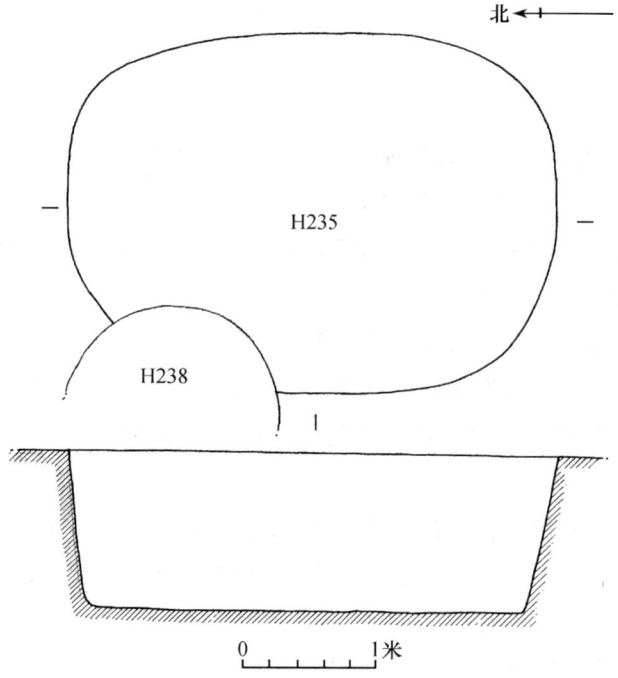

图二一　仰韶中期 H235 平、剖面图

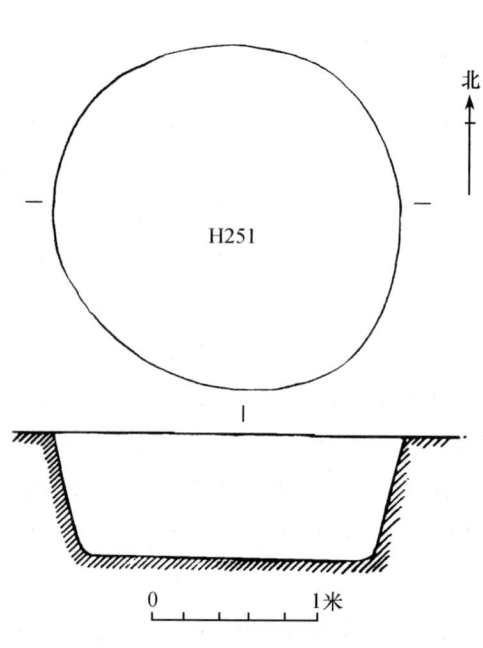

图二二　仰韶中期 H251 平、剖面图

H251　位于探方T221东南、T227西南及T220北部，开口于第1层下，被坑H228打破。坑口为圆形，坑壁略斜，加工粗糙，底部较平整。口径2.1米，深0.8米。填土为灰褐土，土质疏松，夹杂少量碎石块。出土陶片较少，器形有尖底瓶、钵、叠唇无沿盆等（图二二）。

H309　位于探方T313东部与T314西部，开口于第2层下。打破H306，被H307打破。坑口呈椭圆形，坑壁略斜直，平底，坑壁加工粗糙。坑口长径3.3米，短径2.5米，坑深1.1米。填土呈浅灰色，土质疏松，较纯净。出土陶片较多，以泥质红陶为主，可辨器形有尖底瓶、钵、叠唇无沿盆、折沿盆、夹砂罐、彩陶盆、钵等（图二三）。

H321　位于探方T309东部与T310西部，开口于第2层下，被H311打破。坑口为不规则椭圆形，坑壁略斜，平底，坑壁加工粗糙。坑口长径3.8米，短径2.2米，坑深1米。填土为浅灰色，土质疏松，含少量红烧土块（图二四）。

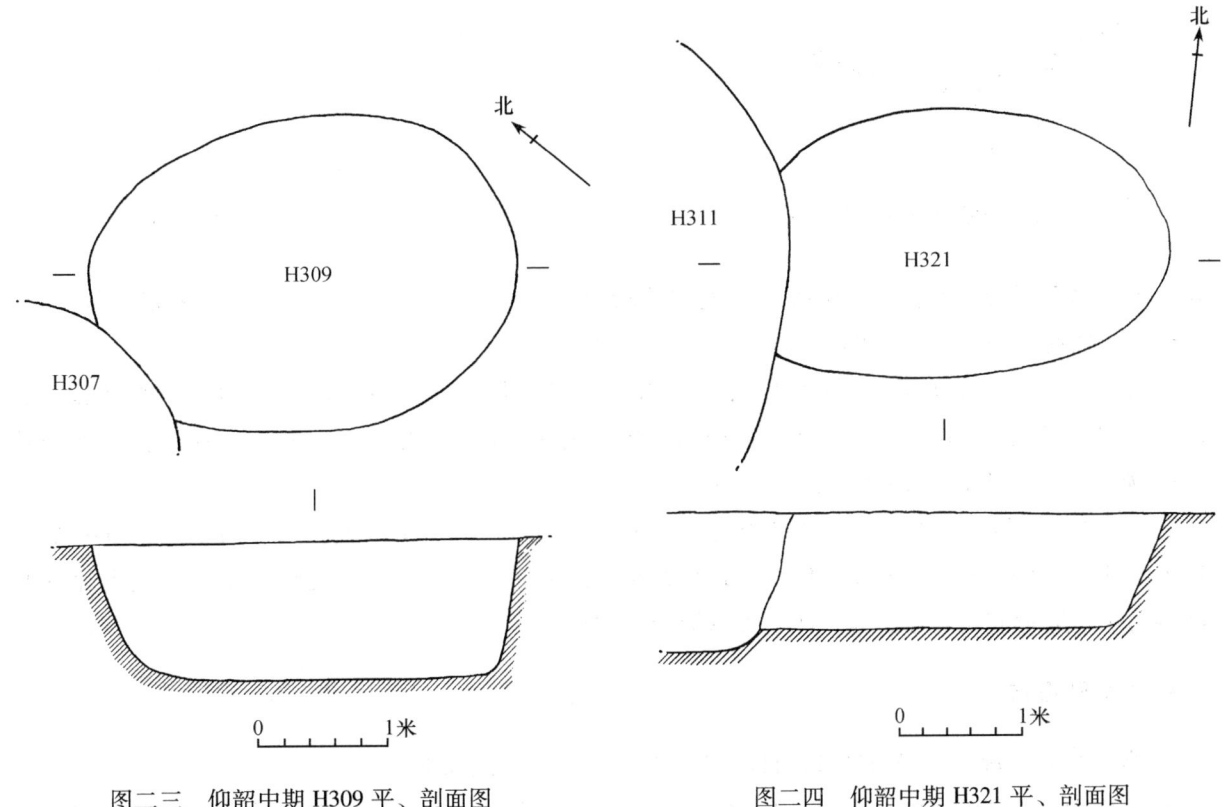

图二三　仰韶中期H309平、剖面图　　　　　图二四　仰韶中期H321平、剖面图

3. 锅底状坑

13座。坑口多为圆形、椭圆形，个别为长条形，多为中小型灰坑，最深为1.2米，最浅仅0.3米。举例如下：

H38　位于探方T107东南与T108西南部，开口于第1层下，被一座近代墓打破。坑口为椭圆形，弧壁，加工粗糙，圜底。坑口长径4米，短径2.6米，坑深1.2米。坑内填土为灰土，土质疏松，夹杂少量烧土块、碎石块及草木灰等。出土陶片较多，主要器形有尖底瓶、彩陶盆、钵、夹砂罐、缸、陶刀等（图二五）。

H245　位于探方T218中部，开口于第1层下，被H244打破。坑口为椭圆形，坑壁加工粗糙，锅底状。坑口长径2.5米，短径2米，坑深1.4米。填土分2层：第1层为灰褐土，土质略硬，厚

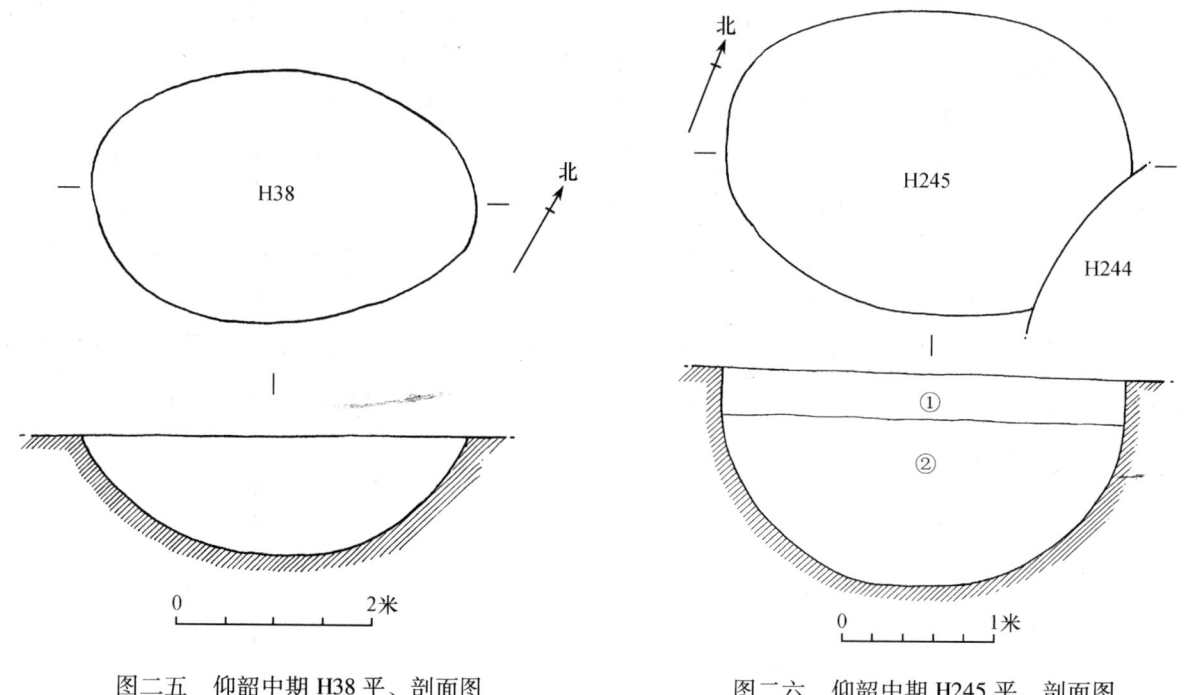

图二五 仰韶中期 H38 平、剖面图

图二六 仰韶中期 H245 平、剖面图

约 0.3 米；第 2 层为灰土，土质疏松。出土陶片较多，以泥质红陶为主，器形有尖底瓶、盆、钵、夹砂罐等，还有石锤等小件（图二六）。

H302　位于探方 T312 西部与 T313 东部，开口于第 2 层下。坑口平面近椭圆形，壁略弧，锅底，坑壁加工粗糙。坑口长径 3.4 米，短径 2.4 米，坑深 0.8 米。填土呈灰色，土质疏松，含少量碎石块。出土陶片以泥质红陶为主（图二七）。

H313　位于探方 T321 西南，开口于第 2 层下，被 H311、H314 打破。圆形锅底状，坑壁及底部加工粗糙。口径 2.1，坑深 0.8 米。填土为灰褐色，土质疏松，含少量红烧土块。出土陶片以泥质红陶为主，器形有尖底瓶、盆、钵、夹砂罐等（图二八）。

4. 不规则形坑

13 座。坑底不规整，呈斜坡或凹凸不平，加工粗糙。举例如下：

H4　位于探方 T109 中南部，开口于第 1 层下。坑口平面为椭圆形，面积较大，坑壁粗糙，坑底高低不平。坑口长径 4 米，短径 3 米，坑深 0.7~1.4 米。坑内堆积分 2 层：第 1 层为灰褐土，土质略硬，厚 0.4~0.9 米；第 2 层为灰土，土质疏松，含少量碎烧土块。出土陶片较多，可辨器形有尖底瓶、盆、钵、夹砂罐、灶等（图二九）。

H229　位于探方 T221 南部与 T220 北部，开口于第 1 层下，被 H228 打破。坑口为不规则形，面积较大，坑壁斜向，加工粗糙，坑底凹凸不平。口径 2.5~3.5 米，坑深 1.2 米。填土为灰褐色，含少量碎石块及烧土块。出土陶片较多，以泥质红陶为主，可辨器形有夹砂罐、盆、钵、尖底瓶、葫芦口瓶等（图三〇）。

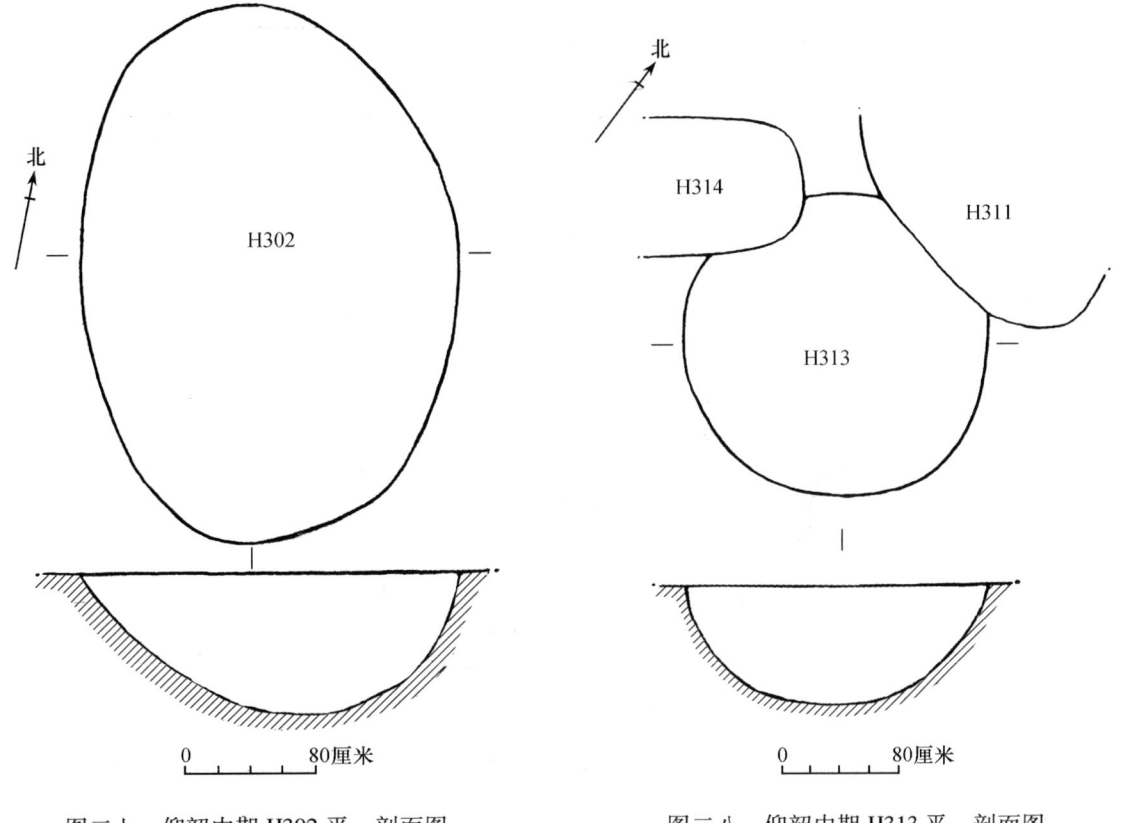

图二七 仰韶中期 H302 平、剖面图　　　　图二八 仰韶中期 H313 平、剖面图

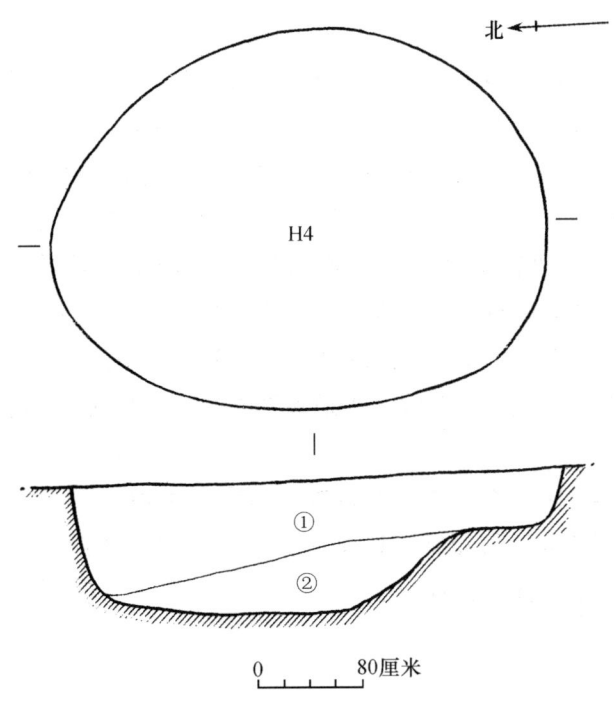

图二九 仰韶中期 H4 平、剖面图

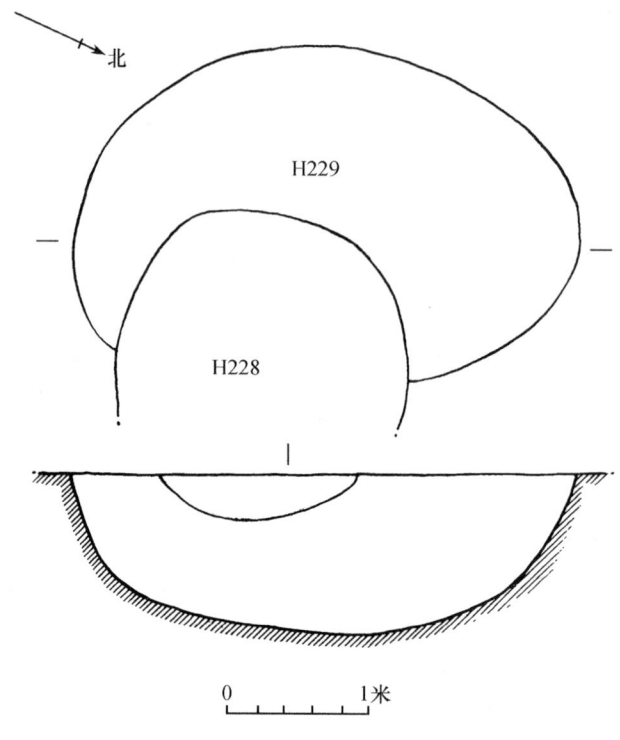

图三〇　仰韶中期 H229 平、剖面图

第二节　文化遗物

这一时期出土的文化遗物以陶器为大宗，另有少量石、骨、蚌器等。陶器以生活用具为主，复原器物 25 件。以Ⅰ区 H4、H30、H37、H73、H83 等 5 个典型单位陶系及器形统计数据为例（表三），泥质陶所占比例高于夹砂陶，约占陶片总数的 72.7%，其陶色可分为灰、红、灰褐、褐、红褐和黑色六类，其中红陶所占比例最高，为 61.3%，褐陶次之。夹砂陶占陶片总量的 27.3%，其中褐陶比例较高，为 18.4%。两者相比，以泥质红陶最多，夹砂褐陶次之，二者占据陶片总数的 89.6%。陶器以素面与素面磨光陶较多，二者约占陶片总量的 42.8%。纹饰主要见于尖底瓶、夹砂罐等器皿，以线纹为主，约占 26.2%，其次为弦纹，占 10.5%。彩陶以黑彩为主，占 8.1%，花纹图案多弧边三角纹、横杠夹圆点纹、勾叶纹、多道弧线纹等，主要饰于钵、盆类器物的上腹部，整体纹饰疏朗、美观。

器形有尖底瓶、盆、钵、罐、瓮、釜、器盖等，其中盆类器占 37.6%，钵类器占 31.2%，尖底瓶占 5.4%，夹砂罐占 25.5%。陶器制法以手制为主，采用泥条圈筑法为多。器物多经慢轮修整，泥质陶较明显，夹砂陶多经修抹、刮削。

表三　仰韶中期典型灰坑陶系及器形统计表

纹饰/陶质陶色	夹砂					泥质						合计	百分比（%）
	灰	灰褐	褐	红	红褐	灰	灰褐	褐	红	红褐	黑		
素面	5		150	45	15	20	6	18	235	5		499	37.3
素面磨光		1		1		5	3	20	160	5	6	201	15.5
线纹	5	3	60	15	5	1	1	35	215	10		350	26.2
弦纹		1	35	15	3	1		10	75	1		141	10.5
篮纹								6	25			31	2.2
彩陶									108			108	8.1
其他			2		2							4	0.2
合计	10	7	245	78	23	27	10	89	818	21	6	1334	
百分比（%）	0.7	0.5	18.4	5.9	1.8	2.1	0.7	6.6	61.3	1.6	0.4		100
器形 尖底瓶									15			15	5.4
葫芦口瓶									2			2	0.8
盆			4	2		5			72			83	29.8
彩陶盆									22			22	7.8
钵			3	1		3	2		40			49	17.6
彩陶钵					1		1		36			38	13.6
罐	2	1	42	8	3			1	2			59	21.2
瓮			1	1					3			5	1.7
其他	1		5									6	2.1
合计	3	1	55	12	3	9		4	192			279	
百分比（%）	1.1	0.3	19.8	4.3	1.1	3.2	0	1.4	68.8	0	0		100

注：本表为仰韶中期典型灰坑 H4、H30、H37、H73、H83 出土陶片的统计数据。

纹饰中的其他指出土极少的纹饰，如附加堆纹、戳划纹等；器形中的其他亦为出土极少的器形，如釜、器盖、杯等。

本节器物描述以单位进行，先后顺序以有遗迹描述者为先，之后按灰坑登记表中的次序发表。以单位来介绍文化遗物，可将一个具体单位内的出土物信息较全面地反映出来，便于了解其本身的功能与性质。现将各单位的遗物标本介绍如下（由于出土器物主要是陶器，在介绍遗物时凡是未标明质地的，均为陶器，全书均同）：

1. Y301

标本 12 件。

尖底瓶　Y301∶1，泥质红陶，近似双唇口，罐形，上唇外侈、圆唇，下唇圆鼓，上下唇面之间有两周浅凹槽，溜肩，器表饰线纹，内壁可见泥条缝。口径 6.2 厘米，残高 24.4 厘米（图三一，6；图版二，1）。

彩陶钵　Y301∶2，泥质红陶，陶色不匀，下腹近灰色，敞口，尖圆唇，弧腹斜收，小平底微凹，口沿外施一周宽红彩带，器表素面磨光，口沿内侧有一周凹槽。口径 36 厘米，底径 7.5 厘米，高 17 厘米（图三一，12；图版三，1）。Y301∶3，泥质红陶，陶色不匀，敞口，圆唇，弧腹斜收，小平底，器表素面磨光，口沿外施一周宽红彩带。口径 33.4 厘米，底径 7.5 厘米，高 12.5 厘米

（图三一，5；图版三，4）。

钵　Y301:4，泥质红陶，口微敛，圆唇，弧腹斜收，器表素面磨光。残高10.6厘米（图三一，8）。Y301:5，泥质红陶，敛口，圆唇，弧腹，素面。口径31厘米，残高11.2厘米（图三一，3）。Y301:6，泥质红陶，敛口，圆唇，腹壁微弧，器表素面磨光。口径33.2厘米，残高11.8厘米（图三一，10）。Y301:7，泥质红陶，口微敛，圆唇，腹壁微弧，器表素面磨光。口径27.6厘米，残高7.4厘米（图三一，7）。

叠唇无沿盆　Y301:8，泥质红陶，口微敛，圆唇，唇面加厚，腹微弧，素面。残高10厘米（图三一，2）。

瓮　Y301:9，泥质红陶，敛口，圆唇，唇面加厚，圆肩，器表素面磨光。口径38.2厘米，残高5厘米（图三一，9）。

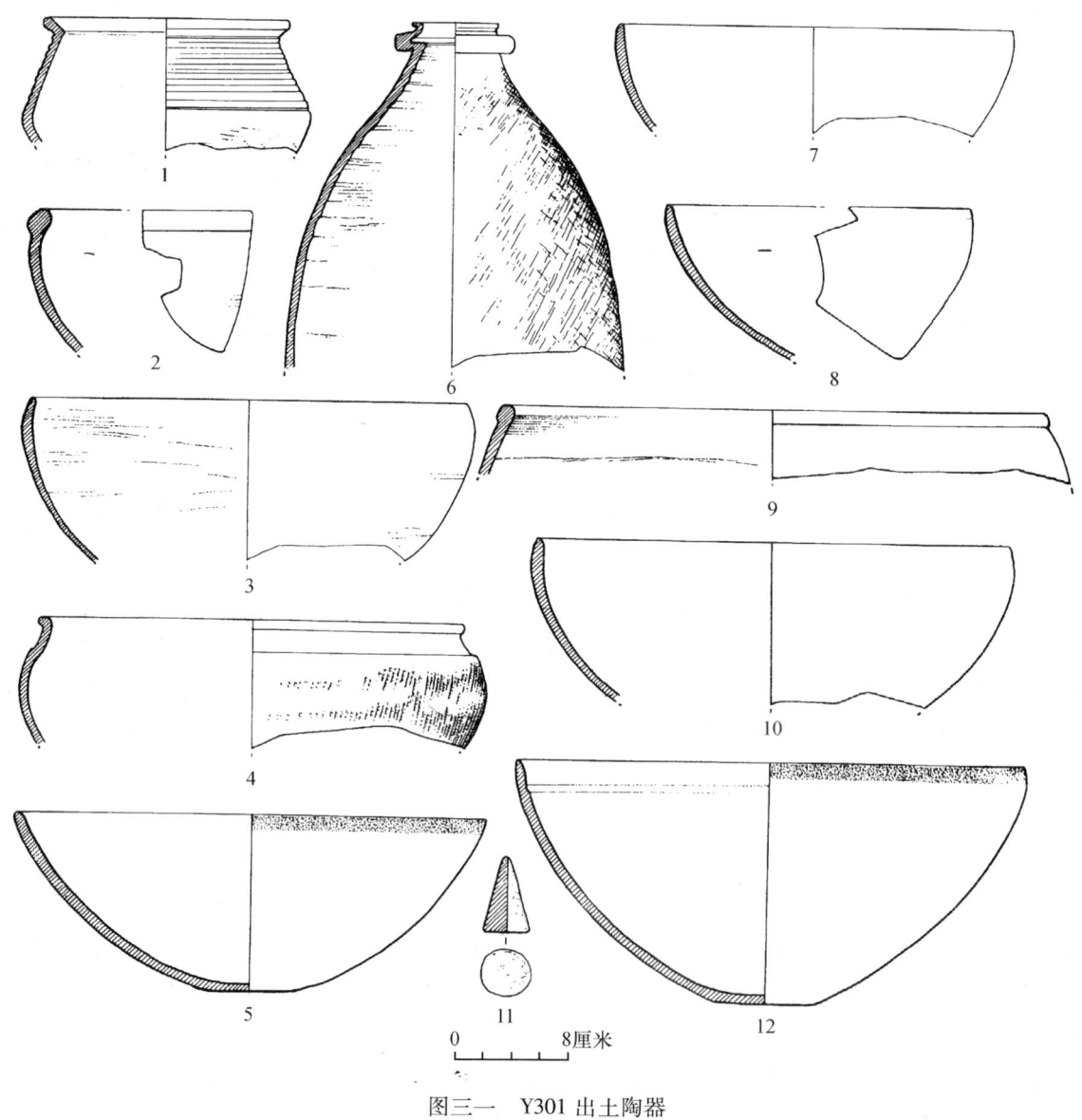

图三一　Y301出土陶器
1、4. 夹砂罐（Y301:12、11）　2. 叠唇无沿盆（Y301:8）　3、7、8、10. 钵（Y301:5、7、4、6）
5、12. 彩陶钵（Y301:3、2）　6. 尖底瓶（Y301:1）　9. 瓮（Y301:9）　11. 支钉（Y301:10）

夹砂罐　Y301∶11，红陶，侈口，圆唇，颈腹折角不明显，圆弧腹，腹部饰绳纹。口径30.2厘米，残高8.8厘米（图三一，4）。Y301∶12，褐陶，侈口，折沿，圆唇，溜肩，下腹斜收，肩部饰数周弦纹，下腹部饰斜线纹。口径17.2厘米，残高9.2厘米（图三一，1；图版九，4）。

支钉　Y301∶10，泥质红陶，实心圆锥体，素面。直径3.4厘米，高5.4厘米（图三一，11）。

2. Y302

标本20件。

尖底瓶底　Y302∶14，泥质红陶，器壁斜直，腹底夹角小，器表饰线纹，内壁底部可见泥条。残高6.4厘米（图三二，17）。

彩陶钵　Y302∶1，泥质灰褐陶，敞口，尖圆唇，口沿外侧有一周褐色宽顶带，腹微弧。残高8.2厘米（图三二，9）。Y302∶2，泥质灰陶，口微敛，尖圆唇，弧腹，器表磨光，口沿外侧施一周红色彩带。残高7.4厘米（图三二，13）。Y302∶3，泥质红陶，敞口，尖圆唇，微弧腹，口沿外侧施一周褐色彩带。残高6.6厘米（图三二，8）。Y302∶4，泥质灰陶，敞口，尖圆唇，腹微弧、斜收，口沿外侧施一周红色彩带。残高6厘米（图三二，4）。Y302∶5，泥质灰褐陶，敞口，尖圆唇，口沿外侧约4.5厘米宽带呈红色，弧腹，素面。残高9.2厘米（图三二，10）。Y302∶6，泥质红陶，敞口，尖圆唇，弧腹斜收，口沿内外侧有一周红色顶带，内侧较窄，外侧顶带宽约4~5厘米，其下陶色呈灰褐色，器表磨光。残高5.6厘米（图三二，6）。

钵　Y302∶7，泥质红陶，残存近底部，腹壁微弧、斜收，平底，器表素面磨光。底径8.4厘米，残高5.2厘米（图三二，20）。Y302∶8，泥质灰陶，残存近底部，腹壁微弧、斜收，平底，素面。底径8.6厘米，残高4厘米（图三二，11）。Y302∶9，泥质红陶，敞口，尖圆唇，唇面加厚，腹壁微弧，素面。残高6.6厘米（图三二，15）。Y302∶10，泥质红陶，口微敛，尖圆唇，微弧腹，素面。残高4.4厘米（图三二，16）。Y302∶11，泥质红陶，口微敛，尖圆唇，弧腹斜收，器表素面磨光。残高5厘米（图三二，12）。Y302∶12，泥质红陶，敞口，方唇，腹壁外弧，器表素面磨光。残高7.2厘米（图三二，14）。Y302∶13，泥质红陶，敞口，尖圆唇，腹微弧，器表素面磨光。口径32厘米，残高7厘米（图三二，7）。

盆　Y302∶15，泥质红陶，敞口，宽折沿微卷，圆唇，腹微弧，素面。口径40厘米，残高8厘米（图三二，19；图版八，3）。Y302∶16，泥质红陶，敛口，圆唇，唇面加厚，弧腹，素面。残高7厘米（图三二，3）。Y302∶17，泥质红陶，敛口，尖圆唇，上腹圆鼓，下腹斜收，腹部有附加堆纹按压成鋬手。残高6厘米（图三二，5）。

夹砂罐　Y302∶18，红陶，侈口，圆唇，肩圆弧，饰戳刺纹。残高5.2厘米（图三二，18）。Y302∶19，夹砂褐陶，侈口，方唇，唇面有一周凹槽，肩部饰线纹。残高7厘米（图三二，2）。Y302∶20，褐陶，侈口，圆方唇，肩圆弧，素面。残高8厘米（图三二，1）。

3. H73

标本9件。

瓮　H73∶1，夹砂红陶，胎致密，敛口，圆唇，溜肩微鼓，斜弧腹，平底，器表素面有刮削痕，内壁刮痕明显。口径26厘米，底径19厘米，高28.4厘米（图三三，9）。

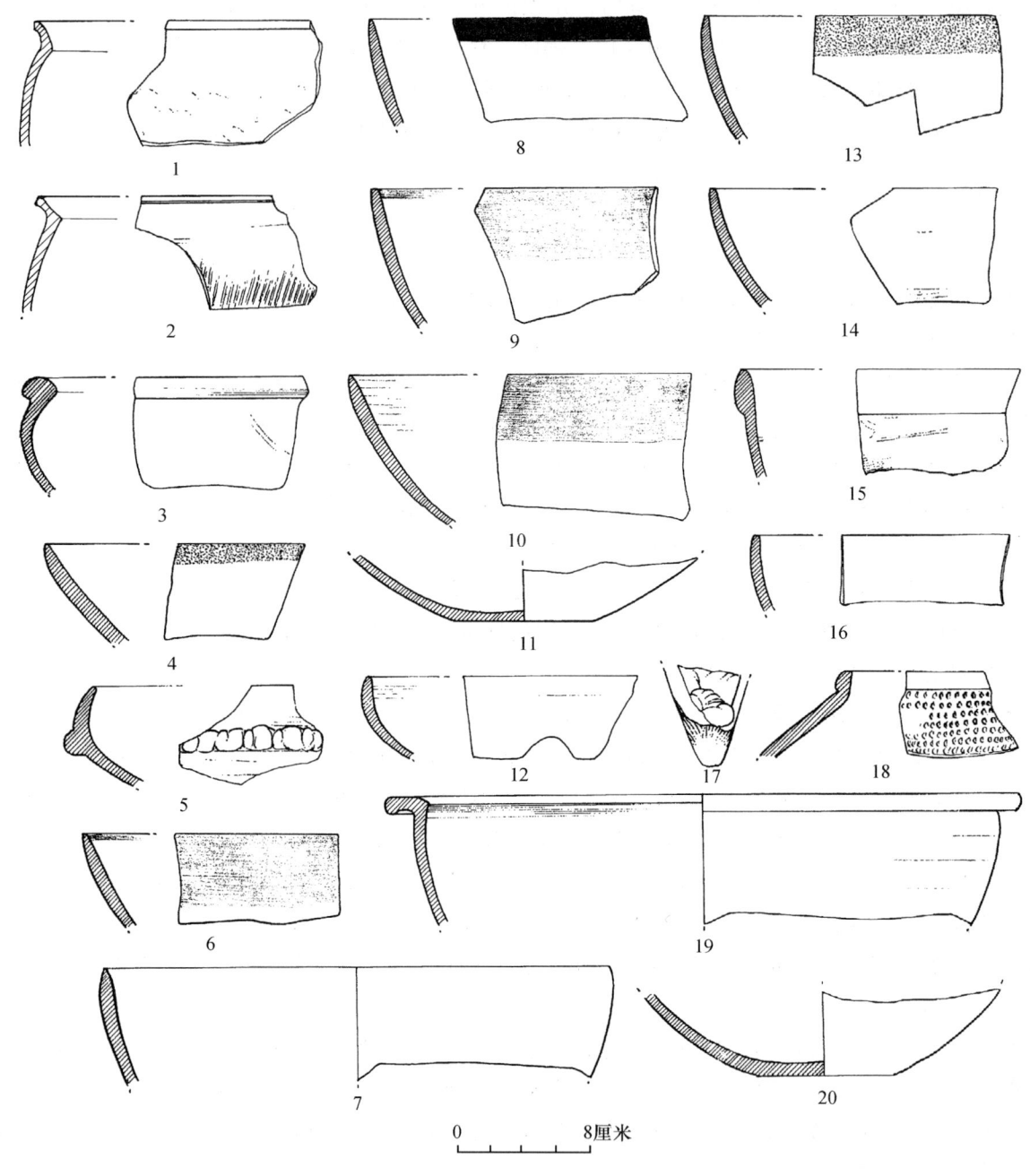

图三二 Y302 出土陶器

1、2、18. 夹砂罐（Y302∶20、19、18） 3、5、19. 盆（Y302∶16、17、15） 4、6、8~10、13. 彩陶钵（Y302∶4、6、3、1、5、2） 7、11、12、14~16、20. 钵（Y302∶13、8、11、12、9、10、7） 17. 尖底瓶底（Y302∶14）

缸 H73∶2，夹砂灰褐陶，敛口，平沿，唇面加宽，尖圆唇，唇边经按压而成花边口，口内侧有一周凹槽，腹壁较直外撇，口沿下方可见刮削痕，腹部饰线纹。残高 7 厘米（图三三，1）。H73∶3，夹砂红陶，敛口，平沿，尖唇，直壁外撇，器表饰线纹，口沿下方有泥条脱落痕，腹内壁可见修抹痕。残高 24 厘米（图三三，4）。

彩陶盆 H73∶5，泥质红陶，敞口，卷沿，圆唇，斜弧腹，器表磨光，唇面施黑彩带，腹部绘有彩带、弧线等组成的图案。残高 3.3 厘米（图三三，5）。

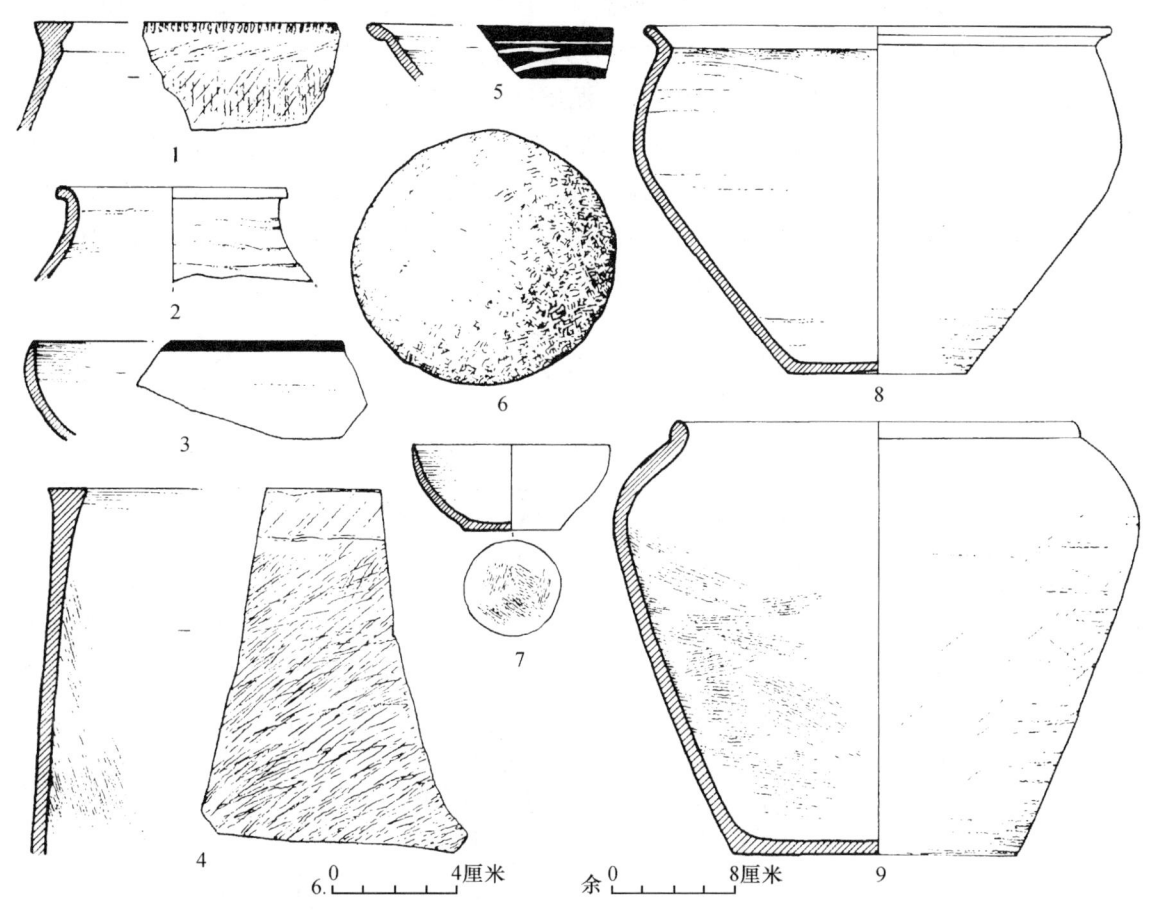

图三三 H73 出土陶器、石球

1、4. 陶缸（H73:2、3） 2. 夹砂陶罐（H73:9） 3. 彩陶钵（H73:6） 5. 彩陶盆（H73:5） 6. 石球（H73:4）
7. 敞口小陶钵（H73:7） 8. 折沿陶盆（H73:8） 9. 陶瓮（H73:1）

彩陶钵 H73:6，泥质红陶，敛口，尖圆唇，弧腹内收，器表磨光，口外侧施一周黑彩带，内壁可见细密轮纹。残高6.5厘米（图三三，3）。

敞口小钵 H73:7，泥质红陶，敞口，圆唇，浅腹略弧，小平底，器表素面磨光，外底有刮痕。口径13厘米，底径6厘米，高5.5厘米（图三三，7）。

折沿盆 H73:8，泥质红陶，侈口，折沿，圆唇，深腹，上腹略圆，下腹斜收，平底，器表素面磨光，内壁口沿下有刮削修整痕。口径30.4厘米，底径11.6厘米，高22.8厘米（图三三，8；图版七，3）。

夹砂罐 H73:9，褐陶，侈口，方唇，溜肩，外壁可见修抹痕和刮削痕。口径15厘米，残高6厘米（图三三，2）。

石球 H73:4，琢制而成，有一小平面经磨光。直径8.5厘米（图三三，6）。

4. H83

标本43件。

尖底瓶口 H83:5，泥质红陶，重环口，上唇面上仰，下唇面较上唇面窄平，内外侧均为圆唇，口内侧可见泥条缝及修抹痕。口径5厘米，残高3.5厘米（图三四，11）。H83：6，泥质红陶，重环口，上下唇面宽相近，唇面微上仰，内外侧均为尖圆唇，颈部饰斜线纹，其上又略经修抹。口径3.3厘米，残高5厘米（图三四，7）。H83：7，泥质红陶，单唇口，唇面内凹上仰，内外侧均为圆唇，颈部素面。口径4厘米，残高4.3厘米（图三四，14）。H83：8，泥质红陶，单唇口，唇面斜平，内侧上仰，外侧为尖圆唇，器表涂白陶衣，素面。口径4.7厘米，残高4厘米（图三四，6）。H83：9，泥质红陶，单唇口，唇面斜平，内外侧均为尖圆唇，颈部素面。口径5厘米，残高5厘米（图三四，12）。H83：10，泥质红陶，退化双唇口，上唇较宽、上仰，下唇窄平，界面以浅凹槽示

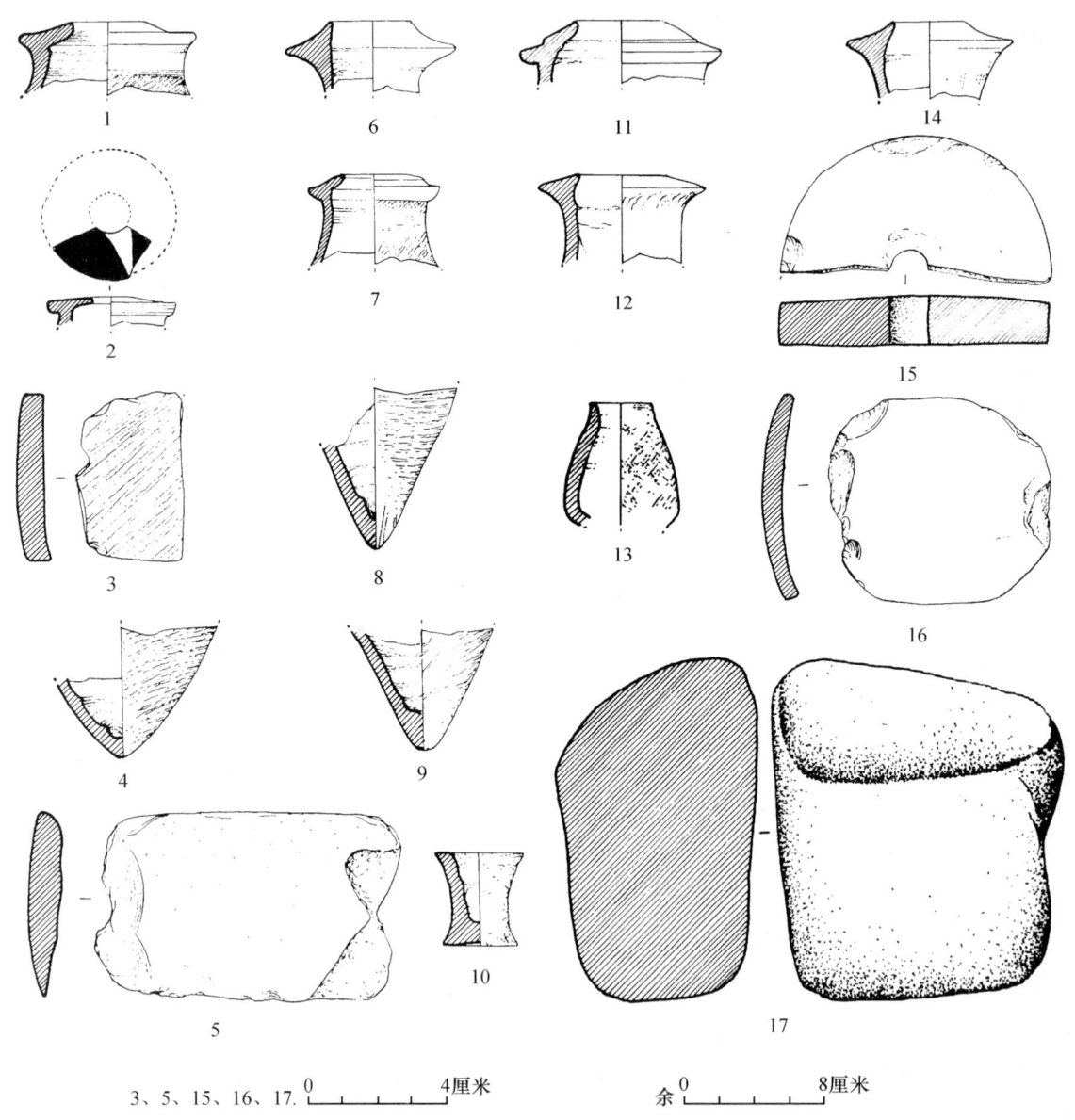

图三四　H83出土陶器、石器

1、2、6、7、11、12、14. 尖底陶瓶口（H83：10、14、8、6、5、9、7）　3. 陶刀（H83：2）　4、8、9. 尖底陶瓶底（H83：12、1、11）　5. 石刀（H83：38）　10. 小陶杯（H83：31）　13. 葫芦口陶瓶口（H83：13）　15. 陶纺轮（H83：36）　16. 圆陶片（H83：37）　17. 石锤（H83：4）

意为双唇，颈部素面，其下饰斜线纹。口径4厘米，残高4.3厘米（图三四，1）。H83：14，泥质红陶，单唇口，唇面斜平，内外侧均为圆方唇，唇面磨光，其上以黑彩绘有图案。口径1厘米，残高1.6厘米（图三四，2）。

尖底瓶底　H83：1，泥质红陶，底尖，器壁横篮纹较稀疏，近底部经刮削，内壁泥条筑成痕迹明显。残高9.4厘米（图三四，8）。H83：11，泥质红陶，器壁较直斜收，底尖，器表饰斜线纹，近底部内壁泥条筑成痕迹明显。残高7厘米（图三四，9）。H83：12，泥质红陶，器表斜篮纹较规整，内壁泥条筑成痕迹明显。残高7.6厘米（图三四，4）。

葫芦口瓶口　H83：13，泥质红陶，侈口，尖圆唇，沿微外卷，瓶口外壁可见交错线纹，内壁泥条缝明显。口径3.6厘米，残高7.2厘米（图三四，13）。

夹砂罐　H83：3，褐陶，侈口，圆方唇，唇面上有一周凹槽，溜肩，肩部饰弦纹，弦纹不甚规整，内壁可见修抹痕。口径24厘米，残高7厘米（图三五，1）。H83：29，褐陶，侈口，折沿上仰，圆唇，溜肩，肩部饰弦纹。口径17厘米，残高4厘米（图三五，3）。H83：39，褐陶，侈口，沿面上有三周凹槽，圆唇，溜肩，肩部可见刮削痕。口径28厘米，残高9厘米（图三五，16）。H83：40，褐陶，侈口，折沿，圆唇，折腹，下腹较直斜收，口沿下饰线纹，折腹处施一周附加堆纹。口径19厘米，残高13厘米（图三五，12）。H83：41，褐陶，侈口，圆唇，鼓腹，上腹部饰数周弦纹，弦纹上贴有一枚小圆泥饼。口径16厘米，残高9.8厘米（图三五，14）。H83：42，褐陶，敛口，圆方唇，唇面加宽，溜肩略圆，口沿下饰数周弦纹，弦纹不甚规整，弦纹下方残留泥条状鋬手。残高10厘米（图三五，2）。

敛口钵　H83：15，泥质红陶，敛口，圆唇，上腹圆弧，下腹斜收，器表素面磨光，内壁可见修抹痕。口径24厘米，残高8.8厘米（图三五，10）。H83：16，泥质红陶，敛口，圆唇，弧腹，器表素面磨光，口部内侧有细密轮纹。口径20厘米，残高4厘米（图三五，5）。H83：17，泥质红陶，敛口，圆唇，圆弧腹，器表素面磨光，口内侧有修抹痕。口径24厘米，残高5.8厘米（图三五，4）。H83：19，泥质褐陶，敛口，圆唇，鼓肩，下腹微内曲，平底，器表刮削后磨光，内壁有细密轮纹。口径23.6厘米，底径10.5厘米，残高11.3厘米（图三五，7）。H83：25，夹砂褐陶，敛口，圆唇，上腹圆弧，下腹斜收，素面。口径12厘米，残高4.5厘米（图三五，13）。

彩陶钵　H83：18，泥质红陶，敞口，尖圆唇，斜腹微弧，器表磨光，口外侧施一周红彩。口径26厘米，残高8厘米（图三六，9）。H83：20，泥质红陶，敛口，圆唇，鼓肩，下腹微内曲，平底，沿外施一周窄黑彩带，不甚规整。口径19.5厘米，底径8厘米，高9.5厘米（图三六，2；图版三，6）。H83：21，泥质红陶，敞口，尖唇，弧腹内收，器表磨光，唇面及口外侧施一周黑彩。口径14厘米，残高6厘米（图三六，6）。H83：22，泥质红陶，陶色不匀，口微敛，圆唇，上腹微弧，下腹斜收，平底，腹部以黑彩绘有弧边三角形、斜线、横线组成的图案。口径15厘米，底径6厘米，高8厘米（图三六，3；图版三，5）。H83：23，泥质黄橙陶，敛口，尖圆唇，圆弧腹，器表磨光，唇面施红彩带，腹壁绘有弧线、彩带等组成的图案，内壁可见修抹痕。口径26厘米，残高5.5厘米（图三六，8）。H83：24，泥质黄橙陶，口微敛，尖圆唇，圆折腹，折角不明显，腹部以黑彩绘有网格纹和彩带。口径16厘米，残高5厘米（图三六，5）。H83：43，泥质红陶，敛口，圆唇，弧腹外撇，器表磨光，唇边施黑彩带，腹壁绘有斜线组成的图案。残高5厘米（图三六，7）。

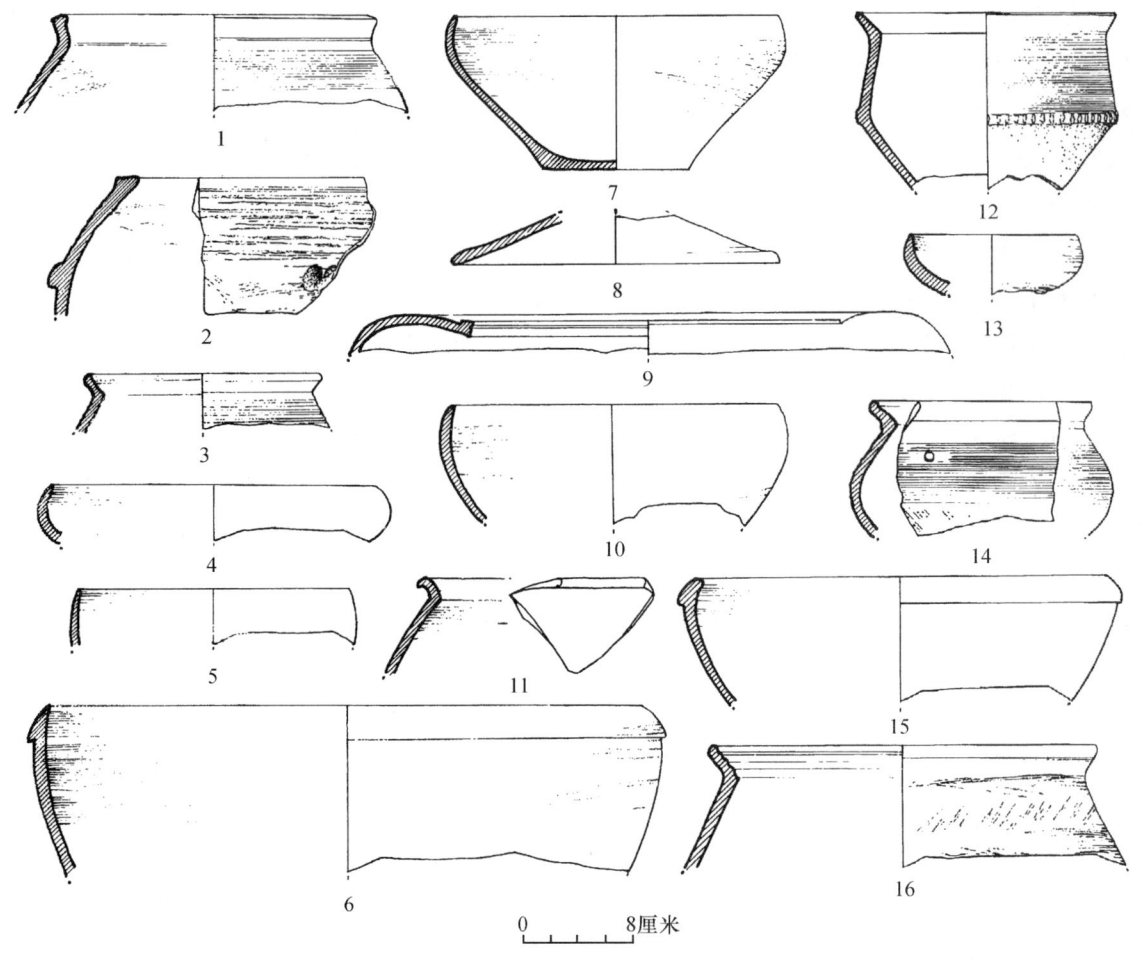

图三五　H83 出土陶器

1~3、12、14、16. 夹砂罐（H83:3、42、29、40、41、39）　4、5、7、10、13. 敛口钵（H83:17、16、19、15、25）
6、15. 叠唇无沿盆（H83:30、26）　8. 器盖（H83:27）　9. 瓮（H83:32）　11. 折沿盆（H83:28）

叠唇无沿盆　H83:26，泥质红陶，敛口，圆唇，唇面加厚，突出于口沿外，弧腹斜收，器表素面磨光，内壁可见修抹痕。口径 30 厘米，残高 9.3 厘米（图三五，15）。H83:30，泥质红陶，敛口，唇面加厚，突出于口沿外，尖唇，弧腹内收，素面，口部下方有刮削痕，内壁可见修抹痕。口径 44 厘米，残高 12.3 厘米（图三五，6）。

折沿盆　H83:28，泥质红陶，侈口，折沿外翻，圆唇，弧腹外撇，素面。残高 7 厘米（图三五，11）。

彩陶盆　H83:33，泥质红陶，侈口，折沿，圆唇，弧腹外撇，沿边施黑彩带，腹部绘有圆点纹、弧边三角纹、弧线、眼睫纹等组成的图案。口径 32 厘米，残高 7 厘米（图三六，1；图版六，5）。H83:34，泥质红陶，侈口，折沿，卷缘，圆唇，口径大于腹径，上腹圆弧，下腹急转内收，唇部施黑彩带，上腹饰弧边三角纹、勾叶纹、圆点纹和横杠纹等。口径 32 厘米，残高 10 厘米（图三六，10；图版六，1）。H83:35，泥质红陶，侈口，折沿，沿面斜平，方唇，口径大于腹径，腹壁略弧，沿面施黑彩带，腹部饰弧边三角纹和圆点纹组成的图案。口径 27 厘米，残高 9.3 厘米（图三六，4）。

瓮　H83:32，泥质红陶，敛口，方唇，圆鼓肩，器表施红陶衣磨光。口径 36 厘米，残高 3 厘米（图三五，9；图版八，5）。

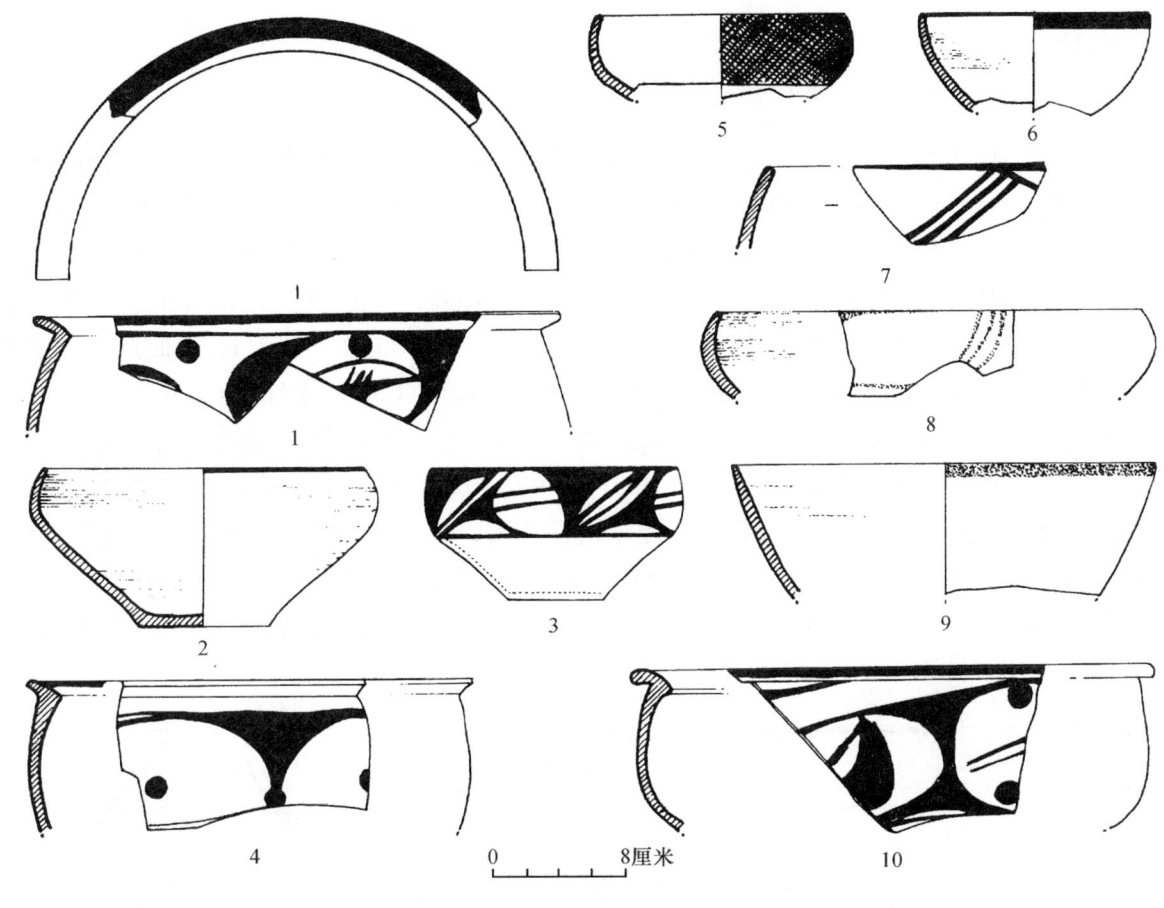

图三六 H83 出土陶器

1、4、10. 彩陶盆（H83：33、35、34） 2、3、5~9. 彩陶钵（H83：20、22、24、21、43、23、18）

器盖 H83：27，泥质灰褐陶，敞口，圆方唇，器壁较直，素面。底径 24 厘米，残高 3.6 厘米（图三五，8）。

小杯 H83：31，夹砂褐陶，敞口，尖圆唇，腹壁内弧，平底微凹，素面，器形不甚规整。口径 4.8 厘米，底径 4 厘米，高 5.2 厘米（图三四，10）。

陶刀 H83：2，泥质红陶，由残陶片打制加工而成，微弧，器表饰线纹，刀已残断，侧边有一个 V 字形凹缺，单面刃。残长 3 厘米，宽 5 厘米，厚 0.8 厘米（图三四，3）。

陶纺轮 H83：36，泥质陶，陶色发白，仅残存一半，复原应为圆形，器形规整，一面平，另一面微凸，边缘较直，有一个管钻成的孔。直径 7.7 厘米，厚 1.4 厘米（图三四，15）。

圆陶片 H83：37，泥质红陶，由残陶片打制加工而成，弧面，器表磨光。最大直径为 6.3 厘米，厚 0.6 厘米（图三四，16）。

石刀 H83：38，打制石器，平面近似长方形，两侧边各有一个凹缺，直背直刃，双面刃。长 8.9 厘米，宽 5.5 厘米，厚 1 厘米（图三四，5）。

石锤 H83：4，磨制石器，通体磨光，体厚重，横截面为四边形，底端较平、有使用痕迹。长 10 厘米，宽 8.3 厘米，厚 5.9 厘米（图三四，17）。

5. H212

标本 13 件。

尖底瓶口 H212:1，泥质红陶，重环口，上唇面较下唇面窄平，下唇面上仰，内外侧均为圆唇，颈部饰斜线纹，内壁可见修抹痕。口径 3.6 厘米，残高 5.6 厘米（图三七，10）。H212:2，泥质红陶，单唇口，唇面斜平，内侧为尖唇，外侧为尖圆唇，口部内壁微凹，素面。口径 5 厘米，残高 2.6 厘米（图三七，11）。H212:3，泥质红陶，单唇口，唇面斜平，尖圆唇，口部内壁内凹，素面，口部内侧可见泥条缝。口径 6 厘米，残高 3 厘米（图三七，6）。H212:4，泥质红陶，单唇口，唇面斜平，内侧为圆唇，外侧为圆方唇，口部内壁内凹，素面。口径 6 厘米，残高 3.6 厘米（图三七，5）。

尖底瓶底 H212:5，泥质红陶，腹壁斜直，底尖，底部为一个小平面，器壁饰交错线纹，底部内壁可见泥条痕及修抹痕。残高 6.6 厘米（图三七，9）。H212:6，泥质红陶，腹壁微弧斜收，器表拍印浅篮纹，内底可见泥条痕。残高 4.8 厘米（图三七，8）。H212:7，泥质红陶，底尖，底部为一斜平面，器表拍印浅细篮纹，近底部内壁可见泥条痕。残高 7.6 厘米（图三七，12）。

彩陶钵 H212:8，泥质红陶，敛口，尖圆唇，圆折腹，下腹斜收，器表磨光，口沿外侧饰一周黑彩带。口径 18.4 厘米，残高 4.4 厘米（图三七，1）。

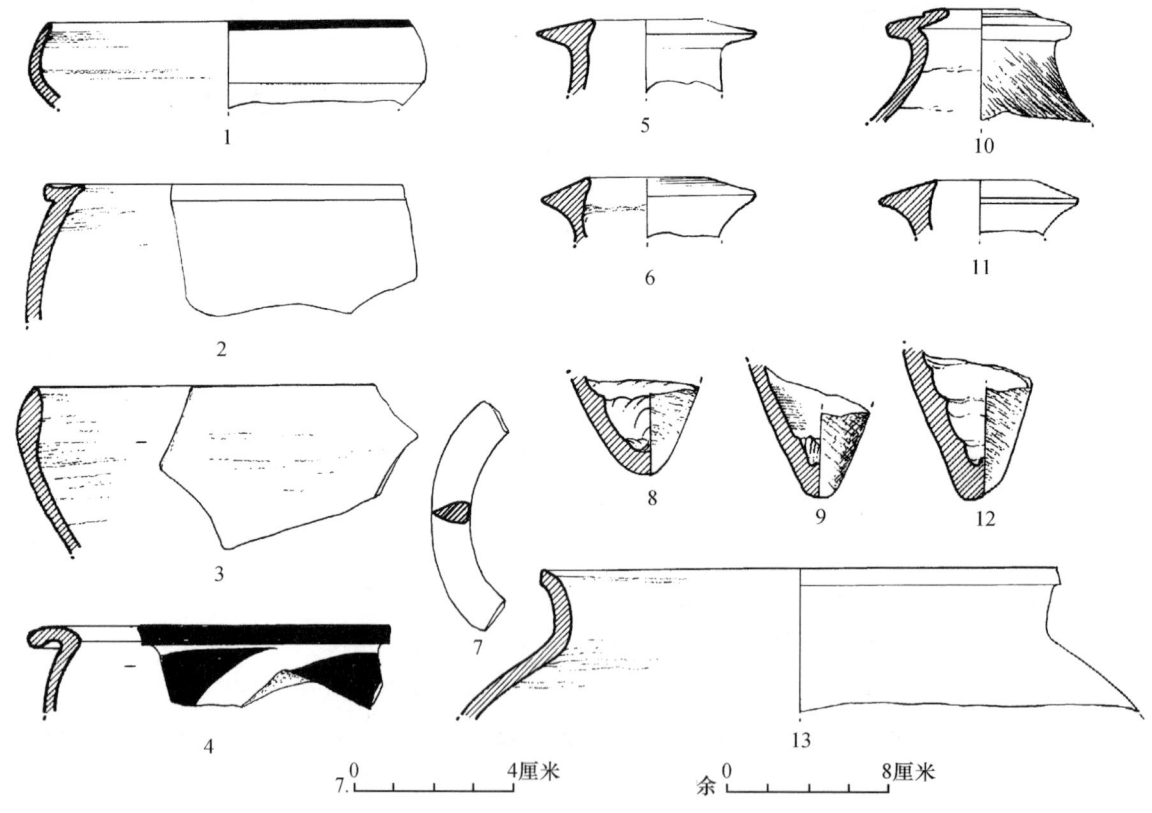

图三七　H212 出土陶器

1. 彩陶钵（H212:8）　2、13. 罐（H212:11、12）　3. 钵（H212:10）　4. 彩陶盆（H212:9）　5、6、10、11. 尖底瓶口（H212:4、3、1、2）　7. 陶环（H212:13）　8、9、12. 尖底瓶底（H212:6、5、7）

彩陶盆　H212:9，泥质红陶，侈口，卷沿，圆唇，弧腹外撇，口沿外施一周黑彩带，腹部绘有勾叶纹等组成的图案。残高4厘米（图三七，4）。

钵　H212:10，泥质褐陶，敛口，尖圆唇加厚，弧腹斜收，器表素面磨光，内壁可见修抹痕，外壁有刮削痕。残高8厘米（图三七，3）。

罐　H212:11，泥质红陶，敛口，平沿，沿面上有一周浅凹槽，圆唇，腹壁外弧，素面，内壁可见修抹痕。残高6.6厘米（图三七，2）。H212:12，夹砂灰褐陶，侈口，圆方唇，溜肩，素面，内壁可见修抹痕。口径26厘米，残高7.4厘米（图三七，13）。

陶环　H212:13，截面呈锥形，器表磨光。宽1厘米，厚0.5厘米（图三七，7）。

6. H312

标本3件。

盆　H312:1，泥质红陶，口微敛，尖圆唇，唇面加厚，腹壁微弧，素面。残高8厘米（图三八，1）。H312:3，夹砂褐陶，侈口，折沿，尖唇，上腹外弧，下腹折收，素面。口径30.2厘米，残高12厘米（图三八，15）。

夹砂罐　H312:2，褐陶，侈口，方唇，束颈，溜肩，下腹斜收，最大腹径处施一周附加堆纹。口径12.6厘米，腹径17.4厘米，残高10.8厘米（图三八，4）。

7. H313

标本4件。

尖底瓶口　H313:1，泥质红陶，双唇口，上唇面较下唇面宽，上下唇之间的沿面上有一周凹槽，下唇外沿为方唇，束颈，素面。口径4厘米，残高7.6厘米（图三八，5）。

彩陶钵　H313:2，泥质红陶，敛口，尖唇，腹部以下残，口沿及腹部绘黑彩。口径24厘米，残高5厘米（图三八，12）。

盆　H313:3，泥质红陶，敛口，圆唇，弧腹，腹部以下残，素面。口径32.4厘米，残高10厘米（图三八，6）。

夹砂罐　H313:4，褐陶，侈口，圆唇，圆肩，肩部以下残，素面。口径18厘米，残高5.6厘米（图三八，11）。

8. H324

标本8件。

彩陶罐　H324:1，泥质红陶，敛口，方唇，唇部加厚，圆肩，口沿上侧施一周黑彩带，肩部用黑彩绘有图案。口径17厘米，残高2.8厘米（图三八，8）。

彩陶盆　H324:2，泥质红陶，口部残，下腹斜收，平底。底径13厘米，残高18.6厘米。从腹部残片看出，用黑彩绘有弧线三角、圆点、横杠纹等组成的图案。残高13.6厘米（图三八，13）。

钵　H324:3，泥质红陶，敛口，尖圆唇，器表素面磨光。残高5厘米（图三八，3）。

盆　H324:4，泥质红陶，口微敛，圆方唇，唇面加厚，弧腹，素面，口沿下钻有一圆孔，为两面对钻。残高7.6厘米（图三八，2）。

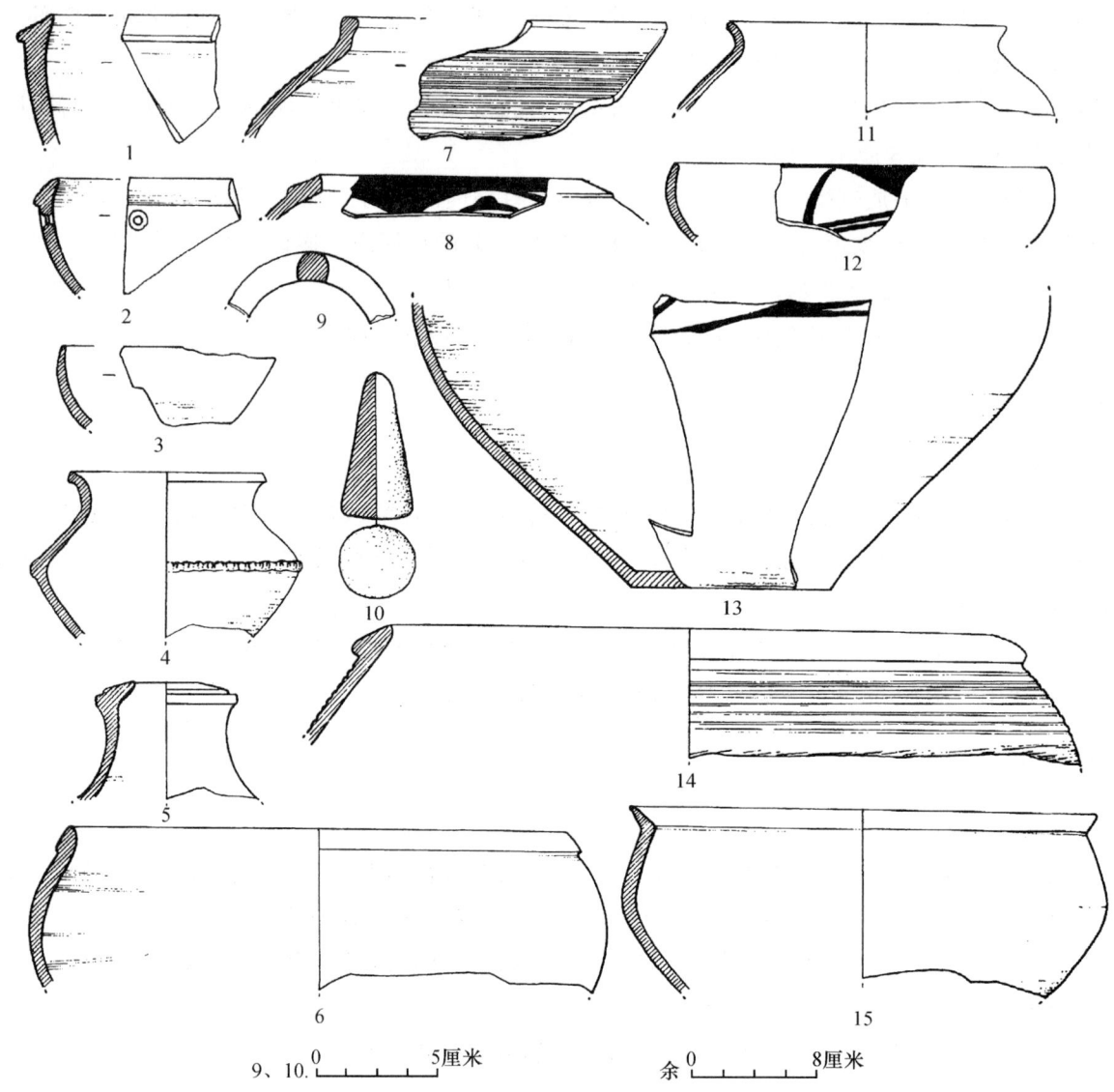

图三八 H312、H313、H324 出土陶器

1、2、6、15. 盆（H312∶1、H324∶4、H313∶3、H312∶3） 3. 钵（H324∶3） 4、7、11、14. 罐（H312∶2、H324∶5、H313∶4、H324∶6） 5. 尖底瓶口（H313∶1） 8. 彩陶罐（H324∶1） 9. 陶环（H324∶7） 10. 支钉（H324∶8） 12. 彩陶钵（H313∶2） 13. 彩陶盆（H324∶2）

罐 H324∶5，夹砂褐陶，口近直，圆唇，矮领，溜肩微鼓，肩部饰数周弦纹。残高 7.6 厘米（图三八，7）。H324∶6，夹砂红陶，敛口，尖圆唇，唇面加厚，圆肩，饰数周弦纹。口径 39 厘米，残高 8.4 厘米（图三八，14）。

支钉 H324∶8，泥质红陶，呈圆锥形。底径 2.4 厘米，高 4.7 米（图三八，10）。

陶环 H324∶7，泥质褐陶，陶环截面呈半圆形，器表磨光。宽 1 厘米，厚 1.05 厘米（图三八，9）。

9. H30

标本 31 件。

尖底瓶口　H30∶1，泥质红陶，退化双唇口，上唇较宽、上仰，下唇窄平，界面以浅凹槽示意为双唇，颈部素面。制法为：器身颈部向外延伸成外唇，再在其内侧加泥条做成上唇。口径4.4厘米，残高6厘米（图三九，15）。

折沿盆　H30∶2，泥质红陶，敞口，折沿，圆唇，腹壁较直缓收，附泥条状鋬手，两侧有泥片加固，器壁可见细密的修抹痕和纵向的刮削痕。残高13厘米（图三九，4）。H30∶13，泥质红褐陶，敞口，平折沿，沿面微凸，圆唇，斜弧腹，素面磨光。残高4.6厘米（图三九，5）。

叠唇无沿盆　H30∶5，夹砂红陶，敛口，尖圆唇，斜腹微弧，平底，器表素面磨光，内壁可见修抹痕。口径30厘米，残高9.4厘米（图四〇，1）。H30∶12，泥质褐陶，敛口，尖圆唇，弧腹，素面，器表可见修抹痕和刮削痕。残高9.2厘米（图四〇，3）。H30∶23，泥质红褐陶，敛口，圆唇，唇面加厚，突出于口沿外，弧腹，腹壁饰数周弦纹。残高6厘米（图四〇，4）。H30∶24，泥质红陶，敛口，尖唇，唇内侧微凹，唇面加厚，突出于口沿外，弧腹，素面磨光。残高6.2厘米（图四〇，9）。

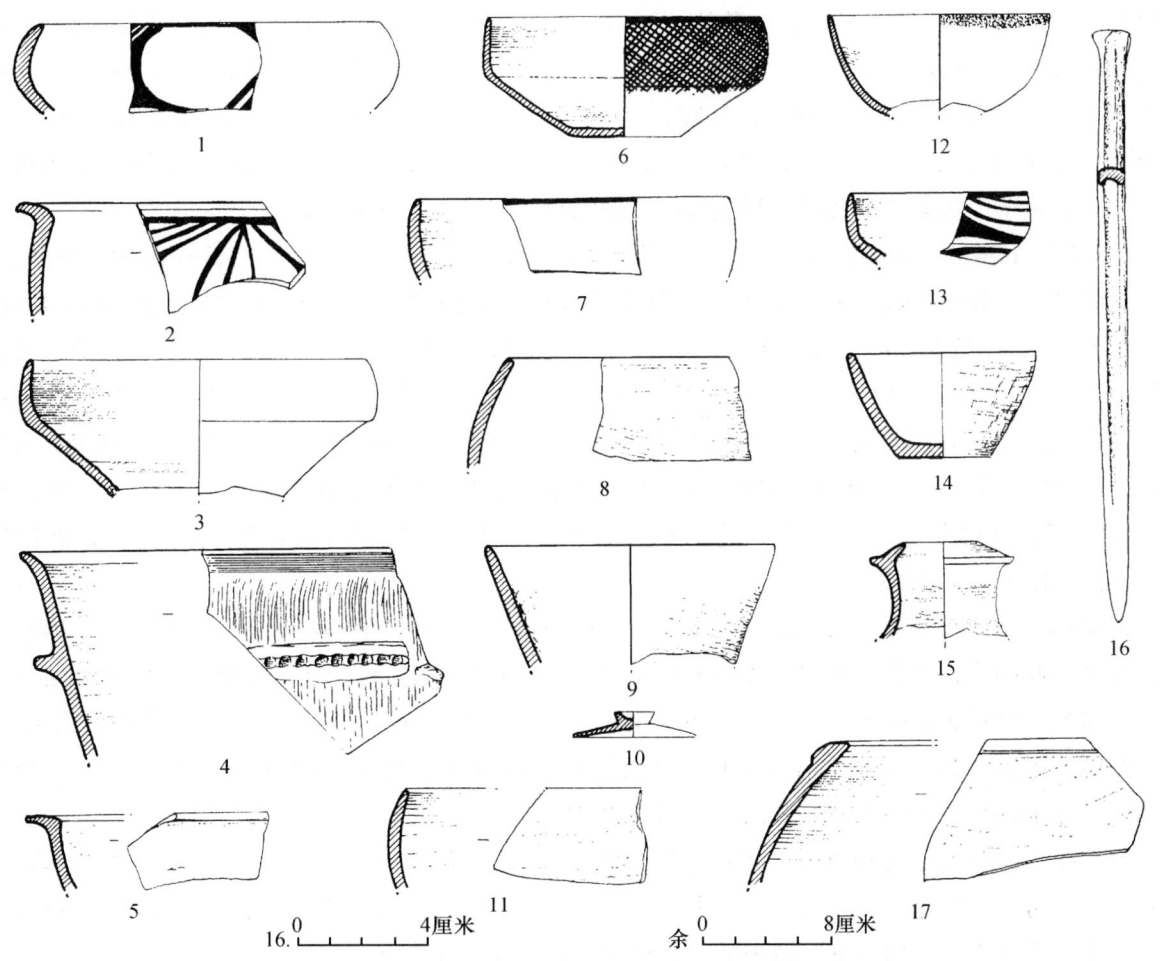

图三九　H30出土陶器、骨笄

1、6、7、12、13. 彩陶钵（H30∶10、9、7、8、11）　2. 彩陶盆（H30∶14）　3、9、11、14. 陶钵（H30∶6、29、25、28）　4、5. 陶折沿盆（H30∶2、13）　8、17. 陶敛口罐（H30∶26、15）　10. 陶器盖（H30∶30）　15. 尖底陶瓶口（H30∶1）　16. 骨笄（H30∶31）

敞口盆　H30:16，夹砂褐陶，敞口，圆唇，斜腹微弧，附泥条状鋬手，内壁可见修抹痕。口径25厘米，残高7.5厘米（图四〇，8）。

彩陶盆　H30:14，泥质红陶，侈口，折沿，圆方唇，弧腹，沿面及腹外壁磨光，腹部以黑彩绘有彩带、弧线等组成的图案。残高7厘米（图三九，2）。

钵　H30:6，泥质褐陶，敛口，圆唇，上腹圆折，下腹内曲，器表磨光，内壁有细密轮纹。口径21厘米，残高8.3厘米（图三九，3）。H30:25，夹砂红褐陶，敛口，圆唇，弧腹，素面。残高6厘米（图三九，11）。H30:28，夹砂灰褐陶，敞口，圆唇，斜弧腹，平底，腹壁可见明显刮削痕。口径12厘米，底径5.8厘米，高6.4厘米（图三九，14）。H30:29，夹砂褐陶，敞口，圆唇，腹壁较直斜收，素面，下腹较粗糙。口径18厘米，残高7.5厘米（图三九，9）。

彩陶钵　H30:7，泥质红陶，敛口，尖圆唇，弧腹，器表磨光，唇部及沿外施一周黑彩带。口径20厘米，残高5厘米（图三九，7）。H30:8，泥质红陶，敞口，圆唇，斜弧腹，近底部内收明显，器表磨光，唇部及沿外施一周红彩，不甚规整。口径14厘米，残高6厘米（图三九，12）。H30:9，泥质黄橙陶，陶色发白，口微敛，圆唇，折腹明显，平底，上腹绘褐彩网格纹，绘画不甚规整，彩带伸出边外。口径17厘米，底径7厘米，高7.3厘米（图三九，6；图版三，2）。H30:10，泥质黄橙陶，敛口，圆唇，鼓腹，器表磨光，唇边施一周黑彩带，腹壁绘有图案。口径21厘米，残高5.3厘米（图三九，1）。H30:11，泥质黄橙陶，敛口，尖圆唇，折腹，上腹外弧，下腹斜收，腹壁以黑彩绘有彩带、弧线等组成的图案。残高4.4厘米（图三九，13）。

夹砂罐　H30:3，褐陶，侈口，平沿，沿边有一周斜平台，方唇，唇部有两周凹槽，束颈，溜肩，腹略鼓，下腹斜内收，肩部磨光，下腹隐约可见斜方格纹。口径17.5厘米，残高14.8厘米（图四〇，10；图版九，1）。H30:4，灰褐陶，侈口，矮领，领斜直，平沿，方唇，圆鼓腹，素面。口径16厘米，残高9.4厘米（图四〇，12）。H30:19，褐陶，侈口，斜方唇，腹略鼓，腹壁斜线纹经修抹，口沿下贴有小圆泥饼。口径18厘米，残高11厘米（图四〇，11）。H30:20，褐陶，侈口，平沿，斜方唇，溜肩，口内侧有两周凸棱，肩部饰横线纹。口径25厘米，残高7厘米（图四〇，2）。H30:21，灰褐陶，侈口，折沿，斜方唇，溜肩，口沿下方的腹壁饰四周凹弦纹，其下饰交错线纹。残高7厘米（图四〇，5）。

素面小罐　H30:17，夹砂灰褐陶，侈口，斜方唇，腹圆鼓，上腹经手抹略显平滑，下腹较粗糙，有纵向刮削痕，平底，从内外壁的泥缝观察，可知由九圈泥条于器底边缘上侧依次叠筑而成。口径9厘米，底径5.5厘米，高10.6厘米（图四〇，7；图版一〇，4）。H30:18，夹砂灰褐陶，侈口，圆唇，腹壁略弧，深腹，器体瘦长，平底较厚，口沿下贴有小圆泥饼，素面。口径10厘米，底径5.5厘米，高15厘米（图四〇，6；图版一〇，2）。

敛口罐　H30:15，泥质红陶，敛口，尖圆唇，唇面加厚，突出于口沿外，弧腹外撇，器表素面磨光，内壁可见细密轮纹。残高8.8厘米（图三九，17）。H30:26，夹砂灰褐陶，敛口，方唇，弧腹，素面，唇面上有一周凹槽，器表可见修抹痕。残高6.5厘米（图三九，8）。

缸　H30:22，夹砂灰褐陶，敛口，平沿，圆唇，弧腹，内壁可见泥条缝。口径40厘米，残高10.8厘米（图四〇，14）。

浅盘　H30:27，夹砂褐陶，敞口，圆方唇，浅斜腹，平底，素面，器表可见刮削痕。口径22厘米，底径15.4厘米，高4.8厘米（图四〇，13）。

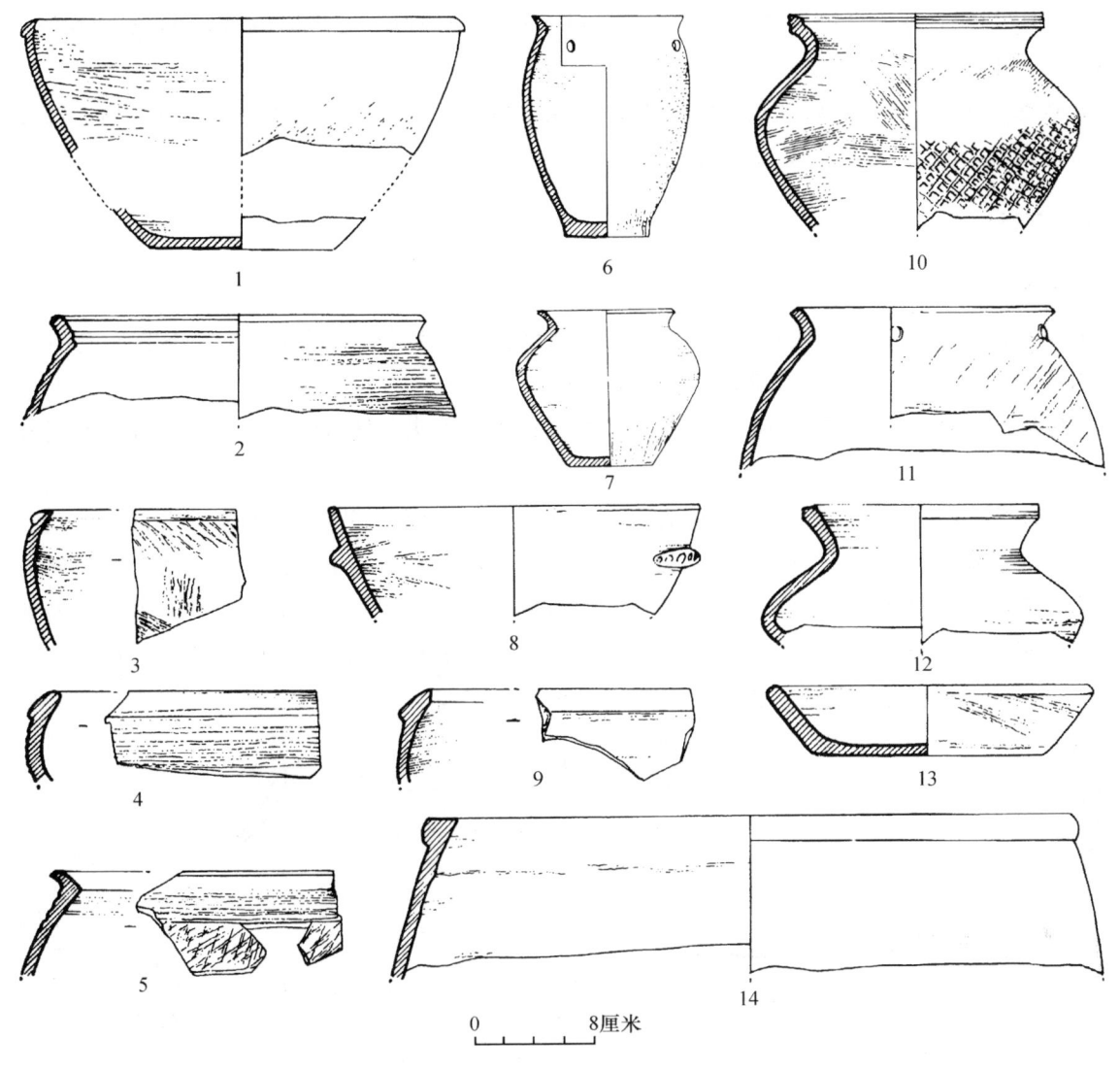

图四〇　H30 出土陶器

1、3、4、9. 叠唇无沿盆（H30:5、12、23、24）　2、5、10~12. 夹砂罐（H30:20、21、3、19、4）
6、7. 素面小罐（H30:18、17）　8. 敞口盆（H30:16）　13. 浅盘（H30:27）　14. 缸（H30:22）

器盖　H30:30，泥质褐陶，敞口，尖圆唇，浅腹，器壁微弧斜收，圈足状捉手，素面磨光。口径 7.2 厘米，捉手直径 2.3 厘米，高 1.6 厘米（图三九，10）。

骨笄　H30:31，顶端保留原关节面，体狭长、较直，器表有一道凹槽，扁锐尖，通体磨光，完整。长 18.8 厘米，宽 1.2 厘米，厚 0.4 厘米（图三九，16）。

10. H224

标本 4 件。

尖底瓶口　H224:1，泥质红陶，重环口，上唇面上仰，下唇面较上唇面窄平，上唇为圆唇，外侧为尖圆唇，颈较直，素面，颈内壁可见泥条痕。口径 4.2 厘米，残高 5 厘米（图四一，8）。

叠唇无沿盆　H224:2，泥质红陶，敛口，圆唇，唇面加厚，突出于口沿外，弧腹，素面，内壁可见修抹痕。残高 6.6 厘米（图四一，1）。

盆 H224:3，泥质红陶，敛口，尖圆唇，圆弧腹，贴附有一道泥条经按压而成的鋬手。残高11厘米（图四一，3）。

夹砂罐 H224:4，褐陶，口近直，尖圆唇内突，矮领，领外侧有一周凸棱，圆弧肩，饰数周弦纹。口径20.2厘米，残高7厘米（图四一，10）。

11. H251

标本6件。

尖底瓶口 H251:1，泥质红陶，重环口，上唇面较下唇面窄，唇面上仰，下唇面有一周浅凹槽，内外侧均为尖圆唇。口径4.2厘米，残高4厘米（图四一，9）。

尖底瓶底 H251:2，泥质红陶，近底部器壁微内弧，底尖，器身饰横向线纹。残高5厘米（图四一，6）。

钵 H251:3，泥质红陶，敛口，圆方唇，弧腹斜收，素面。残高6.4厘米（图四一，7）。

叠唇无沿盆 H251:4，泥质红陶，敛口，圆唇，唇面加厚，突出于口沿外，腹壁微弧斜收，素面。残高7厘米（图四一，5）。H251:5，泥质红陶，敛口，圆唇，唇面加厚，突出于口沿外，腹壁斜收，素面。残高5厘米（图四一，4）。H251:6，泥质红陶，器物变形，敛口，圆唇，唇面加厚，突出于口沿外，弧腹斜收，素面。残高4.6厘米（图四一，2）。

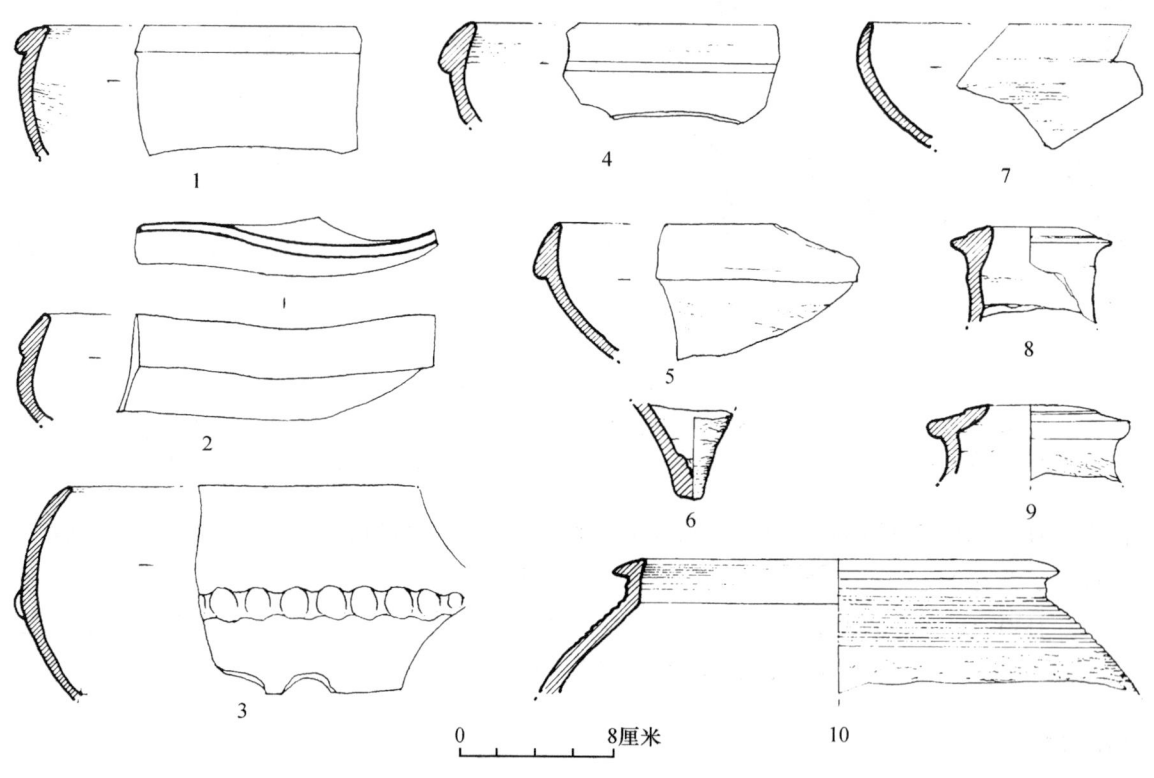

图四一 H224、H251出土陶器

1、2、4、5. 叠唇无沿盆（H224:2、H251:6、5、4） 3. 盆（H224:3） 6. 尖底瓶底（H251:2） 7. 钵（H251:3）
8、9. 尖底瓶口（H224:1、H251:1） 10. 夹砂罐（H224:4）

12. H235

标本 17 件。

尖底瓶口 H235:5，泥质红陶，上下唇面宽相近，唇面上仰，界面以浅凹槽示意为双唇，上唇为圆唇，外侧为尖圆唇，瓶身饰斜线纹。口径 3.6 厘米，残高 7 厘米（图四二，6）。H235:6，泥质褐陶，重环口，上下唇面宽相近，唇面上仰，下唇面微凹，上唇为圆唇，外侧为尖圆唇，颈部饰斜线纹。口径 5 厘米，残高 4 厘米（图四二，5）。

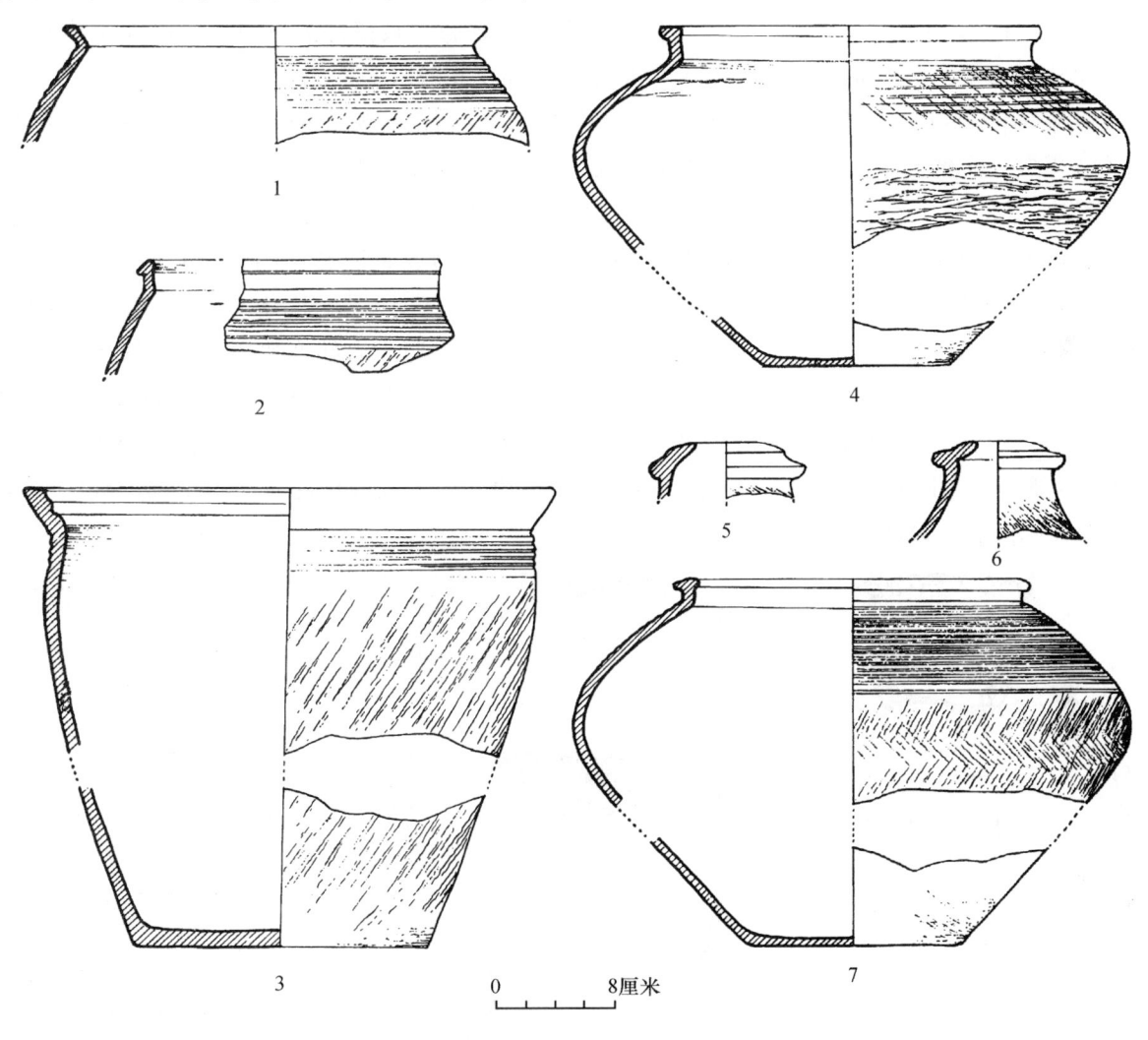

图四二　H235 出土陶器

1、2～4、7. 夹砂罐（H235:16、17、13、14、15）　5、6. 尖底瓶口（H235:6、5）

钵 H235:1，泥质红陶，敛口，圆唇，斜腹，平底，素面。口径 31 厘米，底径 13 厘米，高 13 厘米（图四三，10；图版七，5）。H235:10，泥质红陶，口微敛，尖圆唇，弧腹斜收，器表素面磨光。残高 6 厘米（图四三，7）。

彩陶钵 H235:11，泥质红陶，口微敛，圆方唇，弧腹，器表用黑彩绘有弧线三角纹、弧线等图案。残高 4.8 厘米（图四三，6）。H235:12，泥质红陶，口微敛，圆方唇，弧腹，口沿外饰一周宽黑彩带，腹部有一窄条带纹。残高 5 厘米（图四三，5）。

折沿盆　H235:2，泥质红陶，侈口，折沿外翻，圆唇，鼓腹，器表素面磨光。口径23厘米，残高11厘米（图四三，9）。H235:3，泥质红陶，侈口，折沿，圆唇，弧腹内收，器表素面磨光。口径32厘米，残高9厘米（图四三，4）。H235:4，泥质红陶，敞口，折沿，圆唇，弧腹斜收，素面，内壁可见细密轮纹。口径30.2厘米，残高8厘米（图四三，8）。

叠唇无沿盆　H235:7，泥质红陶，敛口，圆唇，唇面加宽，突出于口沿外，腹壁微弧外撇，素面，口部下方可见细密轮纹。残高11.6厘米（图四三，3）。H235:8，泥质红陶，敛口，圆唇，唇面加厚，突出于口沿外，弧腹，素面。口径16厘米，残高4.4厘米（图四三，2）。

彩陶盆　H235:9，泥质红陶，侈口，折沿外翻，圆方唇，腹壁外弧，黑彩，沿面上绘有三角形，腹壁饰弧边三角形组成的图案。口径24厘米，残高4.6厘米（图四三，1）。

夹砂罐　H235:13，褐陶，侈口，圆方唇，唇部较厚，口沿内侧有两周凹槽，似铁轨，腹壁微弧内收，平底，底部胎较厚，口部下方饰数周弦纹，腹部饰斜线纹。口径36.4厘米，底径20厘米，复原高32厘米（图四二，3）。H235:14，红褐陶，矮直领，圆唇加厚、前后略突，唇面上方有一周浅凹槽，鼓肩，下腹斜收，平底，肩部斜线纹之上又施数周弦纹，下腹部饰线纹。口径26.4厘米，腹径38厘米，底径13厘米，复原高23.6厘米（图四二，4）。H235:15，红褐陶，口近直，矮领，圆唇，唇面加宽、内外略突，溜肩鼓腹，下腹斜收，平底，肩部饰数周弦纹，腹壁饰交错线纹。口径23厘米，腹径38厘米，底径15厘米，复原高25.6厘米（图四二，7）。H235:16，褐陶，侈口，溜肩，肩部饰数周弦纹，腹壁饰斜线纹。口径29厘米，残高8厘米（图四二，1）。H235:17，褐陶，尖圆唇外斜，矮领，领外侧微凸，溜肩，肩部饰数周弦纹，腹壁饰斜线纹。残高7.8厘米（图四二，2）。

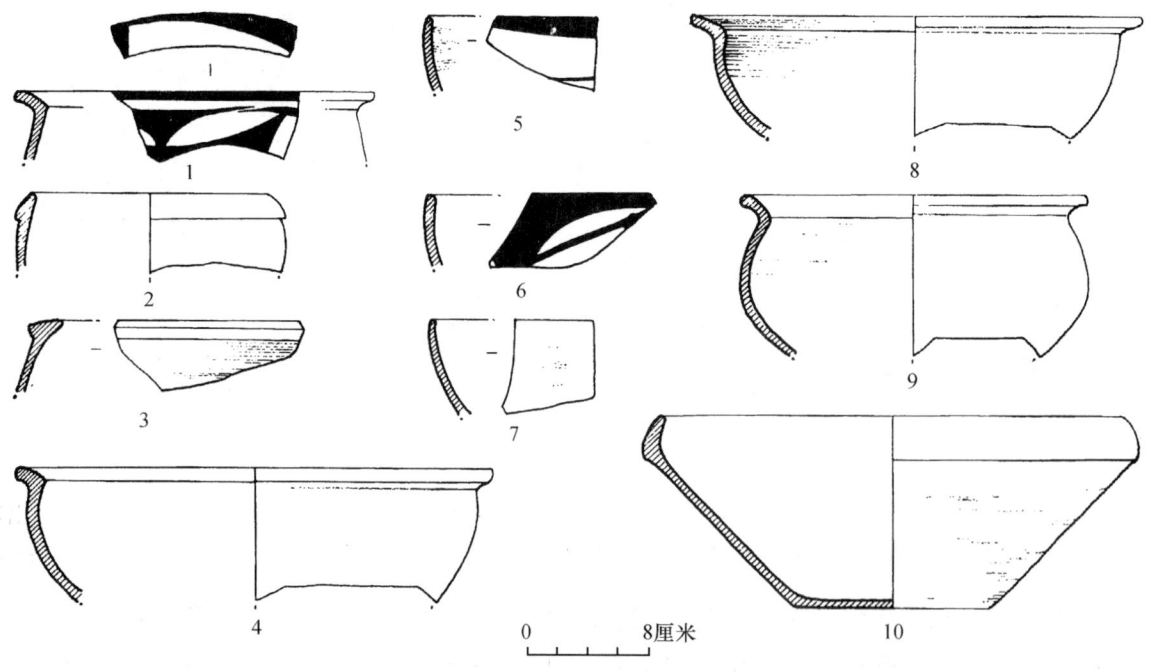

图四三　H235出土陶器

1. 彩陶盆（H235:9）　2、3. 叠唇无沿盆（H235:8、7）　4、8、9. 折沿盆（H235:3、4、2）　5、6. 彩陶钵（H235:12、11）　7、10. 钵（H235:10、1）

13. H309

标本 43 件。

尖底瓶口 H309:1，泥质红陶，重环口，上唇较下唇宽，上唇上仰、圆唇，下唇斜平、尖圆唇，颈部饰斜线纹，断面修磨平整。口径 4.4 厘米，残高 3.4 厘米（图四四，1；图版二，6、7）。H309:2，泥质红陶，上下唇面皆斜平，彼此间距较大，颈部饰斜线纹，内壁唇颈之间可见泥条缝。口径 4.4 厘米，残高 4 厘米（图四四，8）。H309:3，泥质红陶，重环口，上下唇面宽相近，上唇上仰，下唇斜平，颈部饰斜线纹。口径 4.4 厘米，残高 3 厘米（图四四，2）。H309:4，泥质红陶，重环口，上唇面较下唇面稍宽，颈部饰斜线纹。口径 4 厘米，残高 4.4 厘米（图四四，3）。

尖底瓶 H309:8，泥质红陶，口部残，肩略圆弧，微束腰，器表整体饰线纹，上腹部施数周凹痕隔断线纹。最大腹径 28 厘米，残高 56 厘米（图四四，10）。

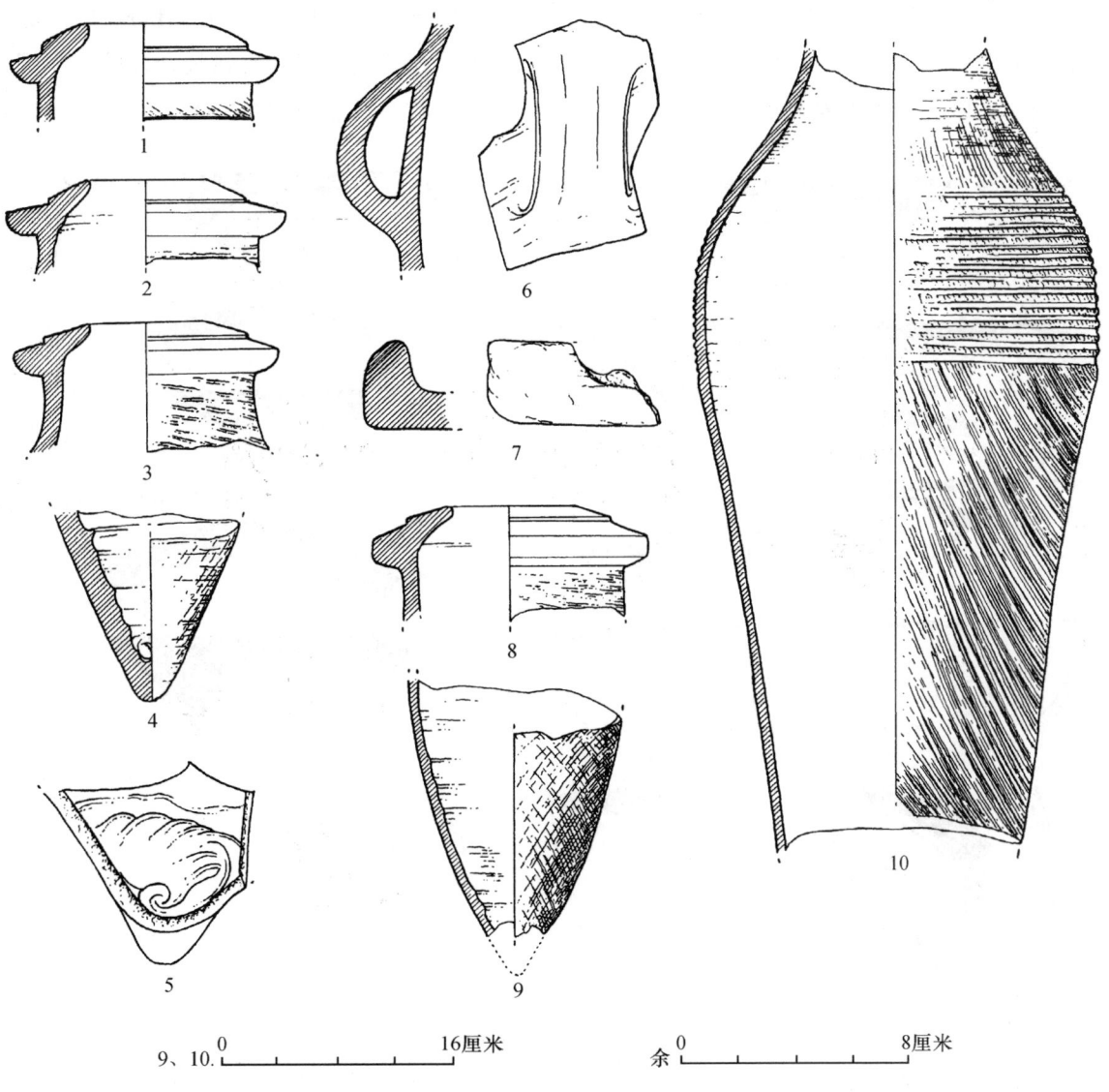

图四四　H309 出土陶器

1~3、8. 尖底瓶口（H309:1、3、4、2）　4、5、9. 尖底瓶底（H309:5、6、7）　6. 器耳（H309:9）
7. 浅盘（H309:41）　10. 尖底瓶（H309:8）

尖底瓶底　H309:5，泥质红陶，底部经磨损而圆钝，器表饰交错线纹，内壁泥条缝清晰可见。残高6.8厘米（图四四，4）。H309:6，泥质红陶，夹角略大，素面，底部内侧泥条盘筑明显。残高7厘米（图四四，5）。H309:7，泥质红陶，腹壁微外弧，底部残损，器表饰交错的斜线纹，内侧近底部可见泥条痕。残高18厘米（图四四，9）。

器耳　H309:9，泥质红陶，半环状，由泥片将两侧翻卷而成，中间形成一道纵向凹槽。残高8.4厘米（图四四，6）。

彩陶盆　H309:10，泥质红陶，侈口，折沿外翻，圆方唇，腹外弧，口沿上饰一周黑彩带，腹壁用黑彩绘有弧线、弧边三角纹、圆点纹组成的图案。口径32.2厘米，残高7.6厘米（图四五，12）。H309:11，泥质红陶，侈口，折沿外翻，圆唇，腹外弧，口沿上饰弧边黑色彩带，腹壁用黑彩绘有弧线、勾叶纹、圆点纹组成的图案。口径28厘米，残高6.2厘米（图四五，11；图版六，2）。H309:12，泥质红陶，侈口，折沿，圆唇，弧腹，黑彩，口沿上绘有成组的弧边三角形纹，腹壁绘有勾叶纹、圆点纹组成的图案。口径36.2厘米，残高5.8厘米（图四五，1）。H309:13，泥质红陶，侈口，卷沿，圆方唇，弧腹，口沿上饰一周黑色彩带，腹壁用黑彩绘有弧线、勾叶纹、圆点纹

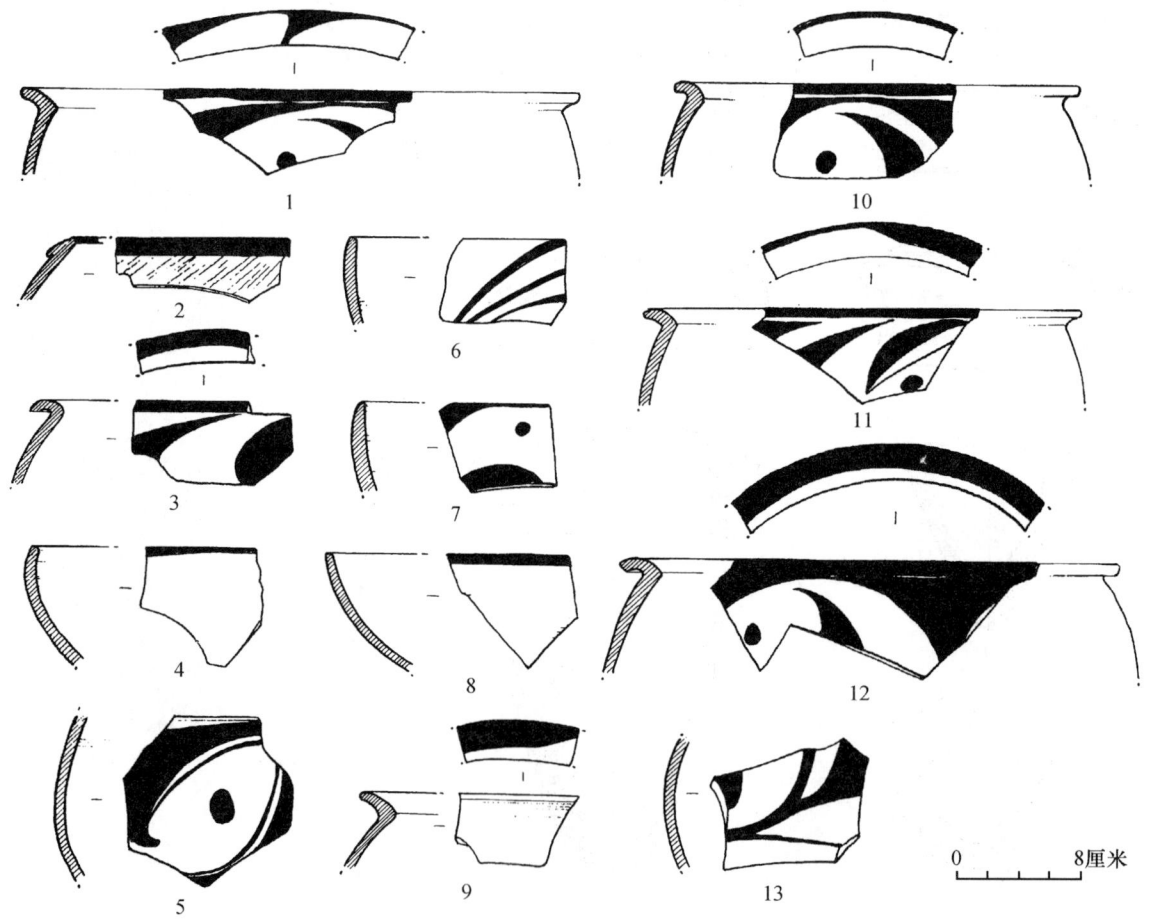

图四五　H309出土彩陶器

1、3、9～12. 彩陶盆（H309:12、14、15、13、11、10）　2. 彩陶罐（H309:27）　4、6～8. 彩陶钵
（H309:24、18、19、20）　5、13. 彩陶片（H309:42、43）

组成的图案。口径26.2厘米，残高6.2厘米（图四五，10）。H309：14，泥质红陶，侈口，卷沿，圆唇，弧腹，口沿上饰一周黑色彩带，腹壁用黑彩绘有图案。残高5.4厘米（图四五，3）。H309：15，泥质红陶，侈口，折沿，圆唇，弧腹，口沿上饰一周弧边黑色彩带。残高4.6厘米（图四五，9）。

折沿盆　H309：16，泥质红陶，敞口，圆唇，腹壁略外弧，缓慢斜收，器表素面磨光。残高6.6厘米（图四六，7）。H309：17，泥质红陶，口近直，折沿，尖唇，腹壁微弧，器表素面磨光。残高3.8厘米（图四六，9）。H309：28，泥质红陶，敞口外侈，圆唇，弧腹斜收，素面，口沿下钻有一孔。口径24.2厘米，残高8.6厘米（图四六，12）。

彩陶钵　H309：18，泥质红陶，口微敛，圆方唇，弧腹，唇部饰一周黑色彩带，腹壁用黑彩绘有三道弧线。残高5.6厘米（图四五，6；图版四，5）。H309：19，泥质红陶，口微敛，尖圆唇，弧腹，唇部饰一周黑色彩带，腹壁用黑彩绘有圆点纹等图案。残高5.8厘米（图四五，7）。H309：20，泥质红陶，口近直，圆方唇，唇部上侧和外侧饰一周黑色彩带。残高7.6厘米（图四五，8）。H309：24，泥质红陶，敛口，圆唇，弧腹，口沿外饰一周黑色彩带。残高7.6厘米（图四五，4）。

钵　H309：21，泥质红陶，敛口，圆唇，圆弧腹，素面。口径24.2厘米，残高8厘米（图四六，17）。H309：22，泥质红陶，口微敛，圆唇，弧腹，器表素面磨光。残高7.2厘米（图四六，6）。H309：23，泥质红陶，口微敛，圆唇，弧腹，素面。口径30.2厘米，残高7.4厘米（图四六，19）。H309：25，泥质红陶，敛口，圆唇，弧腹，素面。残高6厘米（图四六，4）。H309：26，泥质红陶，敞口，尖圆唇，弧腹斜收，器表素面磨光。口径12.2厘米，残高5厘米（图四六，5）。

彩陶罐　H309：27，泥质红陶，敛口，圆唇，唇面加厚，圆肩，唇面施一周黑彩带，器表饰斜线纹。残高4.2厘米（图四五，2）。

叠唇无沿盆　H309：29，泥质红陶，敞口，圆唇，弧腹，素面。口径26.2厘米，残高6.4厘米（图四六，18）。H309：31，泥质红陶，敛口，方唇，弧腹，素面，器表有修抹痕。口径34.6厘米，残高7.2厘米（图四六，1）。H309：32，泥质红陶，口微敛，尖圆唇，弧腹，素面。口径36.4厘米，残高5.8厘米（图四六，15）。H309：33，泥质红陶，敛口，圆唇，腹微弧，腹部饰数周凹弦纹，其下贴附加堆纹经按压作为装饰性錾手。残高6.6厘米（图四六，3）。H309：34，泥质红陶，敛口，圆唇，弧腹，素面。残高5.6厘米（图四六，2）。

泥质罐　H309：30，泥质红陶，敛口，圆唇，唇面加厚，圆肩，器表素面磨光。口径16厘米，残高6.2厘米（图四六，10）。

夹砂罐　H309：35，褐陶，口近直，方唇，矮领，圆肩，素面。口径36.4厘米，残高6.2厘米（图四六，14；图版九，3）。H309：36，灰陶，直口，圆方唇，矮领，圆肩，肩部饰数周弦纹。口径27.2厘米，残高8.8厘米（图四六，20）。H309：37，红陶，侈口，折沿，圆唇，溜肩，肩部饰数周弦纹。口径24厘米，残高6厘米（图四六，11）。H309：38，红陶，侈口，尖圆唇，肩部饰数周弦纹。口径26.2厘米，残高4厘米（图四六，16）。H309：39，灰褐陶，侈口，折沿上仰，圆唇，溜肩，肩部饰数周弦纹。口径18厘米，残高5.6厘米（图四六，8）。H309：40，灰褐陶，侈口，尖圆唇，溜肩，肩部隐约可见线纹。口径14.8厘米，残高4.8厘米（图四六，13）。

浅盘　H309：41，泥质褐陶，圆唇，平底，器形不规整。高3厘米（图四四，7）。

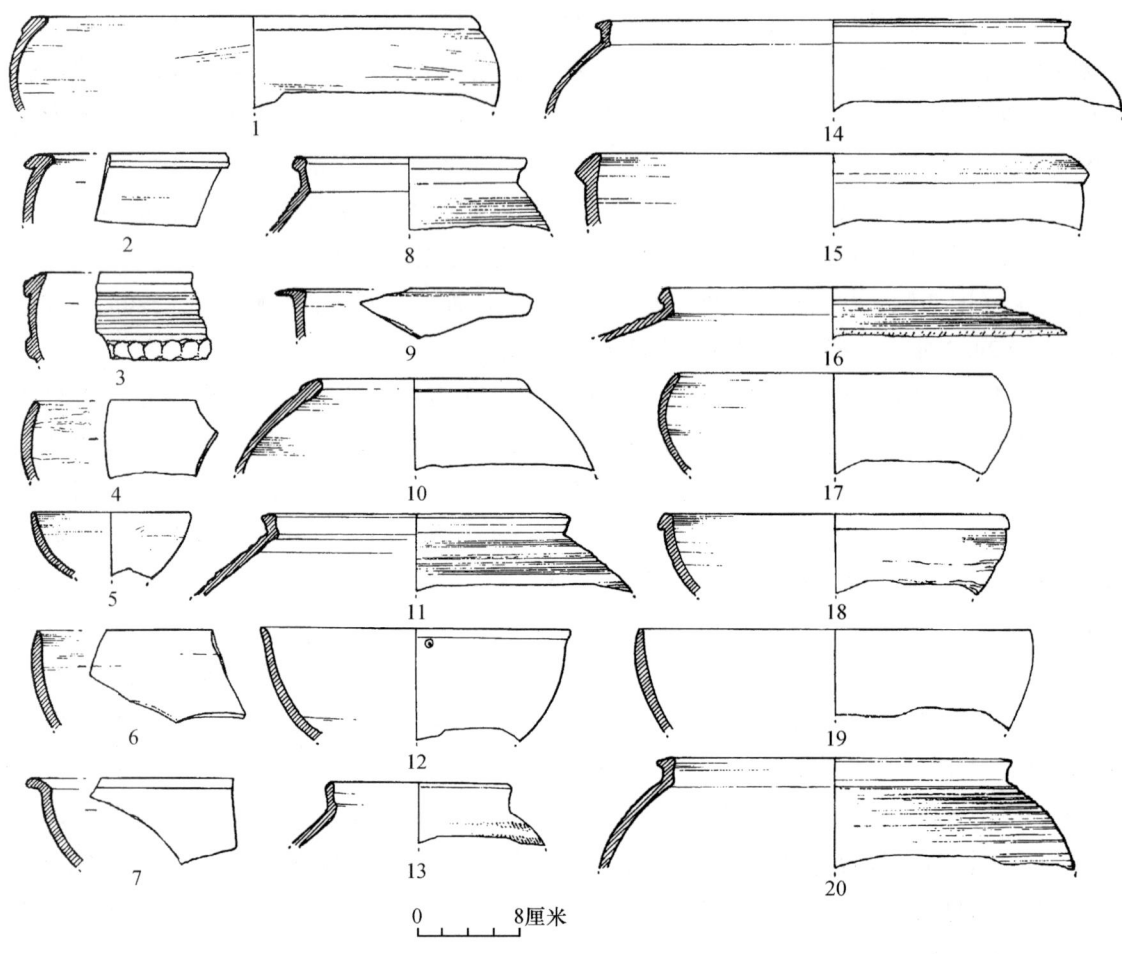

图四六 H309 出土陶器

1~3、15、18. 叠唇无沿盆（H309:31、34、33、32、29） 4~6、17、19. 钵（H309:25、26、22、21、23） 7、9、12. 折沿盆（H309:16、17、28） 10. 泥质罐（H309:30） 8、11、13、14、16、20. 夹砂罐（H309:39、37、40、35、38、36）

彩陶片 H309:42、43，均泥质红陶，黑彩，器表所绘图案以弧线、圆点及勾叶纹为主（图四五，5、13；图版八，2）。

14. H321

标本 26 件。

尖底瓶口 H321:22，泥质红陶，坠腹罐形口，上唇微侈，窄圆唇，下唇呈扁圆形，束颈，素面。口径 4 厘米，残高 4 厘米（图四七，8）。

葫芦口瓶口 H321:23，泥质红陶，残存口部，尖圆唇，口壁斜直，素面。口径 3 厘米，残高 4 厘米（图四七，9）。

彩陶钵 H321:1，泥质橙黄陶，敛口，圆唇，圆弧腹，腹部用黑彩绘有圆点、弧线、弧边三角纹等组成的图案。口径 35.4 厘米，残高 7.2 厘米（图四七，18；图版四，1）。H321:24，泥质红陶，敞口，尖圆唇，口沿内外施红彩带。残高 6.2 厘米（图四七，7）。H321:25，泥质红陶，敞口，圆唇，口沿外施一周宽黑彩带。残高 6.4 厘米（图四七，16）。

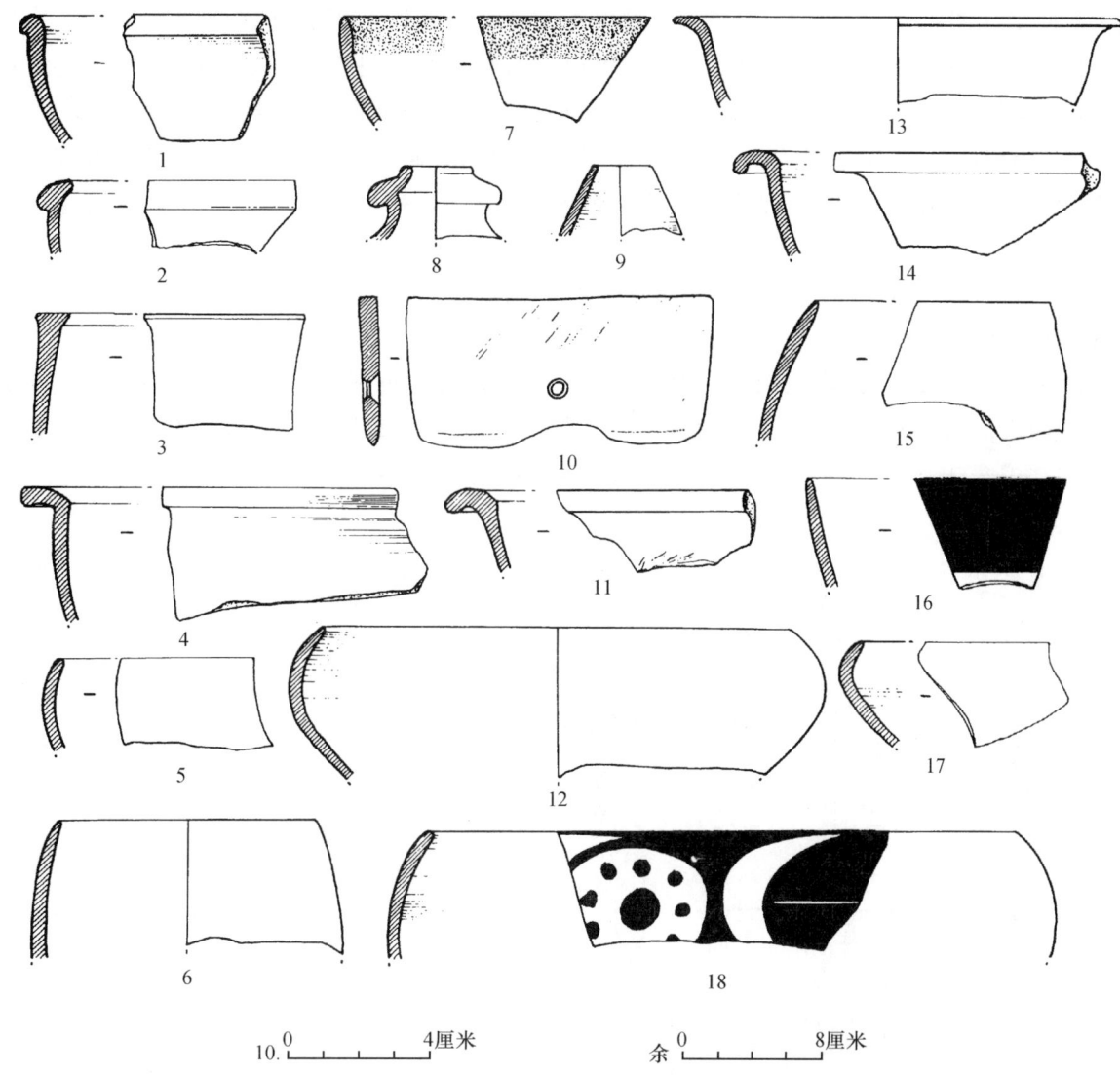

图四七 H321 出土陶器、石刀

1、2、4、11、13、14. 盆（H321:12、13、10、9、7、11） 3. 缸（H321:15） 5、6、12、15、17. 钵（H321:6、2、4、3、5） 7、16、18. 彩陶钵（H321:24、25、1） 8. 尖底瓶口（H321:22） 9. 葫芦口瓶口（H321:23） 10. 石刀（H321:26）

钵 H321:2，泥质红陶，敛口，尖唇，腹壁微弧，素面。口径15厘米，残高7.2厘米（图四七，6）。H321:3，泥质红陶，敛口，尖圆唇，腹壁微弧，素面。残高8厘米（图四七，15）。H321:4，泥质红陶，敛口，尖圆唇，圆鼓腹，器表素面磨光。口径28厘米，残高8.6厘米（图四七，12）。H321:5，泥质红陶，敛口，尖圆唇，上腹圆鼓，下腹斜收，器表素面磨光。残高6厘米（图四七，17）。H321:6，泥质红陶，敛口，圆唇，圆弧腹，器表素面磨光。残高5.2厘米（图四七，5）。

盆 H321:7，泥质红陶，敞口，折沿，尖圆唇，弧腹斜收，器表素面磨光。口径26.4厘米，残高5厘米（图四七，13）。H321:8，泥质红陶，敞口，沿微卷，圆唇，弧腹，器表素面磨光。口径30.2厘米，残高6.6厘米（图四八，7）。H321:9，泥质红陶，敞口，卷沿，圆唇，腹壁斜收，素面。残高4.8厘米（图四七，11）。H321:10，泥质红陶，敞口，折沿，圆唇，腹壁斜收，素面。

残高7.6厘米（图四七，4）。H321:11，泥质褐陶，敞口，卷沿，圆唇，弧腹斜收，素面。残高6厘米（图四七，14）。H321:12，泥质红陶，敞口，圆唇，弧腹斜收，素面。残高6.4厘米（图四七，1）。H321:13，泥质红陶，敛口，圆唇，唇面加厚，腹壁微弧，素面。残高4厘米（图四七，2）。H321:14，泥质灰褐陶，侈口，折沿微卷，圆唇，圆弧腹，口沿磨光。口径22.2厘米，腹径25.4厘米，残高9.6厘米（图四八，5）。H321:16，夹砂褐陶，敞口，圆方唇，弧腹，素面。口径30.2厘米，残高8.6厘米（图四八，6）。

缸　H321:15，泥质灰陶，口近直，平沿内突，方唇，腹壁较直、斜向外，素面。口径17.2厘米，残高6.8厘米（图四七，3）。

夹砂罐　H321:17，褐陶，侈口，圆方唇，束颈，圆弧腹，饰斜线纹。口径16厘米，残高9.4厘米（图四八，1）。H321:18，褐陶，矮直领，圆唇，溜肩，饰数周弦纹。残高6厘米（图四八，

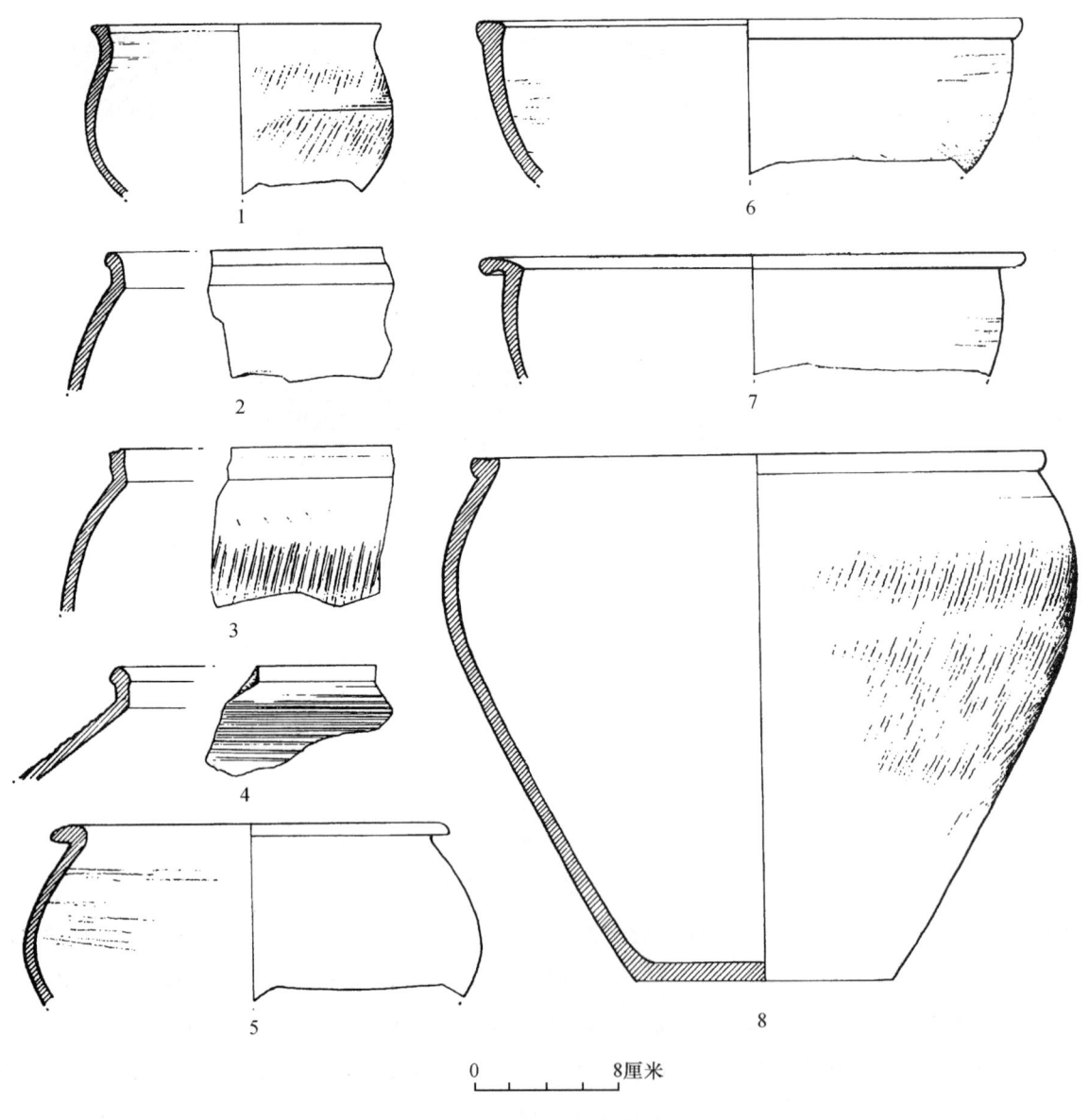

图四八　H321出土陶器

1~4、8. 夹砂罐（H321:17、20、19、18、21）　5~7. 盆（H321:14、16、8）

4)。H321∶19，褐陶，矮领，方唇，唇面上有一周凹槽，圆弧肩，饰线纹。残高8.8厘米（图四八，3）。H321∶20，褐陶，矮直领，圆唇，肩圆弧，素面。残高7.2厘米（图四八，2）。H321∶21，褐陶，敛口，圆唇，唇面上有一周凹槽，上腹外弧，下腹斜收，平底，器表饰线纹。口径31.6厘米，底径14厘米，高29.2厘米（图四八，8）。

石刀　H321∶26，长方形，器体扁薄，两面刃，石刀正中靠近刃端钻有一孔，为两面对钻，通体磨光。长8.8厘米，宽4.2厘米，厚0.5厘米（图四七，10）。

15. H38

标本15件。

尖底瓶口　H38∶3，泥质红陶，上唇较宽、上仰、圆唇，下唇窄平、尖圆唇，界面以浅凹槽示意为双唇，颈部饰线纹。制法为：器身颈部向外延伸成外唇，再在其内侧加泥条做成上唇。口径3.6厘米，残高5.4厘米（图四九，5）。

尖底瓶底　H38∶4，泥质红陶，底尖，器表饰线纹，内底泥突明显。残高5.6厘米（图四九，4）。

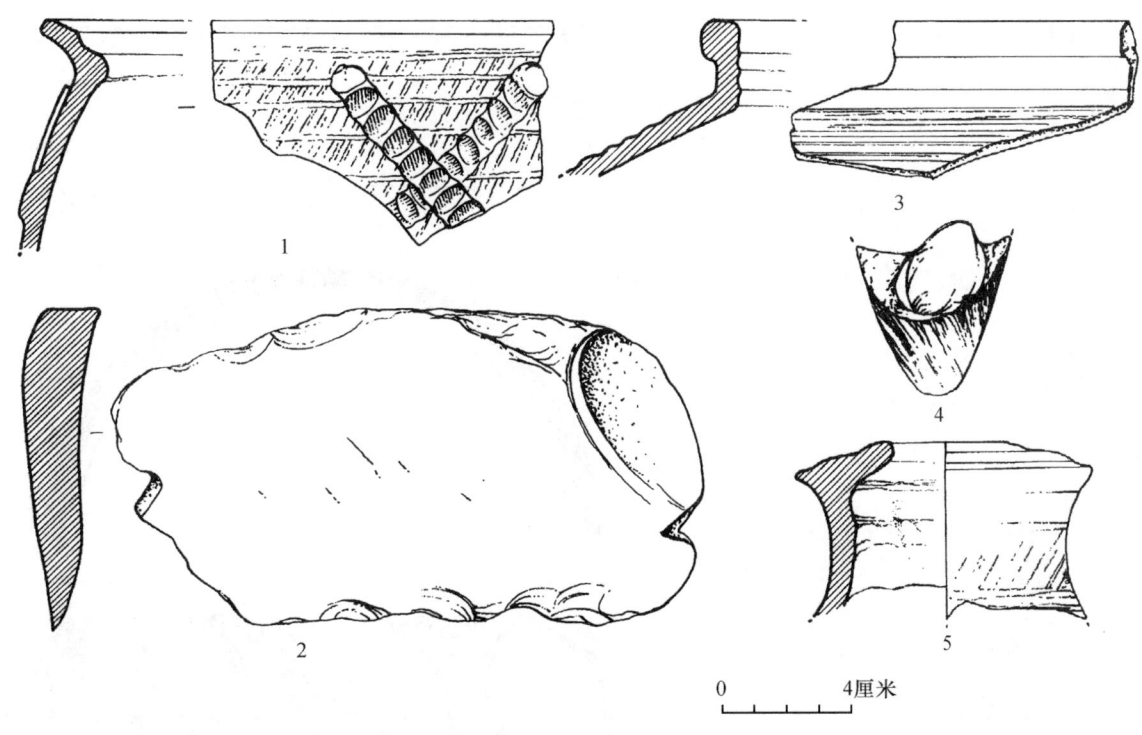

图四九　H38出土陶器
1、3. 夹砂罐（H38∶9、14）　2. 刀（H38∶15）　4. 尖底瓶底（H38∶4）　5. 尖底瓶口（H38∶3）

钵　H38∶5，泥质红陶，敛口，圆唇，上腹圆弧，下腹斜收，素面磨光。口径24厘米，残高11厘米（图五〇，7）。H38∶10，泥质红陶，敛口，圆唇，圆弧腹，素面磨光，内壁可见修抹痕。残高6厘米（图五〇，8）。H38∶11，泥质红褐陶，敞口，尖唇，斜弧腹，素面磨光。口径12厘米，残高5厘米（图五〇，3）。

盆　H38∶1，泥质红陶，口微敛，平沿，方唇，弧腹内收，素面磨光。残高6.5厘米（图五〇，4）。H38∶7，泥质红陶，侈口，折沿外翻，圆唇，弧腹内收，其上附鸡冠形鋬手，内壁可见修抹痕。口径 34 厘米，残高 11 厘米（图五〇，9）。H38:12，泥质红陶，敞口，折沿，圆唇，弧腹斜收，素面。残高 6.5 厘米（图五〇，5）。H38:13，夹砂灰褐陶，敞口，圆唇，斜直腹，平底，器形不甚规整，腹壁上贴有一枚椭圆形凹面泥饼。口径 19.2 厘米，底径 10.5 厘米，高 12.8 厘米（图五〇，6）。

彩陶盆　H38:6，泥质红陶，侈口，折沿，沿面较宽，圆唇，口径小于腹径，腹较深，上腹略圆，下腹微内曲，器表磨光，沿面施黑彩带，腹部绘弧边三角纹、圆点纹、斜线纹、勾叶纹等组成的图案，规整疏朗。口径 34 厘米，残高 22.5 厘米（图五〇，10）。H38:8，泥质红陶，侈口，折沿，圆唇，圆弧腹，器表磨光，沿面施黑彩带，腹部绘弧边三角纹等组成的图案，内壁可见修抹痕。口径 40 厘米，残高 6.5 厘米（图五〇，1）。

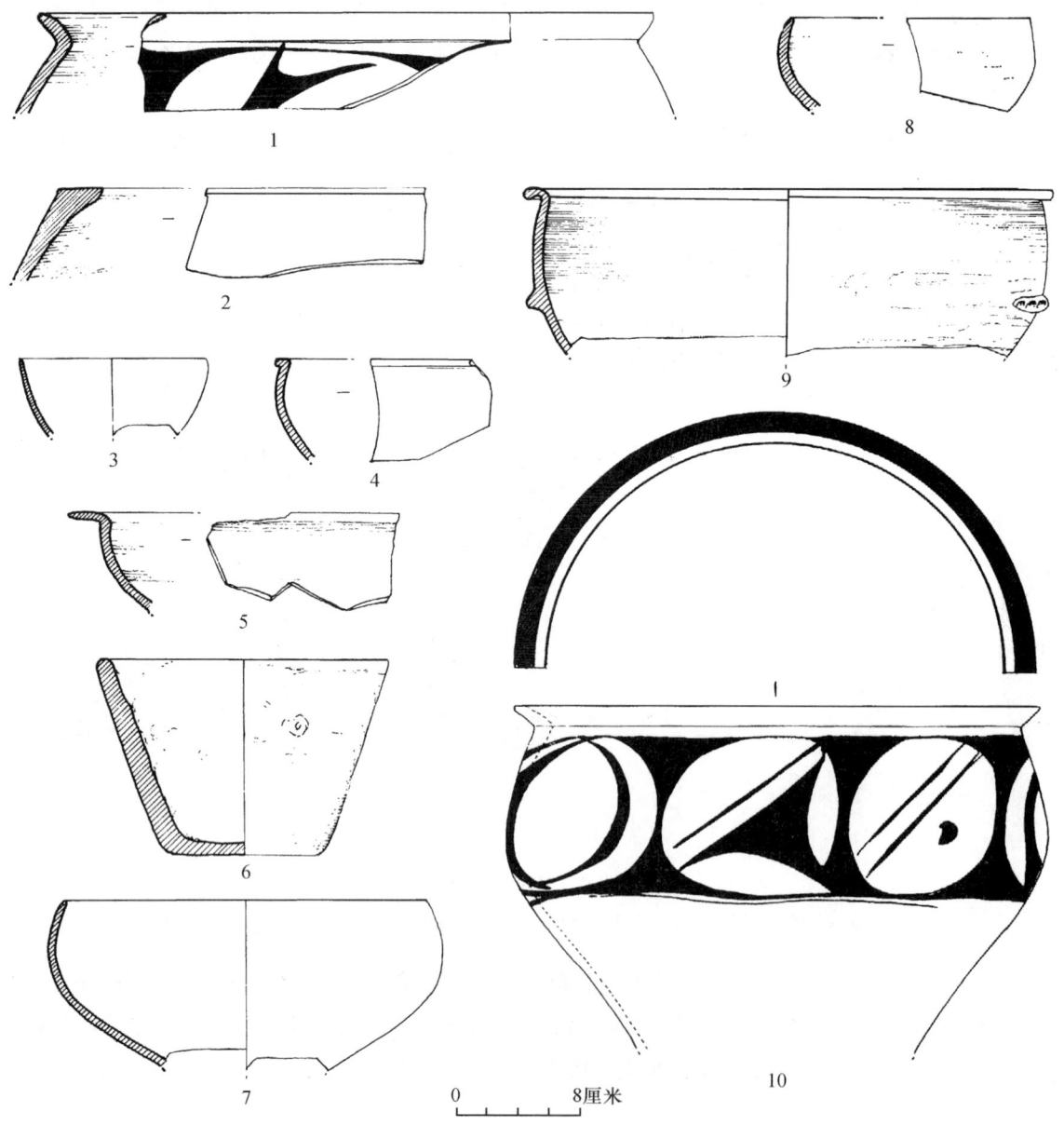

图五〇　H38 出土陶器

1、10. 彩陶盆（H38:8、6）　2. 缸（H38:2）　3、7、8. 钵（H38:11、5、10）　4~6、9. 盆（H38:1、12、13、7）

缸　H38:2，泥质灰褐陶，敛口，唇面加厚，尖唇，腹壁微弧外撇，素面磨光，内壁可见修抹痕。残高6厘米（图五〇，2）。

夹砂罐　H38:9，褐陶，侈口，折沿，沿面上有两周凹槽，圆唇，腹壁外弧，饰间断斜线纹并附两条交叉的泥条。残高7厘米（图四九，1）。H38:14，褐陶，直口，矮领，圆唇，口沿内侧有三周浅凹槽，溜肩，肩部饰数周弦纹。残高4.8厘米（图四九，3）。

刀　H38:15，泥质红陶，由陶器腹部和底部打制加工而成，平面略呈四边形，两端各有一个V字形凹缺，顶端较厚，弧背凹刃，刃缘为两面加工，刃已磨损。长9.2厘米，宽5厘米，厚1厘米（图四九，2）。

16. H245

标本20件。

尖底瓶口　H245:1，泥质红陶，重环口，上下唇面宽相近，唇面上仰，下唇面微凹，内外侧皆为尖圆唇，溜肩，弧腹，器表饰斜线纹，内壁可见泥条痕及修抹痕。口径5厘米，残高16厘米（图五一，5）。H245:2，泥质红陶，重环口，上下唇面宽相近，唇面上仰，内外侧皆为尖圆唇，颈部饰斜线纹，瓶颈断裂处略经打制，断面部分被磨平，应为二次使用。口径5.4厘米，残高6厘米（图五一，6）。H245:3，泥质红陶，重环口，上下唇面宽相近，唇面斜平，上唇为圆唇，外侧为尖圆唇，颈部饰斜线纹。口径4厘米，残高5厘米（图五一，7）。

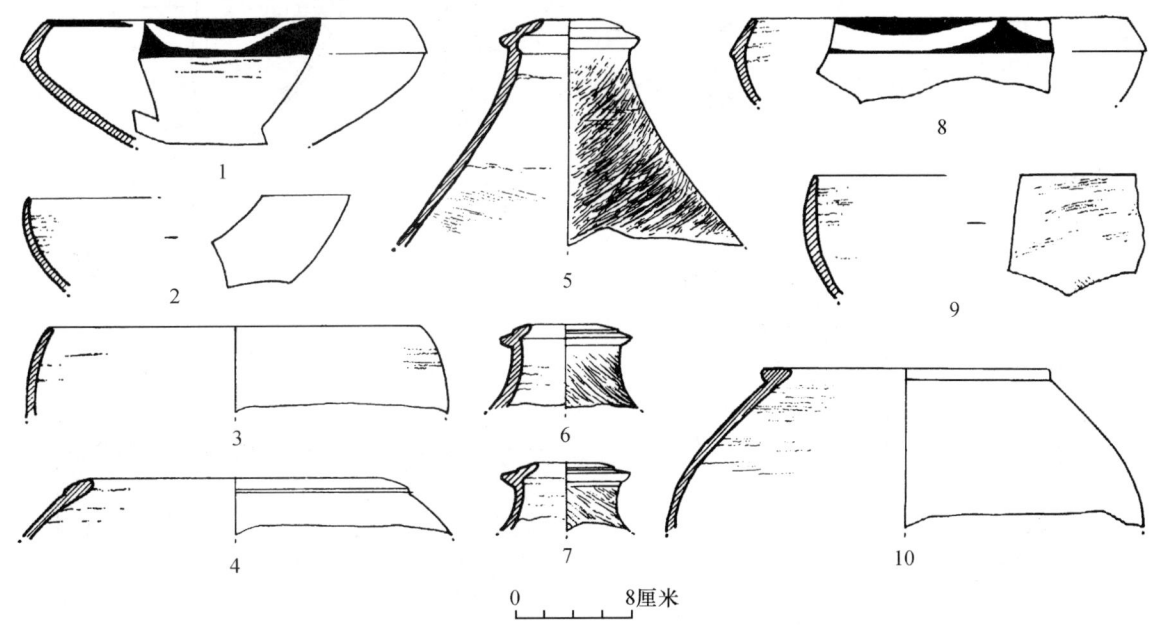

图五一　H245出土陶器

1、8. 彩陶钵（H245:12、11）　2、3、9. 钵（H245:14、13、15）　4、10. 敛口罐（H245:17、16）

5~7. 尖底瓶口（H245:1、2、3）

叠唇无沿盆　H245:4，泥质红陶，敞口，圆唇，唇面略加厚，弧腹斜收，器表略有脱落，内壁留有厚水垢。口径25.8厘米，残高11.2厘米（图五二，5）。H245:5，泥质红陶，敛口，圆唇，唇面加厚，突出于口沿外，弧腹斜收，贴附由一段泥条按压而成的鋬手，内壁可见修抹痕。口径26

厘米，残高12厘米（图五二，9）。H245∶6，泥质红褐陶，敛口，圆唇，唇面加厚，突出于口沿外，圆弧腹，腹部残留一只鸡冠形鋬手，唇面可见细密轮纹。残高8.6厘米（图五二，3）。H245∶7，泥质红陶，敛口，圆唇，唇面加厚，突出于口沿外，弧腹，上腹部饰数周弦纹，内壁可见细密轮纹和修抹痕。口径30厘米，残高7厘米（图五二，1）。H245∶8，泥质红褐陶，敛口，圆唇，唇面加厚，突出于口沿外，弧腹斜收，素面，器壁可见修抹痕。残高6.8厘米（图五二，2）。

折沿盆　H245∶9，泥质红陶，敞口，折沿，圆唇，弧腹斜收，素面，口沿内侧有细密轮纹，腹壁可见修抹痕。残高10厘米（图五二，8）。H245∶10，泥质红陶，敞口，折沿，沿面斜平，圆唇，弧腹斜收，器表素面磨光。口径33厘米，残高7厘米（图五二，6）。H245∶18，泥质红陶，侈口，折沿，圆唇，腹略圆，腹壁饰交错线纹。口径26厘米，残高12.6厘米（图五二，4）。

彩陶钵　H245∶11，泥质红陶，敛口，内折，圆唇，弧腹斜收，口沿用黑彩绘有弧边三角纹、垂弧纹组成的图案。口径26.2厘米，残高6厘米（图五一，8）。H245∶12，泥质红陶，敛口，内折，圆方唇，弧腹斜收，口沿用黑彩绘有垂弧纹等组成的图案。口径25.2厘米，残高9厘米（图五一，1）。

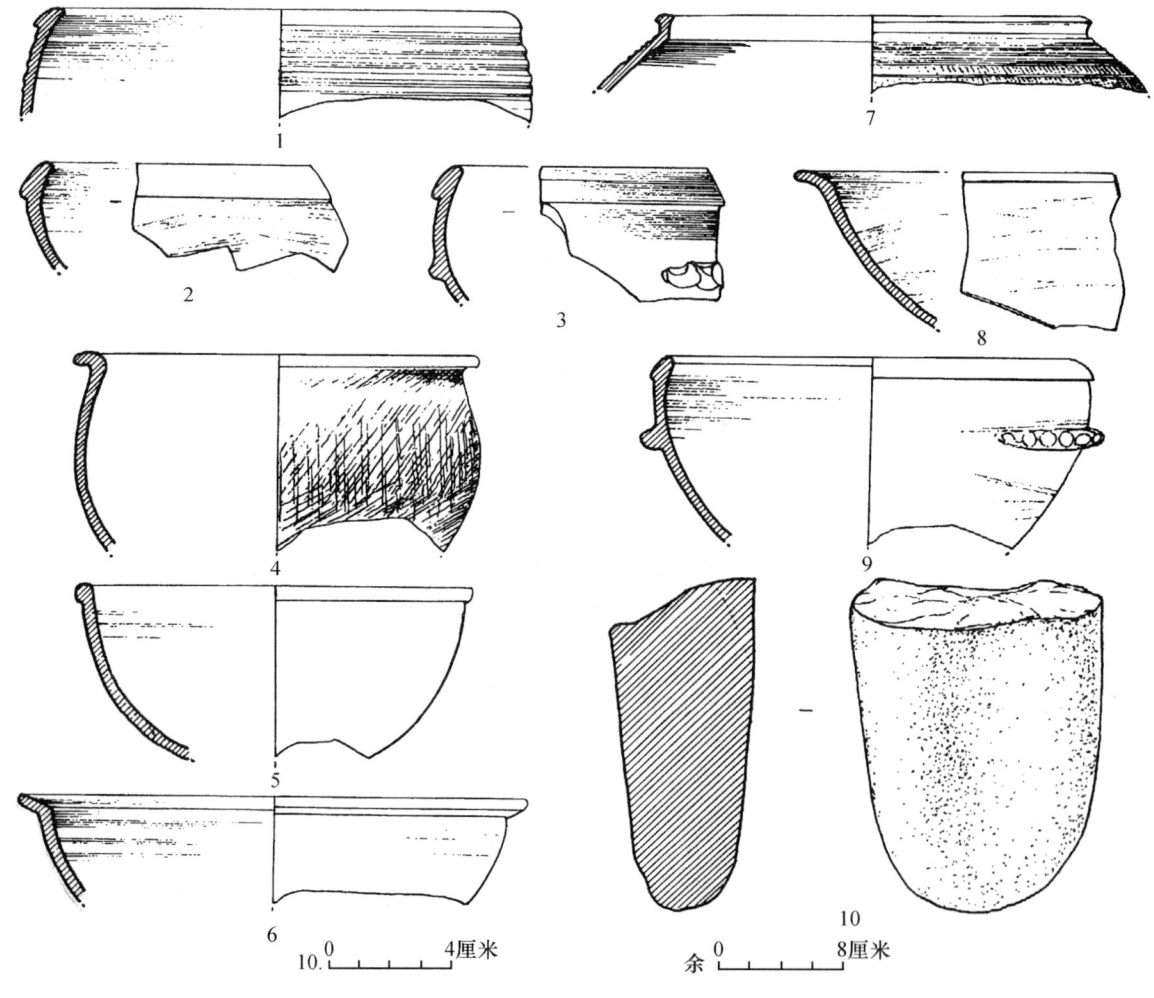

图五二　H245出土陶器、石锤

1~3、5、9. 叠唇无沿陶盆（H245∶7、8、6、4、5）　4、6、8. 折沿陶盆（H245∶18、10、9）　7. 夹砂陶罐（H245∶19）　10. 石锤（H245∶20）

钵　H245:13，泥质红陶，敛口，圆唇，弧腹，器表素面磨光。口径26厘米，残高6厘米（图五一，3）。H245:14，泥质红陶，口微敛，圆唇，弧腹斜收，器表素面磨光。残高6.4厘米（图五一，2）。H245:15，泥质红陶，敛口，尖唇，弧腹内收，器表经刮削。残高8.4厘米（图五一，9）。

敛口罐　H245:16，泥质红陶，敛口，圆唇，唇面加宽，圆弧肩，器表素面磨光，内壁可见修抹痕。口径20.4厘米，残高11.2厘米（图五一，10）。H245:17，泥质红褐陶，敛口，圆唇，唇面加宽，溜肩，素面。口径21厘米，残高4厘米（图五一，4）。

夹砂罐　H245:19，褐陶，口近直，圆唇，矮领，领内侧微凹，溜肩，肩部饰数周弦纹，下方的弦纹间断线纹。口径27.4厘米，残高5厘米（图五二，7）。

石锤　H245:20，体厚重，横截面呈椭圆形，顶端残断，底端圆钝。残长10.8厘米，宽8.1厘米，厚4.6厘米（图五二，10）。

17. H302

标本9件。

尖底瓶口　H302:1，泥质红陶，近似双唇口，坠腹罐形，上唇外卷，圆唇，下唇略鼓，束颈，颈部素面，其下饰斜线纹。口径6.2厘米，残高5.4厘米（图五三，6）。

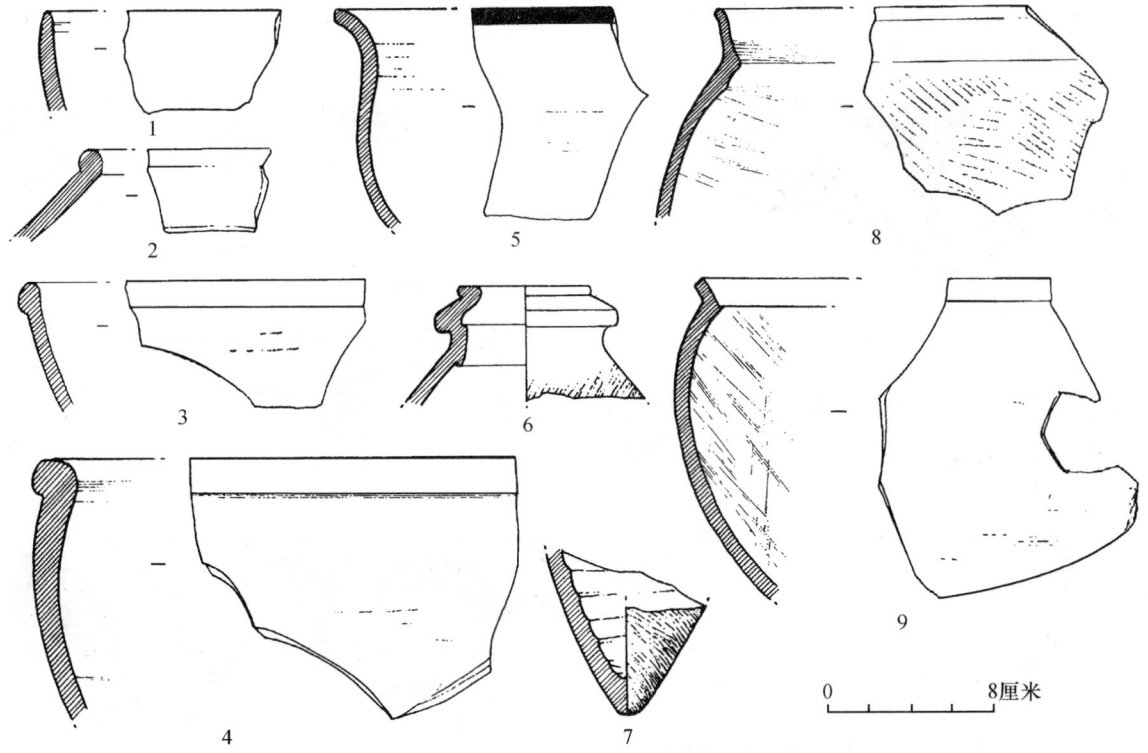

图五三　H302出土陶器
1. 钵（H302:3）　2、8、9. 夹砂罐（H302:8、7、6）　3、4. 叠唇无沿盆（H302:9、4）　5. 彩陶盆（H302:5）
6. 尖底瓶口（H302:1）　7. 尖底瓶底（H302:2）

尖底瓶底　H302:2，泥质红陶，底尖，器表饰斜线纹，内壁的泥条缝清晰可见。残高7.8厘米（图五三，7）。

钵　H302:3，泥质红陶，口微敞，尖唇，腹壁微外弧，器表素面磨光。残高4.6厘米（图五三，1）。

叠唇无沿盆　H302:4，泥质红陶，口微敛，圆唇，弧腹，素面。残高12厘米（图五三，4）。H302:9，夹砂红褐陶，敞口，圆唇，弧腹斜收，素面。残高6厘米（图五三，3）。

彩陶盆　H302:5，泥质红陶，侈口，折沿，圆唇，腹壁外弧，唇边施一周黑彩带。残高10厘米（图五三，5）。

夹砂罐　H302:6，红褐陶，侈口，折沿较窄，圆唇，圆弧腹，素面，内壁修抹痕明显。残高14.8厘米（图五三，9）。H302:7，褐陶，侈口，圆唇，圆弧肩，饰斜线纹。残高10厘米（图五三，8）。H302:8，褐陶，敛口，圆唇，溜肩，素面。残高4厘米（图五三，2）。

18. H4

标本21件。

尖底瓶口　H4:1，泥质红陶，重环口，上唇面较下唇面稍宽，唇面上仰，上唇为圆唇，下唇刻有四个小凹坑，颈部饰斜线纹。口径4厘米，残高8厘米（图五四，2）。H4:8，泥质红陶，重环口，上唇面上仰，下唇面较平，内侧为尖唇，外侧为圆方唇，颈部素面，器身饰斜线纹。口径5厘米，残高5厘米（图五四，3）。

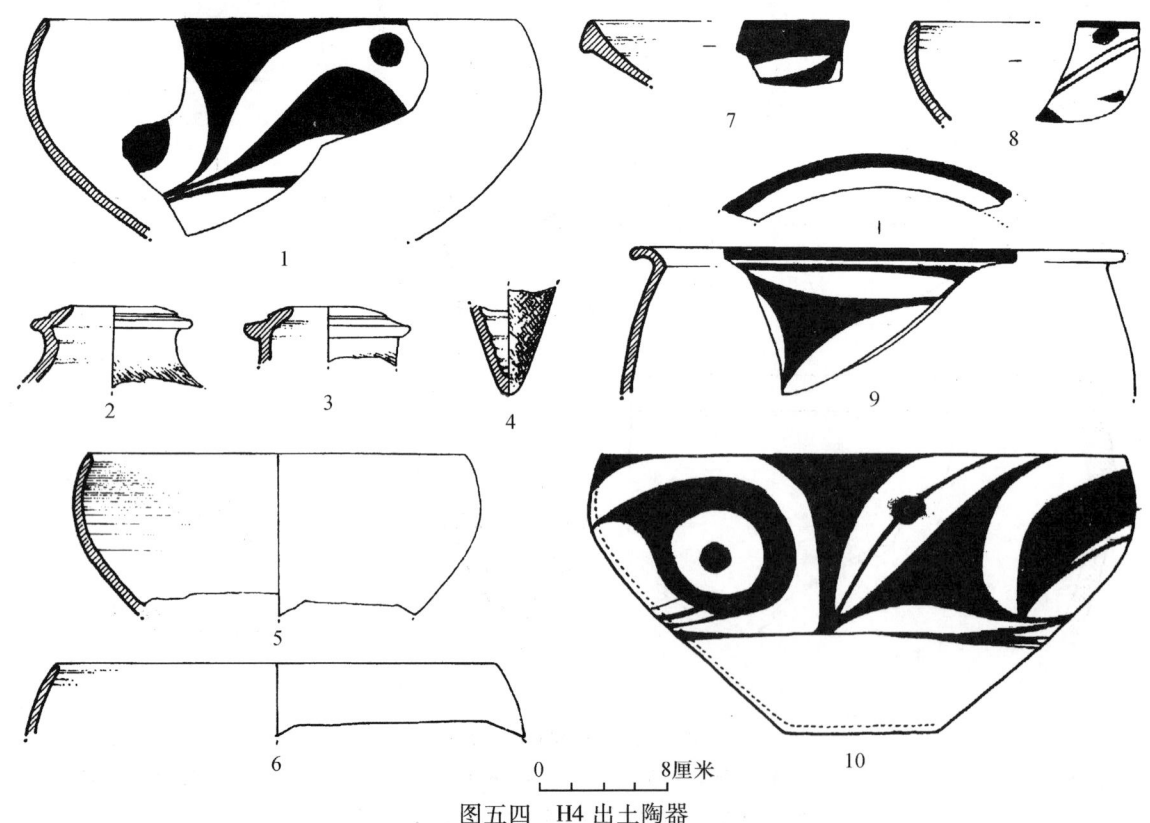

图五四　H4出土陶器

1、7、8、10. 彩陶钵（H4:12、20、19、11）　2、3. 尖底瓶口（H4:1、8）　4. 尖底瓶底（H4:9）　5、6. 敛口钵（H4:3、10）　9. 彩陶盆（H4:13）

尖底瓶底 H4:9，泥质红陶，底尖，角度在30°~60°之间，底部略经磨损，器表饰线纹，内壁泥条筑成痕迹明显，从内底的泥条走向及泥突，可知当时以顺时针方向圈筑泥条，最后一圈将泥条端塞进尖底所留的孔中。残高6.6厘米（图五四，4）。

叠唇无沿盆 H4:2，泥质红褐陶，口微敛，圆唇，唇面加厚，突出于口沿外，弧腹缓收，口沿下方饰数周弦纹。残高8.5厘米（图五五，5）。H4:14，泥质红陶，上唇面圆方，下唇面略圆尖，唇面略宽中间微凹，上腹微外弧，腹部饰两个对称波浪状的长泥条器錾，錾下即收腹，平底，器表素面，不甚平整，可见明显刮削痕。口径33厘米，底径14.8厘米，高19.5厘米（图五五，4；图版七，6）。H4:15，泥质红陶，敛口，圆唇，唇面加宽，弧腹内收，口沿下饰数周弦纹，口内侧可见细密轮纹。口径36.5厘米，残高19厘米（图五五，3）。

折沿盆 H4:7，泥质灰陶，敞口，折沿斜平，圆方唇，弧腹斜收，素面，沿面经磨光而发黑。

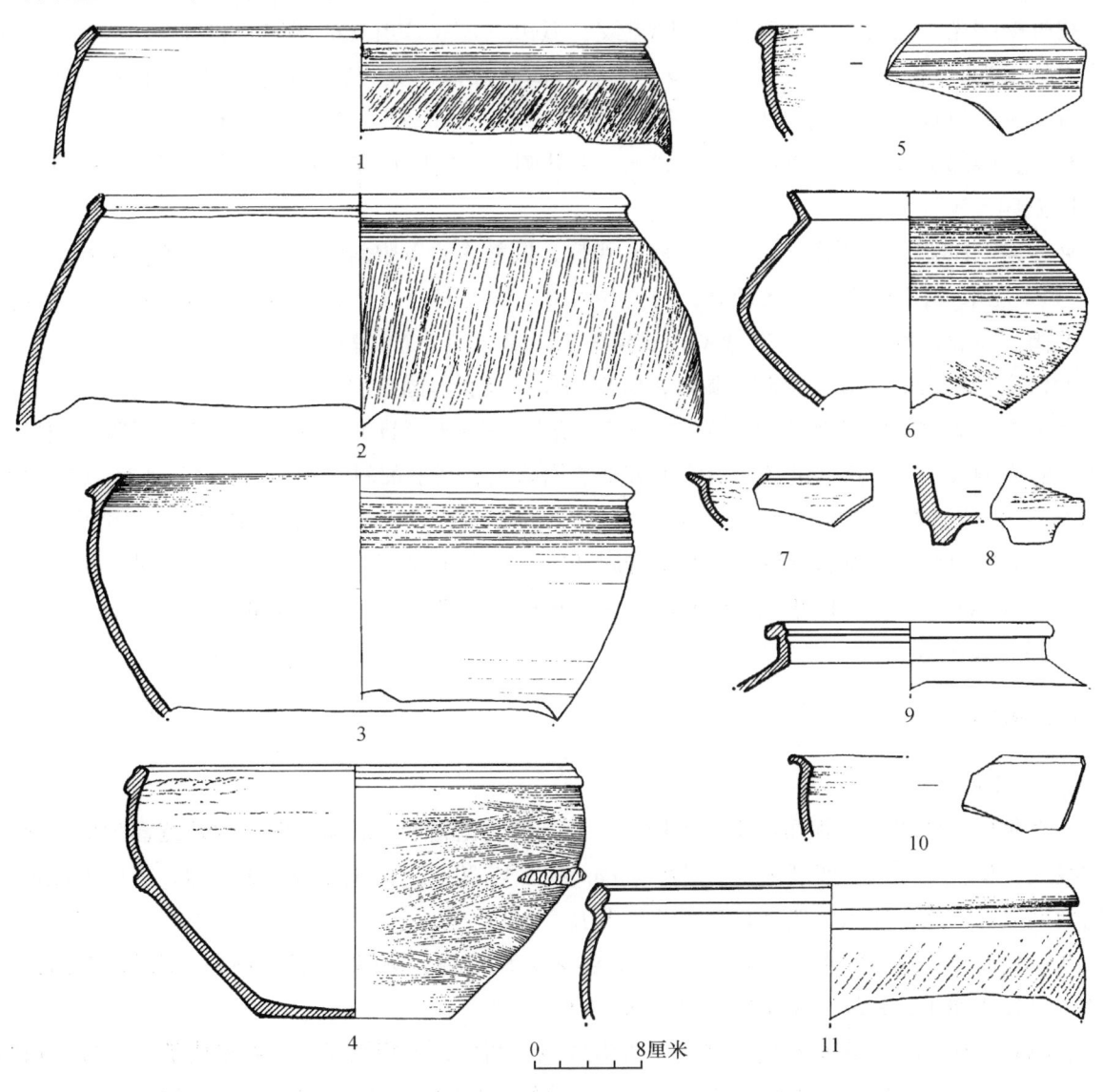

图五五　H4出土陶器

1、2、11. 大口罐（H4:17、6、5）　3~5. 叠唇无沿盆（H4:15、14、2）　6、9. 夹砂罐（H4:4、16）
7、10. 折沿盆（H4:7、18）　8. 灶（H4:21）

残高4厘米（图五五，7）。H4:18，泥质红陶，侈口，折沿外翻，圆唇，弧腹，素面磨光。残高6厘米（图五五，10）。

彩陶盆　H4:13，泥质红陶，侈口，折沿，卷缘，圆唇，腹外鼓，沿面及腹外壁经磨光，沿边及唇部施黑彩带，腹部绘弧边三角纹。口径31厘米，残高9厘米（图五四，9）。

敛口钵　H4:3，泥质红陶，敛口，圆唇，圆弧腹，器表素面磨光，内壁可见修抹痕。口径24厘米，残高10厘米（图五四，5）。H4:10，泥质红陶，敛口，圆唇，腹壁外弧，器表素面磨光。口径28厘米，残高4.5厘米（图五四，6）。

彩陶钵　H4:11，泥质红陶，敛口，尖圆唇，上腹圆弧，下腹斜收，平底，器表磨光，上腹部用黑彩绘弧边三角纹、圆点纹、弧线纹、勾叶纹等组成的图案。口径33厘米，底径9.8厘米，高17.5厘米（图五四，10；图版三，3）。H4:12，泥质红陶，敛口，尖圆唇，上腹圆弧，下腹微弧斜收，腹外壁磨光，用黑彩绘有垂弧纹、圆点纹、弧边三角纹等组成的图案。口径30厘米，残高14厘米（图五四，1；图版五，5）。H4:19，泥质红陶，敛口，尖圆唇，弧腹斜收，器表磨光，以黑彩绘有彩带、斜线、圆点纹等组成的图案。残高6.2厘米（图五四，8）。H4:20，泥质红陶，敞口，圆唇，唇部加厚，斜腹微弧，器表磨光，唇外侧绘一周黑彩带，腹外壁绘有图案。残高4.2厘米（图五四，7）。

夹砂罐　H4:4，红褐陶，侈口，圆唇，溜肩，圆鼓腹，下腹斜收，肩部饰弦纹。口径19厘米，残高16.5厘米（图五五，6；图版九，5）。H4:16，灰褐陶，口近直，矮领，圆方唇，口沿内侧有两周凹槽，溜肩，素面。口径20厘米，残高5.7厘米（图五五，9）。

大口罐　H4:5，夹砂灰褐陶，敛口，唇部加厚，圆唇，圆弧肩，唇内侧及口部内侧各有一周凹槽，器表饰斜线纹。口径36厘米，残高10.6厘米（图五五，11）。H4:6，夹砂灰褐陶，敛口，尖圆唇，唇内侧有一周凹槽，鼓腹，口沿下方饰数周弦纹，其下饰斜线纹。口径40厘米，残高18厘米（图五五，2）。H4:17，夹砂红褐陶，陶色不匀，敛口，唇部加厚，唇内侧有一周凹槽，尖圆唇，圆弧肩，口沿下方饰数周弦纹，其下饰斜线纹。口径41厘米，残高10厘米（图五五，1）。

灶　H4:21，夹砂灰褐陶，器壁较直内收，平底，底部残留一只扁方形矮足，素面。残高5.6厘米（图五五，8）。

19. H229

标本14件。

尖底瓶口　H229:1，泥质红陶，重环口，上下唇面宽相近，唇面上仰，内外侧皆为尖圆唇，颈部饰线纹。口径4厘米，残高3厘米（图五六，4）。H229:2，泥质红陶，重环口，下唇面微凹，瓶颈饰斜线纹。口径4厘米，残高5.2厘米（图五六，3）。

葫芦口瓶口　H229:14，泥质陶，红胎，器表为深褐色，圆唇，口壁外弧，束颈，口部密布轮修纹。口径3厘米，残高7.8厘米（图五六，5）。

彩陶盆　H229:3，泥质红陶，侈口，折沿外翻，圆唇，上腹圆弧，下腹稍内弧、斜收，口沿外侧施一周黑彩带，上腹部绘弧线三角纹、圆点纹等组成的图案。口径30厘米，残高14.6厘米（图五六，1；图版六，3）。H229:4，泥质红陶，侈口，圆方唇，圆弧腹，口沿外侧施一周黑彩带，腹部绘有弧线、垂弧纹、圆点纹等组成的图案。口径30.2厘米，残高10.2厘米（图五六，6）。

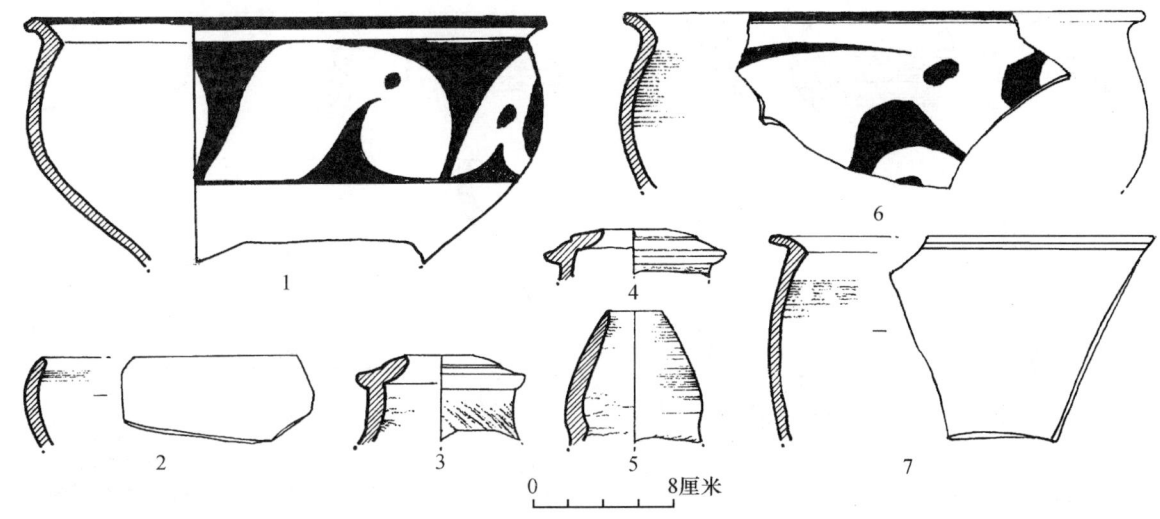

图五六　H229 出土陶器
1、6. 彩陶盆（H229:3、4）　2. 钵（H229:7）　3、4. 尖底瓶口（H229:2、1）　5. 葫芦口瓶口（H229:14）
7. 折沿盆（H229:5）

折沿盆　H229:5，泥质红陶，侈口，折沿，圆方唇，腹壁外弧，素面。残高 12 厘米（图五六，7）。

叠唇无沿盆　H229:6，泥质红陶，敞口，圆唇，唇面加厚，突出于口沿外，腹壁微弧内收，素面，口部内侧可见细密轮纹，器表有修抹痕。残高 5.6 厘米（图五七，5）。H229:8，泥质红陶，敛口，圆唇，唇面加厚，突出于口沿外，腹壁较直外撇，腹部饰数周弦纹。残高 4.6 厘米（图五七，4）。

钵　H229:7，泥质红陶，敛口，圆唇，圆弧腹，器表素面磨光。残高 5 厘米（图五六，2）。

夹砂罐　H229:9，褐陶，口微侈，窄斜沿，尖唇，圆折肩，腹壁微弧斜收，平底，肩部饰交错线纹。口径 22 厘米，底径 14.4 厘米，高 23.6 厘米（图五七，7；图版一〇，5）。H229:10，红褐陶，侈口，圆唇，口沿内侧有一周凹槽，束颈，鼓腹，器表素面磨光。口径 24 厘米，残高 16.8 厘米（图五七，3）。H229:11，褐陶，侈口，圆方唇内突，溜肩，肩部饰数周弦纹。口径 22 厘米，残高 10 厘米（图五七，6）。H229:12，褐陶，口近直，矮领，圆唇内凸，溜肩，肩部饰数周弦纹。残高 7 厘米（图五七，1）。H229:13，褐陶，侈口，圆唇，上腹圆鼓，下腹微内曲、斜收，素面，内壁有修抹痕，下腹外壁可见刮削痕。口径 16.2 厘米，残高 13 厘米（图五七，2）。

20. H2

标本 2 件。

尖底瓶口　H2:2，泥质红陶，双唇口，上唇已残，下唇面斜平，外侧为尖圆唇，颈部饰线纹。残高 4.5 厘米（图五八，5）。

彩陶钵　H2:1，泥质红陶，敛口，圆唇，弧腹斜收，腹内外壁均磨光，唇外侧饰一周黑彩带。残高 7.3 厘米（图五八，14）。

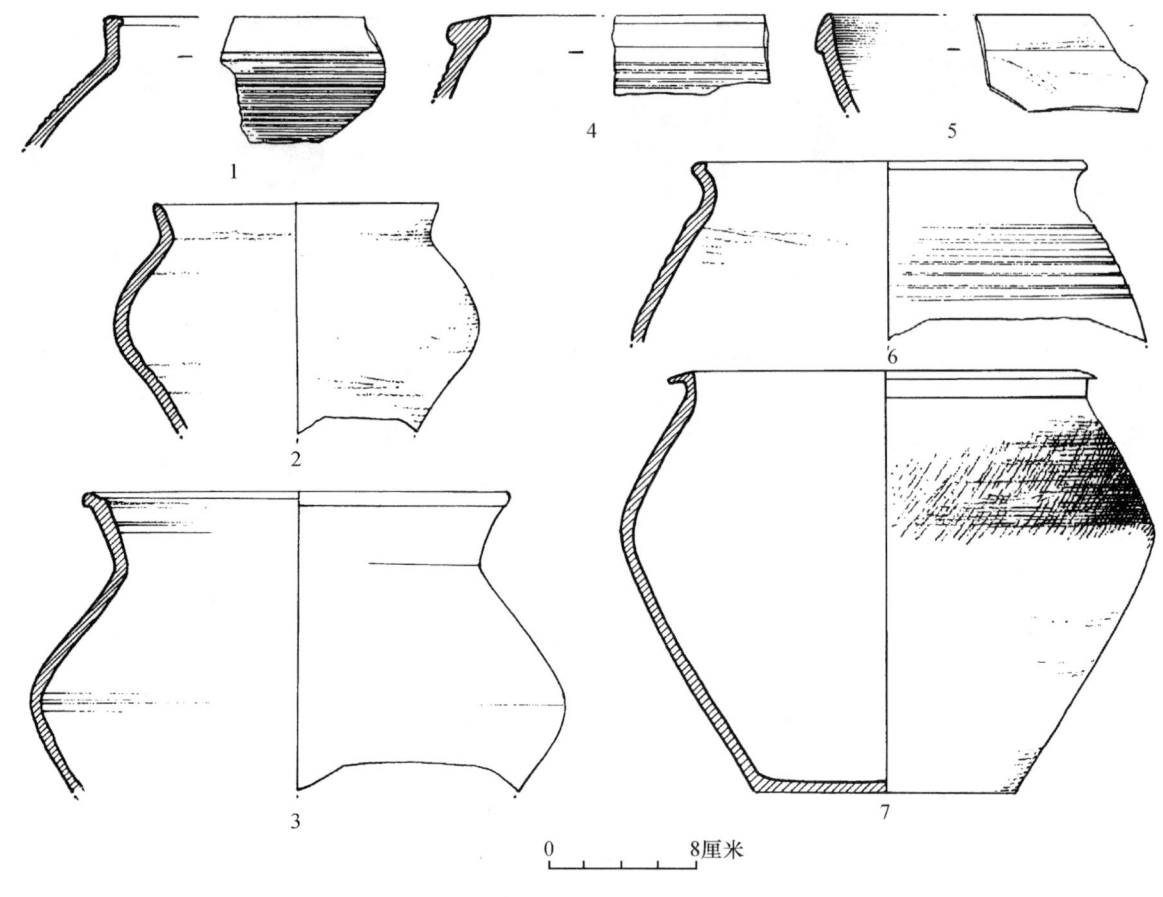

图五七　H229 出土陶器

1、2、3、6、7. 夹砂罐（H229：12、13、10、11、9）　4、5. 叠唇无沿盆（H229：8、6）

21. H13

标本 13 件。

尖底瓶口　H13：1，泥质红陶，重环口，下唇面较上唇面宽平，上唇面上仰，内外侧均为圆唇，颈部饰线纹。口径 4 厘米，残高 3 厘米（图五八，11）。H13：2，泥质陶，红胎，内外壁为灰色，单唇口，唇面斜平，内侧上仰，外侧为尖圆唇，素面。口径 5 厘米，残高 4.2 厘米（图五八，10）。

夹砂罐　H13：3，褐陶，口近直，矮领，圆方唇，溜肩，素面，领内侧及肩部上方各有一周凹槽。口径 22 厘米，残高 7 厘米（图五八，1）。

彩陶盆　H13：4，泥质红陶，侈口，折沿，沿面较宽，圆方唇，口径大于腹径，腹壁外弧，沿面用黑彩绘有凹边三角纹和圆点纹，腹部绘勾叶纹、弧边三角纹和圆点纹等。口径 38 厘米，残高 9.2 厘米（图五八，6）。H13：5，泥质红陶，侈口，折沿外翻，卷缘，圆唇，弧腹，口沿外侧饰一周黑彩带，腹壁绘有圆点纹、弧边三角纹等组成的图案。残高 8.6 厘米（图五八，13）。

盆　H13：6，泥质灰褐陶，敞口，折沿，尖圆唇，弧腹斜收，素面磨光。口径 22 厘米，残高 4.2 厘米（图五八，7）。H13：7，泥质红陶，敛口，圆唇，上腹圆弧，下腹较直缓收，残存泥条状錾手，素面。残高 8.4 厘米（图五八，12）。

彩陶钵　H13：8，泥质灰褐陶，敞口，圆唇，斜弧腹，器表磨光，口沿外侧饰一周红色彩带，口沿下方由内向外钻有一小圆孔。口径 16 厘米，残高 6 厘米（图五八，4）。

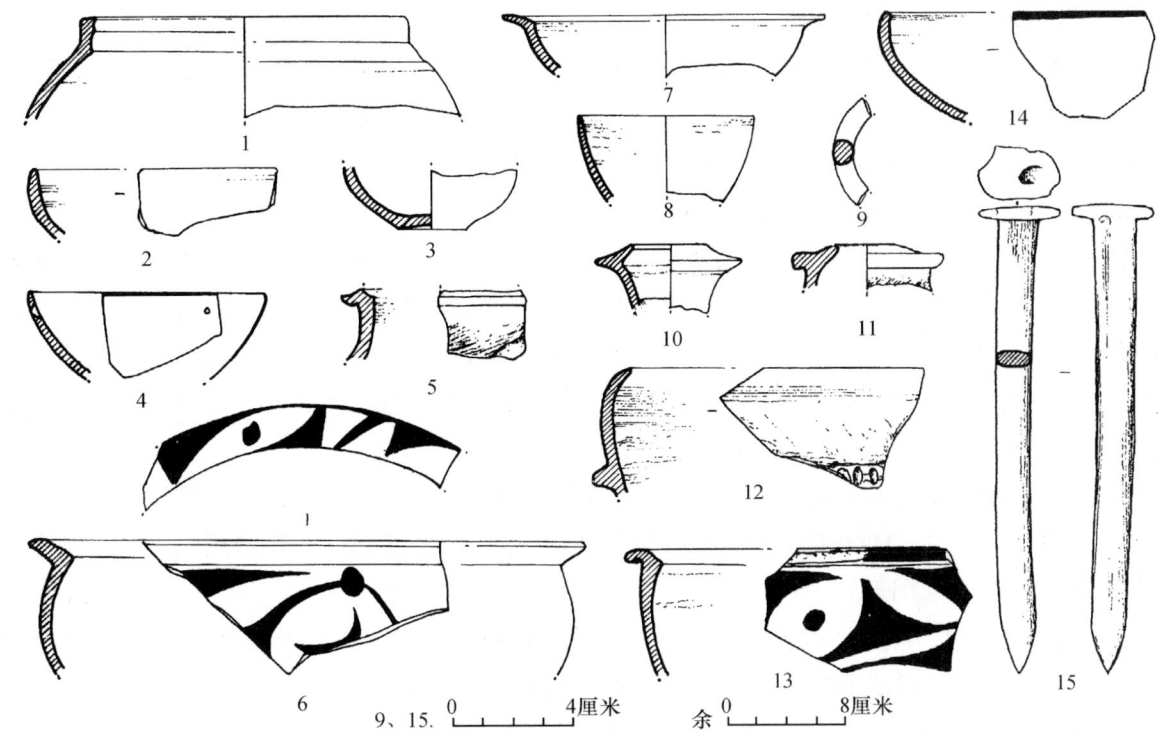

图五八 H2、H13 出土陶器、骨笄

1. 夹砂陶罐（H13∶3） 2、8. 陶钵（H13∶10、9） 3. 陶器底（H13∶11） 4、14. 彩陶钵（H13∶8、H2∶1） 5、10、11. 尖底陶瓶口（H2∶2、H13∶2、H13∶1） 6、13. 彩陶盆（H13∶4、5） 7、12. 陶盆（H13∶6、7） 9. 陶环（H13∶13） 15. 骨笄（H13∶12）

钵 H13∶9，泥质红陶，敞口，圆唇，弧腹缓收，素面磨光，内壁可见修抹痕。口径 12 厘米，残高 6 厘米（图五八，8）。H13∶10，泥质褐胎、黑皮陶，口微敛，圆唇，弧腹内收，素面磨光，内壁可见细密轮纹。残高 4.5 厘米（图五八，2）。

器底 H13∶11，泥质红褐陶，弧腹斜收，平底微内凹，素面。底径 4.5 厘米，残高 4.4 厘米（图五八，3）。

骨笄 H13∶12，顶端保留原关节面，体长，自然弯曲，略宽扁，横截面呈扁圆形，三角形尖，除关节面外通体磨光。长 16.3 厘米，最宽处 2.8 厘米，厚 0.5 厘米（图五八，15）。

陶环 H13∶13，泥质灰褐陶，外直壁，内壁圆鼓，剖面呈馒头状，通体磨光。外径复原约 5 厘米，宽 0.7 厘米，厚 0.9 厘米（图五八，9）。

22. H14

标本 15 件。

尖底瓶口 H14∶1，泥质红陶，重环口，下唇面较上唇面窄平，上唇面上仰、圆唇，外侧为尖唇，素面。口径 4 厘米，残高 2.8 厘米（图五九，9）。H14∶2，泥质红陶，重环口，唇面上仰，上唇为圆唇，外侧为尖圆唇，颈部饰斜线纹。口径 4 厘米，残高 3 厘米（图五九，8）。H14∶3，泥质红陶，重环口，上下唇面宽相近，唇面上仰、尖圆唇，外侧为圆唇，颈部饰线纹。残高 5 厘米（图五九，7）。H14∶4，泥质红陶，重环口，下唇面较上唇面宽，器身饰斜线纹，内壁可见修抹痕。口径4.4厘米，残高8.6厘米（图五九，6）。

尖底瓶底　H14∶5，泥质红陶，底尖，器表饰线纹，内底可见盘旋状泥条痕。残高3.2厘米（图五九，13）。

器耳　H14∶6，泥质红陶，器身饰斜线纹，其上残余一只桥形耳，耳两侧边缘向外翻叠，腹内壁可见泥条痕。残高6.2厘米（图五九，12）。

叠唇无沿盆　H14∶7，泥质红陶，敛口，圆唇，唇面加厚，突出于口沿外，最大径位于叠唇外部，弧腹斜收，素面，内壁可见修抹痕。口径26厘米，残高7.5厘米（图五九，15）。H14∶8，泥质红陶，敛口，圆唇，唇面加厚，突出于口沿外，弧腹斜收，素面。残高11厘米（图五九，2）。H14∶14，泥质灰陶，敛口，唇面加厚，突出于口沿外，尖圆唇，腹壁外弧，素面磨光，内壁可见细密轮纹。残高5.2厘米（图五九，11）。

折沿盆　H14∶10，泥质红陶，敞口，折沿，圆唇，腹微弧斜收，素面磨光。残高5.8厘米（图五九，3）。H14∶13，泥质黄褐陶，口微侈，折沿外翻，圆唇，腹壁微弧，饰数周弦纹，器表可见细密轮纹。残高5厘米（图五九，5）。

彩陶盆　H14∶12，泥质红陶，侈口，折沿，沿面较宽，圆唇，沿面及腹外壁以黑彩绘有圆点纹、垂弧纹、勾叶纹等组成的图案。残高3.5厘米（图五九，14）。

钵　H14∶11，泥质红陶，口微敛，圆唇，弧腹斜收，素面，内壁可见修抹痕。残高6.5厘米（图五九，1）。

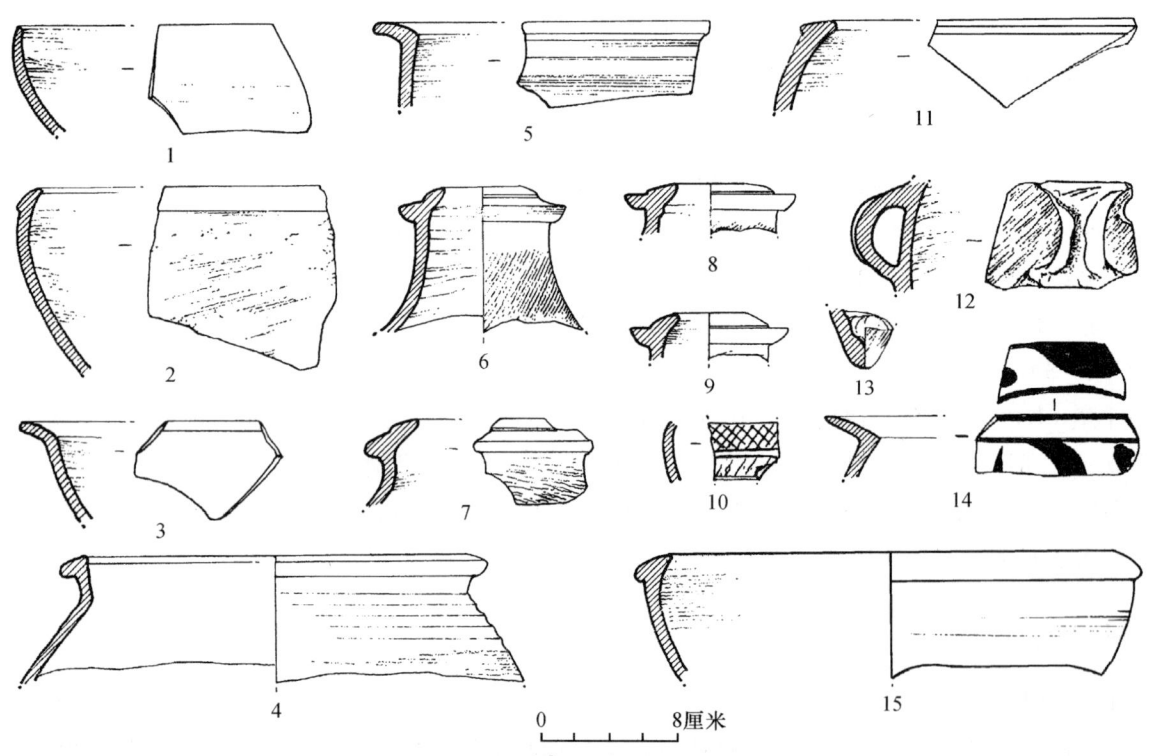

图五九　H14出土陶器

1. 钵（H14∶11）　2、11、15. 叠唇无沿盆（H14∶8、14、7）　3、5. 折沿盆（H14∶10、13）　4. 夹砂罐（H14∶9）
6~9. 尖底瓶口（H14∶4、3、2、1）　10. 彩陶片（H14∶15）　12. 器耳（H14∶6）　13. 尖底瓶底（H14∶5）
14. 彩陶盆（H14∶12）

夹砂罐 H14:9，褐陶，侈口，矮领，圆唇，溜肩，肩部饰数周弦纹。口径24厘米，残高7.6厘米（图五九，4）。

彩陶片 H14:15，泥质红陶，弧腹，腹壁以黑彩绘有网格纹。残高3.3厘米（图五九，10）。

23. H19

标本21件。

尖底瓶口 H19:3，泥质红陶，重环口，上下唇面宽相近，上唇面上仰，下唇面较平，内外侧均为圆唇，颈部饰斜线纹。口径4厘米，残高3.3厘米（图六〇，17）。H19:4，泥质红陶，重环口，上下唇面宽相近，唇面微上仰、为圆唇，外侧为尖圆唇。口径4厘米，残高2.8厘米（图六〇，16）。H19:5，泥质红陶，重环口，下唇面较上唇面窄平，上唇面微上仰，上唇为圆唇，外侧为尖圆唇。口径4厘米，残高2.4厘米（图六〇，18）。H19:6，泥质红陶，重环口，上唇面较下唇面略宽，唇面上仰，内外侧均为尖圆唇，颈部饰线纹。口径4厘米，残高4厘米（图六〇，15）。

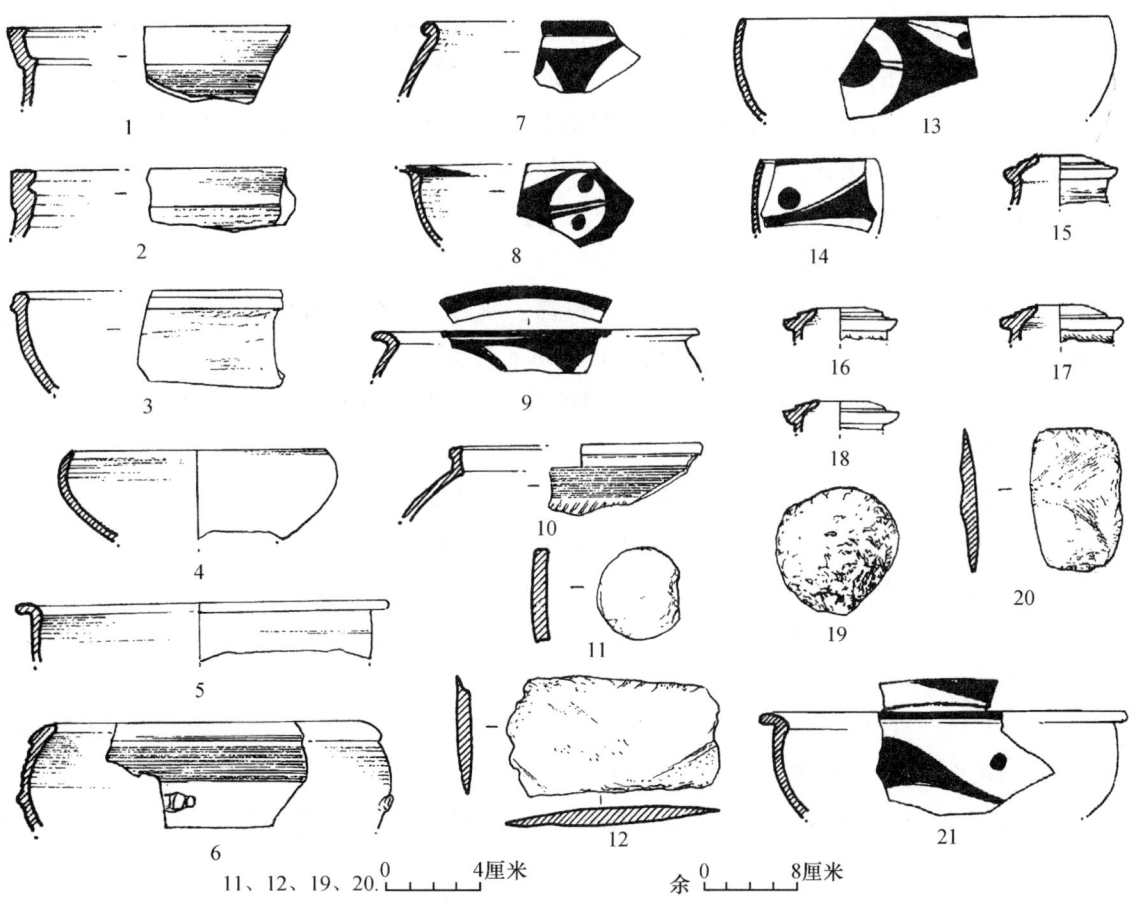

图六〇　H19出土陶器、石器
1、2、10. 夹砂陶罐（H19:15、16、21）　3、6. 叠唇无沿陶盆（H19:11、1）　4. 陶钵（H19:9）　5. 折沿陶盆（H19:13）　7. 彩陶罐（H19:8）　8、9、21. 彩陶盆（H19:12、2、14）　11. 圆陶片（H19:17）　12. 石刀（H19:19）　13、14. 彩陶钵（H19:10、7）　15～18. 尖底陶瓶口（H19:6、4、3、5）　19. 石球（H19:20）　20. 石铲（H19:18）

彩陶盆　H19:2，泥质红陶，侈口，折沿外翻，圆唇，腹壁外撇，沿边施一周黑彩带，腹壁绘有弧边三角纹等组成的图案。口径 28 厘米，残高 4 厘米（图六〇，9）。H19:12，泥质红陶，敞口，折沿，口残，弧腹内收，器表施白色陶衣，沿面绘弧边黑彩带，腹壁绘有圆点纹、横杠纹、弧边三角纹等组成的图案。残高 7 厘米（图六〇，8）。H19:14，泥质红陶，侈口，折沿外翻，圆唇，弧腹内收，沿面绘弧边黑彩带，腹壁绘有圆点纹、垂弧纹等组成的图案。口径 32 厘米，残高 8.8 厘米（图六〇，21）。

叠唇无沿盆　H19:1，泥质红陶，敛口，圆唇，唇面加厚，突出于口沿外，圆弧腹，口沿下方饰数周弦纹，弦纹下方的腹壁残留一只由泥条按压而成的鋬手，唇面及腹内壁可见细密轮纹。口径 26 厘米，残高 9 厘米（图六〇，6）。H19:11，泥质红陶，敞口，圆唇，唇面加厚，突出于口沿外，唇面中间微凹，弧腹斜收，素面，腹壁可见修抹痕。残高 8.8 厘米（图六〇，3）。

折沿盆　H19:13，泥质红陶，侈口，折沿，圆唇，弧腹，素面，内壁可见修抹痕。口径 32 厘米，残高 5 厘米（图六〇，5）。

彩陶钵　H19:7，泥质红陶，口微敛，方唇，腹壁微弧，唇面施黑彩带，腹壁绘有圆点纹、弧线、弧边三角纹等组成的图案。口径 10 厘米，残高 6.4 厘米（图六〇，14）。H19:10，泥质红陶，敛口，尖圆唇，弧腹内收，唇面施黑彩带，腹壁以黑彩、白彩绘有圆点纹、圆圈纹、横杠纹、斜线、弧边三角纹等组成的图案，口内侧有一道划痕。口径 32 厘米，残高 8.8 厘米（图六〇，13）。

钵　H19:9，泥质红陶，敛口，圆方唇，上腹圆弧，下腹斜收，素面，口内侧可见修抹痕。口径 22 厘米，残高 7.8 厘米（图六〇，4）。

彩陶罐　H19:8，泥质红陶，侈口，卷沿，圆唇，溜肩，内外壁均磨光，唇面施黑彩带，肩部绘有弧边三角纹、圆点纹等组成的图案。残高 6.2 厘米（图六〇，7）。

夹砂罐　H19:15，褐陶，口微侈，平沿，唇面加厚，圆唇，腹壁较直微外撇，口沿内侧有一周凹槽和一周凸棱，腹壁饰弦纹。残高 6.4 厘米（图六〇，1）。H19:16，褐陶，口近直，平沿，唇面加厚，腹壁微外撇，口沿内侧有一周深凹槽和三道浅细凹槽，腹外壁可见修抹痕。残高 5.6 厘米（图六〇，2）。H19:21，褐陶，口近直，矮领，圆唇，领内侧微凹，圆肩，口沿下方饰数周弦纹，其下饰斜线纹。残高 6 厘米（图六〇，10）。

圆陶片　H19:17，泥质红陶，由残陶片磨制加工而成，边缘有一处残损。最大直径为 4 厘米，厚 0.6 厘米（图六〇，11）。

石铲　H19:18，打制石器，由石片加工而成，平面呈长方形，两侧边略厚，刃端稍窄。长 6.3 厘米，宽 3.9 厘米，厚 0.6 厘米（图六〇，20）。

石刀　H19:19，打制而成，平面近似长方形，边缘较薄，两侧边有凹缺。长 9.2 厘米，宽 5.1 厘米，厚 0.7 厘米（图六〇，12）。

石球　H19:20，表面凹凸不平，不甚规整。最大直径为 5.6 厘米（图六〇，19）。

24. H25

标本 4 件。

夹砂罐　H25:1，灰褐陶，侈口，斜平沿，沿面圆凸，圆方唇，溜肩外鼓，下腹斜收，平底，肩部线纹较乱。口径 23.5 厘米，底径 13 厘米，高 26.8 厘米（图六一，10）。

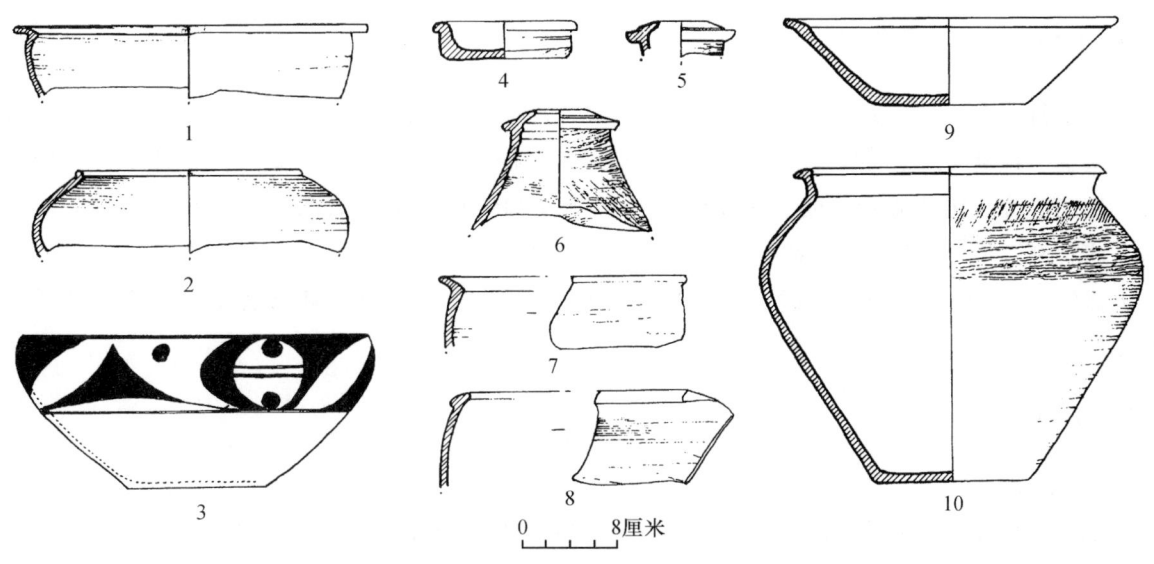

图六一　H25、H45 出土陶器

1、9. 盆（H45:6、4）　2. 敛口罐（H45:3）　3. 彩陶钵（H45:5）　4. 盂（H45:2）　5、6. 尖底瓶口（H25:3、H45:1）　7. 泥质罐（H25:2）　10. 夹砂罐（H25:1）　8. 叠唇无沿盆（H25:4）

泥质罐　H25:2，红陶，侈口，圆唇，弧腹，素面。残高6厘米（图六一，7）。

尖底瓶口　H25:3，泥质红陶，重环口，上唇面较宽、斜平，下唇面窄平，上唇为圆唇，外侧为尖圆唇，颈部饰线纹。口径4厘米，残高3厘米（图六一，5）。

叠唇无沿盆　H25:4，泥质红陶，敛口，唇面加厚，突出于口沿外，上唇面略方，下唇面为圆唇，弧腹，素面。残高8厘米（图六一，8）。

25. H45

标本6件。

尖底瓶口　H45:1，泥质红陶，重环口，上、下唇面宽相近、斜平，尖圆唇，器身线纹较乱。口径4.2厘米，残高10.5厘米（图六一，6）。

盂　H45:2，泥质陶，外壁陶色呈灰色，内壁陶色呈红色，器形小，口微敞，圆唇，直腹，平底，近底部外壁经刮削，外底有粟粒印痕，素面。口径12厘米，底径10.2厘米，高3.1厘米（图六一，4；图版一〇，1）。

敛口罐　H45:3，泥质红陶，敛口，圆唇，鼓肩，器表素面磨光，口内侧可见细密轮纹。口径19厘米，残高7厘米（图六一，2；图版八，4）。

盆　H45:4，夹砂灰褐陶，敞口，折沿，圆唇，腹壁较直斜收，平底，素面。口径28厘米，底径13.2厘米，高7.4厘米（图六一，9）。H45:6，泥质红陶，侈口，折沿，圆唇，弧腹内收，素面，唇面可见细密轮纹，腹壁可见修抹痕。口径30厘米，残高6厘米（图六一，1）。

彩陶钵　H45:5，泥质红陶，口微敛，圆方唇，上腹略圆，下腹斜直，平底，腹部用黑彩绘有弧边三角纹、圆点纹、横杠纹、勾叶纹组成的图案。口径29厘米，底径11.6厘米，高13厘米（图六一，3；图版五，3）。

26. H29

标本 2 件。

彩陶盆 H29:1，泥质红陶，侈口，折沿略窄，口径小于腹径，腹较深，上腹圆鼓，下腹斜收，平底，器表磨光，沿边施黑彩带，上腹绘弧边三角纹和斜线纹组成的图案，外底有划痕。口径 24 厘米，底径 9.2 厘米，高 17.6 厘米（图六二，12；图版七，1）。

夹砂罐 H29:2，黄褐陶，矮直领，沿面微凹，溜肩略圆，素面，肩部磨光。口径 15 厘米，残高 8.4 厘米（图六二，1）。

27. H34

标本 11 件。

彩陶钵 H34:1，泥质红陶，敛口，圆方唇，圆弧腹，腹部用黑彩绘有弧边三角纹、彩带等组成的图案。口径 18.5 厘米，残高 5 厘米（图六二，11）。

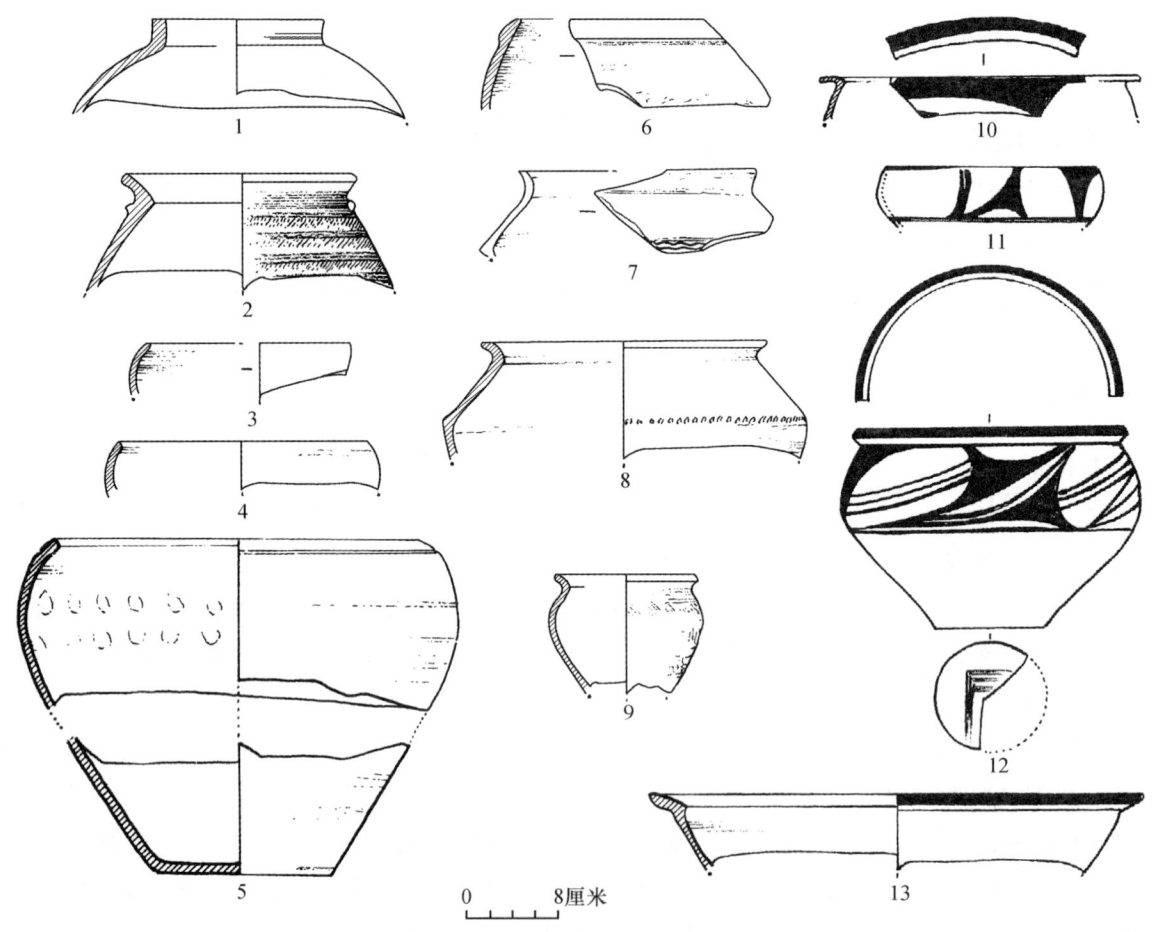

图六二　H29、H34 出土陶器
1、2、7～9. 夹砂罐（H29:2、H34:6、8、7、5）　3、4. 钵（H34:11、10）　5、6. 叠唇无沿盆（H34:2、9）　10、12、13. 彩陶盆（H34:4、H29:1、H34:3）　11. 彩陶钵（H34:1）

钵　H34:10，夹砂褐陶，敛口，圆唇，圆弧腹，素面。口径 22 厘米，残高 4 厘米（图六二，4）。H34:11，泥质红陶，敛口，尖圆唇，鼓腹，素面磨光，内壁可见修抹痕。残高 4.4 厘米（图六二，3）。

叠唇无沿盆　H34:2，夹砂红陶，敛口，方唇，口部外侧有一周凹槽，上腹圆弧，下腹斜收，平底，器表磨光，内壁可见手指按窝。口径 32 厘米，底径 16 厘米，复原高 29.6 厘米（图六二，5）。H34:9，泥质红陶，敛口，圆唇，唇面加厚，突出于口沿外，弧腹，内壁可见修抹痕。残高 7.8 厘米（图六二，6）。

彩陶盆　H34:3，泥质红陶，大敞口，宽折沿，圆方唇，腹壁斜直，唇部绘黑彩。口径 43.2 厘米，残高 6.5 厘米（图六二，13）。H34:4，泥质红陶，侈口，折沿外翻，圆唇，腹壁微弧外撇，沿边施黑色彩带，腹壁以黑彩绘成图案。口径 28 厘米，残高 3.5 厘米（图六二，10）。

夹砂罐　H34:5，褐陶，侈口，斜方唇，上腹圆鼓，下腹斜收，上腹部饰斜线纹。口径 12.5 厘米，残高 10.4 厘米（图六二，9）。H34:6，褐陶，侈口，折沿，斜方唇，溜肩较甚，颈下横线纹上附扁长小泥突，其下饰斜线纹和数周凹弦纹。口径 20 厘米，残高 10 厘米（图六二，2）。H34:7，褐陶，侈口，圆方唇，方折肩，沿面上有一周凹槽，折肩处按压一周小凹坑。口径 25 厘米，残高 9.5 厘米（图六二，8）。H34:8，褐陶，侈口，斜方唇，折肩，折肩处饰一周波浪形附加堆纹。残高 7.2 厘米（图六二，7）。

28. H33

标本 24 件。

尖底瓶口　H33:1，泥质红褐陶，重环口，上下唇面宽相近，唇面上仰，上下唇均为尖圆唇，颈部饰线纹，唇内外侧可见细密的修抹痕。口径 4.5 厘米，残高 5.2 厘米（图六三，6）。H33:2，泥质红陶，重环口，上唇面较下唇面宽，唇面上仰，内侧为圆方唇，外侧为尖圆唇。口径 4 厘米，残高 2.1 厘米（图六三，7）。H33:3，泥质红陶，双唇口，上下唇面宽相近，唇面上仰，下唇面微凹，内外侧均为尖圆唇，溜肩，鼓腹，器身饰交错线纹。口径 3.8 厘米，残高 26.2 厘米（图六三，11；图版二，2）。H33:5，泥质红褐陶，重环口，上下唇面宽相近，唇面上仰、微凹，上下唇均为尖圆唇，颈部饰线纹。口径 4.5 厘米，残高 5.4 厘米（图六三，8）。

尖底瓶底　H33:4，泥质红陶，底尖，角度在 30°～60°之间，底部磨出一小平面，器表饰线纹，内壁泥条筑成痕迹明显。残高 7 厘米（图六三，9）。

彩陶钵　H33:6，泥质红陶，敛口，方唇，上腹圆弧，下腹斜收，器表磨光，上腹部用黑彩绘弧边三角纹、垂弧纹等组成的图案。口径 34 厘米，残高 15.5 厘米（图六三，5；图版五，1）。H33:7，泥质红陶，敛口，圆方唇，弧腹略圆，唇面及腹内外壁均磨光，腹壁以黑彩绘有弧边三角纹、斜线、圆点纹、垂弧纹等组成的图案。残高 14 厘米（图六三，1；图版五，4）。H33:16，泥质红陶，敛口，圆唇，弧腹，腹壁以黑彩绘有弧边三角纹、圆点纹等。残高 5 厘米（图六三，2）。

钵　H33:15，夹砂褐陶，敞口，圆唇，弧腹斜收，器表隐约可见篮纹。残高 9.8 厘米（图六三，3）。H33:20，泥质红褐陶，敛口，圆唇，圆弧腹，素面磨光。残高 5.8 厘米（图六三，4）。

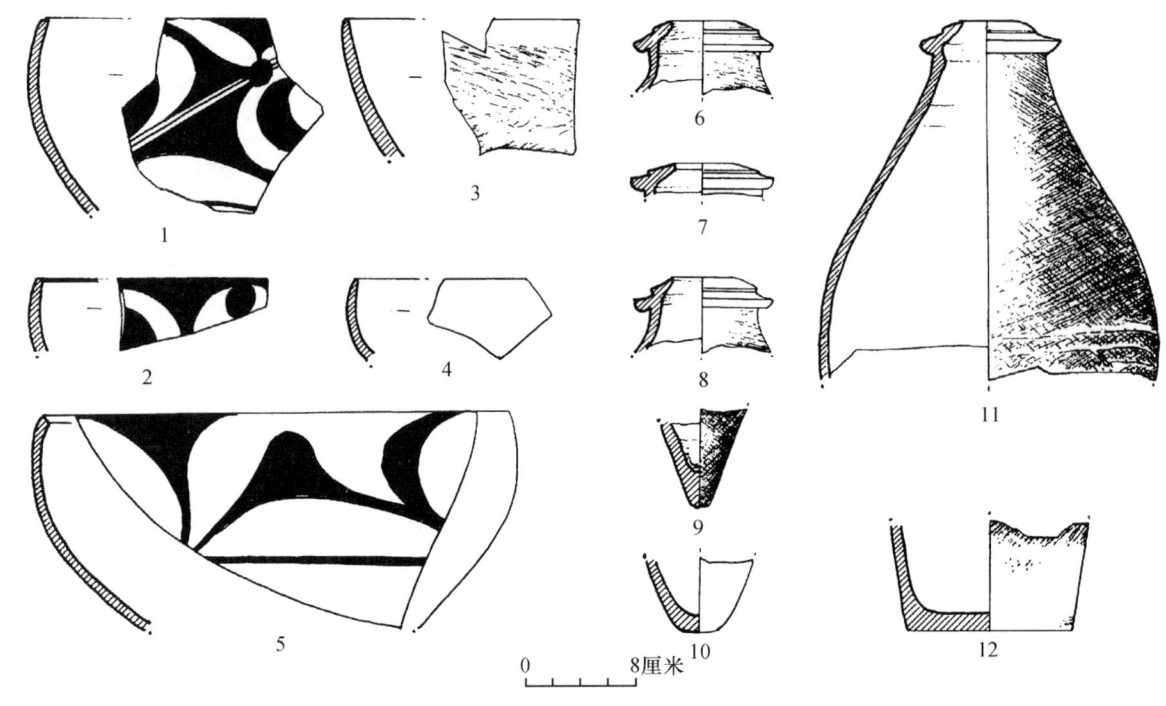

图六三　H33 出土陶器

1、2、5. 彩陶钵（H33:7、16、6）　3、4. 钵（H33:15、20）　6~8、11. 尖底瓶口（H33:1、2、5、3）　9. 尖底瓶底（H33:4）　10、12. 瓶底（H33:17、24）

折沿盆　H33:11，泥质红陶，口微侈，折沿外翻，圆唇，弧腹缓收，素面。口径34厘米，残高7.5厘米（图六四，12）。H33:18，泥质红陶，敞口，折沿外翻，圆唇，弧腹内收，素面磨光，口部可见细密轮纹。残高6.4厘米（图六四，4）。

叠唇无沿盆　H33:8，泥质红陶，敛口，圆唇，唇面加厚，突出于口沿外，唇面略窄，最大径位于叠唇外部，腹斜收，较浅，器表素面磨光。口径27厘米，残高9厘米（图六四，9）。H33:9，泥质红陶，敛口，尖圆唇，唇面加厚，突出于口沿外，圆鼓腹，腹径明显大于口径，最大径位于鼓腹处，素面，口沿下由外而内钻有一小孔。口径28厘米，残高16厘米（图六四，11）。H33:21，泥质红陶，敛口，圆唇，唇面加厚，突出于口沿外，弧腹外撇，素面磨光。口径34厘米，残高8.5厘米（图六四，1）。H33:22，泥质褐陶，敛口，唇面加厚，突出于口沿外，圆唇，弧腹，素面，器表可见修抹时溢出的细泥浆。口径34厘米，残高9厘米（图六四，2）。H33:23，泥质红陶，敛口，圆唇，唇面加厚，突出于口沿外，弧腹内收，素面，器表凹凸不平，修抹痕迹明显。口径46厘米，残高11厘米（图六四，8）。

盆形甑　H33:10，泥质橙黄陶，敛口，叠唇，腹圆弧斜收，平底，内壁附有一层厚水垢，底部分布5个圆孔，是在叠唇无沿盆底部戳孔而成。口径23厘米，底径11厘米，高14.2厘米（图六四，10；图版七，4）。

夹砂罐　H33:12，褐陶，口近直，矮领，圆方唇，溜肩，肩部上方饰数周凹弦纹，肩部下方饰线纹。口径26厘米，残高4.3厘米（图六四，7）。H33:13，褐陶，直口，圆唇突出，溜肩，肩部上方饰数周弦纹，其下饰斜线纹。残高8.5厘米（图六四，3）。H33:14，褐陶，口近直，矮领，领外壁圆凸，圆唇，溜肩略圆，肩部上方饰数周弦纹。残高7.2厘米（图六四，6）。H33:19，褐陶，直口，方唇，唇面加厚，溜肩，口沿内侧有宽窄粗细不同的三周凹槽，口沿下方饰若干弦纹，其下饰斜线纹，腹壁附一个圆形凹面泥饼。残高8.5厘米（图六四，5）。

瓶底　H33:17，泥质黄橙陶，腹壁较直斜收，平底，素面磨光。底径3厘米，残高5.3厘米（图六三，10）。H33:24，泥质红陶，腹壁略斜直，平底，近底部磨光，其上饰斜线纹。底径11.8厘米，残高8厘米（图六三，12）。

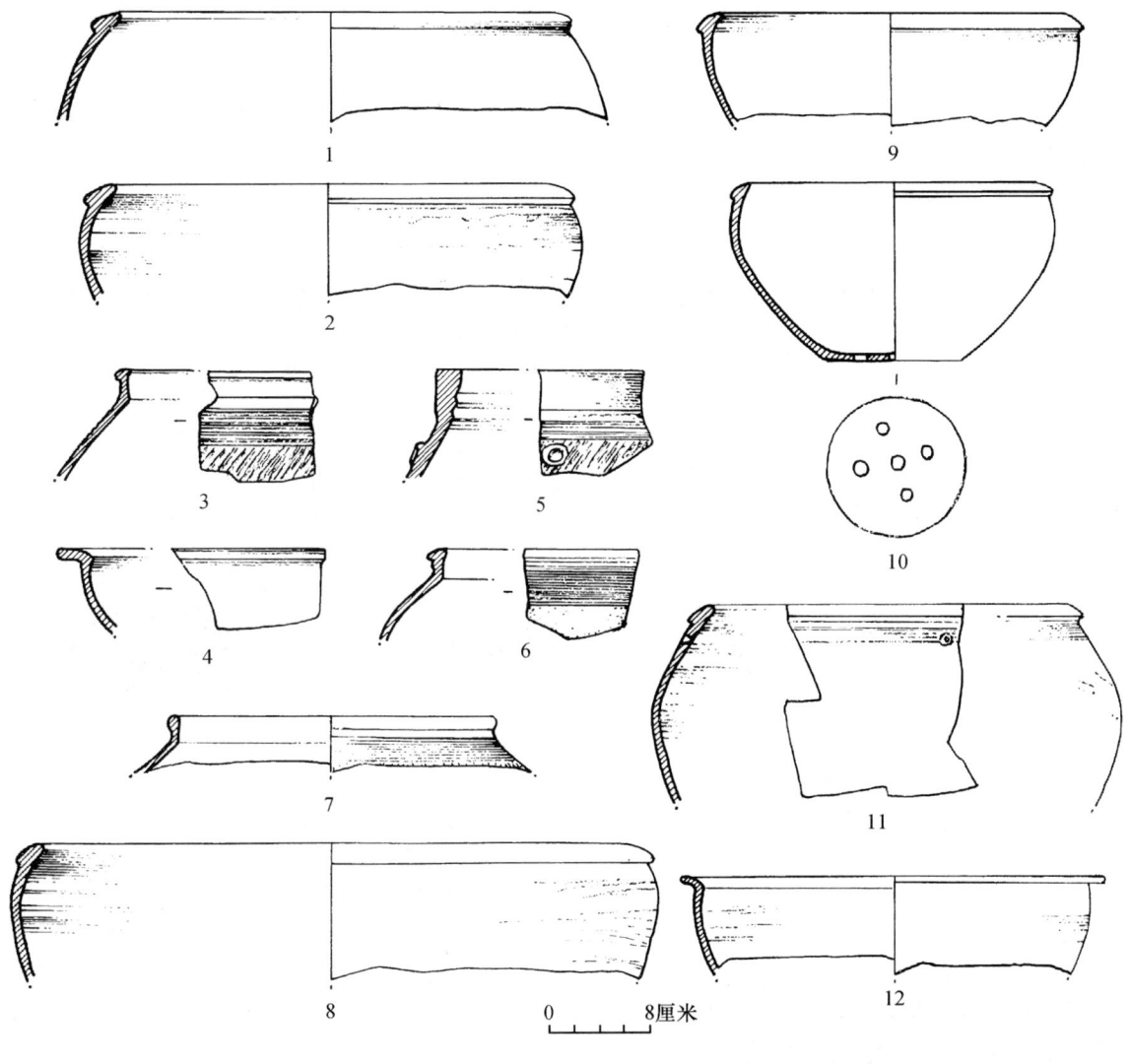

图六四　H33出土陶器

1、2、8、9、11. 叠唇无沿盆（H33:21、22、23、8、9）　3、5~7. 夹砂罐（H33:13、19、14、12）　4、12. 折沿盆（H33:18、11）　10. 盆形甑（H33:10）

29. H37

标本14件。

尖底瓶口　H37:1，泥质红陶，重环口，上下唇面宽相近，唇面上仰，内外侧均为尖圆唇，颈部饰斜线纹。残高5厘米（图六五，8）。

彩陶钵　H37:2，泥质红陶，敛口，圆方唇，折腹，上腹外弧，下腹较直斜收，口沿外侧饰一周深红色彩带，内壁可见修抹痕。口径22厘米，残高5.2厘米（图六五，1）。

钵 H37:4，泥质红陶，敛口，尖圆唇，圆弧腹，素面磨光。残高7厘米（图六五，11）。

彩陶盆 H37:5，泥质红陶，侈口，折沿外翻，圆唇，腹壁外弧，沿面上施一周黑彩带，腹壁绘斜线纹、彩带等组成的图案，残断处钻有一孔，为两面对钻。口径32厘米，残高6.2厘米（图六五，14）。

折沿盆 H37:3，泥质红陶，侈口，折沿，圆唇，弧腹缓收，素面磨光。残高7.4厘米（图六五，10）。H37:8，泥质红陶，侈口，折沿，圆唇，腹壁较直外撇，腹壁饰弦纹。残高4.8厘米（图六五，6）。

叠唇无沿盆 H37:7，泥质红陶，敛口，圆方唇，唇面加厚，突出于口沿外，弧腹，饰数周弦纹。残高6.5厘米（图六五，5）。

敞口盆 H37:10，夹砂褐陶，敞口，圆唇，斜弧腹，残留一只鸡冠形錾手。残高5.5厘米（图六五，3）。

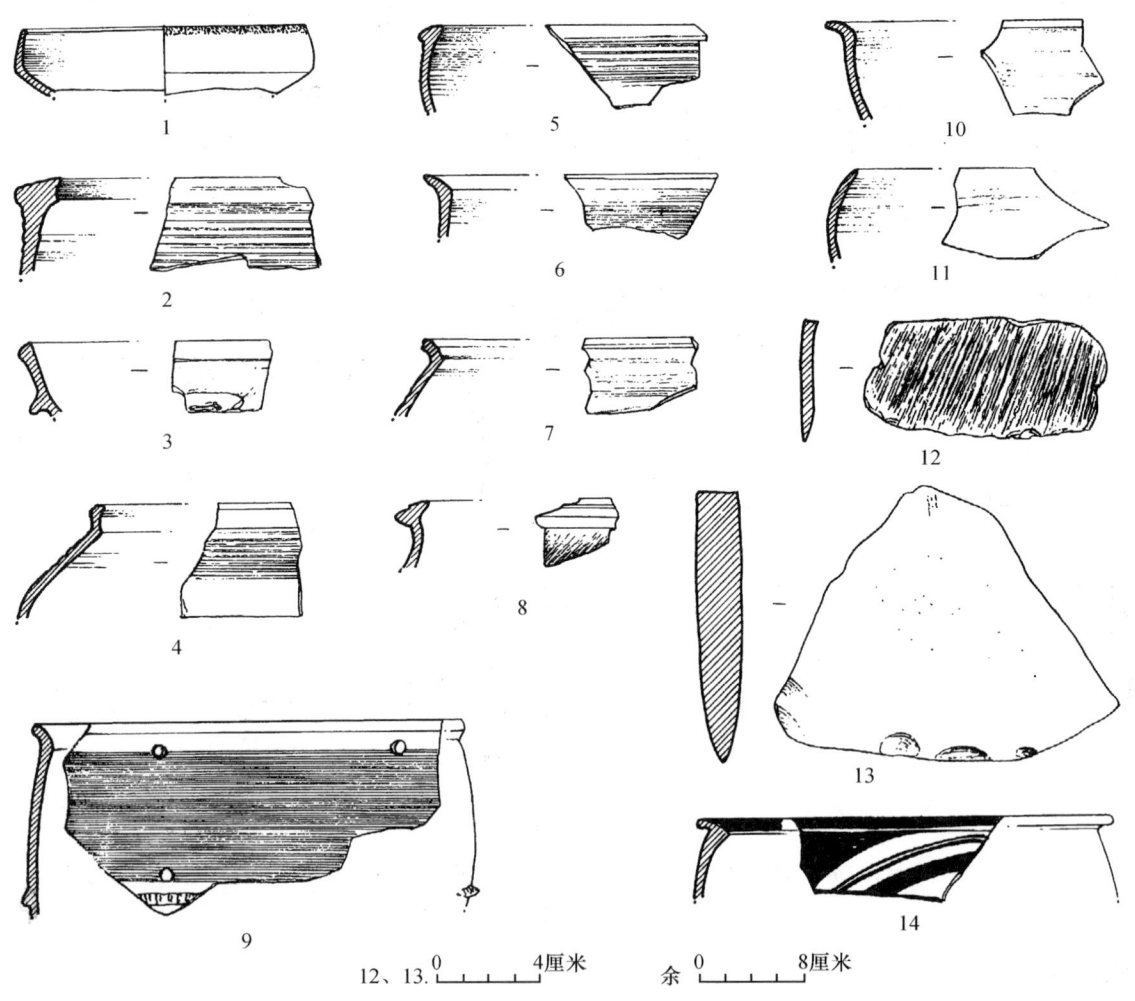

图六五 H37出土陶器、石器

1. 彩陶钵（H37:2） 2. 陶缸（H37:9） 3. 敞口陶盆（H37:10） 4、7、9. 夹砂陶罐（H37:11、12、6） 5. 叠唇无沿陶盆（H37:7） 6、10. 折沿陶盆（H37:8、3） 8. 尖底陶瓶口（H37:1） 11. 陶钵（H37:4） 12. 陶刀（H37:13） 13. 盘状石器（H37:14） 14. 彩陶盆（H37:5）

缸 H37∶9，泥质红陶，敛口，圆方唇较宽，唇面加厚，突出于口沿外，唇内侧有一周凹槽，腹壁较直，饰弦纹。残高7.2厘米（图六五，2）。

夹砂罐 H37∶6，褐陶，侈口，圆唇，弧腹，上腹部饰数周弦纹，其上贴有三个小圆泥饼，下腹部饰一周附加堆纹。口径34厘米，残高14.5厘米（图六五，9；图版九，6）。H37∶11，褐陶，口近直，内侧微凹，圆唇，唇面上有一周凹槽，溜肩略圆，肩部饰数周弦纹。残高8.8厘米（图六五，4）。H37∶12，褐陶，侈口，圆方唇，口沿内侧及唇面上各有一周凹槽，溜肩。残高6厘米（图六五，7）。

陶刀 H37∶13，泥质褐陶，由残陶片改制而成，平面近似四边形，顶端和两侧边经磨圆，两侧边各有一个凹缺，刃缘为打制而成，已磨损，陶片外壁饰斜线纹。长9.4厘米，宽4.8厘米，厚0.5厘米（图六五，12）。

盘状石器 H37∶14，平面近似扇形，上下平面及圆弧边经磨制，圆弧边较薄，圆弧边若干部位两面打制出刃，器表磨光。残长10.8厘米，残宽13.2厘米，厚1.8厘米（图六五，13）。

30. H39

标本6件。

夹砂罐 H39∶1，褐陶，侈口，斜方唇，唇面加宽、微凸，唇面上有一周凹槽，圆折肩，肩部饰七周凹弦纹。口径21.5厘米，残高8厘米（图六六，6；图版九，2）。

折沿盆 H39∶2，泥质黄褐陶，侈口，折沿外翻，圆唇，弧腹缓收，素面，内壁可见细密轮纹。残高8.5厘米（图六六，2）。H39∶3，泥质灰褐陶，折沿外翻，圆方唇，腹壁较直缓收，素面，内壁可见细密轮纹。残高5.8厘米（图六六，4）。

彩陶盆 H39∶5，泥质红陶，侈口，折沿外翻，圆唇，腹壁微弧，口沿外侧饰一周黑彩带。残高7厘米（图六六，3）。

钵 H39∶4，泥质红陶，敛口，尖圆唇，圆弧腹，素面磨光。残高5.8厘米（图六六，5）。

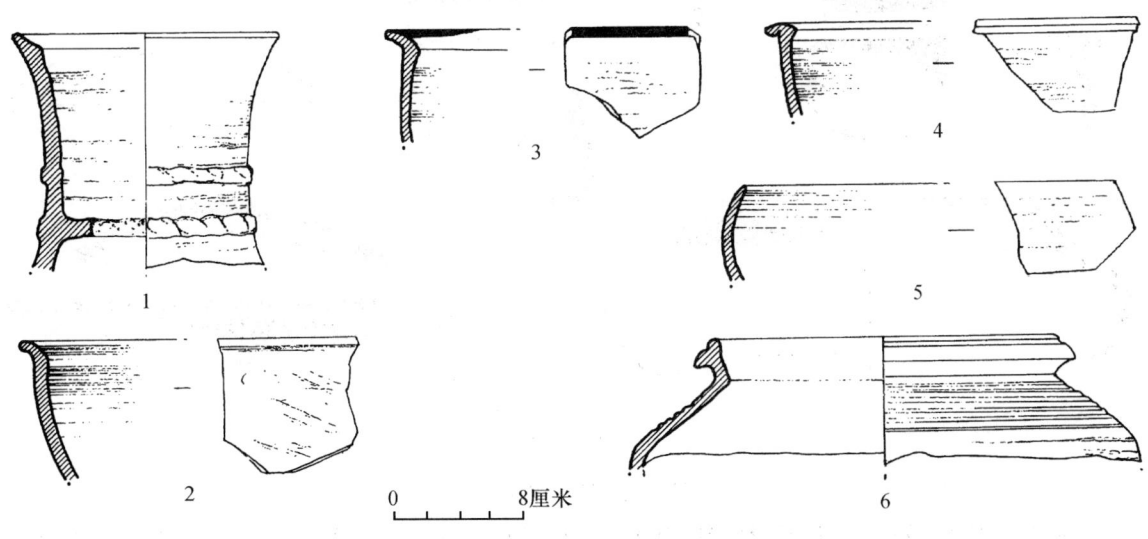

图六六 H39出土陶器
1. 器座（H39∶6） 2、4. 折沿盆（H39∶2、3） 3. 彩陶盆（H39∶5） 5. 钵（H39∶4） 6. 夹砂罐（H39∶1）

器座 H39:6，夹砂红陶，敞口，圆唇，口沿内侧有一周凹槽，器壁内弧，内壁残留有一隔，器表饰两周附加堆纹，内壁可见修抹留下的浅凹槽。口径16.6厘米，残高14.8厘米（图六六，1；图版一○，6）。

31. H55

标本24件。

尖底瓶口 H55:1，泥质红陶，重环口，下唇面较上唇面宽，唇面上仰，下唇面微凹，上唇为尖唇，外侧为尖圆唇，颈部饰斜线纹，唇面可见细密轮纹，唇内侧可见修抹时溢出的细泥浆，口部内侧唇颈接缝明显。口径4.1厘米，残高3.8厘米（图六七，5）。

葫芦口瓶 H55:2，泥质红陶，圆方唇，瓶口外壁斜直向下，束颈，颈腹交接处转折明显，瓶口与颈部素面，其下饰斜线纹。口径3.6厘米，残高9.2厘米（图六七，8；图版二，4）。

彩陶钵 H55:3，泥质红陶，口微敛，圆唇，斜弧腹，唇面施黑彩带，上腹部绘有圆点纹、斜线、弧边三角纹、垂弧纹等组成的图案。口径30厘米，残高8.4厘米（图六七，10；图版五，6）。H55:18，泥质灰陶，敛口，尖唇，弧腹斜收，器表磨光，口外侧施一周红彩带。残高5.3厘米（图六七，6）。H55:23，泥质灰陶，敞口，尖圆唇，弧腹斜收，器表磨光，口外侧施一周红彩带。口径27厘米，残高3.4厘米（图六七，7）。

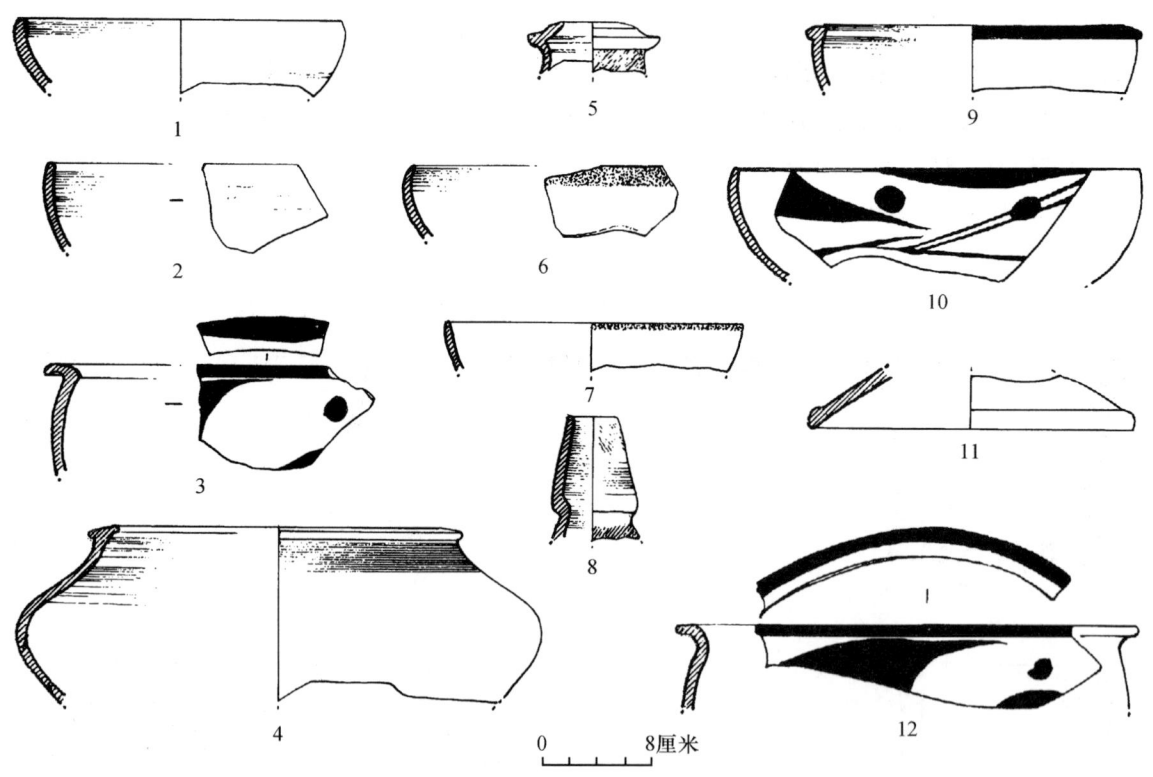

图六七 H55出土陶器

1、2. 钵（H55:4、17） 3、9、12. 彩陶盆（H55:20、11、21） 4. 圆腹罐（H55:12） 5. 尖底瓶口（H55:1）
6、7、10. 彩陶钵（H55:18、23、3） 8. 葫芦口瓶（H55:2） 11. 器盖（H55:22）

钵　H55:4，泥质褐陶，口微敛，圆唇，弧腹斜收，素面，口内侧可见细密轮纹。口径24厘米，残高5.5厘米（图六七，1）。H55:17，泥质红陶，口微敛，圆唇，弧腹内收，素面，腹内壁可见细密轮纹。残高6.5厘米（图六七，2）。

折沿盆　H55:5，泥质红陶，侈口，折沿，圆唇，斜弧腹，素面，腹外壁可见刮削痕，内壁可见修抹痕。口径30厘米，残高10厘米（图六八，1）。H55:6，泥质红陶，侈口，折沿外翻，圆唇，弧腹，素面，腹外壁可见修抹痕。口径32厘米，残高6厘米（图六八，11）。H55:7，泥质红陶，侈口，折沿外翻，圆唇，腹壁微弧，腹部饰弦纹。口径38厘米，残高6厘米（图六八，9）。H55:8，泥质红陶，侈口，折沿外翻，圆唇，弧腹缓收，口沿下方饰弦纹，其下附泥条状錾手。残高7厘米（图六八，6）。H55:9，泥质红陶，侈口，折沿，圆唇，斜弧腹，素面磨光，内壁可见刮削痕和细密轮纹。口径30厘米，残高6.4厘米（图六八，3）。H55:19，泥质褐陶，侈口，折沿，卷缘，圆唇，弧腹内收，素面。残高5.5厘米（图六八，8）。

叠唇无沿盆　H55:10，泥质红陶，敛口，圆唇，唇面加厚，突出于口沿外，弧腹内收，素面，口沿内侧可见细密轮纹。口径26厘米，残高6厘米（图六八，4）。H55:14，泥质红陶，敛口，圆唇，唇面加厚，突出于口沿外，弧腹，腹壁饰弦纹，弦纹不甚规整。残高5.8厘米（图六八，7）。H55:24，泥质红陶，敛口，圆唇，唇内侧有一周凹槽，唇面加厚，突出于口沿外，腹壁外弧，素面。口径34厘米，残高7厘米（图六八，12）。

彩陶盆　H55:11，泥质红褐陶，敛口，圆唇，唇面加厚，突出于口沿外，弧腹内收，器表磨光，唇面施一周黑彩。口径22厘米，残高5厘米（图六七，9）。H55:20，泥质红陶，侈口，折沿外翻，卷缘，圆唇，弧腹，沿面绘有弧边黑彩带，腹壁绘有圆点纹、弧边三角纹等组成的图案。残高7.5厘米（图六七，3）。H55:21，泥质红陶，侈口，圆唇，腹壁外弧，沿边施一周黑彩带，腹壁绘有圆点纹、弧边三角纹等组成的图案。口径34厘米，残高6.3厘米（图六七，12）。

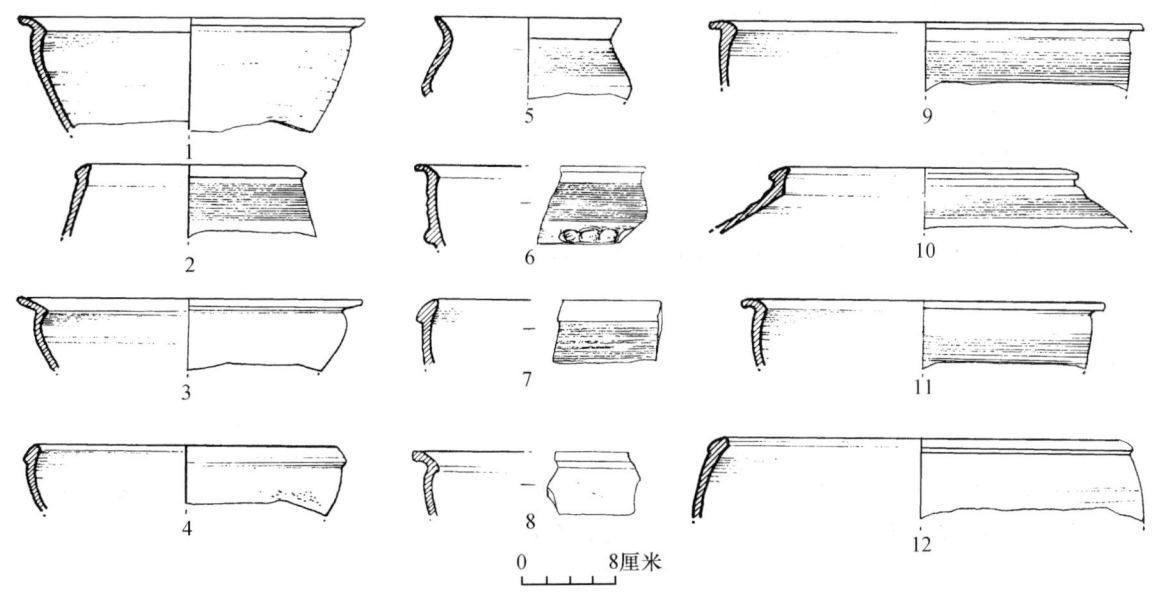

图六八　H55出土陶器

1、3、6、8、9、11. 折沿盆（H55:5、9、8、19、7、6）　2、5、10. 夹砂罐（H55:16、15、13）　4、7、12. 叠唇无沿盆（H55:10、14、24）

圆腹罐 H55:12，泥质红陶，陶色不纯，内壁、口部及其下方为灰色，敛口，斜平沿，圆唇，溜肩，鼓腹，口沿下方饰数周弦纹，肩内壁有修抹痕。口径24厘米，残高13厘米（图六七，4）。

夹砂罐 H55:13，褐陶，口近直，矮领，领内侧内凹，圆唇，溜肩，肩部饰数周弦纹。口径24厘米，残高5.2厘米（图六八，10）。H55:15，褐陶，侈口，尖圆唇，溜肩，肩部饰数周弦纹。口径16厘米，残高7厘米（图六八，5）。H55:16，褐陶，口近直，内侧内凹，圆唇，溜肩较甚，肩部饰弦纹。口径18厘米，残高6.3厘米（图六八，2）。

器盖 H55:22，夹砂灰褐陶，敞口，圆唇，腹壁微弧，素面。底径24厘米，残高3.8厘米（图六七，11）。

32. H68

标本9件。

尖底瓶口 H68:1，泥质红陶，退化双唇口，上下唇面宽相近，上唇上仰，尖唇，下唇较平，尖圆唇，界面以浅凹槽示意为双唇，细颈，素面，颈部内壁泥条缝明显。口径5厘米，残高12.7厘米（图六九，8）。

叠唇无沿盆 H68:2，泥质红陶，敛口，圆唇，唇面加厚，突出于口沿外，弧腹，素面，口部及其下方可见细密轮纹。残高10.5厘米（图六九，4）。H68:3，泥质红陶，敛口，圆唇，唇面加厚，弧腹，素面，口内侧有细密轮纹，器壁可见修抹痕。口径41厘米，残高15.5厘米（图六九，9）。

折沿盆 H68:4，泥质红褐陶，侈口，折沿，圆唇，圆折腹，上腹部饰数周弦纹，折腹处附泥条状鋬手。口径28厘米，残高9.5厘米（图六九，2）。

彩陶盆 H68:5，侈口，折沿外翻，圆唇，弧腹外撇，沿面上饰一周弧边黑彩带，腹壁绘有弧边三角纹、圆点纹等组成的图案。口径32厘米，残高5.2厘米（图六九，3）。

夹砂罐 H68:6，褐陶，侈口，矮领，圆唇，溜肩，肩部饰数周弦纹。口径17厘米，残高6厘米（图六九，5）。H68:7，褐陶，侈口，圆唇，口沿内侧有一周凹槽，溜肩，肩部饰线纹。口径24厘米，残高7.5厘米（图六九，1）。H68:8，褐陶，口微侈，矮领，圆唇，圆鼓肩，沿内有一周凹槽，肩部饰弦纹，其下饰线纹。口径22厘米，残高8.2厘米（图六九，7）。

圆陶片 H68:9，泥质红陶，平面近似圆形，略弧，边缘有四个小平面，其余边缘均被打制出双面刃，外壁饰斜线纹。直径7.5~8.8厘米，厚0.6厘米（图六九，6）。

33. H69

标本1件。

彩陶钵 H69:1，泥质红陶，敛口，圆方唇，弧腹内收，器表磨光，唇面施黑彩带，腹壁绘有斜线、勾叶纹等组成的图案。口径32厘米，残高11.4厘米（图版五，2）。

34. H76

标本6件。

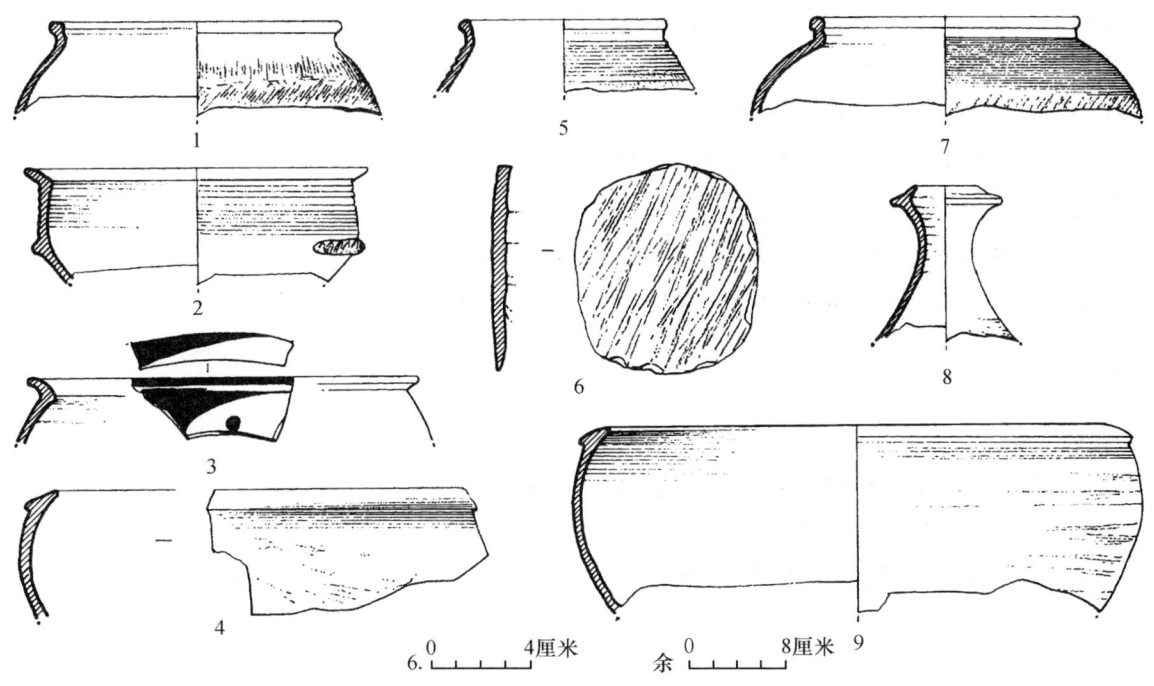

图六九 H68 出土陶器

1、5、7. 夹砂罐（H68∶7、6、8） 2. 折沿盆（H68∶4） 3. 彩陶盆（H68∶5） 4、9. 叠唇无沿盆（H68∶2、3）
6. 圆陶片（H68∶9） 8. 尖底瓶口（H68∶1）

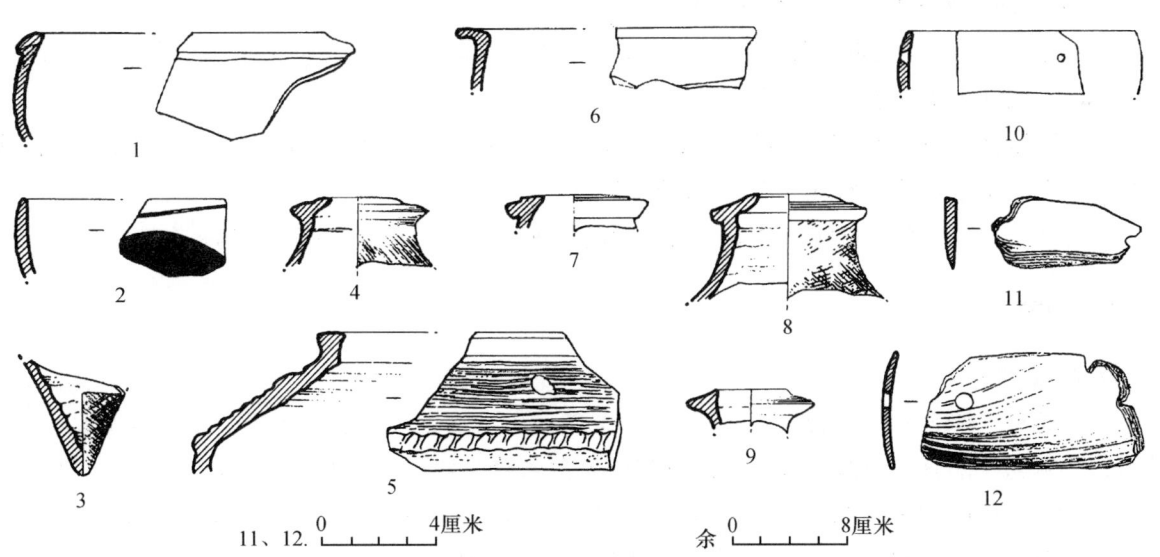

图七〇 H76、H80、H82 出土陶器、蚌刀

1. 叠唇无沿陶盆（H82∶2） 2. 彩陶钵（H82∶4） 3. 尖底陶瓶底（H76∶5） 4、7~9. 尖底陶瓶口（H76∶3、1、2、4） 5. 夹砂陶罐（H76∶6） 6. 折沿陶盆（H82∶3） 10. 陶钵（H82∶1） 11、12. 蚌刀（H80∶2、1）

尖底瓶口 H76∶1，泥质红褐陶，重环口，上唇面较下唇面略宽，上下唇面皆较平，内外侧皆圆唇，素面。口径4厘米，残高2.5厘米（图七〇，7）。H76∶2，泥质红陶，双唇口，上下唇面宽相近，皆上仰，圆唇，颈部饰斜线纹，内壁可见泥条缝。口径4.3厘米，残高7.5厘米（图七〇，8；图版二，5）。H76∶3，泥质红陶，近似双唇口，唇面上仰，上唇面较下唇面窄，界面以浅凹槽示

意为双唇，上唇为圆唇，外侧为尖圆唇，颈部饰斜线纹，唇面上有细密轮纹及修抹时溢出的细泥。口径3.8厘米，残高4.8厘米（图七〇，4）。H76:4，泥质红褐陶，单唇口，唇面斜平，内外侧均为尖圆唇。口径5厘米，残高2.5厘米（图七〇，9）。

尖底瓶底　H76:5，泥质红陶，腹壁较直斜收，底尖，器表饰交错线纹，近底部内壁可见泥条痕。残高9厘米（图七〇，3；图版二，3）。

夹砂罐　H76:6，红褐陶，口近直，内侧略内凹，圆唇，折肩，肩部饰弦纹，弦纹上附一个椭圆形小泥饼，折肩处饰一周附加堆纹。残高10厘米（图七〇，5）。

35. H80

标本2件。

蚌刀　H80:1，平面近似梯形，一侧边有凹缺，弧边弧刃，中间管钻有一孔。长7.8厘米，宽4.1厘米，厚0.3厘米（图七〇，12）。H80:2，一端较宽且有一个凹缺，一端较窄，弧背直刃，单面刃，管钻有一孔，于钻孔处残断，器表磨光。残长5.2厘米，宽2.5厘米，厚0.4厘米（图七〇，11）。

36. H82

标本4件。

钵　H82:1，泥质红陶，口微敛，圆唇，弧腹，器表素面磨光，腹壁上由内而外钻有一孔。口径16厘米，残高4.5厘米（图七〇，10）。

彩陶钵　H82:4，泥质红陶，口微敛，圆唇，弧腹，器表磨光，唇部饰一周黑彩带，腹壁绘有黑彩图案。残高5.6厘米（图七〇，2）。

叠唇无沿盆　H82:2，泥质红陶，敛口，圆唇，唇面加厚，突出于口沿外，弧腹，素面，唇部下方有一周突出于腹壁的泥条。残高7.5厘米（图七〇，1）。

折沿盆　H82:3，泥质红陶，侈口，折沿，圆唇，腹壁微弧，素面。残高4.4厘米（图七〇，6）。

37. H85

标本16件。

尖底瓶口　H85:1，泥质红陶，双唇口，下唇面较上唇面宽，唇面上仰，下唇面微凹，上唇为圆唇，外侧为尖圆唇，颈部饰斜线纹，内壁可见泥条缝。口径3.6厘米，残高4.5厘米（图七一，8）。H85:2，泥质红陶，平口，方唇，肩部内弧，饰线纹，双唇已脱落，瓶口经修磨平整，为二次使用，内壁的泥条缝隙呈水平状，为泥条圈筑而成。口径7厘米，残高7.5厘米（图七一，11）。H85:3，泥质红陶，平口，方唇，肩部内弧，饰线纹，双唇已脱落，瓶口经修磨平整，为二次使用，近口部内壁可见泥条痕。口径6厘米，残高8.2厘米（图七一，10）。

尖底瓶底　H85:4，泥质红陶，腹壁较直斜收，器表饰交错线纹，近底部内壁可见盘旋状泥条痕。残高12.4厘米（图七一，12）。H85:11，泥质红陶，底尖，器表饰交错线纹，内底可见泥条痕。残高4.2厘米（图七一，9）。

钵　H85:5，泥质红陶，口微敛，圆唇，圆弧腹，器表素面磨光。口径24厘米，残高7厘米（图七一，1）。

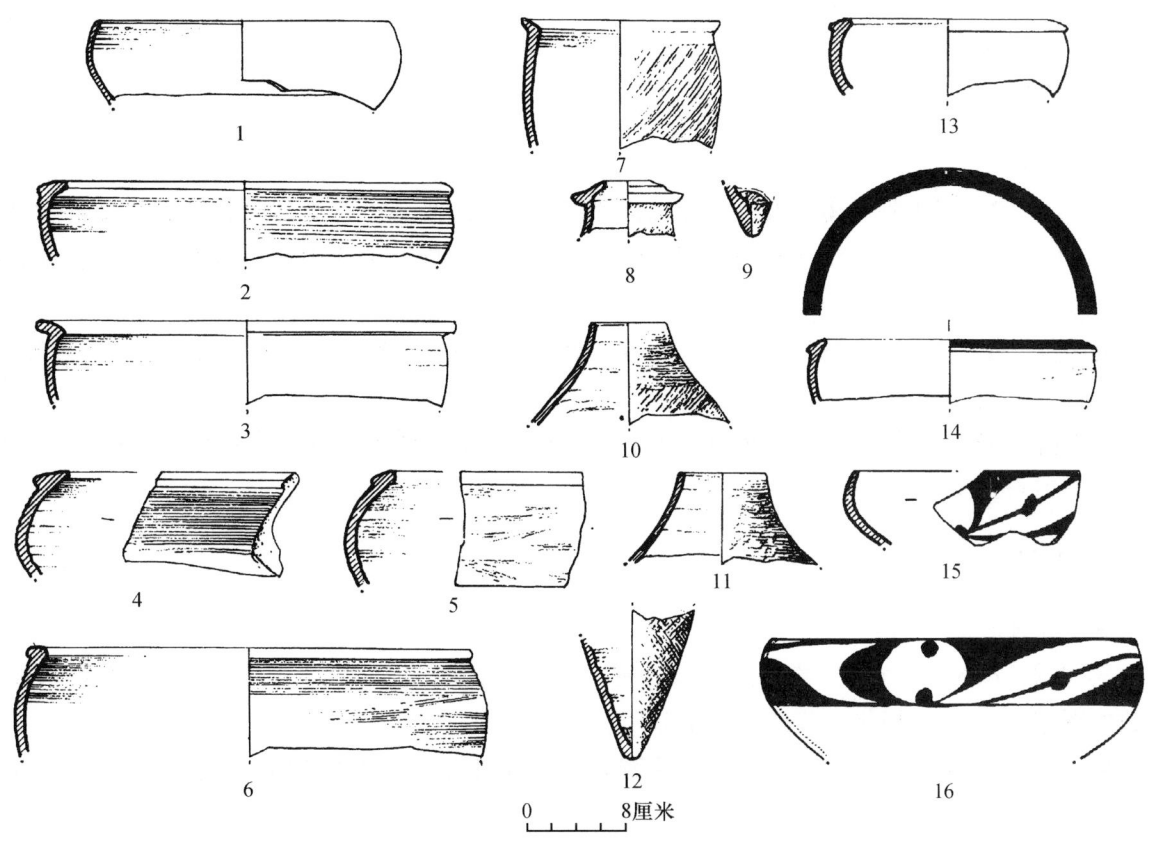

图七一 H85 出土陶器

1. 钵（H85:5） 2、4~6、13. 叠唇无沿盆（H85:14、15、16、7、13） 3. 折沿盆（H85:8） 7. 夹砂罐（H85:10） 8、10、11. 尖底瓶口（H85:1、3、2） 9、12. 尖底瓶底（H85:11、4） 14. 彩陶盆（H85:9） 15、16. 彩陶钵（H85:12、6）

彩陶钵 H85:6，泥质红陶，敛口，圆唇，上腹圆弧，下腹斜收，上腹部用黑彩绘有弧边三角纹、圆点纹、弧线纹、垂弧纹等组成的图案。口径30厘米，残高9.5厘米（图七一，16；图版四，4）。H85:12，泥质红陶，敛口，尖圆唇，上腹圆鼓，下腹斜收，腹壁以黑彩绘有弧边三角纹、圆点纹、斜线等组成的图案。残高6厘米（图七一，15）。

叠唇无沿盆 H85:7，泥质红陶，敛口，窄平沿，圆方唇，腹略弧，口沿下饰数周凹弦纹。口径36厘米，残高8.5厘米（图七一，6）。H85:13，泥质红陶，敛口，唇面加厚，圆唇，圆弧腹，素面磨光。口径16厘米，残高6.2厘米（图七一，13）。H85:14，泥质红陶，敛口，尖圆唇，唇面加厚，弧腹内收，口沿下饰数周弦纹。口径29厘米，残高6.5厘米（图七一，2）。H85:15，泥质红陶，敛口，圆方唇，唇面加厚，腹圆鼓，饰数周弦纹。残高8.8厘米（图七一，4）。H85:16，泥质红陶，敛口，尖圆唇，唇面加厚，圆弧腹，器表有修抹痕。残高9.5厘米（图七一，5）。

折沿盆 H85:8，泥质灰褐陶，侈口，折沿，圆唇，弧腹，素面磨光。口径34厘米，残高6.8厘米（图七一，3）。

彩陶盆 H85:9，泥质红陶，敛口，圆唇，唇面加宽，弧腹，器表磨光，沿面饰一周黑彩带。口径21厘米，残高5厘米（图七一，14）。

夹砂罐 H85:10，褐陶，侈口，尖圆唇，弧腹，腹壁饰斜线纹。口径16厘米，残高

10.5 厘米（图七一，7）。

38. H87

标本 4 件。

钵　H87:2，泥质灰褐陶，敛口，尖唇，圆折腹，上腹外弧，下腹斜收，素面。口径 22 厘米，残高 5.2 厘米（图七二，5）。H87:3，泥质红陶，敛口，圆唇，弧腹内收，素面磨光。残高 5 厘米（图七二，3）。

敞口盆　H87:1，夹砂褐陶，敞口，圆唇，斜直腹，腹壁饰斜线纹，腹壁残留一只鸡冠形錾手。残高 7 厘米（图七二，7）。

折沿盆　H87:4，泥质红陶，侈口，折沿，圆唇，弧腹，素面磨光，内壁可见修抹痕。口径 27 厘米，残高 4.5 厘米（图七二，14）。

39. H88

标本 3 件。

彩陶罐　H88:1，泥质红陶，侈口，矮领，圆唇，溜肩，肩部用黑彩绘有弧边三角纹、弧线等组成的图案。口径 11 厘米，残高 4.2 厘米（图七二，9）。

彩陶钵　H88:2，泥质红陶，敞口，尖圆唇，弧腹斜收，口沿外侧施一周黑彩带。残高 4.4 厘米（图七二，11）。

彩陶片　H88:3，泥质红陶，圆弧腹，器表以白彩、黑彩、红彩绘有五角星纹、圆圈纹、圆点纹等组成的图案。残高 5.4 厘米（图七二，1；图版八，1）。

40. H89

标本 1 件。

尖底瓶底　H89:1，泥质红陶，器壁斜直内收，近底部微内凹，器表拍印浅篮纹，内底可见泥条痕。残高 4.5 厘米（图七二，4）。

41. H100

标本 4 件。

彩陶钵　H100:1，泥质褐陶，敛口，尖唇，上腹微弧，下腹斜收，上腹部以黑彩绘有彩带、弧边三角纹等组成的图案。残高 6 厘米（图七二，6）。

彩陶盆　H100:2，泥质红陶，侈口，折沿外翻，圆唇，弧腹，沿边施黑彩带，腹壁绘弧线、勾叶纹等组成的图案。残高 4.3 厘米（图七二，12）。

夹砂罐　H100:3，褐陶，口近直，矮领，唇面略厚，圆方唇，领内侧微凹，领外侧有一周凸棱，溜肩略圆，肩部饰数周弦纹。残高 8.5 厘米（图七二，2）。

陶环　H100:4，泥质褐陶，外缘复原应为六边形，此陶环仅残存两角三边，内穿为圆形，陶环外壁圆鼓，两角向外凸出，内壁微外弧，器表压印连续条纹。宽 1~1.3 厘米，厚 1.1 厘米（图七二，10）。

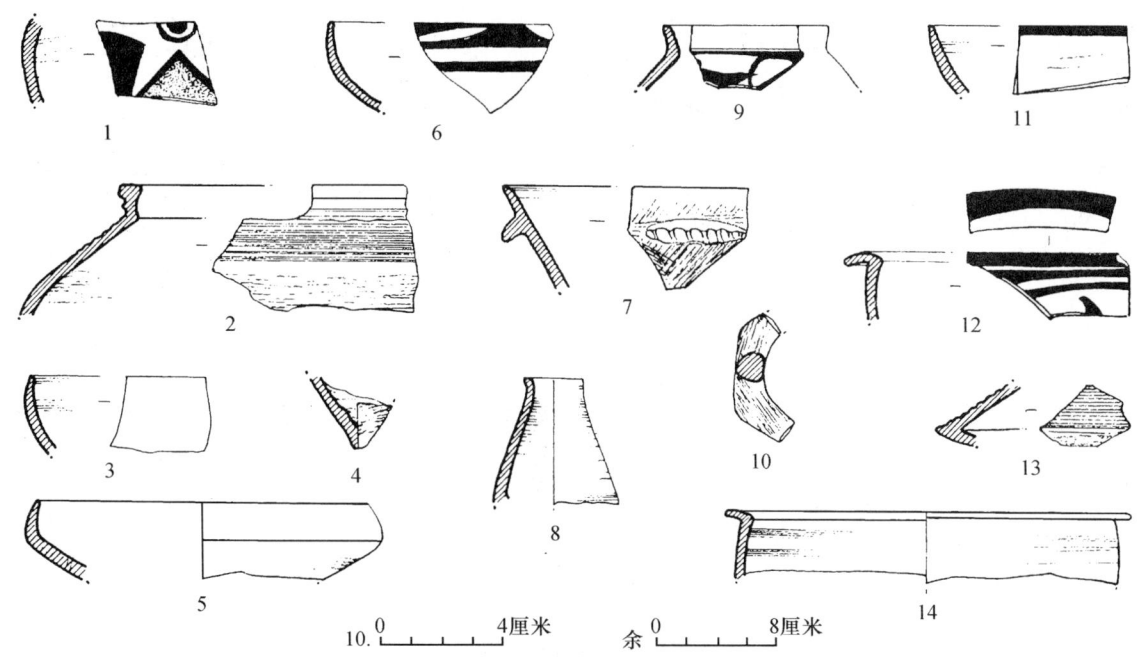

图七二　H87、H88、H89、H96、H100 出土陶器

1. 彩陶片（H88:3）　2. 夹砂罐（H100:3）　3、5. 钵（H87:3、2）　4. 尖底瓶底（H89:1）　6、11. 彩陶钵（H100:1、H88:2）　7. 敞口盆（H87:1）　8. 葫芦瓶口（H96:1）　9. 彩陶罐（H88:1）　10. 陶环（H100:4）　12. 彩陶盆（H100:2）　13. 釜（H96:2）　14. 折沿盆（H87:4）

42. H96

标本 2 件。

葫芦瓶口　H96:1，泥质红陶，侈口，方唇，唇面上有一周浅细凹槽。口径 4 厘米，残高 8.4 厘米（图七二，8）。

釜　H96:2，夹砂褐陶，仅存折肩处残片，上腹部饰弦纹。残高 4 厘米（图七二，13）。

43. H90

标本 7 件。

尖底瓶口　H90:1，泥质红陶，重环口，上下唇面宽相近，斜平，颈部饰线纹。口径 4 厘米，残高 4.2 厘米（图七三，5）。

折沿盆　H90:2，泥质红陶，侈口，折沿外翻，圆唇，弧腹内收，素面。口径 36 厘米，残高 7.5 厘米（图七三，7）。H90:3，泥质红陶，侈口，折沿，圆唇，弧腹缓收，附泥条按压而成的錾手，素面。残高 13.5 厘米（图七三，1）。

钵　H90:4，泥质红陶，敛口，圆唇，圆弧腹，素面磨光。残高 8.4 厘米（图七三，4）。

夹砂罐　H90:5，褐陶，侈口，沿面内凹，圆唇，腹壁外弧，饰弦纹。口径 22 厘米，残高 7.5 厘米（图七三，2）。H90:6，褐陶，直口，矮领，尖圆唇，溜肩，肩部饰数周弦纹。残高 5.5 厘米（图七三，3）。

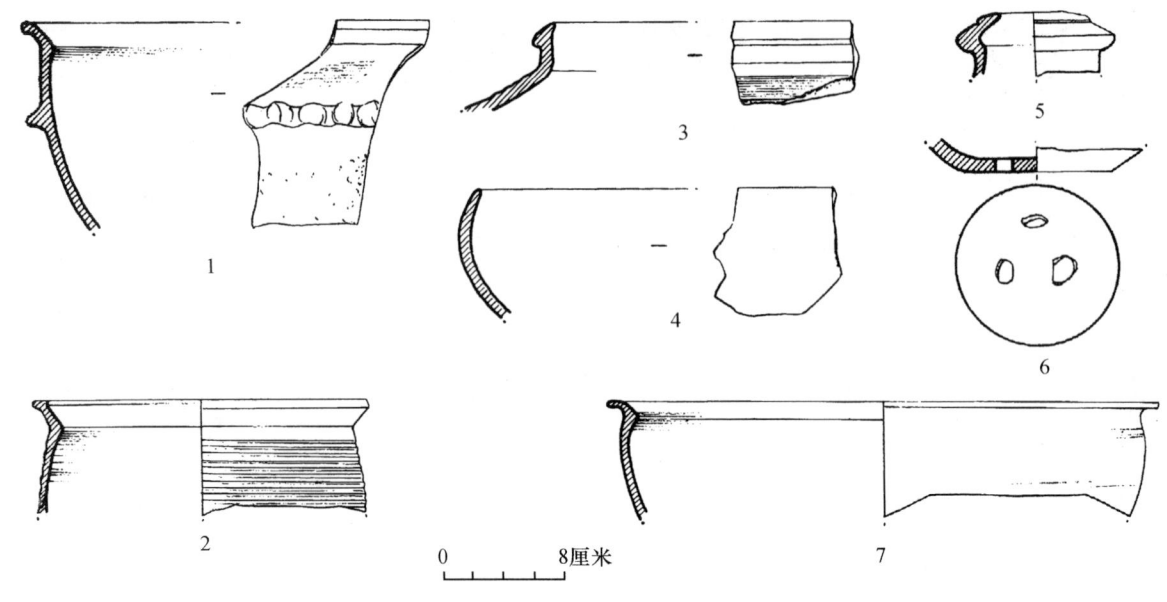

图七三 H90 出土陶器

1、7. 折沿盆（H90:3、2） 2、3. 夹砂罐（H90:5、6） 4. 钵（H90:4） 5. 尖底瓶口（H90:1） 6. 甑（H90:7）

甑 H90:7，泥质褐陶，平底，底部有三个略呈椭圆形的孔。底径9.8厘米，残高2.2厘米（图七三，6）。

44. H103

标本17件。

尖底瓶口 H103:3，泥质红陶，重环口，上唇较平、圆唇，下唇上仰、尖唇，颈部饰线纹。口径4厘米，残高4.5厘米（图七四，7）。H103:10，泥质红陶，重环口，上唇面较下唇稍宽，唇面上仰，下唇微凹，内外侧皆圆唇，颈部饰线纹。口径4厘米，残高3.5厘米（图七四，8）。H103:11，泥质红陶，重环口，上唇上仰、圆唇，下唇外侧圆鼓，颈部饰线纹。口径4厘米，残高2.4厘米（图七四，9）。

尖底瓶底 H103:4，泥质红陶，腹壁较直斜收，底尖，器表饰交错线纹，内底可见泥条。残高8厘米（图七四，12）。

夹砂罐 H103:2，褐陶，口微侈，矮领，领斜直，圆唇，溜肩，肩部饰数周弦纹，其下饰斜线纹。口径21厘米，残高7.2厘米（图七四，16）。

折沿盆 H103:1，泥质灰褐陶，侈口，折沿外翻，圆唇，斜腹微弧，素面磨光。口径32厘米，残高6厘米（图七四，6）。H103:6，泥质红陶，侈口，折沿略窄，圆唇，腹壁外弧缓收，器表素面磨光。口径27厘米，残高10.7厘米（图七四，1）。H103:15，泥质灰褐陶，敞口，宽折沿，圆唇，弧腹斜收，素面磨光。残高6.2厘米（图七四，2）。

叠唇无沿盆 H103:9，泥质红陶，敛口，窄圆唇，唇面加厚，突出于口沿外，圆鼓腹，腹径明显大于口径，腹中部即最大径处附有鸟头形装饰，其上施数周凹弦纹。口径28厘米，残高13.5厘米（图七四，17；图版八，6）。H103:12，泥质红陶，敛口，圆唇，唇面加厚，突出于口沿外，腹壁微弧内收，贴附泥条状鋬手。口径28厘米，残高9厘米（图七四，13）。H103:14，泥质红陶，敛口，圆唇，唇面加厚，突出于口沿外，腹壁外弧，上腹部饰数周弦纹。残高5.8厘米（图七四，10）。H103：17，泥质红陶，敛口，唇面加厚，突出于口沿外，上唇面略方，下唇面为圆唇，弧腹内收，腹壁饰泥条状鸡冠形鋬手，内壁可见细密轮纹。残高9.4厘米（图七四，15）。

彩陶盆　H103：7，泥质红陶，敞口，折沿，圆唇，弧腹斜收，腹壁以黑彩绘有勾叶纹、弧线等组成的图案。残高10.5厘米（图七四，11）。H103：8，泥质红陶，侈口，折沿外翻，圆唇，弧腹，器表施白色陶衣，沿面饰弧边黑彩带，腹壁绘弧边三角纹、圆点纹、斜线等组成的图案。残高9.5厘米（图七四，4；图版六，6）。

钵　H103：13，泥质红陶，敛口，圆唇，弧腹斜收，素面。残高6.8厘米（图七四，3）。

彩陶钵　H103：5，泥质红陶，敛口，圆方唇，弧腹内收，沿面饰一周黑彩带，腹壁绘弧线等组成的图案。口径32厘米，残高7.7厘米（图七四，5）。

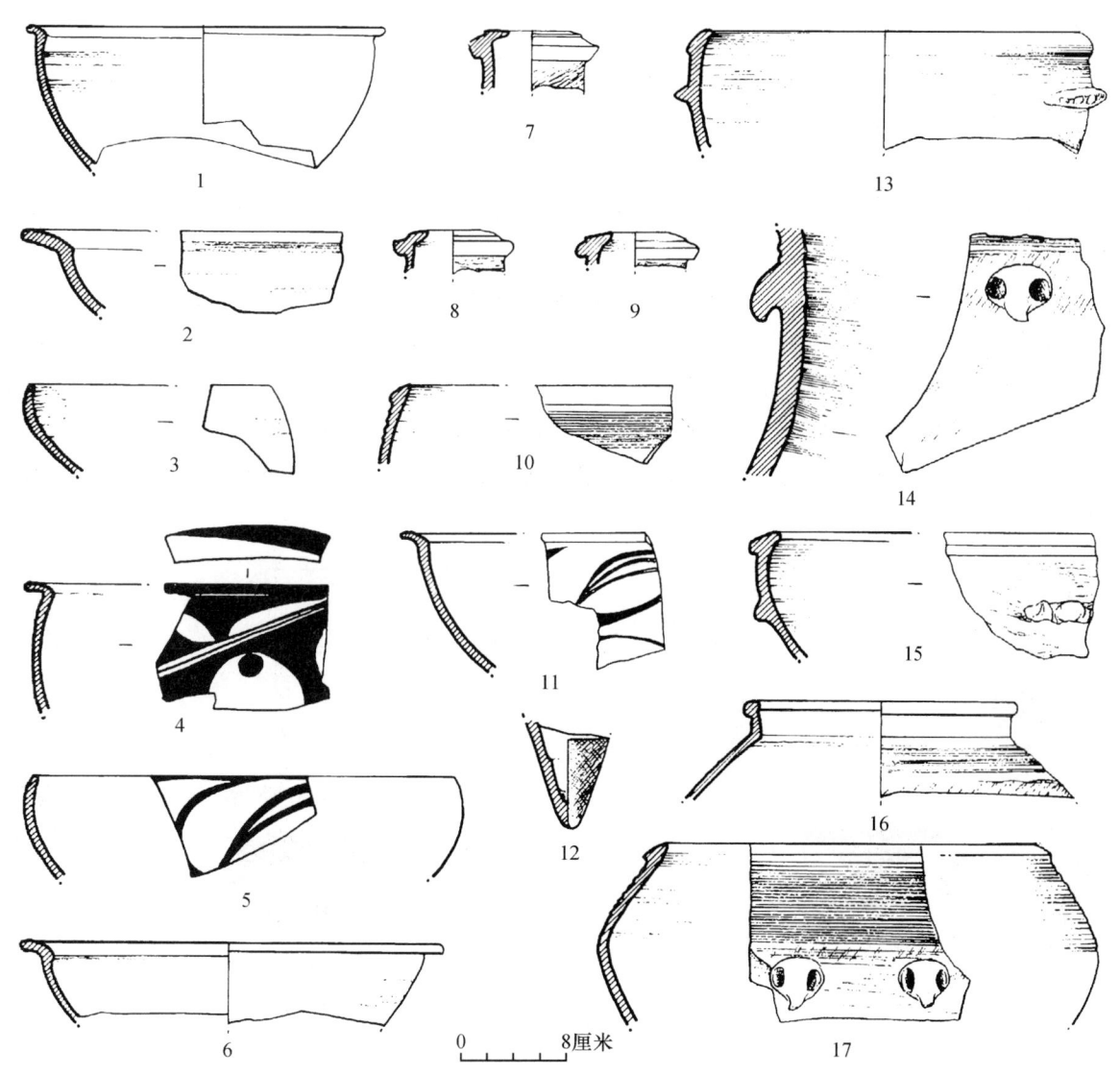

图七四　H103出土陶器

1、2、6. 折沿盆（H103：6、15、1）　3. 钵（H103：13）　4、11. 彩陶盆（H103：8、7）　5. 彩陶钵（H103：5）　7~9. 尖底瓶口（H103：3、10、11）　10、13、15、17. 叠唇无沿盆（H103：14、12、17、9）　12. 尖底瓶底（H103：4）　14. 缸（H103：16）　16. 夹砂罐（H103：2）

缸 H103:16，泥质红陶，仅残余腹片，腹壁微内凹，上腹部饰凹弦纹，其下方的腹壁饰斜线纹，并附有一只鸟头形装饰，内壁可见修抹痕。残高 18.4 厘米（图七四，14）。

45. H104

标本 3 件。

尖底瓶口 H104:1，泥质褐陶，退化双唇口，上唇面较宽、上仰，下唇面窄平，内侧为尖圆唇，外侧为尖唇，素面。口径 4 厘米，残高 4.5 厘米（图七五，3）。H104:2，泥质红陶，双唇口，上下唇面宽相近，上唇面上仰较甚，内外侧均为尖圆唇，素面，口部内侧可见泥条痕。口径 5 厘米，残高 5 厘米（图七五，1）。

尖底瓶底 H104:3，泥质红陶，腹壁较直斜收，底尖，器表饰线纹，内底可见泥条痕。残高 5 厘米（图七五，4）。

46. H105

标本 4 件。

尖底瓶底 H105:1，泥质红陶，腹壁较直斜收，底尖，器表饰线纹，内底可见盘旋状泥条。残高 4.8 厘米（图七五，2）。

叠唇无沿盆 H105:2，泥质红陶，敛口，圆唇，唇面加厚，弧腹斜收，素面，唇面可见细密轮纹，内壁有刮削痕。口径 30 厘米，残高 8.6 厘米（图七五，6）。

彩陶钵 H105:3，泥质红陶，口微敛，圆方唇，弧腹内收，器表磨光，腹部以白彩、黑彩绘有弧线纹、垂弧纹等组成的图案。口径 34 厘米，残高 10 厘米（图七五，7；图版四，2）。H105:4，泥质褐陶，敞口，圆方唇，弧腹内收，腹内外壁磨光，腹壁以黑彩绘有弧边三角纹、弧线纹等组成的图案。口径 28 厘米，残高 8.4 厘米（图七五，5；图版四，6）。

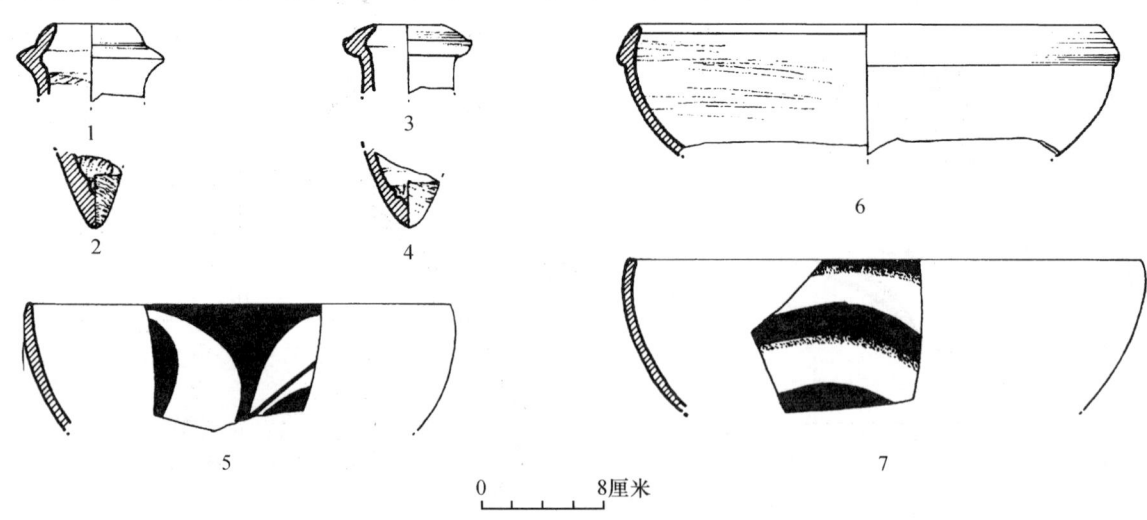

图七五 H104、H105 出土陶器

1、3. 尖底瓶口（H104:2、1） 2、4. 尖底瓶底（H105:1、H104:3） 5、7. 彩陶钵（H105:4、3） 6. 叠唇无沿盆（H105:2）

47. H210

标本 10 件。

尖底瓶口 H210：1，泥质红陶，退化双唇口，上唇面上仰，下唇面较上唇面窄平，上唇为圆唇，外侧为尖圆唇，素面，唇面可见细密轮纹。口径 4.2 厘米，残高 4 厘米（图七六，4）。

尖底瓶底 H210：2，泥质红陶，腹壁斜直，底尖，底部为一小平面，器表饰斜线纹，底部内壁可见泥条痕。残高 6 厘米（图七六，7）。

彩陶盆 H210：3，泥质红陶，侈口，折沿，卷缘，圆唇，弧腹，口沿外侧施一周弧边黑彩带，腹壁绘有弧线三角纹、圆点纹等组成的图案。残高 6.4 厘米（图七六，1）。

彩陶钵 H210：4，泥质红陶，敛口，尖圆唇，上腹圆弧，下腹斜收，器表磨光，口沿外施一周窄黑彩带，其下施宽红彩带。口径 15.2 厘米，残高 5.4 厘米（图七六，9）。

折沿盆 H210：5，泥质红陶，敞口，折沿，圆唇，弧腹内收，素面。残高 4.4 厘米（图七六，3）。

罐 H210：6，泥质红陶，敛口，唇面加厚，突出于口沿外，方唇，圆肩，素面。残高 5 厘米（图七六，2）。H210：7，夹砂褐陶，侈口，方唇，沿面上有一周浅凹槽，束颈，溜肩，素面。口径 26 厘米，残高 5.8 厘米（图七六，8）。

器底 H210：8，夹细砂红陶，厚底，腹外弧，素面。底径 5.6 厘米，残高 7 厘米（图七六，5）。

陶环 H210：9，泥质灰陶，剖面呈锥形，素面磨光。宽 1.2 厘米，厚 0.6 厘米（图七六，6）。

石刀 H210：10，打制石器，扁薄，顶端为一窄平面，一面刃，侧边亦经打制，较粗糙。长 10 厘米，宽 6.5 厘米，厚 0.6 厘米（图七六，10）。

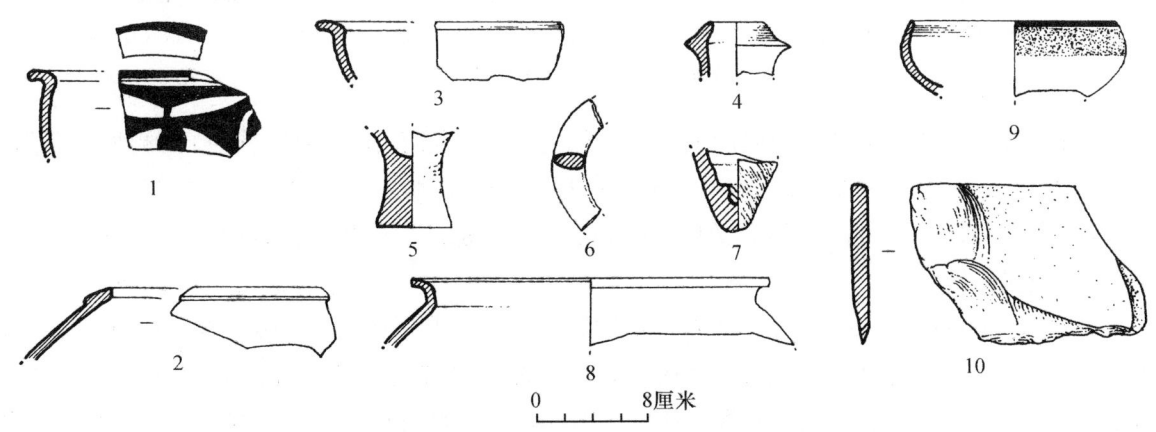

图七六　H210 出土陶器、石刀

1. 彩陶盆（H210：3）　2、8. 陶罐（H210：6、7）　3. 折沿陶盆（H210：5）　4. 尖底陶瓶口（H210：1）　5. 陶器底（H210：8）　6. 陶杯（H210：9）　7. 尖底陶瓶底（H210：2）　9. 彩陶钵（H210：4）　10. 石刀（H210：10）

48. H218

标本 8 件。

夹砂罐 H218：1，褐陶，敛口，圆唇，唇面加宽，口沿外有一周凹槽，上腹圆弧，下腹斜收，

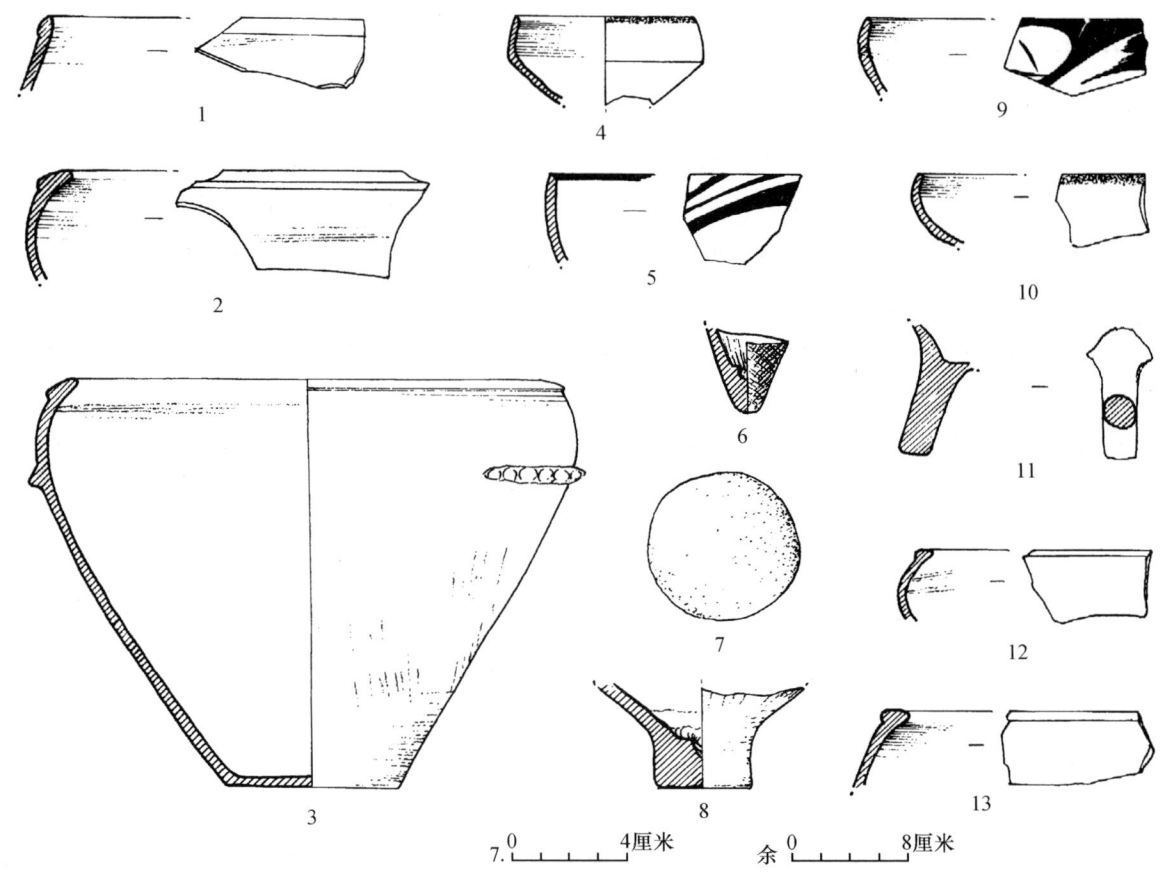

图七七　H218、H253 出土陶器、石球
1. 敛口陶罐（H218:3）　2、12、13. 叠唇无沿陶盆（H253:1、3、2）　3. 夹砂陶罐（H218:1）
4、5、9、10. 彩陶钵（H218:2、H253:4、H218:4、5）　6. 尖底陶瓶底（H253:5）　7. 石球（H218:6）
8. 陶器底（H218:8）　11. 陶鼎足（H218:7）

平底，上腹部贴附由泥条按压而成的鋬手，口部内侧可见泥条痕，唇部是在口内侧加泥条做成的。口径 33 厘米，底径 12 厘米，高 28.4 厘米（图七七，3；图版一〇，3）。

敛口罐　H218:3，泥质褐陶，敛口，圆唇，唇面稍加厚，圆弧肩，素面，唇内侧磨光。残高 5 厘米（图七七，1）。

彩陶钵　H218:2，泥质红陶，敛口，尖圆唇，折腹，上腹外弧，下腹斜直，折角明显，器表磨光，口沿外侧有一周不规则的深红色彩带，口部内侧可见细密轮纹。口径 12.4 厘米，残高 6 厘米（图七七，4）。H218:4，泥质橙黄陶，敛口，尖圆唇，弧腹斜收，唇面上有一周黑彩带，腹部绘有弧线三角纹、斜线等组成的图案。残高 5.2 厘米（图七七，9）。H218:5，泥质灰陶，敛口，圆方唇，上腹圆弧，下腹斜收，器表磨光，口沿外侧有一周深红色彩带。残高 5 厘米（图七七，10）。

石球　H218:6，直径 5.3 厘米（图七七，7）。

鼎足　H218:7，夹砂褐陶，圆柱足，素面。残高 9 厘米（图七七，11）。

器底　H218:8，夹细砂红陶，圆柱底较厚，腹外弧急收，素面，内壁可见泥条痕。底径 6.5 厘米，残高 7 厘米（图七七，8）。

49. H253

标本 5 件。

叠唇无沿盆　H253:1，泥质红陶，敛口，圆唇，唇面加宽，突出于口沿外，圆弧腹，素面。残高 7.4 厘米（图七七，2）。H253:2，泥质红陶，敛口，圆方唇，唇面加宽，突出于口沿外，弧腹外撇，素面。残高 5 厘米（图七七，13）。H253:3，泥质红陶，敛口，圆唇，唇部稍厚，鼓腹，素面。残高 5 厘米（图七七，12）。

彩陶钵　H253:4，泥质红陶，口微敛，圆方唇，弧腹，唇面施一周黑彩带，腹壁绘有弧线组成的图案。残高 6 厘米（图七七，5）。

尖底瓶底　H253:5，泥质红陶，器壁较直斜收，底尖，底部为一小平面，器身饰交错线纹，近底部内壁可见泥条痕。残高 6 厘米（图七七，6）。

50. H241

标本 16 件。

尖底瓶底　H241:6，泥质红陶，腹壁斜直，底尖，底部略磨损，器表饰交错的斜线纹，近底部内壁泥条叠压痕明显。残高 6.6 厘米（图七八，4）。H241:7，泥质红陶，腹壁微弧斜收，器表拍印浅篮纹，近底部内壁可见泥条痕。残高 4.6 厘米（图七八，9）。

彩陶盆　H241:1，泥质红陶，侈口，折沿，圆唇，圆弧腹，唇面施一周黑彩带，腹部绘有弧线三角纹、圆点纹、横杠纹等组成的图案，内壁可见细密轮纹和修抹痕。残高 9.2 厘米（图七八，16；图版六，4）。

叠唇无沿盆　H241:2，泥质红陶，敛口，圆唇，唇面加厚，突出于口沿外，弧腹内收，素面，器表可见修抹痕。残高 10 厘米（图七八，7）。H241:14，泥质红陶，敛口，圆唇，唇面加厚，突出于口沿外，腹壁微弧斜收，素面，器表不规整，内壁可见细密轮纹。残高 18 厘米（图七八，2）。

折沿盆　H241:5，泥质红陶，侈口，折沿，圆唇，口沿上有一周凹槽，弧腹，腹壁饰数周弦纹。残高 6 厘米（图七八，8）。H241:15，泥质红陶，敞口，折沿外翻，圆唇，弧腹斜收，器表素面磨光，腹内壁可见刮削痕。残高 9.6 厘米（图七八，1）。

彩陶钵　H241:8，泥质灰褐陶，口微敛，尖圆唇，弧壁斜收，口沿外侧施一周红彩。口径 16 厘米，残高 6 厘米（图七八，3）。H241:13，泥质红陶，敛口，圆方唇，弧腹斜收，唇面施一周黑彩带，腹部绘有垂弧纹、勾叶纹等组成的图案。口径 33 厘米，残高 13.6 厘米（图七八，11；图版四，3）。

钵　H241:3，夹砂红陶，敛口，圆唇，弧腹斜收，素面，内壁可见修抹痕，下腹外壁有刮削痕。残高 8.6 厘米（图七八，12）。H241:4，夹砂红陶，口微敛，圆唇，弧腹斜收，素面，器表可见细密轮纹。口径 23 厘米，残高 5.6 厘米（图七八，13）。H241:12，夹砂红褐陶，敞口，圆唇，腹壁斜直，平底，素面，器表可见刮削痕。口径 17.2 厘米，底径 8.4 厘米，复原高 9.8 厘米（图七八，5）。H241:16，泥质红陶，敛口，圆唇，弧腹内收，器表素面磨光。残高 7.2 厘米（图七八，6）。

器底　H241:9，泥质红陶，腹壁较直斜收，平底微凹，腹壁饰斜线纹。底径 10.4 厘米，残高 4 厘米（图七八，10）。

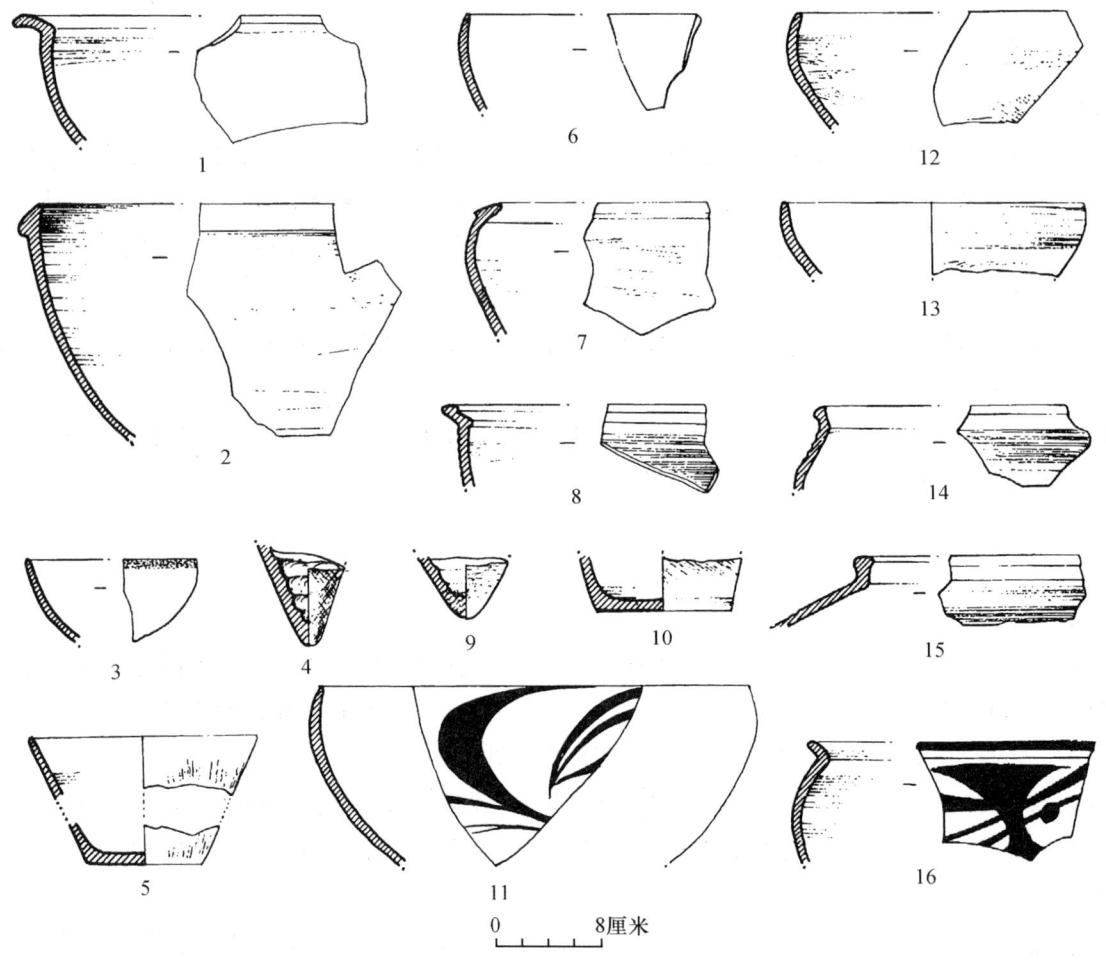

图七八 H241 出土陶器

1、8. 折沿盆（H241：15、5） 2、7. 叠唇无沿盆（H241：14、2） 3、11. 彩陶钵（H241：8、13） 4、9. 尖底瓶底（H241：6、7） 5、6、12、13. 钵（H241：12、16、3、4） 10. 器底（H241：9） 14、15. 夹砂罐（H241：11、10）
16. 彩陶盆（H241：1）

夹砂罐 H241：10，褐陶，口近直，矮领，圆唇，唇面加宽内凸，圆肩，肩部饰两周凹槽。残高 5 厘米（图七八，15）。H241：11，夹砂褐陶，侈口，圆唇，溜肩，肩部饰数周弦纹。残高 6 厘米（图七八，14）。

51. H303

标本 5 件。

鼎 H303：1，夹砂红陶，侈口，折沿，圆唇，弧腹，圜底，圆柱形鼎足残，素面。残高 8.8 厘米（图七九，1）。

彩陶钵 H303：2，泥质红陶，敞口，尖圆唇，口沿内外侧施一周红彩带。残高 7 厘米（图七九，6）。H303：3，泥质红陶，口近直，圆唇，弧腹，口沿外侧饰一周红彩带。残高 8 厘米（图七九，11）。

彩陶盆 H303：4，泥质褐陶，口微侈，卷沿，圆方唇，腹壁较直，唇部施黑彩带。残高 4 厘米（图七九，10）。

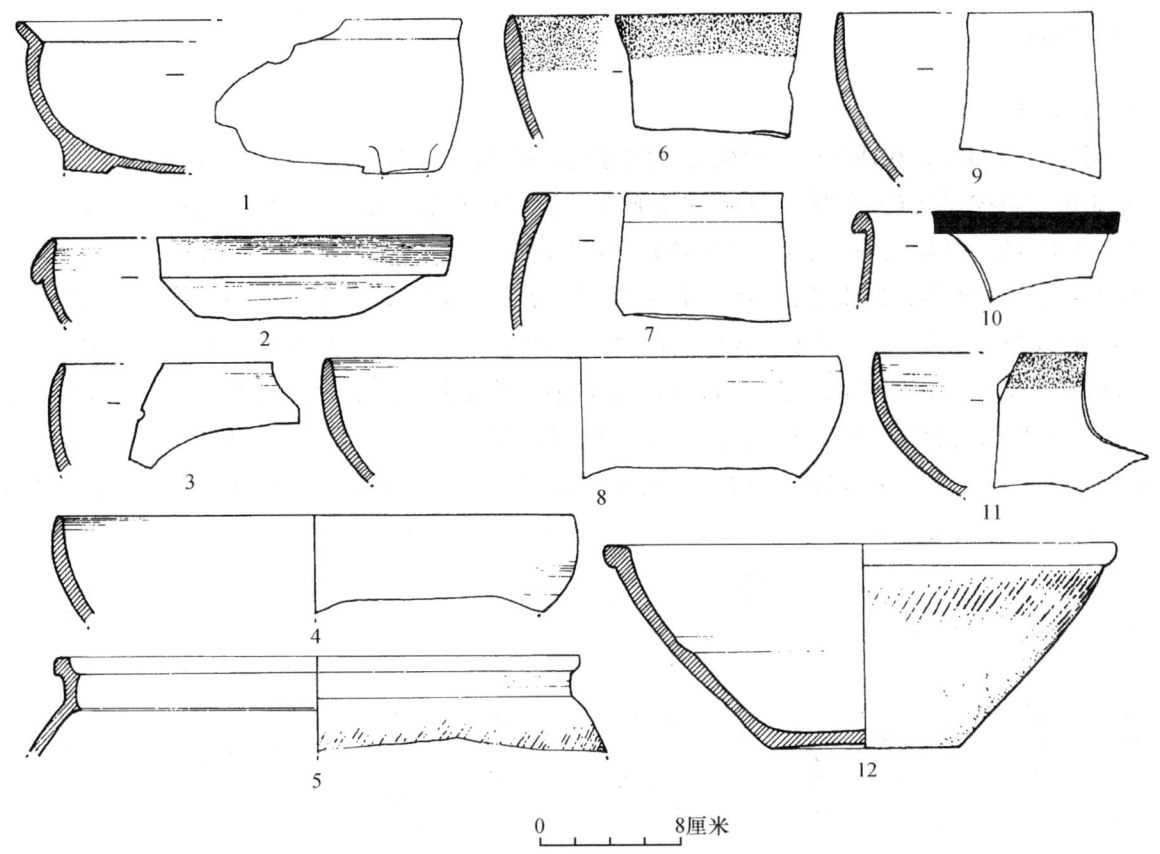

图七九　H303、H306 出土陶器

1. 鼎（H303∶1）　2、12. 盆（H303∶5、H306∶5）　5、7. 夹砂罐（H306∶6、7）　3、4、8、9. 钵（H306∶4、1、3、2）　6、11. 彩陶钵（H303∶2、3）　10. 彩陶盆（H303∶4）

盆　H303∶5，泥质红陶，陶色不匀，部分偏灰，敛口，圆唇，唇面加厚，弧腹，素面。残高4.8厘米（图七九，2）。

52. H306

标本7件。

钵　H306∶1，泥质红陶，口微敛，尖圆唇，弧腹，器表素面磨光。口径29.8厘米，残高4.8厘米（图七九，4）。H306∶2，泥质红陶，口微敛，尖唇，弧腹，器表素面磨光。残高9.6厘米（图七九，9）。H306∶3，泥质红陶，口微敛，尖圆唇，弧腹，器表素面磨光。口径30厘米，残高7厘米（图七九，8）。H306∶4，泥质红陶，敛口，尖圆唇，弧腹，残断处留有未穿透的钻孔，器表素面磨光。残高6厘米（图七九，3）。

盆　H306∶5，夹砂红陶，敞口，圆唇，弧腹斜收，平底内凹，上腹部饰斜线纹，后又略经修抹。口径29.6厘米，底径11.2厘米，高11.8厘米（图七九，12；图版七，2）。

夹砂罐　H306∶6，褐陶，直领，圆唇，领内侧上下两道凸棱使沿面形成两周凹槽，圆肩，饰线纹。口径30.2厘米，残高5.6厘米（图七九，5）。H306∶7，红陶，敛口，圆唇加厚，圆肩，素面。残高7.6厘米（图七九，7）。

53. H311

标本17件。

彩陶钵 H311:1，泥质红陶，口微敛，圆方唇，斜弧腹，底内凹，口沿上施一周黑彩带，上腹部绘有弧边三角纹等组成的图案。口径30.2厘米，底径9厘米，高10.4厘米（图八〇，6）。

钵 H311:2，泥质红陶，敞口，尖圆唇，腹壁微弧，器表素面磨光。残高8.8厘米（图八〇，7）。H311:3，泥质红陶，口微敛，圆唇，腹壁微弧，器表素面磨光。残高6.8厘米（图八〇，14）。H311:4，泥质灰陶，敞口，尖圆唇，腹壁微弧，器表素面磨光。残高6.8厘米（图八〇，16）。

折沿盆 H311:5，泥质红陶，侈口，折沿，圆唇，腹微弧，器表素面磨光。残高4厘米（图八〇，4）。H311:6，泥质红陶，侈口，尖圆唇，腹壁微弧，素面。残高5.4厘米（图八〇，11）。H311:13，夹砂褐陶，窄折沿微侈，圆唇，弧腹斜收，器表素面磨光。残高7厘米（图八〇，5）。

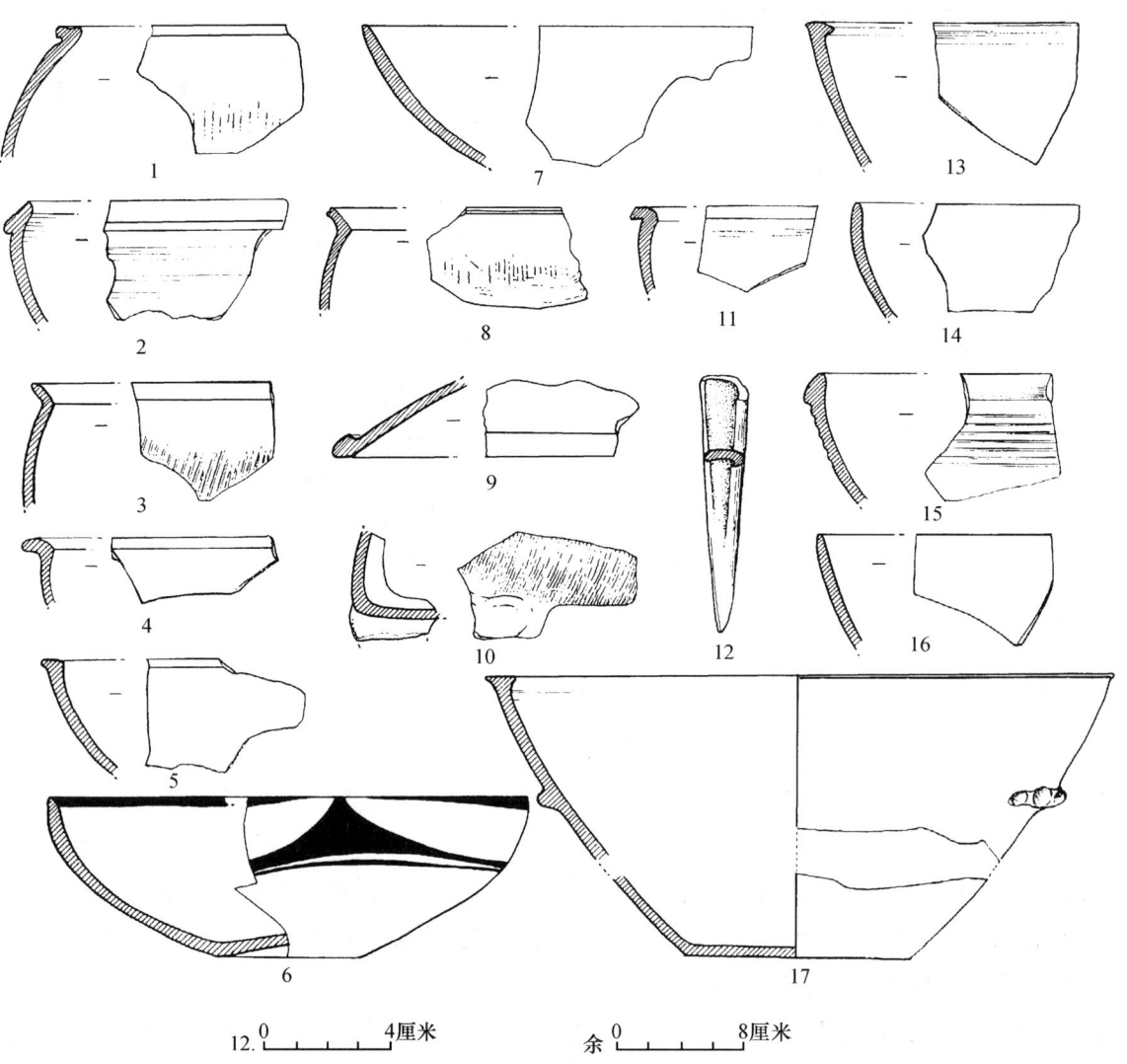

图八〇 H311出土陶器、骨锥

1、3、8. 夹砂陶罐（H311:14、16、15） 2、15. 叠唇无沿陶盆（H311:7、8） 4、5、11. 折沿陶盆（H311:5、13、6） 6. 彩陶钵（H311:1） 7、14、16. 陶钵（H311:2、3、4） 9. 陶器盖（H311:9） 10. 陶灶（H311:10） 12. 骨锥（H311:17） 13、17. 敞口陶盆（H311:12、11）

叠唇无沿盆　H311：7，泥质红陶，口微敛，圆唇，唇面加厚，弧腹，素面。残高7.4厘米（图八〇，2）。H311：8，泥质红陶，敞口，尖圆唇，唇面加厚，腹壁微弧，上腹部饰数周弦纹。残高8厘米（图八〇，15）。

敞口盆　H311：11，泥质灰陶，敞口，沿面上有一周凹槽，弧腹斜收，平底，腹部附鸡冠形鋬手。口径39.2厘米，底径14厘米，复原高16厘米（图八〇，17）。H311：12，泥质灰陶，敞口，沿面内突，腹壁斜直，素面。残高8.8厘米（图八〇，13）。

夹砂罐　H311：14，褐陶，敛口，圆唇，沿面上有一周凹槽，圆肩，器表隐约可见线纹。残高8厘米（图八〇，1）。H311：15，褐陶，侈口，折沿，方唇，唇面上有一周凹槽，圆弧肩，饰线纹。残高6.2厘米（图八〇，8）。H311：16，褐陶，侈口，折沿，尖唇，圆弧肩，饰线纹。残高7.6厘米（图八〇，3）。

器盖　H311：9，夹砂褐陶，大敞口，圆唇外卷，腹壁微弧，器表素面磨光。残高5厘米（图八〇，9）。

灶　H311：10，夹砂红褐陶，残留近底部，平底，下接矮宽足，足残，器表饰线纹。残高6.6厘米（图八〇，10）。

骨锥　H311：17，体较短，顶端较宽，上部有一凹槽，双面圆弧刃，通体磨光。长8.1厘米，宽1.6厘米（图八〇，12）。

54. H327

标本9件。

彩陶盆　H327：1，泥质红陶，侈口，折沿，圆唇，上腹圆鼓，下腹斜收，底残，口沿外侧饰一周黑彩带。口径27.2厘米，腹径28.4厘米，残高16.2厘米（图八一，5）。H327：5，泥质红陶，侈口，折沿，圆唇，弧腹，腹部以下残，口沿外侧饰一周黑彩带。口径26厘米，残高6.4厘米（图八一，7）。H327：6，泥质红陶，侈口，折沿较宽，圆唇，弧腹，腹部以下残，口沿外侧饰一周黑彩带，腹壁用黑彩绘有弧线、圆点纹及横杠纹组成的图案。口径28.2厘米，残高7.2厘米（图八一，4）。H327：7，泥质红陶，侈口，折沿，圆方唇，弧腹，沿面上饰一条黑色弧边彩带，腹壁用黑彩绘有图案。口径25.2厘米，残高7厘米（图八一，9）。

折沿盆　H327：2，泥质红陶，侈口，折沿略窄，圆唇，腹圆鼓斜收，器表素面磨光。口径26.2厘米，腹径27.2厘米，残高12厘米（图八一，8）。H327：8，泥质红陶，敞口，折沿，圆方唇，弧腹，素面。口径37.2厘米，残高5.4厘米（图八一，6）。

钵　H327：3，泥质红陶，口微敛，圆唇，腹壁微弧，器表素面磨光。口径19.2厘米，腹径20厘米，残高7厘米（图八一，1）。

彩陶钵　H327：4，泥质红陶，口微敛，圆唇，腹壁微弧，用黑彩绘有图案。残高6.6厘米（图八一，2）。

敛口罐　H327：9，泥质红陶，敛口，圆唇，唇面加厚，圆肩，素面。残高5厘米（图八一，3）。

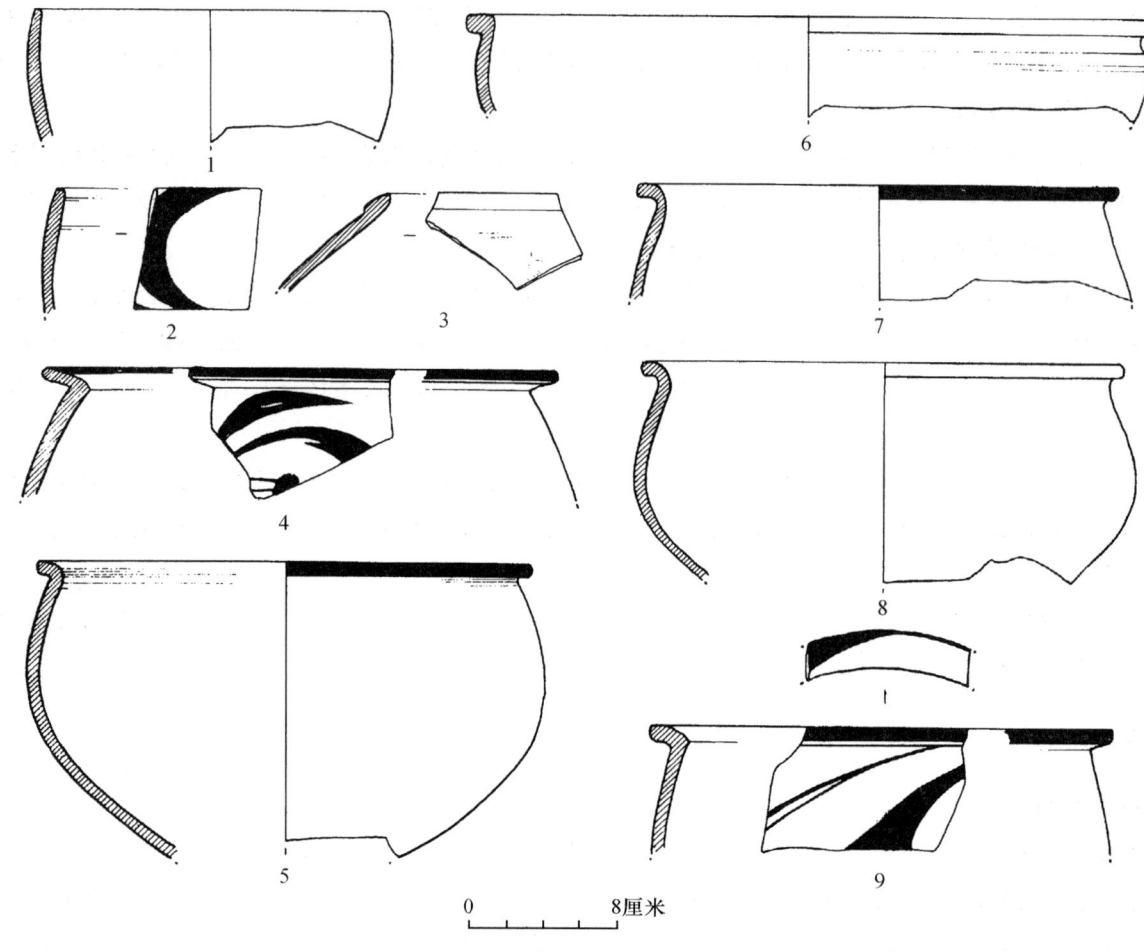

图八一　H327 出土陶器

1. 钵（H327:3）　2. 彩陶钵（H327:4）　3. 罐（H327:9）　4、5、7、9. 彩陶盆（H327:6、1、5、7）
6、8. 折沿盆（H327:8、2）

第四章　仰韶晚期遗存

仰韶晚期遗存在该遗址所占比例仅次于仰韶中期，与庙底沟二期遗存比例相当，亦为主体遗存之一，占所有遗迹的23.8%，以Ⅰ区和Ⅱ区为主，其中Ⅱ区的文化遗存分布中，仰韶晚期遗存与仰韶中期的比重基本相同。下面对该期的文化遗迹与文化遗物分别作介绍。

第一节　文化遗迹

该时期文化遗迹共35座，均为灰坑。平面形状有圆形、椭圆形和不规则形三类，以圆形居多。形制上可分袋状、筒状、锅底状和不规则形四种，分别占该时期遗迹总量的40%、28.6%、11.4%和20%（表四）。灰坑规模最大者口径约7米，最小者1米，最深者2米，最浅者0.5米。坑内堆积以灰褐土为主，部分灰坑填土分两层。坑内多夹杂碎石块、红烧土块、生土块等。遗物以陶片为主，其次为石、骨、角器及少量动物骨骼，有的灰坑还出土少量木炭。现依形制分别介绍如下：

表四　仰韶晚期灰坑一览表

单位	位置	打破关系	形制	尺寸（米）			堆积物
				口径	底径	坑深	
H6	T106、T107、T115、T116	打破H37、H29，被H5打破	不规则长条形	4~7		1.5~2	分两层：1层为灰黄土，土质略硬，厚0.5~1米；2层为灰土，土质疏松
H7	T110东部、T111西部	被H8、H3、H12打破	圆形袋状	2.4	2.9	0.9	灰褐土，土质较硬
H10	T101西部	被H9打破	圆形筒状	2.4		1.1	灰褐土，土质较硬
H11	T106南部、T115北部		不规则椭圆形	4		0.7~1.5	分两层：1层为红褐土，土质坚硬，厚0.3~0.7米；2层为灰褐土，土质疏松
H15	T111南部、T120北部	被H3打破	圆形袋状	1.5	2.5	1.05	灰褐土，土质疏松
H20	T117中部	打破H22	圆形袋状	2.1	3	0.6	深灰土，土质较硬
H22	T117南部、T126北部	被H20打破	圆形袋状	1	2.2	1.6	深灰土，土质较硬
H24	T106中部	打破H25	圆形袋状	1.5	1.9	0.95	灰黄土，土质略硬
H27	T105西部	被H12打破	圆形锅底	2.2		1.7	分两层：1层浅灰土，土质略硬，厚0.4~0.8米；2层灰褐土，土质疏松

续表

单位	位置	打破关系	形制	尺寸（米）			堆积物
				口径	底径	坑深	
H31	T112 西南、T120 东北		圆形袋状	1.9	2.2	1	灰褐土，土质疏松
H49	T128 西部、T129 东部	打破 H45	圆形袋状	2	2.8	0.5	黑灰土，土质疏松
H58	T119 东部	打破 H33	圆形袋状	2	2.4	1.45	灰褐土，土质略硬
H61	T127 西南	被 H60 打破	圆形袋状	3	3.2	1.3	黄褐土，土质疏松
H62	T124 西南、T132 西北	被 H43 打破	圆形袋状	1	1.5	1.3	灰土，土质疏松
H74	T132 中部	打破 H68，被 H63 打破	圆形袋状	1.45	1.55	1.4	灰褐土，土质疏松
H78	T126 中部	打破 H76	圆形袋状	1.1	2.5	1.3	灰土，土质疏松
H84	T82 东部、T83 西部	打破 H85	椭圆形平底	2.4		0.55	浅灰土，土质疏松
H92	T97 东部、T98 西部	打破 H104、H87	圆形锅底	2.5		0.8	浅灰土，土质疏松
H94	T85 东部		椭圆形筒状	2~2.5		1.2	灰褐土，土质疏松
H109	T84 西部		圆形平底	1.5		0.5	浅灰土，土质疏松
H204	T201 南部	被 H205 打破	不规则形	1.2~1.5（残）		0.9	灰土，土质疏松
H205	T201 中部	被 H201、H207 打破	不规则长条形	2.9~3.6		1.2~1.5	灰褐土，土质略硬
H206	T208 南部		圆形筒状	1.3		0.4	黄褐土，土质略硬，较纯净
H209	T202 东部、T208 西部	打破 H210，被 H208 打破	不规则形	2.6~4.1		0.8~1.6	灰褐土，土质略硬
H217	T232 东部、T205 西部	打破 H218	椭圆形平底	3~3.8		1.05	灰褐土，土质略硬
H233	T228 中南部		圆形袋状	1.1	1.4	0.8	浅灰土，土质疏松
H237	T228 南部、T227 北部		圆形锅底	1		0.5	灰土，土质疏松
H238	T222 南部、T221 北部	打破 H235	圆形筒状	1.2		1.1	灰褐土，土质疏松
H242	T231 南部、T230 北部		不规则形平底	2.9~4.5		0.5	灰褐土，土质略硬
H243	T231 西部		不规则形	1.8~2.6（残）		0.7	浅灰土，土质略硬

续表

单位	位置	打破关系	形制	尺寸（米）			堆积物
				口径	底径	坑深	
H247	T224 中部	打破 H246	圆形袋状	1.5	3.8	1.85	分两层：1 层黄褐土，厚 1.2 米，土质坚硬；2 层灰土，土质疏松
H250	T227 南部、T226 北部	被 H249 打破	圆形筒状	1	—	0.7	灰褐土
H307	T313 东南、T314 西	打破 H309	口残平底	2.3～2.7（残）	—	0.6	灰褐色土，含少量红烧土块
H318	T309 西南、T320 西北	打破 H311	椭圆形锅底	2.5	—	0.7	灰褐色土，含少量石块及红烧土块
H322	T315 中部	被 H325 打破	圆形平底	1.5	—	0.6	灰色土，含有红烧土块

1. 袋状坑

14 座。口小底大，多数较规整。举例如下：

H58　位于探方 T119 东部，开口于第 1 层下，打破 H33。坑口为圆形，坑壁斜直外扩，加工光滑，坑底平坦。口径 2 米，底径 2.4 米，坑深 1.45 米。填土为灰褐土，土质略硬，夹杂有烧土块。出土陶片较多，可辨器形有尖底瓶、夹砂罐、豆、盆等（图八二）。

H78　位于探方 T126 中部，开口于第 1 层下，打破 H76。坑口平面为圆形，坑壁上半部似瓶颈，由口向下略外斜，下半部陡然向外弧扩，口径与底径相差悬殊，平底，加工较平整。口径 1.1 米，底径 2.5 米，坑深 1.3 米。填土为灰土，土质疏松。夹杂有碎石块、烧土块及少量木炭。出土陶片较多，器形有尖底瓶、鼎、豆、盆、罐、瓮、杯等，出土一件完整陶盆（图八三）。

H233　位于探方 T228 中南部，开口于第 1 层下。坑口为圆形，坑壁微外张，加工较光滑，底部平整。口径 1.1 米，底径 1.4 米，坑深 0.8 米。填土为浅灰土，土质疏松，含少量红烧土块。出土陶片不多，可辨器形有鼎、盆、罐、器盖、缸等（图八四）。

H247　位于探方 T224 中东部，开口于第 1 层下，打破 H246。坑口为圆形，坑壁斜向外张，加工较粗糙，平底。口径 1.5 米，底径 3.8 米，坑深 1.85 米。填土分 2 层：第 1 层为黄褐土，厚约 1.2 米，土质坚硬，夹杂少量石块及红烧土；第 2 层为灰土，土质疏松。出土陶片较多，以灰褐陶为主，可辨器形有尖底瓶、罐、盆、钵、器盖、彩陶罐等。还出有石斧、石锛、石刀、骨锥等小件（图八五）。

2. 筒状坑

10 座。坑口多圆形或椭圆形，坑壁有直壁与斜壁之分。现举例如下：

H94　位于探方 T85 东部，开口于第 1 层下。坑口为椭圆形，坑壁较直，平底。坑口长径 2.5 米，短径 2 米，坑深 1.2 米。填土为灰褐土，土质疏松，较纯净。出土陶片较少，器形有豆、鼎、盆、器盖、夹砂罐、彩陶罐等（图八六）。

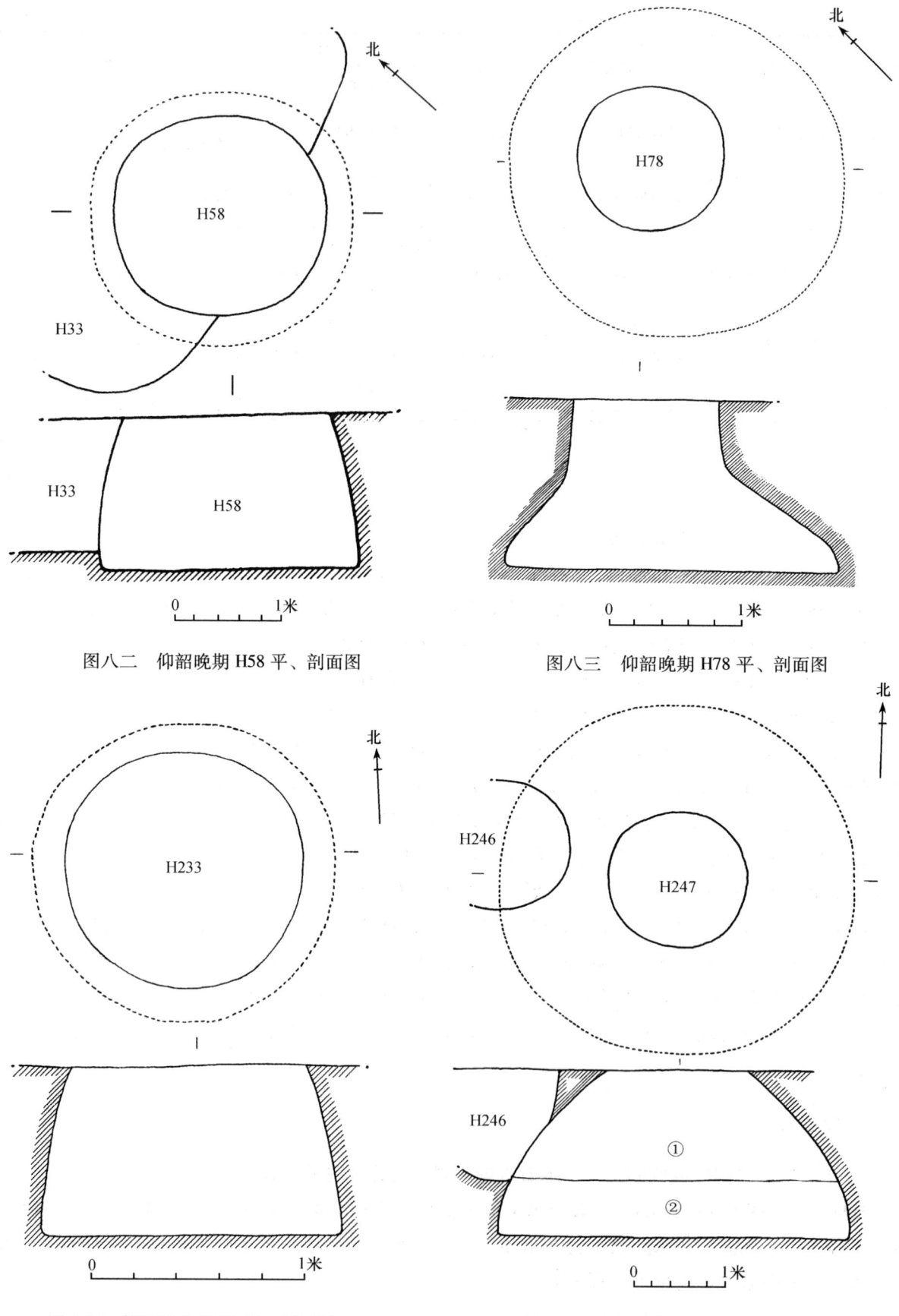

图八二　仰韶晚期 H58 平、剖面图

图八三　仰韶晚期 H78 平、剖面图

图八四　仰韶晚期 H233 平、剖面图

图八五　仰韶晚期 H247 平、剖面图

H206　位于探方T208南部，开口于第1层下。坑口呈圆形，坑壁较直，加工粗糙，平底。口径1.3米，坑深0.4米。填土为黄褐土，土质略硬，较纯净。出土陶片较少，器形有夹砂罐、钵、彩陶钵、盆等（图八七）。

H238　位于探方T222南部与T221北部，开口于第1层下，打破H235。坑口呈圆形，坑壁较直，平底。口径1.2米，坑深1.1米。填土为灰褐土，土质疏松，夹杂少量碎石块与红烧土块。出土陶片略多，以夹砂灰褐陶为主，可辨器形有尖底瓶、鼎、豆、夹砂罐及蛤蟆形器（图八八）。

H322　位于探方T315中部，开口于第2层下，被H325打破。坑口近圆形，坑壁较直，平底。口径1.5米，坑深0.6米。坑壁较粗糙。填土呈灰色，含红烧土块。出土陶片不多，器形有夹砂罐、盆、尖底瓶等（图八九）。

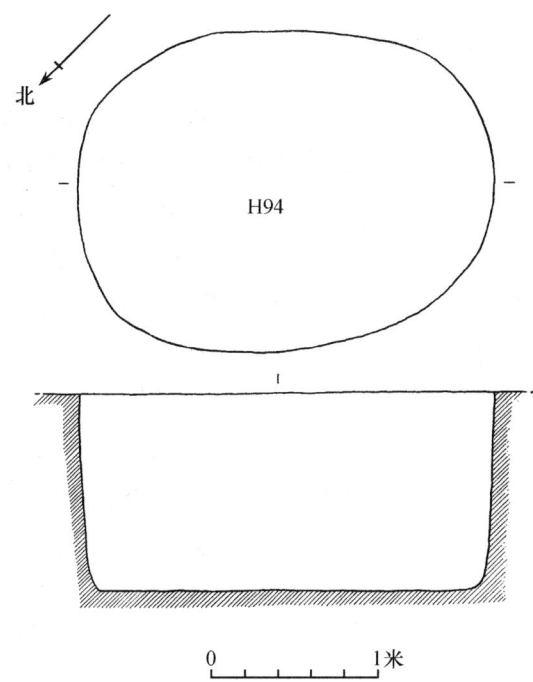

图八六　仰韶晚期H94平、剖面图

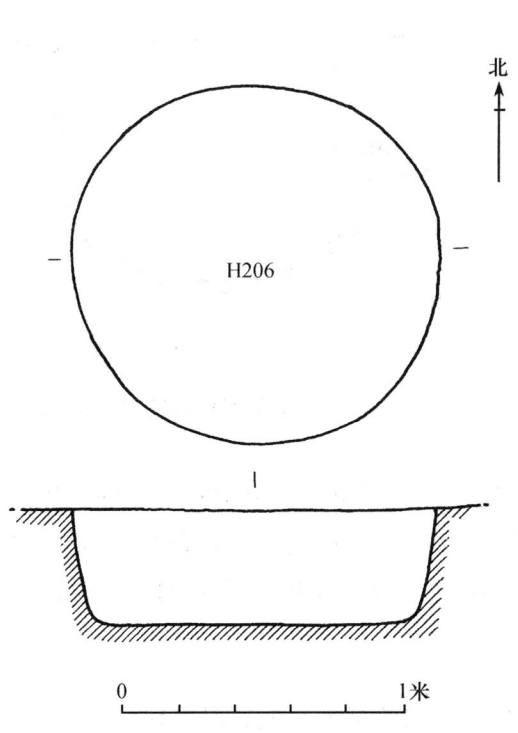

图八七　仰韶晚期H206平、剖面图

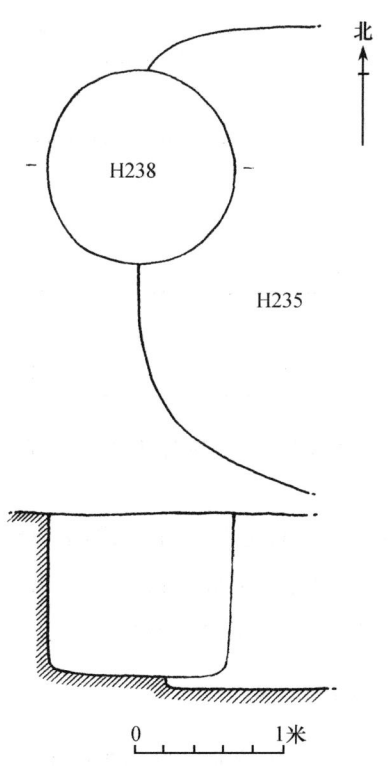

图八八　仰韶晚期H238平、剖面图

3. 锅底状坑

4座。坑口多圆形，口径在1~2米之间，坑最深者1.7米，最浅者0.5米。举例如下：

H27　位于探方T105西部，开口于第1层下，被H12打破。坑口为圆形，坑壁略直，加工粗糙，锅底状。口径2.2米，坑深1.7米。填土分2层：第1层为浅灰土，土质略硬，含少量烧土块及生土块，厚约0.4~0.8米；第2层为灰褐土，土质疏松。出土陶片较多，以褐、灰褐陶为主，器形有尖底瓶、罐、盆、器盖、盘、杯等（图九〇）。

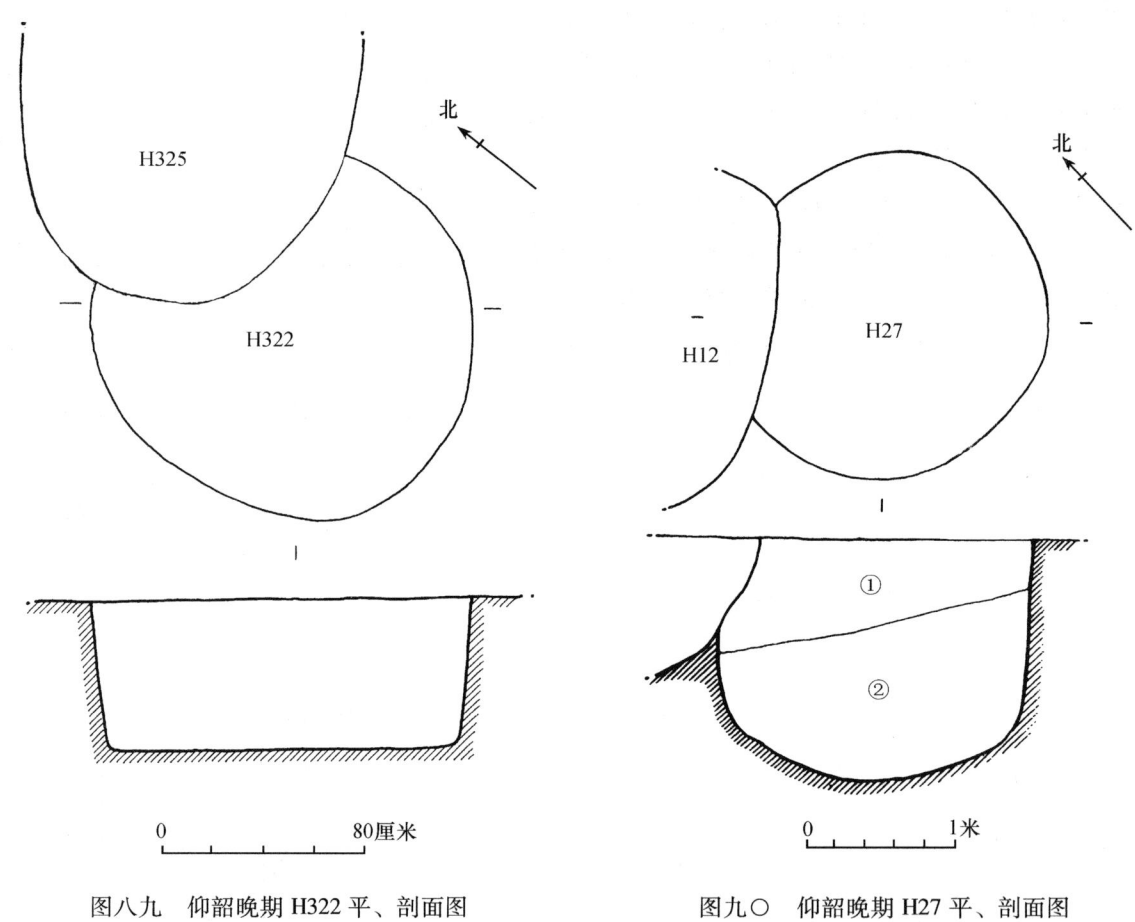

图八九　仰韶晚期H322平、剖面图　　　　图九〇　仰韶晚期H27平、剖面图

H92　位于探方T97东北部与T98西北部，开口于第1层下，打破H87、H104。坑口为圆形，弧壁，加工粗糙，圜底。口径2.5米，坑深0.8米。填土为浅灰土，土质疏松，夹杂少量烧土块。出土陶片较少，可辨器形有尖底瓶、夹砂罐、盆、器盖等，此外还有石刀等小件（图九一）。

4. 不规则形坑

7座。坑口均较大，呈不规则形，坑底加工粗糙，多凹凸不平。现举例如下：

H11　位于探方T106南部与T115北部，开口于第1层下。坑口平面为不规则椭圆形，坑壁略弧，加工粗糙，坑底不平整。口径4米，坑深0.7~1.5米。填土分2层：第1层为红褐土，土质坚硬，含少量碎红烧土块，厚0.3~0.7米；第2层为灰褐土，土质疏松，含少量烧土块及碎石块。出土大量陶片，常见器形有尖底瓶、夹砂罐、盆、器盖、钵、器座等。复原多件器物（图九二）。

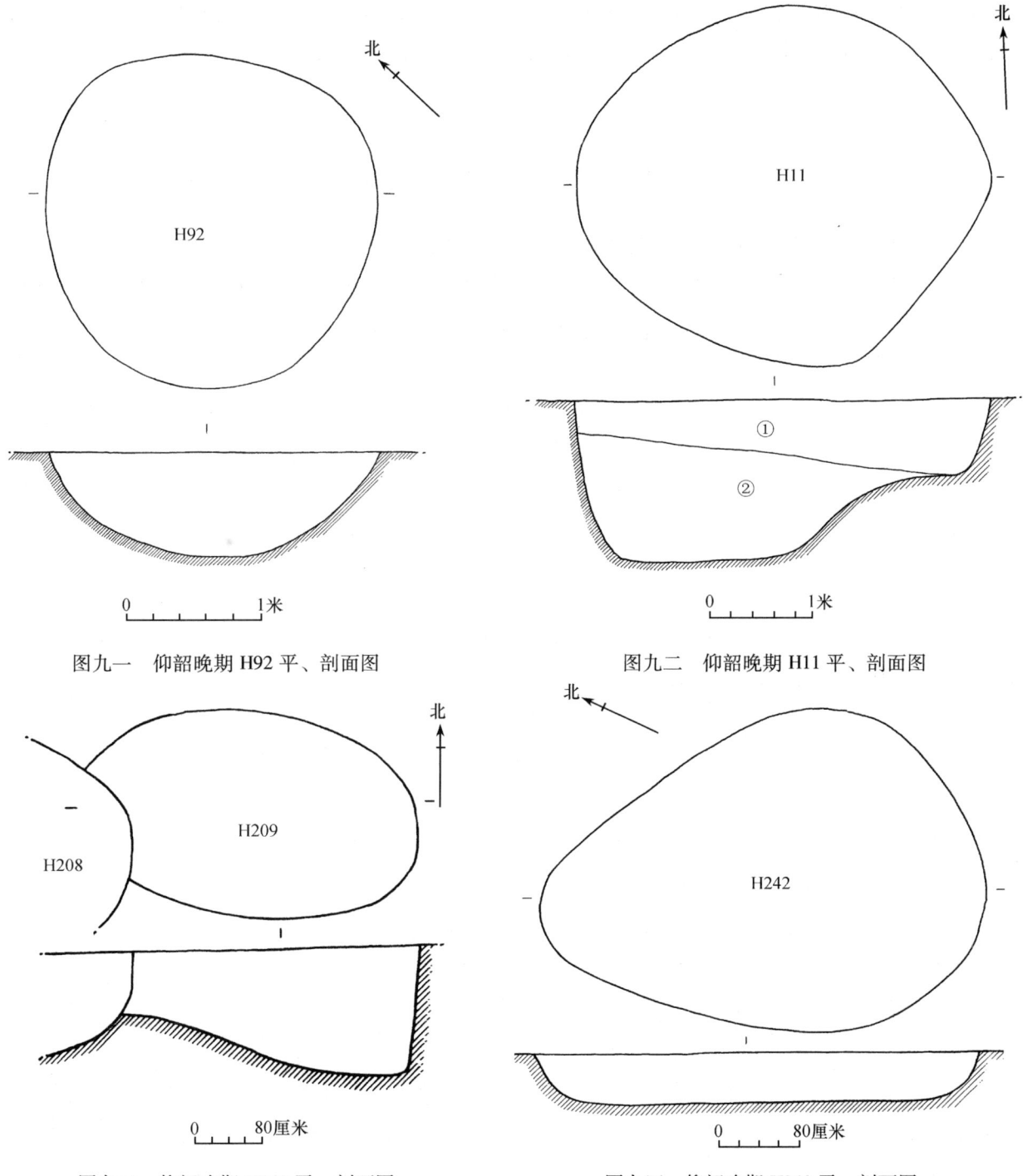

图九一　仰韶晚期 H92 平、剖面图

图九二　仰韶晚期 H11 平、剖面图

图九三　仰韶晚期 H209 平、剖面图

图九四　仰韶晚期 H242 平、剖面图

H209　位于探方 T202 东部与 T208 西部，开口于第 1 层下，打破 H210，被 H208 打破。坑口为不规则长条形，坑壁加工粗糙，坑底呈斜坡。坑口长 4.1 米，宽 2.6 米，坑深 0.8~1.6 米。填土为灰褐土，土质略硬，含少量红烧土块及碎石块与兽骨。出土陶片较多，以灰、灰褐陶为主，主要器形有尖底瓶、鼎、钵、夹砂罐、器盖、瓮等。此外还有小件石斧、石球等（图九三）。

H242　位于探方 T231 南部与 T230 北部，开口于第 1 层下。坑口平面为不规则形，面积较大，坑壁略弧，加工粗糙，平底。坑口长 4.5 米，宽 2.9 米，坑深 0.5 米。填土为灰褐土，土质略硬，夹杂少量生土块及碎石块。出土陶片较少，可辨器形有尖底瓶、钵、盆、夹砂罐、小杯等（图九四）。

第二节 文 化 遗 物

这一时期的文化遗物仍以生活类陶质器皿为主，复原器物 33 件，其次为陶、骨、角、石器等生产工具及装饰品。依据 H6、H7、H10、H11、H27 等 5 个典型单位出土陶片的统计数据（表五），

表五 仰韶晚期典型灰坑陶系及器形统计表

纹饰 \ 陶质陶色	夹砂					泥质						合计	百分比（%）
	灰	灰褐	褐	红	红褐	灰	灰褐	褐	红	红褐	黑		
素面	80	25	110	40	23	176	15	20	146	14	34	683	38.4
磨光素面						41	23	50	100	13	18	245	13.8
线纹	3		10		5	16	12	8	115	9		178	10.0
弦纹	3	1	11		20	5	4	7	13	6		70	3.9
篮纹	160	30	28	6	29	85	25		40			403	22.6
附加堆纹	53	14	48	3	16	4	2	3		2		145	8.1
彩陶						3	3	2	26			34	1.9
其他	7	3	2	4	3	2	2	1				24	1.3
合计	306	73	209	53	96	332	86	91	440	44	52	1782	
百分比（%）	17.2	4.1	11.7	3.0	5.4	18.6	4.8	5.1	24.7	2.5	2.9		100

器形		灰	灰褐	褐	红	红褐	灰	灰褐	褐	红	红褐	黑	合计	百分比（%）
	尖底瓶	3	4	1		3		2	9	2			24	8.4
	鼎	3	5	2		1							11	3.9
	罐	35	10	32	3	10	8	1	5	3	1		108	37.9
	盆	18	8	5		4	15	3	7		2	6	68	23.9
	钵	8	5	3	1	2	4	3	2	6	2		36	12.6
	豆	2	1				4	2	1			3	13	4.5
	瓮	2	1	1	2		1		2	3		2	14	4.9
	器盖	2	1	3									6	2.1
	其他	1		2			1	1					5	1.8
	合计	74	35	49	6	17	36	10	19	21	7	11	285	
	百分比（%）	25.9	12.3	17.2	2.1	5.9	12.6	3.5	6.7	7.4	2.5	3.9		100

注：本表为仰韶晚期典型灰坑 H6、H7、H10、H11、H27 出土陶片的统计数据。
纹饰中的其他指出现极少的纹饰，如绳纹、方格纹、戳划纹等；器形中的其他亦为出土极少的器形，如杯、碗、甑等。

泥质陶所占比例略高于夹砂陶，占陶片总数的58.6%，陶色分灰、灰褐、红、红褐和黑色五类，其中泥质红陶和泥质灰陶的比例较高，各占24.7%和18.6%，褐色类占陶片总量的12.4%。夹砂陶占陶片总量的41.4%，陶色多不均匀，以褐色为主，有灰褐、红褐及中间色褐色，约占总量的21.2%，灰陶比例明显上升，为17.2%。陶器以素面和素面磨光为大宗，素面陶远多于磨光陶，二者共占陶片总量的52.2%。纹饰种类增加，有线纹、弦纹、篮纹、绳纹、附加堆纹等，其中以篮纹数量较多，约占陶片总数的22.6%，其次为线纹，该期附加堆纹明显增多，达8.1%。彩陶比例明显下降，仅占1.9%，装饰图案以几何形为主，多网格纹、窄带纹等。施彩颜色以红、黑彩为主，多直接绘于磨光后的器表。

此期的器形与仰韶中期基本相同，种类略有增加。器类有鼎、豆、罐、盆、钵、尖底瓶、器盖、瓮、缸等，其中以罐类器的数量最多，占到器形总量的37.9%，其次为盆23.9%、钵12.6%、尖底瓶8.4%。陶器制法仍以手制为主，多泥条筑成，器形修整以拍打、抹平为主。

1. H58

标本11件。

尖底瓶　H58:1，夹砂黄褐陶，喇叭状、大敞口，斜方唇，颈部加长，溜肩，颈肩相接处附一周堆纹，肩部拍印浅疏篮纹，颈部经斜向刮削，较粗糙。口径19厘米，残高17厘米（图九五，1；图版一二，1）。

尖底瓶底　H58:10，泥质红陶，近底部器壁较直斜收，器底夹角为钝角，底部圆钝，器表饰交错线纹，内底可见顺时针盘旋状泥条。残高5厘米（图九五，7）。

夹砂罐　H58:2，褐陶，侈口，折沿上仰，圆唇，腹略鼓，器表拍印篮纹并附一周堆纹。口径18厘米，残高10.8厘米（图九五，6）。H58:4，灰褐陶，侈口，折沿，圆方唇，弧腹，器表饰横篮纹。口径16厘米，残高5.5厘米（图九五，2）。H58:5，灰褐陶，侈口，沿边有一周平面，尖圆唇，鼓腹，器表饰横篮纹。口径24厘米，残高6厘米（图九五，9）。H58:7，红褐陶，侈口，折沿，斜方唇，腹壁外弧，器表饰横篮纹，口沿下施一周附加堆纹。残高4.5厘米（图九五，10）。

豆　H58:3，泥质灰褐陶，仅残存豆座，高圈足，豆柄细长，底部呈喇叭状，底座尖圆唇，器表素面磨光。底径15.8厘米，残高14.5厘米（图九五，4）。

彩陶盆　H58:6，泥质红陶，大敞口，圆方唇，浅腹斜弧，通体磨光，器表以黑彩绘有弧边三角纹、圆点纹组成的图案。口径36厘米，残高5.6厘米（图九五，8）。

盆　H58:9，夹砂褐陶，敛口，圆唇，唇面加厚，弧腹，素面，唇部下方残留一个两面对钻的圆孔。残高5.2厘米（图九五，3）。

彩陶片　H58:11，泥质灰陶，器表磨光，其上以红彩绘有横线、弧线、网格纹等组成的图案。残高7.3厘米（图九五，5；图版一七，3）。

石锤　H58:8，琢制而成，体厚重，椭圆形，通体不见棱角，上部稍厚，底部有使用痕迹。长14.6厘米，宽7.3厘米，厚6厘米（图九五，11）。

2. H78

标本12件。

尖底瓶口　H78:1，夹砂灰褐陶，喇叭口、外侈，唇外斜，领略高，素面。口径11.8厘米，残

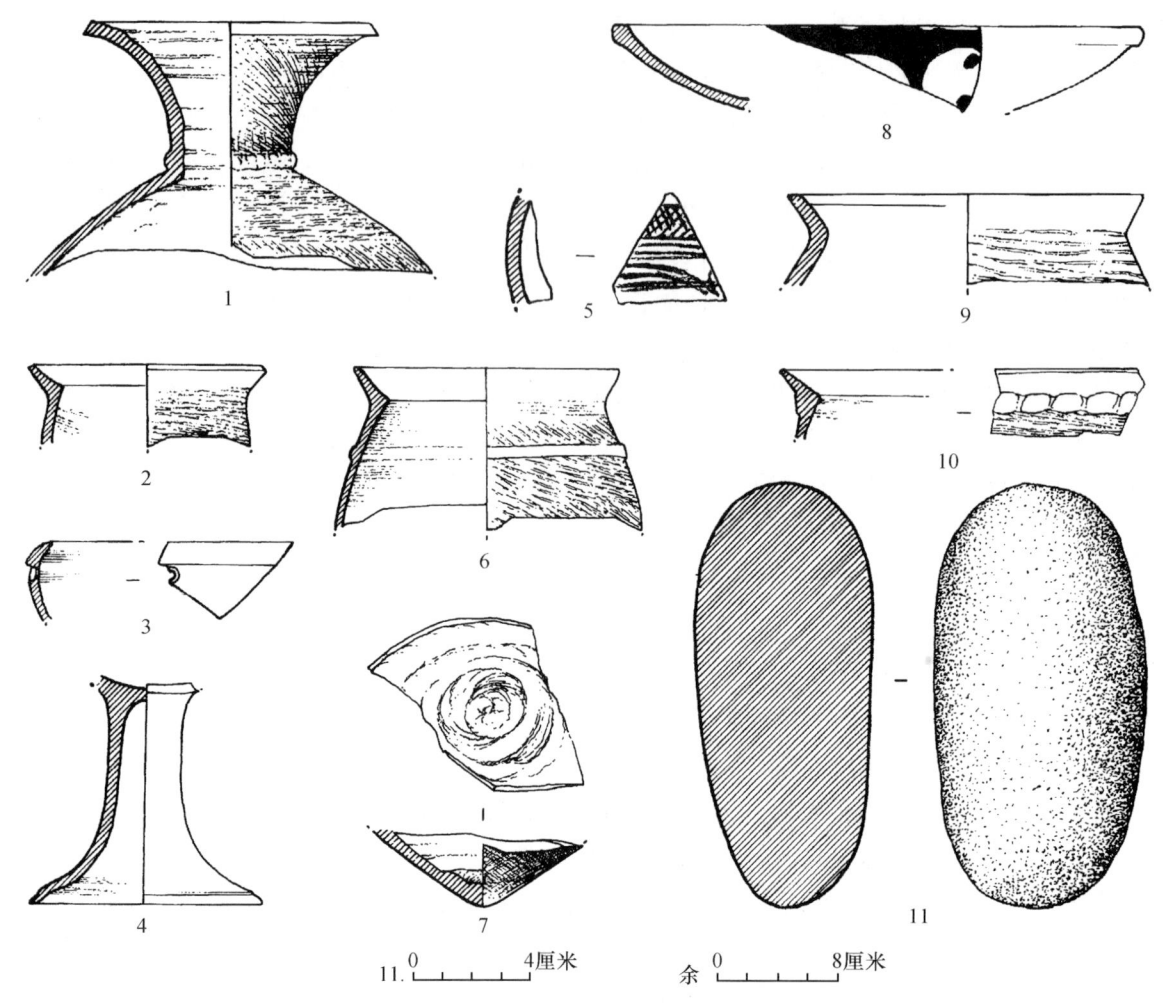

图九五　H58 出土陶器、石锤
1. 尖底陶瓶（H58:1）　2、6、9、10. 夹砂陶罐（H58:4、2、5、7）　3. 陶盆（H58:9）　4. 陶豆（H58:3）
5. 彩陶片（H58:11）　7. 尖底陶瓶底（H58:10）　8. 彩陶盆（H58:6）　11. 石锤（H58:8）

高 8.5 厘米（图九六，4；图版一二，4）。H78:2，夹砂灰陶，喇叭口、外侈，斜方唇，领较高，肩部拍印篮纹，领肩相接处内壁有竖向细密按压痕。口径 11 厘米，残高 11 厘米（图九六，9）。

尖底瓶底　H78:7，泥质灰陶，圆钝底，夹角在 105°～125°之间，器表拍印篮纹，内底中央有泥突，其上有修抹痕。残高 8.4 厘米（图九六，6）。

豆　H78:3，褐胎、黑皮陶，陶土未经淘洗，夹有小沙砾，圆盘，大敞口，圆唇，斜壁外弧，近盘底内凹形成盘心，平底，内壁素面磨光，豆柄断茬处修磨平整，为二次使用。口径 28 厘米，残高 10 厘米（图九六，3；图版一四，6）。

鼎足　H78:6，夹砂褐陶，足面较平、呈长方形，足内面鼓凸，器表绳纹隐约可见。残高 4.75 厘米（图九六，10）。

敛口盆　H78:8，泥质灰陶，敛口，沿面斜平、内突，斜腹，平底，口沿及器表素面磨光，器底刮修划痕明显。口径 30.3 厘米，底径 15.5 厘米，高 13.2 厘米（图九六，1；图版一八，3）。

宽沿盆　H78:9，泥质褐陶，敞口，宽折沿，其上有数周凹槽，圆唇，弧腹缓收，器表拍印篮纹，内壁可见修抹痕。口径 42.8 厘米，残高 9.5 厘米（图九六，12）。

夹砂罐　H78:5，褐陶，侈口，折沿上仰，沿边有一周浅凹槽，尖圆唇，弧腹，器表篮纹隐约可见。口径 14.5 厘米，残高 5.5 厘米（图九六，7）。

泥质罐　H78:10，泥质灰陶，侈口，折沿较宽，沿边有一周平面，方唇，鼓腹，口沿内侧与器表素面磨光。口径 20 厘米，残高 6.5 厘米（图九六，2）。

瓮　H78:11，泥质褐胎、黑皮陶，敛口较甚，圆方唇，圆肩，器表磨光，口沿下饰四周凹弦纹。口径 25 厘米，残高 8.2 厘米（图九六，11）。H78:4，泥质灰褐陶，敛口，口外侧有一周宽凹槽，尖唇，溜肩，其上有鹰嘴式纽，器表磨光。残高 5 厘米（图九六，5）。

筒形杯　H78:12，泥质灰陶，口残，器壁微内弧，平底，素面，内壁可见泥条缝及修抹痕。底径 7.8 厘米，残高 11 厘米（图九六，8）。

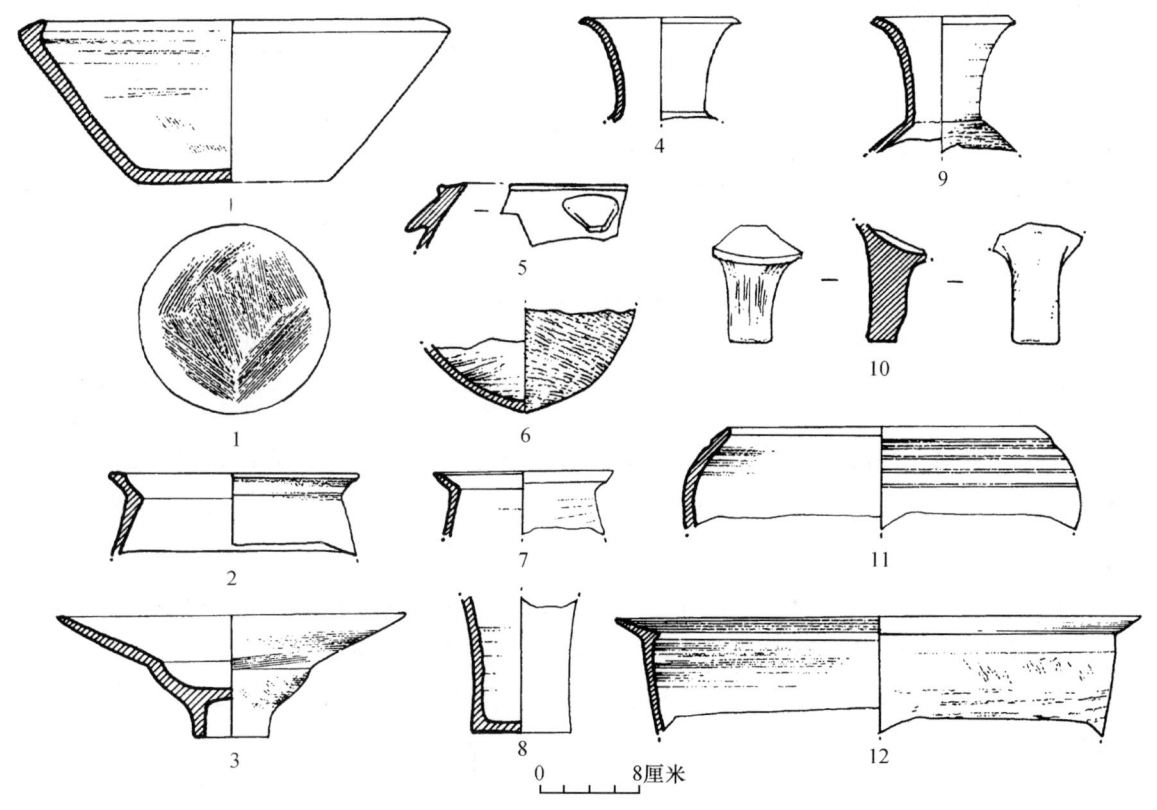

图九六　H78 出土陶器

1. 敛口盆（H78:8）　2. 泥质罐（H78:10）　3. 豆（H78:3）　4、9. 尖底瓶口（H78:1、2）　5、11. 瓮（H78:4、11）
6. 尖底瓶底（H78:7）　7. 夹砂罐（H78:5）　8. 筒形杯（H78:12）　10. 鼎足（H78:6）　12. 宽沿盆（H78:9）

3. H233

标本 6 件。

宽沿盆　H233:1，泥质红褐陶，敞口，折沿，沿面宽平，尖圆唇，弧腹斜收，素面。口径 46 厘米，残高 9.4 厘米（图九七，8）。

器盖　H233:3，夹砂褐陶，覆碗形，敞口，尖圆唇，器壁斜直，花边捉手。口径 16 厘米，捉手直径 8 厘米，高 5.4 厘米（图九七，12；图版一五，3）。

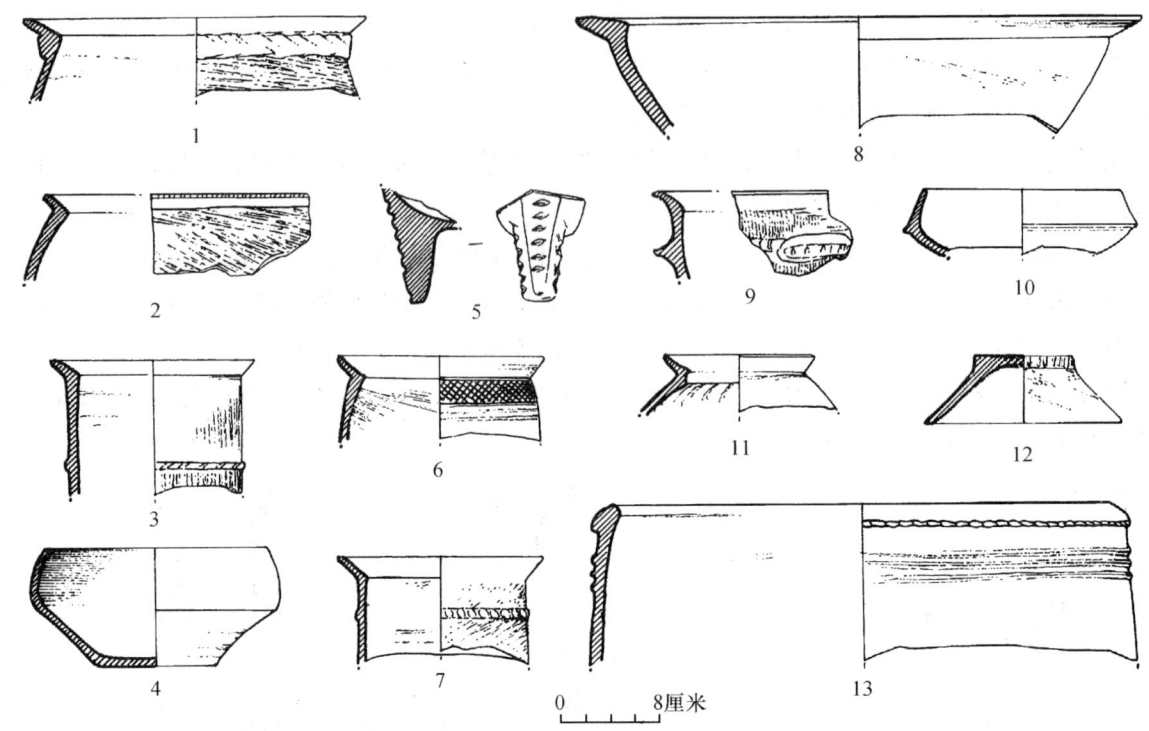

图九七 H233、H94 出土陶器

1、2、3、7、11. 夹砂罐（H94：3、H233：5、4、H94：2、H94：7） 4. 钵（H94：5） 5. 鼎足（H94：4） 6. 彩陶罐（H94：6） 8. 宽沿盆（H233：1） 9. 鼎（H233：6） 10. 豆（H94：1） 12. 器盖（H233：3） 13. 缸（H233：2）

夹砂罐 H233：4，褐陶，侈口，折沿，尖圆唇，腹壁较直，拍印浅篮纹，其上施一周附加堆纹。口径 17 厘米，残高 11 厘米（图九七，3）。H233：5，灰陶，侈口，折沿，尖唇，唇边经按压而成花边口，腹壁外弧，拍印篮纹。残高 6.6 厘米（图九七，2）。

缸 H233：2，夹砂灰陶，敛口，圆唇，唇面加厚，唇部外侧边缘经按压成花边，腹壁微外弧，口沿下饰三周凸棱。口径 40 厘米，残高 13 厘米（图九七，13；图版一七，5）。

鼎 H233：6，夹砂灰陶，口微敞，折沿，方唇，弧腹，其上残留一只鸡冠形錾手，腹壁饰绳纹。残高 7 厘米（图九七，9）。

4. H94

标本 7 件。

豆 H94：1，黑皮陶，折腹盘，敛口，圆唇，折腹下有一周凹槽，上腹磨光。口径 17 厘米，残高 5.1 厘米（图九七，10）。

夹砂罐 H94：2，灰陶，侈口，折沿，尖圆唇，腹微弧，腹部饰绳纹并贴附一周堆纹。口径 17 厘米，残高 10.8 厘米（图九七，7）。H94：3，灰陶，侈口，折沿，圆唇，腹壁较直外撇，拍印篮纹，口沿下饰一周附加堆纹，内壁可见手指按痕。口径 28 厘米，残高 6.5 厘米（图九七，1）。H94：7，灰陶，侈口，折沿，圆方唇，溜肩略圆，内壁有一周按压痕。口径 12 厘米，残高 4.5 厘米（图九七，11）。

鼎足 H94：4，夹砂灰褐陶，扁方足，侧面呈倒三角形，足面中间附一道竖行堆纹，两侧边亦按压成花边，内面拍印有篮纹。残高9厘米（图九七，5）。

钵　H94∶5，泥质红陶，敛口，方唇，圆折腹，下腹内曲，平底，器表施赭红陶衣、磨光，近底部素面，内壁可见细密轮纹。口径18厘米，底径9.6厘米，高9.8厘米（图九七，4）。

彩陶罐　H94∶6，泥质褐陶，侈口，折沿，尖圆唇，弧腹，沿面及腹壁磨光，口沿下方以褐彩绘有网格纹、条纹组成的图案，内壁可见修抹痕。口径17厘米，残高6.5厘米（图九七，6）。

5. H247

标本22件。

尖底瓶　H247∶1，泥质褐陶，喇叭口，圆方唇，束颈，溜肩，腹斜收，器底夹角为钝角，器表拍印斜向篮纹，领内侧及近底部内壁可见泥条痕。口径14.6厘米，腹径26.8厘米，高63厘米（图九八，4；图版一三，1）。

钵　H247∶2，泥质灰褐陶，敛口，圆唇，腹壁微弧斜收，平底，素面，器壁可见刮削痕。口径19.2厘米，底径9.4厘米，高10.8厘米（图九八，11）。H247∶3，泥质灰陶，敞口，尖圆唇，腹壁微弧斜收，器表素面磨光。口径17.6厘米，残高5.8厘米（图九八，8）。H247∶15，夹砂褐陶，口微敛，圆方唇，弧腹，腹壁拍印篮纹。残高9.4厘米（图九八，6）。

彩陶罐　H247∶4，泥质灰陶，侈口，折沿，尖圆唇，圆弧腹，腹径最大处附鸡冠形錾手，口沿上侧及錾手以上的腹壁用红彩绘有网格纹及线纹。口径14厘米，残高7.4厘米（图九八，15）。

夹砂罐　H247∶5，灰褐陶，侈口，折沿，圆方唇，腹微鼓，上腹部饰有一周附加堆纹，内壁可见刮削痕。口径17厘米，残高14厘米（图九八，7）。H247∶6，褐陶，侈口，折沿，圆唇，弧腹，腹壁拍印篮纹，其上再施一周附加堆纹。口径19厘米，残高17厘米（图九八，19）。H247∶8，灰褐陶，侈口，圆唇，矮领，溜肩，肩部拍印篮纹。口径14.2厘米，残高6厘米（图九八，12）。H247∶9，灰褐陶，侈口，斜折沿，沿面有一周凹槽，尖圆唇，腹壁微弧外撇，拍印浅篮纹，口沿下方贴附堆纹一周。口径29厘米，残高10厘米（图九八，17）。H247∶10，褐陶，侈口，折沿，方唇，唇外侧压印成花边口，腹壁外弧，拍印篮纹，其上施一周附加堆纹。口径24.2厘米，残高7.6厘米（图九八，5）。H247∶11，灰褐陶，侈口，折沿，斜方唇，唇面压印成花边口，腹壁外弧，拍印篮纹，口沿下方施一周附加堆纹。口径25.2厘米，残高5厘米（图九八，3）。H247∶12，褐陶，侈口，折沿，方唇，腹壁外弧，口沿下方及腹壁各饰一周附加堆纹。口径24厘米，残高8.6厘米（图九八，1）。H247∶13，褐陶，侈口，折沿，圆唇，腹壁较直，口沿下方及腹壁各饰一周附加堆纹。口径13厘米，残高8厘米（图九八，13）。H247∶14，红褐陶，侈口，折沿，沿面形成一小平台，腹壁外弧，拍印交错篮纹，口沿下方饰一周附加堆纹。残高5.6厘米（图九八，18）。

器底　H247∶7，泥质灰陶，腹壁外弧，平底，素面，近底部内壁可见刮削痕。底径6.3厘米，残高5.2厘米（图九八，14）。

盆　H247∶16，夹砂灰褐陶，敞口，圆方唇，弧腹斜收，贴附由附加堆纹按压而成的錾手，外壁可见刮削痕，内壁有修抹痕。残高11厘米（图九八，2）。

器盖　H247∶17，夹砂灰褐陶，器壁斜直，花边形矮圈足式捉手，素面。残高5厘米（图九八，9）。

石斧　H247∶18，体厚重，顶端稍窄，刃较钝，打制而成，部分磨光。长15.7厘米，宽6.9厘米，厚5.5厘米（图九八，22）。

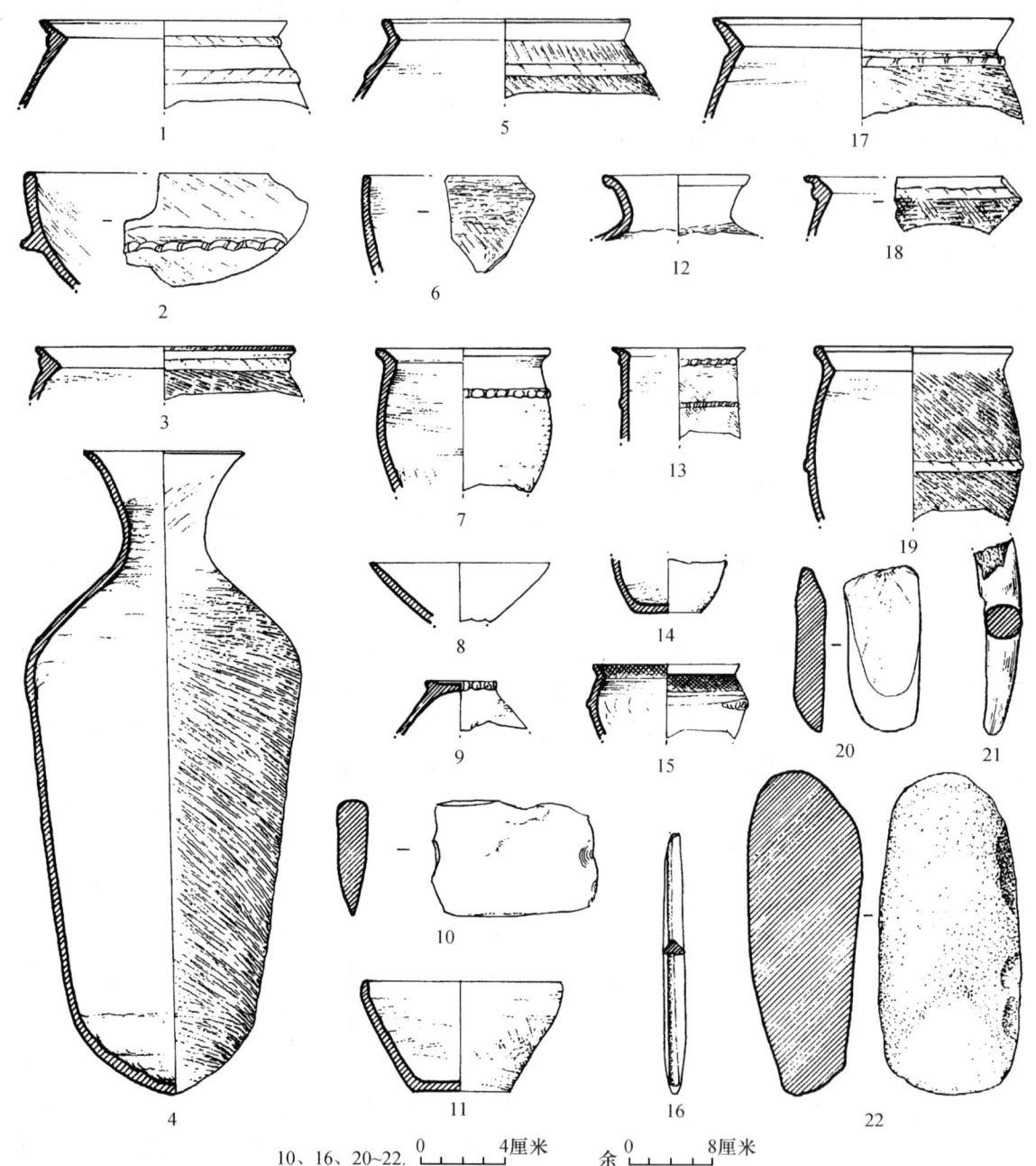

图九八 H247 出土陶器、石器、骨器

1、3、5、7、12、13、17~19. 夹砂陶罐（H247:12、11、10、5、8、13、9、14、6） 2. 夹砂灰褐陶盆（H247:16）
4. 尖底陶瓶（H247:1） 6、8、11. 陶钵（H247:15、3、2） 9. 陶器盖（H247:17） 10. 石刀（H247:21）
14. 陶器底（H247:7） 15. 彩陶罐（H247:4） 16. 骨笄（H247:22） 20. 石锛（H247:19） 21. 骨锥（H247:20）
22. 石斧（H247:18）

石锛 H247:19，顶端经打制修整，刃宽，器表磨光。长 8.1 厘米，宽 3.6 厘米，厚 1.4 厘米（图九八，20）。

石刀 H247:21，平面呈长方形，侧边有一个凹缺，顶端较厚，双面刃。残长 11.2 厘米，宽 8 厘米，厚 1.5 厘米（图九八，10）。

骨锥　H247:20，通体磨光，体呈圆锥形，略弯曲，顶端较粗、残损，尖部磨出一钝圆尖。残长9.8厘米（图九八，21）。

骨笄　H247:22，体长且直，上部较窄，下部略宽，横截面呈三角形，顶端残断，单面圆弧刃，通体磨光。残长12.8厘米，宽1厘米，厚0.7厘米（图九八，16）。

6. H206

标本6件。

夹砂罐　H206:1，灰褐陶，侈口，圆方唇，束颈，折肩，腹壁斜收，折肩处饰一周戳刺纹，内壁可见泥条痕。口径16.8厘米，腹径22厘米，残高9.6厘米（图九九，4）。H206:2，灰褐陶，侈口，方唇，圆折肩，腹壁内收，折肩处饰一周按压纹。残高12.6厘米（图九九，12）。

钵　H206:3，泥质红陶，敛口，圆唇，沿外有一周浅凹槽，圆弧腹，器表素面磨光。残高5.6厘米（图九九，5）。H206:5，泥质灰褐陶，敛口，尖圆唇，圆折腹，上腹外弧，下腹斜收，器表素面磨光。残高6.4厘米（图九九，2）。

彩陶钵　H206:4，泥质灰陶，敛口，尖唇，弧腹内收，器表磨光，口沿外侧饰一周红色彩带。残高6.8厘米（图九九，8）。

陶环　H206:6，泥质褐陶，剖面近似半圆形，磨光。宽0.8厘米，厚0.8厘米（图九九，6）。

7. H238

标本7件。

尖底瓶　H238:1，夹砂灰陶，喇叭口，方唇，唇面有一周凹槽，圆弧肩，腹壁略弧缓收，器身饰斜向篮纹。口径12.2厘米，复原高61厘米（图九九，3；图版一三，2）。

豆　H238:2，泥质灰褐陶，大敞口，尖圆唇，豆盘壁略弧，近底部内收，内底为一凹心，柄残，素面。口径34.8厘米，残高7厘米（图九九，1）。H238:3，泥质灰陶，大敞口，圆唇，豆盘壁微外弧，平底，盘外侧有一周凸棱，筒状豆柄，素面。口径27.4厘米，残高8.6厘米（图九九，9）。

夹砂罐　H238:4，灰褐陶，侈口，折沿，圆方唇，唇面经按压而成花边口，腹略直，器表拍印篮纹，口沿下方及腹部贴附有堆纹。口径39.2厘米，残高10.4厘米（图九九，13）。H238:5，灰褐陶，侈口，折沿，沿面内侧有一周浅凹槽，圆唇，腹略弧，器表拍印篮纹，口沿下方饰有一周附加堆纹。残高8.6厘米（图九九，11）。

蛤蟆形器　H238:6，泥质灰陶，呈筒状，顶端为一蛤蟆形平顶，大致呈圆形，蛤蟆嘴及四肢向外突出，四肢残断，蛤蟆嘴微张成一字形，顶部有突起的蛤蟆的眉脊，有一大一小两对圆孔用以模仿蛤蟆的眼睛和鼻孔，顶部饰有用细管按压而成的小圆圈用以模仿蛤蟆背上的疙瘩，顶部包住筒状柄。顶部直径13.2厘米，残高14.6厘米（图九九，7；图版一五，1、2）。

罐形鼎　H238:7，夹砂灰陶，侈口，折沿，圆唇，垂腹，平底，足残，腹径最大处饰一周附加堆纹，余部磨光。口径20厘米，残高17.6厘米（图九九，10；图版一四，3）。

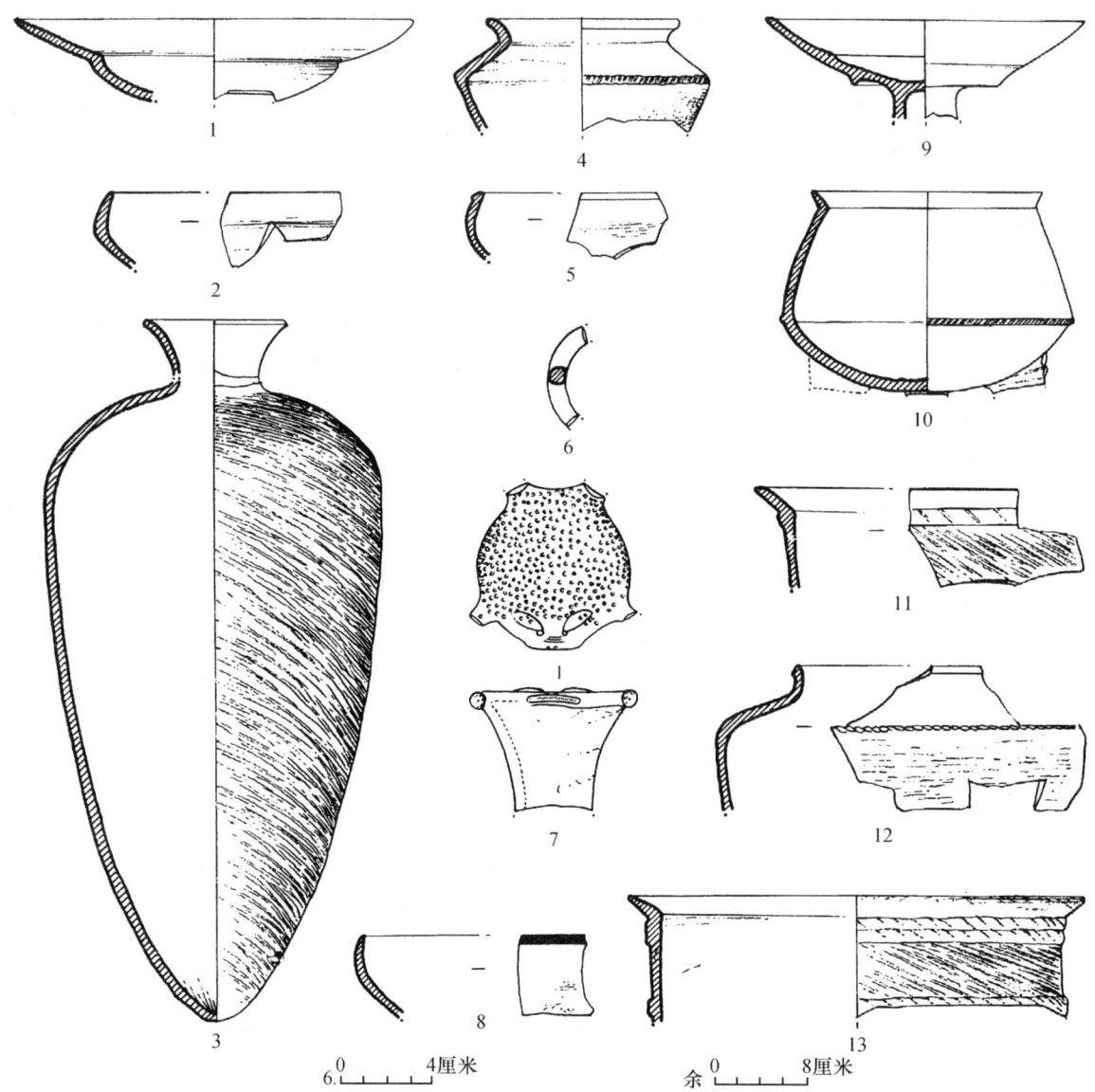

图九九 H206、H238 出土陶器

1、9. 豆（H238∶2、3） 2、5. 钵（H206∶5、3） 3. 尖底瓶（H238∶1） 4、11~13. 夹砂罐（H206∶1、H238∶5、H206∶2、H238∶4） 6. 陶环（H206∶6） 7. 蛤蟆形器（H238∶6） 8. 彩陶钵（H206∶4） 10. 罐形鼎（H238∶7）

8. H322

标本 6 件。

尖底瓶口 H322∶1，泥质灰陶，侈口，方唇内有一周凹槽，高领，素面。残高 7.6 厘米（图一〇〇，2）。

盆 H322∶2，泥质灰陶，敞口，平折沿，圆唇，斜腹微弧，沿面上饰四周凹槽。口径 41.4 厘米，残高 7.8 厘米（图一〇〇，6）。

夹砂罐 H322∶3，红褐陶，侈口，斜折沿，方唇，沿面上有一周凹槽，腹壁较直，器表饰横篮纹，口沿下方贴附堆纹一周。口径 34 厘米，残高 7.8 厘米（图一〇〇，7）。H322∶4，灰陶，侈口，折沿上仰，沿面有一周凹槽，腹微鼓，器表饰篮纹，口沿下方施一周附加堆纹。口径22.2厘米，残高14厘米（图一〇〇，8）。H322:5，灰陶，侈口，折沿，沿面形成一小平台，腹微鼓，器表饰篮纹，口沿下施一周附加堆纹。口径18.2厘米，残高8.8厘米（图一〇〇，9）。H322:6，灰陶，侈口，圆唇，溜肩，素面。口径24.2厘米，残高8厘米（图一〇〇，10）。

9. H307

标本2件。

尖底瓶口　H307:1，泥质红陶，退化成单唇，内侧上仰，外侧为圆唇，颈部内侧泥条缝明显。口径3.8厘米，残高4.2厘米（图一〇〇，3）。

罐　H307:2，夹砂灰陶，侈口，方唇，矮领，口沿上有一周凹槽，素面。口径22.2厘米，残高4.2厘米（图一〇〇，1）。

10. H318

标本2件。

尖底瓶口　H318:1，泥质红陶，退化成单唇，唇面宽扁、斜平，尖圆唇，溜肩，饰交叉线纹，肩部内壁可见泥条缝。口径4.4厘米，残高13.6厘米（图一〇〇，5；图版一一，3）。

尖底瓶底　H318:2，泥质红陶，器壁微外弧，底尖圆钝，器表饰细绳纹，内壁近底部可见泥条缝。残高11.6厘米（图一〇〇，4）。

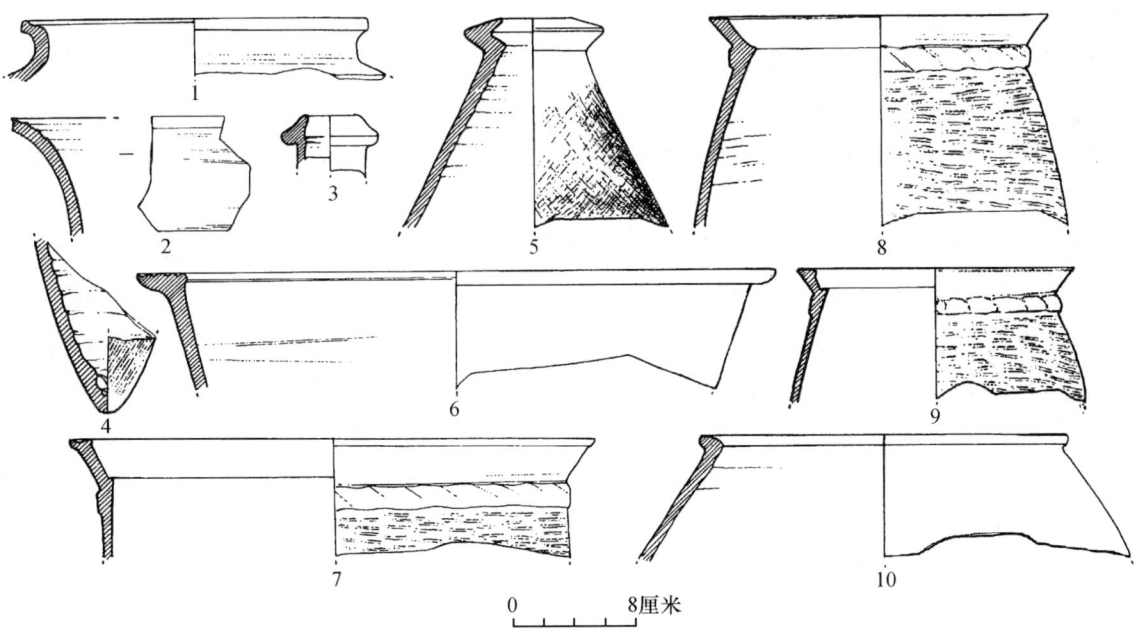

图一〇〇　H307、H318、H322出土陶器

1、7～10. 夹砂罐（H307:2、H322:3、4、5、6）　2、3、5. 尖底瓶口（H322:1、H307:1、H318:1）　4. 尖底瓶底（H318:2）　6. 盆（H322:2）

11. H27

标本 19 件。

尖底瓶口 H27:1，泥质灰陶，喇叭口、外侈，斜方唇，高领，唇面及唇部下方各有一周凹槽，肩部拍印篮纹，领内壁可见修抹痕。口径 13 厘米，残高 9.4 厘米（图一〇一，3）。

尖底瓶底 H27:2，夹砂灰陶，圆钝底，器表饰间断篮纹，底部略磨损，内底可见泥条痕及放射状皱褶。残高 3.6 厘米（图一〇一，17）。

夹砂罐 H27:3，灰陶，侈口，折沿，尖圆唇，溜肩，口沿下饰一周附加堆纹。口径 24 厘米，残高 5.2 厘米（图一〇一，12）。H27:4，灰陶，侈口，折沿，沿面内凹，沿边有两周浅凹槽，圆唇，溜肩，肩部拍印篮纹并附三齿鸡冠形鋬手。口径 16 厘米，残高 6.8 厘米（图一〇一，2）。

敞口盆 H27:5，泥质灰褐陶，敞口，沿微卷，腹壁内弧斜收，素面磨光。口径 32 厘米，残高 5.5 厘米（图一〇一，5）。H27:9，泥质黑陶，褐胎，敞口，窄折沿，沿面外凸，圆唇，弧腹斜收，通体素面磨光。口径 24 厘米，残高 4.5 厘米（图一〇一，1）。H27:11，红褐胎、黑皮陶，陶土未经淘洗，含有砂砾，大敞口，斜方唇，斜直腹，平底，腹中部饰一周附加堆纹并附鸡冠形鋬手，口沿下有一小圆孔，为对钻而成。口径 28 厘米，底径 11 厘米，高 14.3 厘米（图一〇一，8）。

宽沿盆 H27:6，夹砂灰陶，敞口，宽平沿，沿面上饰五周凹弦纹，圆方唇，唇面上有一周凹槽，弧腹内收，腹部拍印篮纹。口径 38 厘米，残高 6 厘米（图一〇一，6）。H27:7，夹砂灰陶，褐胎，敞口，宽平沿，沿面上饰五周凹弦纹，圆方唇，唇面上有一周凹槽，折腹斜收，折角不甚明显，折腹以下拍印篮纹。残高 5 厘米（图一〇一，7）。H27:10，泥质橙黄陶，敞口，宽平沿，沿面饰七周凹弦纹，圆唇，弧腹内收，口沿下有一周宽凹槽，口部内侧有三周凹槽，腹部拍印横篮纹。口径 40 厘米，残高 6.8 厘米（图一〇一，19）。

小杯 H27:8，泥质灰陶，口微侈，斜平沿，尖唇，腹壁内弧，近底部圆折斜收，圈足底，器表磨光，口沿下方钻有一孔。口径 7.4 厘米，底径 5.2 厘米，高 9.6 厘米（图一〇一，11）。

器盖 H27:12，夹砂灰陶，覆碗形，口残，器壁斜直，平底状捉手，捉手边缘外凸，器表拍印篮纹。捉手直径 10 厘米，残高 6 厘米（图一〇一，4）。H27:13，夹砂灰陶，口残，圈足捉手，捉手经按压而成花边形，器表篮纹隐约可见，器壁有修抹痕。捉手直径 12.4 厘米，残高 4 厘米（图一〇一，18）。H27:16，夹砂褐陶，敞口，方唇，唇面微凹，唇边经按压而成花边口，斜腹微弧，口内侧有一周凹槽，器表拍印篮纹。残高 6.6 厘米（图一〇一，13）。

陶环 H27:14，泥质白陶，体宽，外壁圆弧，内直壁，剖面呈一边外弧的长方形。厚 0.8 厘米，残长 2.7 厘米（图一〇一，14）。

石镞 H27:15，黑色燧石压剥而成，矛形，双面刃，侧刃锋利，通体有压剥痕。长 6.2 厘米，宽 2.2 厘米，厚 0.7 厘米（图一〇一，10）。

骨锥 H27:17，体较短，两端较窄，中部较宽，平面略呈椭圆形，锐尖，器表经刮削。长 6.6 厘米，宽 0.9 厘米，厚 0.5 厘米（图一〇一，16）。

陶纺轮 H27:18，泥质灰褐陶，形体较小，平面为圆形，一面较平，一面外弧，正中管钻有一孔，素面。直径 3.9 厘米，厚 0.7 厘米（图一〇一，9）。

石锛 H27:19，体较小略扁，顶窄刃宽，单面刃，刃部磨光。长 7.3 厘米，宽 3.2 厘米，厚 1.5 厘米（图一〇一，15）。

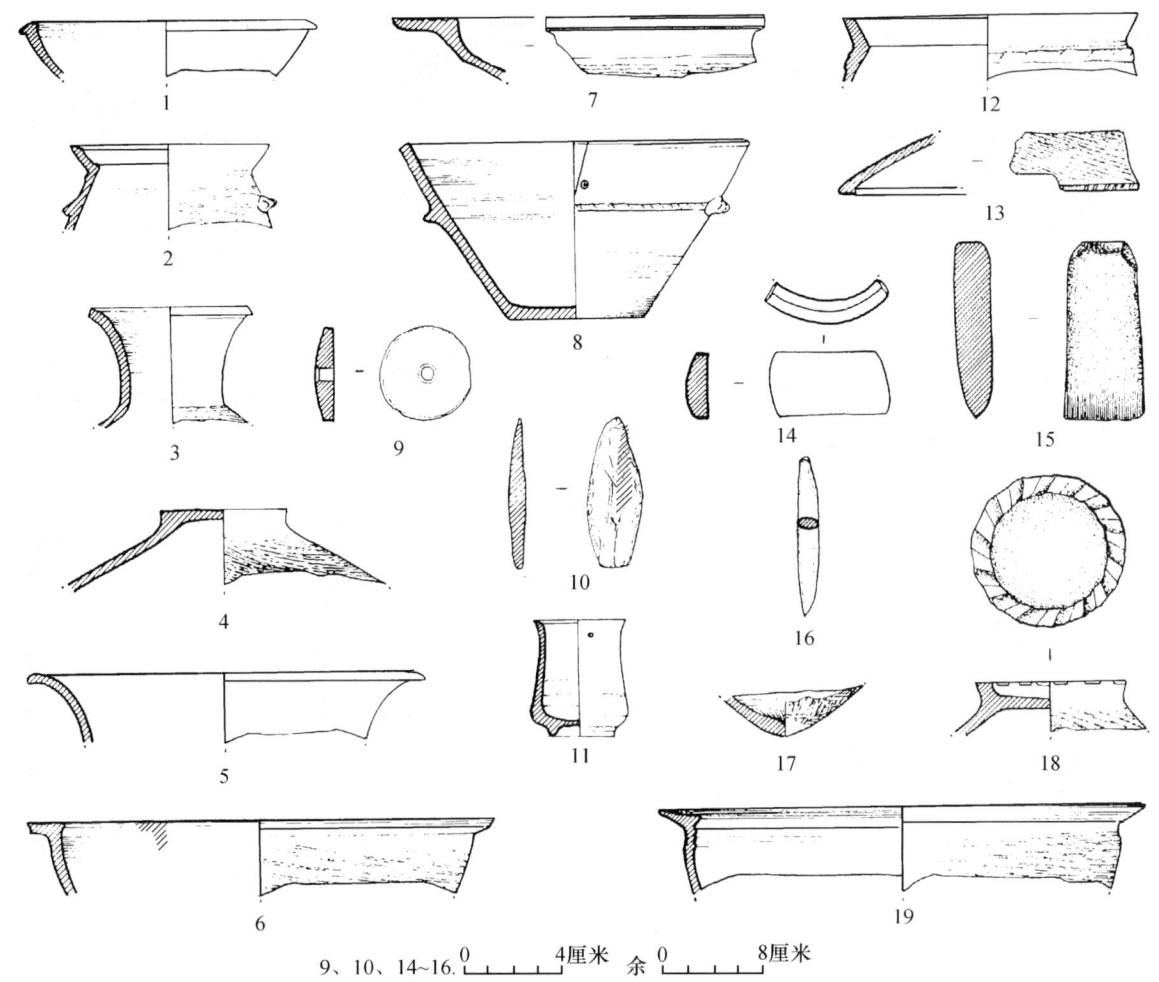

图一〇一　H27 出土陶器、石器、骨器

1、5、8. 敞口陶盆（H27:9、5、11）　2、12. 夹砂陶罐（H27:4、3）　3. 尖底陶瓶口（H27:1）　4、13、18. 陶器盖（H27:12、16、13）　6、7、19. 宽沿陶盆（H27:6、7、10）　9. 陶纺轮（H27:18）　10. 石镞（H27:15）　11. 小陶杯（H27:8）　14. 陶环（H27:14）　15. 石锛（H27:19）　16. 骨锥（H27:17）　17. 尖底陶瓶底（H27:2）

12. H92

标本 8 件。

尖底瓶底　H92:4，红褐陶，夹细砂，器壁较直斜收，底部有一小凹坑，素面，内底可见泥条痕及放射状褶皱。残高 3.5 厘米（图一〇二，7）。

夹砂深腹罐　H92:1，夹砂灰褐陶，口微侈，折沿，圆方唇，腹壁较直缓收，腹部拍印篮纹，口沿下饰两周附加堆纹。口径 37 厘米，残高 8 厘米（图一〇二，2）。

器盖　H92:2，夹砂灰陶，覆碗形，口残，器表斜直，平底状捉手，顶面微凹，边缘略呈花边形，器表拍印篮纹。捉手直径 7.4 厘米，残高 7.5 厘米（图一〇二，4）。

盆　H92:3，泥质灰黑陶，敞口，宽平沿，圆方唇，斜直腹，沿面上饰三周凹弦纹，腹部拍印篮纹。残高 7 厘米（图一〇二，5）。H92:5，夹砂褐陶，敞口，宽平沿，沿面上有三周凹弦纹，圆方唇，斜直腹，腹部隐约可见细小篮纹。口径 35 厘米，残高 17.5 厘米（图一〇二，1）。

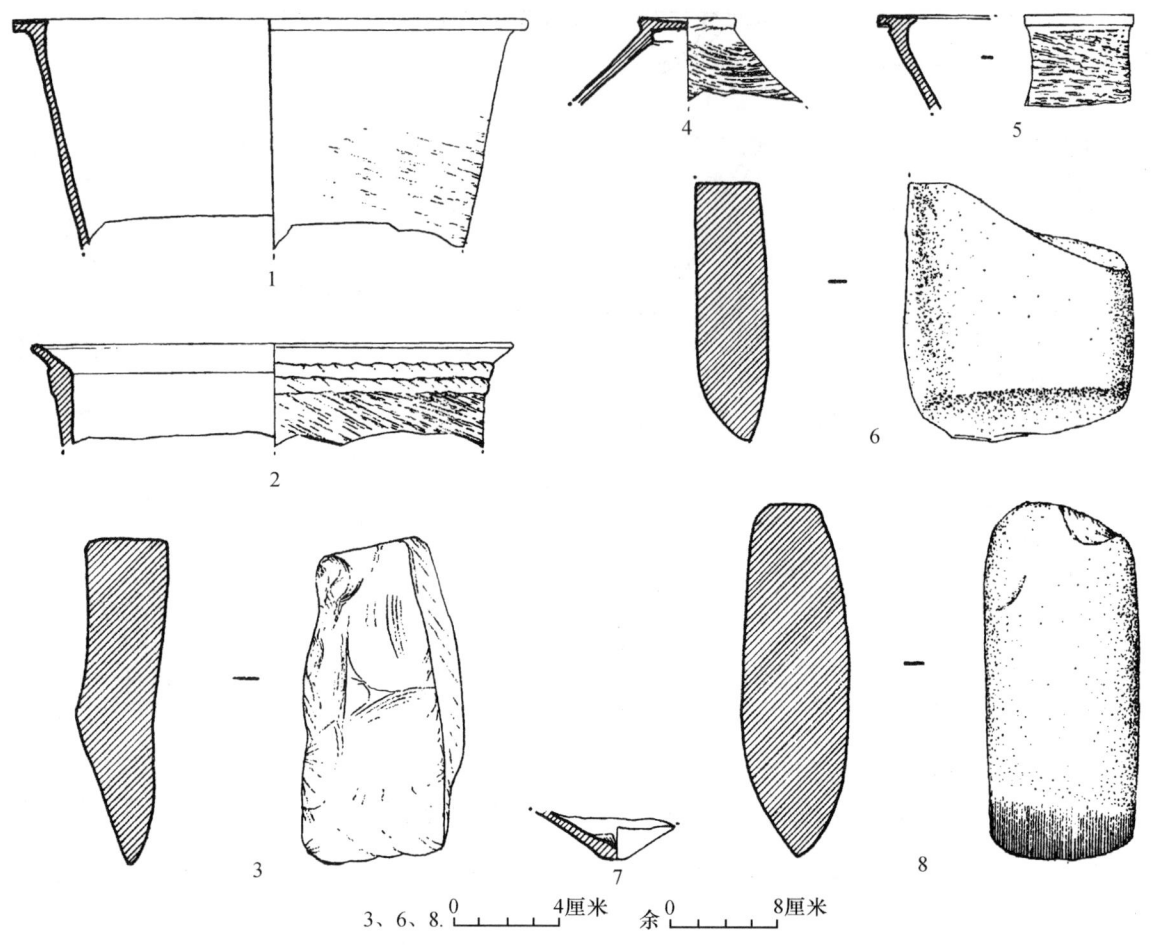

图一〇二　H92 出土陶器、石斧

1、5. 陶盆（H92:5、3）　2. 夹砂深腹陶罐（H92:1）　3、6、8. 石斧（H92:8、7、6）　4. 陶器盖（H92:2）
7. 尖底陶瓶底（H92:4）

石斧　H92:6，体较窄厚，横截面略呈长方形，圆弧刃，器表磨光。长 13.8 厘米，宽 5.9 厘米，厚 4.1 厘米（图一〇二，8）。H92:7，大体略呈扁方形，顶端残断，双面刃，刃缘略残损，器表磨光。残长 10 厘米，宽 8.7 厘米，厚 2.8 厘米（图一〇二，6）。H92:8，打制而成，顶部为一平面，横截面为四边形，双面刃。长 12.8 厘米，宽 6.2 厘米，厚 3.2 厘米（图一〇二，3）。

13. H11

标本 39 件。

尖底瓶口　H11:29，夹砂红褐陶，喇叭状、大敞口，平沿，器表饰斜向篮纹。口径 16.3 厘米，残高 7.4 厘米（图一〇三，19）。H11:30，夹砂褐陶，残存颈部，颈部内弧，溜肩，器表饰斜向篮纹，颈肩交接处贴附一周堆纹，内壁可见泥条痕。残高 8 厘米（图一〇三，10）。H11:31，夹砂黄褐陶，颈部内弧，溜肩，器表饰斜向篮纹，颈肩交接处贴附一周堆纹，内壁可见泥条痕。残高 9 厘米（图一〇三，20）。

泥质罐　H11:1，泥质褐陶，颜色不均，口微侈，矮直领，圆肩，鼓腹，平底，肩部饰两周凹弦纹，内壁有垫窝。口径12厘米，底径10.8厘米，复原高24.4厘米（图一〇三，6）。H11:4，泥质灰褐陶，侈口，折沿，尖圆唇，弧腹，素面，器壁可见划痕。口径17.5厘米，残高7厘米（图一〇三，15）。H11:5，泥质灰陶，侈口，折沿，尖圆唇，斜弧腹，器表磨光并饰两周凸棱，内壁可见修抹痕。残高11.8厘米（图一〇三，4）。

彩陶罐　H11:32，泥质红陶，侈口，折沿，圆唇，溜肩，肩部磨光，其上以红彩绘有网格纹、彩带等图案。口径16厘米，残高5.8厘米（图一〇三，13；图版一六，3）。H11:33，夹砂褐陶，侈口，折沿，圆唇，弧腹，沿面施黑彩。口径22厘米，残高6.3厘米（图一〇三，12）。

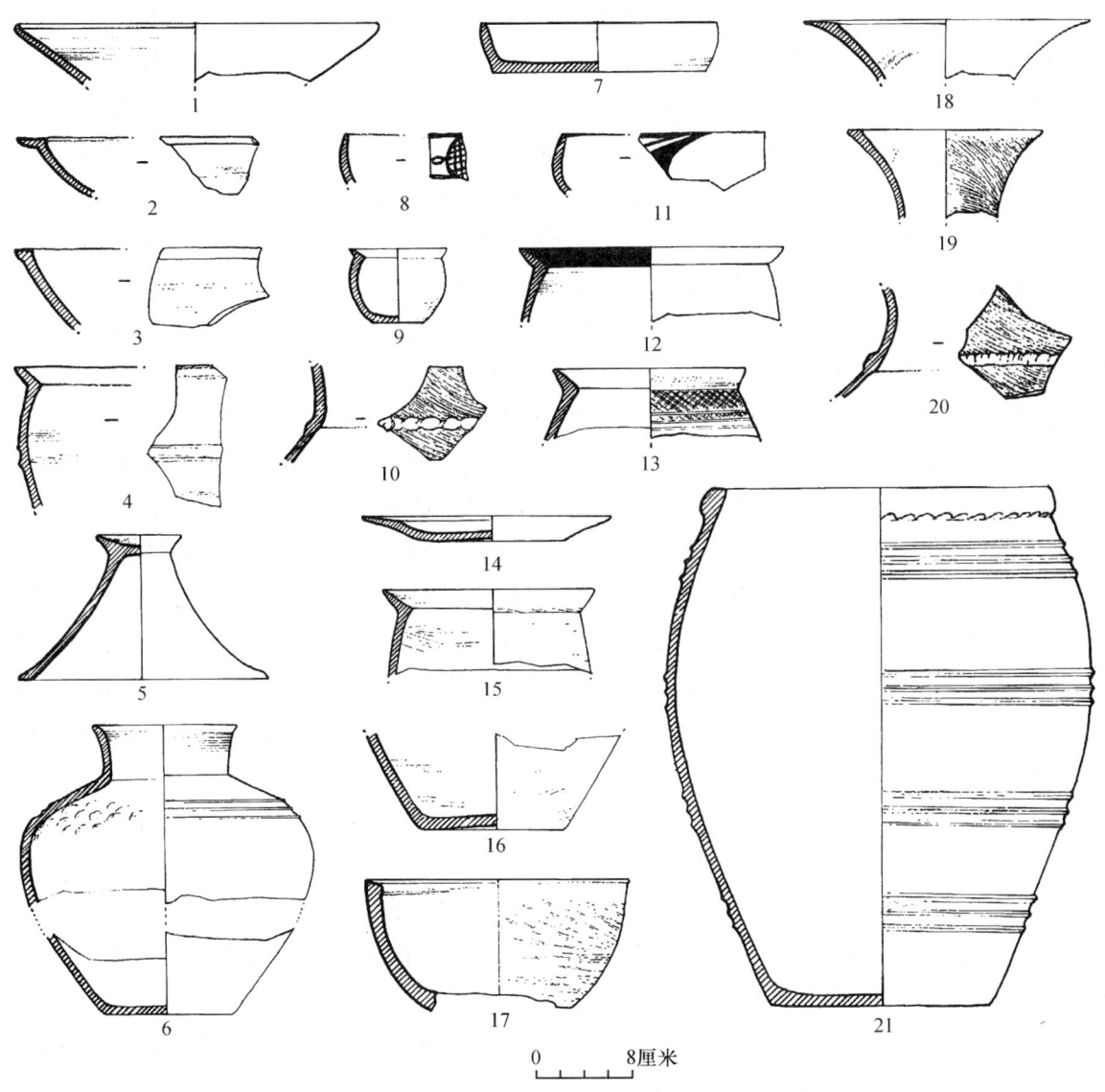

图一〇三　H11出土陶器

1、2、7、14、18. 浅盘（H11:35、10、26、37、34）　3、17. 敞口盆（H11:25、27）　4、6、15. 泥质罐（H11:5、1、4）　5. 器盖（H11:3）　8、11. 彩陶钵（H11:28、11）　9. 小罐（H11:24）　10、19、20. 尖底瓶口（H11:30、29、31）　12、13. 彩陶罐（H11:33、32）　16. 器底（H11:9）　21. 缸（H11:14）

夹砂鼓腹罐　H11:2，夹砂陶，器表红褐、深褐色相间，陶色不匀，侈口，折沿，沿边有一周平面，尖圆唇，腹略鼓，平底，腹中部隐约可见绳纹，下部隐约拍有方格纹，其上附两道窄堆纹，内壁可见泥条缝及刮削痕。口径18厘米，底径10.8厘米，高26.9厘米（图一〇四，11；图版一三，3）。H11:7，夹砂灰褐陶，侈口，折沿，沿边有一周平面，尖圆唇，腹略鼓，器表拍印篮纹并附一周堆纹，内壁可见修抹痕。口径32厘米，残高11厘米（图一〇四，6）。H11:8，夹砂灰陶，侈口，折沿，沿边有一周平面，尖圆唇，鼓腹，肩部饰一周附加堆纹，内壁可见泥条缝。口径15厘米，残高14厘米（图一〇四，5；图版一六，2）。H11:12，夹砂褐陶，器表颜色不均，侈口，折沿，沿边略平，沿外侧有一周突起，口沿内折棱明显，唇部按压成花边口，腹略圆鼓，器表拍印横篮纹并附一周堆纹。口径27厘米，残高9厘米（图一〇四，4；图版一六，5）。H11:13，夹砂红褐陶，侈口，折沿，沿边有一周平台，尖圆唇，鼓腹，其上饰一周附加堆纹，器壁可见刮削痕。口径18厘米，残高11.8厘米（图一〇四，12）。H11:15，夹砂褐陶，侈口，折沿，口沿内折棱明显，沿边有一周平面，圆方唇，鼓腹，器表拍印篮纹，内壁可见垫窝。口径22.7厘米，残高7.5厘米（图一〇四，8）。H11:16，夹砂红褐陶，侈口，折沿，沿边有一周浅凹槽，圆唇，腹略鼓，腹部拍印横篮纹并附一周堆纹。口径20厘米，残高10.3厘米（图一〇四，7）。H11:17，夹砂褐陶，侈口，折沿略宽，沿边有一周平面，尖圆唇，沿外侧有一周突起，口沿内折棱明显，腹略鼓，器表拍印篮纹并附一周堆纹，内壁有垫窝。口径26厘米，残高7.8厘米（图一〇四，3）。H11:18，夹砂灰褐陶，侈口，折沿，沿边有一周斜平台，尖唇，腹略斜直，器表拍印篮纹并附一周堆纹。口径30厘米，残高7厘米（图一〇四，18）。H11:19，夹砂灰陶，侈口，折沿略窄，唇部按压成花边口，腹略圆鼓，附扁长鸡冠形錾手，器表拍印篮纹。口径21厘米，残高7厘米（图一〇四，13）。H11:20，夹砂灰褐陶，侈口，折沿，沿边平面内凹，圆唇，束颈，鼓腹，器表拍印篮纹并附一周堆纹。口径20厘米，残高7厘米（图一〇四，9）。H11:21，夹砂黄褐陶，侈口，折沿，沿边有一周平台，尖唇，腹略斜直，附扁长鸡冠形斜錾手，器表拍印斜篮纹，口沿下与錾手处各附一周堆纹。口径26厘米，残高9厘米（图一〇四，1）。H11:22，夹砂灰褐陶，侈口，折沿，沿边有一周平面，口沿外侧略凸，尖圆唇，鼓腹，器表拍印横篮纹并附一周堆纹，内壁有垫窝。口径22厘米，残高7厘米（图一〇四，2）。

夹砂圆腹罐　H11:6，夹砂灰陶，口残，为小口，圆肩，肩部拍印篮纹，内壁有垫窝。残口径11.6厘米，残高12.4厘米（图一〇四，14）。

夹砂深腹罐　H11:23，夹砂灰陶，侈口，沿面平整，沿边台面不显，圆唇，口径大于腹径，腹深，腹略弧，腹上部微鼓，平底，整体微显矮胖，器表拍印篮纹，附两周堆纹。口径15.3厘米，底径7.4厘米，高14.6厘米（图一〇四，10；图版一七，2）。

小罐　H11:24，夹砂褐陶，体墩胖，侈口，折沿，尖圆唇，圆弧腹，平底，素面。口径8厘米，底径4.4厘米，高6.1厘米（图一〇三，9）。

缸　H11:14，泥质褐陶，陶色不匀，敛口，圆唇，唇较宽厚，唇部下方经戳按而成花边口，弧腹，近底部内收，平底，器表磨光，其上饰四组三周凸棱，内壁有垫窝。口径38.4厘米，底径28厘米，高67厘米（图一〇三，21；图版一三，4）。

器盖　H11:3，泥质灰胎、黑皮陶，似喇叭形豆座，敞口，圆唇，器壁内弧，捉手呈饼状内凹，器表素面磨光。口径21厘米，高12.2厘米（图一〇三，5；图版一五，6）。

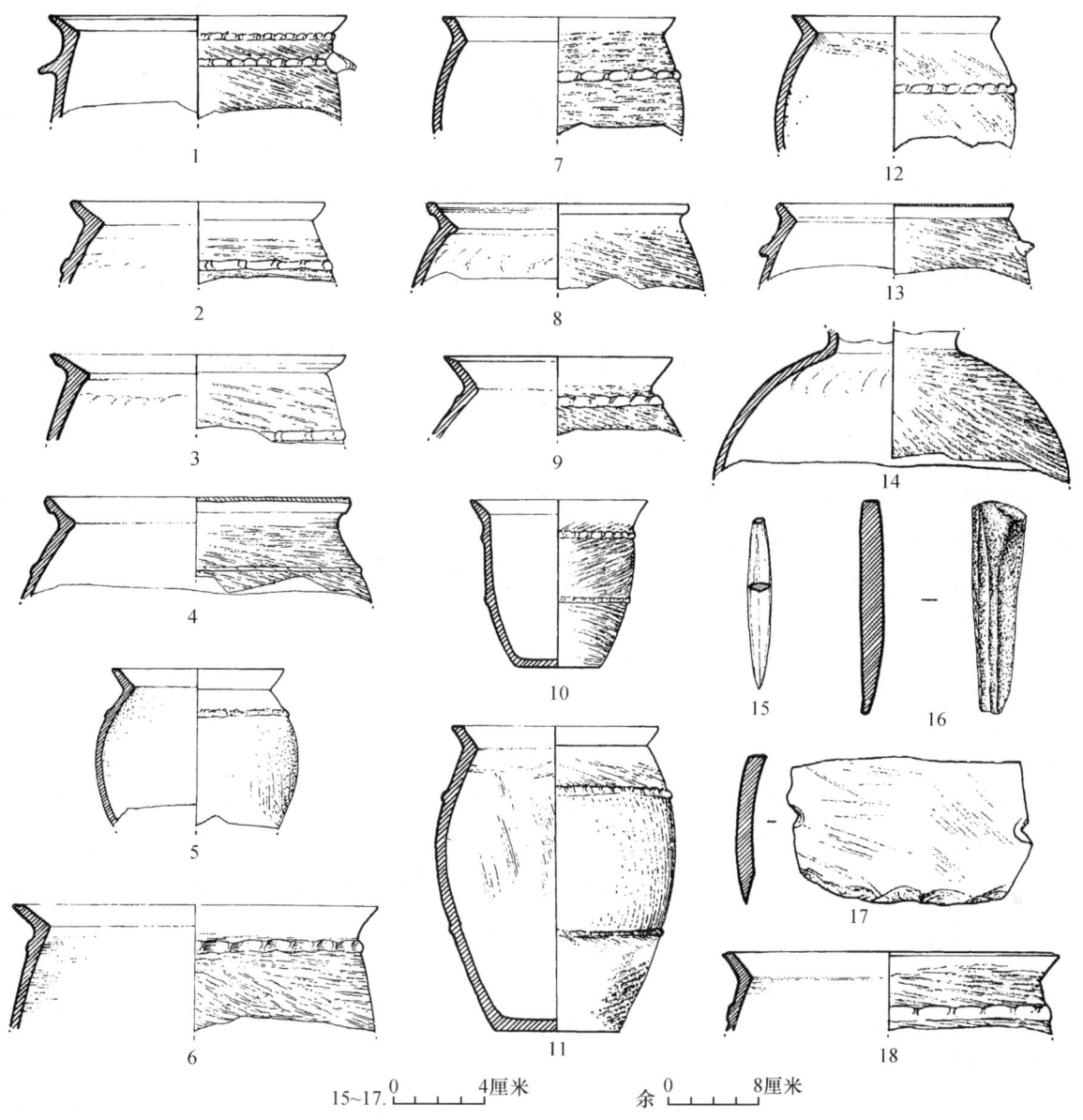

图一〇四 H11 出土陶器、骨锥、石器

1~9、11~13、18. 夹砂鼓腹陶罐（H11:21、22、17、12、8、7、16、15、20、2、13、19、18） 10. 夹砂深腹陶罐（H11:23） 14. 夹砂圆腹陶罐（H11:6） 15. 骨锥（H11:39） 16. 石器（H11:38） 17. 陶刀（H11:36）

器底　H11:9，泥质灰陶，口残，斜直腹，平底微凹，素面，器壁可见修抹刮削痕。底径12厘米，残高8厘米（图一〇三，16）。

敞口盆　H11:25，夹砂灰褐陶，敞口，平沿，圆唇，斜弧腹，素面。残高6.6厘米（图一〇三，3）。H11:27，夹砂红褐陶，敞口，平沿，尖圆唇，弧腹斜收，器表拍印篮纹。口径22厘米，残高10.8厘米（图一〇三，17）。

彩陶钵　H11:11，泥质红陶，敛口，尖圆唇，圆弧腹，器表磨光，唇部饰一周黑彩带，腹部绘有斜线、弧边三角纹组成的图案。残高5厘米（图一〇三，11）。H11:28，泥质褐陶，敛口，圆唇，弧腹，器表磨光，唇边施黑彩带，腹部绘有圆形网格纹等图案。残高4厘米（图一〇三，8）。

浅盘　H11:10，泥质褐陶，敞口，折沿，圆唇，斜弧腹，通体素面磨光。残高4.8厘米（图一〇三，2）。H11:26，夹砂灰褐陶，敞口，圆唇，浅腹，平底，素面。口径20厘米，底径18厘米，高4厘米（图一〇三，7）。H11:34，泥质褐陶，敞口，圆唇，唇内侧有一周斜平面，器壁微内弧，捉手残，素面，内壁磨光，器壁可见修抹痕和划痕。口径24厘米，残高4.8厘米（图一〇三，18）。H11:35，泥质褐陶，敞口，圆唇，唇内侧有一周凹槽，器壁斜直，器表素面磨光，内壁可见修抹痕。口径30厘米，残高4.7厘米（图一〇三，1）。H11:37，泥质褐陶，敞口，宽折沿，圆唇，浅腹，平底微凹，素面，内壁磨光。口径20.8厘米，底径12厘米，高2厘米（图一〇三，14）。

陶刀　H11:36，泥质红陶，体略弧，由残陶片改制而成，平面近似长方形，顶端和侧边经切割而成，两侧边各有一个凹缺，刃端经打制而成双面弧刃，刃缘锋利，器表可见修抹痕。长11厘米，宽6.5厘米，厚0.8厘米（图一〇四，17）。

石器　H11:38，磨制石器，体狭长，背面较平、微曲，顶端略宽，底端较窄，局部磨光。残长10厘米，宽2.3厘米，厚1.1厘米（图一〇四，16）。

骨锥　H11:39，体较短且扁，呈长条梭形，正面带脊，顶部残断，锐尖。残长7.6厘米，宽1厘米，厚0.4厘米（图一〇四，15）。

14. H209

标本23件。

尖底瓶口　H209:1，夹砂灰陶，侈口，方唇，唇面上有一周凹槽，高领。口径13.6厘米，残高10厘米（图一〇五，13）。H209:2，夹砂灰陶，侈口，方唇，唇面上有一周凹槽，高领，溜肩，肩部饰篮纹。口径11.8厘米，残高11.4厘米（图一〇五，15）。H209:3，泥质灰陶，侈口，方唇，唇面及唇内侧各有一周凹槽，高领，溜肩，肩部拍印浅篮纹，领内侧可见刮削痕。口径12厘米，残高10厘米（图一〇五，14）。

尖底瓶底　H209:4，夹砂灰陶，钝底，近底部内壁可见泥条缝，内底中央可见放射状皱褶。残高4厘米，底径1.2厘米（图一〇五，4）。

器盖　H209:5，夹砂灰陶，覆碗形，敞口，尖圆唇，器壁微弧，花边形圈足捉手，器表拍印浅篮纹。口径15.6厘米，捉手直径8厘米，高5.4厘米（图一〇五，7）。

钵　H209:6，泥质灰陶，敞口，尖圆唇，腹壁微弧斜收，平底，素面。口径14厘米，底径6.8厘米，高5.6厘米（图一〇五，3）。H209:7，泥质灰陶，敞口，尖圆唇，腹微弧斜收，平底，素面，内壁可见修抹痕。口径20厘米，底径11厘米，高10厘米（图一〇五，1）。H209:8，夹砂褐陶，敞口，尖圆唇，腹壁较直斜收，平底，素面。残高8.6厘米（图一〇五，6）。

牛角钵　H209:9，夹砂灰陶，敛口，圆唇，沿内侧有三周浅凹槽，弧腹内收，腹壁钻有数个小孔，口上腹部和下腹部各饰有一对牛角状纽，外壁附着有一层白色石灰。残高12.6厘米（图一〇五，5）。

鼎　H209:10，夹砂灰陶，罐形，侈口，圆方唇，鼓腹，贴附有鸡冠形錾手，腹壁拍印稀疏篮纹。口径16.2厘米，残高9.6厘米（图一〇五，2）。H209:11，夹砂灰陶，罐形，侈口，斜折沿，尖唇，弧腹，贴附有鸡冠形錾手，腹壁拍印稀疏篮纹。口径16.2厘米，残高6.6厘米（图一〇五，9）。

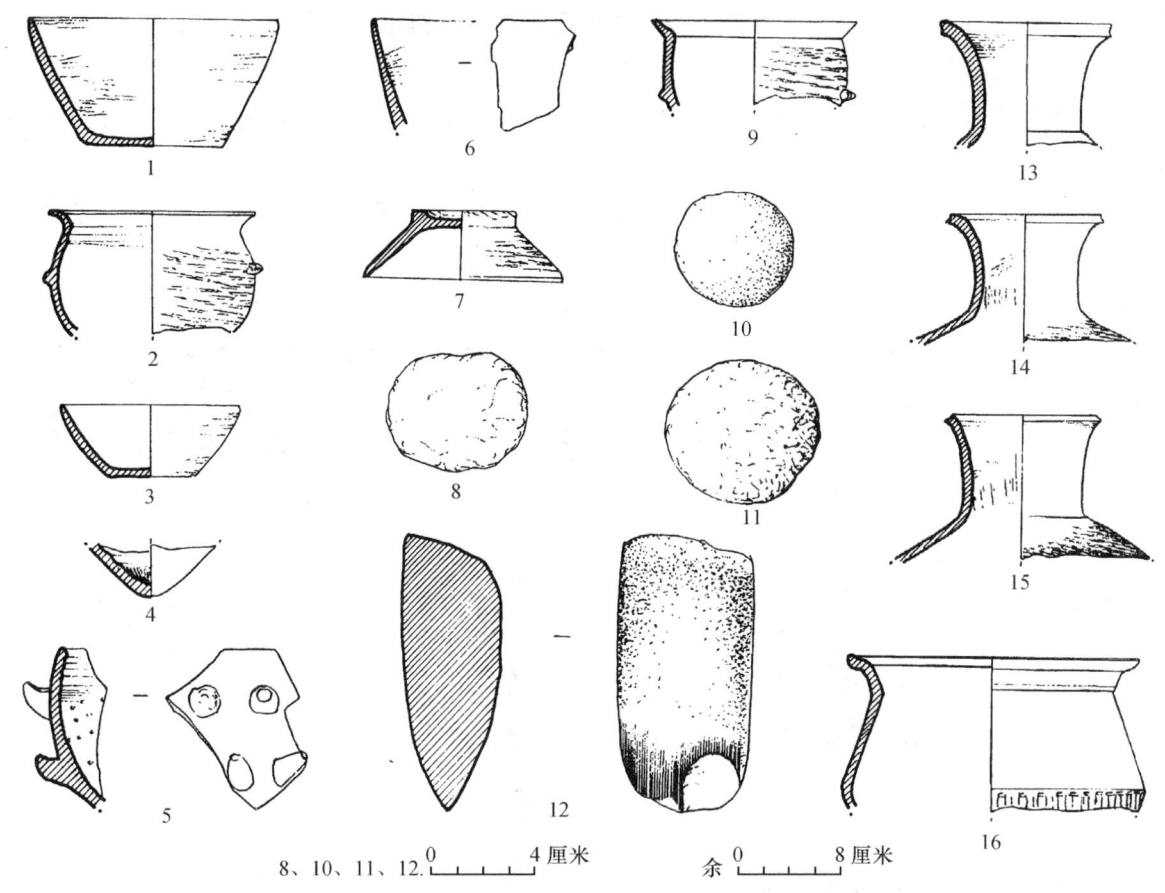

图一〇五 H209 出土陶器、石器

1、3、6. 陶钵（H209:7、6、8） 2、9. 陶鼎（H209:10、11） 4. 尖底陶瓶底（H209:4） 5. 牛角陶钵（H209:9）
7. 器盖（H209:5） 8、11. 石球（H209:23、21） 10. 陶球（H209:22） 12. 石斧（H209:20） 13～15. 尖底
陶瓶口（H209:1、3、2） 16. 泥制陶罐（H209:12）

泥质罐 H209:12，泥质灰陶，侈口，圆唇，折腹，口沿上侧及上腹外壁经磨光，下腹部拍印竖篮纹，折腹下方饰一周剔刺纹。口径 23.2 厘米，残高 12 厘米（图一〇五，16）。

夹砂罐 H209:13，灰褐陶，侈口，折沿，沿面形成一小平台，腹微外弧，器表拍印横篮纹，口沿下饰一周附加堆纹。口径 25 厘米，残高 10.4 厘米（图一〇六，2）。H209:14，灰陶，侈口，口沿不甚规整，尖圆唇，腹微鼓，腹中部附鸡冠形鋬手，器表拍印篮纹，口沿下及腹部各施一周附加堆纹，内壁凹凸不平，可见泥条痕。口径 31 厘米，残高 28 厘米（图一〇六，7）。H209:15，褐陶，侈口，折沿，尖唇，口沿外侧经按压而成花边口，腹外撇，器表拍印篮纹，口沿下方饰一周附加堆纹。口径 40 厘米，残高 8.8 厘米（图一〇六，5）。H209:16，灰褐陶，侈口，折沿，沿面上有两周浅凹槽，方唇，腹略直，器表隐约可见篮纹，口沿下饰一周附加堆纹。口径 30 厘米，残高 11 厘米（图一〇六，1）。

瓮 H209:17，泥质灰陶，敛口，圆唇内折，腹壁微外弧，器表磨光，腹壁上饰数周弦纹，口部内侧可见泥条痕及小凹坑。残高 7.4 厘米（图一〇六，3）。H209:18，泥质灰陶，敛口，平沿内折，口沿下方钻有一孔，孔外侧有一圈疤痕，应附有鋬手，腹壁外弧，上腹部经磨光，下腹部饰一周凸棱，凸棱附近的腹壁拍印篮纹。残高 26 厘米（图一〇六，6）。H209:19，泥质灰陶，敛口，平沿内折,圆唇,口沿下残留一只鹰嘴式纽,且纽的外侧为一斜平面,其上饰篮纹,腹壁微弧,下腹部有篮纹。口径33厘米,残高24.4厘米(图一〇六,4)。

石斧　H209:20,体厚重,刃部磨光,双面刃,弧刃。残长7厘米,宽5.3厘米,厚0.6厘米(图一〇五,12)。

石球　H209:21,最大直径为6.2厘米(图一〇五,11)。H209:23,最大直径为5.5厘米(图一〇五,8)。

陶球　H209:22,夹砂灰陶,球体滚圆,有一面残破。直径4.7厘米(图一〇五,10)。

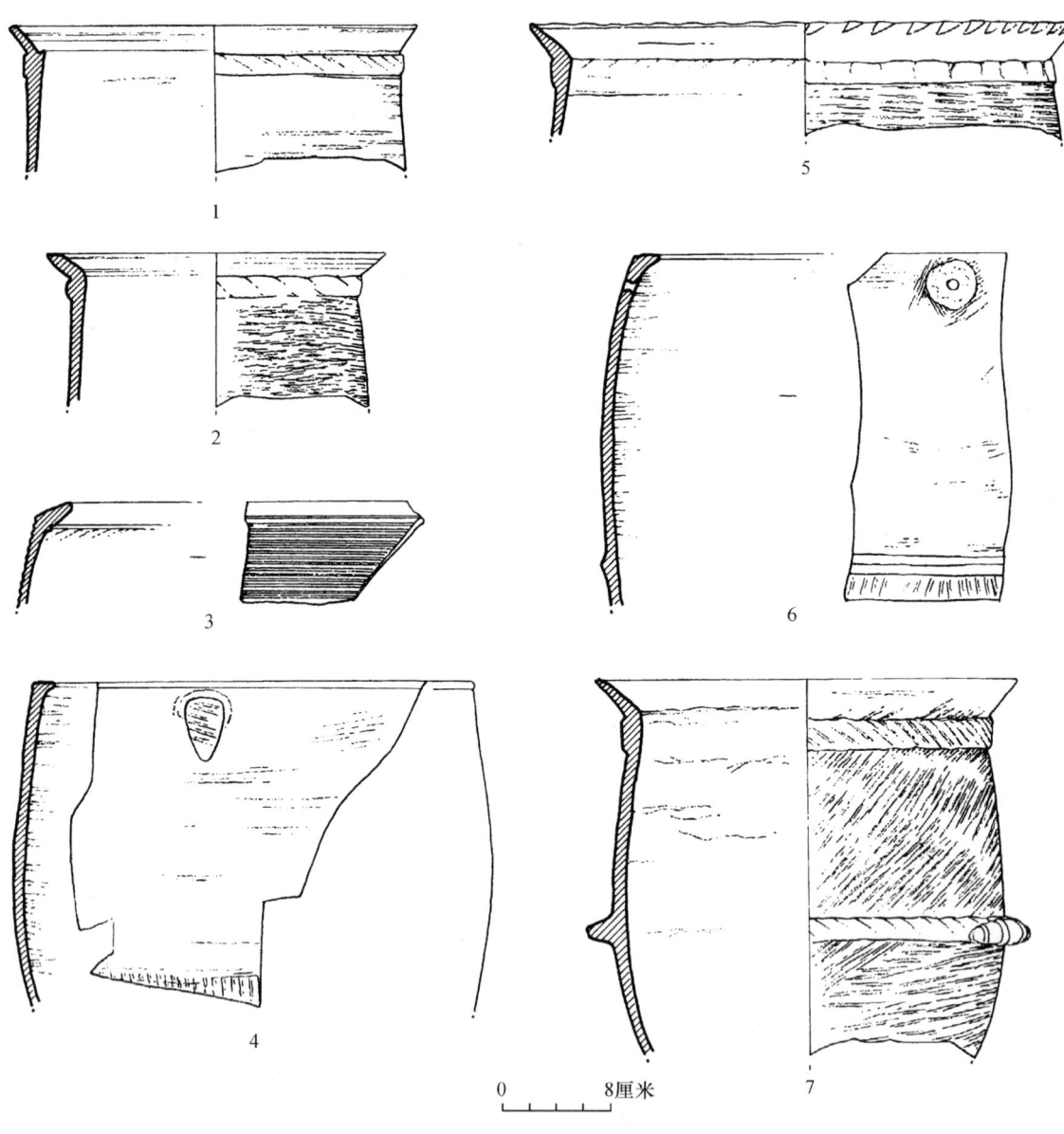

图一〇六　H209出土陶器

1、2、5、7. 夹砂罐(H209:16、13、15、14)　3、4、6. 瓮(H209:17、19、18)

15. H242

标本 5 件。

尖底瓶底 H242:5，夹砂灰褐陶，弧腹斜收，腹壁拍印篮纹，近底部内壁可见三周垫窝。残高 11 厘米（图一〇七，4）。

小杯 H242:1，泥质灰褐陶，胎较厚，敞口，折沿，沿面上有一周凹槽，圆唇，器壁内弧，圈足。口径 7.8 厘米，底径 5 厘米，高 7.6 厘米（图一〇七，5）。

夹砂罐 H242:2，灰褐陶，侈口，宽折沿，沿面有两周凹槽，圆唇，腹壁较直，腹壁拍印横向篮纹。口径 28 厘米，残高 8 厘米（图一〇七，1）。

钵 H242:3，泥质灰陶，敛口，圆唇，折腹，腹壁微弧，下腹斜收，口沿下有一个两面对钻的圆孔，器表素面磨光。残高 6 厘米（图一〇七，3）。

盆 H242:4，泥质褐陶，侈口，折沿，圆唇，折腹，上腹外弧，下腹斜收，素面。残高 5.4 厘米（图一〇七，2）。

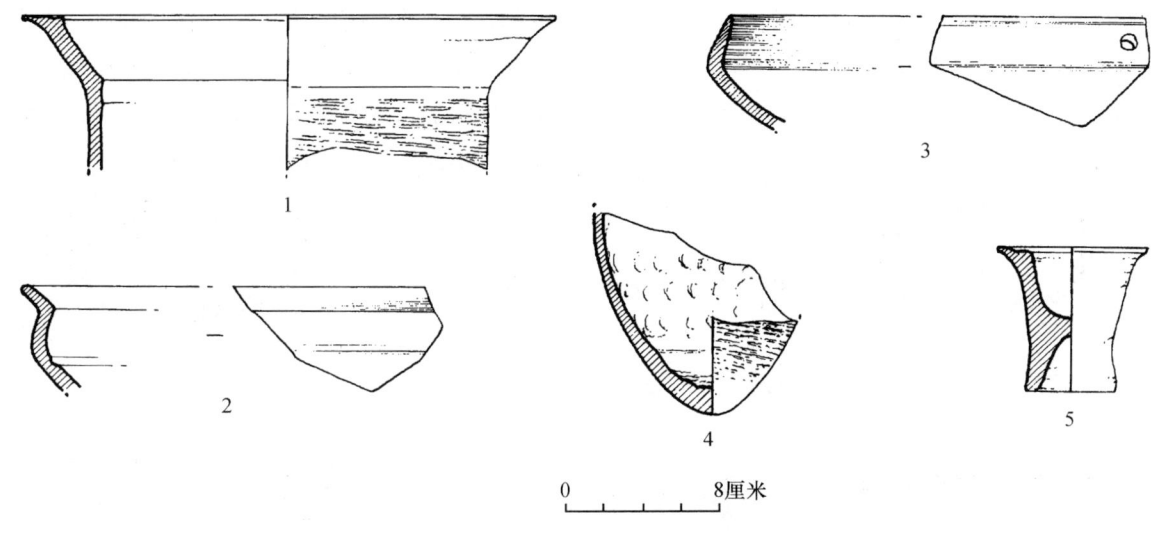

图一〇七　H242 出土陶器
1. 夹砂罐（H242:2） 2. 盆（H242:4） 3. 钵（H242:3） 4. 尖底瓶底（H242:5） 5. 小杯（H242:1）

16. H6

标本 42 件。

鼎 H6:2，夹砂灰陶，器形略小，侈口，折沿，沿边有一周凹槽，腹略鼓，扁足，腹部拍印篮纹，中间附一周堆纹，带鸡冠形鋬手，足面附一道竖堆纹。口径 16.5 厘米，高 14.8 厘米（图一〇八，1；图版一五，4）。H6:3，夹砂褐陶，器形略小，侈口，斜平沿，圆唇，垂腹，最大径位于近底部，扁足，腹中下部拍印菱形纹，足面附堆纹略短。口径 15 厘米，高 18 厘米（图一〇八，10）。H6:4，夹砂灰褐陶，器形略小，侈口，折沿，沿边有一周凹槽，尖唇，腹略鼓，扁足残，腹部拍印篮纹，中间附一周堆纹，残留鸡冠形鋬手。口径 20 厘米，残高 12.7 厘米（图一〇八，11）。

尖底瓶底 H6:1，夹砂灰陶，器底夹角为钝角，底部经磨损而圆钝，器表篮纹隐约可见，内底有放射状褶皱。残高 2.4 厘米（图一〇八，9）。H6:27，泥质红陶，近底部器壁较直斜收，器表饰篮纹，内底可见盘旋状泥条痕。残高7厘米（图一〇八，13）。H6:28，泥质红陶，底略钝，形成一小平面，器表饰斜线纹，内底可见泥条痕。残高6厘米（图一〇八，12）。

尖底瓶口　H6:17，泥质红陶，上唇脱落，下唇较平，束颈，器表饰线纹。残高6.6厘米（图一〇八，14）。H6:29，泥质红陶，退化双唇口，界面以凸棱示意为双唇，唇面斜平微凹，内侧为圆唇，外侧为圆方唇。口径5.2厘米，残高2.2厘米（图一〇八，7）。H6:30，泥质红褐陶，双唇口，上唇面较窄、上仰，下唇面较宽、内凹，内外侧均为尖唇。口径5.1厘米，残高2.3厘米（图一〇八，6）。H6:31，泥质红陶，单唇口，唇面内凹、上仰，内外侧均为圆唇，唇面有细密轮纹，内壁可见泥条缝及修抹痕。口径4.5厘米，残高3厘米（图一〇八，8）。H6:32，泥质红陶，重环口，上下唇面宽相近，内外侧均为尖圆唇，颈部饰斜线纹。口径4厘米，残高3厘米（图一〇八，5）。H6:33，泥质红陶，退化双唇口，界面以浅凹槽示意为双唇，上唇上仰，内侧为尖圆唇，外侧为圆唇，颈部饰斜线纹。口径5.2厘米，残高4厘米（图一〇八，4）。

钵　H6:5，夹砂褐陶，敛口，圆唇，圆折腹，下腹斜收，素面。口径20厘米，残高6.2厘米（图一〇八，3）。

彩陶钵　H6:24，泥质红陶，敛口，圆方唇，上腹圆弧，下腹斜收，唇面及沿外侧施一周黑彩，内壁可见细密轮纹和划痕。口径18.6厘米，残高8厘米（图一〇八，2）。H6:25，泥质褐陶，敛口，圆唇，折腹，器表磨光，沿外侧施一周红彩。口径26厘米，残高3.2厘米（图一〇八，15）。

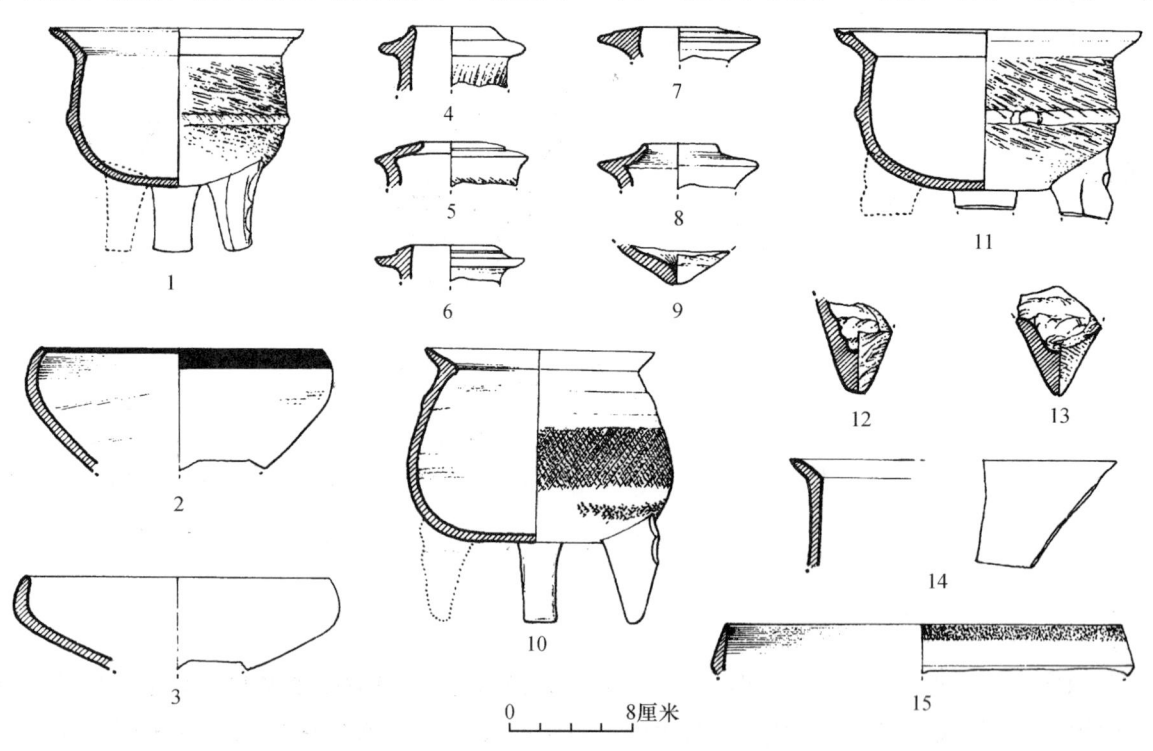

图一〇八　H6出土陶器

1、10、11. 鼎（H6:2、3、4）　2、15. 彩陶钵（H6:24、25）　3. 钵（H6:5）　4~8、14. 尖底瓶口（H6:33、32、30、29、31、17）　9、12、13. 尖底瓶底（H6:1、28、27）

夹砂鼓腹罐　H6:6，夹砂褐陶，侈口，折沿，沿边有一周平面，尖圆唇，鼓腹，器表拍印篮纹并附堆纹。残高6.8厘米（图一〇九，2）。H6:7，夹砂陶，陶色外壁偏红，内壁偏灰，侈口，折沿，圆方唇，鼓腹，肩部饰一周附加堆纹。残高6厘米（图一〇九，6）。H6:8，夹砂灰褐陶，侈口，尖圆唇，腹微鼓，饰绳纹，内壁可见泥条缝。口径11.4厘米，残高6.5厘米（图一〇九，4）。H6:20，夹砂灰褐陶，侈口，折沿，沿边有一周凹槽，唇边经按压而成花边口，腹略鼓，口沿下附加泥条亦被按压成花边形，内壁可见修抹痕。口径30厘米，残高5.5厘米（图一〇九，9）。

高领罐　H6:18，泥质红陶，喇叭口、外侈，圆唇，矮领，溜肩略圆，肩部拍印篮纹，领内侧有数周凹槽，颈肩交接处内壁可见刮削痕。口径12.4厘米，残高10.8厘米（图一〇九，10）。

器盖　H6:9，夹砂灰褐陶，覆碗形，敞口，方唇，器壁略外弧，花边形圈足捉手，器表不甚规整，隐约可见篮纹。口径15厘米，高6.3厘米（图一〇九，5）。H6:10，夹砂褐陶，器形较小，覆碗形，敞口，沿边有一周平面，圆唇，器壁微弧，饼状捉手，素面。口径10厘米，残高4.3厘米（图一〇九，7；图版一五，5）。H6:26，泥质褐陶，覆碗形，大敞口，尖圆唇，器壁微外弧，捉手残，器表磨光，唇面施一周黑彩带，器表绘有弧线组成的图案。口径30厘米，残高2.8厘米（图一〇九，8）。

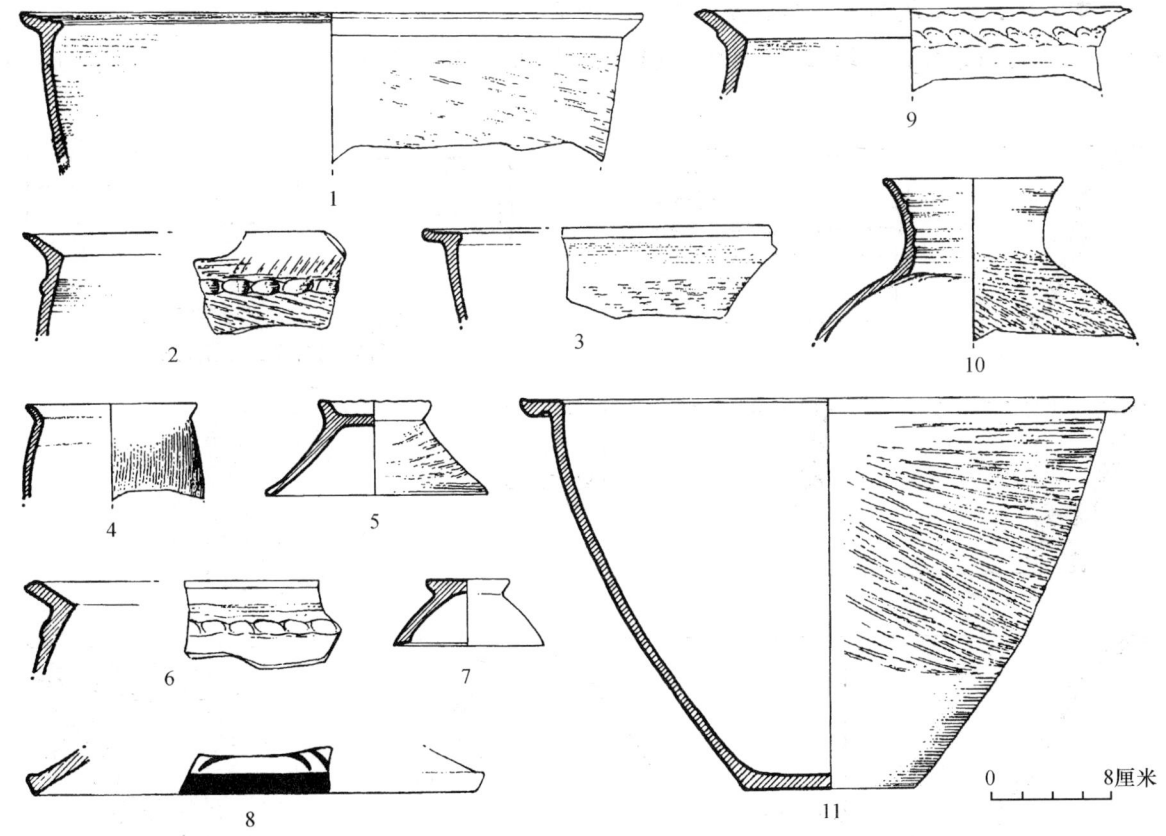

图一〇九　H6出土陶器

1、3、11. 宽沿盆（H6:12、13、11）　2、4、6、9. 夹砂鼓腹罐（H6:6、8、7、20）　5、7、8. 器盖（H6:9、10、26）　10. 高领罐（H6:18）

宽沿盆　H6:11，夹砂灰陶，器形较大，敞口，宽平沿，沿面有四周凹槽，圆方唇，斜弧腹，平底，器表拍印篮纹。口径36厘米，底径11.3厘米，高26.6厘米（图一〇九，11）。H6:12，夹砂灰褐陶，敞口，宽折沿，沿面有四周弦纹，圆方唇，腹微弧缓收，其上拍印篮纹，内壁较粗糙，可见修抹痕。口径42厘米，残高10厘米（图一〇九，1）。H6:13，夹砂灰褐陶，敞口，宽平沿，沿面上有一周凹槽，圆唇，斜直腹，器表篮纹隐约可见，器壁有修抹痕。残高6.2厘米（图一〇九，3）。

敞口盆　H6:14，泥质灰褐陶，敞口外侈，圆唇，弧腹斜收，腹部饰一周附加堆纹，通体磨光。残高11厘米（图一一〇，1）。H6:19，泥质褐胎、黑皮陶，敞口外侈，圆唇，弧腹斜收，通体素面磨光。口径38厘米，残高11.5厘米（图一一〇，4）。H6:16，夹砂灰褐陶，敞口，圆唇，斜弧腹，腹部拍印篮纹并附鸡冠形鋬手，内壁可见垫窝。口径27厘米，残高13.7厘米（图一一〇，7）。H6:22，泥质灰褐陶，敞口，沿面圆凸，尖圆唇，斜弧腹，器表磨光并附堆纹状鋬手。残高6.5厘米（图一一〇，3）。

叠唇无沿盆　H6:21，泥质红褐陶，敛口，圆唇，唇面加厚，弧腹，素面，外壁有刮削痕，内壁可见修抹痕。残高6.6厘米（图一一〇，5）。

豆　H6:15，泥质灰陶，盆形豆盘，侈口，折沿，沿面微凹，圆唇，弧腹较深，下接小圈足，器表素面，内底有褶皱。口径12.9厘米，底径5.8厘米，高10.5厘米（图一一〇，2；图版一八，2）。

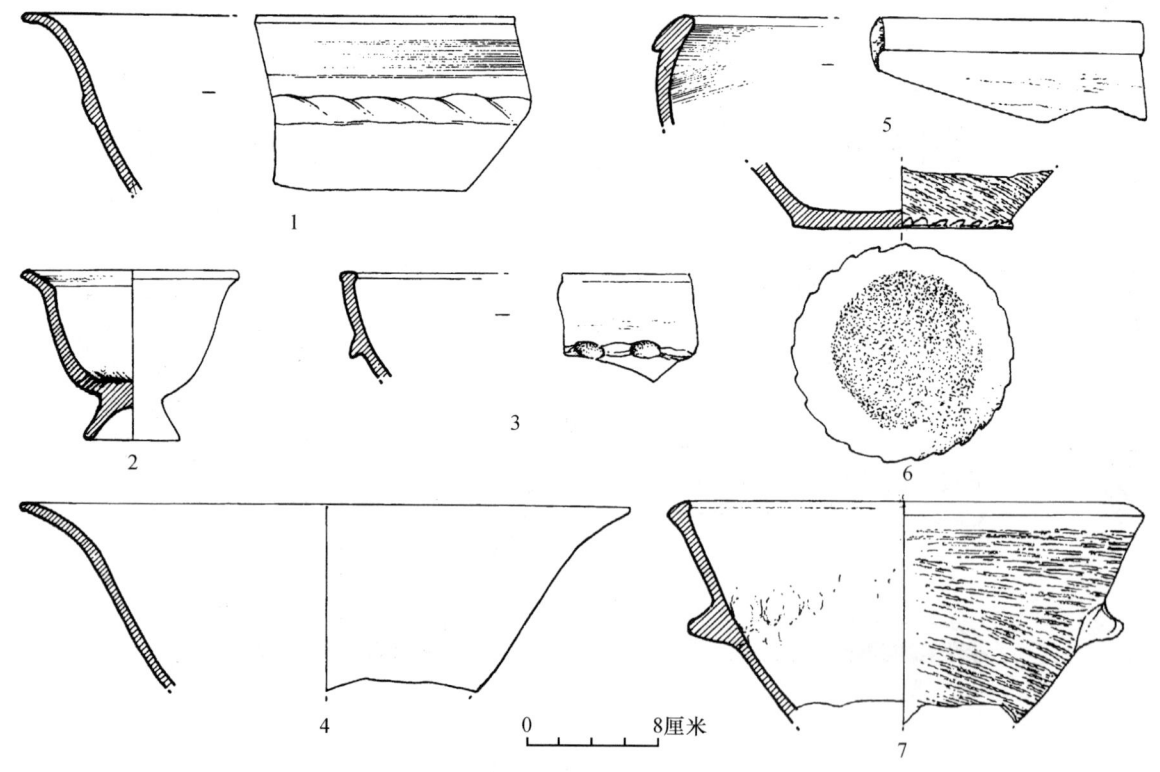

图一一〇　H6出土陶器

1、3、4、7. 敞口盆（H6:14、22、19、16）　2. 豆（H6:15）　5. 叠唇无沿盆（H6:21）　6. 器底（H6:23）

器底　H6:23，夹砂灰褐陶，近底部器壁斜收，平底，腹部拍印篮纹，底边戳按成花边，外底有粟粒印痕，外围经磨平。底径13.4厘米，残高4厘米（图一一〇，6）。

捉手　H6:36，夹砂灰褐陶，顶端呈圆锥体，边缘按压成花边形，下部为上粗下细的圆柱体，花边之下弧壁斜收与柱体衔接，底端残断处器壁变薄内收，应为套接口。圆锥体直径为6厘米，残高16.5厘米（图一一一，8；图版一七，4）。

倒T形器　H6:34，夹砂灰陶，陶色较浅，上部为上细下粗的实心柱体，横截面呈圆角长方形，下部为弧边圆角长方形平板，立柱位于平板正中，素面。平板长38厘米，宽14.4厘米，厚1.6厘米，通高26厘米（图一一一，1；图版一四，1、2）。H6:35，夹砂褐陶，上部为实心圆柱体，下部为长方形平板，立柱位于平板正中，素面。平板长38.5厘米，宽12厘米，厚1.2厘米，通高44厘米。此类器因平板贴近地面的一侧有磨平现象，推测可能用于拍打地面或墙壁之用，或为抹泥工具（图一一一，9；图版一四，4、5）。

陶刀　H6:37，泥质灰褐陶，由残陶片改制而成，平面略呈长方形，顶端先经切割，再略经打制加工，刃端直接被切割出斜刃，器表素面磨光。长8.5厘米，宽5.1厘米，厚0.7厘米（图一一一，5）。

陶环　H6:38，泥质黄褐陶，体较厚，外缘复原应为六边形，此陶环仅残存两角三边，内穿为圆形，剖面略呈三角形，器表压印连续条纹。宽0.9~1.2厘米，厚2厘米（图一一一，3）。

圆陶片　H6:39，泥质褐陶，由残陶片打制而成，体较平，平面近似圆形，器表残留三道凸弦纹。最大径为5.1厘米（图一一一，6）。H6:40，夹砂红褐陶，由残陶片打制而成，体较平，平面近似圆形，素面。最大径为5.9厘米（图一一一，7）。

石铲　H6:41，打制而成，弧顶较窄，下端较宽，刃部残断。残长6.9厘米，宽4厘米，厚1.2厘米（图一一一，2）。

石锛　H6:42，磨制石器，上端残断，一侧边略残，器形规整，平面略呈长方形，单面刃，刃部磨光。残长4.5厘米，宽5.7厘米，厚2厘米（图一一一，4）。

17. H7

标本16件。

尖底瓶　H7:1，泥质红陶，单唇，唇面斜平、宽扁，内侧微上仰，尖圆唇，细颈，溜肩，腹圆鼓，中间内凹呈亚腰，胎壁薄；为瓮棺葬，腹部被切锯，内壁有白色骨朽痕，腹部拍印篮纹。口径5.5厘米，最大腹径30厘米，高47.2厘米（图一一二，1；图版一一，1）。H7:2，泥质红陶，单唇口，唇面斜平微凹，内口较直，尖圆唇，束颈，溜肩，腹略鼓，中间内凹呈亚腰，胎壁薄，腹部拍印篮纹。口径5.5厘米，残高42厘米（图一一二，4）。

尖底瓶口　H7:5，泥质红陶，单唇口，唇面斜平、宽扁，内侧微上仰，内侧为尖圆唇，外侧为圆唇。口径5.5厘米，残高3.5厘米（图一一二，2）。

尖底瓶底　H7:3，泥质红陶，锐角，角度在65°~70°之间，瓮棺葬的下腹部，腹部有割锯凹痕，器表拍印细篮纹，内壁近底部泥条缝明显。高26.2厘米。可与H7:1相接成一完整器（图一一二，3；图版一一，1）。

泥质罐　H7:6，泥质褐陶，侈口，折沿，尖圆唇，弧腹，素面磨光。口径18厘米，残高4.5厘米（图一一三，7）。

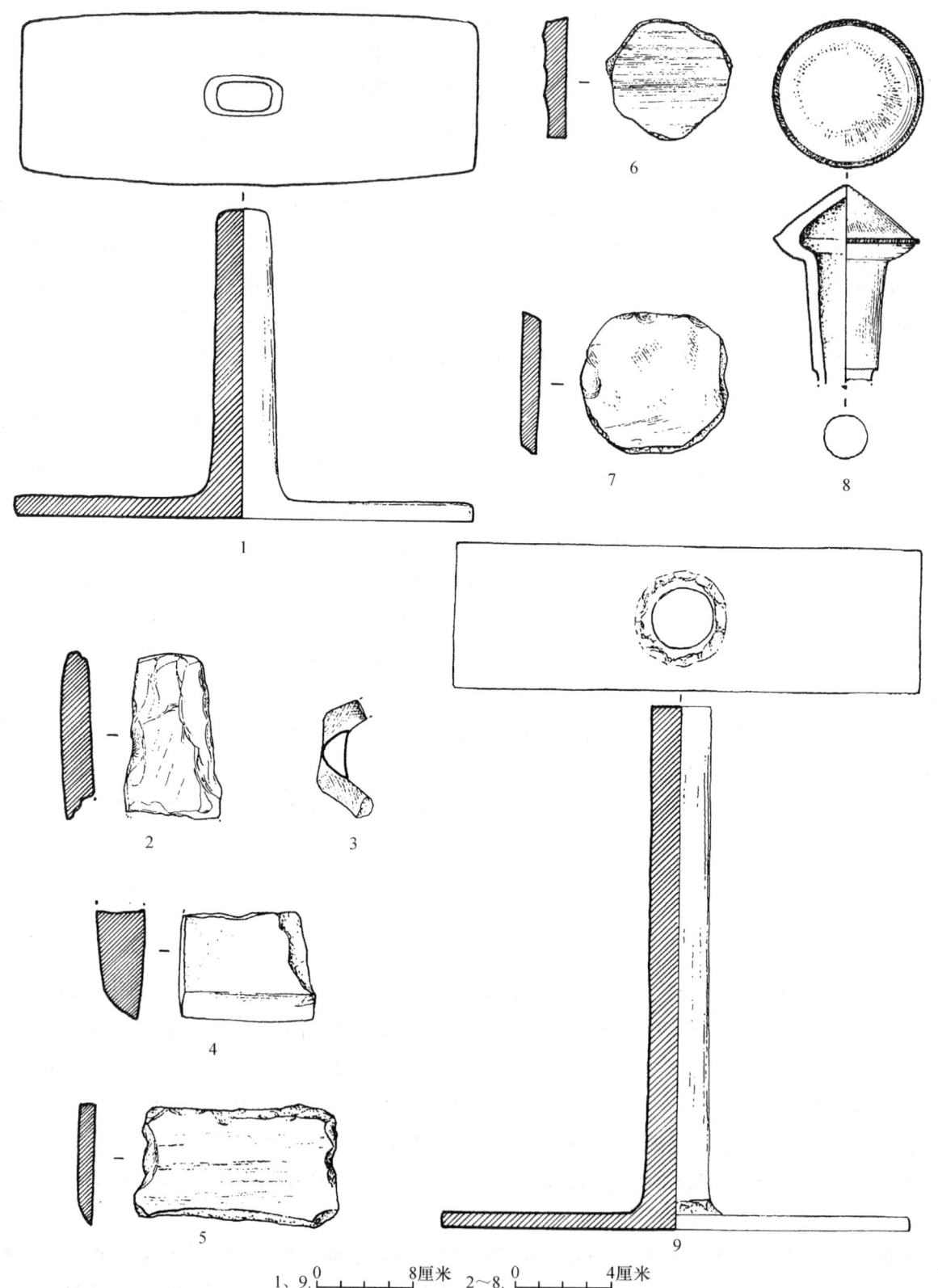

图一一一 H6出土陶器、石器

1、9. 倒T形陶器（H6:34、35） 2. 石铲（H6:41） 3. 陶环（H6:38） 4. 石锛（H6:42） 5. 陶刀（H6:37）
6、7. 圆陶片（H6:39、40） 8. 陶捉手（H6:36）

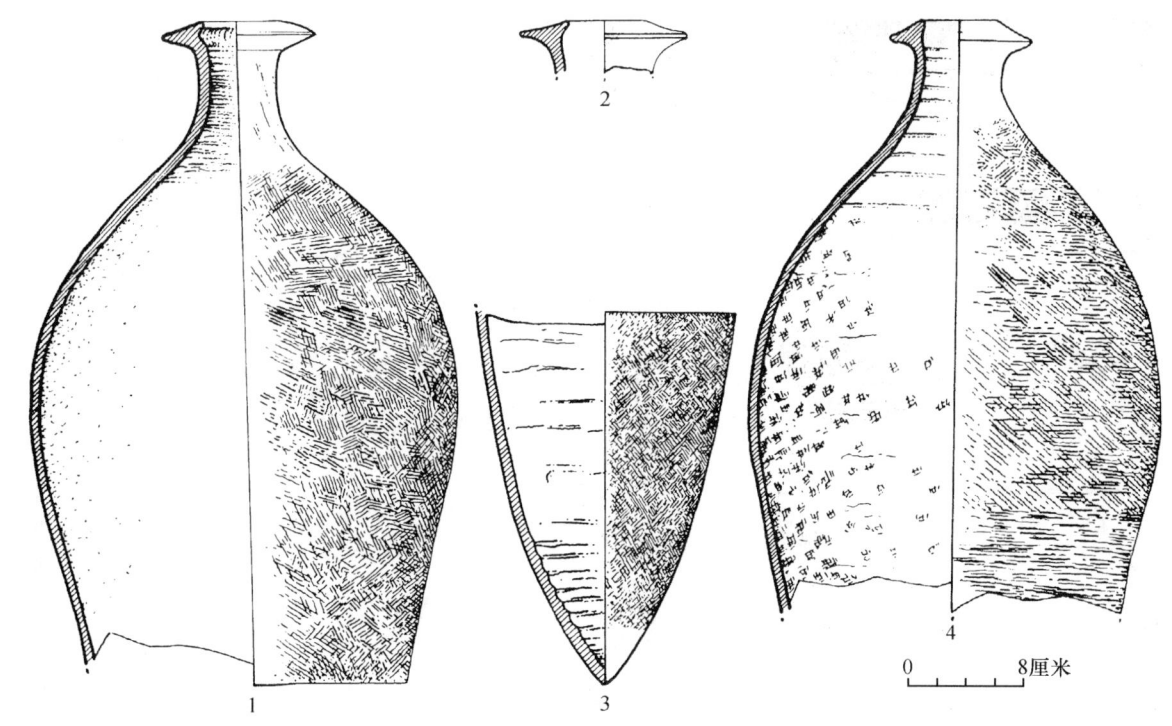

图一一二 H7 出土陶器

1、4. 尖底瓶（H7∶1、2） 2. 尖底瓶口（H7∶5） 3. 尖底瓶底（H7∶3）

夹砂鼓腹罐 H7∶7，夹砂褐陶，侈口，折沿，沿边有一周平面，尖唇，腹圆鼓，饰绳纹，肩部附加一周泥条并戳刺成花边形，内壁有垫窝。残高8.8厘米（图一一三，4）。H7∶8，夹砂灰褐陶，侈口，折沿，沿面微凹，方唇，唇内卷，器表拍印横篮纹并附堆纹。口径20厘米，残高6厘米（图一一三，5）。

彩陶钵 H7∶4，泥质红陶，敛口，圆唇，弧腹，器表磨光，上腹部以黑彩绘有圆点、彩带、弧边三角纹组成的图案。口径28厘米，残高6.3厘米（图一一三，1）。H7∶9，泥质红陶，敛口，尖圆唇，唇面略加厚，弧腹斜收，器表磨光，唇面以黑彩绘有弧边三角纹、垂弧纹组成的图案。口径18厘米，残高4厘米（图一一三，2）。

彩陶罐 H7∶11，泥质红陶，口沿残，侈口，折沿，溜肩鼓腹，器表磨光，肩部以黑彩绘有网格纹、彩带组成的图案。残高6.5厘米（图一一三，3）。

盘 H7∶10，泥质褐陶，大敞口，圆唇，壁斜直，素面磨光。口径33.6厘米，残高4.3厘米（图一一三，6）。

角锥 H7∶12，鹿角制成，体长，自然弯曲，锥尖经磨损已圆钝。长27.3厘米（图一一三，12）。

骨器 H7∶13，顶端磨制出两根细枝，已残断，中部切割出一周沟槽，下部为圆柱形。残长6.8厘米，直径3厘米（图一一三，11）。

刮削器 H7∶14，打制石器，一面平，一面微凸，平面略呈圆角弧边四边形，其中一边为一条窄平台，其余三边均为刃，且刃缘锋利。长7.3厘米，宽7厘米，厚0.8厘米（图一一三，8）。

石环 H7∶15，磨制而成，截面略呈圆形。宽0.7厘米，厚0.8厘米（图一一三，9）。

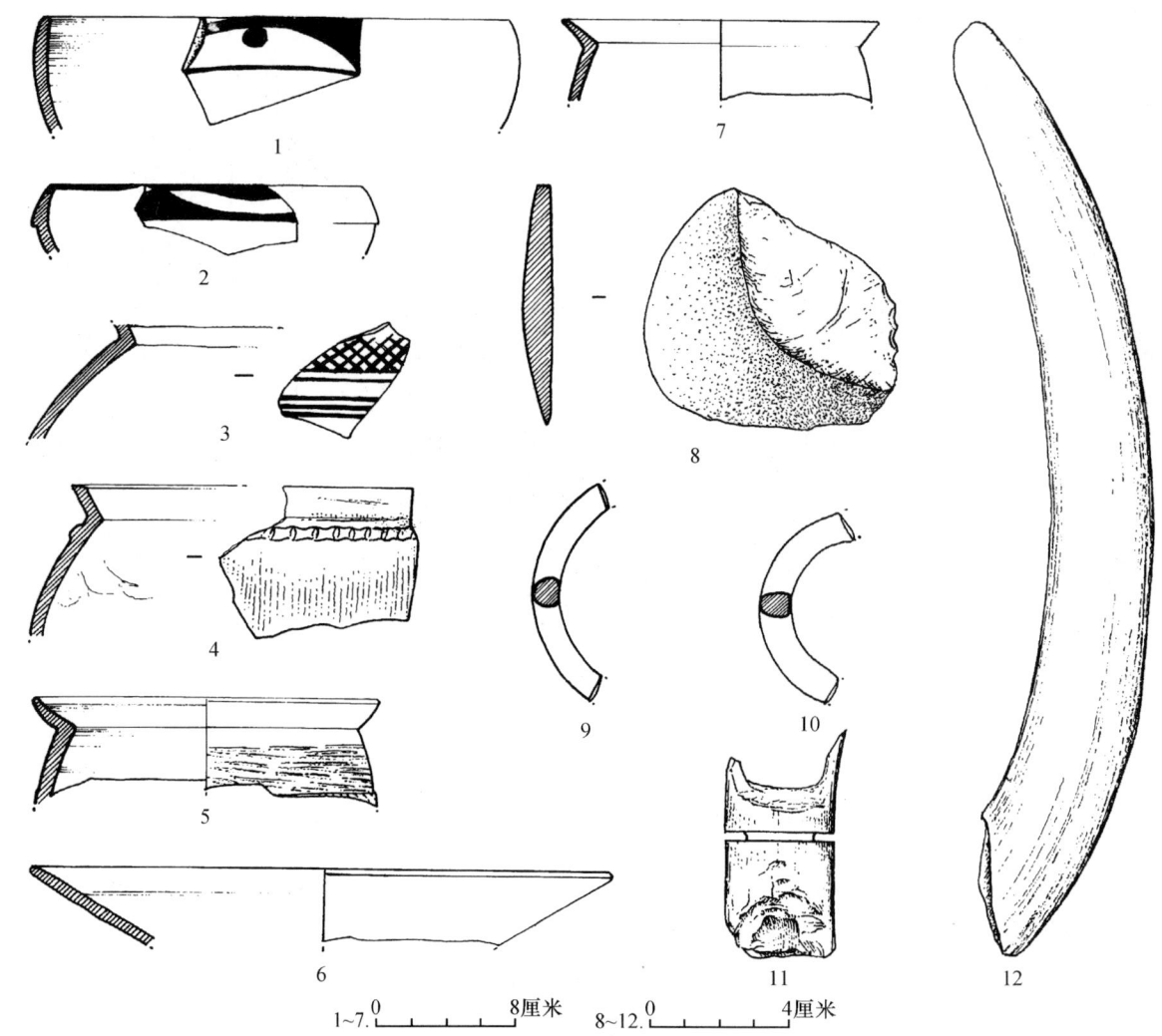

图一一三 H7 出土陶器、石器、骨角器

1、2. 彩陶钵（H7:4、9） 3. 彩陶罐（H7:11） 4、5. 夹砂鼓腹陶罐（H7:7、8） 6. 陶盘（H7:10） 7. 泥质陶罐（H7:6） 8. 石刮削器（H7:14） 9. 石环（H7:15） 10. 陶环（H7:16） 11. 骨器（H7:13） 12. 角锥（H7:12）

陶环 H7:16，泥质灰褐陶，截面略呈椭圆形，器表磨光。宽 0.9 厘米，厚 0.7 厘米（图一一三，10）。

18. H10

标本 7 件。

夹砂罐 H10:1，褐陶，侈口，折沿，沿边有一周斜平面，尖圆唇，鼓腹，器表拍印篮纹，口沿下及鼓腹处各施一周附加堆纹，内壁可见垫窝。口径 17.5 厘米，残高 12.2 厘米（图一一四，7）。H10:3，灰陶，侈口，折沿，斜方唇，口部变形严重，腹略鼓，器表拍印篮纹并附堆纹。口径 25～27 厘米，残高 34.3 厘米（图一一四，6）。H10:5，灰褐陶，侈口，折沿，尖圆唇，弧腹，器表饰两周附加堆纹。口径 18 厘米，残高 12 厘米（图一一四，2）。

盆 H10:2，泥质褐胎、黑皮陶，侈口，窄折沿，沿面斜平，圆唇，上腹圆折，器表磨光。口径32厘米，残高10.3厘米（图一一四，4）。

钵 H10:6，夹砂褐陶，敞口近直，圆唇，斜弧腹，平底，器表隐约可见篮纹。口径22厘米，底径10厘米，高8厘米（图一一四，1）。

器盖 H10:4，夹砂灰陶，覆碗形，敞口，平沿，圆唇，器壁斜直，捉手残，器表饰篮纹。口径18厘米，残高4厘米（图一一四，3）。

陶环 H10:7，泥质褐陶，剖面呈半圆形，器表磨光。宽0.7厘米，厚1厘米（图一一四，5）。

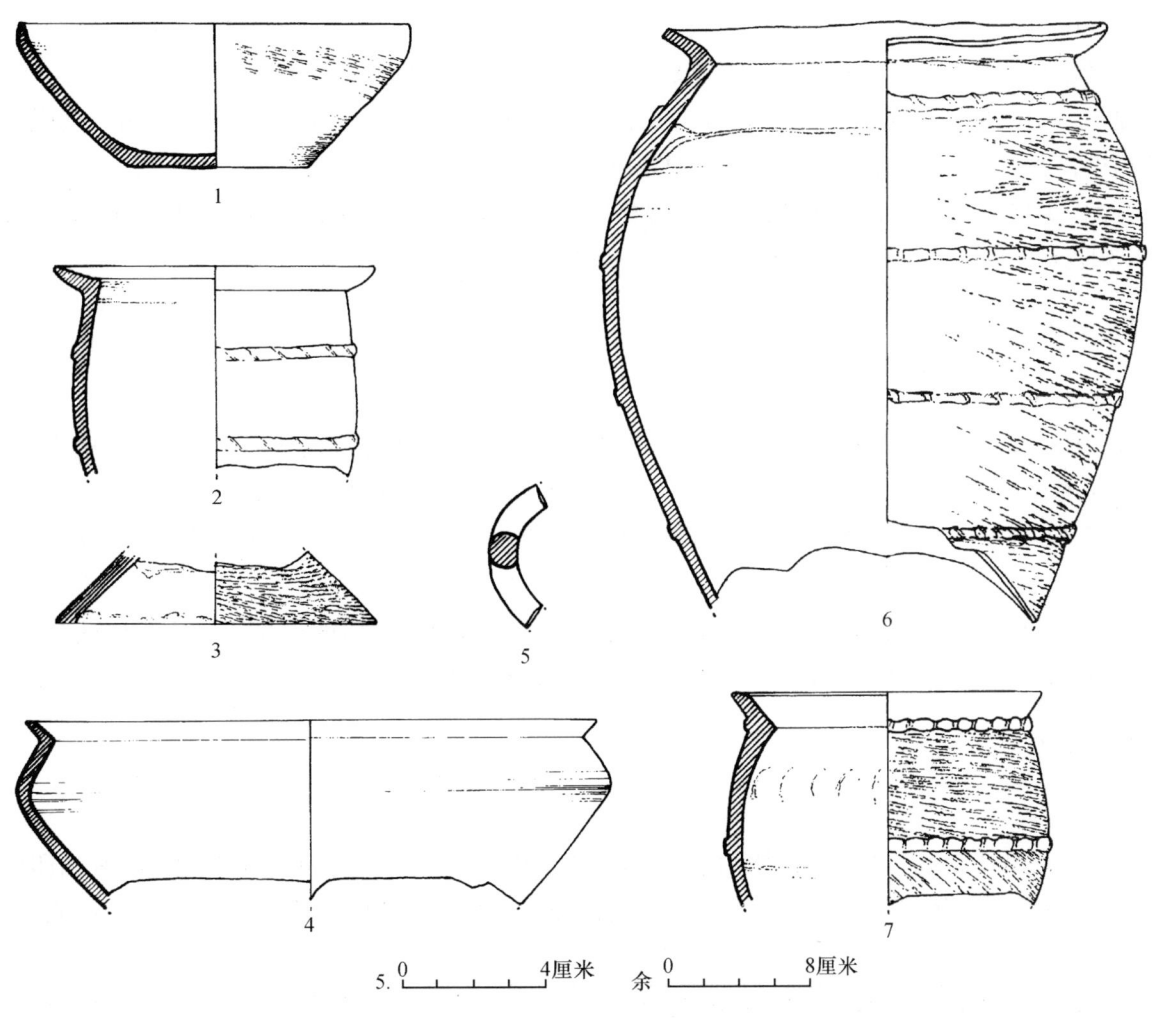

图一一四 H10出土陶器
1. 钵（H10:6） 2、6、7. 夹砂罐（H10:5、3、1） 3. 器盖（H10:4） 4. 盆（H10:2） 5. 陶环（H10:7）

19. H15

标本8件。

牛角钵 H15:1，夹砂红褐陶，敞口，平沿，圆唇，弧腹斜收，口内侧有一周凹槽，器表残留三只牛角状纽，内壁可见修抹痕。残高10.8厘米（图一一五，8）。

夹砂罐 H15:2，灰褐陶，侈口，沿边平面内凹，尖圆唇，腹较深，腹壁斜直微弧，平底，整体瘦长，器表拍印稀疏斜篮纹，中间附一周堆纹。口径17.5厘米，底径9厘米，高21.5厘米（图一一五，1；图版一七，1）。H15:3，褐陶，侈口，折沿，沿边有一周浅凹槽，尖圆唇，弧腹内收，平底微凹，口内侧有两周浅凹槽，器表隐约可见细小篮纹并附堆纹，口沿下堆纹较厚，内壁可见修抹痕。口径25.2厘米，底径13厘米，复原高29.6厘米（图一一五，5）。H15：4，灰褐陶，侈口，折沿，圆唇，腹壁较直外撇，器表拍印篮纹，口沿下附一周堆纹。口径32厘米，残高9厘米（图一一五，4）。

宽沿罐　H15：8，泥质灰陶，侈口，宽沿面，圆方唇，腹略弧，素面。口径26厘米，残高19.6厘米（图一一五，2）。

杯　H15：5，泥质褐胎、黑皮陶，敞口，尖唇，器壁内弧，平底，下腹部饰两周凹弦纹，器表可见划痕，内壁有泥条缝及修抹痕。口径8.4厘米，底径6.4厘米，高11厘米（图一一五，7）。

捉手　H15：6，夹砂灰褐陶，上部为三支分叉外展的角，角较短，圆钝尖，下部为一矮圆柱与器壁相连，器表附着一层石灰。通高7.5厘米（图一一五，6）。

石锤　H15：7，体厚重，较宽扁，大体呈椭圆形，琢制而成，上下两端皆有使用形成的破损面。长17.3厘米，宽7.5厘米，厚4.5厘米（图一一五，3）。

20. H20

标本3件。

豆　H20：1，泥质灰陶，圆盘，大敞口，圆唇，斜壁外弧，近盘底内凹形成盘心，盘底为圜底，近盘底外侧有一周凸折棱，内壁素面磨光。口径27.5厘米，残高9厘米（图一一六，3）。

陶环　H20：2，泥质褐陶，剖面呈圆角三角形，外壁鼓凸，内直壁，外壁磨光。宽0.8厘米，厚0.8厘米（图一一六，8）。

陶刀　H20：3，泥质红陶，由陶片改制而成，器表饰斜线纹，内壁可见泥条痕，仅残存一半，侧边有一凹缺，直背直刃，双面刃。残长4.3厘米，宽5.1厘米，厚0.7厘米（图一一六，10）。

21. H22

标本2件。

尖底瓶底　H22：1，夹砂黄褐陶，内壁为灰色，胎壁薄，底钝，略有一小突起，器表拍印横篮纹，近底部素面，内壁有小垫窝，内底中央留有褶皱。残高13.3厘米（图一一六，13；图版一二，2）。

夹砂罐　H22：2，灰陶，侈口，折沿上仰，圆方唇，溜肩，肩部拍印横篮纹并附一周堆纹。口径27厘米，残高7厘米（图一一六，2）。

22. H24

标本2件。

尖底瓶底　H24：1，泥质红陶，腹壁微弧斜收，器表饰斜线纹，近底部内壁的泥条缝规整而明显，下侧的叠压上侧的，明显采用倒筑法，同时泥条缝隙呈水平状，可知为泥条圈筑法，最底部内壁可见两圈顺时针盘旋状泥条。残高11.5厘米（图一一六，14；图版一一，4、5）。

石锤　H24：2，血红色，体厚重，大体呈四棱柱形，棱角圆钝，上端残断，底端较窄，为一平面。残长8.7厘米，厚5厘米（图一一六，7）。

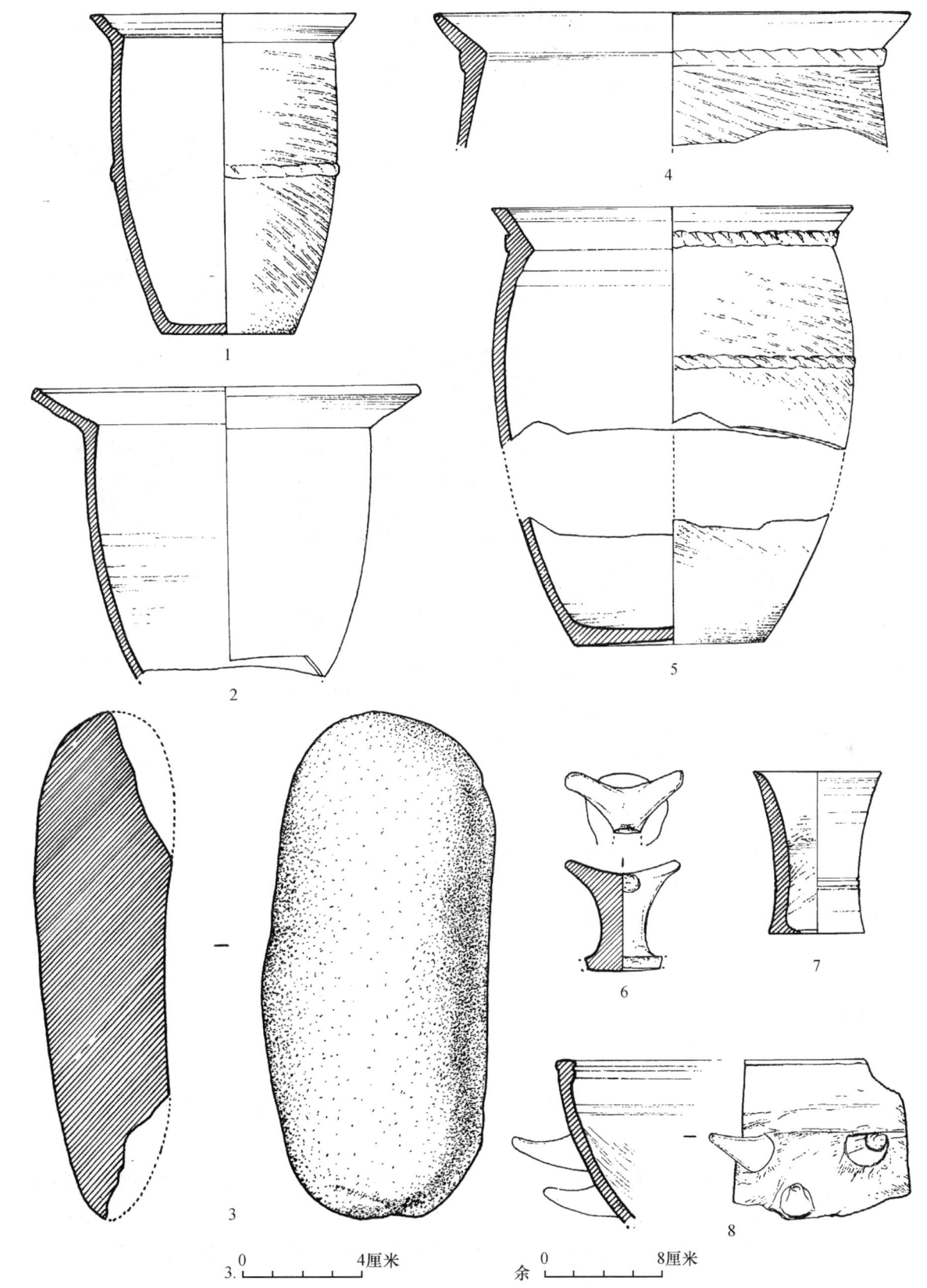

图一一五 H15 出土陶器、石锤

1、4、5. 夹砂陶罐（H15:2、4、3） 2. 宽沿陶罐（H15:8） 3. 石锤（H15:7） 6. 陶捉手（H15:6）
7. 陶杯（H15:5） 8. 牛角陶钵（H15:1）

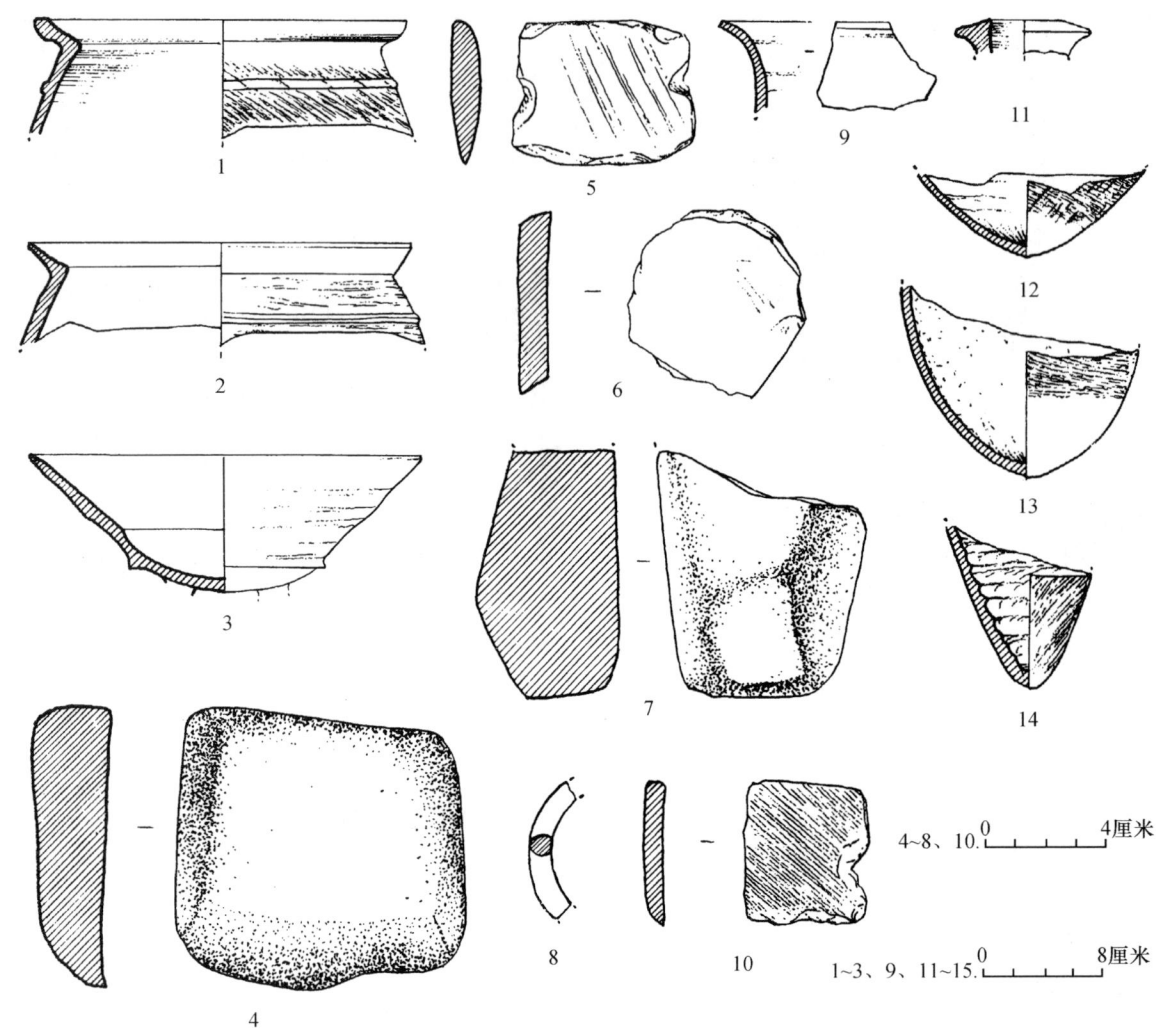

图一一六 H20、H22、H24、H31、H49 出土陶器、石器

1. 夹砂鼓腹陶罐（H49:1） 2. 夹砂陶罐（H22:2） 3. 陶豆（H20:1） 4. 磨石（H49:3） 5、10. 陶刀（H31:3、H20:3） 6. 圆陶片（H31:4） 7. 石锤（H24:2） 8. 陶环（H20:2） 9、11. 尖底陶瓶口（H31:2、H49:2） 12~14. 尖底陶瓶底（H31:1、H22:1、H24:1）

23. H31

标本 4 件。

尖底瓶口 H31:2，夹砂灰褐陶，喇叭状敞口，斜方唇，素面，内壁可见泥条缝。残高 6 厘米（图一一六，9）。

尖底瓶底 H31:1，夹砂灰褐陶，圆钝底，无小突起，夹角在 105°~125°之间，器表拍印篮纹，内壁可见泥条缝，内底中央有放射状褶皱纹。残高 6.5 厘米（图一一六，12；图版一二，3）。

陶刀 H31:3，夹砂褐陶，由残陶片打制而成，平面略呈长方形，两侧边各有一个凹缺，双面刃，器表残留有弦纹。长 5 厘米，宽 6.4 厘米，厚 1 厘米（图一一六，5）。

圆陶片 H31:4，泥质红陶，边缘经切割，打制加工而成，素面。最大直径为 6.6 厘米（图一一六，6）。

24. H49

标本 3 件。

尖底瓶口 H49:2，泥质红陶，单唇口，唇面斜平，内外侧均为尖圆唇，素面，口内侧可见修抹痕。口径 5 厘米，残高 2 厘米（图一一六，11）。

夹砂鼓腹罐 H49:1，夹砂褐陶，侈口，折沿，沿边有一周平面，尖圆唇，沿外侧有一周突起，鼓腹，器表拍印斜篮纹并附一周堆纹，内壁可见修抹痕。口径 26 厘米，残高 8 厘米（图一一六，1）。

磨石 H49:3，器表呈血红色，扁平，略方，上平面较下平面小，上平面及四侧边经琢磨，其中一侧面磨光较好。长 10.3 厘米，宽 10 厘米，厚 2.8 厘米（图一一六，4）。

25. H61

标本 10 件。

尖底瓶口 H61:1，夹砂褐胎灰陶，喇叭口、外侈，唇外斜，高领，斜方唇中间有一周凹槽，素面。口径 10.5 厘米，残高 9.5 厘米（图一一七，9）。H61:2，夹砂灰褐陶，喇叭口、外侈，沿边有一周平面，高领，器表有纵向修抹痕，内壁可见泥条缝。口径 13 厘米，残高 9.8 厘米（图一一七，10）。

尖底瓶底 H61:3，夹砂褐陶，圆钝底，器表拍印篮纹，近底部由外向内钻有一圆孔，内底可见泥条痕。残高 9 厘米（图一一七，6；图版一二，5、6）。H61:9，泥质褐陶，底钝略有一小突起，素面，制作不甚规整，其上有手指按坑。残高 3.6 厘米（图一一七，5）。

泥质罐 H61:4，泥质褐陶，侈口，矮领，圆唇，溜肩略圆，器表磨光。口径 10.8 厘米，残高 7.4 厘米（图一一七，8）。H61:8，泥质灰陶，侈口，折沿，圆唇，腹略鼓，器表素面磨光，口沿有细密轮纹，内壁可见三周垫窝。口径 17.5 厘米，残高 7.6 厘米（图一一七，1）。

瓮 H61:5，泥质灰陶，敛口较甚，沿面上有一周凹槽，尖唇，溜肩，器表磨光，口沿外侧附三环纽，纽外缘略呈桥形，内穿为圆形。口径 15.2 厘米，残高 5.8 厘米（图一一七，4）。

器盖 H61:6，夹砂灰褐陶，覆碗形，大敞口，尖圆唇，器壁斜直，捉手残，器表拍印篮纹，内壁可见修抹痕。口径 28 厘米，残高 6 厘米（图一一七，3）。

小杯 H61:7，泥质灰褐陶，敞口，沿边平台上有一周凹槽，尖圆唇，器壁内弧，圈足较高。口径 8 厘米，底径 5.4 厘米，高 8.8 厘米（图一一七，7；图版一八，1）。

角器 H61:10，鹿角制成，保留根部及角环，两支分叉鹿角经刮削，顶端均已残断。残长 19.3 厘米（图一一七，2）。

26. H62

标本 6 件。

平底罐形鼎 H62:1，夹砂灰陶，侈口，宽折沿，沿边平面内凹，尖唇，圆鼓腹，最大径位于腹中部，腹部拍印篮纹并附三周堆纹，扁足，足面附一道竖堆纹。口径 26.5 厘米，高 24.6 厘米（图一一八，6）。

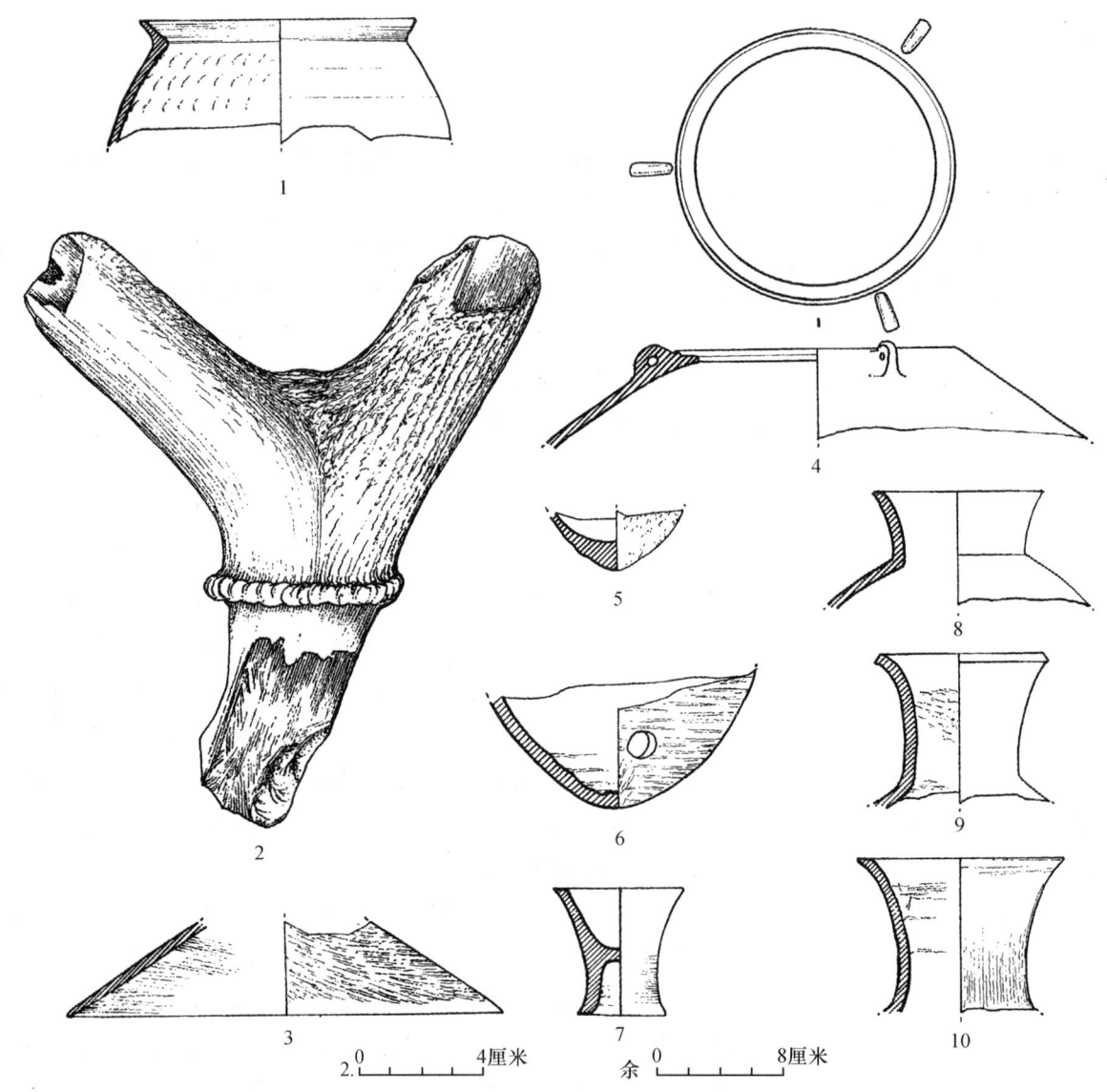

图一一七 H61 出土陶器、角器

1、8. 泥质陶罐（H61:8、4） 2. 角器（H61:10） 3. 陶器盖（H61:6） 4. 陶瓮（H61:5） 5、6. 尖底陶瓶底（H61:9、3） 7. 小陶杯（H61:7） 9、10. 尖底陶瓶口（H61:1、2）

小杯 H62:2，夹砂褐陶，敞口，圆方唇，腹壁微内弧，平底微凹，素面。口径8.8厘米，底径4.8厘米，高7.8厘米（图一一八，4；图版一八，4）。

夹砂深腹罐 H62:3，黄褐陶，器形较大，侈口，折沿，沿边平台较宽，圆方唇，腹深，腹壁斜直，器表拍印斜篮纹，口沿下附两周堆纹，腹中部亦有堆纹。口径36厘米，残高16厘米（图一一八，2）。

瓮 H62:4，夹砂灰陶，敛口，沿面凸出，尖圆唇，弧腹略鼓，器表拍印篮纹，内部有垫窝及修抹痕。残高6.2厘米（图一一八，1）。H62:6，泥质褐陶，陶色不匀，敛口，口外侧有一周宽凹槽，尖圆唇，圆弧肩，唇边有鹰嘴式纽，器表磨光。残高5.5厘米（图一一八，5）。

敞口盆 H62:5，泥质褐陶，敞口，圆方唇，腹微弧斜收，口沿下有一周凹槽，器表磨光，内壁可见修抹痕。残高10厘米（图一一八，3）。

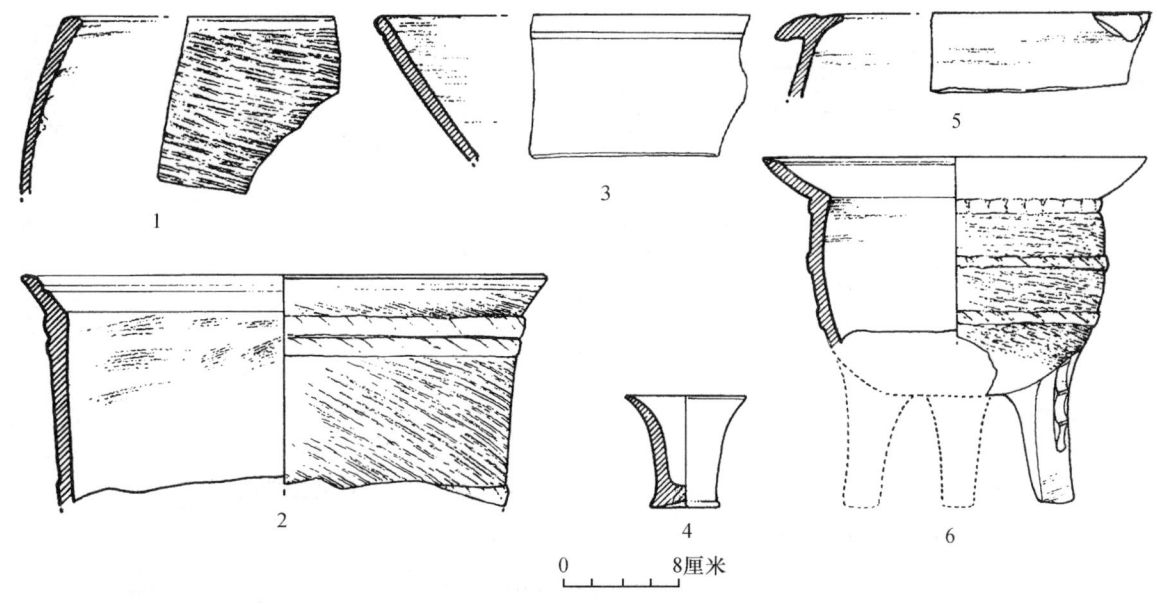

图一一八 H62 出土陶器

1、5. 瓮（H62:4、6） 2. 夹砂深腹罐（H62:3） 3. 敞口盆（H62:5） 4. 小杯（H62:2） 6. 平底罐形鼎（H62:1）

27. H74

标本 4 件。

尖底瓶底 H74:1，夹砂褐陶，近底部器壁微弧斜收，器表拍印篮纹，底部略有磨损，内底可见褶皱及泥突。残高 6 厘米（图一一九，8）。

夹砂罐 H74:2，灰褐陶，口残，弧腹斜收，平底微凹，腹部饰两周凸棱。底径 13 厘米，残高 17.5 厘米（图一一九，7）。

器盖 H74:3，夹砂灰陶，残，平底上加环形捉手。残高 5.2 厘米（图一一九，2）。

陶球 H74:4，泥质白陶，略残损，体较浑圆。直径 4.2 厘米（图一一九，6）。

28. H84

标本 4 件。

侈口鼓腹罐 H84:1，夹砂褐陶，侈口，折沿，圆唇，唇面按压的花边口略经修抹，溜肩鼓腹，腹部拍印篮纹，其上附一周堆纹及鸡冠形双錾，内壁可见刮削痕。口径 15 厘米，残高 9 厘米（图一一九，3；图版一六，1）。H84:2，夹砂褐陶，侈口，折沿，沿面略内凹，圆唇，鼓腹，沿下附三齿鸡冠形錾手，器表拍印斜篮纹，于錾手处附一周堆纹。口径 25 厘米，残高 7 厘米（图一一九，1；图版一六，4）。

泥质罐 H84:4，泥质褐陶，内壁陶色发灰，敛口，圆唇，唇面加厚，突出于口沿外，圆肩，器壁可见修抹痕。残高 9 厘米（图一一九，5）。

缸 H84:3，夹砂灰陶，大口近直，圆唇较宽，器壁略直，沿下有一周花边堆纹，器表磨光。口径 44 厘米，残高 9.6 厘米（图一一九，4）。

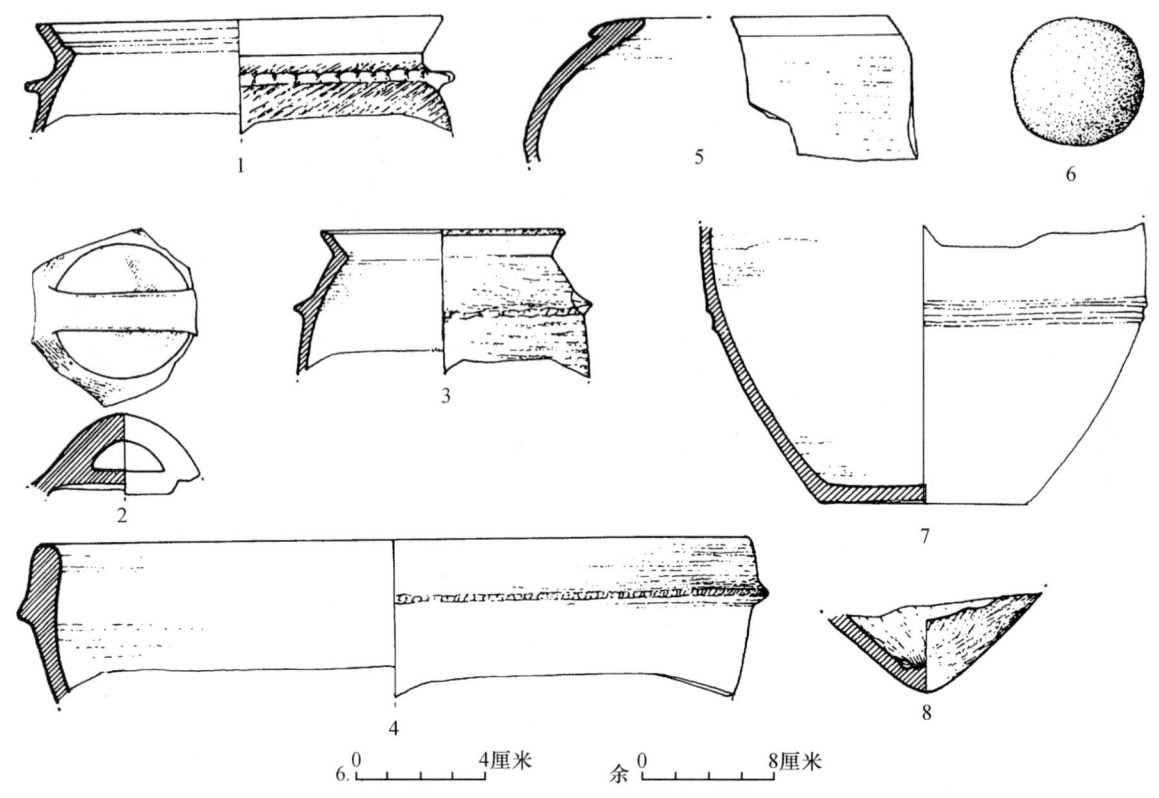

图一一九 H74、H84 出土陶器

1、3. 侈口鼓腹罐（H84:2、1） 2. 器盖（H74:3） 4. 缸（H84:3） 5. 泥质罐（H84:4） 6. 陶球（H74:4）
7. 夹砂罐（H74:2） 8. 尖底瓶底（H74:1）

29. H109

标本 10 件。

盆 H109:1，夹砂灰褐陶，敞口，沿微卷，圆唇，斜腹，平底，素面，器表有横向和纵向的修抹痕。口径 16 厘米，底径 8 厘米，高 12 厘米（图一二〇,1）。H109:5，夹砂灰陶，敛口，圆唇，上腹圆弧，下腹斜收，腹部贴附堆纹状鋬手，器表磨光。残高 8.5 厘米（图一二〇,9）。H109:8，泥质灰褐陶，口近直，宽平沿，沿面饰四周凹弦纹，圆唇，腹壁较直。残高 4 厘米（图一二〇,7）。H109:9，泥质灰褐陶，大敞口，圆唇，斜腹，素面磨光。口径 34 厘米，残高 5.6 厘米（图一二〇,4）。

夹砂罐 H109:2，灰褐陶，侈口，方唇，溜肩，素面。口径 18 厘米，残高 6 厘米（图一二〇,2）。H109:3，灰陶，侈口，折沿，方唇，溜肩，肩部饰数周弦纹，弦纹不甚规整。口径 28 厘米，残高 5 厘米（图一二〇,3）。

泥质罐 H109:6，泥质灰陶，敛口，圆唇，唇面加厚，突出于口沿外，圆弧肩，素面。残高 7.2 厘米（图一二〇,8）。

器盖 H109:4，夹砂灰陶，覆碗形，大敞口，尖圆唇，器壁上部微内弧，下部微外弧，捉手残，器表拍印篮纹。口径 32 厘米，残高 6.2 厘米（图一二〇,6）。

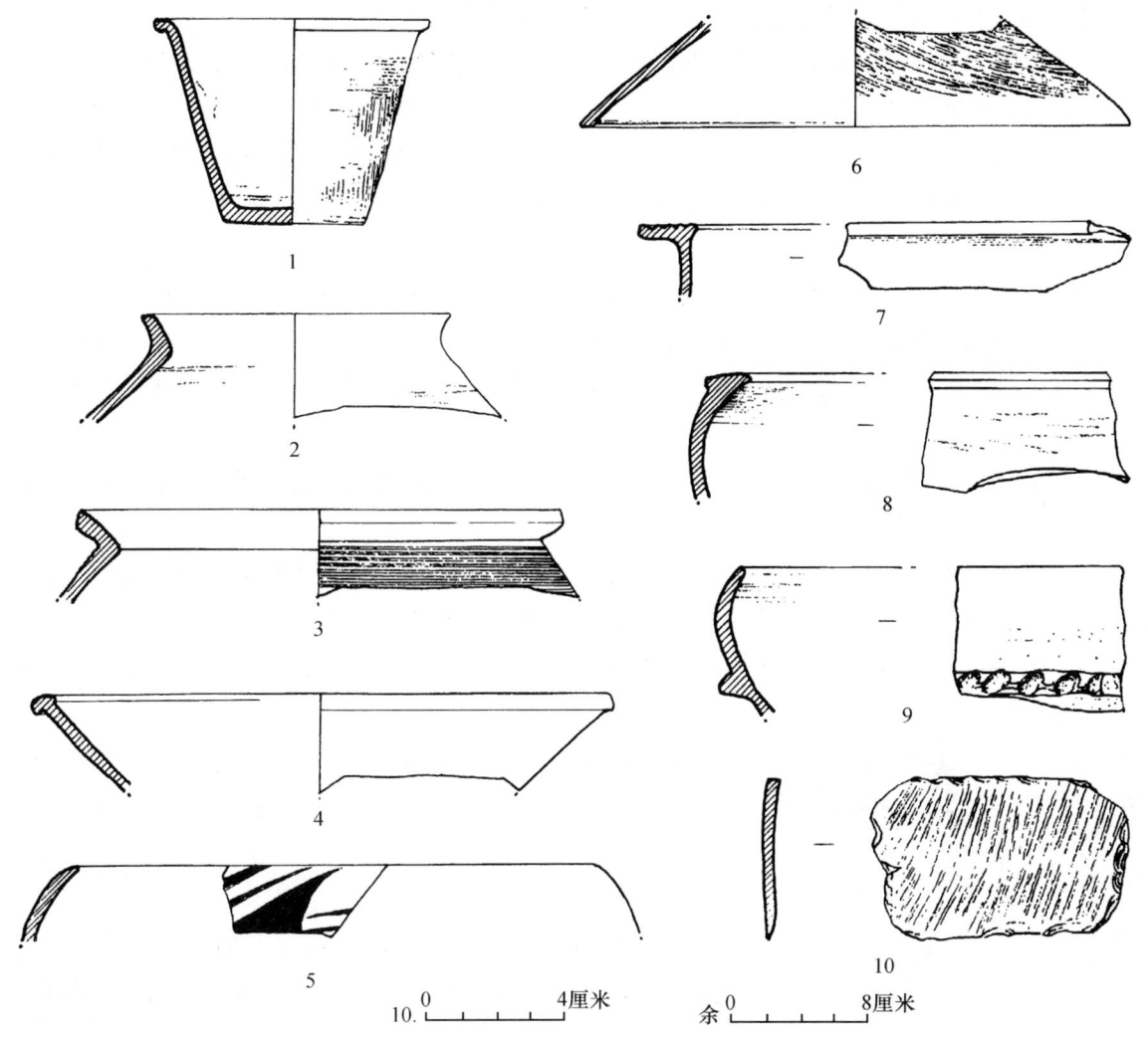

图一二〇 H109 出土陶器

1、4、7、9. 盆（H109:1、9、8、5） 2、3. 夹砂罐（H109:2、3） 5. 彩陶钵（H109:7） 6. 器盖（H109:4）
8. 泥质罐（H109:6） 10. 陶刀（H109:10）

彩陶钵 H109:7，泥质红陶，敛口，尖唇，腹壁外弧，器表磨光，腹部以黑彩绘有弧边三角纹、斜线纹等组成的图案。口径30厘米，残高4厘米（图一二〇，5）。

陶刀 H109:10，泥质红陶，陶片微弧，平面近似长方形，单面刃，器表拍印篮纹。长7.6厘米，宽4.8厘米，厚0.3厘米（图一二〇，10）。

30. H204

标本11件。

尖底瓶口 H204:1，泥质红陶，退化单唇口，唇面微凹上仰，内外侧均为尖圆唇，颈部素面。口径4.4厘米，残高3厘米（图一二一，5）。H204:2，泥质红陶，重环口，上唇面平，下唇面微内凹，颈部素面。口径6.4厘米，残高3.4厘米（图一二一，7）。

尖底瓶底 H204:3，泥质红陶，弧腹斜收，近底部内凹，器表拍印浅篮纹，内壁泥条缝明显。残高21.6厘米（图一二一，3；图版一一，2）。H204:4，泥质红陶，器壁斜直，底尖略经磨损，器表拍印浅篮纹,近底部内壁可见泥条痕。残高8.4厘米(图一二一,6)。

瓶底　H204:5,泥质红陶,腹壁斜直,平底,器表饰斜线纹,近底部外壁有刮抹痕,外底部可见浅细刻划痕,内壁可见刮抹痕及溢出的泥浆。底径12厘米,残高5厘米(图一二一,8)。

彩陶钵　H204:6,泥质红陶,敛口,圆唇,上腹圆弧,下腹斜收,上腹部用黑彩绘有弧线三角纹、斜线、彩带等组成的图案,内壁可见细密轮纹。口径23厘米,残高6厘米(图一二一,1;图版一六,6)。

夹砂罐　H204:7,褐陶,侈口,折沿,尖圆唇,弧腹,腹壁刻划有弦纹、斜线纹、网格纹等,器壁上有一段斜向的附加泥条,其上有两个手指按痕。残高8厘米(图一二一,10)。H204:8,褐陶,敛口,尖唇,唇面加宽,圆肩,素面,肩部凹凸不平,局部磨光。口径39厘米,残高4.6厘米(图一二一,11)。

小罐　H204:9,泥质褐陶,侈口,尖唇,腹壁微弧,平底,素面,器身不甚规整。口径5.4厘米,底径4.2厘米,高5.6厘米(图一二一,4)。

石刀　H204:10,扁薄,通体磨光,平面大致呈长方形,一侧残,双面刃,正中钻有一孔,为两面对钻,孔下方有一道凹槽。残长6.8厘米,宽4厘米,厚0.3厘米(图一二一,9)。

陶环　H204:11,剖面近似半圆形,外壁圆弧,内直壁,器表磨光。宽0.9厘米,厚1厘米(图一二一,2)。

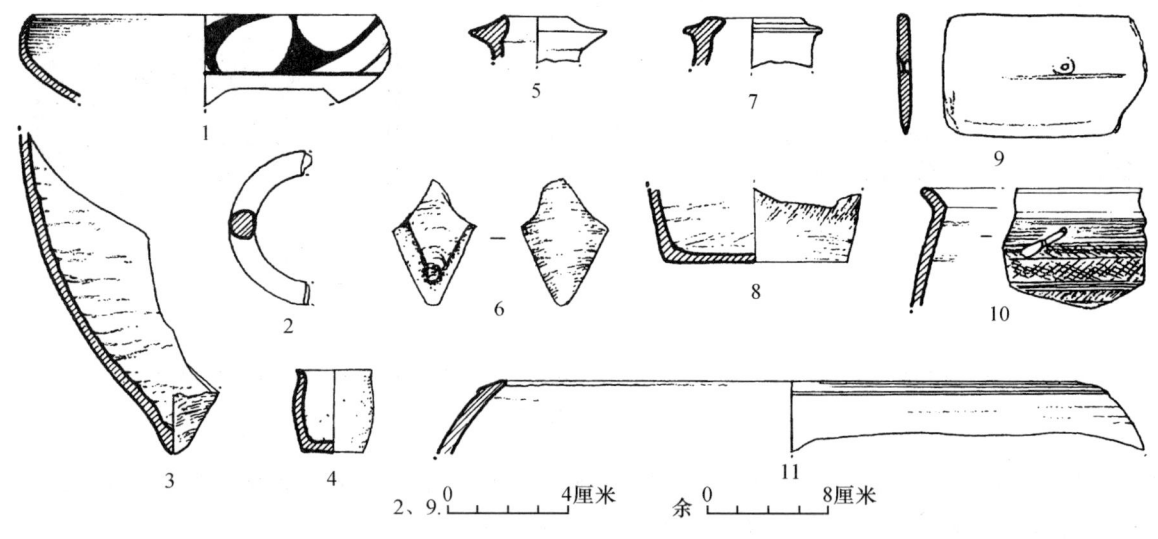

图一二一　H204出土陶器、石刀

1. 彩陶钵(H204:6)　2. 陶环(H204:11)　3、6. 尖底陶瓶底(H204:3、4)　4. 小陶罐(H204:9)　5、7. 尖底陶瓶口(H204:1、2)　8. 陶瓶底(H204:5)　9. 石刀(H204:10)　10、11. 夹砂陶罐(H204:7、8)

31. H205

标本31件。

折腹罐　H205:1,泥质灰陶,侈口,圆唇,溜肩,折腹,平底,折腹处饰一周附加堆纹,内壁可见修抹痕。口径14厘米,腹径22.2厘米,底径10.6厘米,高21.4厘米(图一二二,1;图版一八,5)。H205:3,夹砂灰褐陶,侈口,口沿内侧有一周凹槽,方唇,唇边附鸡冠形鋬手,矮领,折腹，其上按压有一周小凹坑，肩部磨光。口径17厘米，腹径23厘米，残高12厘米（图一二二，2）。H205∶4，夹砂灰褐陶，侈口，折沿，方唇，折肩，折肩处饰一周附加堆纹。口径23.6厘米，腹径29.4厘米，残高8.6厘米（图一二二，4）。H205∶5，夹砂灰陶，侈口，折沿，尖圆唇，折肩，折肩处饰一周剔刺纹，内壁可见修抹痕。口径26厘米，腹径33.6厘米，残高11厘米（图一二二，10）。

彩陶罐　H205∶11，泥质灰陶，直口，矮领，圆唇，圆肩，器表施白色陶衣，口部下方用褐彩绘有一周网格纹，其下以黑彩和红褐彩绘有弧边三角纹、斜线等组成的图案。口径22.4厘米，残高4.6厘米（图一二二，11）。

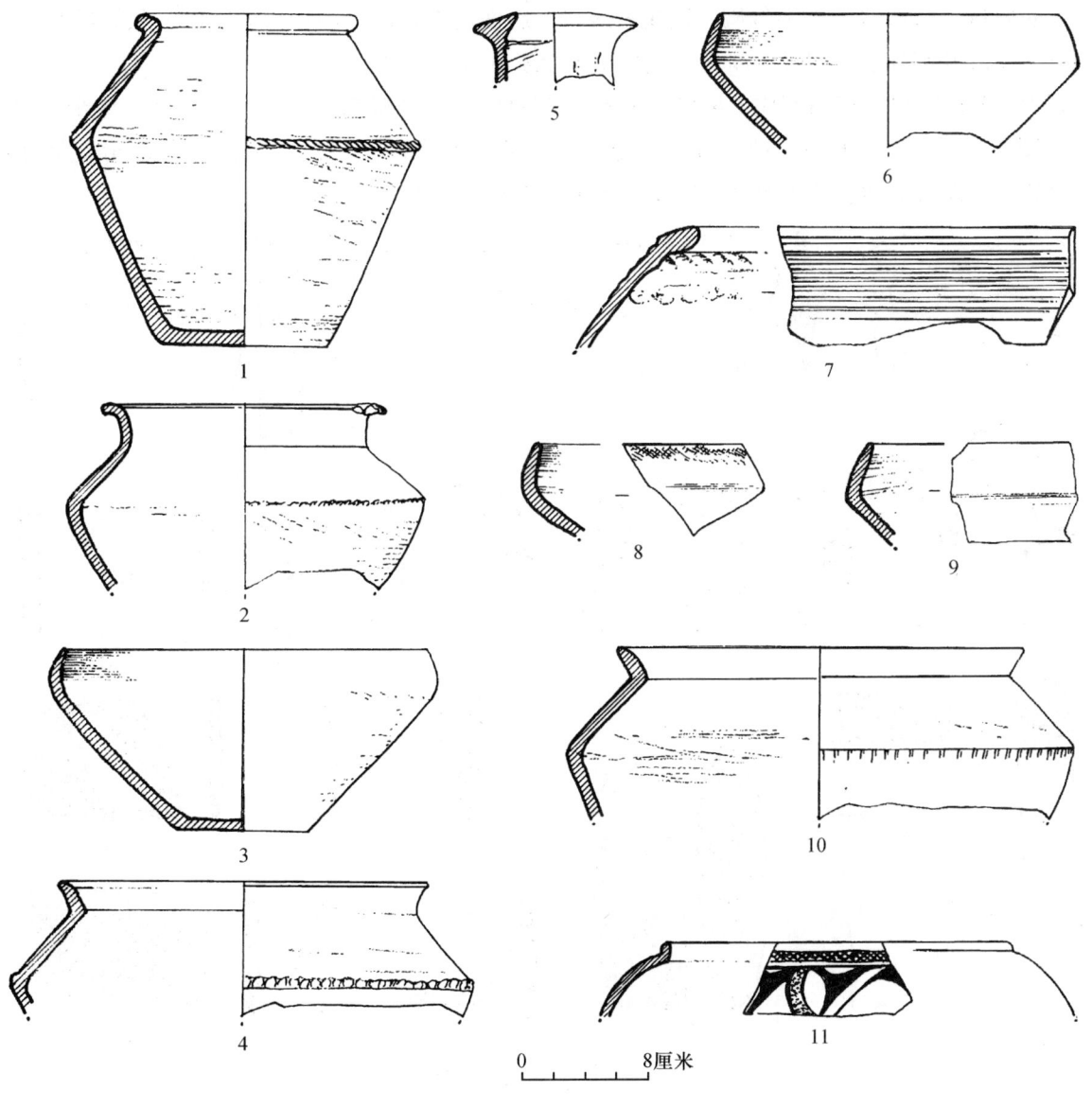

图一二二　H205出土陶器
1、2、4、10. 折腹罐（H205∶1、3、4、5）　3、6、8、9. 钵（H205∶2、8、10、9）　5. 尖底瓶口（H205∶6）
7. 盆（H205∶7）　11. 彩陶罐（H205∶11）

钵　H205：2，夹砂红褐陶，敛口，尖圆唇，上腹圆鼓，下腹较直斜收，平底，素面。口径23.4厘米，底径8.4厘米，高11.6厘米（图一二二，3；图版一八，6）。H205：8，泥质灰陶，敛口，圆唇，折腹，上腹外弧，下腹斜直，器表素面磨光。口径22厘米，残高8.6厘米（图一二二，6）。H205：9，泥质褐陶，敛口，尖圆唇，折腹，上腹外弧，下腹斜收，器表素面磨光，内壁可见修抹痕。残高6.4厘米（图一二二，9）。H205：10，泥质灰褐陶，敛口，圆唇，圆折腹，下腹斜收，上腹部隐约可见网格纹，器表磨光。残高6厘米（图一二二，8）。

盆　H205：7，泥质灰陶，敛口，圆唇，唇部宽厚，圆肩，器表磨光，口部下方饰数周弦纹，腹壁内侧可见两周垫窝。残高7.8厘米（图一二二，7）。

尖底瓶口　H205：6，泥质红陶，退化单唇口，唇面斜平，内外侧均为尖圆唇，颈部素面，口内侧可见泥条缝及刮削痕。口径5厘米，残高4.4厘米（图一二二，5）。

石刀　H205：12，打制而成，两侧边各有一个凹缺，刃缘略弧。长8厘米，宽5厘米，厚1.1厘米（图一二三，1）。H205：16，通体磨光，平面呈长方形，仅残存一半，有一残孔，为两面对钻，直背，刃略弧。残长3.5厘米，宽4.5厘米，厚0.8厘米（图一二三，17）。

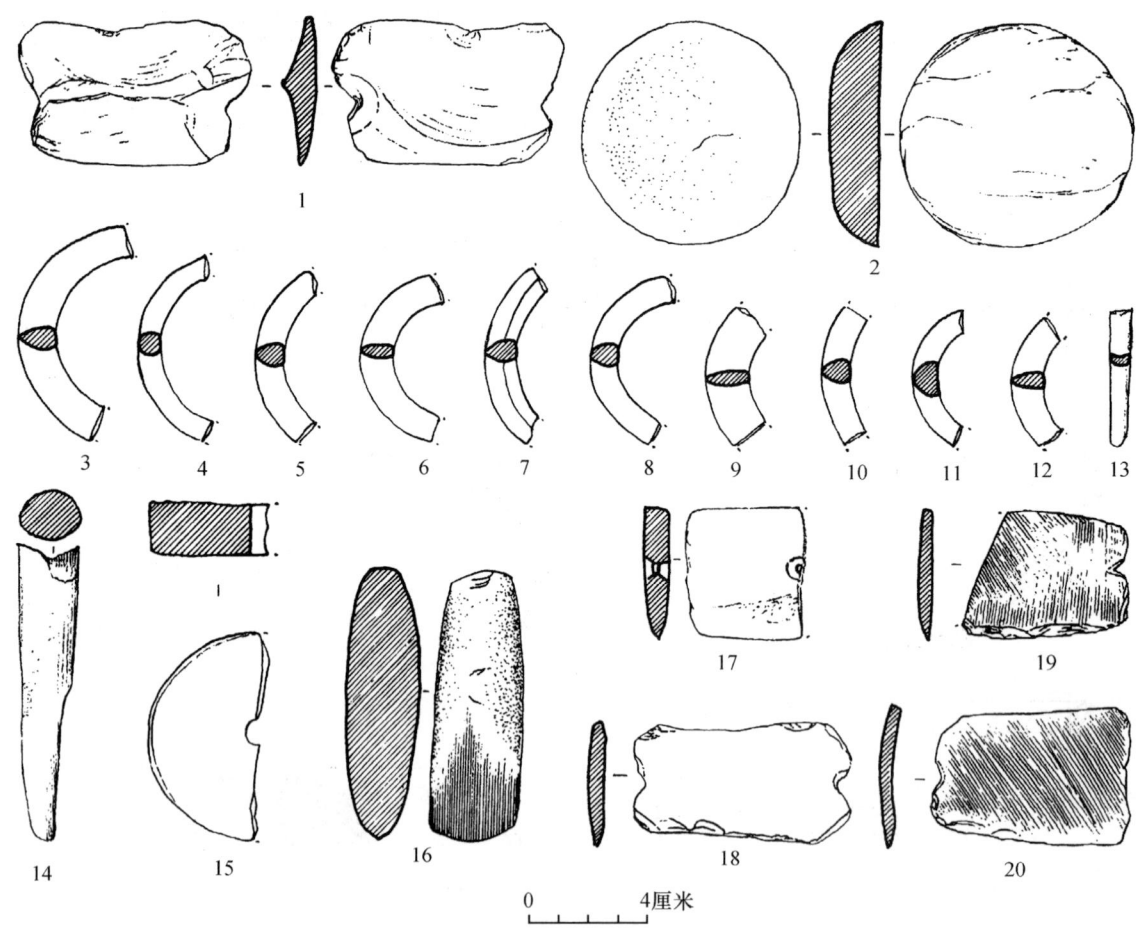

图一二三　H205出土石器、陶器、骨器

1、17. 石刀（H205：12、16）　2. 石球（H205：17）　3～5、8、10～12. 石环（H205：20、23、22、24、26、21、27）
6、7、9. 陶环（H205：29、25、28）　13. 骨笄（H205：30）　14. 骨锥（H205：31）　15. 陶纺轮（H205：18）
16. 石斧（H205：19）　18～20. 陶刀（H205：13、15、14）

陶刀　H205∶13，泥质红陶，器壁略弧，外壁磨光，推测系由钵的腹片打制加工而成，两侧边各有一个凹缺，双面刃。长7.2厘米，宽3.8厘米，厚0.6厘米（图一二三，18）。H205∶14，泥质红陶，器表饰细密的斜线纹，系由尖底瓶的腹片改制而成，两侧边各有一个凹缺，斜直背，刀背经磨光，双面刃。长6.8厘米，宽4厘米，厚0.4厘米（图一二三，20）。H205∶15，泥质红陶，由陶器残片打制加工而成，器壁较直，外壁饰细密的交错线纹，残，侧边有一个凹缺，弧背弧刃。残长5.2厘米，宽3.2厘米，厚0.5厘米（图一二三，19）。

石球　H205∶17，仅残存一小半。直径8厘米（图一二三，2）。

陶纺轮　H205∶18，泥质灰白陶，仅残存一半，中心有一钻孔，器表磨光。直径7.2厘米，厚1.8厘米（图一二三，15）。

石斧　H205∶19，弧顶弧刃，顶端略窄，双面刃，顶部经打制加工，刃部磨光。长9.3厘米，宽3.2厘米，厚2.5厘米（图一二三，16）。

石环　H205∶20，磨制，剖面呈圆角三角形，尖缘，通体磨光。宽1.2厘米，厚0.9厘米（图一二三，3）。H205∶21，磨制，剖面呈三角形，外壁圆折，内直壁，外壁磨光。宽0.9厘米，厚1.4厘米（图一二三，11）。H205∶22，磨制，剖面近似圆角三角形，外壁圆折，内直壁，外壁磨光。宽1厘米，厚0.9厘米（图一二三，5）。H205∶23，磨制，剖面呈椭圆形，通体磨光。宽0.7厘米，厚0.8厘米（图一二三，4）。H205∶24，磨制，剖面近似圆角三角形，内直壁，外壁磨光。宽0.9厘米，厚0.8厘米（图一二三，8）。H205∶26，磨制，剖面呈半圆形，内壁斜直，外壁磨光。宽1厘米，厚0.8厘米（图一二三，10）。H205∶27，磨制，剖面呈锥形，外壁磨光。宽1.1厘米，厚0.6厘米（图一二三，12）。

陶环　H205∶25，泥质褐陶，环体较扁，外壁圆鼓，内壁微凸，内侧磨有一平面，外壁磨光。宽1.1厘米，厚0.7厘米（图一二三，7）。H205∶28，泥质红褐陶，剖面呈扁长锥形。宽1.5厘米，厚0.5厘米（图一二三，9）。H205∶29，泥质褐陶，环体较扁，剖面呈扁长锥形，通体磨光。宽1.1厘米，厚0.4厘米（图一二三，6）。

骨笄　H205∶30，体狭、略扁，顶端残，末端稍窄，两侧直，横截面呈月牙形，钝圆尖，制作规整，通体磨光。残长4.8厘米，宽0.7厘米（图一二三，13）。

骨锥　H205∶31，通体呈圆锥状，部分残损，器表部分经刮削，其余部分磨光，圆弧双面刃，除顶端骨密质呈白色外，其余均呈黑色。残长10厘米（图一二三，14）。

32. H217

标本4件。

罐　H217∶1，泥质灰陶，直口，矮领，尖圆唇，肩斜平，其上饰一周附加堆纹。残高4.6厘米（图一二四，2）。

缸　H217∶2，泥质灰陶，敛口，圆唇内折，腹壁较直外撇，器表磨光，腹部饰数周弦纹。残高7厘米（图一二四，1）。

彩陶钵　H217∶4，泥质灰陶，敞口，尖圆唇，腹壁微弧斜收，口外侧施一周红彩，口内侧有一条窄浅红色带。残高6.4厘米（图一二四，6）。

尖底瓶口　H217∶3，泥质红陶，单唇口，唇面斜平，内侧为尖唇，外侧为尖圆唇，口沿内壁微凹，素面，唇面可见细密轮纹。口径4.8厘米，残高3.2厘米（图一二四，11）。

33. H237

标本 2 件。

夹砂罐 H237:1，灰褐陶，侈口，折沿，圆方唇，腹壁外弧，折沿处的胎较厚，腹壁拍印斜向篮纹，其上施有一周附加堆纹。残高 7.2 厘米（图一二四，4）。

折腹盆 H237:2，泥质灰陶，敛口，圆唇，浅腹锐折，上腹微内弧，下腹直壁斜收，素面，上腹外壁磨光。残高 4.6 厘米（图一二四，5）。

34. H243

标本 3 件。

罐 H243:1，夹砂褐陶，侈口，方唇，腹微鼓，腹壁拍印斜篮纹，其上施一周附加堆纹。残高 11 厘米（图一二四，9）。H243:2，泥质灰陶，矮直领，圆唇，圆肩，其上饰一周附加堆纹。残高 3.4 厘米（图一二四，7）。H243:3，夹砂红褐陶，侈口，折沿外翻，圆方唇，腹外弧，器表饰纵向线纹。残高 5.6 厘米（图一二四，3）。

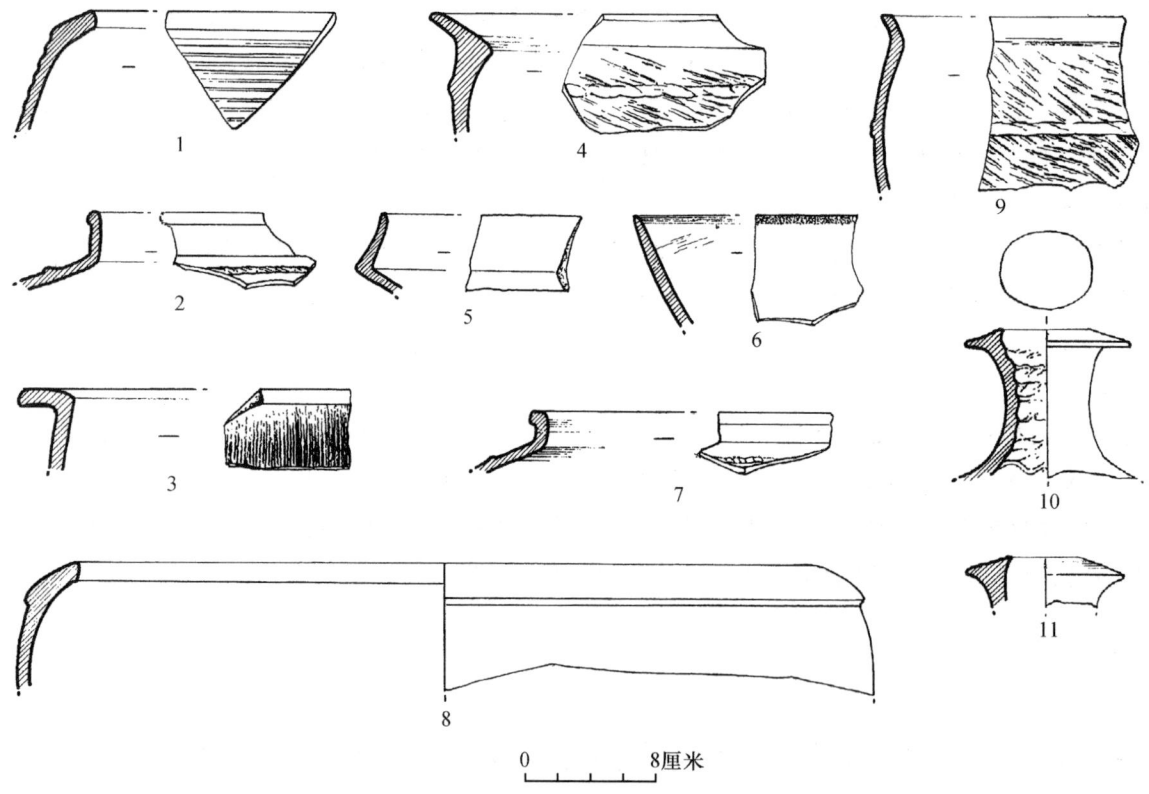

图一二四 H217、H237、H243、H250 出土陶器
1. 缸（H217:2） 2、3、7~9. 罐（H217:1、H243:3、H243:2、H250:2、H243:1） 4. 夹砂罐（H237:1）
5. 折腹盆（H237:2） 6. 彩陶钵（H217:4） 10、11. 尖底瓶口（H250:1、H217:3）

35. H250

标本 2 件。

尖底瓶口　H250:1，泥质红陶，单唇口，唇面微凹上仰，内侧为圆唇，外侧为圆方唇，口部略呈椭圆形，细颈，素面，内壁可见泥条痕。口径 5.6 厘米，残高 9.2 厘米（图一二四，10）。

罐　H250:2，泥质红陶，敛口，圆唇，唇内侧略方，唇面加厚，稍突出于口沿外，圆肩，素面，器表可见修抹痕。口径 45.5 厘米，残高 7.6 厘米（图一二四，8）。

第五章 庙底沟二期遗存

庙底沟二期遗存主要分布于Ⅰ区和Ⅱ区，作为仰韶文化向龙山文化的过渡阶段，该时期文化遗存相对比较丰富，为分析整个遗址面貌提供了较好的实物资料。文化遗迹仅灰坑一种，但文化遗物非常丰富，以陶器为主，还有较多的石、骨、角器等。

第一节 文 化 遗 迹

该时期文化遗迹共35座，均为灰坑（表六）。平面形状有圆形、椭圆形和不规则形三种，以圆形最多。形制上可分为袋状、筒状、锅底状和不规则形四类，分别占该时期遗迹总量的48.6%、22.9%、11.4%和17.1%。灰坑规模不尽相同，口径最大者近14米，最小者1.05米，最深2.6米，最浅仅0.4米，该时期灰坑规模整体较大。坑内堆积以灰褐土和黄褐土为主，夹杂有烧土块、碎石块及动物骨骼等。出土物以陶片为主，此外还有陶环、石环、骨、角、石器等小件。现依据不同形制介绍如下：

表六 庙底沟二期灰坑一览表

单位	位置	打破关系	形制	尺寸（米）			堆积物
				口径	底径	坑深	
H3	T111西南	打破H7、H15	圆形袋状	1.95	2.1	0.35	灰土，土质疏松
H8	T101、T102、T110、T111	被H12打破，打破H7、H34、H35	不规则形	3.5~5.1		0.3~0.7	灰褐土，土质较硬
H9	T101北部	打破H10	圆形袋状	1.95	4.3	1.4	灰褐土，土质较硬
H12	T102~T105 T111~T114	打破H8、H7、H14、H13、H30、H27	不规则形	7.5~15		0.5~2	灰褐土，土质疏松
H32	T110西南、T119西北	打破H33	圆形袋状	1.9	2.4	0.8	灰褐土，土质疏松
H35	T102西南	叠压于H8之下	圆形袋状	1.7	2.2	0.65	灰褐土，土质较硬
H43	T123、T124、T132、T131	打破H62、H73	椭圆形平底	4.4~5		1.5	灰土，土质疏松
H48	T118西部		圆形袋状	2.9	3.1	0.7	黑灰土夹一层褐黄色土，土质较硬
H60	T127西北	打破H61	圆形锅底	2.2		0.4	灰褐土，土质疏松
H63	T132中部	打破H68、H74	圆形袋状	1.05	1.55	0.9	黄褐土，土质疏松
H65	T133东部、T134西部	打破H55	圆形袋状	2.2	2.6	0.5	灰土
H71	T122南部	被H50打破	椭圆形平底	1.55		1.45	灰土，土质疏松
H79	T125南部		圆形袋状	1.2	2.5	0.6	灰土，土质疏松

续表

单位	位置	打破关系	形制	尺寸（米）			堆积物
				口径	底径	坑深	
H101	T93 东部、T94 西部		不规则形	3～3.9		1.6	黄褐土，土质疏松
H102	T80 东部、T81 西部		不规则形	2.8～4.1		1.3	灰褐土，土质疏松
H202	T201 东南、T207 西南	被 H201 打破	圆形筒状	1.9	2.7	1.2	分两层：①青灰烧土块，约 0.1～0.15 米厚；②灰褐土
H203	T209 南部、T208 北部		圆形筒状	2		1.95	灰土
H207	T201 西部	打破 H205	圆形袋状	1.8	2.1	0.8	黄褐土，较纯，土质略硬
H208	T202 中部	打破 H209、H210、H212	椭圆形斜底	3～3.8		0.75～1.4	灰土，土质疏松
H213	T203 东部、T209 西部	被 H211、M201 打破	圆形袋状	2.2	2.5	1.5	灰白土，土质较硬
H214	T203 南部、T202 北部	被 M201 打破	圆形袋状	2.9	3.4	1.8	灰土，夹杂有黑色灰土，土质疏松
H219	T210 南部、T209 北部		圆形袋状	1.2	2.1	1.65	灰土，土质较硬，夹杂有大块生土块
H221	T211 东南、T210 西北	被 H216 打破	圆形袋状	1.4	1.7	1.5	灰土，土质较硬
H222	T205 东部、T211 西部		圆形锅底	1.9		0.55	黄褐土
H226	T210 西部、T204 东部	被 H215、H216 打破	圆形袋状	1.4	2.5	2.1	灰褐土，土质较硬
H228	T221 南部、T220 北部	打破 H229、H251	圆形锅底	1.7		0.9	黄褐土，土质略硬
H231	T219、T225、T218、T224	打破 H253	圆形平底	4.8		1.6	浅灰土，土质略硬
H234	T228 西部、T222 东部	打破 H235	圆形袋状	1.25	2.4	1.05	灰土
H236	T226 南部		圆形袋状	2	2.6	1.5	灰土，土质疏松
H249	T227 南部	打破 H250	圆形袋状	1.9		2.6	黄褐土，土质较硬
H301	T312 东北		口残锅底	3.8	—	1.3	灰褐色土，含少量红烧土块
H315	T310、T321、T311、T322	打破 H312	不规则形平底	6.5～8.2（残）	—	0.7	灰褐色土，含少量石块及红烧土块
H319	T304、T315、T305、T316、T306、T317		不规则形	9～10（残）	—	1	灰褐色土，含少量碎石块及兽骨
H323	T302 中部偏南	打破 H306，被 H305 打破	圆角长方形平底	1.5～2.7	—	0.6	浅灰色土
H326	T318 东部、T319 西部	打破 H327、Y301	椭圆形平底	2.2～3.4	—	0.7	浅灰色土，含少量红烧土块

1. 袋状坑

17 座。均口大底小，规模较大，口径 1.2~2.9 米，坑深多在 1.5 米左右。现举例说明：

H9　位于探方 T101 中北部，开口于第 1 层下，打破 H10。坑口为圆形，坑壁斜直外扩，加工粗糙，坑底平坦，其中一边跨于北隔梁下。口径 1.95 米，底径 4.3 米，坑深 1.4 米。填土为灰褐土，土质较硬，夹杂少量烧土块及石块。出土陶片略多，以灰陶为主，可辨器形有小口高领罐、夹砂深腹罐、带錾盆、缸、釜灶等（图一二五）。

H219　位于探方 T210 南部与 T209 北部，开口于第 1 层下。坑口呈圆形，坑壁由上而下斜向外张，加工粗糙，坑底平整。口径 1.2 米，底径 2.1 米，坑深 1.65 米。填土为灰土，土质疏松，夹杂有大块生土块。出土陶片以夹砂灰陶和泥质灰陶为主，器形有斝、夹砂罐、高领罐等（图一二六）。

H234　位于探方 T222 东部与 T228 西部，开口于第 1 层下，打破 H235。坑口呈圆形，坑壁斜向外扩，加工粗糙，底部平坦。口径 1.25 米，底径 2.4 米，坑深 1.05。填土为灰土，夹杂少量石块及烧土块。出土陶片较少，以夹砂灰陶为主，器形有凹心盆、缸等（图一二七）。

H236　位于探方 T226 南部，开口于第 1 层下。坑口呈圆形，坑壁由上而下向外扩，加工光滑，平底。口径 2 米，底径 2.6 米，坑深 1.5 米。填土为灰土，土质疏松。出土陶片较多，以夹砂灰陶和泥质灰陶为主，复原陶器数件。主要器形有斝、夹砂深腹罐、薄胎彩陶钵、宽沿盆、敞口盆、厚胎缸等。还有石凿、陶环等小件（图一二八）。

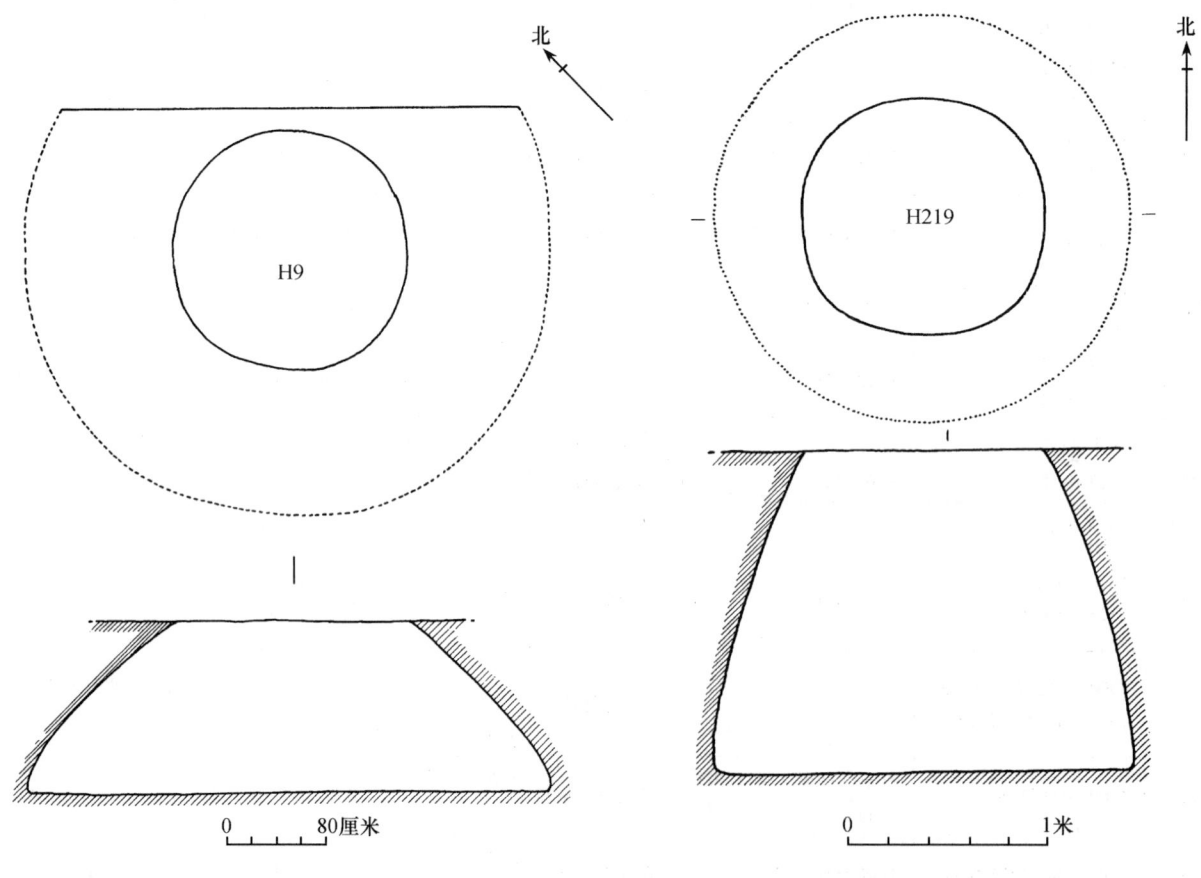

图一二五　庙底沟二期 H9 平、剖面图　　　　图一二六　庙底沟二期 H219 平、剖面图

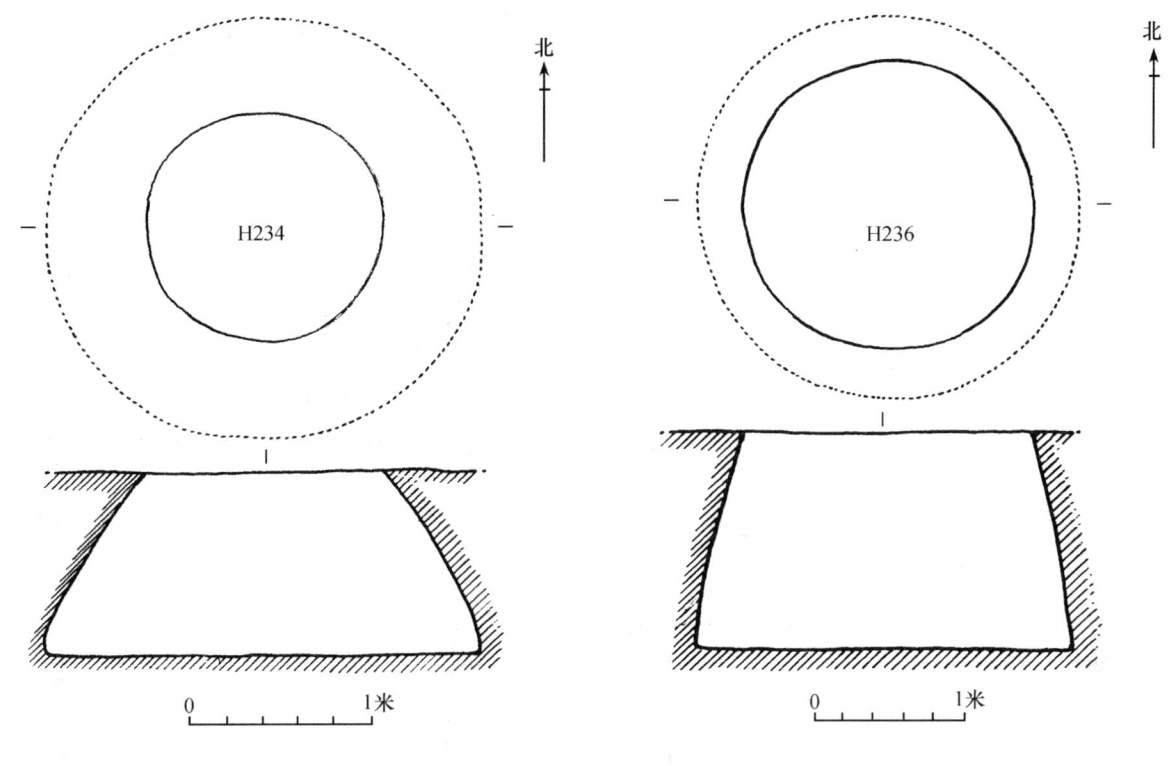

图一二七　庙底沟二期 H234 平、剖面图　　　　　图一二八　庙底沟二期 H236 平、剖面图

2. 筒状坑

8座。坑口多圆形和椭圆形，坑壁有直壁与斜壁之分，多为斜壁。现举例如下：

H43　位于探方 T131、T132 大部及 T123、T124 南部，开口于第 1 层下，打破 H62、H73。坑口平面为椭圆形，面积较大，斜壁，加工粗糙，平底。口径 4.4～5 米，坑深 1.5 米。填土为灰土，土质疏松，夹杂大量碎石块、碎白灰面块和少量烧土块。出土陶片较多，器形有鼎、釜灶、豆、刻槽盆、器盖、厚胎缸、夹砂深腹罐等，复原 1 件鼎和 1 件器盖（图一二九）。

H203　位于探方 T209 南部与 T208 北部，开口于第 1 层下。坑口为圆形，坑壁较直，加工粗糙，坑底不甚平坦。口径 2 米，坑深 1.95 米。填土为灰土，土质疏松，夹杂有生土块及碎石块。出土陶片较多，以灰陶为主，可辨器形有小口高领罐、鼎、釜灶、夹砂深腹罐、带鋬盆、缸等（图一三〇）。

H231　位于探方 T219 东部、T225 西部及 T218 东北部、T224 西北部，开口于第 1 层下，打破 H253。平面近圆形，面积较大，坑壁略斜，加工粗糙，平底。口径 4.8 米，坑深 1.6 米。填土为浅灰土，土质略硬，夹杂少量石块与红烧土块。出土陶片以灰陶为主，主要器形有小口高领罐、刻槽盆、夹砂深腹罐、鼎、厚胎缸等，此外还有石锤等小件（图一三一）。

H323　位于探方 T302 中部偏南，开口于第 2 层下。打破 H306，被 H305 打破。平面呈圆角长方形，坑壁斜直，坑底凹凸不平，坑壁及底部加工粗糙。坑口长 2.7 米，宽 1.5 米，坑深 0.6 米。填土呈浅灰色，土质疏松且较纯净，出土陶片较少（图一三二）。

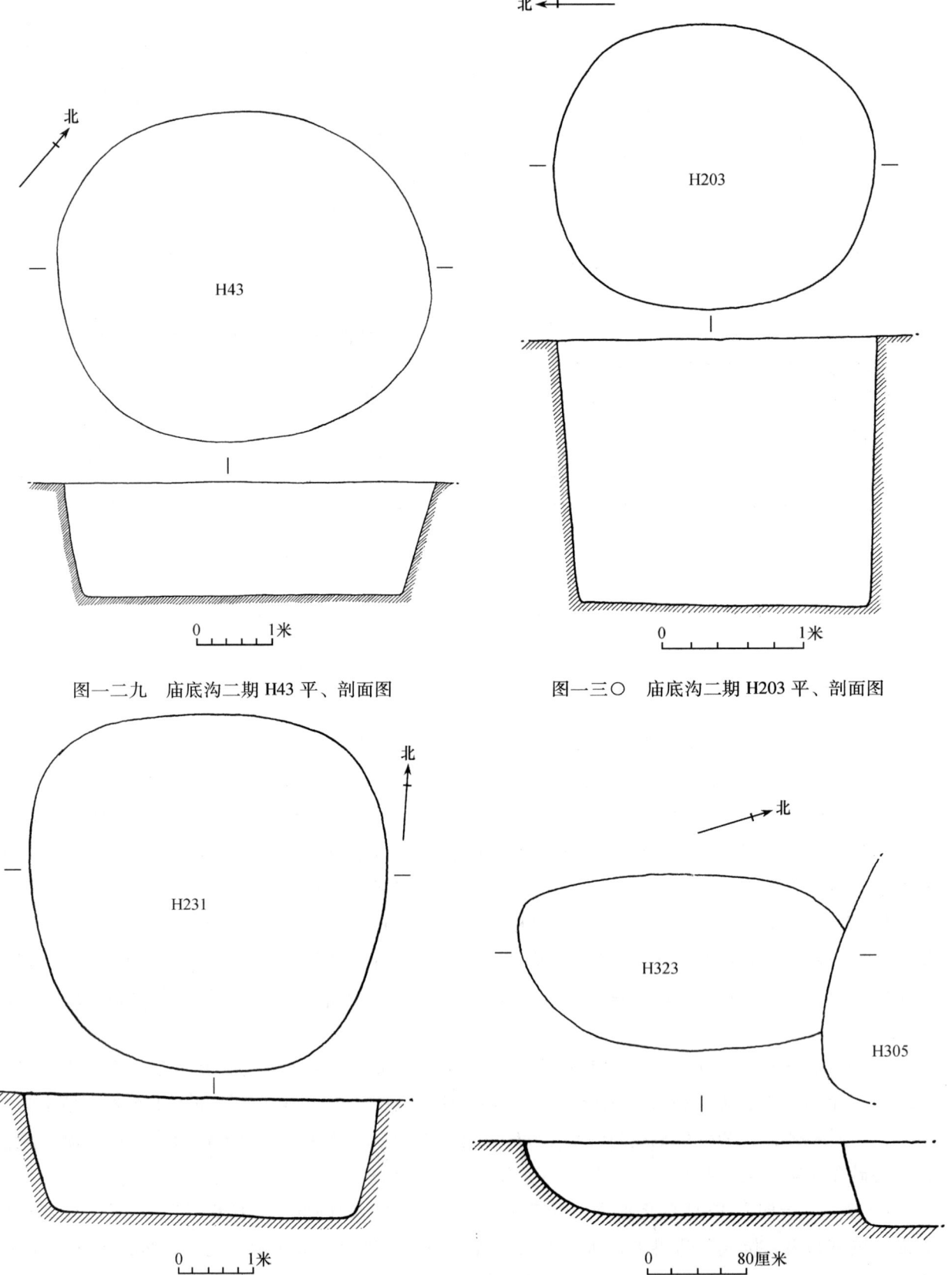

图一二九　庙底沟二期 H43 平、剖面图

图一三〇　庙底沟二期 H203 平、剖面图

图一三一　庙底沟二期 H231 平、剖面图

图一三二　庙底沟二期 H323 平、剖面图

H326 位于探方 T318 东部与 T319 西部,开口于第 2 层下。打破 H327 及 Y301 窑前活动场。平面为不规则椭圆形,坑壁略斜,平底,坑壁及底部加工较粗糙。坑口长径 3.4 米,短径 2.2 米,深 0.7 米。填土为浅灰色,土质疏松,含少量红烧土块。出土陶片以夹砂灰陶为主,可辨器形有豆、釜灶、刻槽盆、夹砂缸及罐等(图一三三)。

3. 锅底状坑

4 座。坑口多圆形,圜底,较浅,坑深 0.4~0.9 米。举例如下:

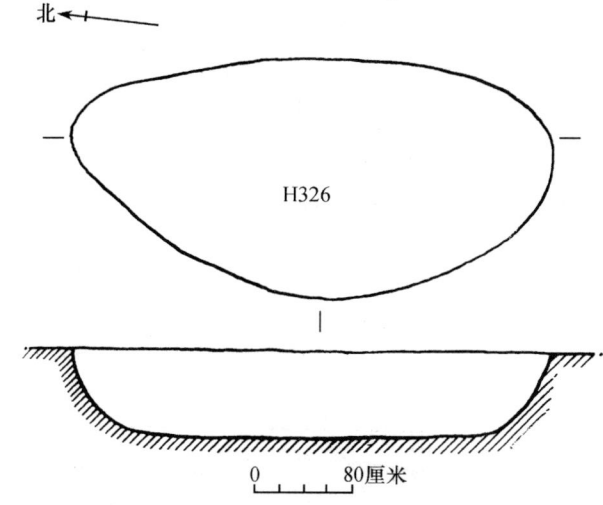

图一三三 庙底沟二期 H326 平、剖面图

H222 位于探方 T205 东部与 T211 西部,开口于第 1 层下。坑口为圆形,弧壁,加工粗糙,锅底状。口径 1.9 米,坑深 0.55 米。填土为黄褐色,土质疏松,较纯净。出土陶片较少,器形有盆、罐等(图一三四)。

H228 位于探方 T221 南部与 T220 北部,开口于第 1 层下,打破 H229、H251。坑口近圆形,坑壁略弧,加工粗糙,锅底。口径 1.7 米,坑深 0.9 米。填土为黄褐土,土质略硬,含少量红烧土块。出土陶片不多,可辨器形有鼎、夹砂深腹罐、刻槽盆、厚胎缸等(图一三五)。

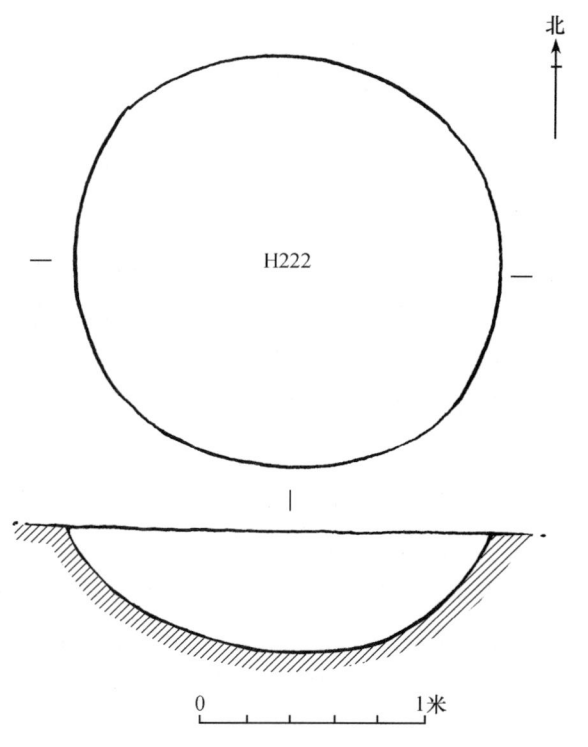

图一三四 庙底沟二期 H222 平、剖面图

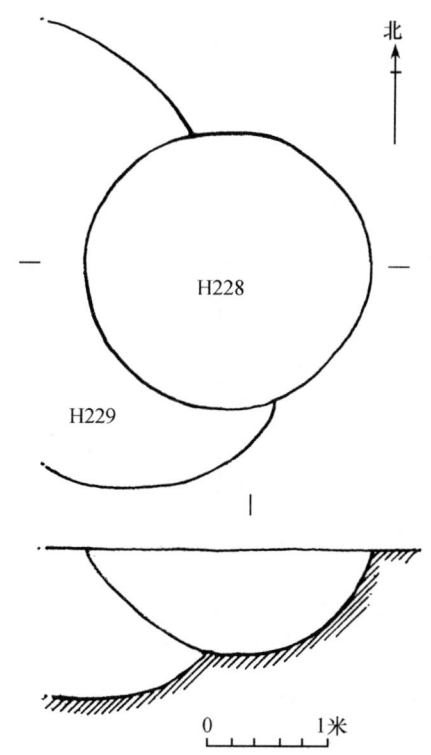

图一三五 庙底沟二期 H228 平、剖面图

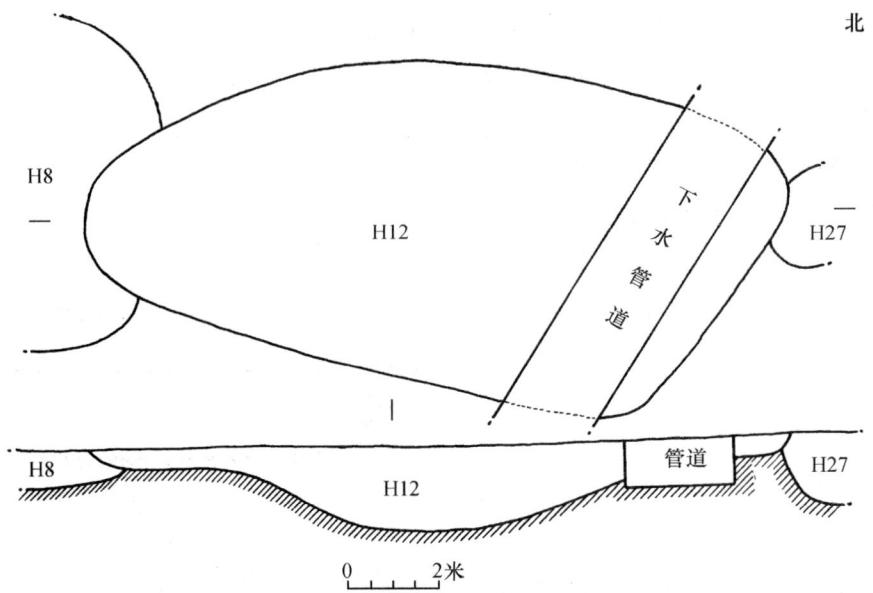

图一三六 庙底沟二期 H12 平、剖面图

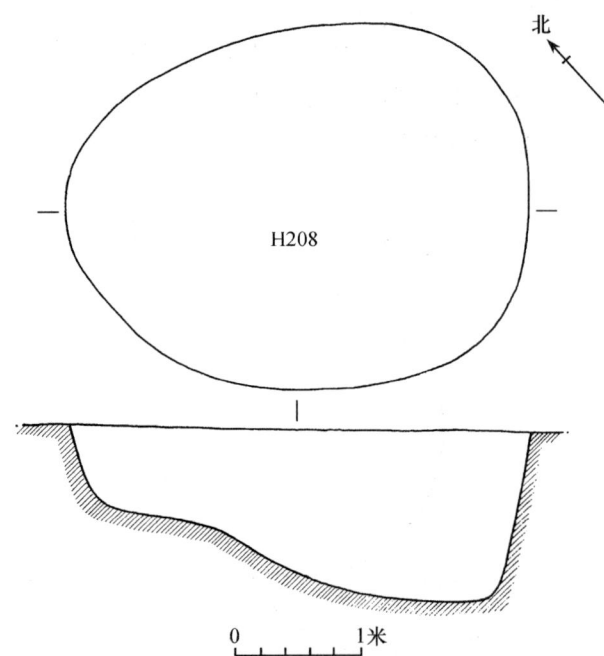

图一三七 庙底沟二期 H208 平、剖面图

4. 不规则形

6座。坑口均较大，坑壁加工粗糙，坑底不规整。现以 H12、H208 为例说明如下：

H12 位于探方 T102～105、T111～T114，开口于第 1 层下。打破 H8、H7、H14、H13、H30、H27。平面为不规则形，面积较大，坑壁凹凸不平，成斜坡状。坑口长 15 米，宽 7.5 米，坑深 0.5～2 米。填土为灰褐土，土质疏松，夹杂大量烧土块、石块、料姜石及兽骨。出土大量陶片，以灰陶为主，器形有鼎、夹砂深腹罐、小口高领罐、缸、刻槽盆、带鋬盆、泥质双鋬罐、豆、斝、釜灶等，复原多件器物（图一三六）。

H208 位于探方 T202 中部偏西，开口于第 1 层下，打破 H209、H210、H212。坑口平面为不规则椭圆形，坑壁略斜，加工粗糙，坑底坡度较大。口径 3～3.8 米，坑深 0.75～1.4 米。填土为灰土，土质疏松，夹杂红烧土及碎石块。出土陶片较多，以泥质灰陶和夹砂灰陶为主，主要器形有薄胎彩陶小杯、高领罐、鼎、豆、釜灶、夹砂深腹罐、缸、盆等。另有小件石球、石镞、骨锥等（图一三七）。

第二节 文化遗物

该时期文化遗物丰富，有陶、石、骨、角器等，其中以陶器为主，形制多样，复原器物53件。依据典型灰坑H8、H12、H32、H43出土陶片的统计数据（表七），泥质陶略少于夹砂陶，占陶片总数的41.9%，其中以灰、灰褐陶为主，约占39.3%。夹砂陶占陶片总数的58.1%，其陶色分灰、灰褐、褐、红色四种，夹砂灰、灰褐陶占到陶片总数的49.4%。此期器表为素面或磨光者约占21.7%，纹饰以篮纹居多，其次为绳纹、附加堆纹，分别为30.4%、28.4%、19.1%，此外还有少量方格纹、弦纹等。附加堆纹在该时期较发达，多施于篮纹、绳纹之上。

表七 庙底沟二期典型灰坑陶系及器形统计表

	陶质	夹砂			泥质				合计	百分比（%）
纹饰	陶色	灰、灰褐	褐	红	灰、灰褐	褐	红	黑		
	绳纹	5146	799	58	75	36	23		6137	28.2
	篮纹	1432	328	16	4798	40	5		6619	30.4
	附加堆纹	3268	438	24	432	19	3		4184	19.1
	素面	898	214	8	1946	88	7	109	3270	15.0
	磨光				1249	65	6	133	1453	6.7
	方格纹	12	8		14	5			39	0.2
	弦纹	3	2		25	11		6	47	0.3
	其他	2	1	3	7	3	2	5	23	0.1
	合计	10761	1790	109	8546	267	46	253	21772	
	百分比（%）	49.4	8.2	0.5	39.3	1.2	0.2	1.2		100
器形	鼎	32	11						43	4.7
	斝	6	3		5			8	22	2.4
	釜灶	18	10						28	3.1
	小口高领罐				32	6			38	4.2
	夹砂深腹罐	176	59	4					239	26.2
	其他各类罐	98	41	3	39	17	9	6	213	23.4
	缸	35	12		6				53	5.8
	瓮	2	1		13				16	1.8
	刻槽盆	13	8		9				30	3.3
	带鋬盆	4	1		31				36	3.9
	其他各类盆	33	14		46	11		3	107	11.7
	豆	6	4		20	4		5	39	4.3
	器盖	8	5		3	1		2	19	2.1
	其他	2	3	2	8	5	3	5	28	3.1
	合计	433	172	9	212	44	12	29	911	
	百分比（%）	47.5	18.9	1.0	23.3	4.8	1.3	3.2		100

注：本表为庙底沟二期典型灰坑H8、H12、H32、H43的陶片统计数据。
纹饰中的其他为数量较少的戳刺纹、刻划纹、按压纹等；器形中的其他为杯、甑、瓶等数量极少的器形。

该期的器形较大，多有变形。主要器类有鼎、罐、鬶、釜灶、带鋬盆、刻槽盆、豆、器盖、缸、瓮等。以罐类器最多，约占49.6%，其中夹砂深腹罐占26.2%，其次为盆类器。此期器物仍以手制中的泥条筑成法为主，同时出现模制技术，主要用于鬶足的制作。

1. H9

标本10件。

小口高领罐 H9:1，泥质灰褐陶，侈口，高领，圆唇，广肩，领外侧可见刮削痕及修抹痕，领内壁有泥条痕，领肩交接内壁可见泥条痕及放射状褶皱。口径10.7厘米，残高12厘米（图一三八，7）。

泥质罐 H9:2，泥质灰陶，侈口，折沿，圆唇，腹壁较直，拍印篮纹，口沿下饰两周附加堆纹，内壁可见修抹痕。残高5.4厘米（图一三八，4）。

夹砂小罐 H9:8，灰陶，侈口，折沿，尖唇，腹壁较直缓收，器表拍印篮纹，腹部饰一周附加堆纹，内壁可见修抹痕。口径18厘米，残高6厘米（图一三八，1）。H9:9，灰陶，侈口，折沿，

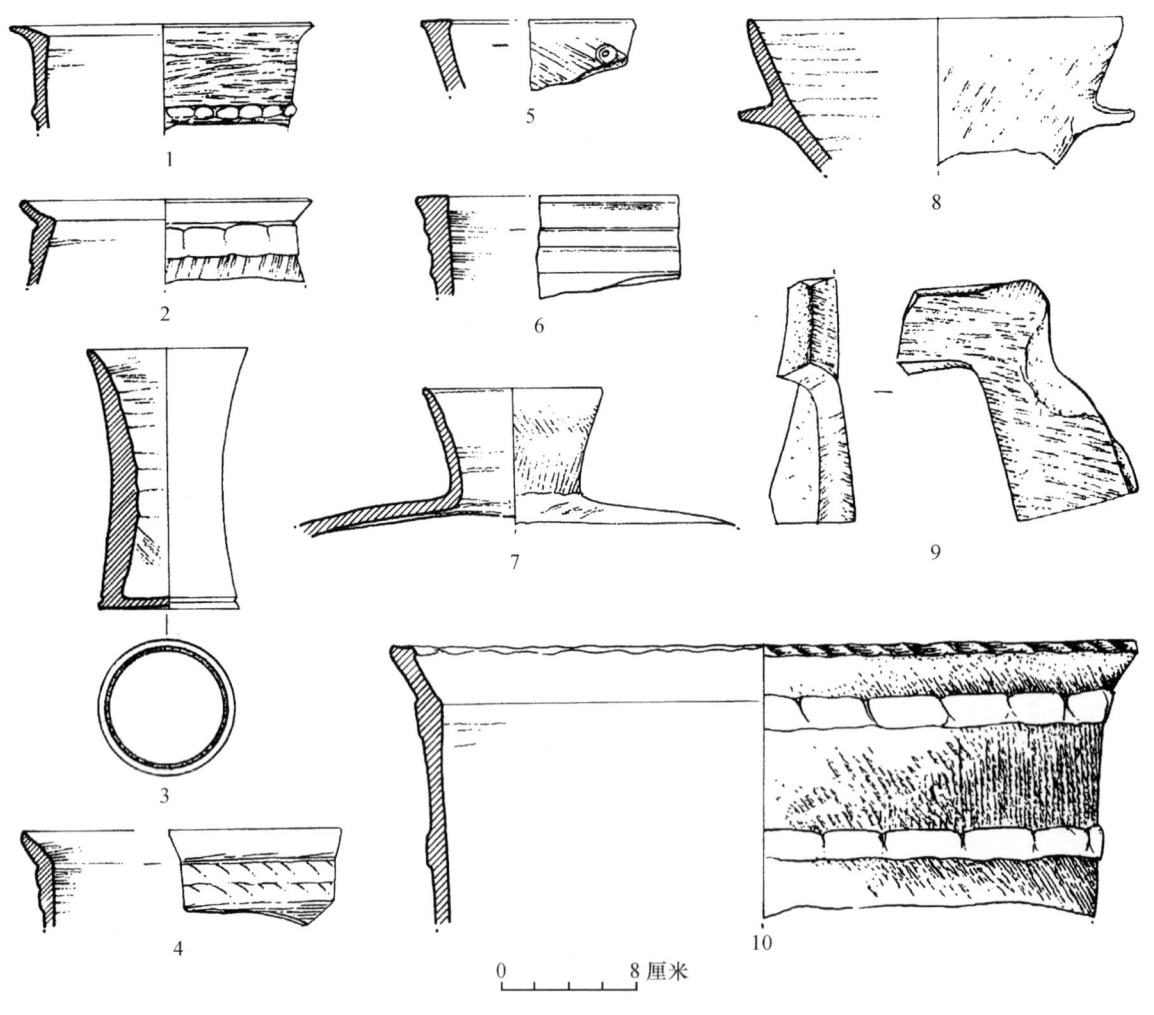

图一三八 H9出土陶器

1、2. 夹砂小罐（H9:8、9） 3. 筒形杯（H9:6） 4. 泥质罐（H9:2） 5. 敞口盆（H9:3） 6、10. 缸（H9:7、5）
7. 小口高领罐（H9:1） 8. 带鋬盆（H9:10） 9. 釜灶（H9:4）

方唇，腹壁外弧，拍印篮纹，口沿下饰一周附加堆纹。口径17厘米，残高5厘米（图一三八，2）。

缸 H9:5，夹砂灰陶，体大，侈口，折沿，圆方唇，唇面滚压绳纹而成花边口，腹壁微弧，器表饰绳纹，口沿下方及腹部各施一周附加堆纹，器表涂抹有黄泥。口径44厘米，残高16.6厘米（图一三八，10）。H9:7，夹砂灰陶，口近直，平沿，圆唇，直腹，口沿外侧饰三周凹槽，内壁可见修抹痕。残高6厘米（图一三八，6）。

釜灶 H9:4，夹砂灰褐陶，残留灶门部分，略呈圆角方形，灶门边缘加厚，器表饰篮纹。残高15厘米（图一三八，9）。

敞口盆 H9:3，泥质灰陶，敞口，平沿，弧腹斜收，腹壁饰篮纹，口沿下方两面对钻有一孔。残高4厘米（图一三八，5）。

带錾盆 H9:10，泥质灰陶，敞口，圆唇，斜弧腹，附舌状錾手，器表施浅篮纹，腹内壁可见泥条缝及修抹痕。口径18厘米，残高9.2厘米（图一三八，8）。

筒形杯 H9:6，泥质灰陶，体长，敞口，圆唇，腹壁内弧，平底微凹，器表磨光，近底部外壁及外底各有一周凹槽，内壁可见修抹痕。口径9.5厘米，底径8.2厘米，高15.5厘米（图一三八，3；图版二七，3）。

2. H219

标本5件。

高领小罐 H219:1，泥质黑陶，侈口，尖唇，高领，折肩，腹壁较直斜收，平底微凹，器表素面磨光。口径6.8厘米，底径5.6厘米，高12厘米（图一三九，5；图版二六，6）。

斝 H219:2，灰陶，折腹以上为泥质陶，下腹部及袋足为夹砂陶，斜直领，窄平沿，沿面上有一周凹槽，扁腹圆折，下附三袋足，上腹部经磨光。口径19.2厘米，腹径25厘米，高25厘米（图一三九，7；图版一九，5）。

夹砂深腹罐 H219:3，灰陶，侈口，折沿，圆唇，弧腹，平底微凹，腹壁拍印篮纹，口沿下方及腹壁各施一周附加堆纹，外底有粟粒印痕，口沿内侧可见按压痕，内壁留有修抹痕。口径20厘米，底径9.6厘米，复原高29厘米（图一三九，8）。H219:4，灰陶，敞口，折沿，方唇，唇面经按压而成花边口，腹壁微弧内收，平底，器表拍印篮纹，其上施数周附加堆纹，外底有粟粒印痕。口径30.2厘米，底径14厘米，复原高30.2厘米（图一三九，3）。

陶刀 H219:5，泥质褐陶，利用陶片加工而成，平面近似长方形，两侧各有一V字形凹缺，刃缘凹凸不平，经磨损已变钝。长7.9厘米，宽4.5厘米，厚0.5厘米（图一三九，6）。

3. H234

标本3件。

凹心盆 H234:1，泥质黑陶，敞口，折沿上仰，尖圆唇，弧腹斜收，平底，内壁磨光，沿外侧有细密轮纹，腹壁篮纹隐约可见，外底有粟粒印痕。残高6.6厘米（图一三九，4）。

缸 H234:2，夹砂灰陶，口微敛，平沿，圆方唇，腹壁较直外撇，口沿下附一只鹰嘴式纽，附纽处内壁微凹，内壁可见修抹痕。残高8厘米（图一三九，1）。H234:3，夹砂灰陶，侈口，斜折沿，圆方唇，唇面及口沿下侧滚压绳纹而成花边口，折沿处胎较厚，腹壁较直，饰绳纹，其上贴附六周堆纹，内壁有刮削痕。残高14.6厘米（图一三九，2）。

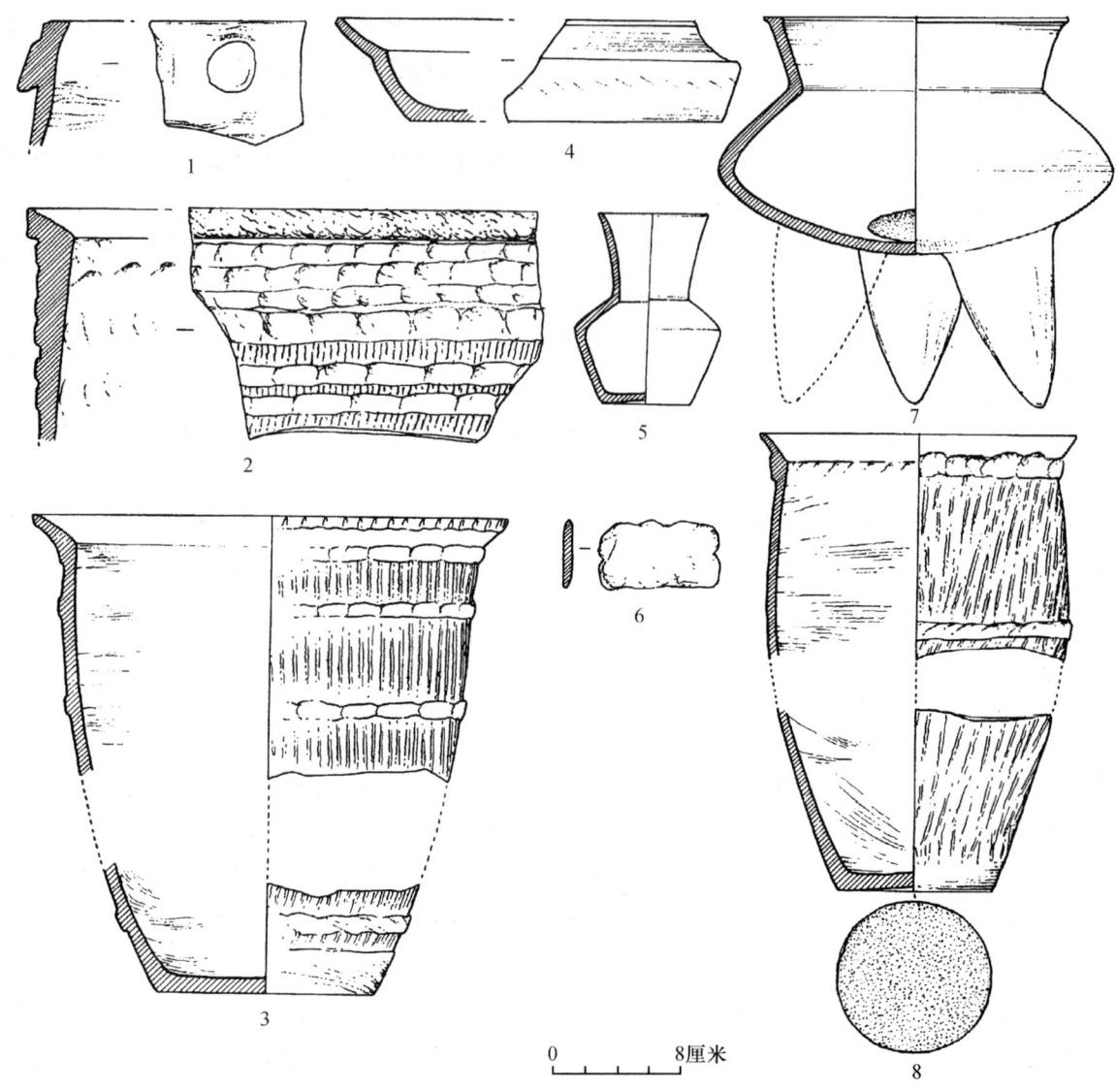

图一三九　H219、H234 出土陶器
1、2. 缸（H234:2、3）　3、8. 夹砂深腹罐（H219:4、3）　4. 凹心盆（H234:1）　5. 高领小罐（H219:1）
6. 陶刀（H219:5）　7. 鬲（H219:2）

4. H236

标本 29 件。

鬲　H236:1，褐陶，折腹以上为泥质陶，下腹部及袋足为夹砂陶，直领，尖圆唇略内凸，扁腹圆折，袋足残，口沿及上腹部素面磨光，内壁残留有水垢。口径 18 厘米，腹径 25 厘米，残高 16 厘米（图一四〇，18；图版一九，6）。H236:2，灰褐陶，折腹以上为泥质陶，下腹部及袋足为夹砂陶，领略直，圆方唇，扁腹圆折，袋足残，器表素面磨光。口径 18 厘米，腹径 23.8 厘米，残高 15 厘米（图一四〇，16）。H236:3，泥质灰陶，直领，平折沿，尖唇，扁腹圆折，器表素面磨光。口径 19 厘米，腹径 22.8 厘米，残高 10.6 厘米（图一四〇，17）。

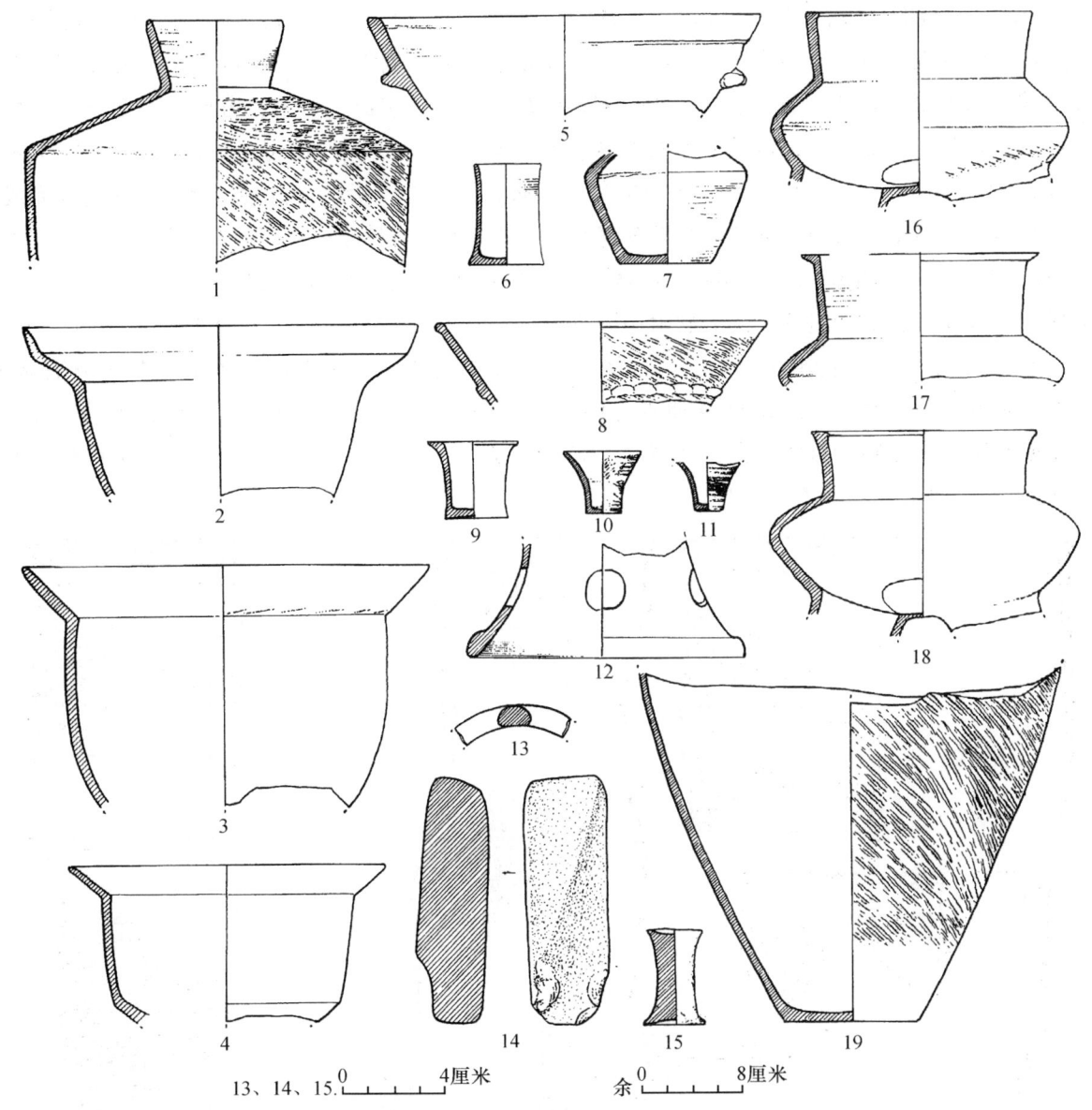

图一四〇 H236 出土陶器、石凿

1、7、19. 小口高领陶罐（H236:4、12、5） 2~4. 宽沿陶盆（H236:6、7、8） 5、8. 敞口陶盆（H236:9、10） 6、9. 薄胎小陶杯（H236:13、14） 10、11. 彩陶小杯（H236:15、17） 12. 陶器座（H236:11） 13. 陶环（H236:28） 14. 石凿（H236:27） 15. 陶支钉（H236:29） 16~18. 陶斝（H236:2、3、1）

小口高领罐 H236:4，泥质灰陶，侈口，尖圆唇，折肩，直腹微内收，器表拍印篮纹，领内壁可见泥条缝及修抹痕。口径10.8厘米，残高19.6厘米（图一四〇，1）。H236:5，泥质灰陶，残留下半部，弧腹斜收，平底，腹部拍印斜向篮纹。底径11厘米，残高29厘米（图一四〇，19）。H236:12，泥质灰陶，折肩，下腹斜收，平底，壁包底，外底有粟粒印痕，上腹素面磨光，下腹有刮削痕。腹径13厘米，底径7.6厘米，残高9厘米（图一四〇，7）。

夹砂深腹罐 H236:18，灰陶，侈口，斜方唇，唇面经按压而成花边口，腹微外弧，平底，器表饰绳纹，口沿下方施一周附加堆纹，近底部外壁可见刮削痕。口径12厘米，底径9厘米，高

16.4 厘米（图一四一，7；图版二五，3）。H236:19，灰陶，侈口，折沿，圆方唇，唇面经按压而成花边口，腹壁微外弧，器表饰绳纹，口沿下方及腹壁各施一周附加堆纹，内壁可见修抹痕。口径 18.2 厘米，残高 9.4 厘米（图一四一，8）。H236:20，灰陶，侈口，折沿，方唇，唇面滚压绳纹而成花边口，腹微弧，饰绳纹，口沿下方及腹壁各施一周附加堆纹，内壁可见修抹痕。口径 31.8 厘米，残高 17.4 厘米（图一四一，9）。H236:21，灰陶，口微侈，折沿，方唇，唇面滚压绳纹而成花边口，腹微弧，口沿下附两周堆纹，腹部饰绳纹，其上贴附一周堆纹。口径 30.4 厘米，残高 23 厘米（图一四一，1）。H236:22，灰陶，口微侈，圆方唇，唇面滚压绳纹而成花边口，腹微外弧，口沿下附两周堆纹，腹部饰绳纹，其上贴附一周堆纹。口径 39 厘米，残高 12 厘米（图一四一，3）。H236:23，灰陶，侈口，折沿，方唇，唇面滚压绳纹而成花边口，腹壁较直外撇，器表饰细绳纹，口沿下方施两周附加堆纹。残高 11.4 厘米（图一四一，4）。H236:24，灰陶，直口，折沿，唇面经按压而成花边口，方唇，腹壁较直，饰绳纹，口沿下方施一周附加堆纹，口部内侧可见若干小凹坑。残高 10.4 厘米（图一四一，2）。

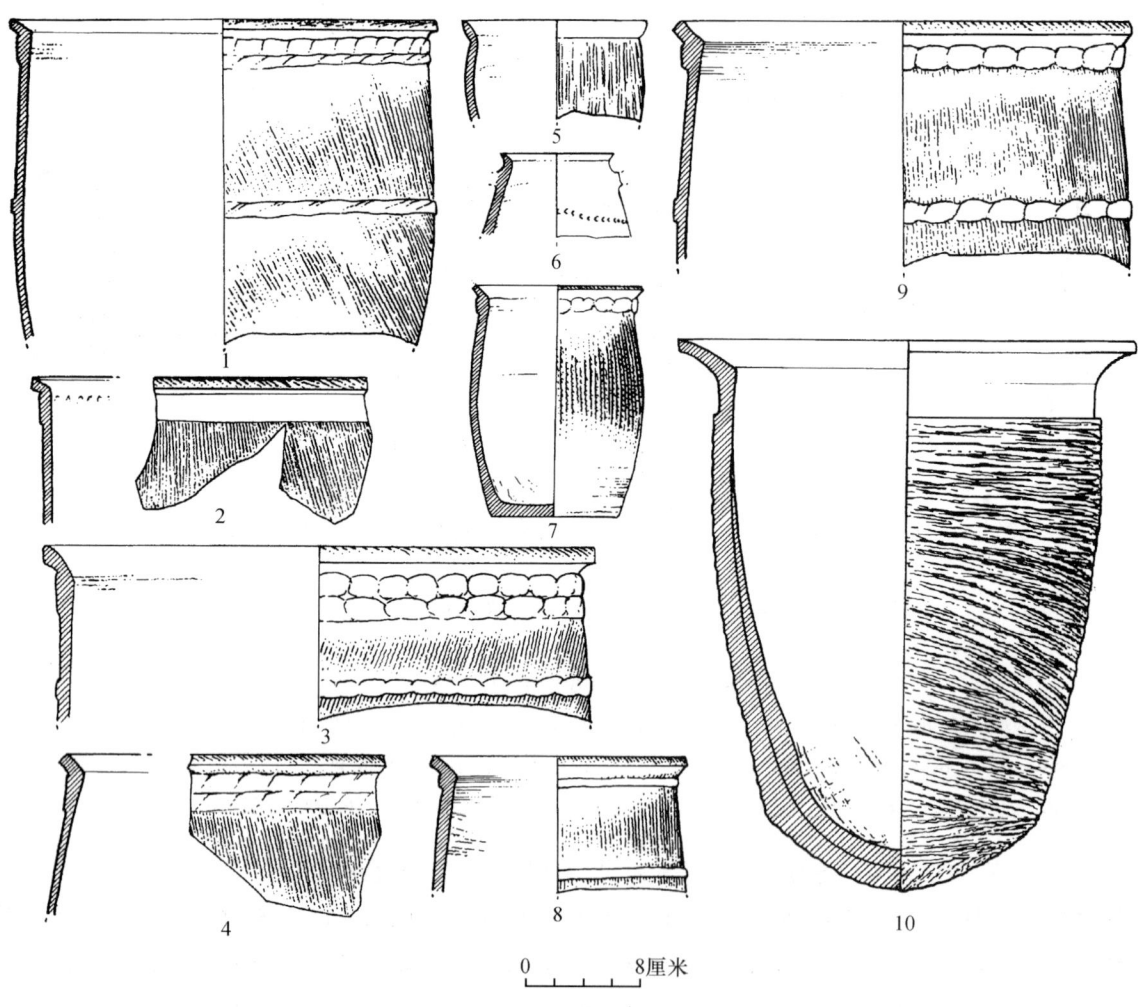

图一四一　H236 出土陶器

1~4、7~9. 夹砂深腹罐（H236:21、24、22、23、18、19、20）　5、6. 小罐（H236:25、26）　10. 厚胎缸（H236:16）

小罐　H236:25，夹砂灰陶，侈口，圆方唇，弧腹，腹部拍印纵向篮纹。口径13厘米，残高7厘米（图一四一，5）。H236:26，夹砂灰陶，侈口，尖圆唇，腹壁外弧，口沿下方残留鋬手，腹部饰一周剔刺纹。口径8厘米，残高6厘米（图一四一，6）。

宽沿盆　H236:6，泥质黑陶，近似盘口，圆唇，弧腹内收，腹部隐约可见横篮纹，盘口及器表磨光。口径31厘米，残高13.8厘米（图一四〇，2）。H236:7，泥质灰陶，口微侈，宽折沿，尖圆唇，弧腹内收，器表素面磨光。口径32厘米，残高19.2厘米（图一四〇，3）。H236:8，泥质灰陶，敞口，宽折沿，尖圆唇，折腹，下腹斜收，器表素面磨光。口径25厘米，残高12.8厘米（图一四〇，4）。

敞口盆　H236:9，泥质灰陶，敞口，圆方唇，斜腹，腹部残留一只鸡冠形鋬手，口部外侧可见唇部向外翻叠形成的泥条缝及刮削痕。口径31厘米，残高8厘米（图一四〇，5）。H236:10，泥质灰陶，敞口，圆方唇，斜腹，器表拍印篮纹，其上施一周附加堆纹。口径26.2厘米，残高6.6厘米（图一四〇，8）。

器座　H236:11，泥质黑陶，喇叭形圈足豆座，器壁饰一周圆形镂孔。底径22厘米，残高9厘米（图一四〇，12）。

薄胎小杯　H236:13，泥质灰陶，口微敞，尖唇，腹壁略内弧，平底，器表素面磨光。口径5.2厘米，底径6厘米，高8厘米（图一四〇，6；图版二七，2）。H236:14，泥质灰陶，口微敞，平折沿，尖唇，腹壁微内弧，平底微凹，器表素面磨光。口径7厘米，底径5厘米，高6.2厘米（图一四〇，9）。

彩陶小杯　H236:15，泥质橙陶，薄胎，喇叭形敞口，尖唇，腹壁内弧，平底，口沿内侧及腹壁刷抹有红、黑相间的彩色花纹。口径6.2厘米，底径3厘米，高5厘米（图一四〇，10；图版二七，5）。H236:17，泥质橙陶，薄胎，口残，腹壁内弧斜收，平底微凹，腹壁刷抹有红、黑相间的彩色花纹。底径2.2厘米，残高4厘米（图一四〇，11）。

厚胎缸　H236:16，夹砂灰褐陶，口近直，折沿，方唇，腹壁微弧缓收，圜底，下腹部及底部的胎较厚，内壁涂抹一层夹砂灰泥，灰泥自腹到底渐厚，器表饰粗篮纹，器底有若干刻划纹。口径32.2厘米，高39.6厘米（图一四一，10；图版二一，1）。

石凿　H236:27，磨制石器，大体呈多棱柱形，顶端和柱体均磨光，底端残。残长9.9厘米，宽3.4厘米，厚2.7厘米（图一四〇，14）。

陶环　H236:28，泥质灰陶，剖面为馒头形，器表磨光。宽0.8厘米，厚1.3厘米（图一四〇，13）。

支钉　H236:29，夹砂褐陶，大体呈柱形，两端较宽、内凹，素面。一端直径2.1厘米，另一端直径2.5厘米，高3.8厘米（图一四〇，15）。

5. H43

标本21件。

平底盆形鼎　H43:1，夹砂灰陶，器形较小，侈口，沿略窄平，圆唇，腹壁略直，足宽扁，腹外壁饰竖绳纹，腹部附带三齿鸡冠形鋬手，足面中间附一道竖堆纹，两侧为刻划的斜凹槽。口径18.2厘米，高13.8厘米（图一四二，2；图版一九，2）。

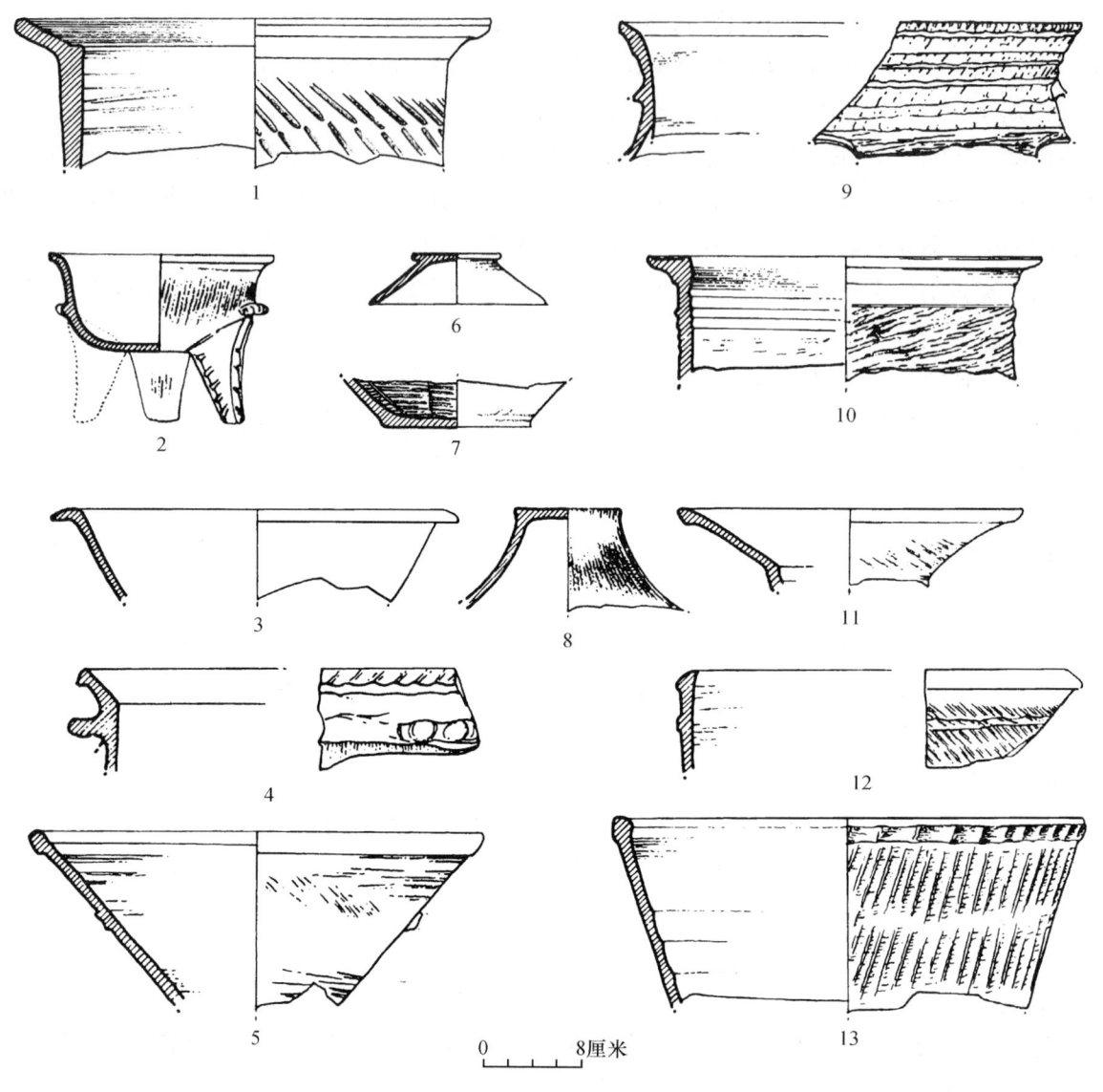

图一四二 H43 出土陶器

1、10. 厚胎缸（H43:21、2） 2. 平底盆形鼎（H43:1） 3、5、12、13. 盆（H43:17、20、18、19） 4、9. 釜灶（H43:6、5） 6、8. 器盖（H43:4、7） 7. 刻槽盆（H43:3） 11. 豆（H43:11）

釜灶 H43:5，夹砂灰陶，侈口，折沿略窄，方唇，唇面经按压而呈花边状，口沿下附四周宽扁堆纹，从叠压情况来看是先贴两周堆纹，再分别在其上侧和中间压贴两周，扁长鋬手残，灶壁上残留两个圆方孔。口径 20 厘米，残高 11 厘米（图一四二，9）。H43:6，夹砂褐陶，侈口，折沿，方唇，唇面经按压而成花边口，釜灶交接处距口沿较近，釜壁施竖篮纹，釜灶交接处贴附有两道薄泥条用以加固，并附三齿鋬手。残高 8.2 厘米（图一四二，4）。

器盖 H43:4，泥质灰褐陶，覆碗形，敞口，圆唇，器壁斜直，饼状捉手，素面。口径 14.6 厘米，捉手直径 7 厘米，高 4 厘米（图一四二，6）。H43:7，夹砂灰褐陶，似喇叭形，口沿残，器壁内弧，平底状捉手，器表饰绳纹。捉手直径 8.5 厘米，残高 8.2 厘米（图一四二，8）。

豆 H43:11，夹砂灰陶，大敞口，圆唇，器壁微内弧，内壁磨光，器表饰浅篮纹。口径 28 厘米，残高 6 厘米（图一四二，11）。

厚胎缸　H43:2，夹砂灰褐陶，口近直，宽平沿，沿面微凹，圆唇，直腹，腹部饰粗篮纹，颈内侧有三周凹槽，腹内壁可见刮削痕。口径32厘米，残高10厘米（图一四二，10；图版二二，5）。H43:21，夹砂灰褐陶，侈口，宽折沿，圆方唇，腹壁较直，腹部饰按压的凹槽，纹饰较规整，沿面及内壁可见修抹痕。口径39厘米，残高12厘米（图一四二，1；图版二二，4）。

刻槽盆　H43:3，泥质灰陶，口残，斜腹微弧，平底，内壁有横向及放射状刻槽。底径12厘米，残高4厘米（图一四二，7）。

盆　H43:17，泥质灰陶，敞口，折沿，圆唇，斜腹，素面磨光。口径33厘米，残高7.3厘米（图一四二，3）。H43:18，泥质灰褐陶，口微敛，圆唇，腹壁微弧，唇面及内壁磨光，器表拍印篮纹并附一周堆纹。残高8厘米（图一四二，12）。H43:19，泥质灰陶，敞口，圆唇，斜直腹，口外侧附一周堆纹，腹部拍印篮纹带横丝，内壁可见泥缝。口径38厘米，残高15.5厘米（图一四二，13）。H43:20，泥质灰陶，敞口，圆唇，斜直腹，口内侧有一周凹槽，器表磨光又经刮削，腹部残留鋬手脱落后的疤痕。口径37厘米，残高14.2厘米（图一四二，5）。

夹砂深腹罐　H43:8，灰陶，口略大，近直口，平沿，圆方唇，腹壁斜直，器表拍印斜篮纹并附堆纹，口沿下堆纹较厚，经烧烤，有烟熏痕迹。口径24厘米，残高9厘米（图一四三，1）。H43:9，灰陶，口微敞，折沿，圆方唇，腹壁斜直，器表拍印篮纹并附堆纹，口沿下堆纹较厚。残高8厘米（图一四三，4）。H43:13，灰陶，侈口，折沿，方唇，唇面滚压绳纹而成花边口，腹壁较直

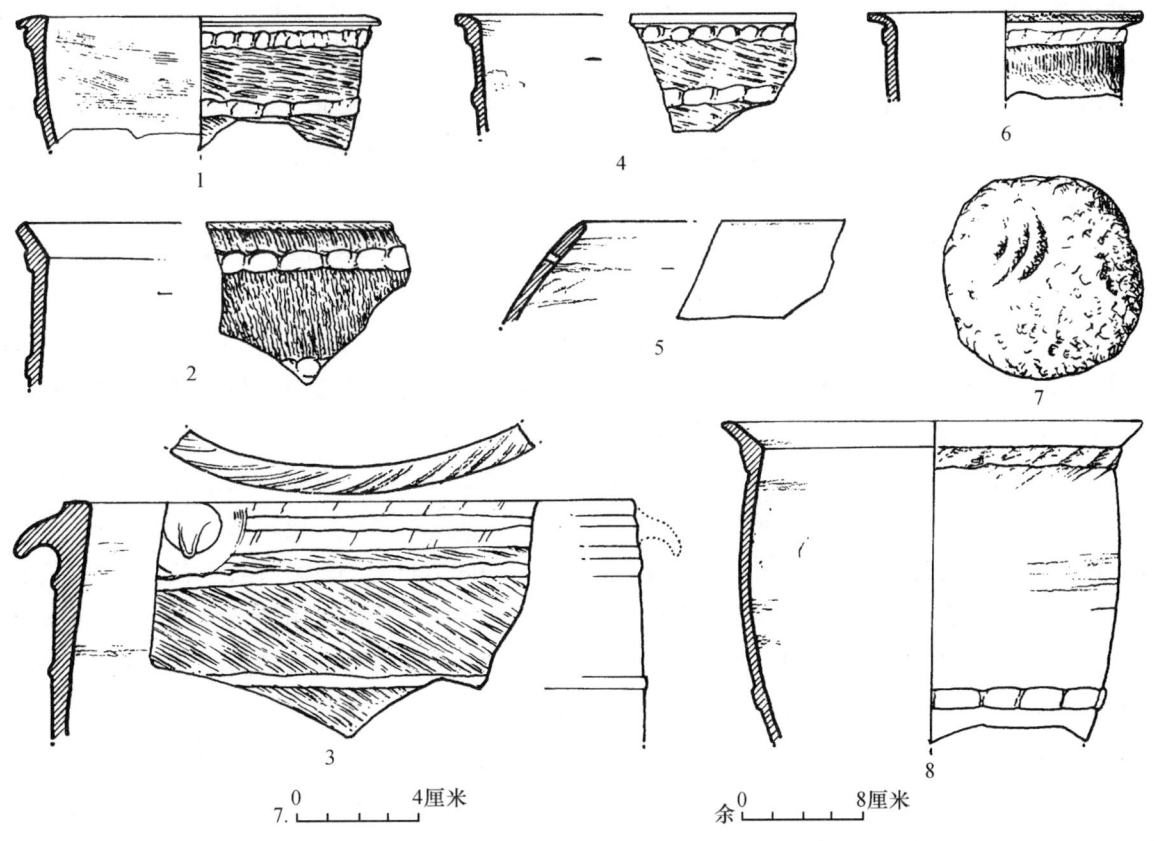

图一四三　H43出土陶器、石球

1、2、4、6. 夹砂深腹罐（H43:8、13、9、14）　3. 缸（H43:15）　5. 瓮（H43:10）　7. 石球（H43:12）
8. 泥质罐（H43:16）

微外撇，器表饰绳纹，口沿下方及腹部各施一周附加堆纹，器表涂抹有黄泥。残高5.5厘米（图一四三，2）。H43:14，灰陶，侈口，方唇，唇面滚压绳纹而成花边口，腹壁微弧，器表饰竖绳纹，口沿下施一周附加堆纹。口径18厘米，残高5.8厘米（图一四三，6）。

泥质罐　H43:16，泥质灰褐陶，侈口，折沿，圆方唇，腹微鼓，口沿下方及腹壁各施一周附加堆纹。口径28厘米，残高21.6厘米（图一四三，8）。

瓮　H43:10，泥质灰陶，敛口，圆唇，溜肩略圆，肩部钻有一孔，为烧制前所钻，内壁可见刮削修抹痕。残高6.5厘米（图一四三，5）。

缸　H43:15，夹砂灰褐陶，口微敛，平沿，沿面压印篮纹，腹较直外撇，其上拍印篮纹并附堆纹，口部下方有三周堆纹，其上贴附鹰嘴式钮。口径38厘米，残高16厘米（图一四三，3；图版二三，6）。

石球　H43:12，琢制而成。最大直径为7.2厘米（图一四三，7）。

6. H203

标本18件。

小口高领罐　H203:2，泥质灰陶，侈口，圆唇，斜直领，素面，领颈交接处内壁有一圈泥条痕。口径12厘米，残高9厘米（图一四四，8）。

带鋬盆　H203:3，泥质灰陶，敞口，圆唇，腹壁微弧斜收，附舌状鋬手，平底，素面。口径21厘米，底径10厘米，高8.8厘米（图一四四，3）。

宽沿盆　H203:1，泥质灰陶，敞口，折沿，圆唇，弧腹内收，平底，器表拍印篮纹，外底有粟粒印痕，内壁可见垫窝痕。口径28厘米，底径13.4厘米，高20.8厘米（图一四四，5；图版二六，3）。

夹砂深腹罐　H203:7，灰陶，侈口，斜方唇，唇面经按压而成花边口，腹壁略直，器表饰绳纹，口沿下方施两周附加堆纹。残高15.4厘米（图一四四，4）。H203:8，褐陶，侈口，折沿，斜方唇，唇面滚压绳纹而成花边口，腹壁微弧，器表饰绳纹，口沿下方贴附堆纹一周。残高9厘米（图一四四，1）。H203:9，灰陶，侈口，方唇，唇面滚压绳纹而成花边口，腹壁外弧，饰绳纹，口沿下方贴附两周堆纹。残高11厘米（图一四四，14）。H203:10，灰陶，侈口，折沿，圆方唇，唇面经按压而成花边口，口沿略变形，溜肩，肩部拍印横篮纹，口沿下方施一周附加堆纹。残高7厘米（图一四四，7）。H203:11，灰陶，口微侈，方唇，唇面滚压绳纹而成花边口，腹微弧，器表饰绳纹，口沿下方施两周附加堆纹。残高6.8厘米（图一四四，11）。H203:14，灰陶，残留近底部，腹壁微弧斜收，近底处有一周浅凹槽，平底，器表饰绳纹，其上施一周附加堆纹，并附舌状鋬手。底径18厘米，残高9.2厘米（图一四四，18）。H203:15，灰陶，腹壁微弧斜收，平底，器表饰绳纹，其上贴附两周堆纹。底径10.8厘米，残高16.2厘米（图一四四，13）。

鼎　H203:12，夹砂灰陶，侈口，折沿，方唇，弧腹内收，腹壁饰三周剔刺纹。残高7.2厘米（图一四四，12）。H203:13，夹砂灰陶，侈口，折沿，斜方唇，唇面经按压而成花边口，腹壁微弧内收，器表饰绳纹。残高6.6厘米（图一四四，16）。

釜灶　H203:4，夹砂灰陶，敞口，折沿，方唇，釜灶交接处附鸡冠形鋬手，灶壁外弧，釜壁微弧斜收，器表饰竖篮纹，口沿下施三周附加堆纹，内壁可见修抹痕。口径24.8厘米，残高21厘米（图一四四，15；图版一九，3）。H203:5，夹砂灰陶，侈口，折沿，方唇，唇面滚压绳纹而成花边口，釜灶交接处附舌状錾手，灶壁外弧，器表饰绳纹，口沿下方及釜灶交接处各施一周附加堆纹，内壁可见修抹痕。口径27厘米，残高11.4厘米（图一四四，6）。H203:6，夹砂灰褐陶，残留灶门部分，略呈长方形，门边贴附泥条，器表拍印篮纹，其上再贴附堆纹。残高17.4厘米（图一四四，17）。

小罐　H203:16，夹砂灰褐陶，侈口，圆唇，束颈，鼓腹，平底，器形不甚规整，素面。口径7.6厘米，底径5厘米，高9.6厘米（图一四四，10）。

小杯　H203:17，夹砂灰褐陶，口残，侈口，折沿，腹壁较直，平底，器形不甚规整，素面。底径4.4厘米，残高7厘米（图一四四，9）。

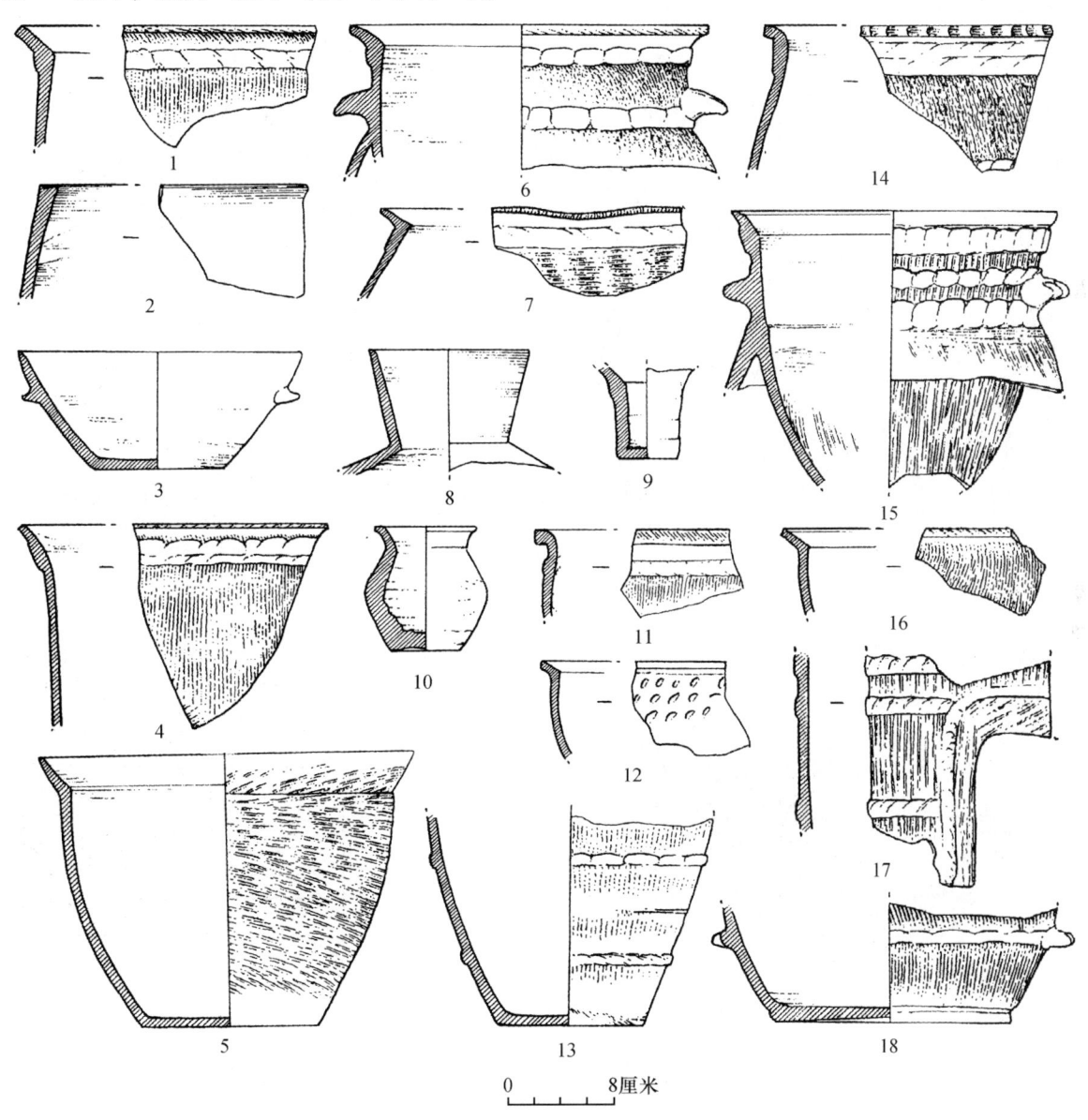

图一四四　H203 出土陶器

1、4、7、11、13、14、18. 夹砂深腹罐（H203:8、7、10、11、15、9、14）　2. 缸（H203:18）　3. 带錾盆（H203:3）
5. 宽沿盆（H203:1）　6、15、17. 釜灶（H203:5、4、6）　8. 小口高领罐（H203:2）　9. 小杯（H203:17）
10. 小罐（H203:16）　12、16. 鼎（H203:12、13）

缸 H203:18，泥质褐陶，敛口，圆方唇，唇面上有两周浅凹槽，腹外弧，器表素面磨光，内壁可见修抹痕。残高8.6厘米（图一四四，2）。

7. H231

标本9件。

小口高领罐 H231:1，泥质灰陶，侈口，尖圆唇，斜直领，方折肩，腹部直壁内收，肩部饰横向篮纹，腹壁拍印斜向篮纹。口径11.6厘米，残高22.6厘米（图一四五，6；图版二一，3）。

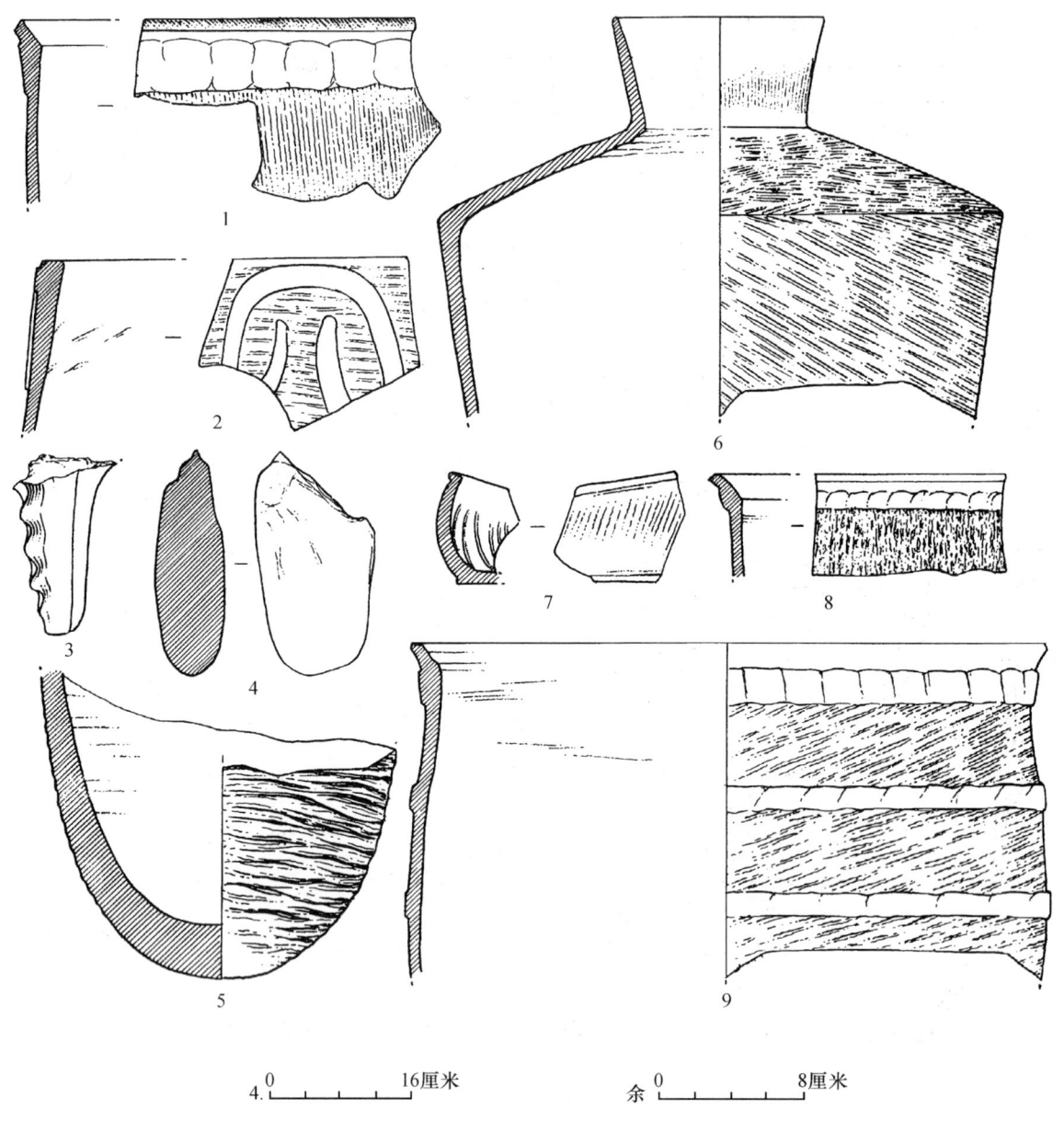

图一四五 H231出土陶器、石锤
1、8、9. 夹砂深腹陶罐（H231:4、5、3） 2. 陶缸（H231:6） 3. 陶鼎足（H231:8） 4. 石锤（H231:9）
5. 厚胎陶缸（H231:7） 6. 小口高领陶罐（H231:1） 7. 刻槽陶盆（H231:2）

刻槽盆　H231:2，夹砂灰陶，敛口，圆唇，唇面上有一周凹槽，圆弧腹，平底，内壁有数道纵向刻槽，器表绳纹略经修抹。残高6厘米（图一四五，7）。

夹砂深腹罐　H231:3，灰褐陶，侈口，圆唇，腹微鼓，拍印篮纹，其上贴附三周堆纹。口径35厘米，残高18.8厘米（图一四五，9）。H231:4，灰陶，侈口，折沿，斜方唇，唇面滚压绳纹而成花边口，腹壁较直，饰绳纹，口沿下方施一周附加堆纹。残高10厘米（图一四五，1）。H231:5，灰陶，侈口，折沿，斜方唇，唇面滚压绳纹而成花边口，直腹，饰绳纹，口沿下方贴附一周堆纹。残高5.6厘米（图一四五，8）。

缸　H231:6，夹砂灰陶，口微敛，方唇，斜直腹，拍印横向篮纹，其上贴有泥片组成的图案。残高9.6厘米（图一四五，2；图版二三，1）。

厚胎缸　H231:7，夹砂灰陶，弧腹斜收，圜底，近底部胎较厚，内壁涂抹一层夹砂灰泥，器表拍印粗篮纹，外底经磨损，粗砂粒暴露在外。残高17厘米（图一四五，5；图版二二，2、3）。

鼎足　H231:8，夹砂褐陶，扁方足，足面正中贴附一道纵向堆纹，足内侧隐约可见绳纹。残高10厘米（图一四五，3）。

石锤　H231:9，磨制石器，体厚重，顶端残断，底端圆钝。残长25厘米，宽13.5厘米，厚5.8厘米（图一四五，4）。

8. H323

标本3件。

钵　H323:1，泥质黑陶，敞口，尖圆唇，腹壁微弧斜收，平底，素面磨光。口径14.3厘米，底径4.5厘米，高4.8厘米（图一四六，7；图版二七，6）。

盆　H323:2，泥质灰陶，口微敛，圆唇，唇面有一周浅凹槽，腹略直，器表饰竖篮纹。残高7厘米（图一四六，1）。

缸　H323:3，夹砂灰陶，侈口，折沿，方唇，唇面经按压而成花边口，腹壁较直，拍印篮纹，口沿下饰一周附加堆纹，器表涂抹有黄泥。口径37厘米，残高8.6厘米（图一四六，8）。

9. H326

标本6件。

豆　H326:1，泥质黑陶，敞口，圆唇，斜壁外弧，近底部内收形成盘心，平底，豆盘底部以下残，豆盘内壁磨光。残高8.2厘米（图一四六，5）。

罐　H326:2，泥质灰陶，侈口，折沿，方唇，溜肩，口沿及器表磨光。残高7.6厘米（图一四六，4）。

缸　H326:3，夹砂灰陶，侈口，折沿，方唇，腹壁较直，口沿内侧有一周凹槽，器表饰绳纹，口沿下贴附堆纹一周。口径42.2厘米，残高8厘米（图一四六，9）。H326:5，夹砂灰陶，侈口，折沿，方唇，唇部按压成花边，腹壁微外弧，器表饰篮纹，口沿下贴附堆纹一周。残高8.4厘米（图一四六，3）。

釜灶　H326:4，夹砂灰陶，侈口，折沿，圆唇，釜与灶的交接位置距口沿较近，且附有鹰嘴式鋬手，素面。残高8厘米（图一四六，6）。

刻槽盆　H326:6，夹砂灰陶，口微敞，上腹较直，下腹斜收，内壁刻数条纵向凹槽。残高6厘米（图一四六，2）。

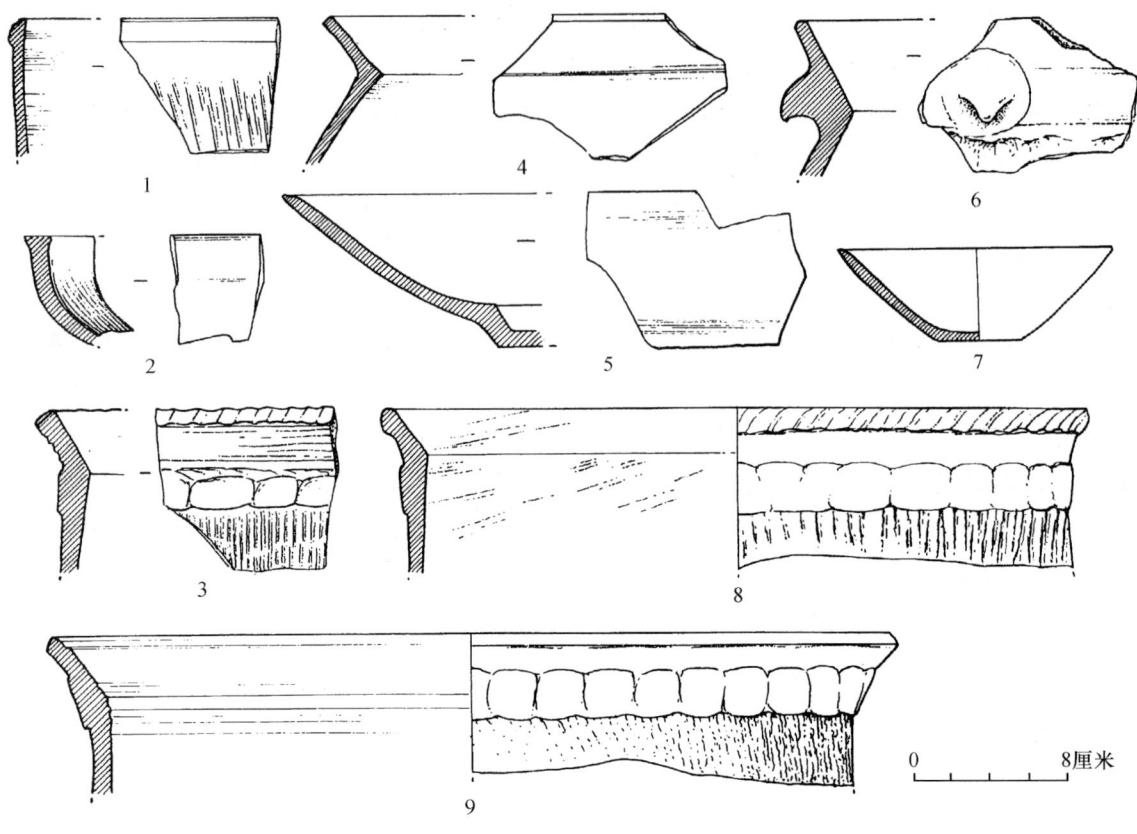

图一四六　H323、H326 出土陶器
1. 盆（H232:2）　2. 刻槽盆（H326:6）　3、8、9. 缸（H326:5、H323:3、H326:3）　4. 罐（H326:2）
5. 豆（H326:1）　6. 釜灶（H326:4）　7. 钵（H323:1）

10. H222

标本 3 件。

盆　H222:1，泥质灰陶，器体变形，敞口，圆唇，弧腹斜收，平底，器表拍印斜向篮纹。口径 16 厘米，高 8 厘米（图一四七，8）。

小杯　H222:2，泥质灰陶，横截面近似椭圆形，敞口，方唇，腹微弧，平底，底部残留两个小孔，为烧制前所钻。底部残宽 4 厘米，高 4 厘米（图一四七，4）。

陶环　H222:3，泥质灰陶，剖面呈圆角三角形，素面磨光。宽 0.7 厘米，厚 0.7 厘米（图一四七，7）。

11. H228

标本 6 件。

罐　H228:1，夹砂灰褐陶，口微侈，斜方唇，唇面滚压绳纹而成花边口，弧腹，器表饰绳纹，口沿下方附两周堆纹。残高 8 厘米（图一四七，6）。H228:2，夹砂灰陶，侈口，折沿，方唇，唇面滚压绳纹而成花边口，腹略斜，饰绳纹，口沿下方附两周堆纹。残高 10.6 厘米（图一四七，3）。

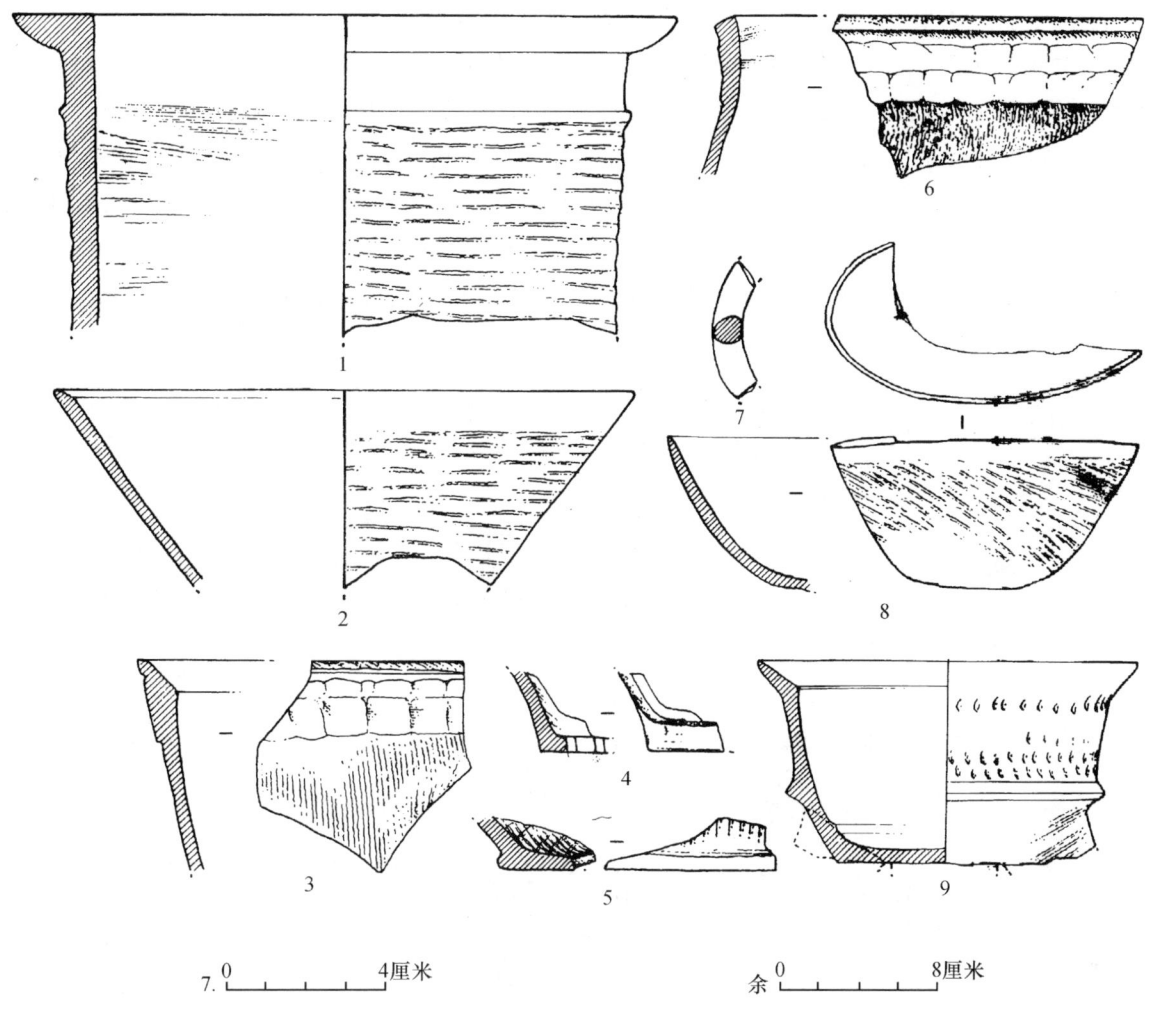

图一四七　H222、H228 出土陶器

1. 厚胎缸（H228:4）　2、8. 盆（H228:3、H222:1）　3、6. 罐（H228:2、1）　4. 小杯（H222:2）　5. 刻槽盆（H228:5）　7. 陶杯（H222:3）　9. 平底盆形鼎（H228:6）

盆　H228:3，泥质灰陶，敞口，圆唇，腹壁较直斜收，拍印横向篮纹。口径 29 厘米，残高 10 厘米（图一四七，2）。

厚胎缸　H228:4，夹砂灰陶，直口，平折沿，尖圆唇，直腹，拍印横向篮纹，内壁可见刮削痕。口径 33.4 厘米，残高 16 厘米（图一四七，1；图版二二，1）。

刻槽盆　H228:5，夹砂灰陶，弧腹斜收，平底，器表拍印篮纹，内壁刻槽先西南向后西北向，外底留有粟粒印痕。残高 2.8 厘米（图一四七，5）。

平底盆形鼎　H228:6，夹砂灰陶，侈口，折沿，尖圆唇，腹壁微弧斜收，平底，鼎有三足，足根部横截面为三角形，腹部有一周凸棱，上腹部饰指甲纹，足面刻有两排对称的沟槽。口径 19.6 厘米，残高 10.2 厘米（图一四七，9）。

12. H12

标本 160 件。

平底盆形鼎　H12:1，夹砂灰陶，器形较大，侈口，折沿，沿面较宽，口沿内划有一周凹槽，尖圆唇，腹壁略外弧，深腹，宽足，腹部拍印竖篮纹并附两周宽扁堆纹，足面贴一竖行堆纹。口径32厘米，高31厘米（图一四八，3；图版一九，1）。H12:2，器形较大，侈口，斜折沿，沿面较宽，圆唇，腹壁略外弧，腹深，宽足，腹饰绳纹，沿下亦隐约可见绳纹，腹中部施条状堆纹，中间附较扁的二齿鸡冠錾手，鼎足上侧施宽扁堆纹，足面贴一道竖行堆纹。口径27厘米，残高19厘米（图一四八，9）。H12:3，夹砂灰陶，器形较小，制作不甚规整，侈口，折沿，圆唇，浅腹，腹壁略外弧，平底微凹，宽足，腹部绳纹略经修抹，其上所附錾手残断，足面贴一竖行堆纹。口径12厘米，通高10厘米（图一四八，7）。

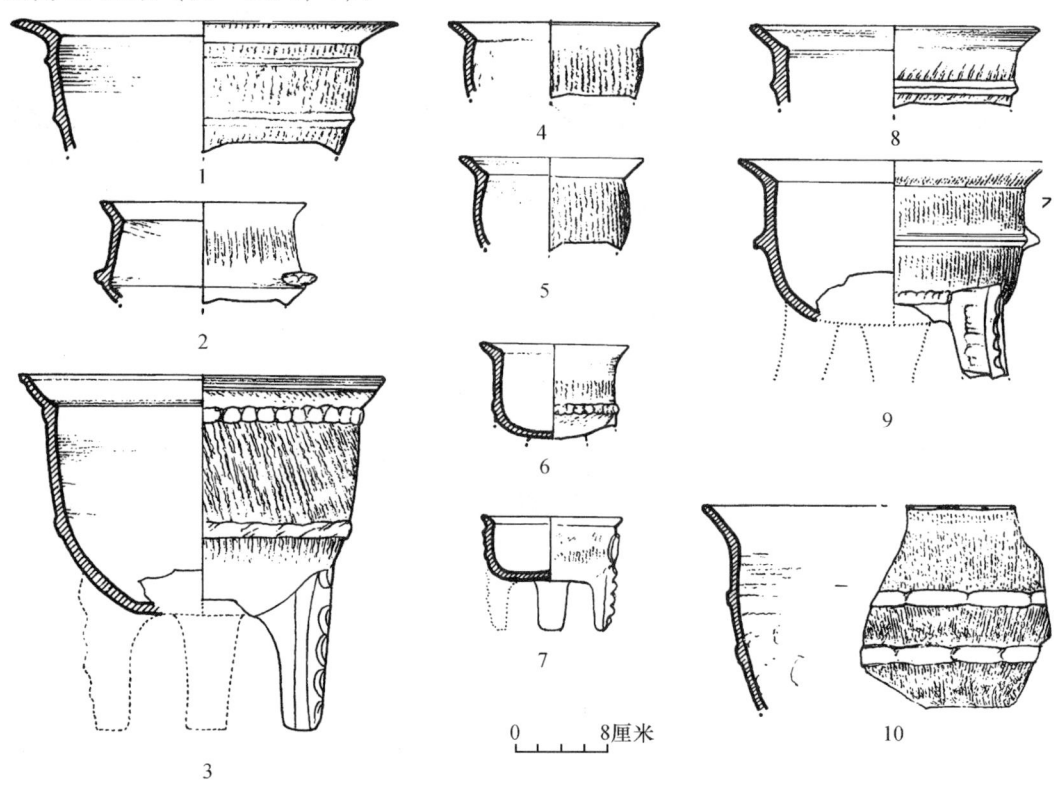

图一四八　H12出土陶鼎

1、2、4、5、8、10. 鼎（H12:102、95、97、96、103、37）　3、7、9. 平底盆形鼎（H12:1、3、2）
6. 圜底罐形鼎（H12:4）

圜底罐形鼎　H12:4，夹砂灰陶，侈口，折沿，圆唇，垂腹，最大径在近底部，腹饰绳纹，足上侧施条状堆纹一周。口径13厘米，残高8.2厘米（图一四八，6）。

鼎　H12:37，夹砂灰陶，侈口，圆唇，唇面按压绳纹而成花边口，弧腹缓收，器表饰绳纹并附堆纹，内壁可见修抹痕及垫窝。残高18厘米（图一四八，10）。H12:95，夹砂灰褐陶，侈口，折沿，沿边有一周平面，尖圆唇，上腹较直外撇，下腹圆折斜收，上腹拍印竖篮纹，折腹上方贴附鸡冠形錾手，内壁可见修抹痕。口径17.8厘米，残高9厘米（图一四八，2）。H12:96，夹砂灰陶，侈口，折沿，沿边有一周凹槽，尖圆唇，鼓腹，其上拍印竖篮纹。口径16厘米，残高7.8厘米（图一四八，5）。H12:97，夹砂灰褐陶，侈口，圆方唇，腹略鼓，其上拍印竖篮纹，内壁可见按压痕。口径18.2厘米，残高6.5厘米（图一四八，4）。H12:102，夹砂灰陶，敞口，宽折沿，沿边有一周平面，尖圆唇，弧腹内收，器表饰绳纹并贴附凸棱，内壁可见修抹痕。口径34厘米，残高

11.5厘米（图一四八，1）。H12∶103，夹砂灰陶，敞口，折沿较宽，沿边有一周平面，尖圆唇，腹微弧缓收，腹部拍印篮纹并附凸棱，内壁可见修抹痕。口径25厘米，残高7厘米（图一四八，8）。

斝　H12∶5，黑皮陶，腹部以上为泥质，腹底部及袋足多夹砂，侈口，平沿，斜直领，扁腹圆折，腹略浅，大袋足，领及上腹部磨光，略带光泽，下腹素面，袋足上隐约可见竖向刮削痕。口径20厘米，高23.3厘米（图一四九，10）。H12∶7，泥质灰陶，仅残存上腹部以上，侈口，平沿，尖圆唇，高领，沿面及器表素面磨光，内壁附着水垢。口径23厘米，残高7厘米（图一四九，11）。H12∶8，泥质灰陶，仅残存上腹部以上，侈口，窄平沿，圆唇，领略斜，折腹略扁，器表素面磨光，内壁可见修抹痕。口径15.5厘米，残高7厘米（图一四九，5）。H12∶9，夹砂灰陶，略显厚重，足尖磨出一斜平面，袋足外撇，外壁素面，内壁泥条盘筑痕明显。残高9.8厘米（图一四九，8）。H12∶10，夹砂灰陶，袋足近底急收成尖，外壁素面，器表可见竖向刮削痕，内壁可见反横斜篮纹，且泥条盘筑痕明显，内底有放射状褶皱。残高11.5厘米（图一四九，9）。

釜灶　H12∶11，夹砂灰陶，残釜，圆弧深腹，下收成小圜底或尖底，器表饰竖绳纹。腹径28厘米，残高18厘米（图一四九，15）。H12∶92，夹砂灰褐陶，侈口，折沿，圆唇，釜灶交接处距口沿较近，灶壁外弧，器表饰篮纹，口沿下附舌状双錾，釜灶交接处有一圆形镂孔。残高24.5厘米（图一四九，4）。H12∶93，夹砂灰褐陶，侈口，折沿，圆方唇，釜灶交接处距口沿较近，灶壁

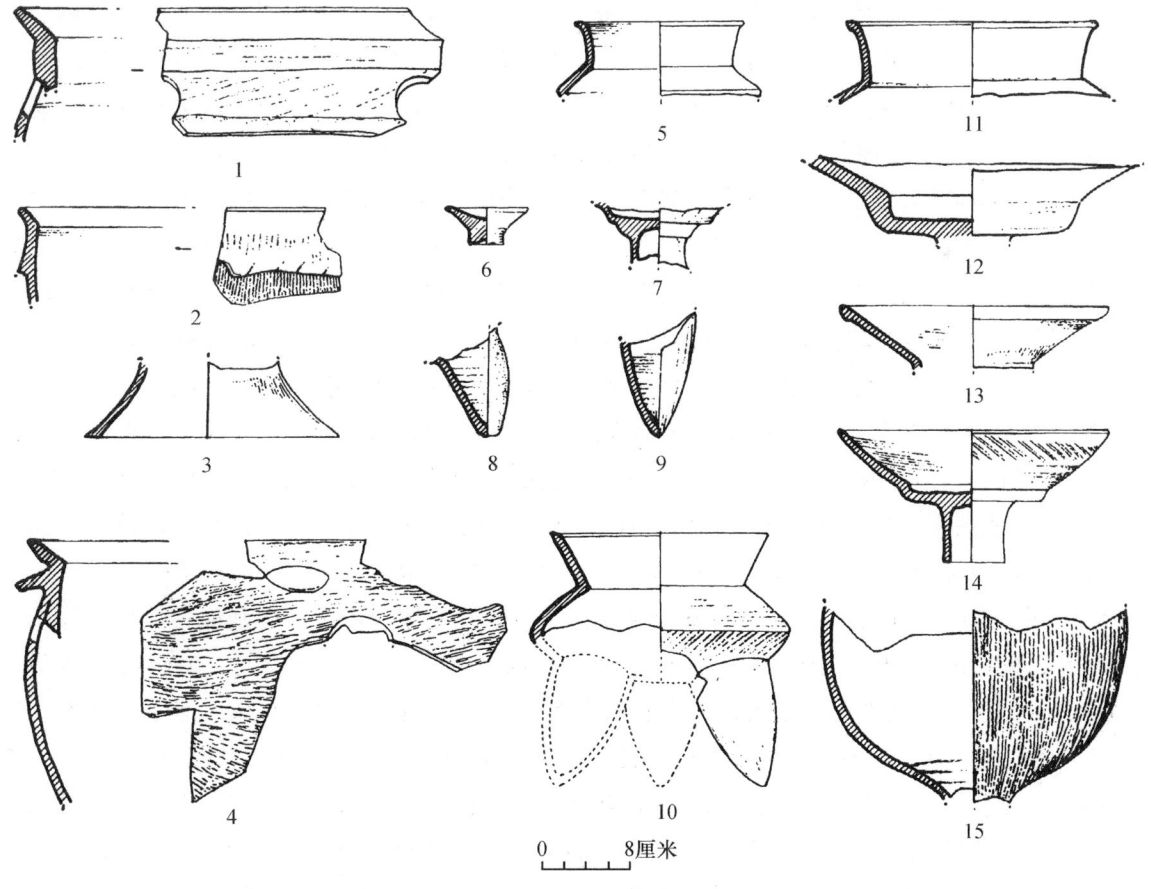

图一四九　H12出土陶器

1、2、4、15. 釜灶（H12∶93、94、92、11）　3、6、7、12~14. 豆（H12∶71、85、13、59、69、12）　5、8~11. 斝（H12∶8、9、10、5、7）

微弧外撇，其上拍印稀疏篮纹，且残留有两个圆形镂孔，口沿下方及灶壁上各附一周堆纹。残高12厘米（图一四九，1）。H12:94，夹砂灰陶，侈口，折沿，斜方唇，唇面按压成花边口，灶壁外撇，釜壁微弧缓收，器壁饰粗绳纹，釜壁滚压细绳纹。残高8.9厘米（图一四九，2）。

豆　H12:12，泥质灰陶，敞口，圆唇，豆盘壁外弧，近底部外折，棱角明显，盘底呈一浅凹心，豆柄呈直筒状，断面经修磨平整，为二次使用，豆盘外壁上半部拍有粗疏篮纹，其下素面，较粗糙。盘口径25厘米，底径5.6厘米，高12.3厘米（图一四九，14；图版二一，4）。H12:13，泥质灰陶，器形不甚规整，豆盘口沿残，盘壁近底部外折，棱角明显，盘底呈一浅凹心，豆柄外撇、略呈喇叭状，盘壁内侧磨光，盘心凹凸不平、可见修抹痕，从豆盘与豆柄相接部位的断面可观察到一横向两竖向缝隙，豆柄顶部由两部分组成，即先在内侧盘筑两圈呈柄心，再在其外盘筑泥条成豆柄，之后与豆盘相接，相接处下侧再贴泥条加固。残高5.2厘米（图一四九，7；图版二三，2）。H12:59，泥质灰陶，豆盘壁为泥质，盘底夹细砂，大敞口，盘壁斜直，近底部内收，棱角不明显，盘心较深，豆盘内外壁均素面磨光。残高6.8厘米（图一四九，12）。H12:69，泥质灰褐陶，大敞口，圆唇，豆盘壁较直斜收，近底部内收，盘底以下残，口沿及内壁磨光，外壁绳纹经修抹，内壁可见修抹痕。口径25厘米，残高5.9厘米（图一四九，13）。H12:71，泥质灰褐陶，仅残存圈足豆座，呈喇叭状，底座圆唇，器表素面磨光，可见纵向修抹痕。底径23厘米，残高6.8厘米（图一四九，3）。H12:85，泥质灰陶，器形较小，敞口，圆唇，浅盘，盘壁微弧斜收，豆柄残断，断茬处经修磨，可能为二次使用，器表可见修抹痕。口径7.6厘米，残高3.4厘米（图一四九，6）。

小口高领罐　H12:24，泥质灰陶，侈口，圆唇，领略直，显瘦高，溜肩，领部素面不规整，肩部拍印竖篮纹，内壁可见泥条缝。口径11厘米，残高10.5厘米（图一五〇，4）。H12:25，泥质灰陶，口微侈，呈喇叭形，圆唇，领略直，溜肩较宽，领及肩部拍印横篮纹，可看出每组篮纹之间略有交叉。口径12.3厘米，残高12.5厘米（图一五〇，5）。H12:26，泥质灰陶，口微侈，呈喇叭形，圆唇，领略直，仅存留领部，断茬较规整，领外壁拍印横斜篮纹。口径11.6厘米，残高8厘米（图一五〇，8）。H12:27，泥质灰陶，喇叭口较大，圆唇，高领，领略显墩胖，肩略圆，领肩之间有一周凹槽，领部素面，肩部拍印篮纹，领部内壁留有不规整凹痕，领口有细密轮修纹。口径12.2厘米，残高9.5厘米（图一五〇，3；图版二一，5）。H12:28，泥质灰陶，喇叭口较大，圆唇，领略显墩胖，口沿不甚规整，溜肩，肩部拍印篮纹，领外侧有细密轮纹，领内侧可见修抹痕。口径14厘米，残高8厘米（图一五〇，1）。H12:29，泥质灰陶，口近直，领略矮、较直，溜肩略圆，素面，肩内壁可见领肩接缝和手指按痕。口径7.2厘米，残高7厘米（图一五〇，9）。H12:30，泥质灰陶，口略小，微侈，斜直领较矮，溜肩略圆，器表可见斜向刮痕。口径8厘米，残高11厘米（图一五〇，6）。H12:31，泥质灰褐陶，器形较小，喇叭口较大，尖圆唇，领略显墩胖，溜肩，肩部圆折不太明显，平底，口沿及器表素面磨光，领以下内壁有拉坯时手抹凹痕。口径9.2厘米，底径7.4厘米，高15厘米（图一五〇，10；图版二六，4）。H12:61，夹砂灰陶，喇叭口，尖圆唇，领较高，溜肩，领外侧及肩部拍印篮纹。口径12厘米，残高10.8厘米（图一五〇，2）。H12:62，泥质灰陶，侈口，圆唇，领斜直，溜肩，器表素面磨光。口径10厘米，残高6.3厘米（图一五〇，7）。H12:63，泥质灰陶，口残，溜肩圆折，腹较直内收，器表拍印篮纹，肩部上方篮纹隐约可见，肩内壁有垫窝。最大腹径35.5厘米，残高32.1厘米（图一五〇，14）。

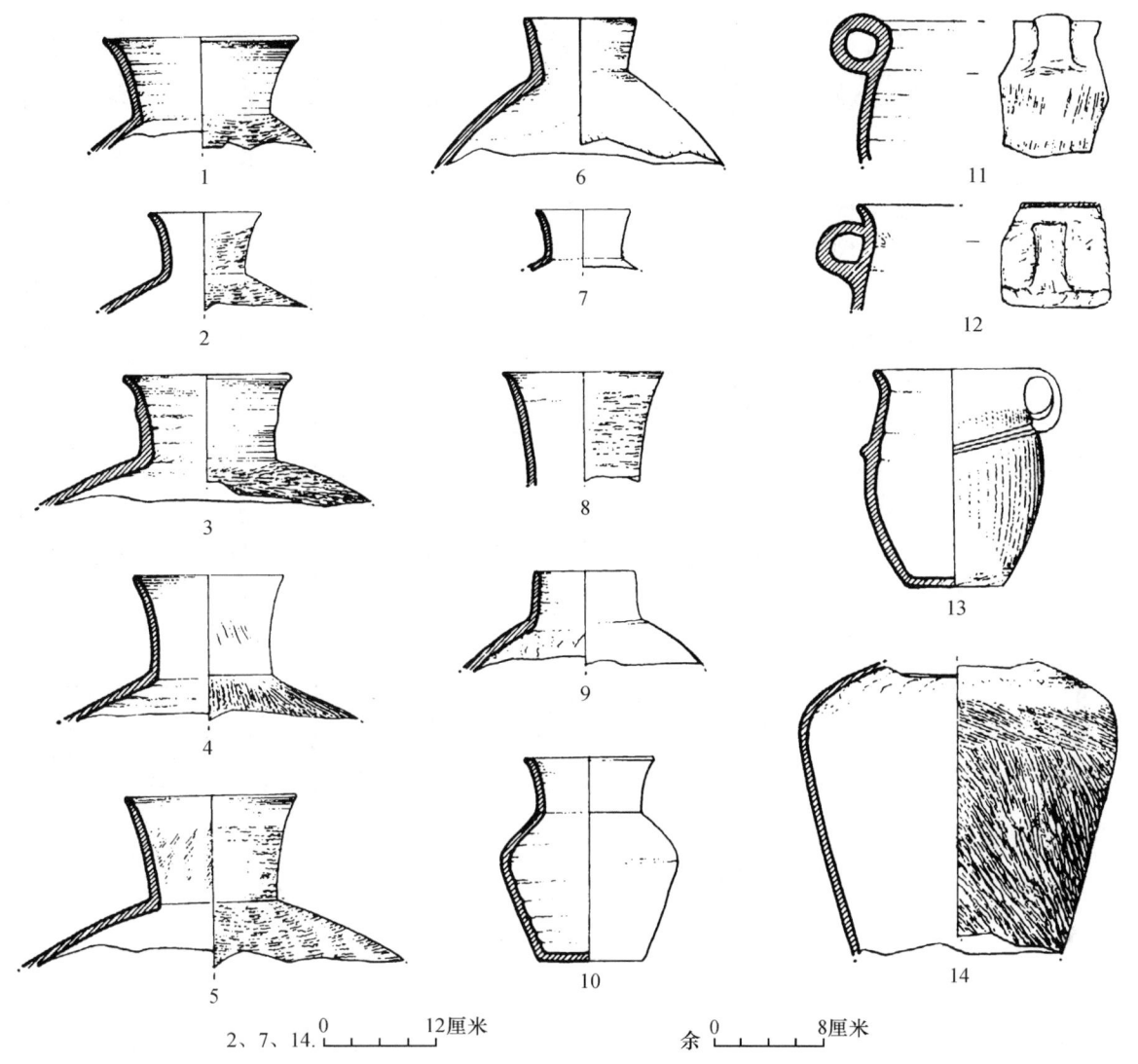

图一五〇 H12 出土陶罐

1~10、14. 小口高领罐（H12:28、61、27、24、25、30、62、26、29、31、63） 11~13. 单耳罐（H12:89、90、39）

单耳罐 H12:39，夹砂灰陶，侈口，方唇，颈微束，口沿附有宽环耳，其上拍印有篮纹，腹部于竖篮纹上附一道斜向堆纹。口径 11.5 厘米，底径 7.2 厘米，高 15.8 厘米（图一五〇，13；图版二五，4）。H12:89，夹砂灰陶，侈口，圆方唇，弧腹，口沿外侧附环形耳，器表隐约可见篮纹，内壁泥条筑成痕迹明显，泥条缝呈水平状。残高 10 厘米（图一五〇，11）。H12:90，夹砂灰褐陶，侈口，圆唇，唇面经按压而成花边口，弧腹外撇，口沿下附环形耳，耳下方贴附一周堆纹，器表凹凸不平，内壁可见泥条缝。残高 7.6 厘米（图一五〇，12）。

夹砂深腹罐 H12:32，灰陶，体较大，侈口，折沿，斜方唇，唇部较宽，略经按压成花边，腹直壁，器表拍印篮纹，口沿下附一周宽扁堆纹，内壁可见圆形垫窝。口径 31 厘米，残高 11.5 厘米（图一五一，1）。H12:33，灰陶，体较大，侈口，折沿，唇部较宽，斜方唇上滚压绳纹而成花边口，直壁，器表饰竖绳纹并附堆纹。口径 35 厘米，残高 10 厘米（图一五一，9）。H12:34，灰陶，体瘦高，侈口，唇部按压花边，束颈，腹部略鼓，呈腰鼓形，平底，器表饰绳纹并附两周宽扁堆

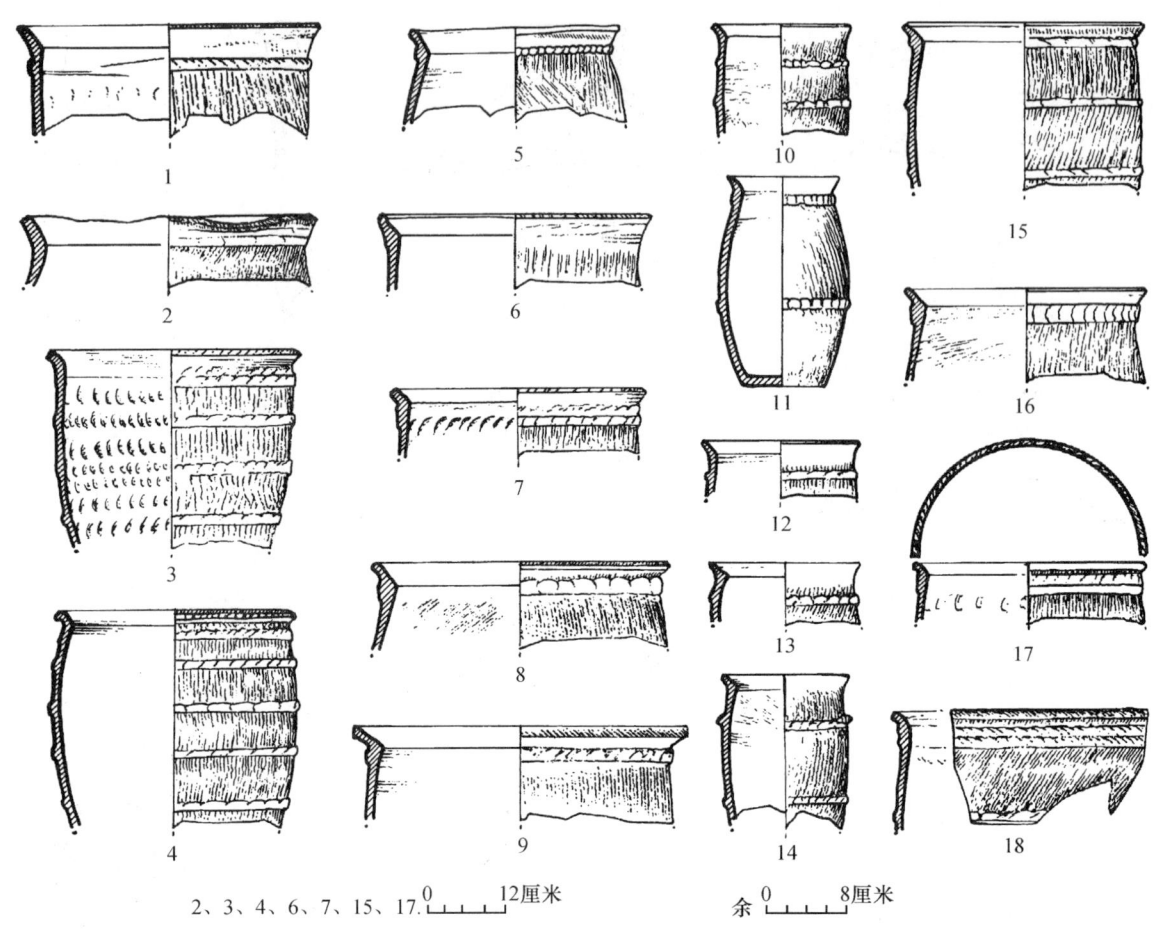

图一五一 H12 出土夹砂深腹陶罐

1~18. 夹砂深腹陶罐（H12:32、114、109、108、38、113、106、104、33、36、34、98、101、35、110、105、107、77）

纹。口径11.5厘米，底径8.6厘米，高22厘米（图一五一，11；图版二五，1）。H12:35，灰陶，体瘦高，侈口，圆唇，腹壁较直，呈筒腹，腹部带鸡冠形小鋬手，器表滚压绳纹并附堆纹，内壁有修抹痕，口沿经烧烤。口径13厘米，残高16厘米（图一五一，14；图版二五，2）。H12:36，灰褐陶，侈口，折沿，斜方唇，唇面按压成花边口，弧腹，器表饰绳纹并附堆纹，内壁可见修抹痕。口径14厘米，残高11.5厘米（图一五一，10）。H12:38，灰陶，体较大，侈口，折沿，斜方唇、内折，略经按压成花边，腹略鼓，器表拍印竖篮纹，口沿下附一周堆纹。口径22厘米，残高12厘米（图一五一，5）。H12:77，灰陶，侈口，斜方唇，唇面滚压绳纹而成花边口，腹微弧外撇，器表饰绳纹并附堆纹，口沿下堆纹有两周，内壁可见泥条缝及修抹痕。残高12厘米（图一五一，18）。H12:98，灰陶，侈口，折沿，圆方唇，腹外弧，器表饰绳纹并附堆纹。口径16厘米，残高5.8厘米（图一五一，12）。H12:101，灰陶，侈口，沿面微凹，尖圆唇，腹略鼓，器表饰绳纹并附堆纹。口径15.3厘米，残高6.5厘米（图一五一，13）。H12:104，灰陶，侈口，折沿，圆方唇，唇面滚压绳纹而成花边口，腹壁较直外撇，器表饰绳纹，口沿下附一周堆纹，内壁可见修抹痕。口径31.5厘米，残高9厘米（图一五一，8）。H12:105，灰陶，侈口，折沿，圆方唇，腹较直外撇，饰篮纹，口沿下附一周堆纹，内壁可见修抹痕。口径25厘米，残高10厘米（图一五一，16）。H12:106，陶色外壁发黑，内壁为褐色，侈口，折沿，斜方唇，唇面经按压而成花边口，腹壁较直外撇，其上拍印竖篮纹，口沿下附两周堆纹，口沿外侧经修抹，内壁可见修抹痕及垫窝。口径 39 厘米，残高 10.5 厘米（图一五一，7）。H12∶107，灰陶，侈口，折沿，沿边经按压而成花边口，圆方唇，腹壁较直外撇，其上拍印篮纹，口沿下附两周堆纹，内壁可见垫窝。口径 36 厘米，残高 9.3 厘米（图一五一，17）。H12∶108，灰陶，侈口，折沿，斜方唇，唇面微凸，其上拍印篮纹而成花边口，弧腹，器表拍印篮纹，口沿下施两周附加堆纹，腹部贴有四周堆纹。口径 36 厘米，残高 33.9 厘米（图一五一，4）。H12∶109，灰褐陶，侈口，斜方唇，唇面略经按压成花边口，弧腹缓收，器表拍印篮纹并附堆纹，口沿下堆纹有两周，口沿外侧经刮削，内壁可见数周垫窝。口径 38 厘米，残高 30.8 厘米（图一五一，3）。H12∶110，灰陶，侈口，折沿，圆方唇，唇面拍印篮纹而成花边口，弧腹，口沿内侧有一周凹槽，器表饰篮纹并附堆纹。口径 38 厘米，残高 17.5 厘米（图一五一，15）。H12∶113，灰褐陶，侈口，折沿，圆方唇，唇面略经按压而成花边口，腹壁较直，器表拍印粗疏篮纹，口沿下贴附一周堆纹。口径 42 厘米，残高 11.6 厘米（图一五一，6）。H12∶114，灰陶，侈口，折沿，斜方唇，口沿略有变形，唇面滚压绳纹而成花边口，腹外撇，器表饰绳纹，口沿下附两周堆纹。口径 44 厘米，残高 11.5 厘米（图一五一，2）。

泥质双錾罐 H12∶46，灰陶，大口，口沿规整，侈口，平沿微斜，方唇，腹微弧内收，平底，器表拍印竖篮纹，其上分布八道堆纹，且附鸡冠形双錾，沿内侧留有未修抹的泥渣。口径 36 厘米，底径 16 厘米，高 41 厘米（图一五二，1；图版二四，1）。H12∶47，灰陶，口微侈，折沿，圆方唇，腹较直、微外撇，腹部拍印篮纹，沿面及上腹部略经磨光，腹中部饰一周剔刺纹。口径 39 厘米，残高 19.5 厘米（图一五二，8）。H12∶48，褐陶，侈口，折沿，圆方唇，弧腹，口沿外侧篮纹经修抹，沿面及上腹部略磨光，下腹拍印篮纹并附堆纹。口径 41 厘米，残高 30 厘米（图一五二，5）。H12∶49，灰陶，口微侈，折沿，口沿有变形，圆方唇，腹微弧，器表拍印篮纹，沿面及上腹部略磨光，腹中部饰一周剔刺纹，下腹部附鸡冠形錾手。口径 36 厘米，残高 11.1 厘米（图一五二，4）。H12∶50，灰陶，侈口，折沿外翻，圆方唇，口沿略有变形，腹微鼓，平底，器表拍印篮纹，口沿下磨光，其下戳刻一周麦穗状小坑，内壁近底部有一周明显手指垫窝。口径 36 厘米，底径 17.5 厘米，高 46.1 厘米（图一五二，10；图版二四，2）。H12∶51，灰陶，侈口，折沿，沿面上仰，方唇，腹壁斜直下收，平底，器表拍印篮纹，内壁上腹部可见明显的五周垫窝。口径 34 厘米，底径 15 厘米，高 38 厘米（图一五二，3）。H12∶52，灰陶，侈口，折沿，沿面上仰，方唇，弧腹缓收，器表拍印篮纹，两组篮纹之间略有交叉，口沿下方篮纹经修抹，腹部贴附鸡冠形双錾。口径 24 厘米，残高 19.5 厘米（图一五二，7）。H12∶53，灰陶，侈口，折沿，沿边有一周平面，尖圆唇，口沿略有变形，口径大于腹径，弧腹缓收，器表拍印篮纹，口沿下及腹部各饰一周附加堆纹，腹部堆纹上附鸡冠形錾手。口径 28.5 厘米，残高 23.5 厘米（图一五二，2）。H12∶54，灰陶，侈口，尖圆唇，腹壁外鼓，平底，口沿下附三周堆纹，上腹部隐约可见篮纹，外底留有粟粒印痕。口径 30.7 厘米，底径 15.3 厘米，高 33.8 厘米（图一五二，9；图版二四，3）。H12∶83，灰陶，侈口，圆方唇，弧腹，口沿外侧篮纹经修抹，口沿下及腹部各饰一周附加堆纹，下腹部拍印篮纹并附鸡冠形錾手，上腹部有修抹痕，内壁可见垫窝。口径 36 厘米，残高 20 厘米（图一五二，6）。

泥质大口罐 H12∶6，灰陶，口微敛，尖圆唇，上腹较直，下腹略鼓内收，平底，器表及口沿内侧磨光，上腹部所附錾手残断，外底有粟粒印痕，器壁可见刮削、修抹痕。口径 13.2 厘米，底径 8 厘米，高 13.6 厘米（图一五三，4）。H12∶55，黄褐陶，侈口，折沿，圆唇，腹微鼓，平底，器表拍印篮纹，上腹部又经磨光，外底有粟粒印痕。口径 22.3 厘米，底径 10 厘米，高 21 厘米

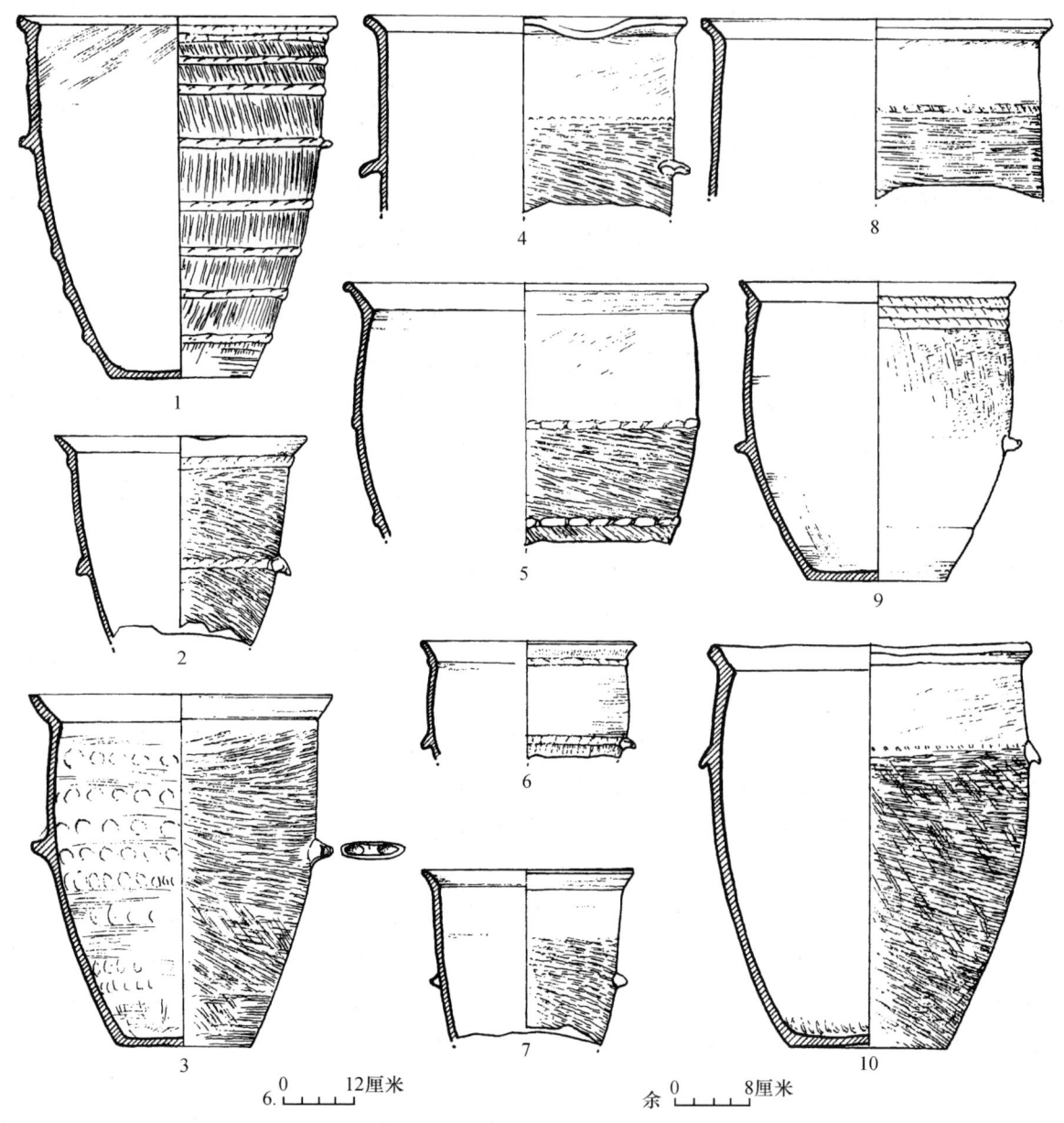

图一五二　H12 出土泥质双鋬陶罐
1～10. 泥质双鋬陶罐（H12:46、53、51、49、48、83、52、47、54、50）

（图一五三，8；图版二八，2）。H12:56，灰黑陶，侈口，折沿，沿边有一周平面，折腹，上腹较直，下腹斜收，沿面及上腹部磨光，折腹处饰一周戳刺纹，器壁可见刮削修抹痕。口径26厘米，残高14.3厘米（图一五三，1）。H12:57，褐陶，口近直，圆唇微外凸，弧腹内收，平底，器表素面磨光，内外壁均可见粟粒状小孔。口径20厘米，底径10.3厘米，高15.3厘米（图一五三，3；图版二八，1）。H12:68，灰陶，口微敛，平沿略宽，其上有两周凹槽，弧腹内收，底残，口内侧有一周凹槽，器表饰三组不规则的凹弦纹。口径41厘米，残高44厘米（图一五三，10）。H12:84，灰陶，侈口，折沿，圆唇，上腹较直，下腹斜弧，沿面及上腹部磨光，腹中部贴一周凸棱，下腹拍印篮纹，内壁可见修抹痕和垫窝。口径30厘米，残高21厘米（图一五三，9）。

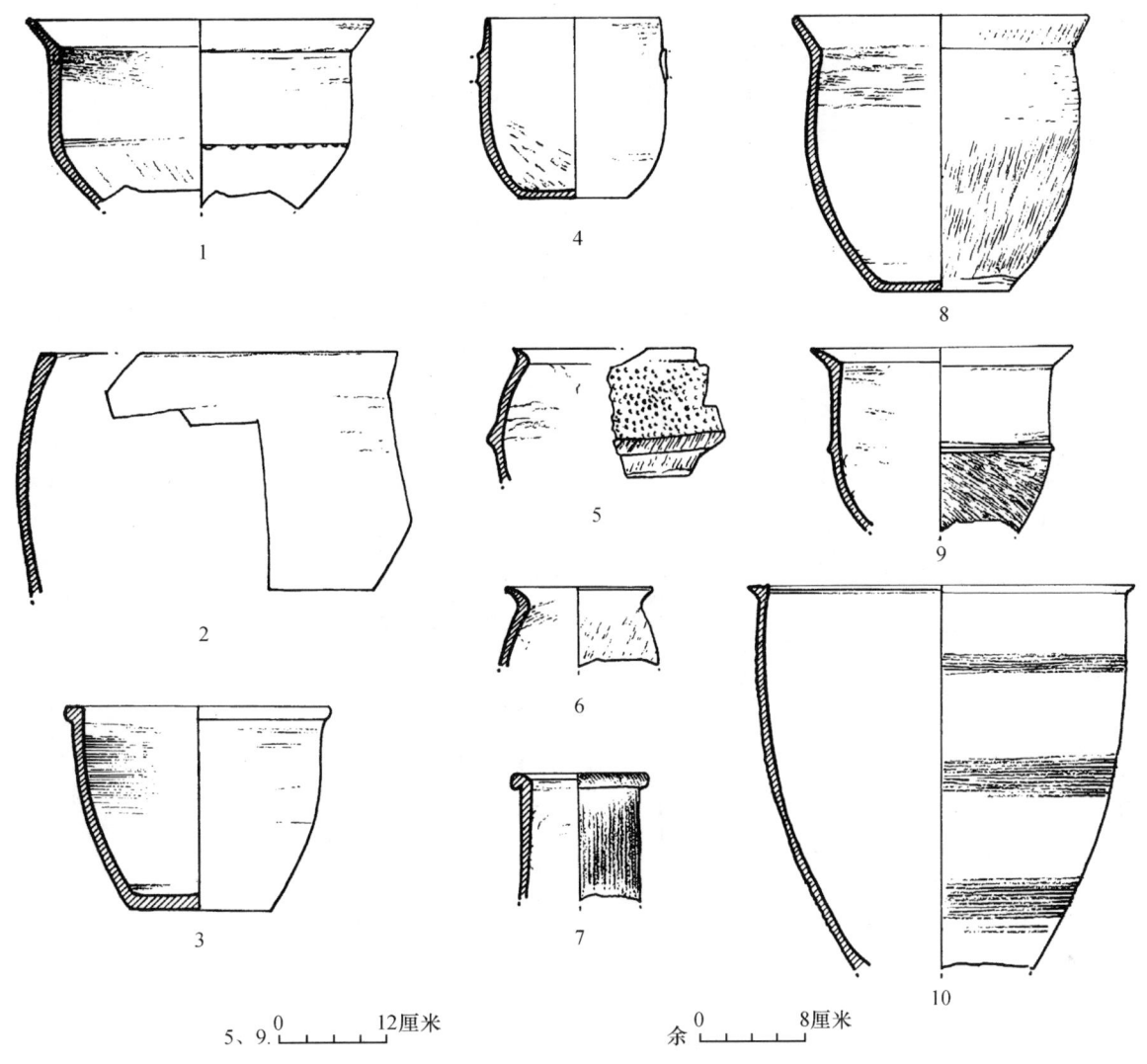

图一五三　H12 出土其他陶罐

1、3、4、8～10. 泥质大口罐（H12:56、57、6、55、84、68）　2. 圆腹罐（H12:76）　5、6. 侈口小罐（H12:88、100）　7. 直腹罐（H12:99）

圆腹罐　H12:76，夹砂褐陶，敛口，平沿，弧腹，素面。残高18.5厘米（图一五三，2）。

侈口小罐　H12:88，夹砂灰褐陶，侈口，折沿，尖圆唇，鼓腹，上腹部饰戳刺纹，腹中部所贴堆纹经刻划，下腹拍印篮纹，内壁可见泥条缝。残高9.8厘米（图一五三，5）。H12:100，夹砂灰褐陶，侈口，圆方唇，鼓腹，器表篮纹隐约可见，内壁有修抹痕。口径11厘米，残高6厘米（图一五三，6）。

直腹罐　H12:99，夹砂褐陶，直口，卷缘，圆唇，唇面滚压绳纹而成花边口，直腹，其上饰绳纹。口径10厘米，残高9.6厘米（图一五三，7）。

夹砂缸　体大，胎较厚重，器表多涂抹黄泥。H12:40，灰陶，折沿略窄，斜方唇上压印绳纹成花边口，腹壁外鼓，器表滚压粗绳纹并附堆纹再涂抹黄泥，口沿下附数道宽扁堆纹。口径44厘米，残高25.8厘米（图一五四，4）。H12:41，灰陶，侈口，折沿较宽，唇部滚压花边较规整，腹壁斜直内收，器表于绳纹上附数周堆纹再涂抹黄泥。口径44厘米，残高43.6厘米（图一五四，12）。

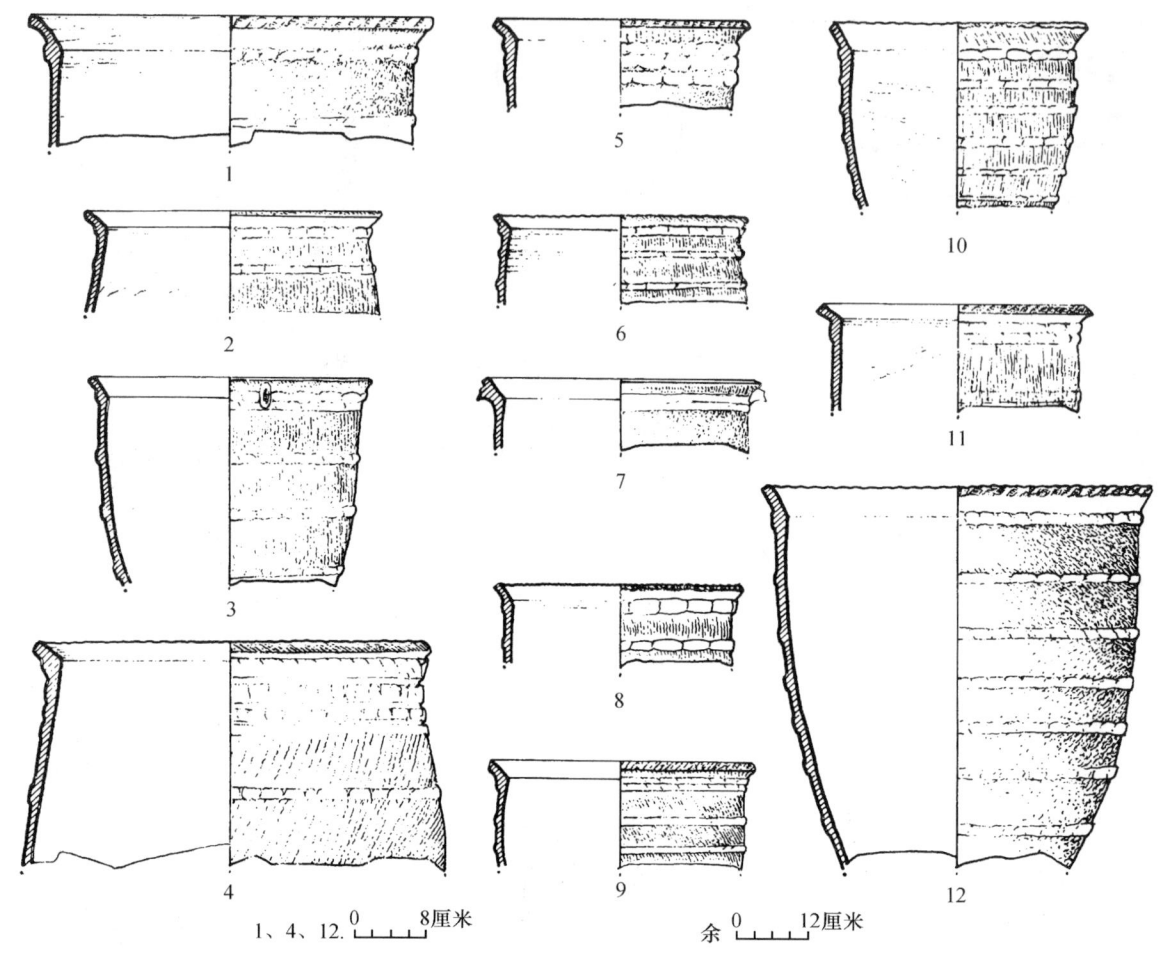

图一五四 H12 出土夹砂陶缸
1~12. 夹砂陶缸（H12:44、115、116、40、118、42、117、43、112、119、111、41）

H12:42，灰陶，侈口，折沿，唇面按压绳纹而成麻花状花边口沿，弧腹，器表饰绳纹并附堆纹，内壁可见修抹痕。口径43厘米，残高15厘米（图一五四，6）。H12:43，灰陶，侈口，折沿，麻花状花边唇上再绕绳拍打或滚压使其唇面稍平，腹微弧，器表饰绳纹并附堆纹，且涂抹有黄泥。口径43厘米，残高13.8厘米（图一五四，8）。H12:44，灰陶，大口，折沿，唇部两侧滚压绳纹成花边口沿，腹壁略直，器表涂泥。口径46厘米，残高15厘米（图一五四，1）。H12:111，灰陶，侈口，折沿，斜方唇，唇面按压篮纹而成花边口，腹壁较直，其上饰篮纹，口沿下附两周堆纹，腹部所贴堆纹上亦拍印篮纹。口径45厘米，残高18厘米（图一五四，11）。H12:112，灰陶，侈口，折沿，斜方唇，唇面按压绳纹而成花边口，弧腹，器表饰绳纹并附堆纹，口沿下堆纹有两周。口径45厘米，残高18厘米（图一五四，9）。H12:115，灰陶，侈口，折沿，斜方唇，唇面滚压绳纹而成花边口，弧腹，器表饰绳纹并附堆纹，且其中一条堆纹上滚压有绳纹，内壁可见按压痕。口径50厘米，残高17.4厘米（图一五四，2）。H12:116，灰褐陶，侈口，折沿，斜方唇，唇面滚压绳纹而成花边口，弧腹缓收，器表饰绳纹并附堆纹，口沿下方贴有一钮。口径49厘米，残高36厘米（图一五四，3）。H12:117，灰陶，体厚重，侈口，折沿，斜方唇，唇面滚压绳纹而成花边口，弧腹，器表饰绳纹，口沿下贴有鸡嘴状钮，并附两周堆纹。口径46厘米，残高12厘米（图一五四，7）。

H12:118，灰陶，侈口，折沿，唇面按压绳纹而成花边口，腹壁微弧，器表饰绳纹，口沿下附三周堆纹。口径43厘米，残高15.3厘米（图一五四，5）。H12:119，灰陶，侈口，折沿，斜方唇，唇面经按压而成花边口，弧腹缓收，器表拍印篮纹并附堆纹，内壁可见修抹痕。口径43厘米，残高31.8厘米（图一五四，10）。

泥质缸　H12:45，灰陶，体大，胎厚重，直口，腹壁略直，平底，方唇上拍印错乱篮纹，腹中部有鸡冠形鋬手，器表拍印斜篮纹并附多道堆纹，口沿下抹光，自上而下附三道宽扁堆纹，内壁留有刮削修抹痕。口径44厘米，底径22厘米，复原高63厘米（图一五五，8）。H12:58，灰陶，口微敛，平沿，沿面隐约可见篮纹，弧腹，口沿下有三周附加堆纹，器表拍印篮纹并附堆纹及圆泥片，贴泥片处内壁略凸，内壁可见修抹痕。口径40.6厘米，残高17.5厘米（图一五五，7；图版二三，5）。H12:78，灰陶，敛口，平沿，沿面上有一周浅凹槽，圆唇，腹微弧外撇，腹部素面磨光，可见修抹痕。残高14厘米（图一五五，2）。H12:80，泥质灰陶，敛口，平沿，沿面压印篮纹而成花边口，腹壁较直外撇，器表饰篮纹并附堆纹，口沿外侧两周堆纹之上附扁长鹰嘴式钮。口径40厘米，残高17.4厘米（图一五五，3）。H12:81，灰陶，敞口，平沿，口沿变形，腹壁内弧缓收，口沿下残留一只鹰嘴式钮，钮的一旁钻有一小圆孔，下腹部拍印有横篮纹。残高13厘米（图一五五，5）。H12:82，灰陶，体厚重，敛口，平沿，沿面压印篮纹而成花边口，弧腹，口沿下有三周附加堆纹，其下略经修抹，腹部饰篮纹并附堆纹和鸡冠形鋬手。口径43厘米，残高34厘米（图一五五，4）。H12:91，灰陶，敛口，方唇内折，唇面上及口内侧各有一周凹槽，腹壁微弧外撇，经磨光，内壁可见垫窝。残高11厘米（图一五五，6）。H12:146，褐陶，口微敞，平沿，沿面微凸，圆唇，腹直壁内收，其上附一周堆纹，腹内、外壁均可见泥条缝、修抹痕及垫窝。口径48.3厘米，残高16.5厘米（图一五五，1）。

厚胎缸　H12:154，夹砂灰陶，敞口，折沿较宽，圆唇，腹较直内收，口内侧有一周凹槽，颈部素面，腹部拍印交错粗篮纹，内壁可见修抹痕。残高11.6厘米（图一五六，6）。H12:152，夹砂灰陶，胎较厚，腹壁较直缓收，圜底，器表拍印粗篮纹，外底篮纹有交错，内壁附着一层夹砂灰泥，并可见修抹痕。残高14.5厘米（图一五六，11）。

刻槽盆　H12:14，夹砂灰陶，体略大，口微敛，平方唇，腹外弧，腹壁外饰规整竖篮纹，内壁刻槽较长、深且规整，先刻底部，腹部先右斜后左斜交错刻槽，然后在上腹刻一周横槽。口径25.4厘米，底径15.6厘米，高13.8厘米（图一五六，7）。H12:15，夹砂灰褐陶，体小，口略敞，圆唇，有流，腹壁略直，带小鋬手，腹外壁饰竖绳纹，内壁近底部刻槽，较疏乱、不甚规整，器底留有粟粒印痕。口径12.6厘米，底径9.6厘米，高6.5厘米（图一五六，3；图版二〇，1）。

带鋬盆　H12:16，泥质灰陶，敞口，圆唇，腹壁外弧，腹略深，平底，腹中部拍印竖篮纹，附舌形双鋬，附鋬处内壁内凹，口沿有细密轮纹，腹部留有沾水修抹痕。口径19厘米，底径10.3厘米，高12.7厘米（图一五六，2；图版二〇，6）。H12:17，泥质灰陶，敞口，圆唇，腹壁外弧，腹略深，平底，三个舌形鋬手平均分布于腹部，附鋬处内壁内凹，素面，器底留有放置在粟粒上的印痕。口径17.5厘米，底径11.6厘米，高12.1厘米（图一五六，9；图版二〇，2）。H12:18，泥质灰陶，敞口，尖圆唇，弧腹内收，平底，器表篮纹隐约可见，口沿下所附鋬手脱落，腹内外壁均可见刮削痕，外底有粟粒印痕及划痕。口径18.4厘米，底径10.5厘米，高11.2厘米（图一五六，10）。H12:19，泥质灰陶，敞口，圆唇，弧腹斜收，平底，器表拍印篮纹并附舌状鋬手，内壁可见修抹痕。口径21厘米，底径11厘米，高12.6厘米（图一五六，8）。H12:20，泥质灰陶，大敞口，

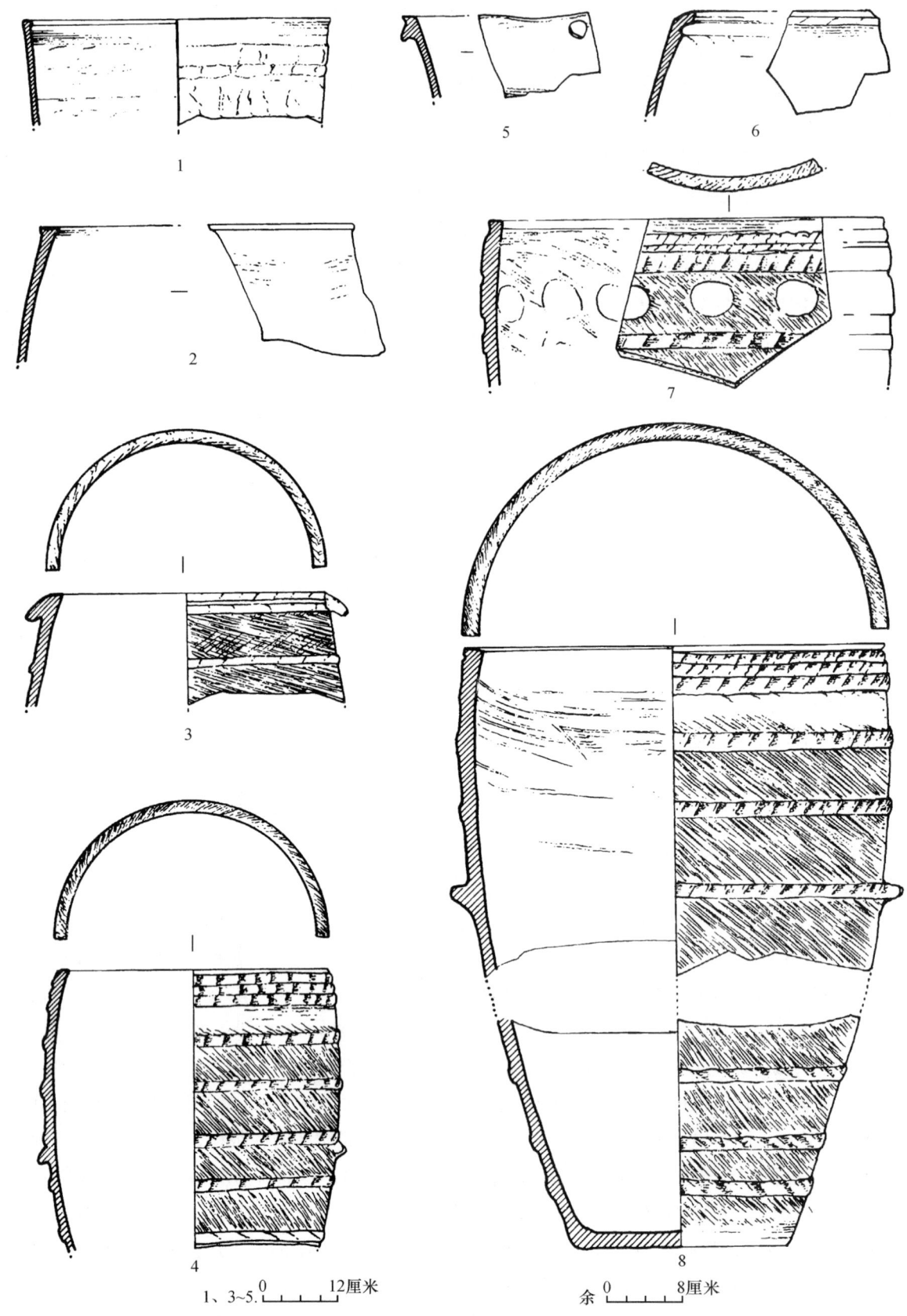

图一五五　H12 出土泥质陶缸

1~8. 泥质陶缸（H12:146、78、80、82、81、91、58、45）

圆唇，腹壁斜直，腹深，平底，口大底小，舌形双鋬，附鋬处内壁内凹，器表拍印横篮纹，口沿处有细密轮修纹，器底留有粟粒印痕。口径22厘米，底径10厘米，高14.7厘米（图一五六，1）。H12:21，泥质灰陶，敞口，圆唇，腹壁斜直，深腹，平底，外壁附三个舌状鋬手，器表拍印横斜篮纹，篮纹分组明显，每组宽约2.5厘米，器底留有粟粒印痕。口径19.6厘米，底径9.6厘米，高13厘米（图一五六，5；图版二〇，3）。H12:74，泥质灰陶，敞口，尖圆唇，沿面内凸，弧腹斜收，器表饰绳纹并附鸡冠形鋬手，内壁可见修抹痕。残高8.8厘米（图一五六，4）。

宽沿盆　H12:60，泥质灰陶，沿面有五周凹弦纹，方唇，斜腹，器表拍印有横篮纹，每组宽度约2厘米，分组明显。口径42厘米，残高9.5厘米（图一五七，11）。

凹心盆　H12:70，灰褐陶，盘壁为泥质陶，盘底为夹砂陶，大敞口，尖圆唇，口沿内侧有一周

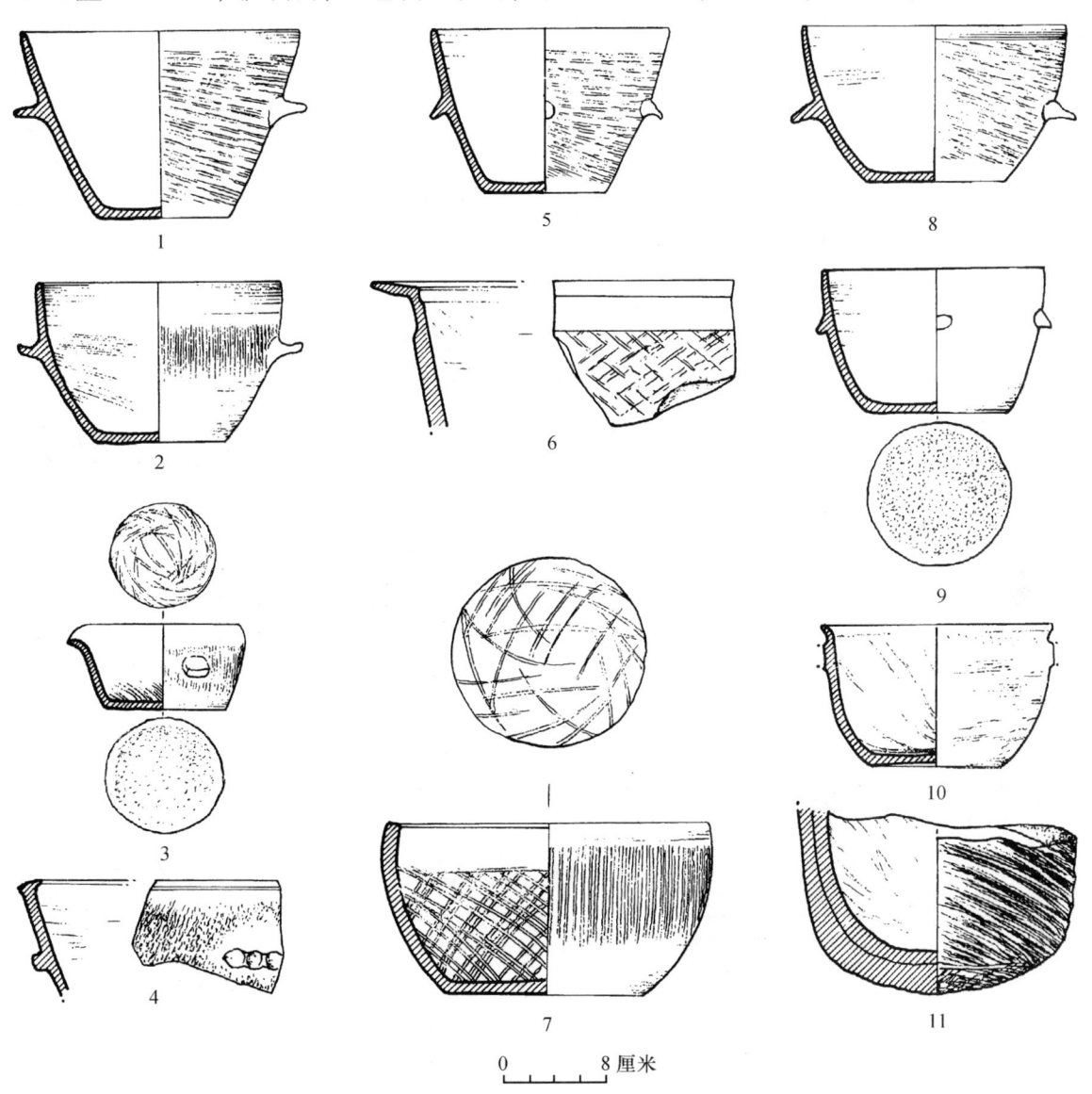

图一五六　H12出土陶器

1、2、4、5、8～10. 带鋬盆（H12:20、16、74、21、19、17、18）　3、7. 刻槽盆（H12:15、14）　6、11. 厚胎缸（H12:154、152）

浅凹槽，盘壁较直，近底部内收，盘内底呈一凹心，平底，内壁可见修抹痕，近底部外壁经刮削。口径30厘米，底径13.2厘米，高5厘米（图一五七，1）。

敞口盆 H12:22，泥质灰陶，口微敛，圆唇，腹壁弧收，口沿经磨光，器表拍印篮纹。口径23厘米，残高10厘米（图一五七，3）。H12:23，泥质灰陶，敞口，圆唇，腹壁斜直，浅腹，器底留有粟粒印痕。口径17.8厘米，底径12厘米，高7厘米（图一五七，8）。H12:73，泥质灰陶，敞口，沿面经按压而成花边口，斜腹，器表拍印竖篮纹，口沿下附一周堆纹，内壁可见修抹痕。残高8厘米（图一五七，6；图版二三，4）。H12:75，泥质褐陶，敞口，圆唇，沿面内突，斜弧腹，腹部拍印篮纹。口径26厘米，残高6厘米（图一五七，4）。H12:79，泥质灰陶，敞口，圆唇，腹斜直，平底微凹，素面，器形不甚规整，可见按压、修抹痕。口径9.2厘米，底径7.6厘米，高3.8厘米（图一五七，10）。H12:147，夹砂灰陶，敞口，圆唇，腹微弧内收，器表隐约可见篮纹。残高8厘米（图一五七，5）。

钵 H12:72，泥质灰褐陶，敛口，圆方唇，圆弧腹，通体素面磨光。口径16厘米，残高9厘米（图一五七，2）。

器耳 H12:86，泥质灰黑陶，器壁较薄，微内弧，器耳外缘上部圆弧，下部平直，下方外侧呈一锐棱，内穿略呈圆角三角形，器表磨光。残高7.5厘米（图一五七，9）。

錾手 H12:87，夹砂灰陶，器壁微外弧，拍印篮纹，其上贴附泥条按压成六齿鸡冠形錾手，錾手斜向下，其上可见手指按坑及修抹痕。残长11厘米，残宽4.5厘米（图一五七，7）。

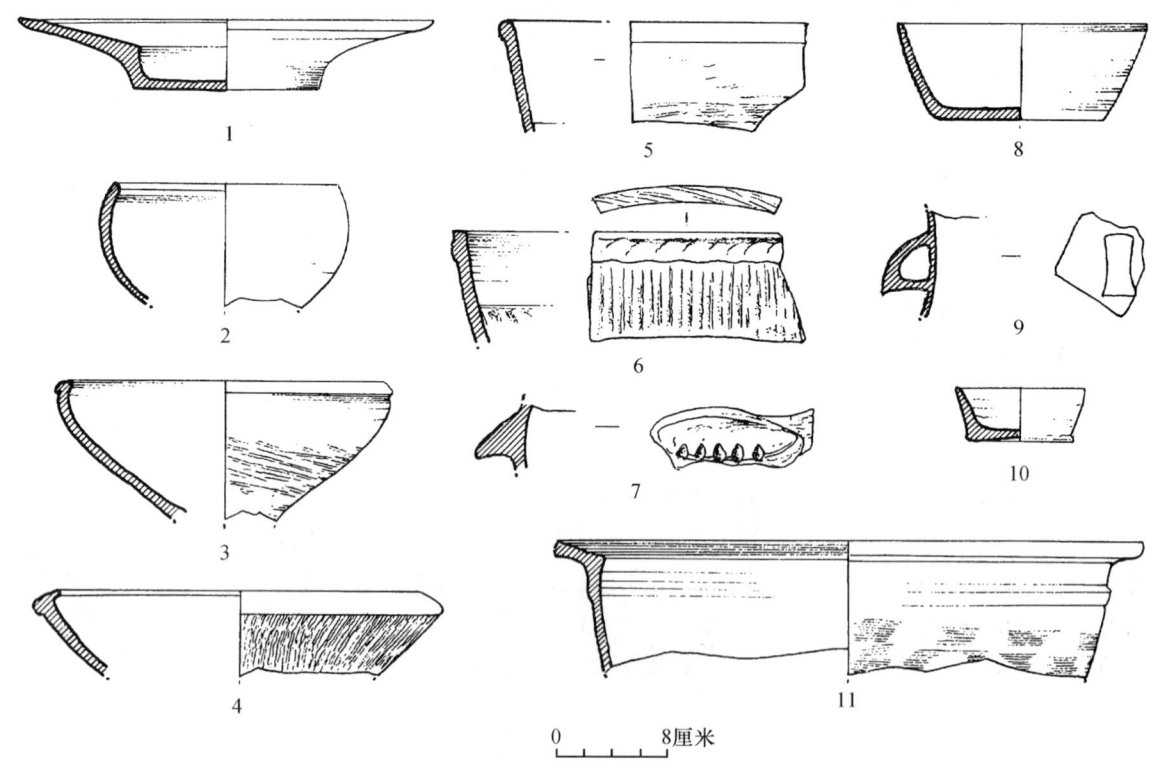

图一五七 H12出土陶器

1. 凹心盆（H12:70） 2. 钵（H12:72） 3~6、8、10. 敞口盆（H12:22、75、147、73、23、79） 7. 錾手（H12:87） 9. 器耳（H12:86） 11. 宽沿盆（H12:60）

泥质器底　H12:64，灰陶，褐胎，腹壁微弧斜收，平底内凹，器表拍印不规则篮纹，近底部略磨光。底径13厘米，残高16厘米（图一五八，4）。H12:65，灰陶，腹微弧内收，平底微凹，器表拍印篮纹并附堆纹，外底有粟粒印痕。底径12厘米，残高13.6厘米（图一五八，3）。H12:66，灰陶，斜腹，平底微凹，器表拍印篮纹，近底部经刮削，外底有粟粒印痕。底径10.8厘米，残高11.1厘米（图一五八，2）。H12:67，灰陶，弧腹斜收，平底微凹，腹部施一周附加堆纹，堆纹以下拍印篮纹带横丝，近底部经刮削，外底有粟粒印痕。底径15.5厘米，残高24.5厘米（图一五八，10）。

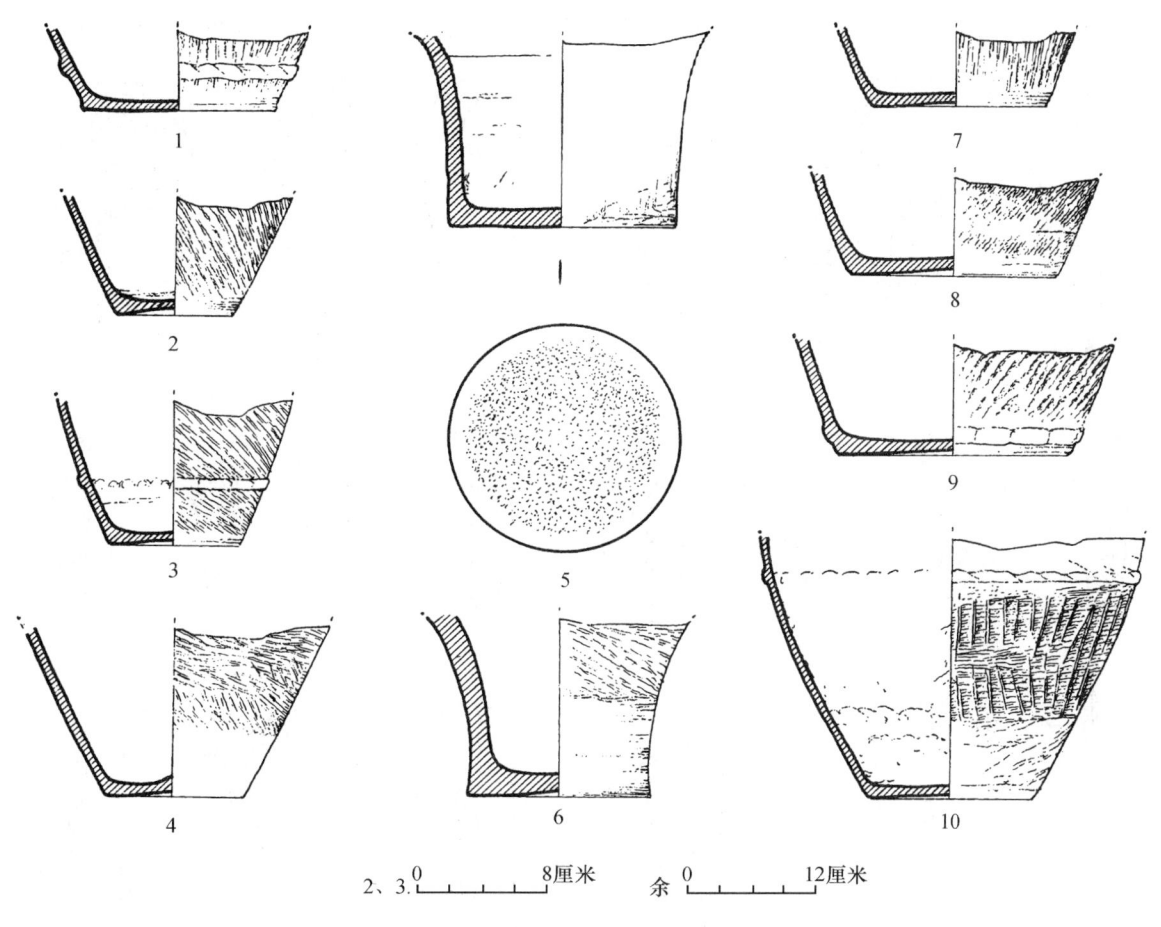

图一五八　H12 出土陶器底

1、5~9. 夹砂器底（H12:148、155、153、149、150、151）　2~4、10. 泥质器底（H12:66、65、64、67）

夹砂器底　H12:148，灰陶，近底部腹壁较直内收，平底，器表拍印粗篮纹并附堆纹，外底有粟粒印痕。底径17.8厘米，残高7.5厘米（图一五八，1）。H12:149，灰陶，近底部腹壁斜直，平底微凹，器表拍印竖篮纹，近底部经刮削。底径16.4厘米，残高7厘米（图一五八，7）。H12:150，灰陶，近底部腹壁斜直，平底微凹，器表饰绳纹并涂抹有黄泥。底径19.5厘米，残高9厘米（图一五八，8）。H12:151，灰陶，近底部腹壁斜直，平底微凹，近底部贴附一周堆纹，器表饰绳纹并涂抹有黄泥，外底有粟粒印痕。底径22厘米，残高10.2厘米（图一五八，9）。H12:153，灰陶，胎较厚，近底部内弧缓收，平底微凹，器表拍印篮纹，近底部经刮削。底径11.3厘米，残高11厘米（图一五八，6；图版二二，6）。H12:155，灰陶，胎较厚，近底部较直缓收，平底，素面，外底有粟粒印痕，器壁可见刮削痕。底径 14 厘米，残高 12 厘米（图一五八，5）。

鼎足　H12:120，夹砂灰陶，足高大、宽扁，略呈长方体，足面附三道竖行泥条并滚压绳纹。残高 18.8 厘米（图一五九，11）。H12:121，夹砂灰陶，足高大、宽扁，底部略窄薄，足面附三道竖行泥条并戳刺成花边。残高 18 厘米（图一五九，1）。H12:122，夹砂灰褐陶，足较高，略显瘦长，足面呈长方形，侧面略呈倒三角形，中间附一道竖行堆纹并按压手指窝。残高 17 厘米（图一五九，8）。H12:123，夹砂褐陶，足较高、较扁，略显瘦长，足面呈长方形，中间附一道竖行堆纹并简单按压窝坑。残高 14 厘米（图一五九，13）。H12:124，夹砂褐陶，足较高、略宽，略呈梯形，中间附一道竖行堆纹并按压窝坑。残高 14 厘米（图一五九，3）。H12:125，夹砂灰陶，足上

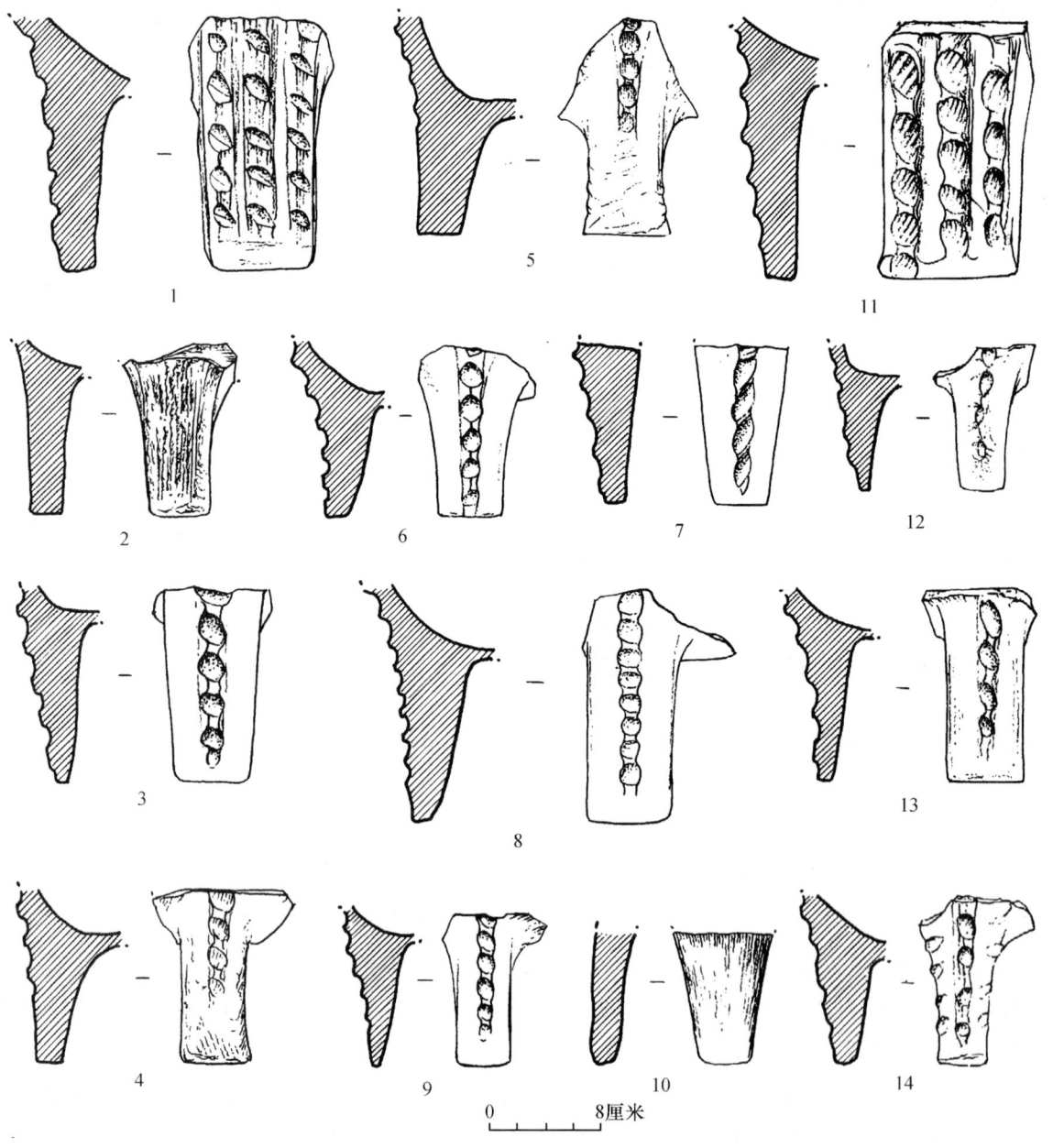

图一五九　H12 出土陶鼎足

1~14. 陶鼎足（H12:121、129、124、128、127、130、131、122、126、132、120、133、123、125）

端较宽厚，底端较窄薄，横截面呈长方形，足面微内弧，中间附一道竖行堆纹，两侧按压成花边。残高12厘米（图一五九，14）。H12:126，夹砂灰陶，足略显瘦长，长方形，中间附一道竖行堆纹并按压窝坑。残高11厘米（图一五九，9）。H12:127，夹砂灰陶，足略显短粗，上下两端略宽，中部稍窄，横截面为椭圆形，足面中间附一道竖行泥条并按压绳纹。残高15.8厘米（图一五九，5）。H12:128，夹砂灰褐陶，足较窄，略显瘦长，横截面近似椭圆形，足面中间附一道竖行泥条并按压绳纹，足面下部及两侧面绳纹经修抹。残高12.6厘米（图一五九，4）。H12:129，夹砂灰褐陶，扁方足，上端较宽，底端较窄，足前后左右四面及底面均滚压绳纹，足面上有一道纵向沟槽。残高12.6厘米（图一五九，2）。H12:130，夹砂褐陶，足上端较宽厚，底端较窄薄，足面内弧，中间附一道竖行堆纹。残高12.5厘米（图一五九，6）。H12:131，夹砂灰陶，扁方足，上端较宽，底端较窄，呈梯形，足面中间附一道竖行堆纹并按压坑窝。残高11.6厘米（图一五九，7）。H12:132，夹砂灰陶，足上端略宽，底端较窄，中间较厚，两边略薄，呈舌状，足面饰绳纹。残高9.5厘米（图一五九，10）。H12:133，夹砂灰褐陶，扁方足，上端略宽，底端较窄，足面中间附一道竖行堆纹并按压窝坑。残高10.5厘米（图一五九，12）。H12:134，夹砂灰褐陶，三角锥形足，足三边均戳刺成花边。残高13.6厘米（图一六〇，12）。H12:135，夹砂灰褐陶，鼎为平底，足略宽扁，底面为椭圆形小平面，足外撇，三边均按压成花边。残高6厘米（图一六〇，3）。H12:136，夹砂灰褐陶，足上端较宽厚，底端较窄薄，足正面近似长方形，侧边及内面无明显棱角，足面内凹。残高10厘米（图一六〇，7）。H12:137，夹砂灰褐陶，上端略厚，下端稍扁，横截面近似椭圆形，足面中间附一道竖行泥条并按压绳纹，足面下方及一侧面略施绳纹。残高9.4厘米

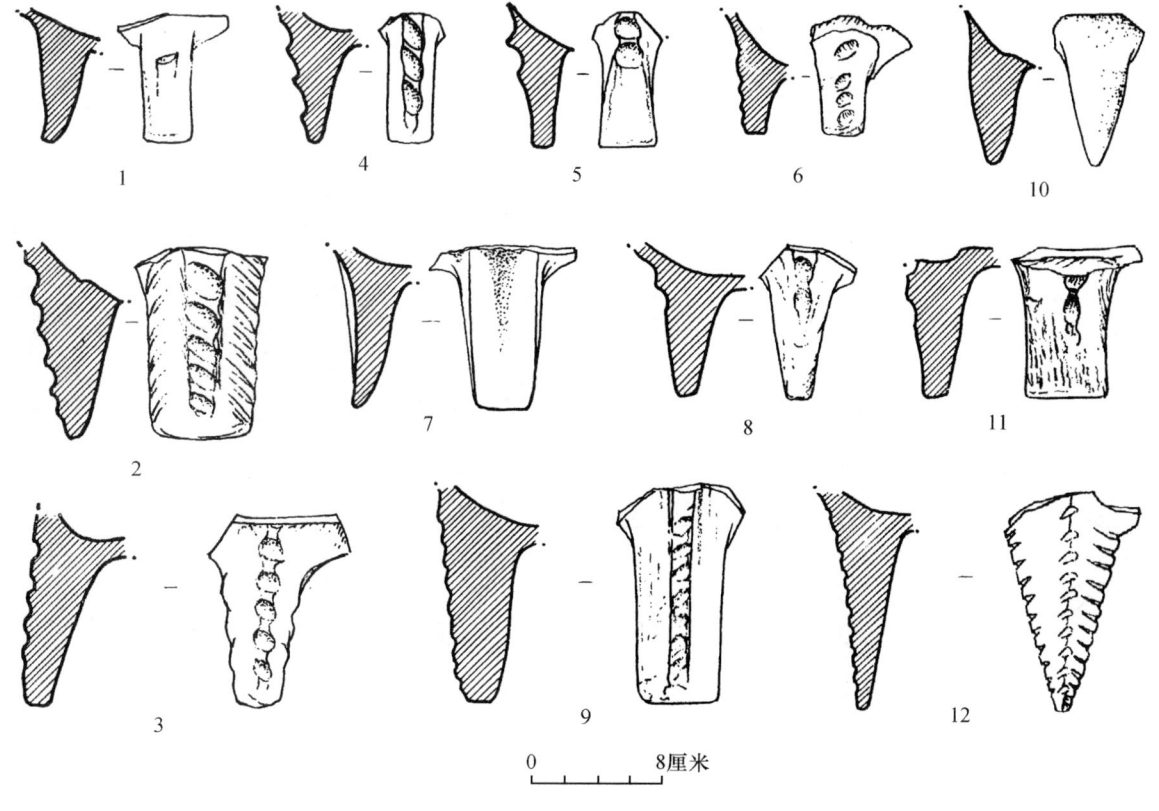

图一六〇　H12出土陶鼎足

1～12. 陶鼎足（H12:143、138、135、145、140、141、136、144、139、142、137、134）

（图一六〇，11）。H12∶138，夹砂褐陶，足较宽，足面为长方形，侧面呈倒三角形，足尖圆钝，足面中间附一道竖行堆纹，两侧戳刻有对称的斜沟槽。残高12厘米（图一六〇，2）。H12∶139，夹砂灰陶，扁足，横截面略呈椭圆形，足尖圆钝，足面中间附一道竖行堆纹并按窝坑。残高13.6厘米（图一六〇，9）。H12∶140，夹砂灰陶，足较小，上端较窄，底端略宽，足内面呈长方形，侧面近似倒三角形，足下部呈凿形，足面上部纵向按压出凹坑。残高8.5厘米（图一六〇，5）。H12∶141，夹砂灰褐陶，鼎腹饰绳纹，足较小，横截面略呈圆角三角形，足面中间纵向按压绳纹凹坑。残高7.5厘米（图一六〇，6）。H12∶142，夹砂灰褐陶，足较小，略呈上粗下细的圆锥体，素面。残高9.5厘米（图一六〇，10）。H12∶143，夹砂灰褐陶，上端较窄厚，下端略宽扁，侧面近似倒三角形，足面上方按压有一个凹坑。残高8厘米（图一六〇，1）。H12∶144，夹砂灰陶，足较小，略呈上粗下细的圆锥体，底部为一小平面，足微外撇，足面上方中间附一道竖行堆纹。残高9.5厘米（图一六〇，8）。H12∶145，夹砂灰陶，侧面与足内面之间无棱，为倒三角形，足面呈长方形，中间附一道竖行堆纹并按窝坑。残高8厘米（图一六〇，4）。

釜　H12∶156，夹砂灰褐陶，侈口，圆唇，广折肩，弧腹斜收，底残，肩部饰弦纹，腹部刻划线纹，腹内壁附着有一层水垢，为庙底沟文化时期器物。口径16.5厘米，腹径29.4厘米，残高9.2厘米（图一六一，3）。

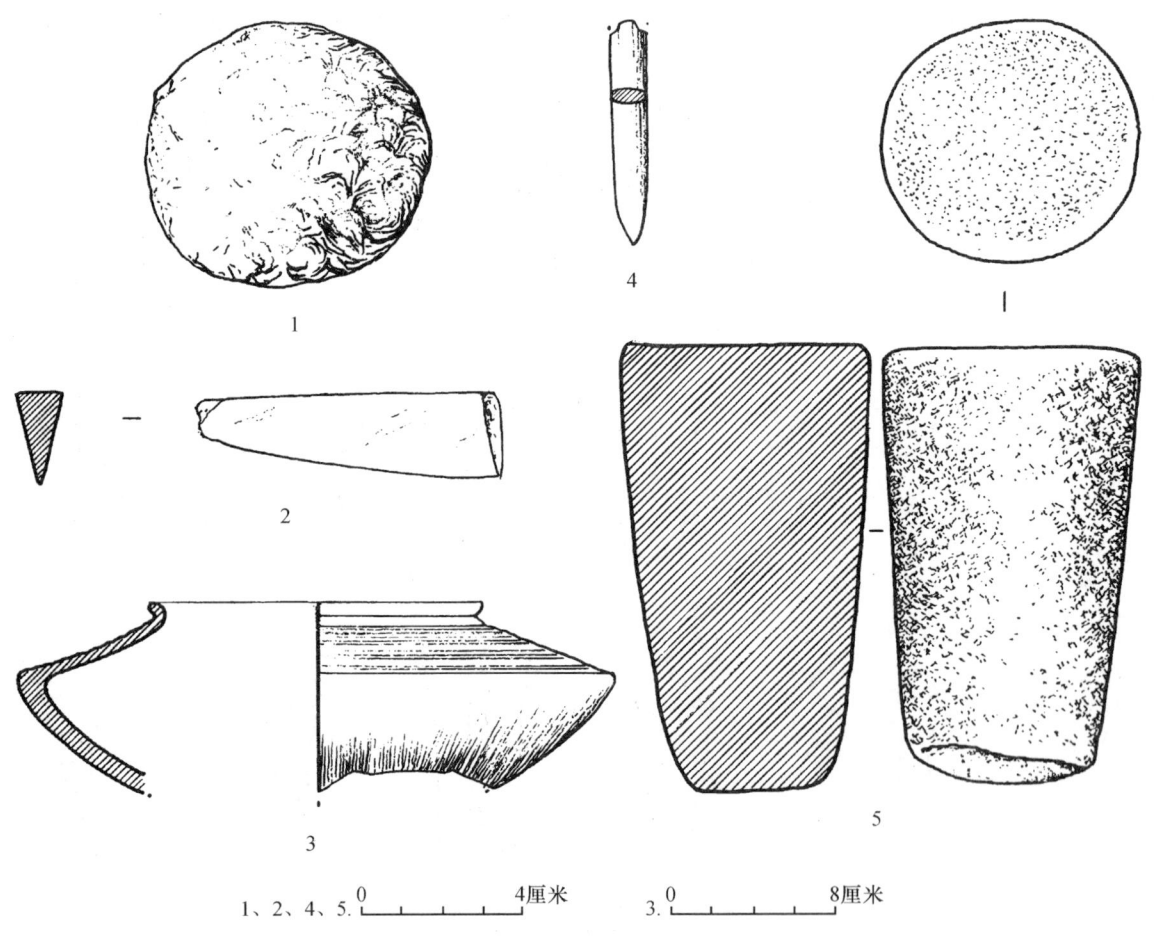

图一六一　H12出土石器、陶釜、骨锥

1. 石球（H12∶158）　2. 石器（H12∶159）　3. 陶釜（H12∶156）　4. 骨锥（H12∶160）　5. 石锤（H12∶157）

石锤 H12:157，琢制而成，体厚重、略短，呈上粗下细的圆柱体，顶端磨平，底端圆钝，有使用痕迹。长 10.9 厘米，顶端直径 6.4 厘米（图一六一，5）。

石球 H12:158，琢制而成，不甚滚圆。最大直径 7 厘米（图一六一，1）。

石器 H12:159，磨制石器，器形规整，体狭长，一端宽，一端窄，横截面呈三角形，两条直棱，一条弧棱，棱锐利。长 7.5 厘米，最宽处 2.1 厘米，最厚处 1.2 厘米（图一六一，2）。

骨锥 H12:160，顶端残断，上端宽扁，底端较窄厚，有一斜侧尖，通体磨光。残长 5.5 厘米（图一六一，4）。

13. H208

标本 27 件。

彩陶小杯 H208:1，泥质红陶，薄胎，敞口，尖唇，斜直腹，平底，黑彩，颜料稀薄，口沿内侧有一周彩带，内壁绘有彩带、弧线、折线等组成的图案，外壁以稀薄的颜料绘有不规则的图案。口径 10 厘米，底径 3.8 厘米，高 6.6 厘米（图一六二，8；图版二七，4）。

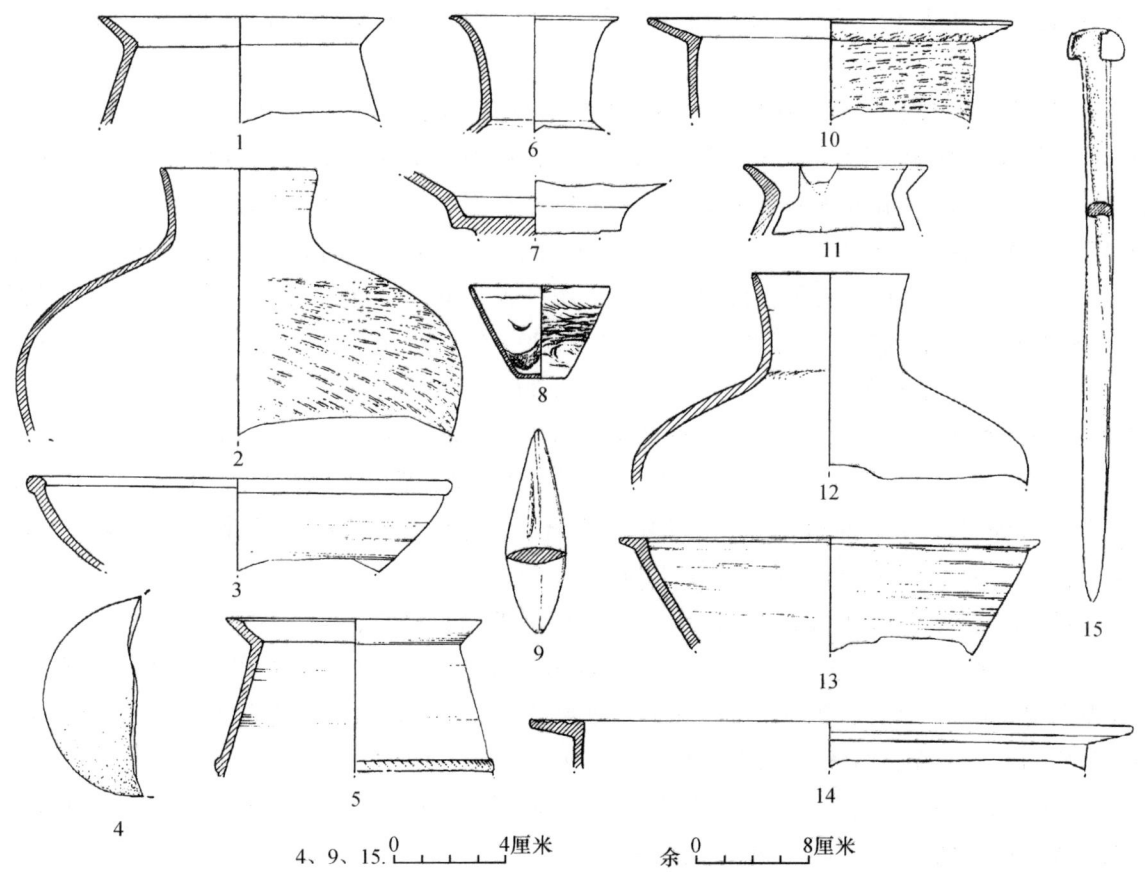

图一六二　H208 出土陶器、石器、骨笄

1、5、10、11. 泥质陶罐（H208:4、5、6、20）　2、6、12. 小口高领陶罐（H208:2、10、3）　3、13、14. 陶盆（H208:9、8、7）　4. 石球（H208:25）　7. 陶豆（H208:12）　8. 彩陶小陶杯（H208:1）　9. 石镞（H208:26）　15. 骨笄（H208:27）

小口高领罐　H208:2，泥质灰陶，侈口，尖圆唇，圆肩，肩部拍印篮纹。口径11.2厘米，残高19厘米（图一六二，2）。H208:3，泥质灰陶，侈口，尖圆唇，高领，圆折肩，素面，领肩交接处内壁可见泥条痕。口径11.2厘米，残高15厘米（图一六二，12）。H208:10，泥质灰陶，侈口，高领，圆方唇，素面磨光。口径12厘米，残高8.2厘米（图一六二，6）。

泥质罐　H208:4，灰陶，侈口，斜折沿，尖圆唇，腹壁较直外撇，素面。口径20.2厘米，残高7.4厘米（图一六二，1）。H208:5，灰陶，侈口，折沿，尖唇，腹壁较直外撇，口沿上侧及腹壁磨光，腹部饰一周附加堆纹。口径18厘米，残高10.8厘米（图一六二，5）。H208:6，灰陶，宽折沿，尖圆唇，腹壁较直，口沿下侧拍印斜向篮纹，腹壁饰横向篮纹。口径26厘米，残高7.2厘米（图一六二，10）。H208:20，灰陶，侈口，尖圆唇，溜肩，肩部磨光，口沿外侧残留一只舌状錾手。口径13厘米，残高5厘米（图一六二，11）。

单耳罐　H208:14，夹砂灰陶，侈口，尖圆唇，鼓腹，腹壁饰绳纹，口沿下方略经修抹，口沿下方残留一只耳的根部，其上方口沿内侧亦残留有耳的根部。口径11厘米，残高12厘米（图一六三，11）。H208:15，夹砂灰陶，侈口，尖圆唇，弧腹，腹部绳纹经修抹，上腹部残留耳的根部，并于其下方可见耳脱落后留下的疤痕，内壁可见泥条缝。口径10厘米，残高7.8厘米（图一六三，7）。

夹砂罐　H208:13，灰陶，侈口，尖唇，弧腹内收，平底，腹壁饰绳纹。口径13厘米，底径6.6厘米，高10.2厘米（图一六三，12）。H208:16，灰陶，侈口，折沿，方唇，唇面经按压而成花边口，腹壁较直，口沿外侧及腹壁饰绳纹。口径16厘米，残高6.4厘米（图一六三，10）。H208:17，灰陶，侈口，圆方唇，腹壁外撇，拍印篮纹，口沿下方饰两周附加堆纹。残高5.8厘米（图一六三，6）。H208:18，灰陶，侈口，尖唇，腹外弧，器表饰绳纹，口沿下施两周附加堆纹。口径14.8厘米，残高10.2厘米（图一六三，9）。H208:19，灰陶，侈口，折沿，斜方唇，唇面上滚压绳纹而成花边，腹壁较直内收，饰绳纹，口沿下附一周堆纹。残高11.6厘米（图一六三，1）。H208:21，灰陶，侈口，折沿，方唇，唇面经按压而成花边口，腹略外弧，器表拍印篮纹，口沿下方及腹部各施一周附加堆纹，内壁可见修抹痕。口径20厘米，残高8.6厘米（图一六三，4）。

釜灶　H208:11，夹砂灰陶，侈口，折沿，方唇，器壁较直，残留一只舌状錾手器表饰绳纹，口沿下及錾手下再各施一周附加堆纹。残高14厘米（图一六三，5）。

盆　H208:7，泥质灰陶，敞口，平折沿，沿面上有四周凹弦纹，圆方唇，弧腹。口径43厘米，残高3.2厘米（图一六二，14）。H208:8，泥质灰陶，敞口，圆唇，唇部加宽，腹壁微弧斜收，素面，器壁可见刮削痕。口径30厘米，残高8.2厘米（图一六二，13）。H208:9，泥质灰陶，敞口，圆唇，弧腹斜收，素面，腹壁可见刮削痕。口径30.2厘米，残高6.6厘米（图一六二，3）。

豆　H208:12，泥质灰陶，敞口，盘壁斜直，盘心平底，近底部外折，棱角明显，豆柄残，内壁磨光，盘外底豆柄残断处刻有沟槽。残高4.4厘米（图一六二，7）。

鼎足　H208:23，夹砂灰陶，弧腹，平底，扁方足，腹壁及足内面施绳纹，足面外侧正中饰一道竖向附加堆纹。残高10.6厘米（图一六三，8）。

缸　H208:22，夹砂灰陶，敞口，方唇，口沿上有一周凹槽，直腹缓收，腹壁饰斜向篮纹及数周附加堆纹，口沿与第一道附加堆纹之间饰一周拱形附加堆纹。残高18厘米（图一六三，2）。

厚胎缸　H208:24，夹砂灰陶，胎较厚，腹壁较直缓收，近底部内折斜收，器表饰粗篮纹，内壁可见刮削、修抹痕。残高11厘米（图一六三，3）。

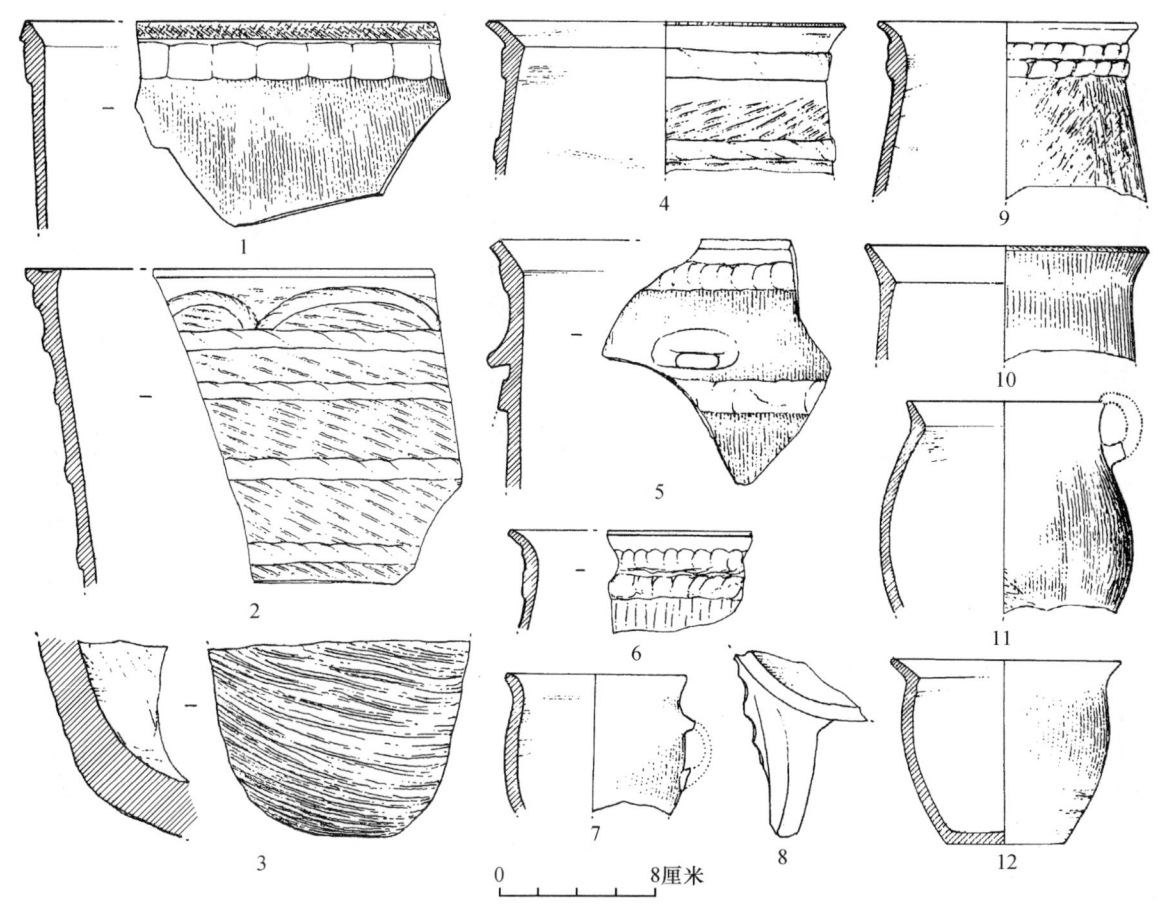

图一六三 H208 出土陶器

1、4、6、9、10、12. 夹砂罐（H208：19、21、17、18、16、13） 2. 缸（H208：22） 3. 厚胎缸（H208：24）
5. 釜灶（H208：11） 7、11. 单耳罐（H208：15、14） 8. 鼎足（H208：23）

石球 H208：25，仅残存一半。直径7厘米（图一六二，4）。

石镞 H208：26，磨制而成，器形规整，平面近似梭形，弧形侧刃，剖面略呈枣核形，带脊。残长7.2厘米，宽2.1厘米，厚0.6厘米（图一六二，9）。

骨笄 H208：27，顶端保留原关节面，体狭长、较直、略扁，三角形扁尖，通体磨光，完整。长20.5厘米，最宽处2厘米，厚0.5厘米（图一六二，15）。

14. H3

标本5件。

带錾盆 H3：1，泥质灰陶，敞口，圆唇，斜直腹，平底，腹部附舌状錾手，腹内外壁附着有一层白色石灰。口径16厘米，底径8厘米，残高8厘米（图一六四，5）。

石铲 H3：2，通体磨光，平面近似长方形，顶端残断，圆弧双面刃。残长9.4厘米，宽8.4厘米，厚1.7厘米（图一六四，1）。H3：3，通体磨光，顶端残断，两侧边较直，刃端稍宽，圆弧双面刃。残长11.2厘米，宽7.4厘米，厚1.9厘米（图一六四，2）。

骨锥 H3：4，体较短，自然弯曲，两端较窄，中部较宽，横截面近似三角形，顶端和尖端均已磨损，通体磨光。残长8.1厘米，宽1.1厘米，厚0.7厘米（图一六四，3）。

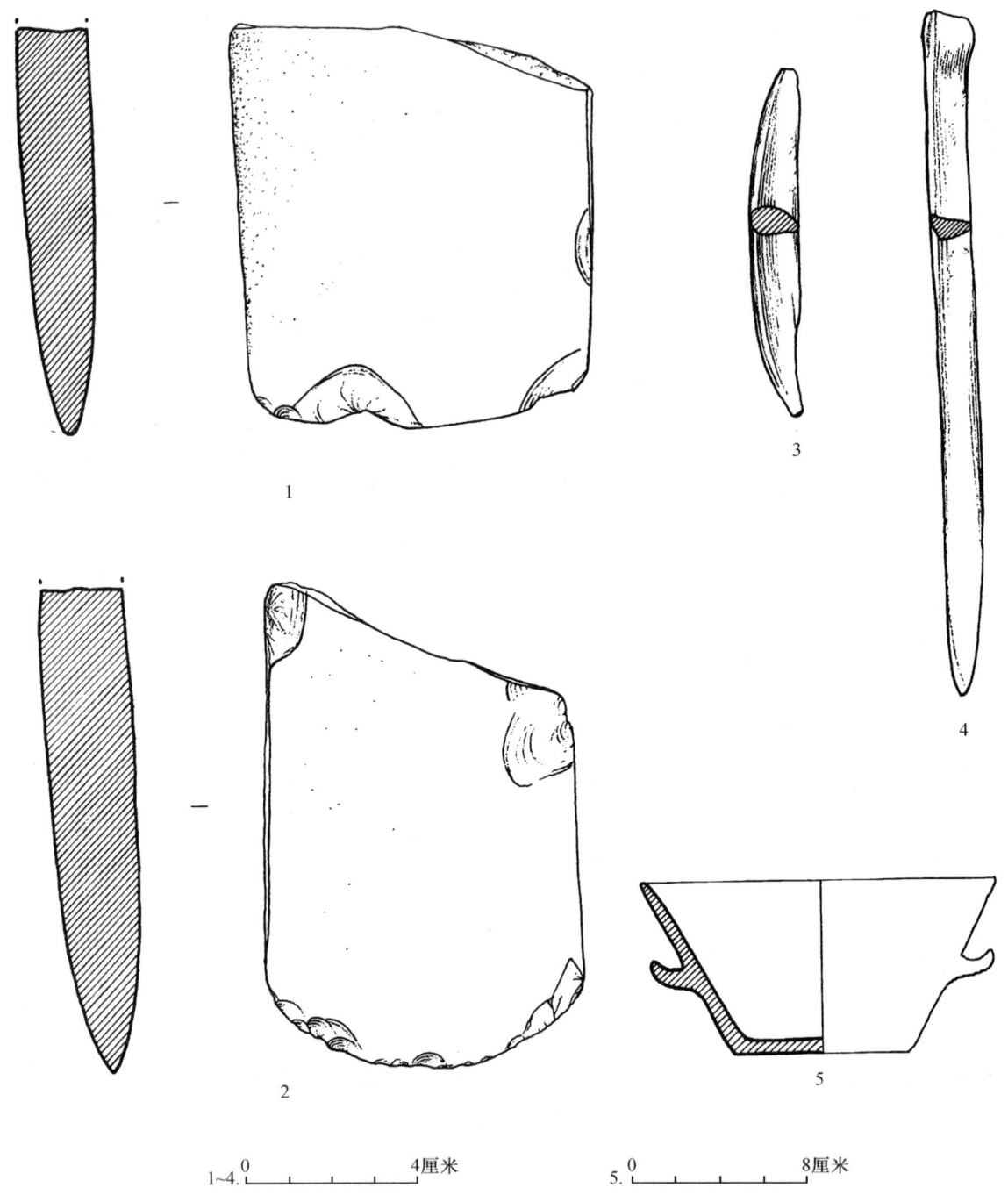

图一六四　H3 出土石铲、骨器、陶盆
1、2. 石铲（H3:2、3）　3. 骨锥（H3:4）　4. 骨笄（H3:5）　5. 带鋬陶盆（H3:1）

骨笄　H3:5，顶端保留原关节面，体直、较狭长，横截面略呈三角形，锐尖，通体磨光，完整。长15.9厘米，宽1.2厘米，厚0.6厘米（图一六四，4）。

15. H8

标本17件。

斝 H8:1，夹砂灰陶，褐胎，口微侈，高领，领近直，窄平沿，折腹明显，腹略浅，大袋足，上腹经抹光，下腹及袋足拍印有疏浅的篮纹，内壁附有水垢。口径17.3厘米，高23.6厘米（图一六五，5；图版一九，4）。

瓮 H8:3，泥质灰陶，敛口，圆唇，唇稍加厚，圆肩，器表磨光，口沿下饰数周弦纹，内壁有垫窝。残高13厘米（图一六五，4）。H8:15，泥质灰陶，敛口，斜平沿，沿面上有两周浅凹槽，尖唇，腹部直壁微外撇，口沿下侧有刮削痕，其下素面磨光。残高5.8厘米（图一六五，2）。

宽沿罐 H8:2，泥质灰陶，侈口，宽沿，圆唇，腹部圆鼓，素面磨光。口径40厘米，残高22.5厘米（图一六五，17）。

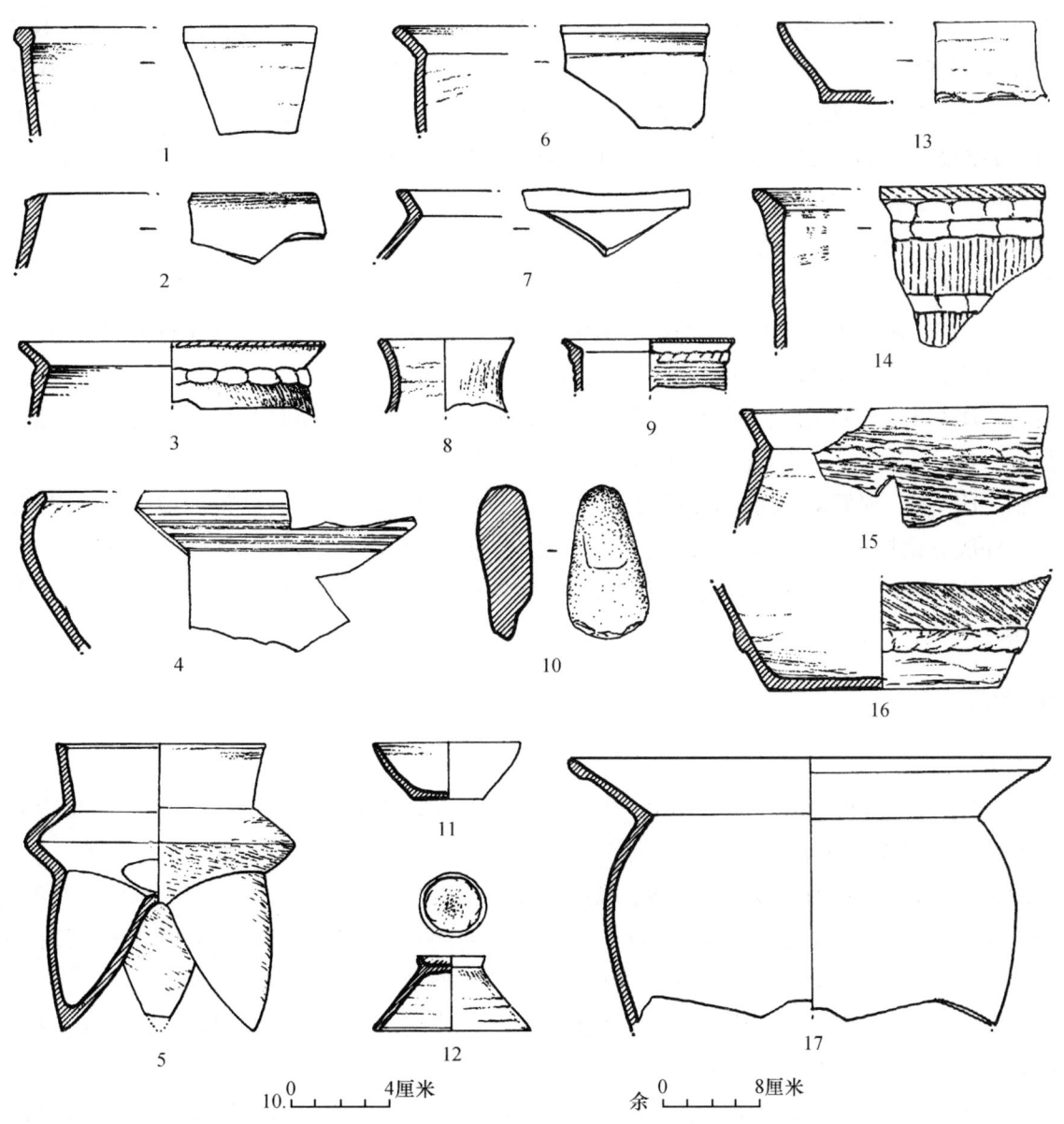

图一六五 H8出土陶器、石斧

1、6、7. 泥质陶罐（H8:13、6、14） 2、4. 陶瓮（H8:15、3） 3、9、14、15. 夹砂陶罐（H8:7、8、9、10）
5. 陶斝（H8:1） 8. 小口高领陶罐（H8:5） 10. 石斧（H8:17） 11. 陶钵（H8:4） 12. 陶器盖（H8:11）
13. 陶碗（H8:12） 16. 陶器底（H8:16） 17. 宽沿陶罐（H8:2）

小口高领罐　H8∶5，泥质灰陶，高领，领壁内弧，圆唇，素面，领内侧可见泥条缝，领外侧有修抹痕。口径11厘米，残高6厘米（图一六五，8）。

泥质罐　H8∶6，灰陶，侈口，折沿，圆方唇，腹壁微弧，沿面及腹外壁磨光，口沿外侧可见细密轮纹，腹内壁有修抹痕。残高8.6厘米（图一六五，6）。H8∶13，灰陶，敞口，圆唇，近直腹，器表素面磨光。残高8.7厘米（图一六五，1）。H8∶14，灰陶，侈口，折沿，圆方唇，口沿略变形，溜肩，沿面及肩部磨光。残高5.2厘米（图一六五，7）。

夹砂罐　H8∶7，灰陶，侈口，折沿，方唇，唇面经按压而成花边口，弧腹，器表饰绳纹，口沿下侧经修抹并附一周堆纹。口径25厘米，残高6厘米（图一六五，3）。H8∶8，灰陶，口微侈，折沿，方唇，唇面经按压而成花边口，腹壁较直，饰粗篮纹，口沿下有一周附加堆纹。口径14.2厘米，残高4.2厘米（图一六五，9）。H8∶9，灰陶，侈口，折沿，方唇，弧腹，口沿外侧及腹壁拍印篮纹，口沿下饰一周附加堆纹。残高9.5厘米（图一六五，14）。H8∶10，灰陶，侈口，折沿，圆方唇，唇面滚压绳纹而成花边口，直腹，腹部饰竖绳纹并附堆纹，口沿下施两周附加堆纹，沿面及腹内壁可见修抹痕。残高13.3厘米（图一六五，15）。

钵　H8∶4，泥质灰陶，敞口，尖唇，弧腹斜收，平底，器表素面磨光。口径12厘米，底径5.8厘米，高4.6厘米（图一六五，11；图版二〇，5）。

碗　H8∶12，泥质灰陶，敞口，圆唇，弧腹斜收，近底部微内凹，底部向外凸出部分用手捏成花边形，底残，素面。残高6.5厘米（图一六五，13）。

器盖　H8∶11，夹砂褐陶，覆碗形，敞口，尖圆唇，器壁较直，圈足式捉手，器壁可见泥条缝和刮削痕。口径13厘米，捉手直径5.6厘米，高6厘米（图一六五，12）。

器底　H8∶16，泥质灰褐陶，斜腹微弧，平底，腹部拍印篮纹并饰一周附加堆纹，近底部外壁经刮削，外底有粟粒印痕，内壁可见修抹痕。底径19厘米，残高9厘米（图一六五，16）。

石斧　H8∶17，通体磨光，刃残，顶端窄厚，底端稍宽薄。残长6.3厘米，宽3.3厘米，厚2.2厘米（图一六五，10）。

16. H32

标本12件。

釜灶　H32∶3，夹砂灰陶，侈口较大，方唇，釜与灶的交接位置偏上，位于口沿下，带舌形鋬，残存灶壁器表饰绳纹。口径30厘米，残高8厘米（图一六六，2）。

夹砂罐　H32∶2，灰陶，侈口，方唇，溜肩鼓腹，器表饰绳纹，口沿下附两周堆纹，腹部有一周附加堆纹。残高12厘米（图一六六，11）。H32∶5，灰褐陶，侈口，折沿，方唇，唇面经按压而成花边口，弧腹，器表饰绳纹，口沿略有变形。残高9.5厘米（图一六六，1）。

泥质罐　H32∶8，灰褐陶，侈口，折沿上仰，圆唇，鼓腹，口沿外侧及腹壁局部磨光，鼓腹处施一周附加堆纹。残高12.1厘米（图一六六，6）。

缸　H32∶6，夹砂灰陶，体大，胎厚重致密，侈口，折沿，方唇，唇面经按压而成花边口，腹壁微弧，口沿内侧有一周浅凹槽，腹部饰绳纹并附堆纹，内壁可见刮削痕及修抹痕。口径46厘米，残高14.5厘米（图一六六，12）。H32∶7，夹砂黄褐陶，体大，胎厚重致密，侈口，折沿，方唇，唇面经按压而成花边口，腹壁较直，口沿外侧绳纹经修抹，器表饰绳纹并附堆纹，内壁可见修抹痕。口径46.3厘米，残高15.3厘米（图一六六，5）。

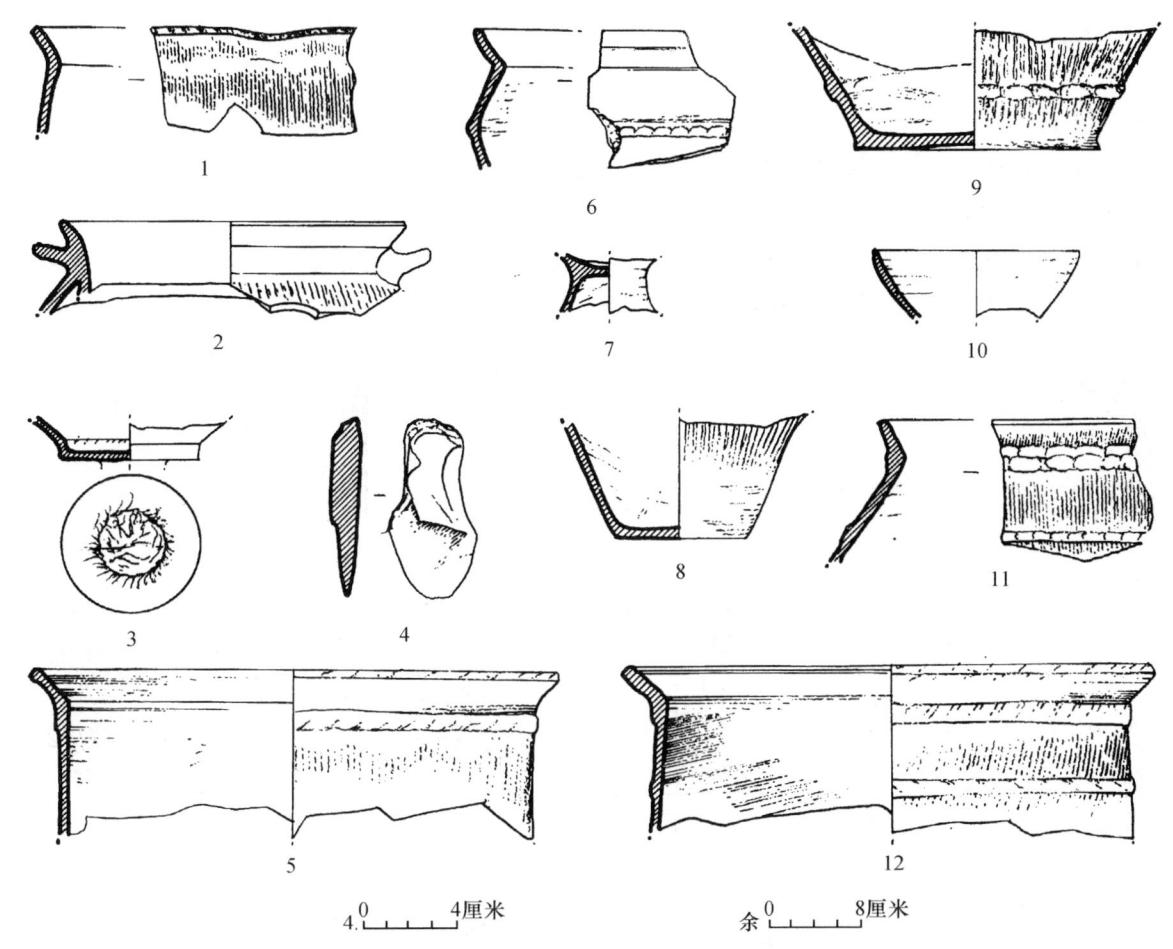

图一六六　H32 出土陶器、石铲

1、11. 夹砂陶罐（H32:5、2）　2. 陶釜灶（H32:3）　3、7. 陶豆（H32:10、11）　4. 石铲（H32:12）
5、12. 陶缸（H32:7、6）　6. 泥质陶罐（H32:8）　8、9. 陶器底（H32:4、9）　10. 陶钵（H32:1）

豆　H32:10，泥质灰褐陶，口沿残，盘壁较直斜收，近底部外折，棱角明显，盘底呈一凹心，豆柄残，素面，豆盘与豆柄采用对接技术，由豆柄残断处可见盘底中央有刻划的沟槽，周围有手抹痕，盘心内壁亦可见手指按痕。残高 3.2 厘米（图一六六，3）。H32:11，泥质灰陶，仅残存豆盘与豆柄衔接处，盘内底为圜底，豆柄呈喇叭状外撇，为三部分相接而成，豆柄上侧平面刻划凹槽，上接盘心，下与豆柄相连，相接部位抹泥加固，外壁可见刮削痕。残高 5 厘米（图一六六，7；图版二三，3）。

钵　H32:1，泥质灰陶，敞口，尖唇，弧腹斜收，素面。口径 18 厘米，残高 5.8 厘米（图一六六，10）。

器底　H32:4，泥质灰褐陶，腹壁较直斜收，平底，腹部拍印竖篮纹，腹内壁有一层薄薄的红彩，下腹外壁经刮削，内壁亦可见刮削痕。底径 11.5 厘米，残高 11.5 厘米（图一六六，8）。H32:9，夹砂灰陶，腹壁斜直，平底微凹，腹部拍印竖篮纹，其上饰一周附加堆纹，内壁可见泥条缝及修抹痕。底径 21.5 厘米，残高 10.5 厘米（图一六六，9）。

石铲　H32:12，体较小，略扁，顶端和上部侧边经打制，形成双肩，下部呈舌形，双面圆弧刃，刃部磨光，有使用痕迹。长 8 厘米，宽 3.7 厘米，厚 1.3 厘米（图一六六，4）。

17. H35

标本 4 件。

单耳罐　H35:1，夹砂灰陶，口微侈，尖圆唇，腹壁微弧，口沿外侧附一只桥形耳，素面。口径 12.2 厘米，残高 7 厘米（图一六七，7）。

窄沿盆　H35:2，泥质灰陶，侈口，圆唇，弧腹圆折，口沿及器表磨光，内壁有横向和斜向刮削修整痕。口径 30 厘米，残高 8 厘米（图一六七，1）。

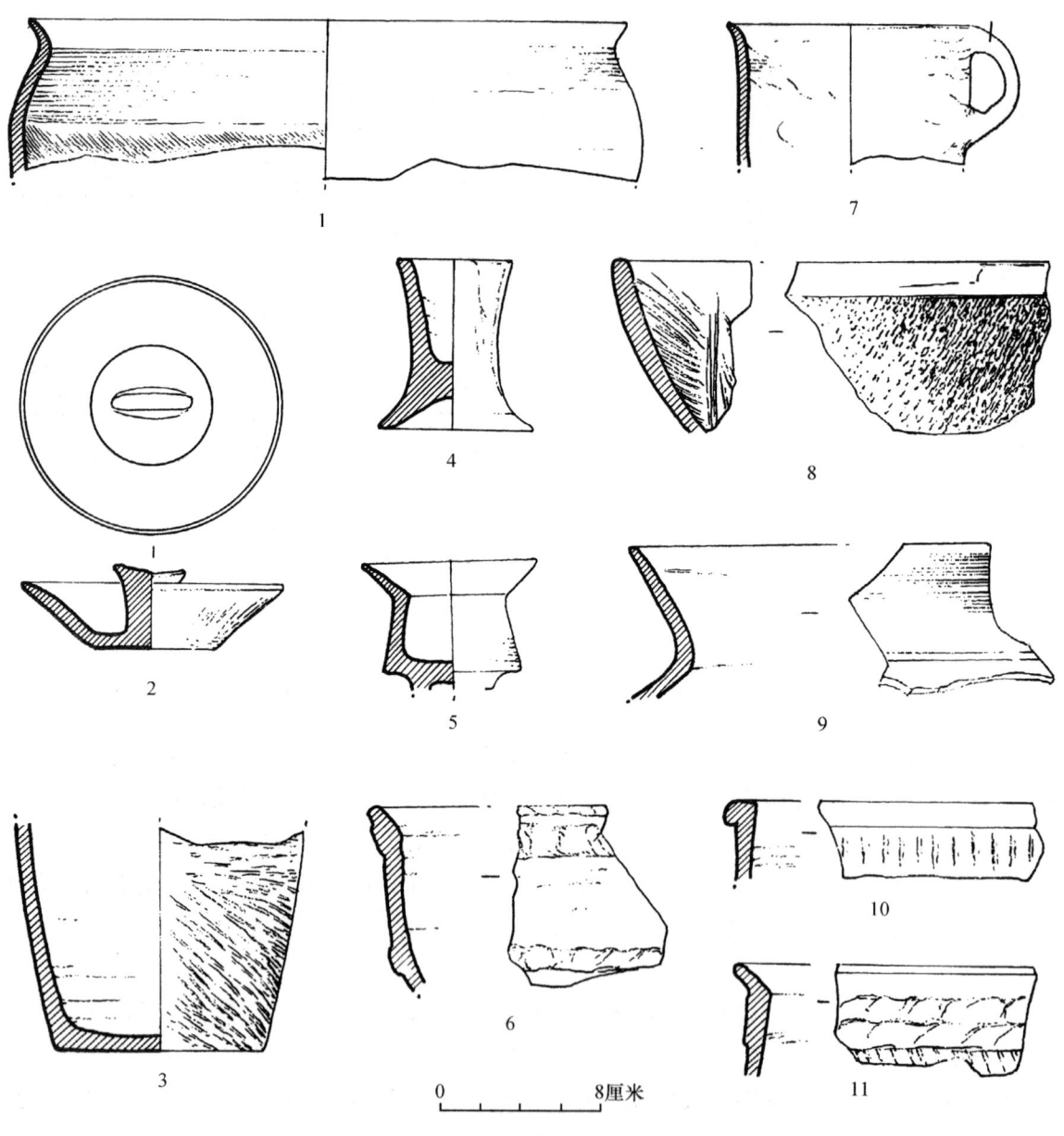

图一六七　H35、H48 出土陶器

1. 窄沿盆（H35:2）　2. 柱盘（H48:2）　3、11. 夹砂罐（H35:4、3）　4. 小杯（H48:7）　5. 盂形杯（H48:6）　6. 夹砂小罐（H48:5）　7. 单耳罐（H35:1）　8. 刻槽盆（H48:4）　9. 小口高领罐（H48:1）　10. 盆（H48:3）

夹砂罐　H35∶3，灰陶，侈口，折沿，方唇，腹壁外弧，腹部拍印篮纹，口沿下施两周附加堆纹。残高5.6厘米（图一六七，11）。H35∶4，灰褐陶，口残，腹壁微弧缓收，平底，器表拍印篮纹，近底部内壁可见泥条缝，外底有粟粒印痕。底径10.6厘米，残高11.4厘米（图一六七，3）。

18. H48

标本7件。

小口高领罐　H48∶1，泥质灰褐陶，侈口，高领，圆唇，溜肩，器壁可见细密轮纹及修抹痕。残高7.6厘米（图一六七，9）。

柱盘　H48∶2，泥质灰褐陶，敞口，圆唇，腹微内弧斜收，平底，盘内有一个扁方形立柱，立柱顶部两端翘起，似鸟，腹部篮纹经修抹，近底部外壁有刮削修抹痕。口径13.2厘米，底径6厘米，高4.2厘米（图一六七，2；图版二六，5）。

盆　H48∶3，泥质灰陶，口近直，圆唇，腹壁较直，腹部拍印竖篮纹，内壁可见修抹痕。残高4厘米（图一六七，10）。

刻槽盆　H48∶4，夹砂灰陶，敞口，圆方唇，弧腹斜收，口沿外侧素面，腹部饰绳纹，内壁刻划有斜向和纵向的沟槽。残高8.6厘米（图一六七，8）。

夹砂小罐　H48∶5，灰陶，侈口，方唇，唇面略经按压而成花边口，弧腹，口沿下方及腹部各饰一周附加堆纹，器形因烧硫而不甚规整。残高9厘米（图一六七，6）。

盂形杯　H48∶6，泥质灰陶，褐胎，侈口，折沿，尖圆唇，腹部直壁外撇，平底，圈足残，素面。口径9厘米，残高6.8厘米（图一六七，5）。

小杯　H48∶7，泥质灰陶，口微敞，方唇，腹壁内弧，喇叭形圈足，圈足外撇，器形不甚规整，素面，器壁及胎内均可见颗粒状孔隙。口径5.6厘米，底径8厘米，高8.6厘米（图一六七，4）。

19. H60

标本2件。

小杯　H60∶1，泥质灰陶，敞口，平沿，沿面上有一周凹槽，尖圆唇，唇外附鹰嘴式纽，腹壁微内弧，平底微凹，器表磨光。口径8.2厘米，底径5.8厘米，高5.5厘米（图一六八，10）。

小口高领罐　H60∶2，夹砂灰陶，侈口，高领，圆唇，肩部拍印篮纹。口径14厘米，残高9.5厘米（图一六八，5）。

20. H63

标本1件。

夹砂深腹罐　H63∶1，褐陶，侈口，折沿，方唇，唇面饰指甲纹而成花边口，腹微鼓，器表饰绳纹并附一周堆纹。口径18厘米，残高12厘米（图一六八，4）。

21. H65

标本3件。

宽沿罐　H65∶1，泥质灰陶，侈口，宽折沿，圆唇，弧腹内收，素面。口径26厘米，残高17.5厘米（图一六八，6）。

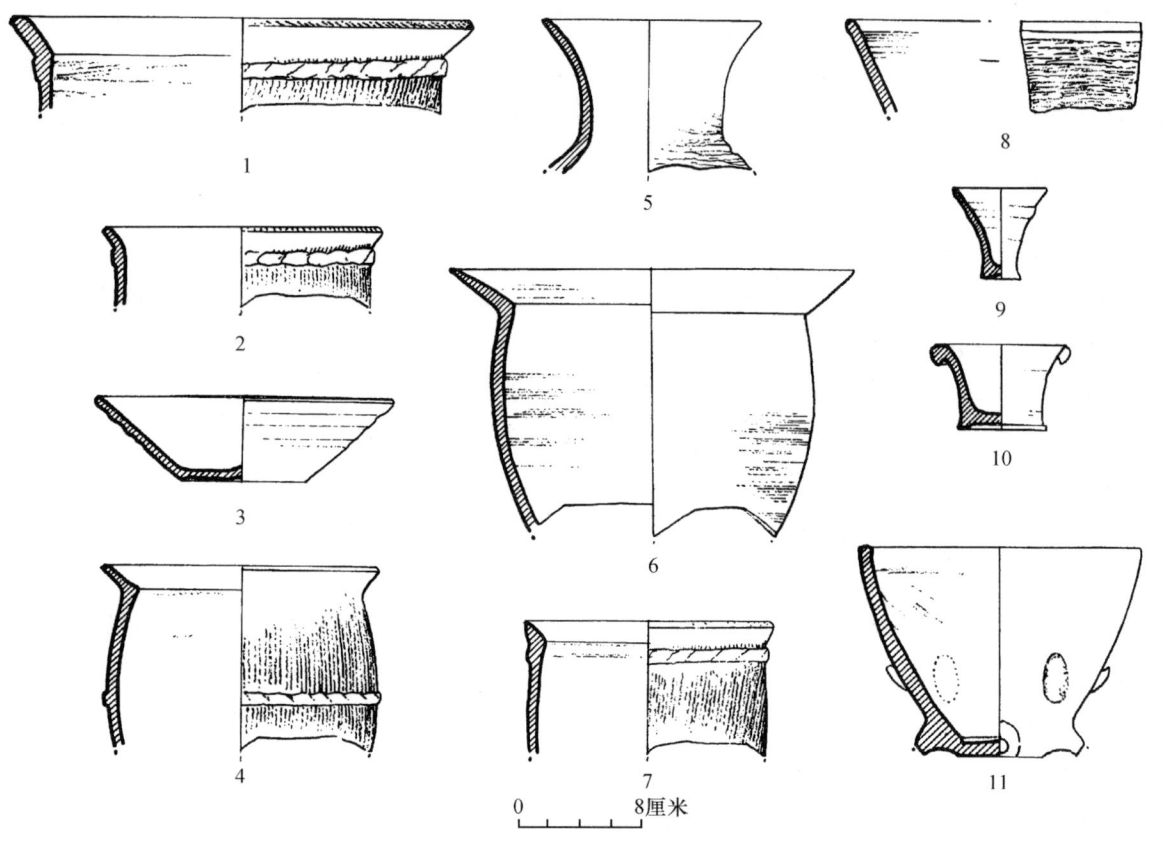

图一六八 H60、H63、H65、H71 出土陶器

1、2、4、7. 夹砂深腹罐（H71:3、H71:2、H63:1、H71:1） 3. 钵（H65:2） 5. 小口高领罐（H60:2） 6. 宽沿罐（H65:1） 8. 盆（H71:4） 9、10. 小杯（H71:5、H60:1） 11. 牛角钵（H65:3）

钵 H65:2，泥质灰陶，大敞口，斜腹中间微内凹，器底较粗糙，素面。口径19.5厘米，底径8.2厘米，高5.5厘米（图一六八，3）。

牛角钵 H65:3，夹砂灰陶，敞口，方唇，弧腹斜收，平底，下腹部及近底部外壁均饰有一周牛角状纽，近底部外壁有四只纽，其中三只已脱落，推测下腹部原有六只纽，但现仅存一只纽及三处纽脱落后的圆形疤痕，器表附着有一层白色石灰。口径18.4厘米，底径5.5厘米，高13.8厘米（图一六八，11）。

22. H71

标本5件。

夹砂深腹罐 H71:1，灰陶，侈口，折沿，圆方唇，唇面滚压绳纹而成花边口，弧腹，器表饰绳纹，口沿下附一周堆纹，口内侧可见泥条痕。口径16厘米，残高9厘米（图一六八，7）。H71:2，灰陶，侈口，圆方唇，唇面经按压而成花边口，腹壁较直，口沿外侧绳纹经修抹，腹部饰绳纹，口沿下施一周附加堆纹。口径18.2厘米，残高5.2厘米（图一六八，2）。H71:3，灰陶，侈口，折沿，圆方唇，唇面滚压绳纹而成花边口，直腹，器表饰绳纹，口沿下施一周附加堆纹，内壁可见修抹痕。口径30厘米，残高6厘米（图一六八，1）。

盆 H71:4，泥质褐陶，敞口，圆唇，斜直腹，腹部拍印横篮纹。残高6厘米（图一六八，8）。

小杯 H71:5，泥质红陶，敞口，尖唇，腹壁内弧斜收，平底微凹，素面，上腹内壁有三周凹槽，下腹外壁可见刮削痕。口径6厘米，底径2.6厘米，高6厘米（图一六八，9）。

23. H79

标本1件。

石镞 H79:1，黑色燧石压剥而成，平面略呈凹底三角形，体较大，略扁平，通体有压剥痕。长5.9厘米，宽5厘米，厚1.1厘米（图一六九，1）。

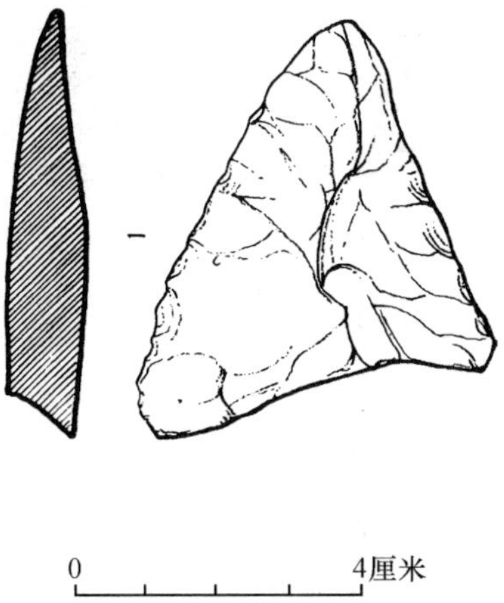

图一六九 H79出土石镞（H79:1）

24. H101

标本10件。

鬲 H101:1，灰陶，折腹以上为泥质陶，下腹部及袋足为夹砂陶，口微侈，高领，领微内弧，斜平沿略宽，圆方唇，扁腹圆折，袋足残，上腹部磨光，下腹部篮纹隐约可见，器内壁附着有一层水垢。口径18厘米，残高11厘米（图一七〇，5）。H101:3，夹砂灰陶，残留鬲足，袋足，素面。残高7厘米（图一七〇，7）。

夹砂罐 H101:2，褐陶，侈口，折沿，方唇，唇面按压绳纹而成花边口，腹壁较直外撇，器表饰绳纹，口沿下方及腹部各施一周附加堆纹，内壁可见修抹痕。残高10厘米（图一七〇，6）。H101:4，灰褐陶，侈口，折沿，方唇，腹壁微弧，唇面及口沿外侧绳纹经修抹，腹部饰绳纹，口沿下施一周附加堆纹，内壁可见修抹痕。口径45厘米，残高12厘米（图一七〇，10）。

泥质罐 H101:7，灰褐陶，口微敛，平沿，弧腹，器表素面磨光。口径20厘米，残高19厘米（图一七〇，2）。

缸 H101:5，夹砂灰陶，口微敛，斜平沿，尖圆唇，腹壁较直外撇，沿面及腹部拍印篮纹，口沿下饰三周附加堆纹，唇部下方有一周凹槽，腹部贴有椭圆形泥饼。口径45厘米，残高11.5厘米（图一七〇，9）。

厚胎缸 H101:8，夹砂灰陶，褐胎，侈口，折沿，尖圆唇，斜直腹，颈部素面，腹部饰粗篮纹。残高9.8厘米（图一七〇，4）。

豆 H101:10，泥质灰陶，豆盘壁残，豆盘为平底，豆座壁内弧外撇，略呈喇叭形，豆座上钻圆形镂孔。残高14厘米（图一七〇，3）。

带鋬盆 H101:6，泥质灰陶，敞口，尖唇，弧腹斜收，附舌状鋬手，器表拍印篮纹并饰一周附加堆纹，内壁可见刮削痕及修抹痕。口径28厘米，残高9.5厘米（图一七〇，1）。

器底 H101:9，夹砂灰陶，腹壁较直斜收，平底，腹部饰竖篮纹，近底部外壁有一周附加堆纹，外底有粟粒印痕。底径19.8厘米，残高5厘米（图一七〇，8）。

25. H102

标本26件。

釜灶 H102:1，夹砂灰褐陶，侈口，折沿，圆唇，釜灶交接处距口沿较近，灶壁外弧，其上饰绳纹，且残留一个圆孔，器表可见修抹痕。残高8厘米（图一七一，13）。H102:2，夹砂灰陶，侈

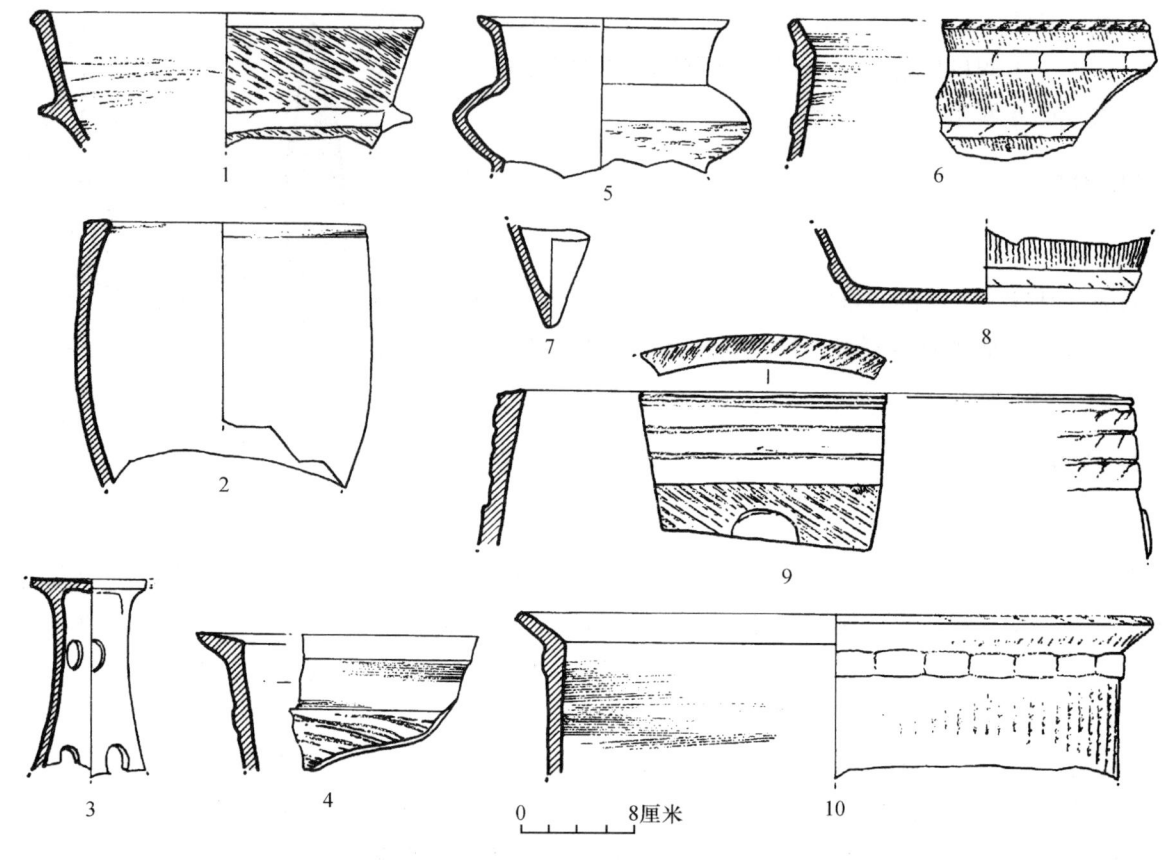

图一七〇 H101 出土陶器
1. 带鋬盆（H101:6） 2. 泥质罐（H101:7） 3. 豆（H101:10） 4. 厚胎缸（H101:8） 5、7. 斝（H101:1、3）
6、10. 夹砂罐（H101:2、4） 8. 器底（H101:9） 9. 缸（H101:5）

口，方唇，唇面滚压绳纹而成花边口，灶壁外弧，口沿外侧绳纹经修抹，器壁饰三周附加堆纹，并附舌状鋬手。残高9.5厘米（图一七一，15）。

斝足 H102:6，夹砂黑陶，褐胎，袋足，器表饰篮纹，内底可见泥条痕及放射状褶皱。残高5厘米（图一七一，8）。

夹砂深腹罐 H102:3，夹砂灰陶，侈口，折沿，方唇，唇面按压绳纹而成花边口，直腹，器表饰绳纹，口沿下施一周附加堆纹，内壁可见刮削痕。口径33.2厘米，残高6厘米（图一七一，3）。H102:4，夹砂灰陶，侈口，折沿，方唇，弧腹，腹部拍印篮纹，口沿下饰一周附加堆纹。口径38.5厘米，残高10.8厘米（图一七一，4）。

小口高领罐 H102:8，泥质灰陶，侈口，高领，圆唇，器表局部磨光，器壁凹凸不平。口径11厘米，残高7.2厘米（图一七一，9）。

泥质罐 H102:9，灰陶，敞口，折沿，圆唇，弧腹内收，通体磨光，色黑，略带光泽，下腹外壁有刮削痕。口径23厘米，残高10.5厘米（图一七一，16）。

厚胎缸 H102:5，夹砂灰陶，侈口，折沿，圆唇，腹壁较直缓收，腹部有一周凹槽，凹槽以下饰篮纹。口径38厘米，残高13.6厘米（图一七一，2）。H102:13，夹砂灰陶，胎较厚，近底部内折斜收，尖底，器表拍印篮纹，内壁可见刮削痕。残高8厘米（图一七一，11）。H102:14，夹砂灰陶，胎较厚，近底部内折斜收，内壁贴附有一层夹砂灰泥，器表拍印粗篮纹，外底可见刮削痕。

残高9.6厘米（图一七一，10）。

带鋬盆 H102∶7，泥质灰陶，敞口，尖唇，斜弧腹，器表拍印篮纹，其上残留一只牛角状鋬手。残高7.8厘米（图一七一，7）。

盆 H102∶10，泥质灰陶，敞口，圆唇，弧腹斜收，腹外壁可见刮削痕。残高8.4厘米（图一七一，6）。H102∶11，泥质褐陶，口微敞，圆方唇，腹壁微弧内收，器表拍印竖篮纹，内壁可见修抹痕。残高7.5厘米（图一七一，14）。H102∶17，泥质褐陶，敞口，折沿外翻，尖圆唇，斜直腹，素面磨光。残高8.7厘米（图一七一，12）。H102∶18，泥质灰黑陶，褐胎，口微敞，折沿，沿面上饰数周凹槽，圆方唇，腹壁较直内收，拍印浅篮纹。口径44厘米，残高14.2厘米（图一七一，5）。H102∶19，夹砂褐陶，敞口，平沿，沿面上有三周浅凹槽，圆唇，斜腹微弧，腹外壁有一周浅凹槽，内壁可见修抹痕。口径42厘米，残高6厘米（图一七一，1）。

小杯 H102∶12，泥质灰陶，敞口，尖唇，腹壁内弧，平底，腹部饰三周凹弦纹，器表磨光，外底有一周凹槽。口径6.5厘米，底径4.8厘米，残高8厘米（图版二七，1）。

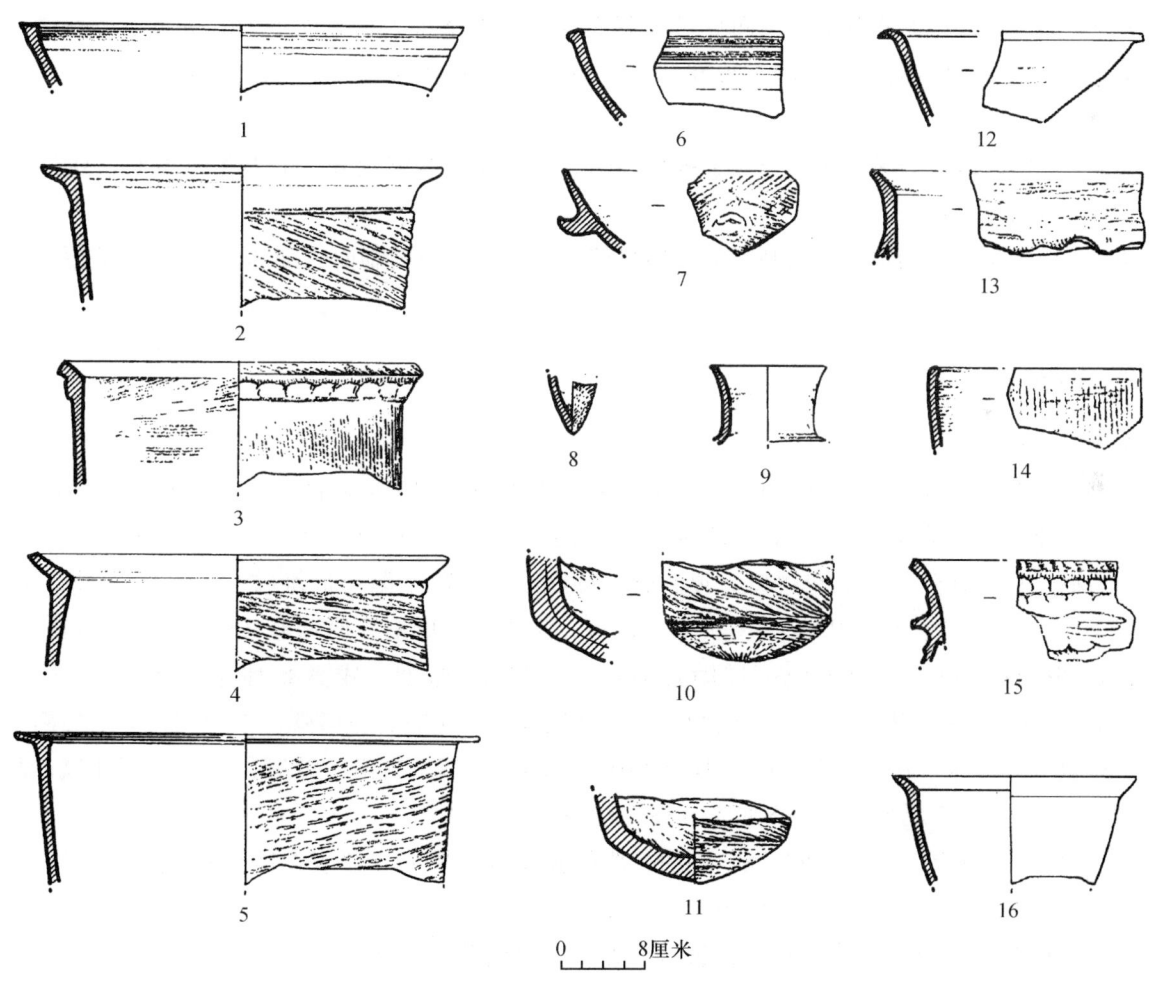

图一七一 H102出土陶器

1、5、6、12、14. 盆（H102∶19、18、10、17、11） 2、10、11. 厚胎缸（H102∶5、14、13） 3、4. 夹砂深腹罐（H102∶3、4） 7. 带鋬盆（H102∶7） 8. 斝足（H102∶6） 9. 小口高领罐（H102∶8） 13、15. 釜灶（H102∶1、2） 16. 泥质罐（H102∶9）

钵　H102:20，泥质褐陶，敞口，尖圆唇，圜底，素面，器形不甚规整，器表凹凸不平，捏制而成。口径5厘米，高3.2厘米（图一七二，6）。

鼎足　H102:15，夹砂灰陶，体略大，宽扁足，足微外撇，足面正中有一道宽而深的凹槽，中间贴附一道纵向的附加堆纹并按压窝坑。残高13.2厘米（图一七二，1）。H102:16，夹砂灰陶，扁方足，足面两侧按压成花边，足面正中饰一道纵向的附加堆纹，其上亦按压成锯齿形。残高11厘米（图一七二，5）。

石刀　H102:22，磨制石器，平面近似四边形，一面磨光，两侧边各有一个凹缺，刃部磨光，双面刃。长9厘米，宽4.7厘米，厚0.9厘米（图一七二，2）。

石球　H102:23，砂岩，琢磨而成，仅残存一小半，表面经磨损略平。直径8.7厘米，厚1.5厘米（图一七二，3）。

三角石器　H102:24，打制而成，体较扁薄，平面呈长三角形。长16厘米，宽7.5厘米，厚1.2厘米（图一七二，7）。

陶铲　H102:25，泥质灰陶，由陶豆盘改制而成，内外壁磨光，平面近似椭圆形，一侧边经打制修整，另一侧边则利用陶盘口沿，刃部磨光，单面刃。长16.4厘米，宽7.3厘米，厚0.4厘米（图一七二，4）。

鹿角　H102:21，分叉鹿角，一支于根部残断，另一支前端继续分出的鹿角被截断。残长22.7厘米（图一七二，9）。

角锥　H102:26，利用鹿角改制而成，体自然弯曲，末端经磨制而成钝圆尖。长17.7厘米（图一七二，8）。

26. H202

标本17件。

夹砂深腹罐　H202:1，灰陶，侈口，斜折沿，方唇，唇面按压指甲纹而成花边口，腹壁微弧，饰绳纹，其上施两周附加堆纹。口径32厘米，残高16.6厘米（图一七三，13）。H202:2，灰陶，侈口，方唇，唇面滚压绳纹成花边口，腹微鼓，饰绳纹，口沿下附一周堆纹。口径26厘米，残高12.8厘米（图一七三，7）。H202:8，灰陶，侈口，折沿，尖圆唇，唇面经按压而成花边口，腹壁较直，拍印横向篮纹，口沿下施一周附加堆纹。口径25厘米，残高8厘米（图一七三，1）。H202:9，灰陶，侈口，折沿，方唇，唇面上滚压绳纹而成花边口，腹微弧，饰绳纹，口沿贴附一周堆纹。残高9.6厘米（图一七三，6）。H202:10，灰陶，侈口，折沿，方唇，唇面滚压绳纹，腹略直，饰绳纹。口径18厘米，残高6厘米（图一七三，16）。

小口高领罐　H202:4，泥质灰陶，圆肩，腹微弧斜收，平底，器表拍印交错篮纹。底径12厘米，残高34.8厘米（图一七三，17；图版二一，2）。

釜灶　H202:7，夹砂灰陶，侈口，折沿，方唇，腹壁微弧，口沿下方残留一只舌状鋬手，灶壁上残存两个圆孔，口沿下方及灶壁上饰纵向绳纹，釜灶交接处的器壁拍印横向篮纹。残高16厘米（图一七三，2）。

盆　H202:3，泥质灰陶，敞口，宽折沿，圆方唇，腹壁微弧内收，素面。口径25.8厘米，残高10.4厘米（图一七三，14）。H202:11，泥质灰陶，侈口，折沿上仰，尖圆唇，腹微弧，口沿外侧篮纹经修抹。口径26厘米，残高12.4厘米（图一七三，15）。H202:12，泥质灰陶，敞口，圆方

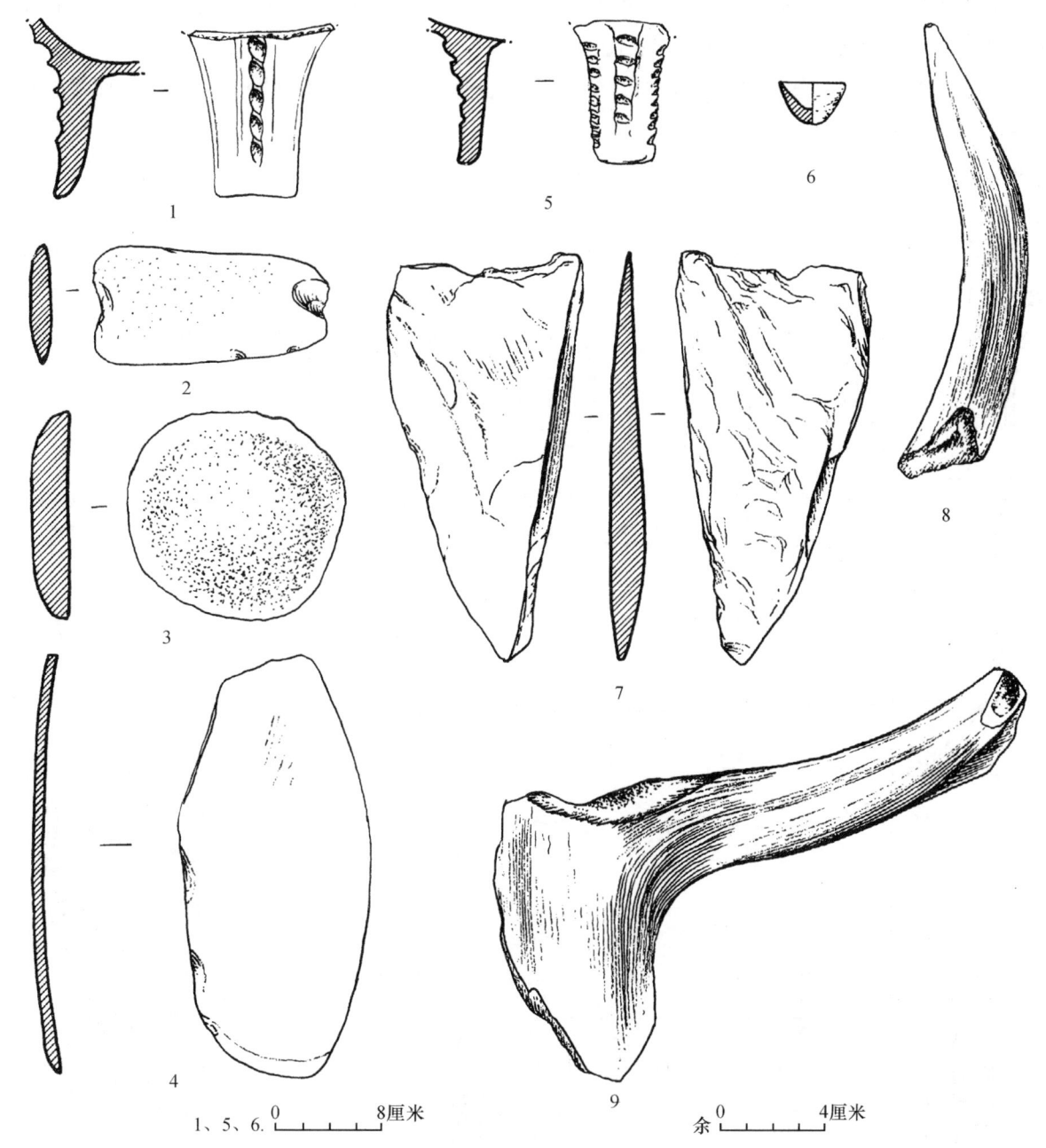

图一七二　H102 出土陶器、石器、骨角器

1、5. 陶鼎足（H102：15、16）　2. 石刀（H102：22）　3. 石球（H102：23）　4. 陶铲（H102：25）　6. 陶钵
（H102：20）　7. 三角石器（H102：24）　8. 角锥（H102：26）　9. 鹿角（H102：21）

唇，弧腹斜收，腹部拍印纵向篮纹。残高 6 厘米（图一七三，8）。H202：13，泥质灰陶，敞口，圆唇，唇面加宽，腹壁斜直，拍印浅篮纹。残高 6 厘米（图一七三，9）。

钵　H202：14，泥质灰陶，敞口，圆唇，腹壁斜直，平底，素面。口径 15.6 厘米，底径 8 厘米，高 6 厘米（图一七三，3）。

器盖　H202：5，夹砂灰陶，覆碗形，敞口，尖唇，器壁略外弧，平底状捉手，捉手边缘经按压而成花边形，器表饰绳纹。口径 20 厘米，捉手直径 9.2 厘米，高 6 厘米（图一七三，4；图版二六,2)。H202:6,夹砂灰陶,覆钵形,敞口,圆唇,腹壁斜直,花边捉手。口径16厘米,捉手直径9厘米,高3.8厘米(图一七三,12;图版二六,1)。

薄胎杯 H202:15,泥质白陶,敞口,尖圆唇,腹壁内弧,器表素面磨光。口径8厘米,残高4.2厘米(图一七三,10)。

陶纺轮 H202:16,泥质褐陶,残留一半,对钻孔,素面。直径7.7厘米,厚1.7厘米(图一七三,5)。

陶环 H202:17,泥质褐陶,横截面呈枣核状,器表磨光。宽1.1厘米,厚0.6厘米(图一七三,11)。

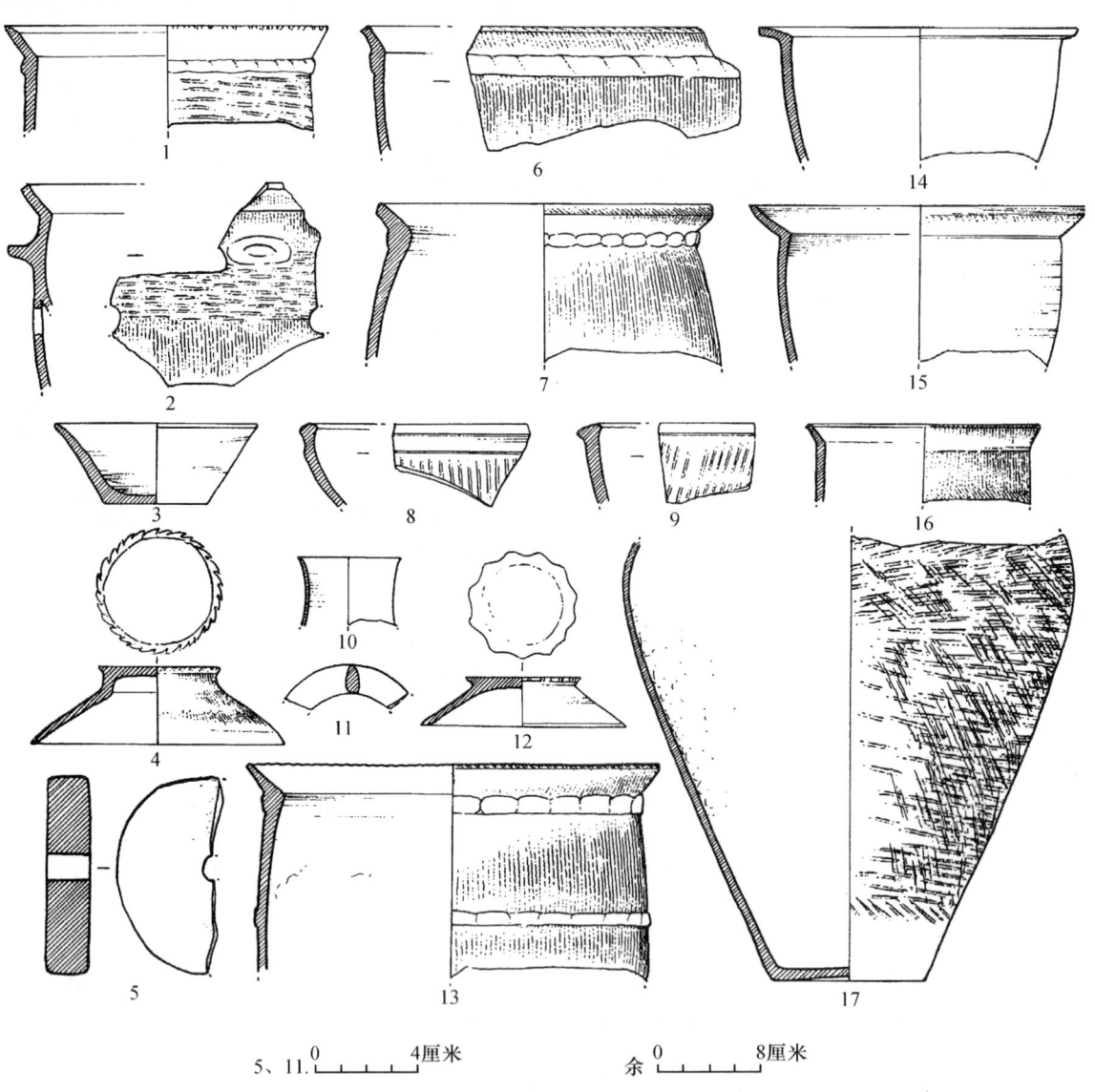

图一七三 H202出土陶器

1、6、7、13、16. 夹砂深腹罐(H202:8、9、2、1、10) 2. 釜灶(H202:7) 3. 钵(H202:14) 4、12. 器盖(H202:5、6) 5. 陶纺轮(H202:16) 8、9、14、15. 盆(H202:12、13、3、11) 10. 薄胎杯(H202:15) 11. 陶环(H202:17) 17. 小口高领罐(H202:4)

27. H207

标本 9 件。

夹砂深腹罐　H207:1，灰陶，口沿不甚规整，呈椭圆形，侈口，圆方唇，唇部滚压花边，腹略鼓，器表绳纹，其上附一周堆纹。口径 25 厘米，残高 24.6 厘米（图一七四，9）。H207:3，灰陶，侈口，折沿，方唇，唇部滚压花边，腹微鼓，饰绳纹，口沿下附一周堆纹。口径 19.2 厘米，残高 7.8 厘米（图一七四，5）。H207:4，灰陶，侈口，折沿，圆方唇，唇部滚压花边，腹壁微弧，饰绳纹。口径 18 厘米，残高 8.4 厘米（图一七四，6）。H207:5，灰陶，侈口，折沿，尖圆唇，腹微鼓，饰绳纹。口径 15 厘米，残高 8.8 厘米（图一七四，2）。H207:6，灰陶，侈口，折沿，方唇，唇部按压花边，腹壁微弧，饰绳纹，口沿下附一周堆纹。残高 8 厘米（图一七四，1）。H207:7，灰陶，侈口，方唇，腹微弧，拍印篮纹。口径 11.2 厘米，残高 6.6 厘米（图一七四，3）。

鼎　H207:2，夹砂灰陶，侈口，斜折沿，方唇，弧腹内收，器表饰绳纹，口沿下及腹部各附一周堆纹。残高 19.2 厘米（图一七四，4）。

敞口盆　H207:8，泥质灰陶，敞口，圆方唇，斜腹，内壁磨光，器表拍印篮纹。口径 31 厘米，残高 10.8 厘米（图一七四，8）。

陶环　H207:9，截面近似馒头形，磨制而成。宽 0.7 厘米（图一七四，7）。

28. H213

标本 2 件。

罐　H213:1，泥质灰陶，侈口，折沿，方唇，溜肩，肩部附堆纹状鋬手，器表磨光。口径 19.2 厘米，残高 6 厘米（图一七五，1）。

豆　H213:2，泥质褐陶，豆盘弧腹斜收平底，喇叭形圈足豆座，其上残留三个圆形镂孔。残高 8 厘米（图一七五，6）。

29. H214

标本 10 件。

罐　H214:1，夹砂灰陶，侈口，折沿，方唇，腹微鼓，饰粗绳纹，口沿下方附一周堆纹。口径 17.4 厘米，残高 6 厘米（图一七五，2）。H214:2，夹砂灰陶，侈口，方唇，唇面经按压而成花边口，弧腹，器表绳纹隐约可见。口径 8.2 厘米，残高 5.6 厘米（图一七五，9）。H214:3，夹砂灰褐陶，侈口，折沿，方唇，弧腹，沿面上有数周浅凹痕，腹部拍印篮纹，口沿下方附一周堆纹。残高 13 厘米（图一七五，10）。H214:4，夹砂灰褐陶，敞口，折沿，沿面有两周浅凹痕，圆唇，腹壁微弧内收，拍印横向篮纹，口沿下方施一周附加堆纹。残高 13.4 厘米（图一七五，11）。H214:6，泥质灰陶，敛口，折沿，沿面上有一周凹槽，方唇，溜肩，器表素面磨光。口径 26 厘米，残高 9.4 厘米（图一七五，5）。

盆　H214:5，泥质灰褐陶，敞口，圆唇，弧腹斜收，器表拍印横向篮纹，内壁有一周手指按痕。残高 8.4 厘米（图一七五，3）。

小杯　H214:7，泥质灰陶，斜直腹，平底微凹，底部钻有两个小孔，素面。底径 3.6 厘米，残高 4.6 厘米（图一七五，7）。

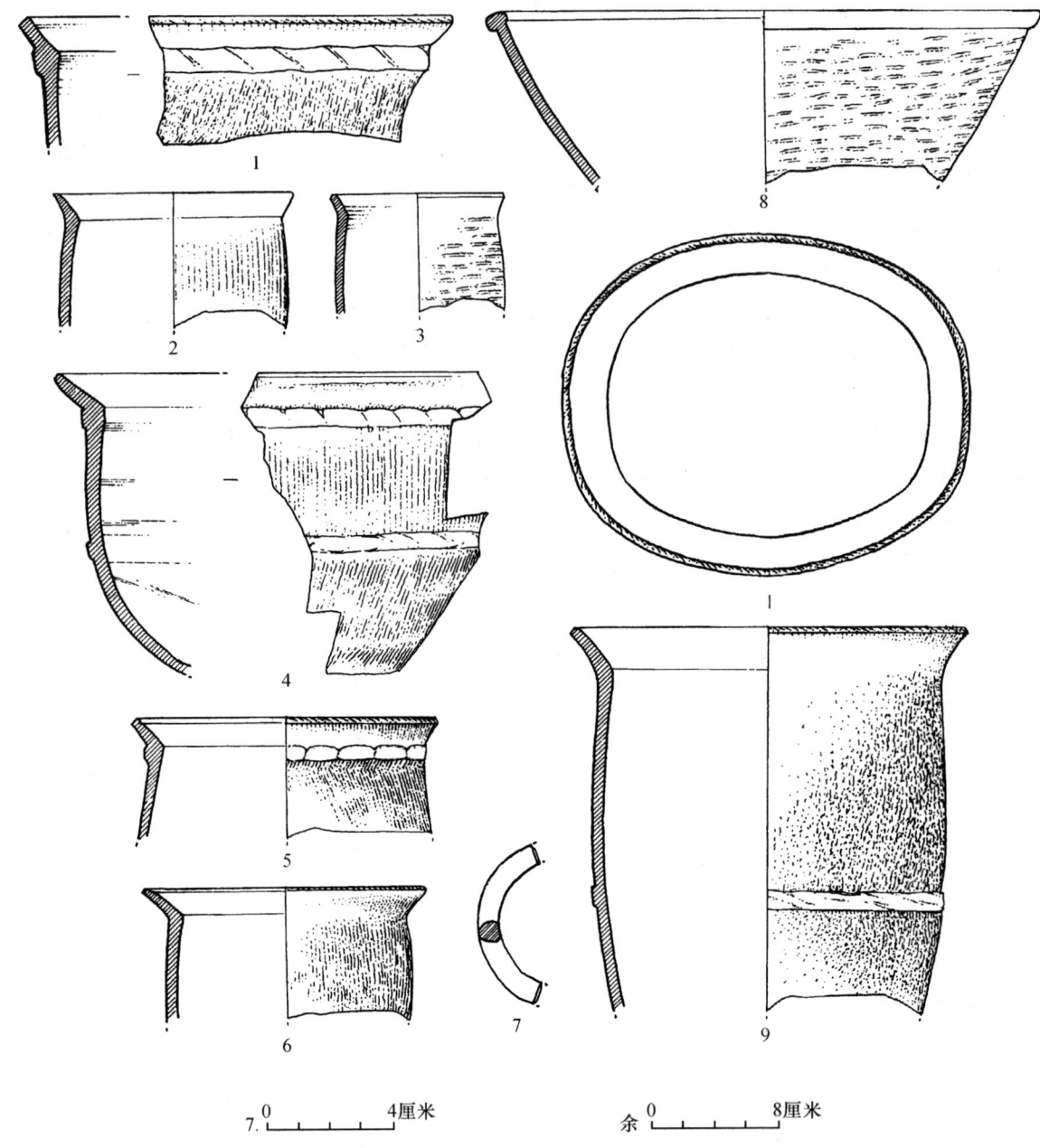

图一七四 H207 出土陶器

1~3、5、6、9. 夹砂深腹罐（H207:6、5、7、3、4、1） 4. 鼎（H207:2） 7. 陶环（H207:9） 8. 敞口盆（H207:8）

双錾盆 H214:8，泥质灰褐陶，敞口，圆唇，腹壁微弧斜收，中部附舌状翘首双錾，平底，素面。口径19.4厘米，底径11厘米，高9.6厘米（图一七五，12；图版二〇，4）。

石球 H214:9，琢制而成。直径6.8厘米（图一七五，4）。

角凿 H214:10，鹿角制成，保留角环，利用分叉的鹿角，将其中一支斜向劈断，尖端磨成圆弧刃，另一支鹿角亦被磨制出圆弧刃，刃缘已残损。残长12厘米，角环直径5.6厘米（图一七五，8）。

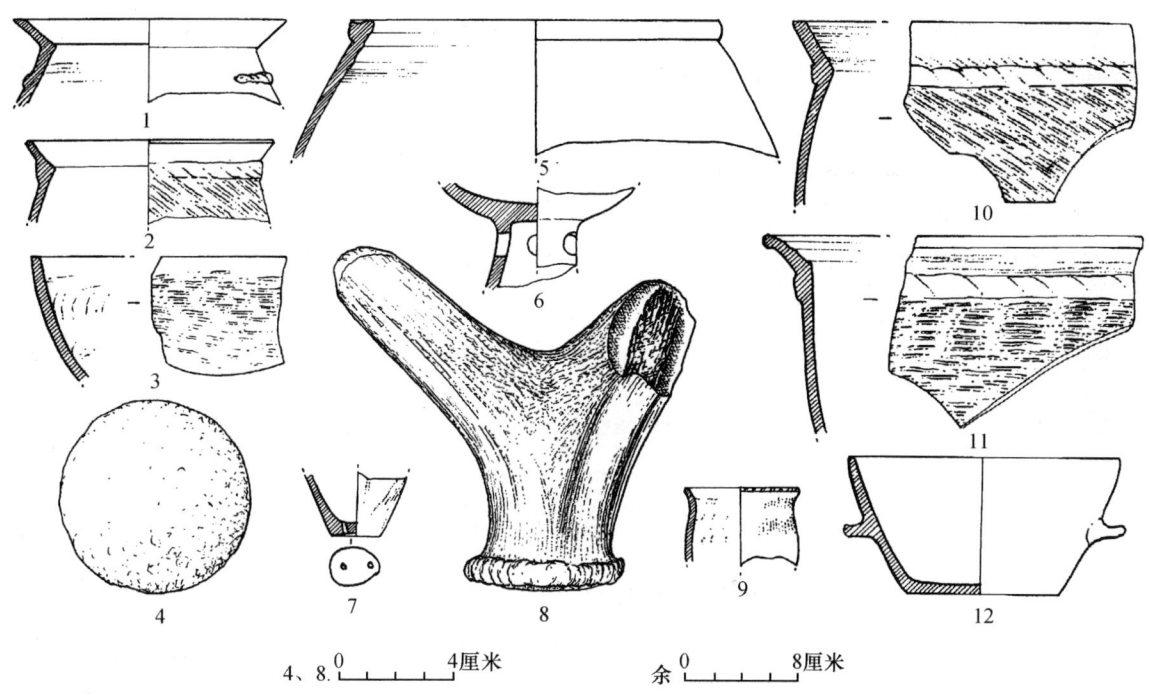

图一七五　H213、H214 出土陶器、石球
1、2、5、9~11. 陶罐（H213:1、H214:1、6、2、3、4）　3. 陶盆（H214:5）　4. 石球（H214:9）　6. 陶豆（H213:2）　7. 小陶杯（H214:7）　8. 角凿（H214:10）　12. 带錾陶盆（H214:8）

30. H221

标本 3 件。

夹砂深腹罐　H221:1，夹砂灰陶，侈口，折沿，圆方唇，腹略鼓，饰绳纹，其上附一周堆纹。口径 20.2 厘米，残高 13 厘米（图一七六，5）。

鬲足　H221:2，夹砂褐陶，袋足，素面。残高 6.6 厘米（图一七六，9）。

陶环　H221:3，泥质灰陶，剖面近似馒头形，器表饰绞丝纹。宽 0.6 厘米，厚 0.6 厘米（图一七六，8）。

31. H249

标本 7 件。

敞口盆　H249:1，泥质灰陶，敞口，折沿，圆方唇，腹微弧内收，下腹部饰一周附加堆纹，器表磨光。口径 27.2 厘米，残高 13 厘米（图一七六，7）。H249:2，泥质灰陶，敞口，尖圆唇，斜腹，素面。残高 6 厘米（图一七六，4）。

夹砂深腹罐　H249:3，灰陶，侈口，折沿，方唇，唇面滚压绳纹而成花边口，腹微鼓，器表饰绳纹，其上再贴附三周堆纹，口沿下为两周。口径 37 厘米，底径 16.5 厘米，高 46 厘米（图一七六，3；图版二四，4）。H249:4，灰褐陶，口沿不甚规整，侈口，方唇，唇面滚压绳纹而成花边口，腹壁较直，饰绳纹，口沿下贴附一周堆纹。口径 37 厘米，残高 7.2 厘米（图一七六，2）。H249:5，灰陶，侈口，斜方唇，唇面滚压绳纹而成花边口，腹壁较直，饰绳纹，口沿下方贴附一周堆纹。口径27.2厘米,残高8.6厘米(图一七六,6)。H249:6,灰陶,侈口,折沿,斜方唇,唇面滚压绳纹而成花边口,腹壁较直,饰绳纹,口沿下方贴附两周堆纹。残高6.8厘米(图一七六,1)。

石斧　H249:7,磨制石器,平面呈顶端略窄、底端较宽的椭圆形,圆弧双面刃,刃缘经磨损。长11厘米,宽5.7厘米,厚2.6厘米(图一七六,10)。

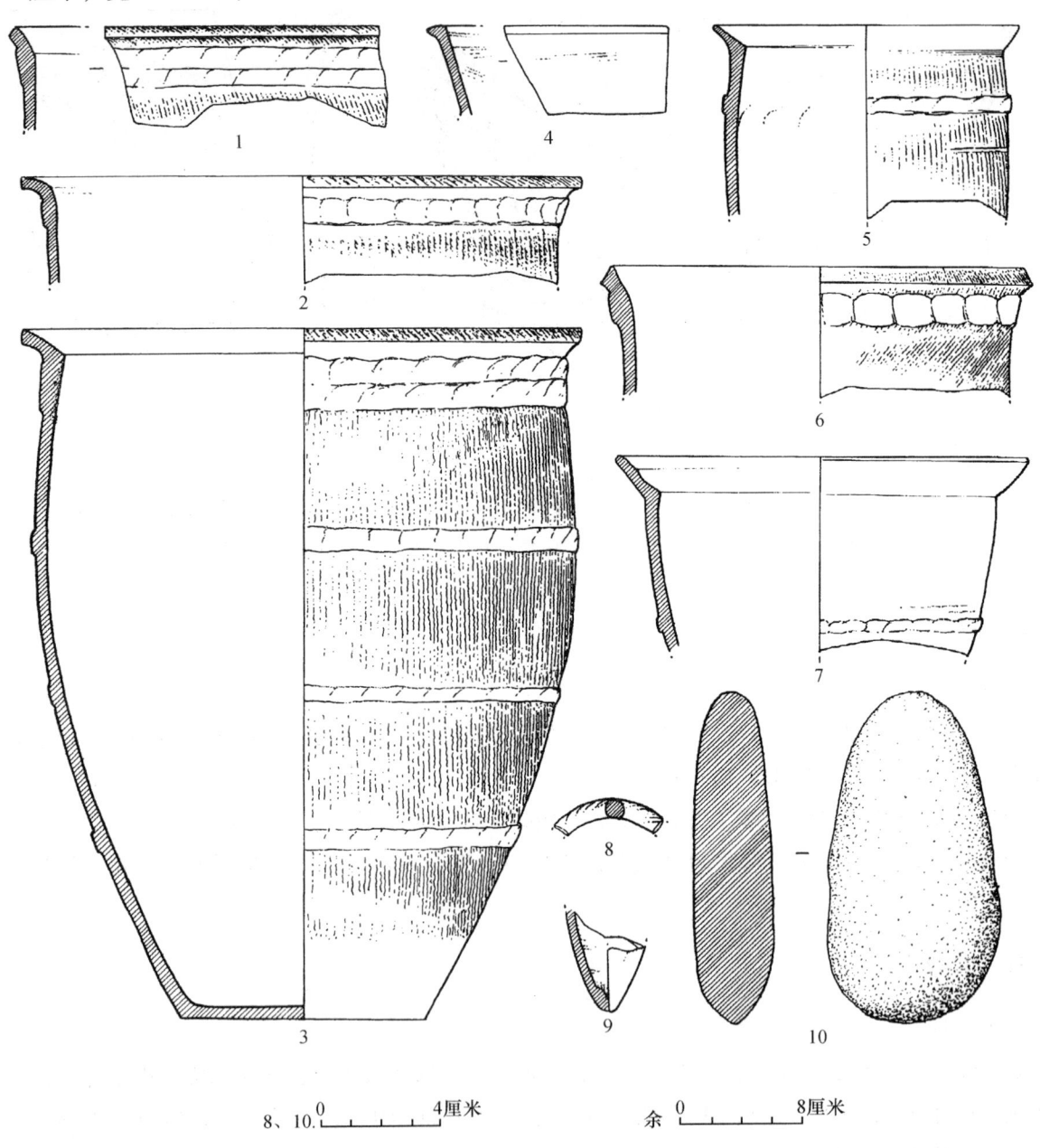

图一七六　H221、H249出土陶器、石斧
1~3、5、6. 夹砂深腹陶罐(H249:6、H249:4、H249:3、H221:1、H249:5)　4、7. 敞口陶盆(H249:2、1)　8. 陶环(H221:3)
9. 陶鬶足(H221:2)　10. 石斧(H249:7)

32. H301

标本 13 件。

小口高领罐 H301:1,泥质灰陶,侈口,圆唇,高领,领略直,素面。口径 11.6 厘米,残高 4.3 厘米(图一七七,7)。H301:13,泥质褐陶,口微侈,方唇,矮领,肩略圆弧,素面,领部旋切有两圆孔。口径 6 厘米,残高 7.5 厘米(图一七七,6)。

罐 H301:2,泥质灰陶,口近直,圆唇内卷,直腹。口径 29.2 厘米,残高 4.6 厘米(图一七七,10)。H301:6,泥质灰陶,侈口,尖唇,花边口沿,溜肩,器表隐约可见篮纹。口径 8.4 厘米,残高 4.4 厘米(图一七七,5)。H301:8,夹砂灰陶,侈口,折沿,方唇,腹壁略外弧,唇部按压成花边,器表饰篮纹,口沿下方贴附堆纹一周。口径 37.6 厘米,残高 9 厘米(图一七七,8)。

盆 H301:3,泥质灰陶,敞口,圆唇,唇面加厚,腹微弧,器表饰竖篮纹,内壁留有修抹痕。口径 32.2 厘米,残高 6.8 厘米(图一七七,9)。H301:7,夹砂灰褐陶,敞口,折沿,方唇,腹壁斜收,沿面略宽,施四道凹弦纹,腹壁饰竖篮纹。残高 6 厘米(图一七七,1)。

豆 H301:4,泥质黑陶,敞口,圆方唇,斜壁微弧,浅腹,盘心内凹且较浅,豆柄残,豆盘外壁有一周凸棱。口径 30.4 厘米,残高 8.6 厘米(图一七七,11)。H301:12,泥质灰陶,盘心为平底,豆盘外壁近底部凸棱微外撇,豆柄略粗,素面。残高 8 厘米(图一七七,2)。

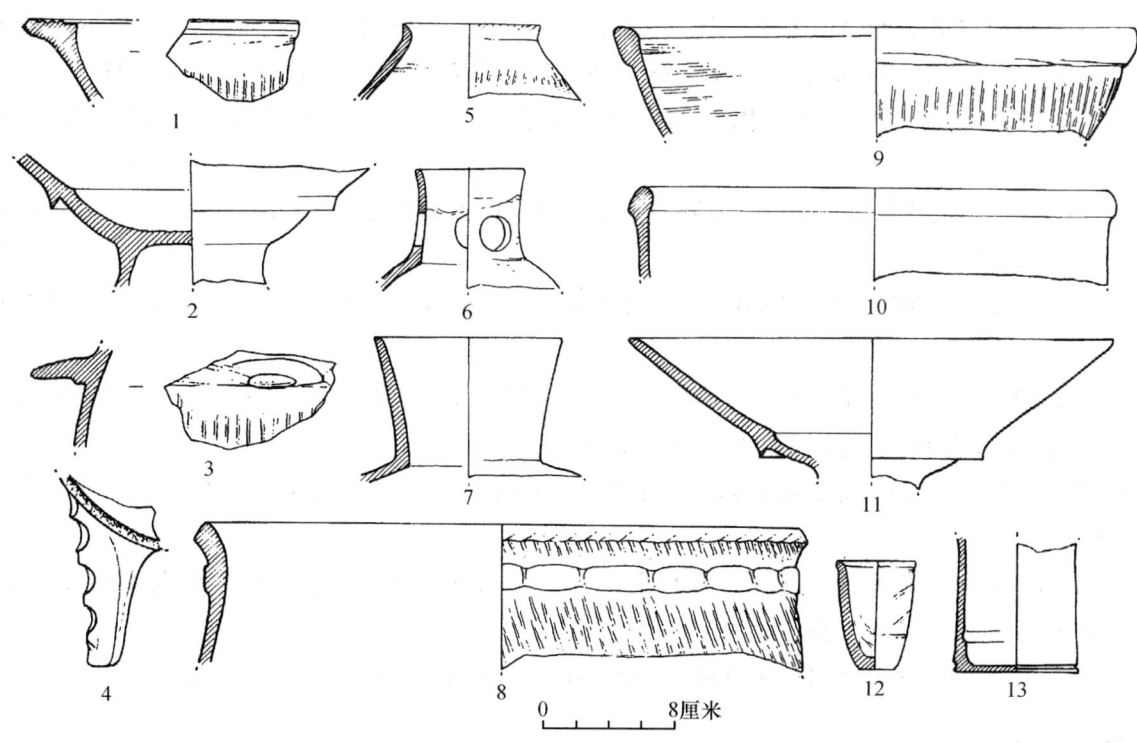

图一七七 H301 出土陶器

1、9. 盆(H301:7、3) 2、11. 豆(H301:12、4) 3. 釜灶(H301:11) 4. 鼎足(H301:9) 5、8、10. 罐(H301:6、8、2) 6、7. 小口高领罐(H301:13、1) 12、13. 杯(H301:10、5)

杯 H301:5，泥质灰陶，口残，腹壁较直，平底，近底部有一周凹槽，器表素面磨光。底径7.8厘米，残高8.2厘米（图一七七，13）。H301:10，夹砂褐陶，侈口，尖圆唇，深腹，平底，素面，泥条筑成。口径5厘米，底径2.6厘米，高7.8厘米（图一七七，12）。

鼎足 H301:9，夹砂灰陶，鼎为弧腹，平底，足宽扁，足面附一道竖向堆纹。残高12厘米（图一七七，4）。

釜灶 H301:11，夹砂灰陶，口残，釜灶交接处附舌状鋬手，釜腹壁饰竖篮纹。残高6厘米（图一七七，3）。

33. H315

标本13件。

碗 H315:1，夹砂灰陶，敞口，方唇，斜腹，素面。口径16.2厘米，残高6.6厘米（图一七八，12）。

罐 H315:2，泥质灰陶，侈口，折沿，圆方唇，溜肩，素面。残高5.8厘米（图一七八，11）。H315:7，夹砂灰陶，侈口，折沿，沿面有两道浅凹槽，尖圆唇，腹壁微外弧，器表施横篮纹。口径31厘米，残高9.4厘米（图一七八，8）。

盆 H315:3，泥质灰陶，敞口，圆唇内侧加厚，腹略外弧，素面。口径32.2厘米，残高10.4厘米（图一七八，7）。H315:4，夹砂灰陶，侈口，宽折沿，沿面施四周凹弦纹，方唇，斜壁微弧，素面。口径41.4厘米，残高6厘米（图一七八，5）。H315:8，夹砂灰陶，敞口，方唇，腹壁外弧，器表饰篮纹，其上施一道附加堆纹。口径43.2厘米，残高7.2厘米（图一七八，9）。H315:13，夹砂灰陶，敞口，圆唇，腹壁斜直，平底，器表饰斜篮纹。口径33.8厘米，底径16厘米，高12厘米（图一七八，10）。

豆 H315:5，泥质灰陶，敞口，方唇，斜壁微弧，近底部内收，盘心较浅，素面。残高8.2厘米（图一七八，1）。

小杯 H315:6，泥质黑陶，口沿残，腹外壁略内弧，柄残，器表素面磨光。残高3.8厘米（图一七八，3）。

鼎 H315:9，夹砂灰陶，仅存下腹部和鼎足，弧腹，平底，足宽扁，下腹部饰一周附加堆纹，足面中间附一道竖堆纹。残高13厘米（图一七八，4）。

石铲 H315:10，长方形，体扁薄，通体磨光，双面刃。长15.1厘米，宽6厘米，厚0.6厘米（图一七八，13）。

石刀 H315:11，平面略呈梯形，体扁薄，左右两端有浅凹口，余部均经磨光。长9.4厘米，宽4.8厘米，厚0.35厘米（图一七八，2）。

鹿角 H315:12，鹿角于分叉处残断，保留角环。残长11.5厘米（图一七八，6）。

34. H319

标本11件。

带鋬盆 H319:1，泥质灰陶，口微敛，弧腹，平底，腹壁上残留两只舌状鋬手，器表饰篮纹，外底留有粟粒印痕。口径17厘米，底径11厘米，高8.8厘米（图一七九，11）。

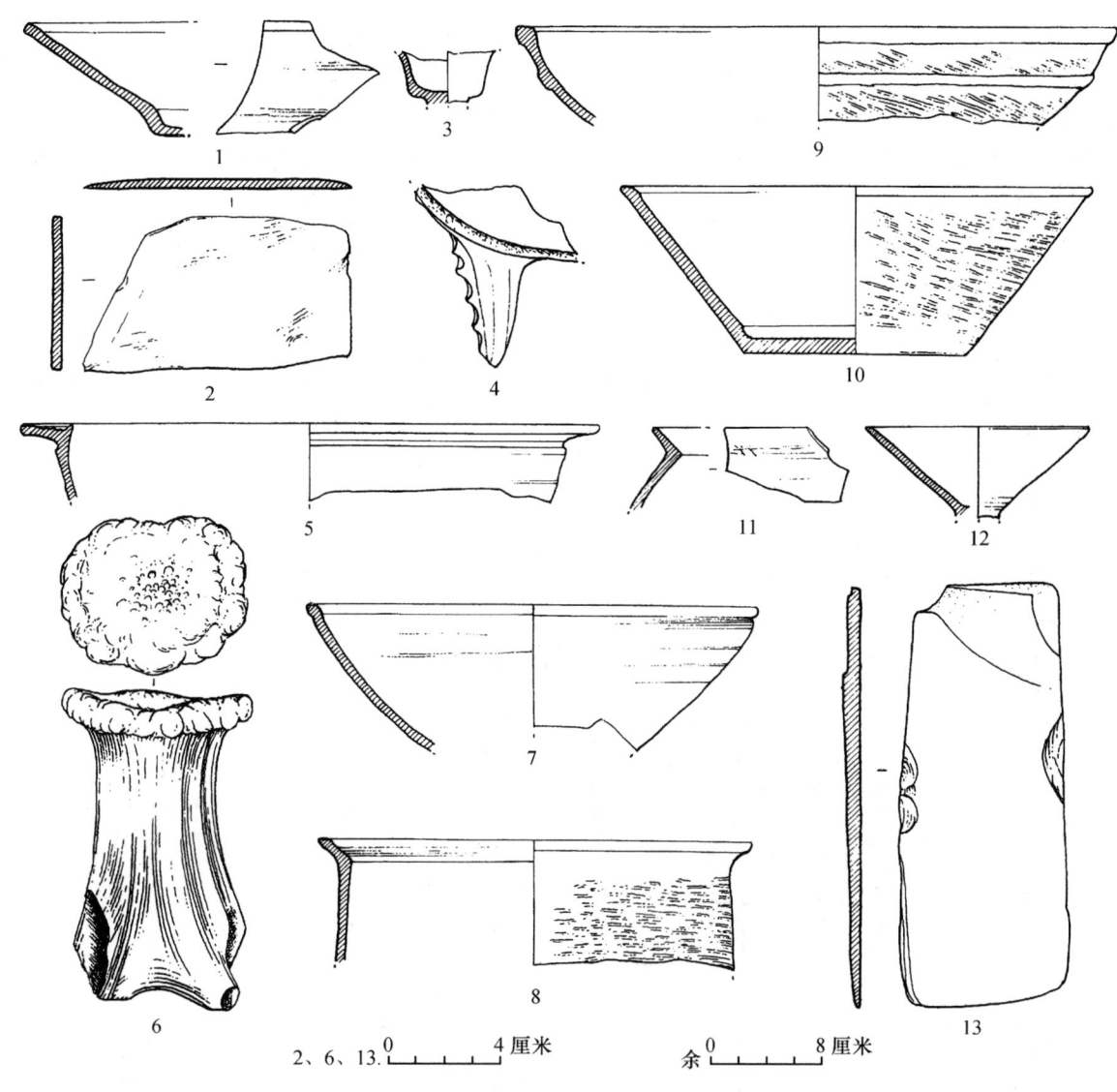

图一七八 H315 出土陶器、石器、鹿角
1. 陶豆（H315:5） 2. 石刀（H315:11） 3. 小陶杯（H315:6） 4. 陶鼎足（H315:9） 5、7、9、10. 陶盆（H315:4、3、8、13） 6. 鹿角（H315:12） 8、11. 陶罐（H315:7、2） 12. 陶碗（H315:1） 13. 石铲（H315:10）

罐 H319:2，泥质灰陶，侈口，斜折沿，尖圆唇，溜肩，素面。口径13.2厘米，残高7.6厘米（图一七九，10）。H319:5，泥质灰陶，口微敛，圆唇，弧腹，器表素面磨光。口径16.2厘米，残高6.6厘米（图一七九，7）。

盆 H319:3，泥质灰陶，敞口，折沿外翻，圆唇，斜腹微弧，器表饰横篮纹。残高8厘米（图一七九，4）。H319:4，泥质灰陶，敞口，圆方唇，腹壁斜直，器表拍印篮纹。残高5厘米（图一七九，8）。H319:6，泥质灰陶，侈口，宽折沿，圆方唇，弧腹，沿面上有三周浅凹槽。残高7厘米（图一七九，1）。

小杯 H319:7，泥质黑陶，侈口，平折沿，尖圆唇，腹壁外斜，素面磨光。口径7厘米，残高4.4厘米（图一七九，5）。

斝 H319:8，泥质黑陶，残存领部，敞口，折沿，圆唇，领略高，器表磨光。残高4.4厘米

(图一七九,9)。

釜灶 H319:9,夹砂灰陶,侈口,斜折沿,圆唇,唇面按压成花边,釜灶交接处位于口沿下,且附有舌状錾手,釜壁微外弧,饰竖篮纹。口径30.4厘米,残高7.2厘米(图一七九,2)。H319:10,夹砂灰陶,口近直,折沿,圆唇,釜壁较直,器壁饰绳纹,口沿下及釜灶交接处各附一周堆纹。残高9厘米(图一七九,3)。

鼎足 H319:11,夹砂灰陶,截面呈三角形,足面饰交错刻槽。残高12.4厘米(图一七九,6)。

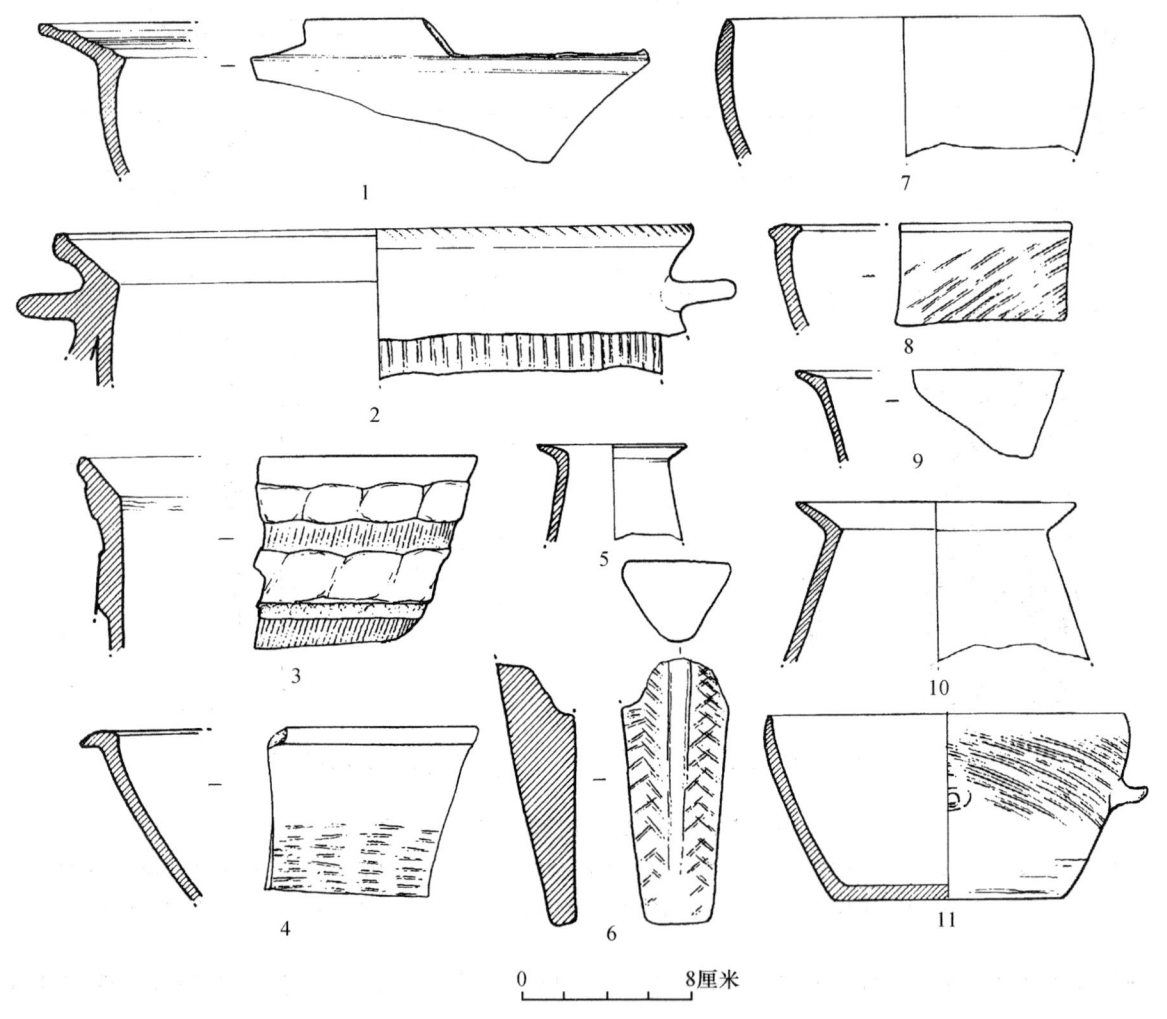

图一七九 H319 出土陶器

1、4、8. 盆(H319:6、3、4) 2、3. 釜灶(H319:9、10) 5. 小杯(H319:7) 6. 鼎足(H319:11) 7、10. 罐(H319:5、2) 9. 斝(H319:8) 11. 带錾盆(H319:1)

第六章 龙山期遗存

上亳遗址的龙山文化遗存发现较少，Ⅰ、Ⅱ、Ⅲ区均零星分布。文化遗迹仅灰坑一种，出土遗物Ⅰ区略多，以陶片为主。

第一节 文化遗迹

该时期文化遗迹灰坑共9个（表八），占遗址遗迹总数的6.1%。灰坑规模相近，口径2米左右，深0.5~1.2米。平面形状有圆形、椭圆形、长条形、不规则形四种，形制分筒状、锅底状和不规则形三类，以筒状坑较多。坑内填土为灰或灰褐色，夹杂少量石块及动物骨骼，出土遗物以陶片为主。现举例如下：

表八 龙山期灰坑一览表

单位	位置	打破关系	形制	尺寸（米）			堆积物
				口径	底径	坑深	
H5	T107中部	打破H6、H37	圆形筒状	2.2		1.2	灰土，土质略硬
H50	T122南部、T130北部	打破H71	圆形筒状	2.3		0.65	灰褐土，土质疏松
H108	T84南部		不规则形（锅底）圜底	2.2~2.9		0.9	灰土，土质疏松
H201	T201东部、T207西部	打破H202、H205	圆形平底	2	1.7	0.5	灰土
H211	T203东北、T209西北、T204西南	打破H213	椭圆形斜底	2.4		0.6~1.2	黄褐土，土质较硬
H240	T229北部		长条形平底	1~2.6		0.6	灰土，土质疏松
H314	T320东南、T321西南	打破H313	圆角长方形锅底状	0.8（残）	1	0.9	灰褐土，含少量红烧土块
H325	T315中东部	打破H322	长条形斜壁平底	1.4~2.5	—	1.2	灰色土，含少量石块及兽骨
H329	T306东北、T307中北、T308西北	被H320打破，打破Y302	不规则形平底	3.1~7（残）	—	0.5	灰色土，含少量碎石块及兽骨

1. 筒状坑

6个。坑口形状有圆形、长条形和不规则形三种，以圆形为主。

H5 位于探方T107中部，开口于第1层下，打破H6、H37。坑口为圆形，坑壁较直，加工平滑，坑底平坦。口径 2.2 米，坑深 1.2 米。填土为灰土，土质略硬，夹杂红烧土块及草木灰。出土陶片较多，以灰陶为主，器形有鬲、罐、豆、双腹盆、器座等，复原多件器物（图一八〇）。

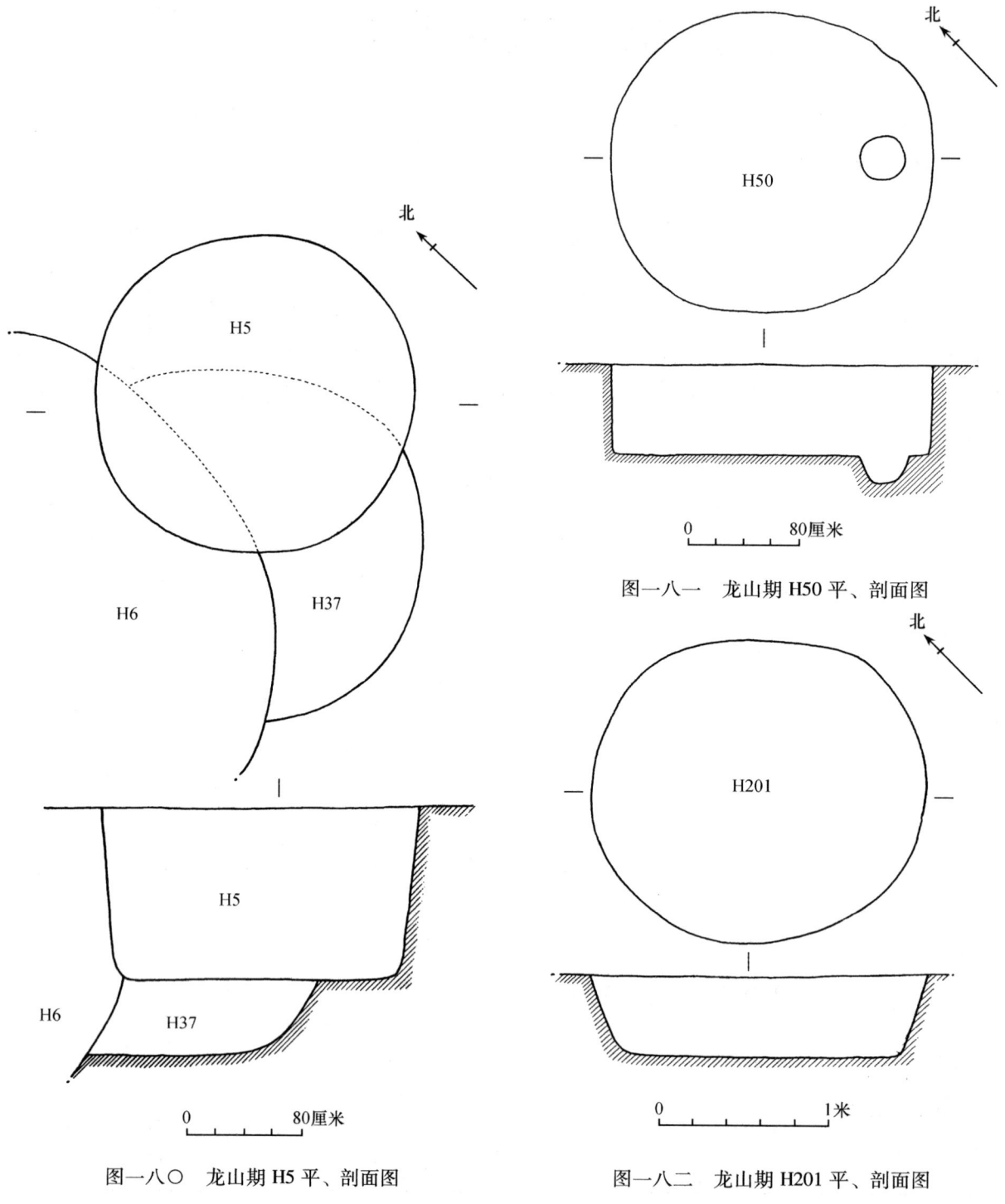

图一八〇　龙山期 H5 平、剖面图

图一八一　龙山期 H50 平、剖面图

图一八二　龙山期 H201 平、剖面图

H50　位于探方 T122 南部与 T130 北部，开口于第 1 层下，打破 H71。坑口为圆形，直壁，加工光滑，坑底平坦，坑底东南有一圆形小坑，口径 0.3 米，深 0.2 米。口径 2.3 米，坑深 0.65 米。填土为灰褐土，土质疏松，内含大量红烧土块。出土陶片较多，器形有鬲、罐、盆、豆、甗等（图一八一）。

H201 位于探方 T201 东部与 T207 西部，开口于第 1 层下，打破 H202、H205。坑口呈圆形，坑壁为斜坡，加工较粗糙，底较平整。口径 2 米，底径 1.7 米，坑深 0.5 米。填土为灰土，土质疏松，夹杂少量碎红烧土块。出土陶片较少，器形有甗、罐及小件石刀等（图一八二）。

H240 位于探方 T229 北部，开口于第 1 层下。坑口呈圆角长条形，坑壁较斜，加工粗糙，平底。口径长 2.6 米，宽 1 米，坑深 0.6 米。填土为灰土，土质疏松，夹杂少量生土块及碎石块。出土陶片大多为灰陶，器形以罐为主，另有陶刀、环等小件（图一八三）。

H325 位于探方 T315 中东部，开口于第 2 层下，打破 H322。坑口呈长条形，坑壁斜直，平底，坑壁及底部加工均较粗糙。坑口长 2.5 米，宽 1.4 米，坑深 1.2 米。填土呈灰色，土质疏松，含少量石块及兽骨。出土少量陶片（图一八四）。

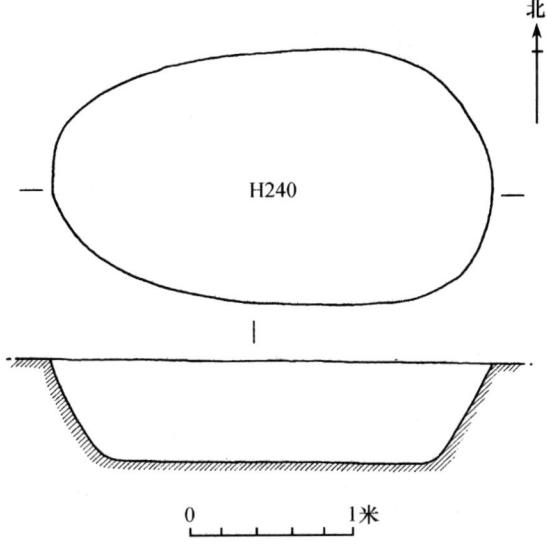

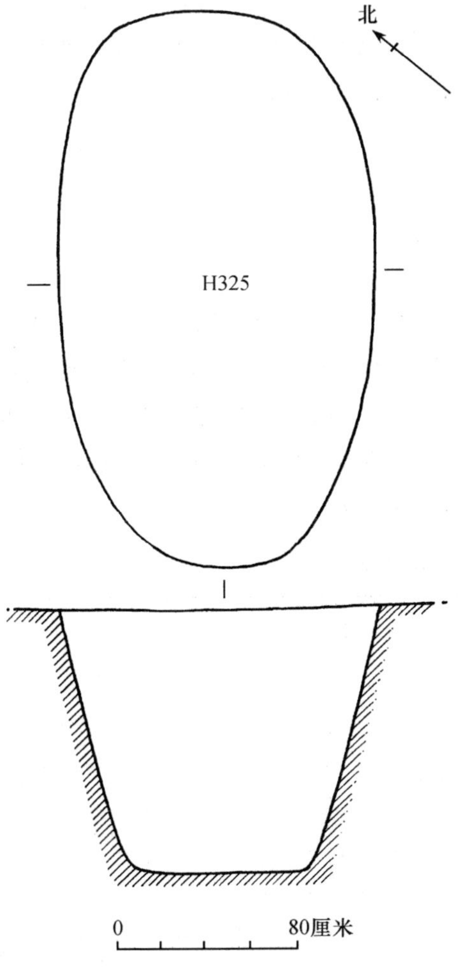

图一八三　龙山期 H240 平、剖面图

图一八四　龙山期 H325 平、剖面图

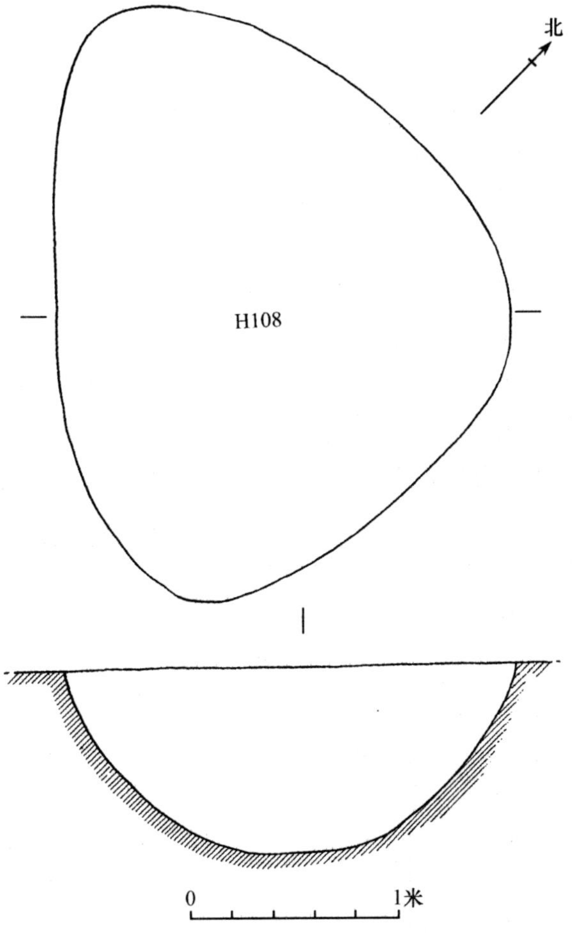

图一八五　龙山期 H108 平、剖面图

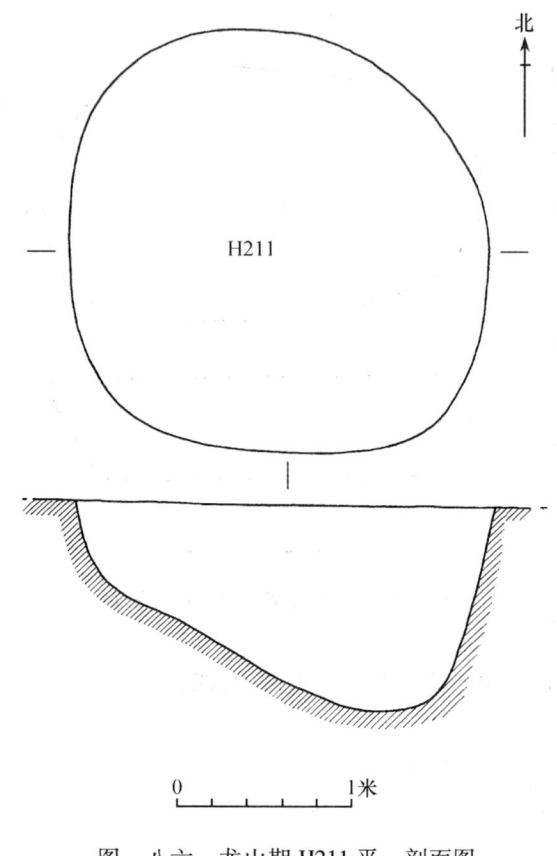

2. 锅底状坑

2个。坑口形状不甚规整，有椭圆形、长条形等。

H108　位于探方 T84 南部，开口于第1层下。坑口为不规则椭圆形，坑壁加工粗糙，圜底。口径 2.2～2.9 米，坑深 0.9 米。填土为灰土，土质疏松，夹杂少量碎石块和红烧土块。出土陶片较少，可辨器形有罐、器座等，器座可复原（图一八五）。

3. 不规则形坑

1个。

H211　位于探方 T204 西南部与 T203 东北部及 T209 西北部，开口于第1层下，打破 H213。坑口呈椭圆形，坑壁加工粗糙，略弧，坑底不平整。口径 2.4 米，坑深 0.6～1.2 米。填土为黄褐土，土质较硬，夹有生土块。出土陶片较少，器形有罐、鬲等（图一八六）。

图一八六　龙山期 H211 平、剖面图

第二节　文化遗物

该时期的文化遗物相对较少，有陶器、石器、骨角器等，主要为生活用具和生产工具，少量为装饰品。其中陶器复原7件。根据典型灰坑 H5、H50 陶系及器形统计数据（表九），泥质陶所占比例略高于夹砂陶，占陶片总量的 52.5%，陶色以灰为主，另有少量褐陶、黑陶等，其中夹砂、泥质灰陶的比例达 68.5%。陶器素面及素面磨光者仍较多，约占 30.9%。器表纹饰以方格纹、篮纹、绳纹为主，分别占 26.3%、23.4%、10%，此外还有弦纹、戳刺纹等。

表九　龙山期典型灰坑陶系及器形统计表

纹饰＼陶质陶色	夹砂				泥质					合计	百分比（%）
	灰	灰褐	褐	红	灰	灰褐	褐	红	黑		
绳纹	20		5	2	5					32	10
篮纹	10	8			50		7			75	23.4
方格纹	58	6	19	1						84	26.3
素面	8	5			35		6	2	1	57	17.8
磨光					15	6	18		3	42	13.1
弦纹		2	3		12	1	2			20	6.3
其他	2	3			4	1				10	3.1

续表

纹饰	陶质陶色	夹砂				泥质					合计	百分比（%）
		灰	灰褐	褐	红	灰	灰褐	褐	红	黑		
合计		98	24	27	3	121	8	33	2	4	320	
百分比（%）		30.6	7.5	8.4	0.9	37.9	2.5	10.3	0.6	1.3		100
器形	鬲	2	1		1						3	7.1
	罐	4	4	3		4		2			17	40.4
	单耳罐	2									2	4.8
	双耳罐					1					1	2.4
	盆					10		2	1		12	28.6
	双腹盆						1				1	2.4
	豆					1	1	1	1	1	5	11.9
	甗	1									1	2.4
合计		9	5	3	1	16	1	6	1		42	
百分比（%）		21.4	11.9	7.2	2.4	38.1	2.4	14.2	2.4			100

注：本表统计单位为 H5、H50。其他指附加堆纹、戳刺纹、刻划纹等发现较少的纹饰。

陶器的器形主要有单把鬲、双鋬鬲、侈口鼓腹罐、双耳罐、豆、双腹盆、甗、器座等，其中以罐类器、盆类器较多，各占 47.6%、31%。此期陶器已普遍采用轮制技术，器物胎壁多较薄，器形规整，内壁留有明显轮制痕迹，外底留有偏心窝纹，此外，部分陶器仍采用手制和模制技术。

1. H5

标本 20 件。

单耳罐 H5:1，夹砂灰陶，侈口，圆唇，口沿近唇部有一周浅凹槽，鼓腹，扁桥形耳，平底，领部抹光，腹部及耳面滚压竖绳纹，手制而成，内壁有陶垫窝。口径 12 厘米，底径 8 厘米，高 19.5 厘米（图一八七，6；图版二九，4）。H5:3，夹砂灰陶，侈口，圆唇，矮领，鼓腹，附桥形耳，器壁较薄，领部有细密轮纹，器表拍印方格纹，近底部内壁可见螺旋式拉坯指印。口径 13 厘米，残高 18 厘米（图一八七，5）。

侈口鼓腹罐 H5:2，夹砂灰陶，口微侈，圆唇，沿边有一周凹槽，矮领，鼓腹，平底微凹，腹部拍印方格纹，口沿抹光，下腹部内壁可见螺旋式拉坯指印，外底留有偏心涡纹，内底有顺时针方向的螺旋式拉坯指印，导致内底的轮廓呈现为波状曲线。口径 14 厘米，底径 7.8 厘米，复原高 19.8 厘米（图一八七，7）。H5:4，夹砂灰褐陶，侈口，折沿，圆方唇，鼓腹，腹部拍印方格纹。残高 11 厘米（图一八八，7）。

双耳罐 H5:9，泥质灰陶，口微侈，圆唇，领略高，圆肩，球形体，小平底，双耳残，胎壁较薄，领及肩部磨光，肩部上下各两周凹弦纹中间夹交叉戳点纹，腹部拍印竖篮纹，其上施四组并列的凹弦纹，近底部素面，口沿有细密轮纹，腹内壁近底部及内底有螺旋式拉坯指印，外底留有偏心涡纹。口径 17.5 厘米，腹径 33.8 厘米，底径 8.4 厘米，高 37.5 厘米（图一八七，1；图版二八，4）。

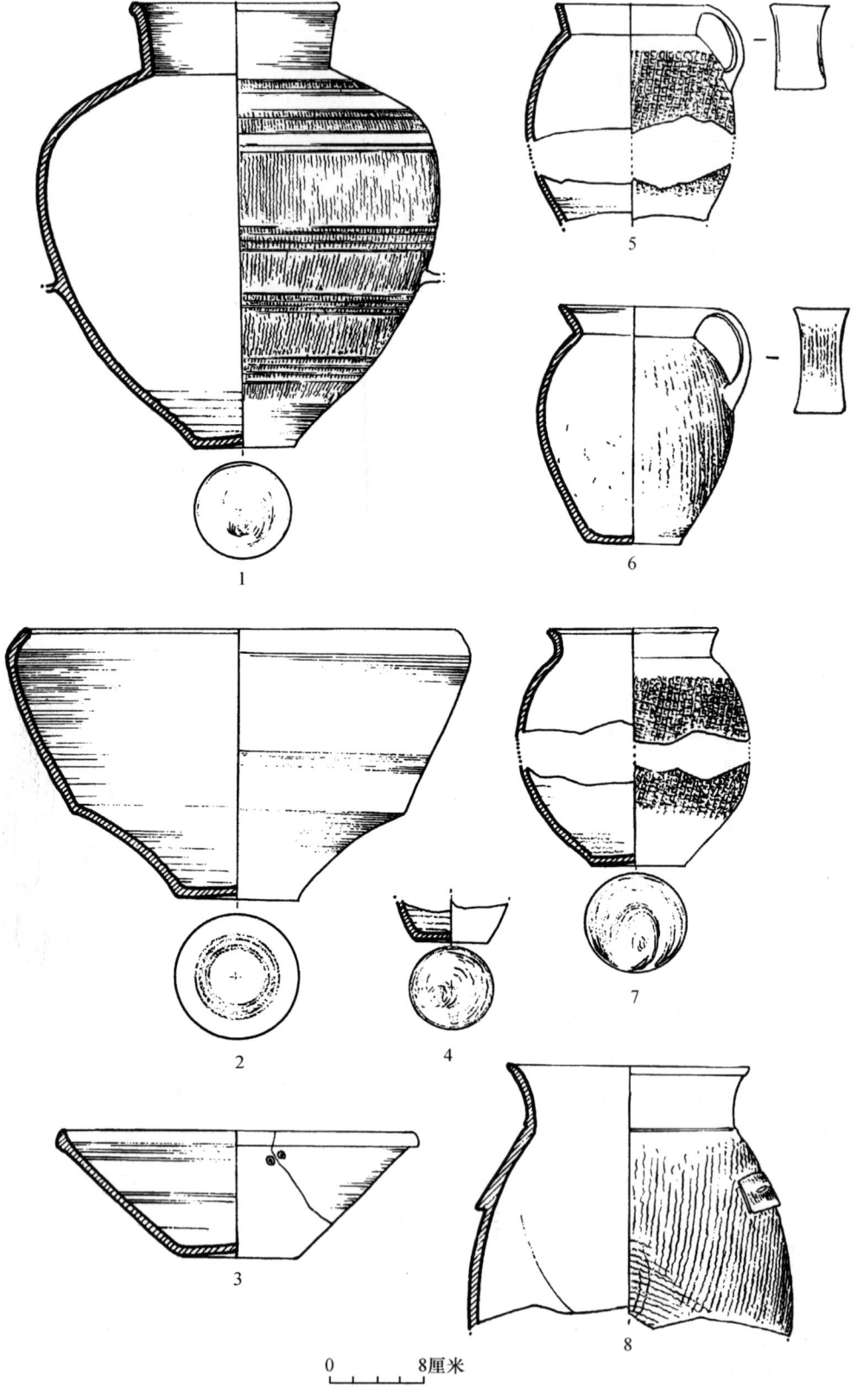

图一八七　H5 出土陶器

1. 双耳罐（H5:9）　2. 双腹盆（H5:10）　3. 敞口盆（H5:16）　4. 器底（H5:17）　5、6. 单耳罐（H5:3、1）　7. 侈口鼓腹罐（H5:2）　8. 鬲（H5:15）

罐 H5:11，夹砂灰褐陶，敛口，平沿，弧腹，口沿外侧饰两周凹弦纹，口内侧可见泥条缝及刮削修抹痕。口径29.6厘米，残高5.4厘米（图一八八，3）。H5:12，夹砂灰陶，敛口，圆唇，沿面上有一周宽而深的凹槽，弧腹缓收，其上贴附鹰嘴式钮，钮两侧各有一小圆孔模拟鹰眼，未钻透，口内侧有泥条痕，内壁可见修抹痕。口径24厘米，残高10厘米（图一八八，2）。

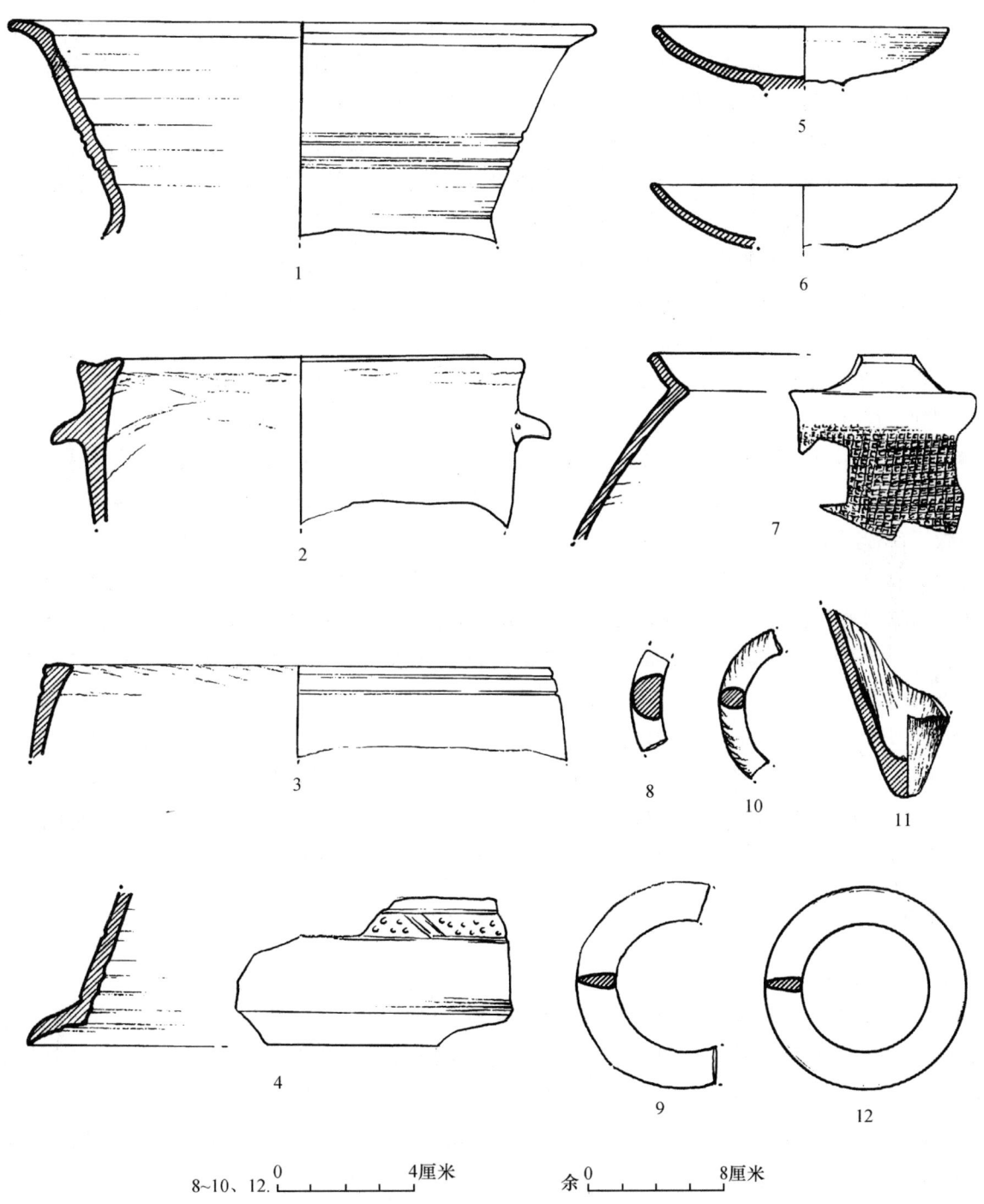

图一八八　H5出土陶器、石环

1. 双腹陶盆（H5:7）　2、3. 陶罐（H5:12、11）　4. 陶器座（H5:6）　5、6. 陶豆（H5:13、8）　7. 侈口鼓腹陶罐（H5:4）　8. 石环（H5:14）　9、10、12. 陶环（H5:18、20、19）　11. 陶鬲（H5:5）

鬲 H5:5，夹砂灰褐陶，仅残余一只鬲足，器壁较直斜收，器表施竖绳纹，内壁可见竖向反绳纹，模制而成。残高11厘米（图一八八，11）。H5:15，夹砂陶，红褐胎，陶色不均，器表黄褐、灰褐相间，侈口，束颈，颈腹间有一周凹弦纹，器表滚压绳纹，袋足两侧附舌状錾，錾手先饰绳纹后进行贴附，其上有一凹槽，裆部贴附泥片加固，并滚压横绳纹。口径20厘米，残高11.1厘米（图一八七，8）。

器座 H5:6，泥质灰陶，口残，斜直腹，近底部外弧，腹部两组凹弦纹之间饰戳刺纹及斜线纹，近底部磨光，腹内壁可见螺旋式拉坯指印。残高9厘米（图一八八，4）。

豆 H5:8，泥质褐陶，敞口，圆唇，浅弧腹，盘内外壁均磨光，外壁器表多有脱落。口径18.2厘米，残高3.8厘米（图一八八，6）。H5:13，泥质黄褐陶，敞口，浅盘，内外壁轮修痕明显。口径17厘米，残高3厘米（图一八八，5）。

双腹盆 H5:10，泥质褐陶，敛口，其下有一周凸棱，双腹，折腹突出不明显，下腹内弧，底微凹，上腹磨光，中间施二组两道并列凹弦纹，下腹素面，器底有同心细划纹，近底部内壁留有螺旋式拉坯指印。口径36厘米，底径10.3厘米，高22.5厘米（图一八七，2；图版三〇，3）。H5:7，泥质灰褐陶，敞口，折沿，圆方唇，上腹斜直，两腹交接处圆折外撇，腹外壁磨光，上腹部饰四周凹弦纹，腹内壁可见螺旋式拉坯指印。口径34厘米，残高13厘米（图一八八，1）。

敞口盆 H5:16，泥质灰陶，敞口，圆唇微内折，斜直腹，底略凹，口沿磨光，沿下有两个小钻孔，器表素面，内壁修整刮痕明显。口径29.8厘米，底径10.5厘米，高10.5厘米（图一八七，3；图版三〇，2）。

器底 H5:17，泥质灰褐陶，平底内凹，器表留有规整的细密轮修纹，近底部内壁可见螺旋式拉坯指印，外底留有清晰的偏心涡纹，内底正中有一小戳坑。底径6厘米，残高3.3厘米（图一八七，4）。

石环 H5:14，磨制而成，平面近似半圆形，外壁圆弧，内壁微凸。宽0.8厘米，厚1.4厘米（图一八八，8）。

陶环 H5:18，泥质灰褐陶，体宽扁，截面呈长三角形，外侧尖、内侧直，素面。宽1.2厘米，厚0.4厘米，直径6.2厘米（图一八八，9）。H5:19，泥质灰陶，体宽扁，截面略呈长条形，素面。宽1.1厘米，厚0.4厘米，直径6厘米（图一八八，12）。H5:20，泥质褐陶，截面略呈椭圆形，外侧磨光并压印平行条纹。宽0.75厘米，厚0.6厘米（图一八八，10）。

2. H50

标本17件。

单耳鬲 H50:1，夹砂灰陶，侈口，圆唇，束颈，三足微外撇，器表滚压绳纹，一袋足上附与口部基本平齐的宽扁桥形单耳，领部抹光，袋足施竖向绳纹，裆部滚压横向绳纹，三袋足内壁均有竖向的反绳纹。口径14.5厘米，高24.7厘米（图一八九，10；图版二八，3）。

侈口鼓腹罐 H50:2，夹砂黄褐陶，侈口，斜折沿，沿边有一周凹槽，沿面内凹，斜方唇，溜肩，腹部拍印斜方格纹。口径20厘米，残高8厘米（图一八九，4）。H50:12，泥质灰陶，侈口，折沿，圆唇，溜肩，沿面及腹外壁磨光，口沿外侧可见细密轮纹。残高5厘米（图一九〇，1）。

罐 H50:10，泥质灰陶，直口，圆唇，矮领，圆折肩，颈肩部素面，腹部饰间断篮纹，内壁可见修抹痕。残高8厘米（图一八九，9）。H50:11，泥质灰陶，口微侈，圆方唇，矮领，圆肩，器表磨光，肩部饰四周凹弦纹，腹部拍印篮纹，领内侧有细密轮纹，有两周凹弦纹。残高11厘米

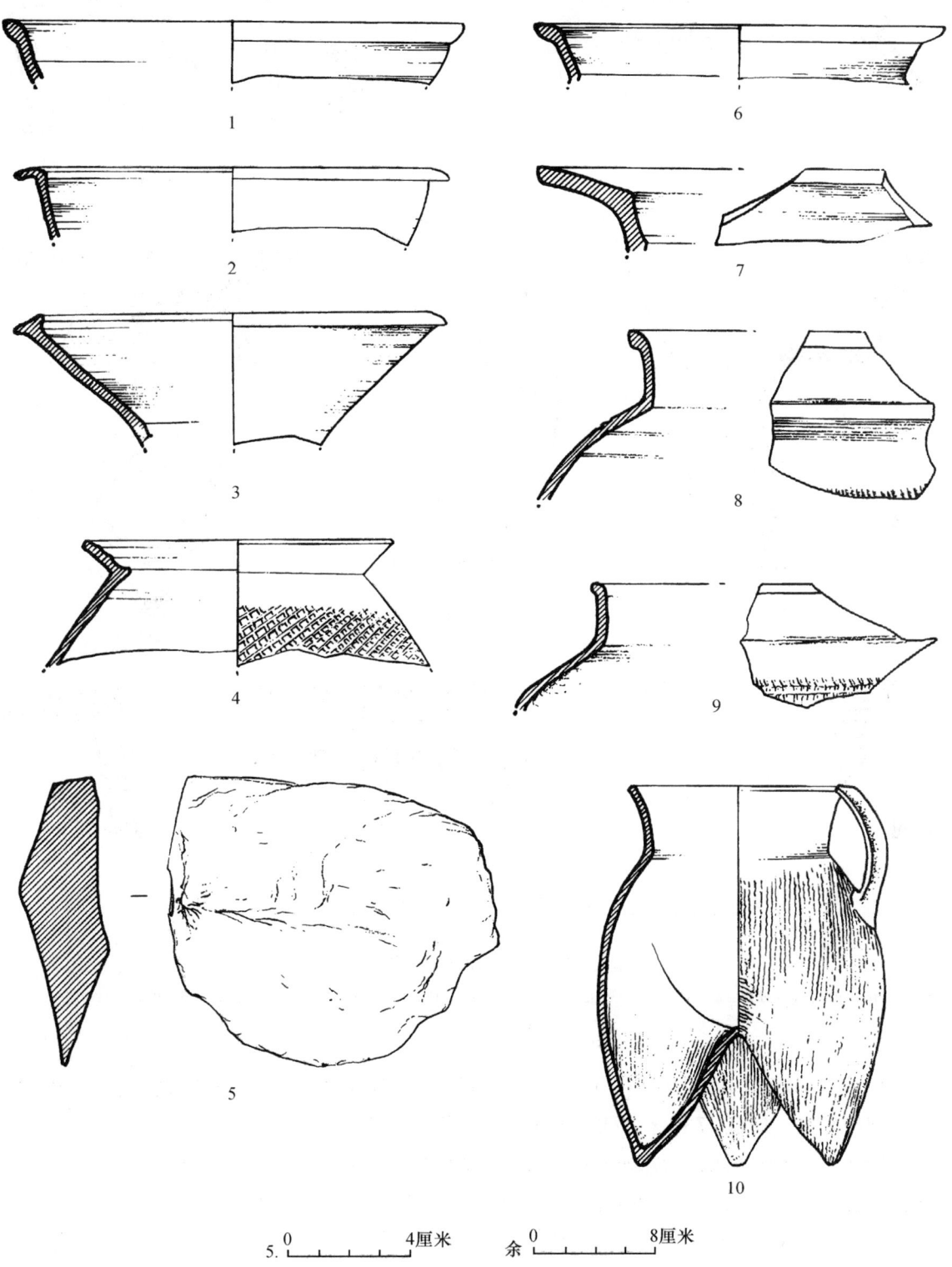

图一八九　H50 出土陶器、石刮削器

1、3. 敞口陶盆（H50:8、4）　2、7. 折沿陶盆（H50:9、6）　4. 侈口鼓腹陶罐（H50:2）　5. 石刮削器（H50:17）
6、8、9. 陶罐（H50:13、11、10）　10. 单耳陶鬲（H50:1）

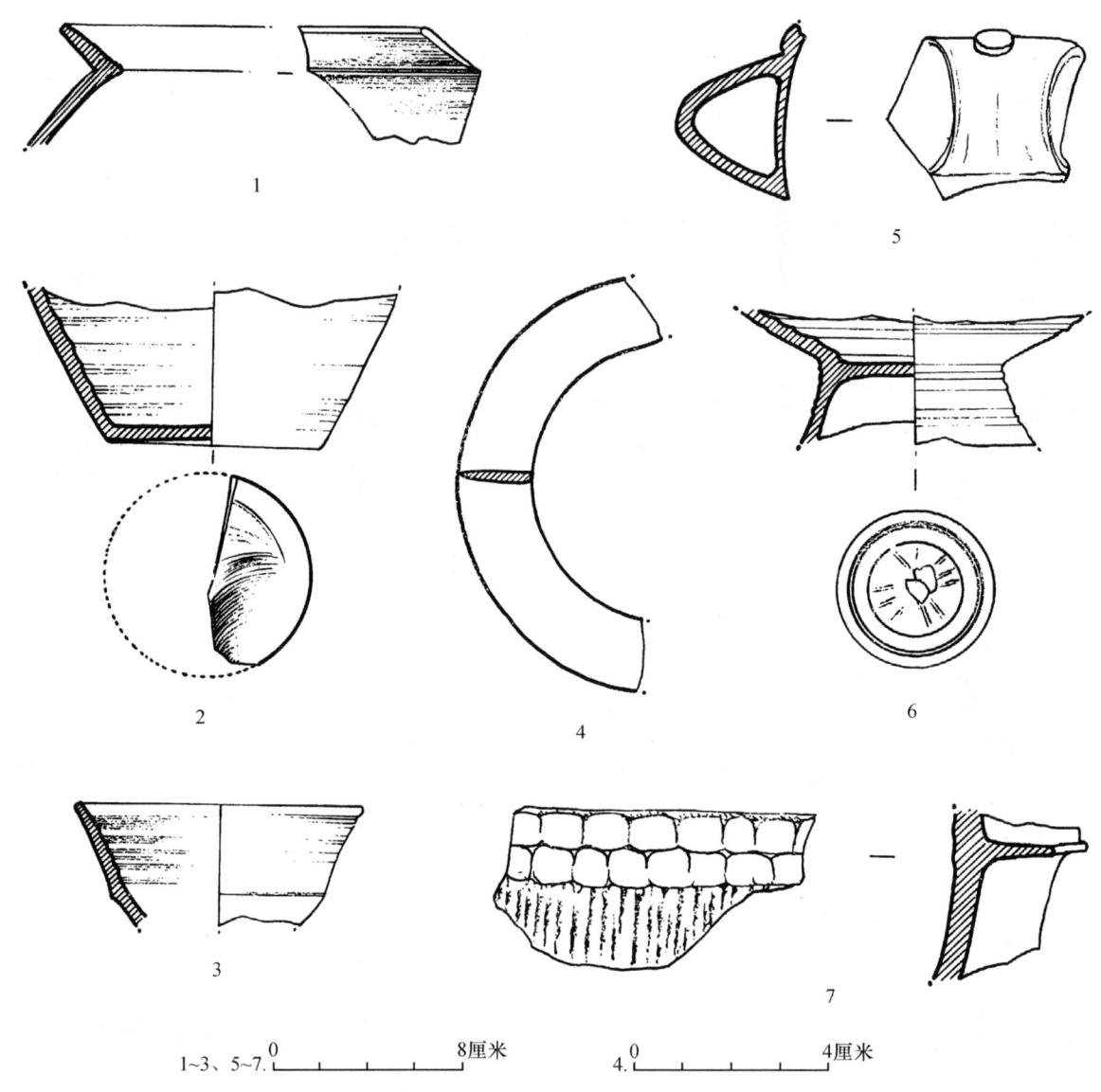

图一九〇 H50 出土陶器

1. 侈口鼓腹罐（H50:12） 2. 器底（H50:15） 3. 钵（H50:5） 4. 陶环（H50:14） 5. 器耳（H50:16）
6. 豆（H50:7） 7. 甗（H50:3）

（图一八九，8）。H50:13，泥质灰褐陶，侈口，折沿，沿面微凹，圆唇，领斜直，唇面经磨光，领内壁可见细密轮纹。口径27厘米，残高3.8厘米（图一八九，6）。

甗 H50:3，夹砂灰陶，为甗腰部位，腰部贴附加堆纹两周，其下饰竖绳纹，内壁贴泥条并按压成凸棱状箅隔，上侧抹平，下侧留有泥条粘贴缝。残高6.8厘米（图一九〇，7）。

敞口盆 H50:4，泥质灰陶，敞口，尖圆唇内突，斜腹略内弧，底残，内外壁刮痕明显。口径28厘米，残高8.5厘米（图一八九，3）。H50:8，泥质灰陶，敞口，圆唇，弧腹斜收，素面，沿面磨光。口径30厘米，残高4厘米（图一八九，1）。

折沿盆 H50:6，泥质灰陶，胎略厚，敞口，宽折沿，圆方唇，沿面及内壁磨光，外壁有明显刮痕。残高5.4厘米（图一八九，7）。H50:9，泥质灰陶，敞口，折沿外翻，圆唇，弧腹斜收，素面，器表可见细密轮纹。口径 27 厘米，残高 5 厘米（图一八九，2）。

钵 H50:5，泥质黄褐陶，敞口，圆唇，上腹微内弧，下腹圆折斜收，器表素面磨光，内壁有螺旋式拉坯指印。口径 12 厘米，残高 5.2 厘米（图一九〇，3）。

豆 H50:7，黑皮陶，盘底接圈足豆座，盘内壁留有螺旋式拉坯指印，外壁磨光，柄外壁饰有凹弦纹。残高 5 厘米（图一九〇，6）。

器底 H50:15，泥质灰陶，平底，腹内壁有螺旋式拉坯指印，外底留有清晰的偏心涡纹。底径 9 厘米，残高 6.2 厘米（图一九〇，2）。

器耳 H50:16，泥质灰陶，宽扁桥形耳，内穿呈圆角三角形，耳上部与器壁交接处贴附有一枚小泥饼。残高 7.2 厘米（图一九〇，5）。

陶环 H50:14，泥质灰陶，剖面宽扁，素面。宽 1.6 厘米，厚 0.3 厘米（图一九〇，4）。

刮削器 H50:17，打制石器，顶端为一平台，四周近似圆盘状，边缘打制出双面刃，刃缘锋利。长 10.8 厘米，宽 9.7 厘米，厚 2.5 厘米（图一八九，5）。

3. H201

标本 3 件。

甑 H201:1，泥质褐陶，侈口，折沿，圆唇，弧腹内收，近底部腹壁残留有三个圆孔，器表素面磨光，下腹部经刮削，内壁留有数周拉坯指印。口径 21 厘米，残高 20 厘米（图一九一，3；图版二九，3）。

罐 H201:2，泥质灰陶，侈口，圆唇，矮领，溜肩，器表素面磨光，领内侧可见细密轮纹。口径 21.5 厘米，残高 6.2 厘米（图一九一，7；图版三〇，1）。

石刀 H201:3，磨制石器，器身扁薄，残，侧边有一凹缺，石刀正中钻有一孔。残长 9.3 厘米，宽 5 厘米，厚 0.6 厘米（图一九一，8）。

4. H240

标本 8 件。

罐 H240:1，泥质灰陶，侈口，平折沿，沿面上有一周浅凹槽，圆方唇，唇面磨光，斜直领，领内侧有两周浅凹槽，口沿外侧残留两只倒钩状舌形錾。口径 31 厘米，残高 4.2 厘米（图一九一，4）。H240:2，泥质灰陶，侈口，圆方唇，矮领，溜肩，素面。口径 15.2 厘米，残高 5 厘米（图一九一，10）。H240:3，泥质灰陶，直口，卷沿，圆唇，矮领，溜肩，素面磨光。残高 5 厘米（图一九一，1）。H240:4，泥质褐陶，侈口，圆方唇，唇面磨光，矮领，溜肩，素面。残高 7.8 厘米（图一九一，9）。H240:5，夹砂灰陶，侈口，折沿，斜方唇，口内侧有一周凸棱，溜肩，饰斜方格纹。残高 5.8 厘米（图一九一，2）。H240:6，夹砂灰陶，侈口，斜方唇，束颈，鼓腹，平底微凹，腹部刻划菱形纹，纹饰不甚规整，内壁可见修抹痕。口径 8 厘米，腹径 11 厘米，底径 5.2 厘米，高 12 厘米（图一九一，13；图版二九，2）。

陶刀 H240:7，泥质灰陶，由残陶片改制而成，平面大致呈梯形，刃缘经磨制而成双面刃，刃缘的对边经打制修整，且有一个凹缺，器表磨光。长 6.4 厘米，宽 5.5 厘米，厚 0.8 厘米（图一九一，5）。

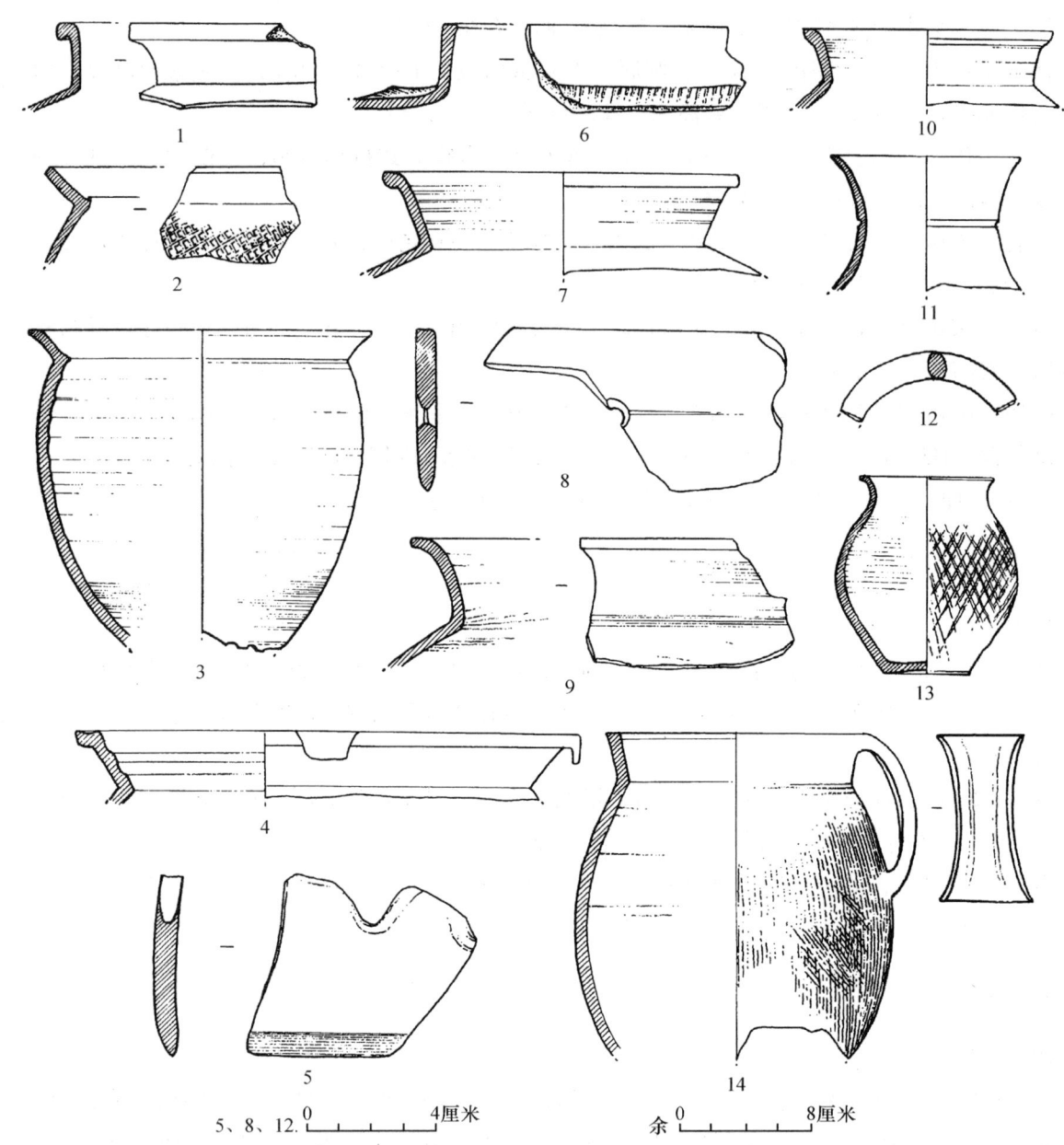

图一九一 H201、H211、H240 出土陶器、石刀

1、2、4、7、9~11、13. 陶罐（H240:3、H240:5、H240:1、H201:2、H240:4、H204:2、H211:2、H240:6） 3. 陶甑（H201:1）
5. 陶刀（H240:7） 6. 陶鬲（H211:3） 8. 石刀（H201:3） 12. 陶环（H240:8） 14. 单耳陶罐（H211:1）

陶环 H240:8，泥质灰陶，剖面呈椭圆形。宽 0.8 厘米，厚 0.5 厘米（图一九一，12）。

5. H211

标本 3 件。

单耳罐 H211:1，夹砂灰陶，侈口，矮领，方唇，弧腹，扁桥形耳，腹部饰绳纹。口径 16 厘米，残高 20 厘米（图一九一，14；图版二九，1）。

罐 H211:2，泥质黑陶，侈口，尖圆唇，溜肩较甚，领肩交接处有一周凹槽，器表素面磨光。

口径 11.6 厘米，残高 8.2 厘米（图一九一，11）。

鬲　H211:3，夹砂灰陶，矮直领，方唇，饰粗绳纹，因烧硫而略有变形。残高 5.2 厘米（图一九一，6）。

6. H325

标本 4 件。

罐　H325:1，泥质黑陶，侈口，圆唇，高领，圆弧肩，器表素面磨光。口径 17.8 厘米，残高 8 厘米（图一九二，1）。H325:2，夹砂灰陶，侈口，圆方唇，溜肩，口沿内侧有一周浅凹槽，肩部饰绳纹。口径 23.8 厘米，残高 9 厘米（图一九二，3）。H325:4，泥质灰陶，侈口，方唇，束颈，圆肩，颈部施一周凸棱，颈肩相接处贴附堆纹一周并戳压纹饰。口径 19.2 厘米，残高 7.4 厘米（图一九二，4）。

鬲足　H325:3，夹砂灰陶，袋足肥硕，微外撇，足底圆钝，为一小平面，器表饰纵向绳纹。残高 18.6 厘米（图一九二，2）。

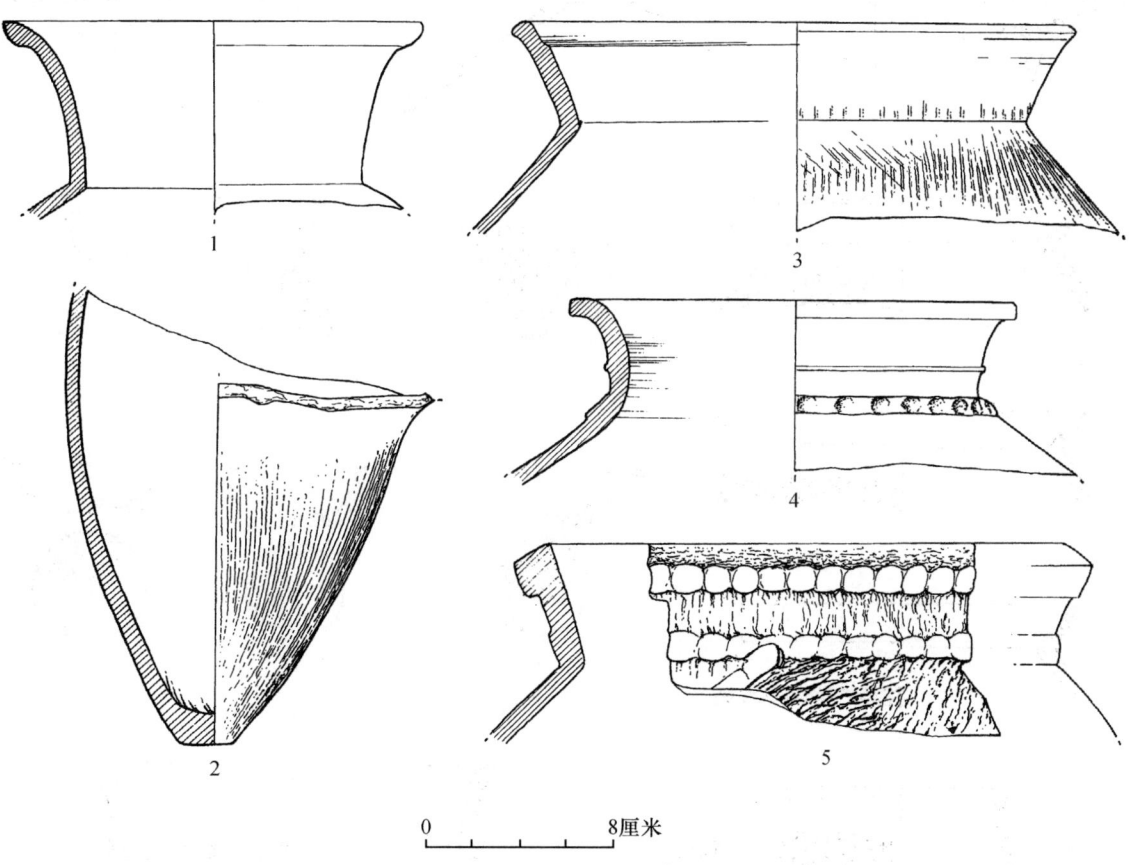

图一九二　H314、H325 出土陶器
1、3、4. 罐（H325:1、2、4）　2. 鬲足（H325:3）　5. 鬲（H314:1）

7. H314

标本 1 件。

鬲 H314:1，夹砂黄褐陶，侈口，斜平沿，矮领，沿面及器表施粗绳纹，领部上、下侧分别贴附堆纹一周，裆部残存泥条叠压于领部下侧泥条之上。口径 22.2 厘米，残高 8 厘米（图一九二，5；图版二九，5）。

8. H108

标本 2 件。

器座 H108:1，泥质黄褐陶，大体呈圈足状，敞口，器壁内弧，器底略呈喇叭形，器表磨光，腹部两周凸弦纹之间饰篦点纹和刻划的弧线纹。口径 22.2 厘米，底径 30 厘米，高 12 厘米（图一九三，13；图版二九，6）。

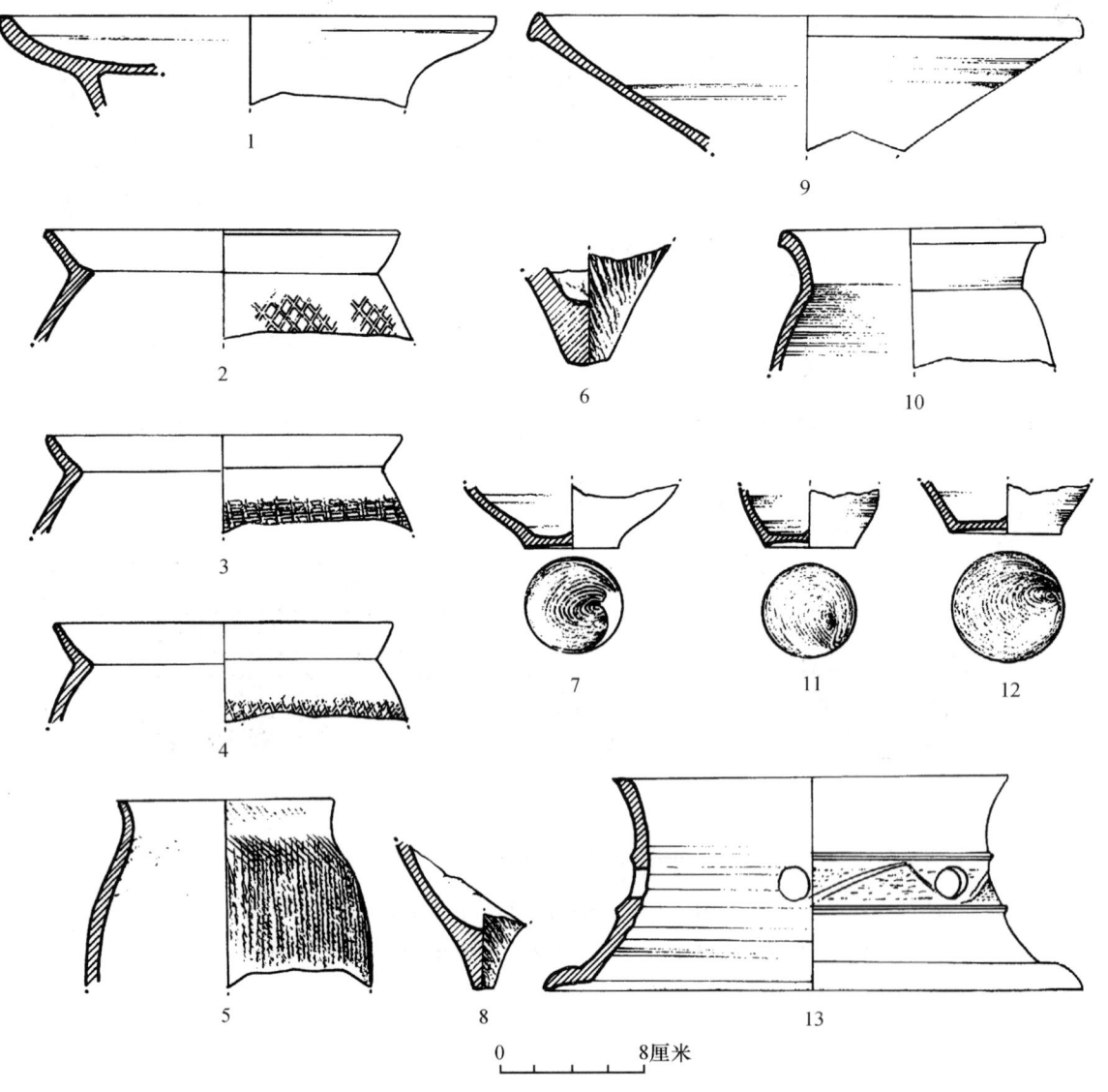

图一九三　H108、H329 出土陶器

1. 豆（H329:2）　2~5、10. 侈口鼓腹罐（H329:8、H108:2、H329:9、7、1）　6、8. 鬲足（H329:11、10）
7、11、12. 器底（H329:6、5、4）　9. 盆（H329:3）　13. 器座（H108:1）

侈口鼓腹罐　H108:2，夹砂灰陶，侈口，折沿，圆方唇，唇面有一周凹槽，溜肩鼓腹，腹部饰方格纹。口径 20 厘米，残高 5.5 厘米（图一九三，3）。

9. H329

标本 11 件。

罐　H329:1，泥质黑陶，侈口，束颈，斜方唇，圆弧肩，器表素面磨光。口径 14.6 厘米，残高 7.8 厘米（图一九三，10）。H329:7，夹砂灰陶，侈口，尖圆唇，腹略鼓，器表饰绳纹。口径 12.2 厘米，残高 10.6 厘米（图一九三，5）。H329:8，夹砂灰陶，侈口，折沿上仰，方唇，溜肩，肩部拍印方格纹。口径 20 厘米，残高 6.2 厘米（图一九三，2）。H329:9，夹砂灰褐陶，侈口，折沿，尖圆唇，圆弧肩，肩部下方拍印斜方格纹。口径 19.2 厘米，残高 5.6 厘米（图一九三，4）。

豆　H329:2，泥质黄褐陶，豆盘敞口，圆唇，浅腹，下接粗圈足，素面。口径 28 厘米，残高 5 厘米（图一九三，1）。

盆　H329:3，泥质灰陶，敞口，圆方唇，腹壁斜直，腹壁内侧有两周浅凹槽。口径 30 厘米，残高 7.6 厘米（图一九三，9）。

器底　H329:4，泥质灰陶，腹壁外弧，底内凹，素面，内底中心有一锥状小突起，外底残留有偏心涡纹。底径 4.4 厘米，残高 3.4 厘米（图一九三，12）。H329:5，泥质灰陶，腹壁圆弧，底内凹，素面，内底中心有一小圆锥体，内底有顺时针方向的螺旋式拉坯指印，轮廓呈波状曲线，外底残留有偏心涡纹，器表留有细密轮纹。底径 5.2 厘米，残高 3.2 厘米（图一九三，11）。H329:6，泥质灰陶，腹壁微内弧，底内凹，器表留有细密轮纹，内底中心有一锥状小突起，外底残留有偏心涡纹。底径 6.2 厘米，残高 2.6 厘米（图一九三，7）。

鬲足　H329:10，夹砂灰陶，足尖实心，足底为一小平面，器表饰绳纹。残高 8 厘米（图一九三，8）。H329:11，夹砂灰陶，胎体厚重，足底为一平面，器表饰粗绳纹。残高 6.6 厘米（图一九三，6）。

第七章 东周遗存

第一节 文化遗迹

东周遗存在三个发掘区均有分布，相对零散。文化遗迹只有灰坑一种，共10座（表十），占整个遗址遗迹总数的6.8%。平面形状有圆形、椭圆形、长条形和不规则形四种，形制可分为袋状、筒状、锅底状三类。灰坑规模不尽相同，小者口径1.2米，大者可达8.5米。坑内堆积以灰土为主，夹杂少量红烧土块、碎石块及料姜石等。出土物以陶片为主，另有少量石、骨器等。现依形制介绍如下：

表十　东周时期灰坑一览表

单位	位置	打破关系	形制	尺寸（米）			堆积物
				口径	底径	坑深	
H64	T122、T123、T131	打破H19	不规则椭圆形	4.5~5		0.7	灰土
H77	T89北部		不规则形	2（残）		0.4	灰土
H99	T87西南	打破H100	椭圆形平底	1.9~2.3		0.55	灰土，土质疏松
H215	T210中部	打破H226	圆形袋状	2.2	2.6	1.1	灰土，夹杂有红褐土及生土块，土质略硬
H216	T211南部、T210北部	打破H221、H226	圆形袋状	1.5	2.5	1.4	灰褐土，土质坚硬
H223	T211中部		椭圆形平底	1.3		1.1	黄褐土，土质较硬
H225	T214、T213、T206、T217、T216、T212		长条形	4~8.5		0.6~1.5	灰褐土，土质疏松
H244	T218东北	打破H245	圆形锅底	1.4		1.2	灰褐土，土质略硬
H305	T301东北、T302西北	打破H323	椭圆形斜壁平底	2.25~4.8	5.3	0.7	灰褐色土
H320	T307东北、T308北部、T309西北	打破H329	不规则形锅底	2.7~5.5（残）	—	0.75	浅灰土

1. 袋状坑

2个。均口小底大，平面均为圆形。

H215　位于探方T210中部，开口于第1层下，打破H226。坑口呈圆形，坑壁由上而下向外扩，平底。坑壁加工粗糙，坑底平坦。口径2.2米，底径2.6米，坑深1.1米。填土为灰土，夹有红褐土及生土块，土质较硬。出土陶片以泥质灰陶为主，器形有盂、豆、曲颈盆、罐、筒瓦、板瓦等（图一九四）。

H216　位于探方T211南部与T210北部，开口于第1层下，打破H221、H226。坑口呈圆形，坑壁由上而下斜向外张，平底。坑壁加工较光滑，坑底平整。口径1.5米，底径2.5米，坑深1.4米。填土为灰褐土，土质坚硬，内含少量碎石块及红烧土块。出土陶片以盂、钵、盆、筒瓦、板瓦等为主（图一九五）。

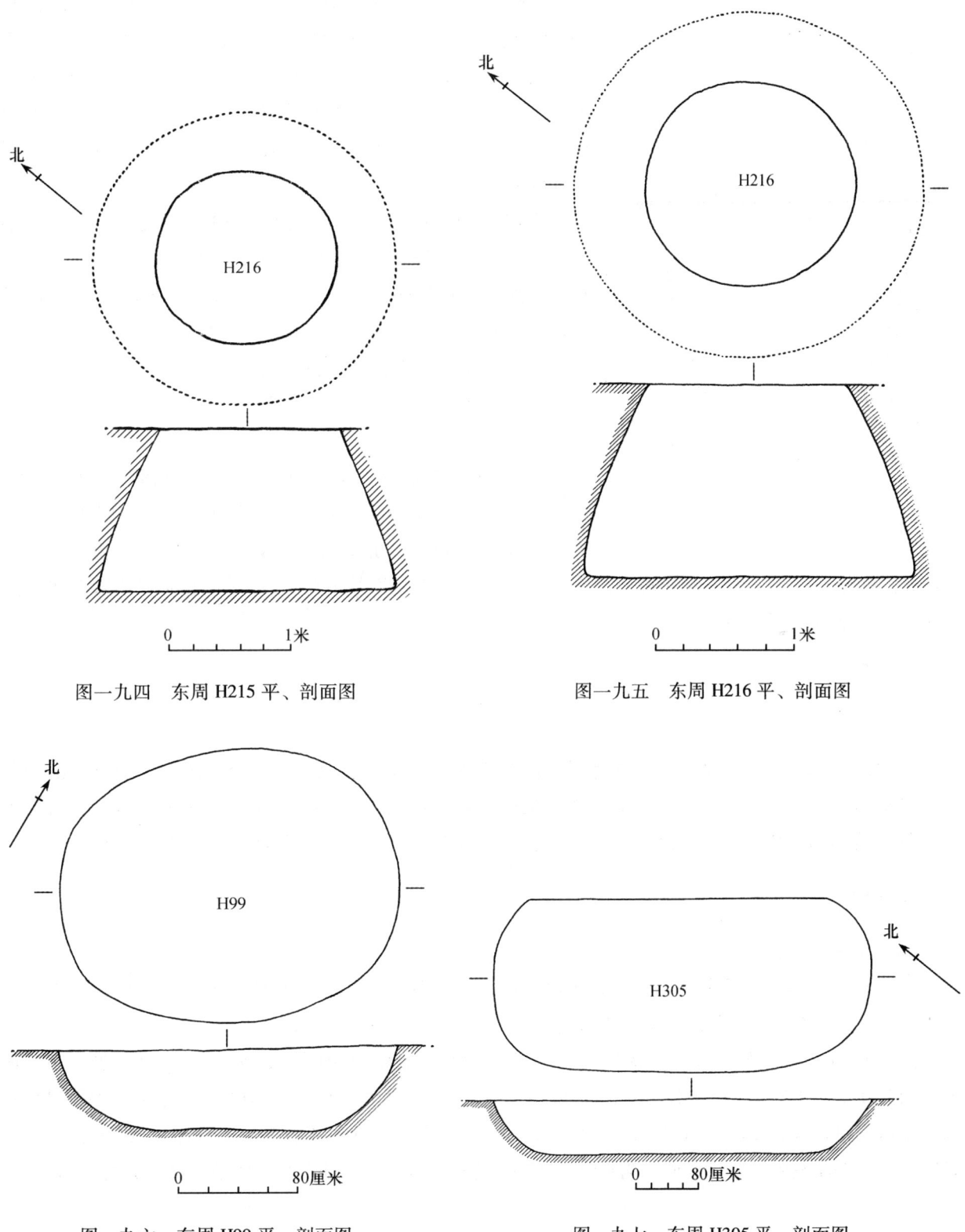

图一九四　东周H215平、剖面图

图一九五　东周H216平、剖面图

图一九六　东周H99平、剖面图

图一九七　东周H305平、剖面图

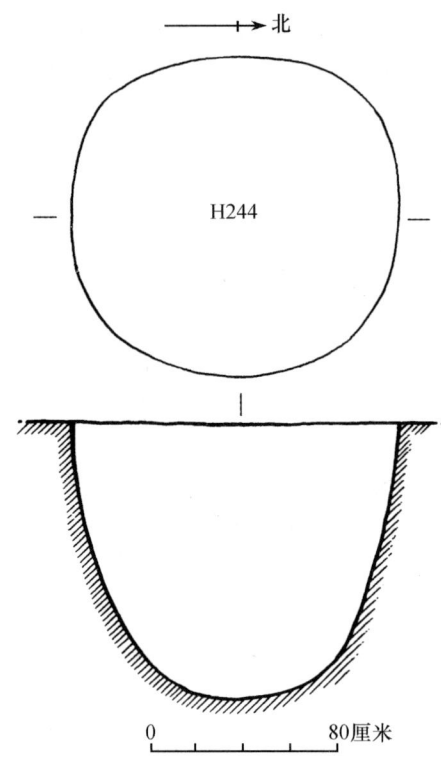

图一九八　东周 H244 平、剖面图

2. 筒状坑

4 个。平面多为椭圆形，壁多为斜壁，加工粗糙。

H99　位于探方 T87 西南部，开口于第 1 层下，打破 H100。坑口为椭圆形，坑壁略弧，底部不甚平整，加工较粗糙。坑口长径 2.3 米，短径 1.9 米，坑深 0.55 米。填土为灰土，土质疏松，含少量碎红烧土块。出土陶片较多，以泥质灰陶为主，可辨器形有鬲、罐、盆、豆等及铁镢（图一九六）。

H305　位于探方 T301 东北部与 T302 西北部，开口于第 2 层下，打破 H323。坑口近椭圆形，坑壁斜直，平底，坑壁及底部加工均较粗糙。坑口长径 4.8 米，残宽 2.25 米，底径 5.3 米，深 0.7 米。填土呈灰褐色，土质松软，含少量石块。出土部分灰陶片及残瓦片（图一九七）。

3. 锅底状坑

4 个。平面形状有圆形、长条形、不规则形，规模较大。

H244　位于探方 T218 中部，开口于第 1 层下，打破 H245。坑口呈圆形，坑壁略斜，锅底，坑壁加工粗糙。口径 1.4 米，坑深 1.2 米。填土为灰褐土，土质略硬，内含少量石块及红烧土块。出土陶片以泥质灰陶为主，另有少量泥质褐陶，器形有盆、罐、筒瓦等（图一九八）。

第二节　文 化 遗 物

文化遗物部分出土于地层中，整体以泥质灰陶为主，纹饰多绳纹，部分素面。器形以生活用具及建筑材料为主，有曲颈盆、豆、罐、盂、鬲等，以及板瓦、筒瓦。此外，还有少量石、骨器等生产工具和装饰品。以下先介绍地层中的出土物，再介绍灰坑，其中仍以有遗迹描述的为先。

1. T304②

标本 9 件。

盂　T304②:1，泥质灰陶，直口，折沿，圆唇，曲颈，鼓腹，假圈足，腹部饰三周瓦棱纹。口径 17 厘米，底径 9.2 厘米，高 8.2 厘米（图一九九，5；图版三〇，5）。

豆　T304②:2，泥质灰陶，敞口，盘甚浅且微凹，盘壁折角圆钝，柄粗细不匀，喇叭座，素面。口径 11.4 厘米，底径 5.6 厘米，高 11.6 厘米（图一九九，4）。T304②:3，泥质灰陶，残存豆盘，敞口，盘较浅，壁斜直内凹，盘外底方折，素面。口径 11.6 厘米，残高 4 厘米（图一九九，1）。T304②:4，泥质灰陶，残存豆柄，喇叭座，素面。底径 7.2 厘米，残高 9.4 厘米（图一九九，2）。

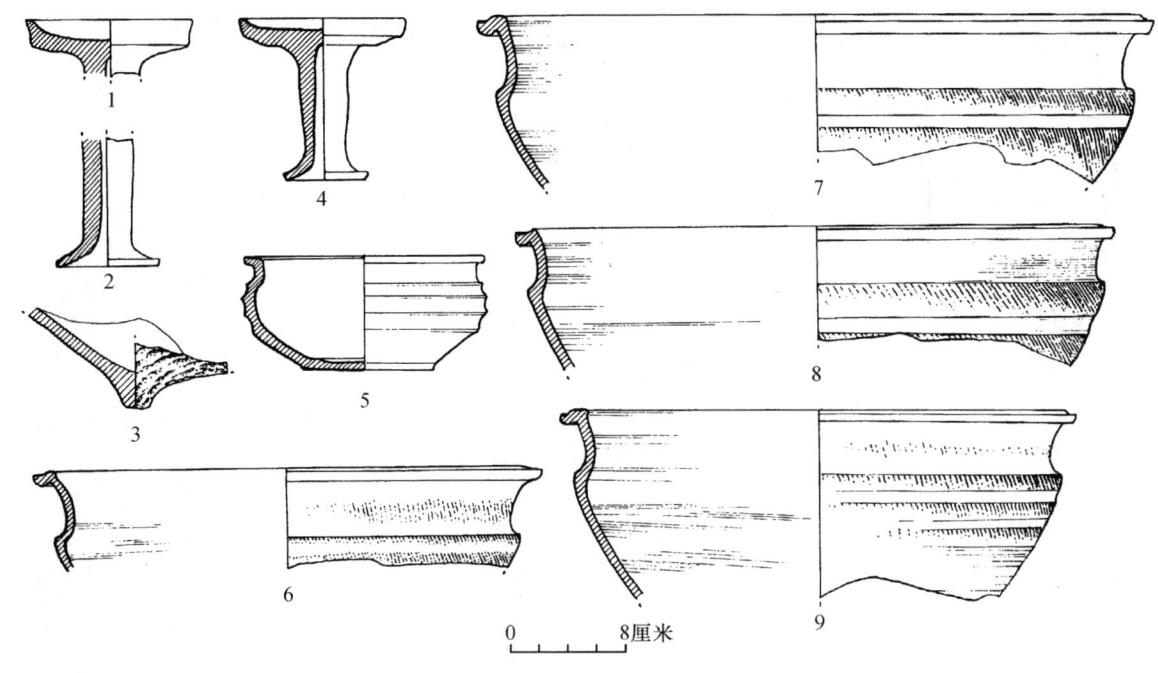

图一九九 T304②出土陶器
1、2、4. 豆（T304②：3、4、2） 3. 鬲足（T304②：9） 5. 盂（T304②：1） 6～9. 盆（T304②：7、5、8、6）

盆 T304②：5，泥质灰陶，敞口，折沿，沿面有一周凹槽，圆方唇，曲颈，颈腹折角明显，颈部绳纹隐约可见，腹部一条横向修抹痕隔断绳纹。口径46.4厘米，残高11.8厘米（图一九九，7）。T304②：6，泥质灰陶，敞口，折沿，沿面有一周凹槽，圆方唇，曲颈，颈腹折角明显，颈部绳纹隐约可见，上腹部两道抹痕隔断绳纹，下腹部素面，内壁留有细密轮纹。口径35.2厘米，残高13.4厘米（图一九九，9）。T304②：7，泥质灰陶，敞口，折沿，沿面有一周浅凹槽，圆方唇，曲颈，颈腹折角明显，颈部绳纹经修抹，腹部一条横向抹痕隔断绳纹。口径35厘米，残高7厘米（图一九九，6）。T304②：8，泥质灰陶，敞口，折沿，沿面有一周凹槽，圆方唇，曲颈，颈腹留有细密轮修纹，腹部一条横向抹痕隔断绳纹。口径43.4厘米，残高10厘米（图一九九，8）。

鬲足 T304②：9，夹砂灰陶，裆低矮，实足跟，器表饰交错粗绳纹。残高6.2厘米（图一九九，3）。

2. T309②

标本3件。

盆 T309②：1，泥质灰陶，敞口，平折沿，圆方唇，曲颈，上腹部饰绳纹，内壁留有修抹痕。口径42厘米，残高18.6厘米（图二〇〇，2）。

豆 T309②：2，泥质灰陶，残存豆柄上粗下细，器表饰数道螺旋式暗纹。底径9.6厘米，残高12.6厘米（图二〇〇，4）。

鬲足 T309②：3，夹砂灰陶，裆低矮，实足跟，器身饰交错粗绳纹。残高11厘米（图二〇〇，5）。

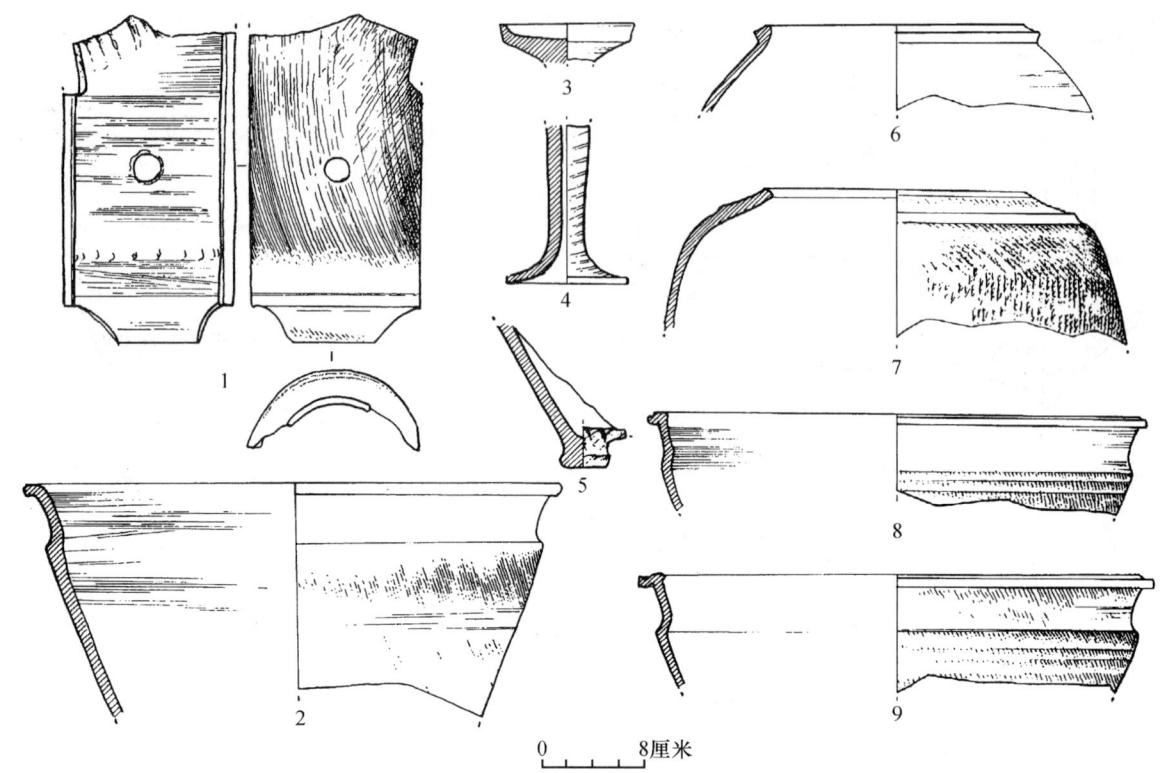

图二〇〇　T309②、T315②出土陶器

1. 筒瓦（T315②:6）　2、8、9. 盆（T309②:1、T315②:3、2）　3、4. 豆（T315②:1、T309②:2）　5. 鬲足（T309②:3）　6、7. 罐（T315②:4、5）

3. T315②

标本6件。

豆　T315②:1，泥质灰陶，残存豆盘，较浅且微凹，圆唇，壁斜直微凹，盘外底方折，素面。口径10.6厘米，残高3厘米（图二〇〇，3）。

盆　T315②:2，泥质灰陶，敞口，折沿，沿面有一周凹槽，方唇，曲颈，颈腹折角明显，颈部绳纹经修抹，腹部数道窄细的横向抹痕隔断绳纹。口径38.4厘米，残高9.2厘米（图二〇〇，9）。T315②:3，泥质灰陶，敞口，平折沿，沿面有一周凹槽，方唇，曲颈，颈腹折角明显，颈部素面，腹部施绳纹。口径38厘米，残高7.8厘米（图二〇〇，8）。

罐　T315②:4，泥质灰陶，敛口，尖圆唇，圆肩，素面。口径20.2厘米，残高7厘米（图二〇〇，6）。T315②:5，夹砂灰陶，敛口，圆唇，圆折肩，弧腹，折肩处有一周浅凹槽，腹部饰绳纹。口径20.4厘米，残高11.4厘米（图二〇〇，7）。

筒瓦　T315②:6，泥质灰褐陶，外切而成，唇缘微侈，瓦背正中有一圆孔，为烧制前所钻，器表施绳纹，内壁留有两周手指垫痕，中间部位经修抹。残长26厘米，直径13.6厘米（图二〇〇，1）。

4. H215

标本 13 件。

盂 H215:1，泥质灰陶，敞口，窄平沿，圆方唇，曲颈，腹略鼓，矮圈足，腹部饰三周瓦棱纹。口径 20.2 厘米，底径 9.4 厘米，高 10 厘米（图二〇一，13；图版三〇，4）。H215:2，泥质灰陶，口微敞，方唇，腹斜收，平底微凹，腹部饰两周凹弦纹，近底部留有刮削痕。口径 14 厘米，底径 7.4 厘米，高 6.6 厘米（图二〇一，1）。

盆 H215:3，泥质灰陶，敞口，平折沿，方唇，曲颈，颈腹折角明显，斜腹，平底，颈腹部绳纹经修抹，颈部钻有一孔，为两面对钻，内壁可见细密轮纹。口径 28.4 厘米，底径 13 厘米，高 13.6 厘米（图二〇一，6；图版三〇，6）。H215:4，泥质灰陶，敞口，折沿，沿面上有一周凹槽，圆方唇，曲颈，颈腹折角明显，斜腹，颈部钻有一对圆孔，为单面钻孔，腹壁绳纹经修抹，颈部可见细密轮纹，内壁有修抹痕。口径 36.2 厘米，残高 22 厘米（图二〇一，11）。H215:5，泥质灰陶，敞口，折沿，沿面微凹，方唇，曲颈，颈腹折角明显，斜腹，颈腹部绳纹经修抹，内壁可见修抹痕。口径 35 厘米，残高 16 厘米（图二〇一，12）。

罐 H215:6，泥质灰陶，侈口，斜方唇，唇面上有一周凹槽，溜肩，肩部下方饰粗绳纹，其上有一周手指修抹痕。口径 19.8 厘米，残高 6.8 厘米（图二〇一，7）。H215:7，泥质灰陶，溜肩，鼓腹，下腹内收，平底，上腹饰弦断绳纹，下腹留有刮削痕。腹径 33 厘米，底径 17 厘米，残高 25 厘米（图二〇一，5）。H215:8，泥质灰陶，敛口，斜沿微凹，圆方唇，溜肩，肩部饰绳纹，口沿下方经修抹。口径 24 厘米，残高 5.2 厘米（图二〇一，4）。

豆 H215:9，泥质灰陶，盘较浅，圆唇，直壁，盘外折角圆钝，豆柄残，盘心有一周浅凹槽，豆柄残断处经磨平，为二次使用。口径 10.6 厘米，残高 2.6 厘米（图二〇一，3）。H215:10，泥质灰陶，陶色浅灰，盘略深，圆唇，壁斜直，盘外折角明显，豆柄残，盘外壁可见细密轮纹。口径 16.2 厘米，残高 6 厘米（图二〇一，9）。

筒瓦 H215:11，泥质灰陶，外切而成，器表饰绳纹，近前端经修抹，瓦内面凹凸不平。残长 15.6 厘米，直径 12.3 厘米（图二〇一，10）。H215:12，泥质灰陶，外切而成，器表饰绳纹，靠近唇缘的一端有数周修抹痕，内壁可见泥条缝。残长 16.8 厘米，直径 12.8 厘米（图二〇一，2）。

板瓦 H215:13，泥质灰陶，内切而成，器表饰绳纹，近前端经修抹，瓦内面有陶垫拍打形成的麻点纹。残长 19 厘米，残宽 20 厘米，厚 1.2 厘米（图二〇一，8）。

5. H216

标本 8 件。

盂 H216:1，泥质灰陶，口微敞，圆唇，腹斜收，平底微凹，腹部饰两周凹弦纹。口径 14.2 厘米，底径 6 厘米，高 6.2 厘米（图二〇二，8）。H216:2，泥质灰陶，口微敞，圆方唇，折腹，下腹斜收，平底微凹，上腹饰两周凹弦纹。口径 14.2 厘米，底径 5.8 厘米，高 6.4 厘米（图二〇二，3）。H216:4，泥质灰陶，口近直，平折沿，方唇，曲颈，弧腹内收，腹部饰三周瓦棱状凹弦纹，内壁有暗纹。口径 27 厘米，残高 12 厘米（图二〇二，1）。H216:5，泥质灰陶，直口，平折沿，方唇，曲颈，弧腹内收，腹部饰三周瓦棱状凹弦纹。口径 20.2 厘米，残高 8 厘米（图二〇二，4）。

钵 H216:3，泥质灰陶，敛口，方唇，折腹，上腹圆弧，下腹斜收，内壁残留红颜料。口径

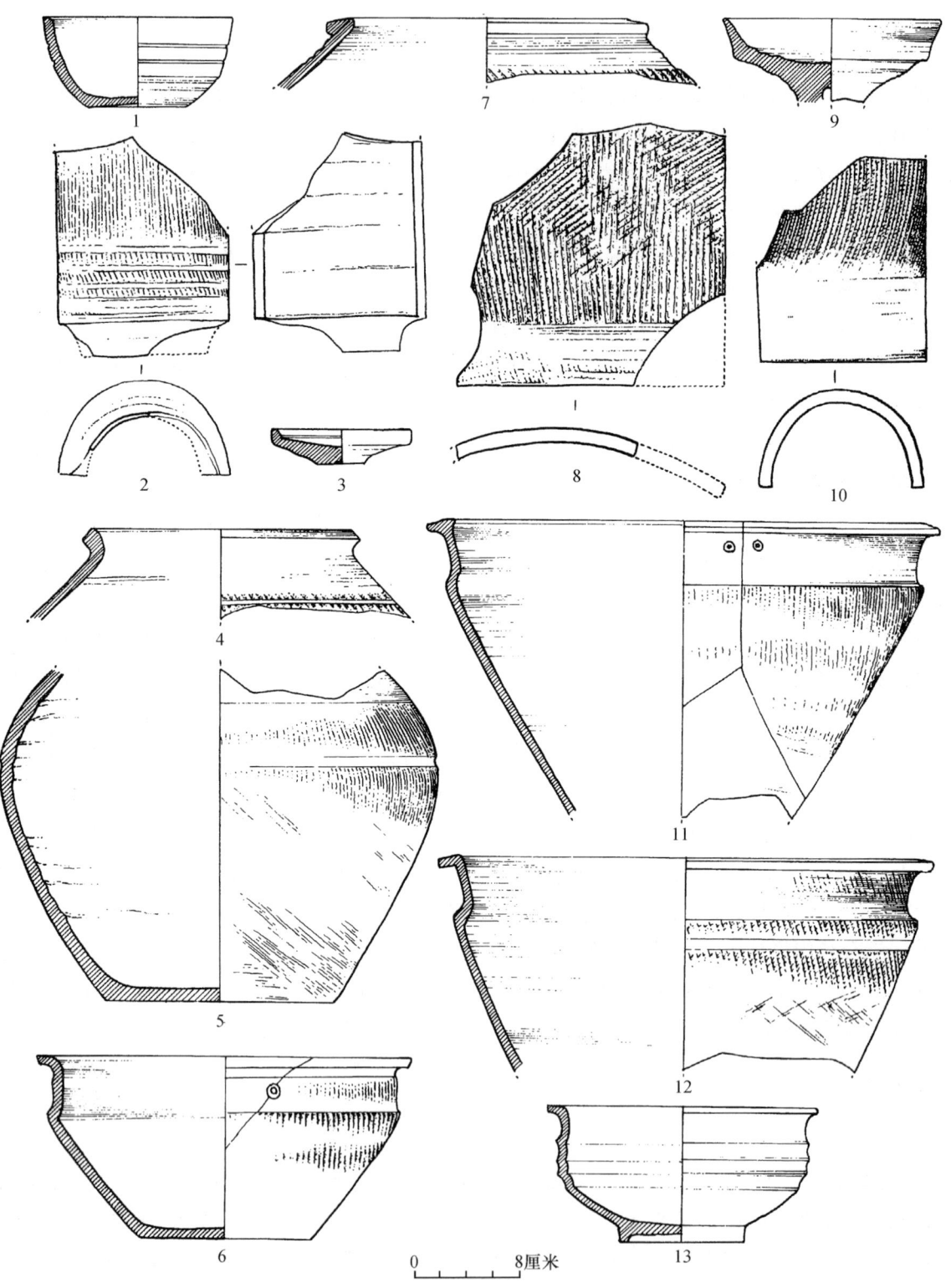

图二〇一 H215 出土陶器

1、13. 盂（H215:2、1） 2、10. 筒瓦（H215:12、11） 3、9. 豆（H215:9、10） 4、5、7. 罐（H215:8、7、6）
6、11、12. 盆（H215:3、4、5） 8. 板瓦（H215:13）

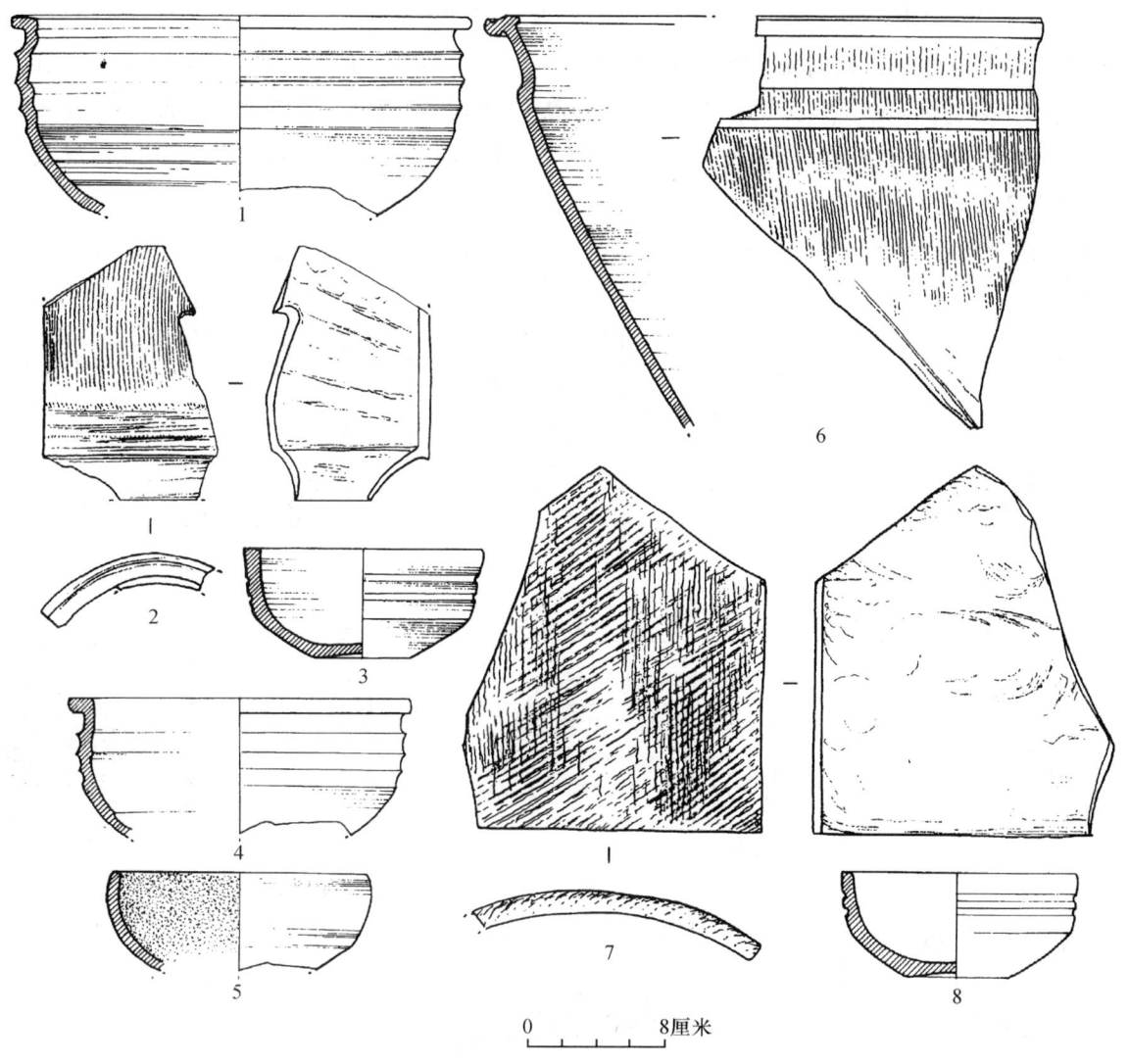

图二〇二　H216 出土陶器

1、3、4、8. 盂（H216：4、2、5、1）　2. 筒瓦（H216：8）　5. 钵（H216：3）　6. 盆（H216：6）　7. 板瓦（H216：7）

15.2 厘米，残高 6 厘米（图二〇二，5）。

盆　H216：6，泥质灰陶，敞口，折沿，沿面上有一周凹槽，圆唇，曲颈，斜腹，颈部绳纹经修抹，腹部饰绳纹，其上有一周修抹痕。残高 24.4 厘米（图二〇二，6）。

板瓦　H216：7，泥质灰陶，内切而成，器表及唇沿饰绳纹。残长 21.6 厘米，残宽 17 厘米，厚 1.4 厘米（图二〇二，7）。

筒瓦　H216：8，泥质灰陶，外切而成，器表饰绳纹，靠近唇缘的一端经修抹，瓦面钻有一孔，内壁留修抹痕。残长 15.2 厘米，残宽 10.2 厘米（图二〇二，2）。

6. H99

标本 13 件。

双系罐　H99：1，泥质灰陶，口近直，矮领，平沿，圆鼓腹，平底，肩部附对称环状系，器表局部磨光。口径 12 厘米，腹径 18.6 厘米，底径 11.8 厘米，高 16.8 厘米（图二〇三，5）。

罐 H99:2，泥质灰陶，侈口，折沿，沿面上有一周凹槽，方唇，束颈，溜肩，颈部素面，肩部饰绳纹。口径9厘米，残高8.5厘米（图二〇三，8）。H99:3，泥质灰陶，侈口，平沿，圆方唇，曲颈，溜肩，肩部饰间断绳纹。口径28厘米，残高10.5厘米（图二〇三，2）。H99:4，泥质灰陶，口近直，圆唇，唇部内侧有两周凹槽，矮领，斜肩，肩部饰绳纹，肩内壁可见粗布纹。口径20厘米，残高7.2厘米（图二〇三，3）。

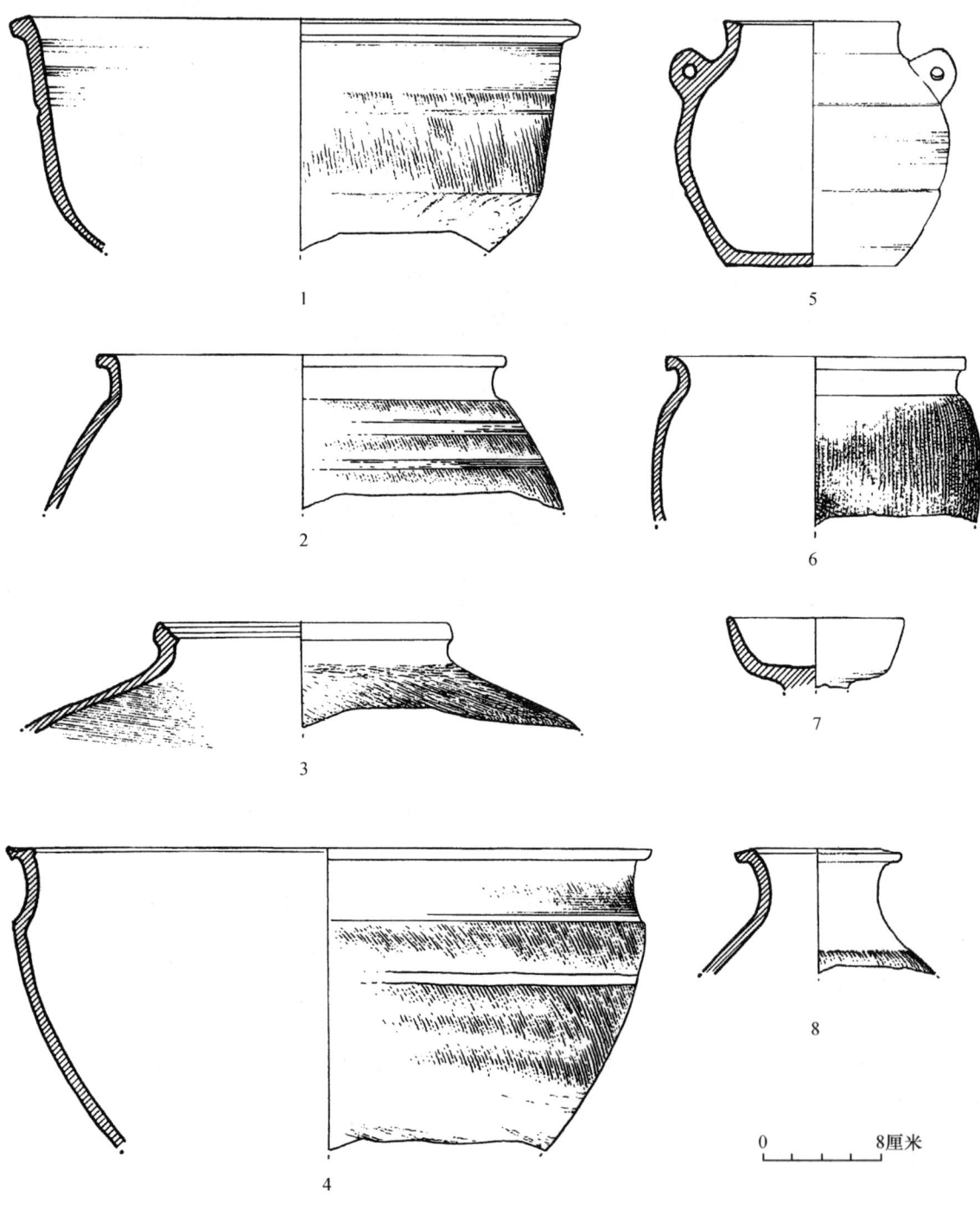

图二〇三 H99出土陶器

1、4. 陶盆（H99:6、7） 2、3、8. 罐（H99:3、4、2） 5. 双系罐（H99:1） 6. 鬲（H99:5） 7. 豆（H99:12）

鬲　H99∶5，夹砂灰陶，侈口，方唇，束颈，弧肩，器表饰绳纹。口径20.4厘米，残高11.5厘米（图二〇三，6）。

盆　H99∶6，泥质灰陶，敞口，折沿，圆方唇，上腹较直缓收，下腹内折斜收，腹部绳纹经修抹，颈部可见细密轮纹，下腹外壁经刮削。口径38厘米，残高16厘米（图二〇三，1）。H99∶7，泥质灰陶，侈口，折沿，沿面有一周凹槽，圆方唇，曲颈，弧腹斜收，颈部绳纹经修抹，腹部绳纹被一周修抹痕隔断。口径44厘米，残高21厘米（图二〇三，4）。

豆　H99∶12，泥质灰陶，敞口，圆方唇，斜弧腹，盘较深，豆柄残，素面。口径12厘米，残高4.5厘米（图二〇三，7）。

板瓦　H99∶8，泥质灰陶，器表饰绳纹，近前端绳纹经修抹。残长13.6厘米，宽25厘米（图二〇四，4）。H99∶9，泥质灰陶，器表及前端的唇沿施绳纹，器表前端和中部的绳纹有交错，后端绳纹经修抹。长42厘米，残宽20厘米（图二〇四，1）。

筒瓦　H99∶10，泥质灰陶，唇缘较短，有唇缘的一端稍窄，另一端略宽，器表饰绳纹，唇缘上的绳纹经修抹，内壁凹凸不平，可见泥条缝。残长21.5厘米，直径16.2厘米（图二〇四，2）。H99∶11，泥质褐陶，器表饰绳纹，前端经修抹，内壁凹凸不平，近前端可见刮削痕。残长27厘米，直径14.8厘米（图二〇四，5）。

铁镢　H99∶13，平面呈长方形，背面顶端有一个U形大凹缺，侧面为三角形，空首，直刃，两侧中部微内弧，锈蚀严重。长10.1厘米，宽5厘米，壁厚0.5厘米（图二〇四，3）。

7. H305

标本7件。

筒瓦　H305∶1，泥质灰陶，外切而成，器表绳纹被数道不规则的修抹痕隔断，内壁可见泥条接缝。残长26.8厘米，直径13.6厘米（图二〇五，8）。H305∶2，泥质灰陶，外切而成，内壁凹凸不平，泥条缝明显，器表绳施纹后局部经修抹。残长28厘米，半径12.4厘米（图二〇五，9）。H305∶3，泥质褐陶，外切而成，器表饰绳纹，内部泥条缝明显。残长14.8厘米（图二〇五，5）。H305∶5，外切而成，泥质灰陶，前端附半圆形当头，素面，筒瓦内侧与当头衔接处明显加厚。残长9.2厘米，直径14厘米（图二〇五，3）。

板瓦　H305∶4，泥质灰陶，内切而成，唇沿及器表施绳纹。残长12.8厘米，残宽14.4厘米（图二〇五，6）。

罐　H305∶6，泥质灰陶，侈口，圆方唇，束颈，弧腹，颈部绳纹隐约可见，腹部数道抹痕隔断绳纹，内部留有手指修抹痕。口径22厘米，残高11厘米（图二〇五，2）。H305∶7，夹砂褐陶，直口，平沿，方唇，溜肩，颈部素面，其下饰绳纹。残高7厘米（图二〇五，1）。

8. H320

标本2件。

豆　H320∶1，泥质灰陶，残存豆盘，敞口甚浅，盘外底方折，素面。口径11厘米，残高3厘米（图二〇五，4）。

盆　H320∶2，泥质灰陶，敞口，平折沿，沿面有一周浅凹槽，方唇，曲颈，颈部素面，腹部饰绳纹，口沿内侧施两道暗弦纹，其下留有修抹痕。口径37厘米，残高6.4厘米（图二〇五，7）。

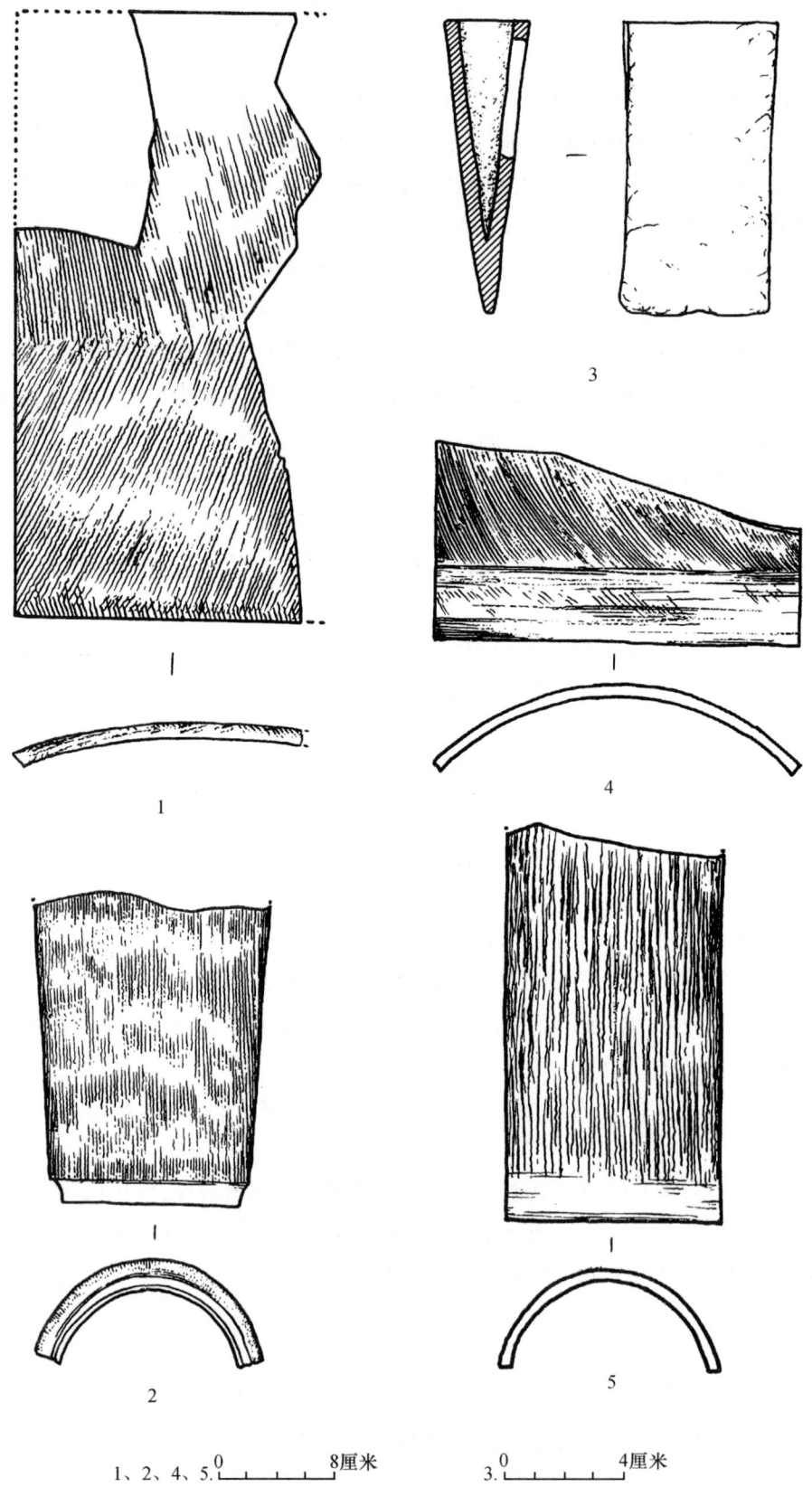

图二〇四 H99 出土陶瓦、铁钁

1、4. 板瓦（H99：9、8） 2、5. 筒瓦（H99：10、11） 3. 铁钁（H99：13）

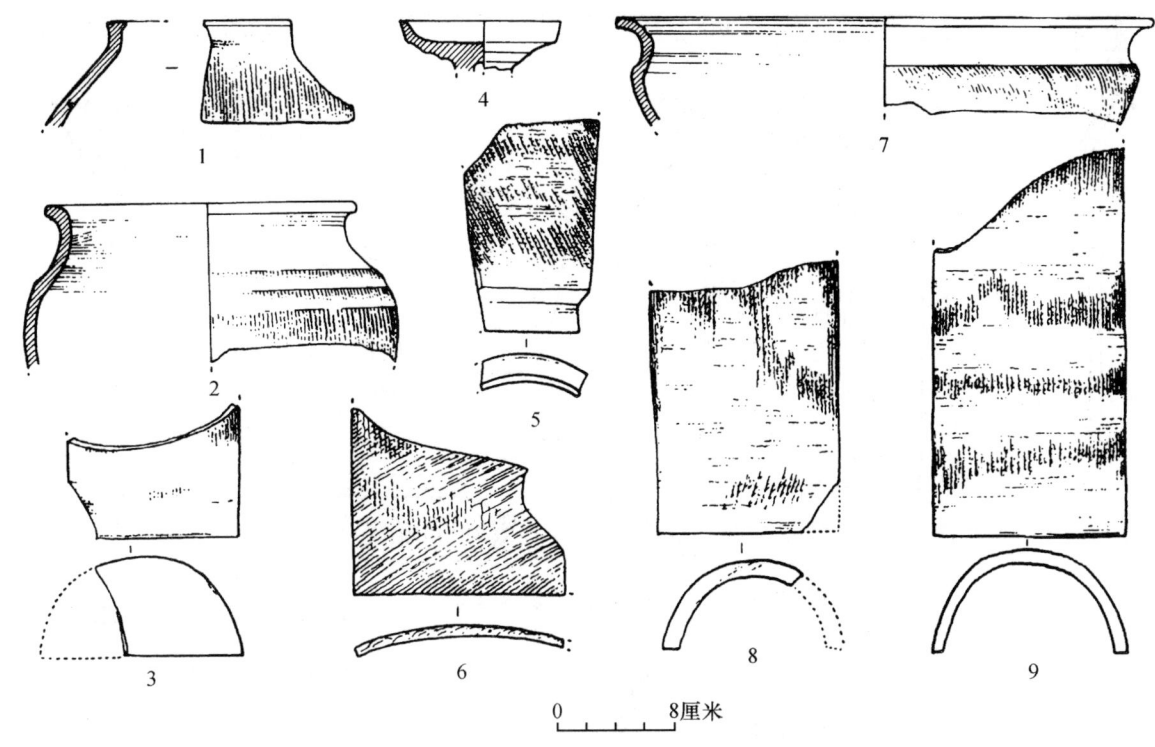

图二〇五　H305、H320 出土陶器

1、2. 罐（H305：7、6）　3、5、8、9. 筒瓦（H305：5、3、1、2）　4. 豆（H320：1）　6. 板瓦（H305：4）
7. 盆（H305：2）

9. H244

标本 7 件。

盆　H244：1，泥质褐陶，敞口，平折沿，沿面上有一周凹槽，圆唇，曲颈，腹壁微弧斜收，颈、腹部绳纹经修抹。口径 40 厘米，残高 11.5 厘米（图二〇六，7）。H244：2，泥质灰陶，敞口，折沿，口沿内侧及沿面上各有一周凹槽，圆唇，曲颈，颈腹折角圆钝，腹壁微弧斜收，颈部绳纹经修抹，腹壁饰绳纹，其上有一周修抹痕，内壁可见细密轮纹。口径 42.2 厘米，残高 12.5 厘米（图二〇六，4）。H244：3，泥质灰陶，敞口，折沿，方唇，曲颈，颈腹折角不明显，斜腹，腹部饰绳纹，略经修抹，颈部可见细密轮纹。残高 13 厘米（图二〇六，1）。H244：4，泥质灰陶，敞口，折沿，沿面上有两周浅凹槽，圆唇，曲颈，斜腹，颈部绳纹经修抹，腹部饰弦断绳纹，腹内壁可见修抹痕。残高 9 厘米（图二〇六，3）。

罐　H244：5，泥质灰陶，直口，圆方唇，溜肩，口沿外侧有一周凸棱，肩部上方有数周浅凹槽，肩部下方饰粗绳纹。残高 7.8 厘米（图二〇六，6）。

筒瓦　H244：6，泥质灰陶，外切而成，器表饰绳纹，靠近唇缘处有数周修抹痕，内壁可见泥条缝。残长 18.6 厘米，直径 11.8 厘米（图二〇六，2）。H244：7，泥质灰陶，外切而成，一端略宽，附瓦当的一端稍窄，半圆形瓦当，素面，器表中部饰绳纹，靠近瓦当的一端经刮削，内壁可见布纹及修抹痕。残长 10 厘米，最大直径 14 厘米，瓦当直径 13 厘米（图二〇六，5）。

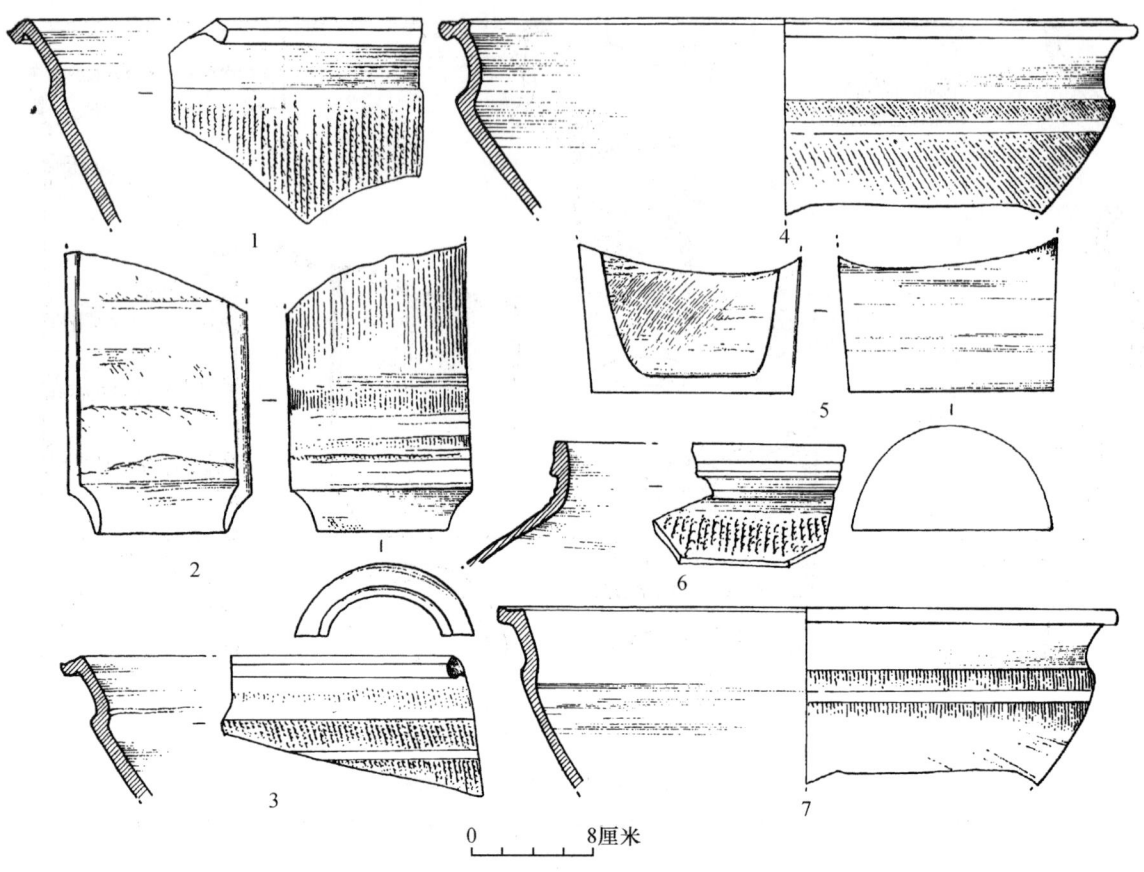

图二〇六　H244 出土陶器

1、3、4、7. 盆（H244:3、4、2、1）　2、5. 筒瓦（H244:6、7）　6. 罐（H244:5）

10. H64

标本4件。

盆　H64:1，泥质灰陶，敞口，平折沿，圆方唇，曲颈，颈腹折角圆钝，斜腹，颈部绳纹经修抹，腹部绳纹被一周修抹痕隔断。残高9.2厘米（图二〇七，1）。

三角器　H64:2，石质，打制而成，扁薄，体长，顶部圆弧，平面略呈三角形。长18.6厘米，宽6.2厘米，厚1.2厘米（图二〇七，9）。

石环　H64:3，磨制而成，剖面略呈馒头形，外壁圆鼓，内壁斜直，器表磨光。宽0.9厘米，厚0.9厘米（图二〇七，10）。

石球　H64:4，不甚浑圆，仅残存一小半，器表磨光，其上有使用后留下的凹坑。直径7厘米（图二〇七，2）。

11. H77

标本9件。

纺轮　H77:1，蚌壳制成，体扁平，平面呈圆形，中间对钻有一孔。直径3.3厘米，厚1.5厘米（图二〇七，3）。

第七章 东周遗存

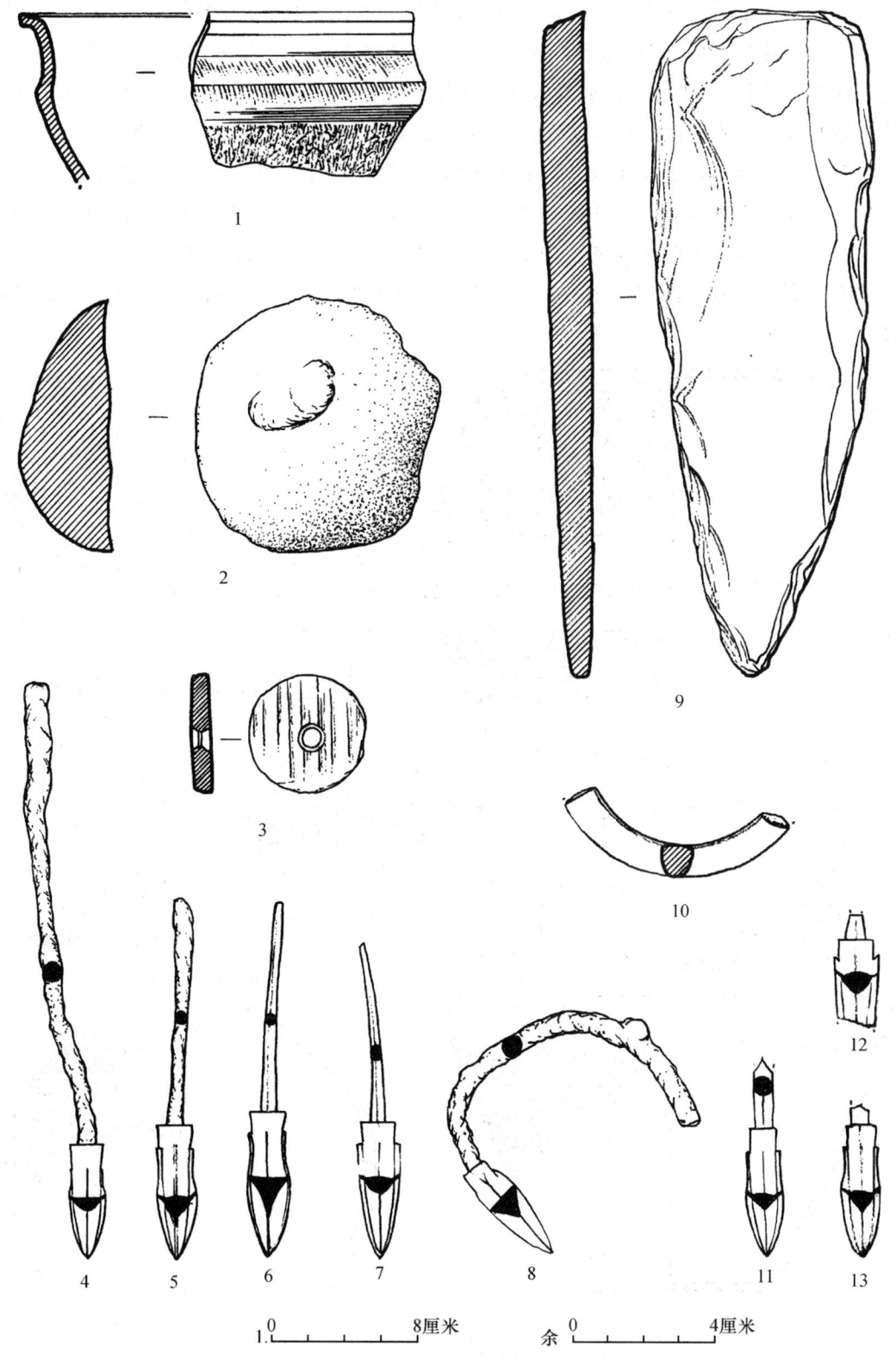

图二〇七　H64、H77 出土陶器、石器、青铜镞

1. 陶盆（H64:1）　2. 石球（H64:4）　3. 陶纺轮（H77:1）　4~8、11~13. 青铜镞（H77:8、3、2、4、9、5、7、6）　9. 三角石器（H64:2）　10. 石环（H64:3）

青铜镞　均三棱形镞，无翼，三刃向前聚成前锋，刃后端内收，镞身横截面呈弧边三角形，圆铤。H77:2，青铜圆铤。通长10厘米，镞身长4.15厘米，宽1.2厘米（图二〇七，6）。H77:3，铁质圆铤已锈蚀。残长10.1厘米，镞身长3.8厘米，宽1.1厘米（图二〇七，5）。H77:4，青铜圆铤已残断。残长8.9厘米，镞身长3.9厘米，宽1.2厘米（图二〇七，7）。H77:5，青铜圆铤已残断。残长5.7厘米，镞身长3.6厘米，宽1.1厘米（图二〇七，11）。H77:6，铁铤已锈蚀残断。残长4.3厘米，镞身长3.8厘米，宽1.2厘米（图二〇七，13）。H77:7，镞身前端和青铜圆铤已残断。残长3.1厘米，宽1.2厘米（图二〇七，12）。H77:8，铁质圆铤已锈蚀。残长16.2厘米，镞身长3.3厘米，宽1厘米（图二〇七，4）。H77:9，铁质圆铤已锈蚀弯曲。镞身长3.2厘米，宽1厘米（图二〇七，8）。

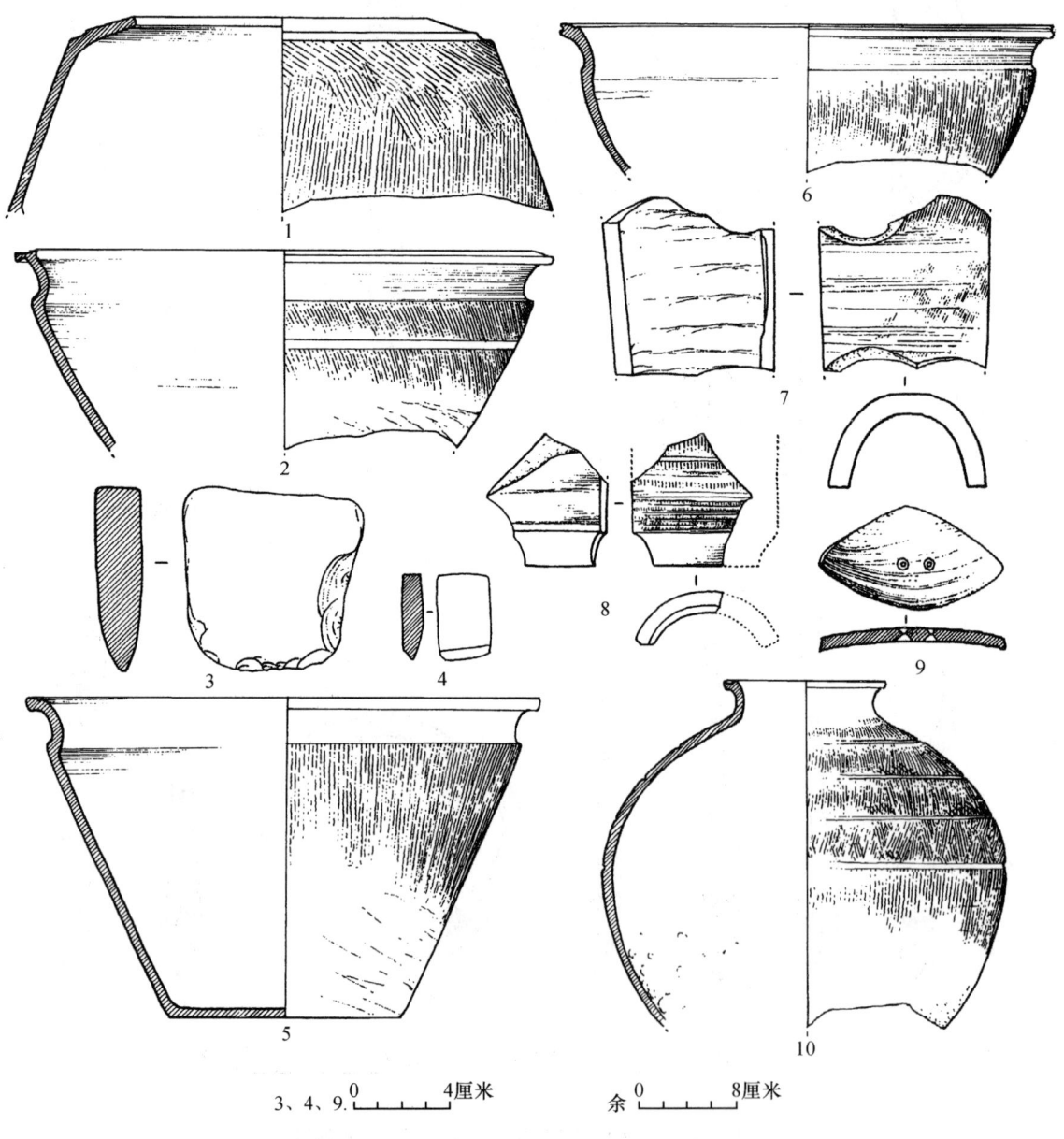

图二〇八　H223、H225出土陶器、石器、蚌器

1、10. 陶罐（H223:2、H225:3）　2、5、6. 陶盆（H223:1、H225:1、H225:2）　3. 石铲（H225:4）　4. 石锛（H225:5）　7、8. 筒瓦（H223:4、3）　9. 蚌饰（H225:6）

12. H223

标本 4 件。

盆 H223:1，泥质灰陶，敞口，折沿，沿面有一周凹槽，圆唇，曲颈，颈腹折角明显，斜腹，腹部饰弦断绳纹。口径 40.8 厘米，残高 16.5 厘米（图二〇八，2）。

罐 H223:2，夹砂灰陶，敛口，圆方唇，圆折肩，腹壁外撇，折肩处有一周凹槽，腹部饰绳纹，口部内侧可见细密轮纹。口径 24 厘米，残高 16 厘米（图二〇八，1）。

筒瓦 H223:3，泥质灰陶，外切而成，器表绳纹经修抹，内壁可见泥条缝及修抹痕。残长 11 厘米，复原直径 11.8 厘米（图二〇八，8）。H223:4，泥质灰陶，外切而成，一端略宽，一端稍窄，器表绳纹经修抹且有数道划痕，内壁凹凸不平，可见泥条缝。残长 14 厘米，直径 14 厘米（图二〇八，7）。

13. H225

标本 6 件。

盆 H225:1，泥质灰陶，敞口，折沿，沿面有一周浅细凹槽，方唇，曲颈，斜腹，平底，腹部饰绳纹。口径 42.2 厘米，底径 19 厘米，高 26.2 厘米（图二〇八，5）。H225:2，泥质灰陶，敞口，折沿，方唇，唇面有一周细凹槽，曲颈，腹壁微弧斜收，饰绳纹，颈部可见细密轮纹，腹内壁有泥条痕。口径 40 厘米，残高 12.2 厘米（图二〇八，6）。

罐 H225:3，泥质灰陶，侈口，平沿，沿面上有一周浅凹槽，圆唇，束颈，圆鼓腹，腹壁饰弦断绳纹。口径 13.4 厘米，残高 28.4 厘米（图二〇八，10）。

石铲 H225:4，平面近似圆角方形，顶端为一平面，刃端和一侧边经过打制修整，另一侧边较圆钝，双面刃，经磨损已略圆钝。长 7.6 厘米，宽 7.5 厘米，厚 1.8 厘米（图二〇八，3）。

石锛 H225:5，磨制石器，体小，平面略呈长方形，单面刃，通体磨光，完整而精致。长 3.5 厘米，宽 2.2 厘米，厚 0.9 厘米（图二〇八，4）。

蚌饰 H225:6，平面近似菱形，四周无刃，正中钻有两孔，为两面对钻，器表磨光。长 7.5 厘米，宽 4.3 厘米，厚 0.5 厘米（图二〇八，9）。

第八章 结 语

第一节 对上亳遗址仰韶中期遗存的认识

一、遗存特征与文化面貌

仰韶中期遗存在三个发掘区均有分布，相对于其他遗存，该时期的遗存在Ⅰ区和Ⅲ区均占最大比重，Ⅱ区仅次于庙底沟二期遗存而居次位。从遗存的分布来看，当时的聚落规模应当较大。

该时期的文化遗迹较多，有房址、陶窑、灰坑等，其中房址为浅半地穴式，平面为圆形，室内中部分布有两个柱洞，穴室地面除部分烧结面外，均为硬面。陶窑分布于Ⅲ区，均为横穴式，即火膛在前，窑室在后，二者基本处于同一水平面。其中Y301保存较好，由圆形窑室、过洞式火膛及窑前活动场组成，窑室内壁平整光滑，其上附有两层烧结面，表面为青灰层，内侧为红烧层，室内中部残留有圆柱形支柱。窑室之南的长方形过洞式火膛口前面分布有一块椭圆形红烧面，推测为当时的点火处。窑前活动场较大，两侧斜坡形成一小平底。此外，该窑内出土物中有一圆锥形小支钉，而敞口钵口沿内外侧则多有彩带（暂时称之，部分为与器表颜色不一致的红褐或褐色），应与在窑内的摆放方式等有关。此窑的形制与宁家坡遗址庙底沟二期文化时期的陶窑①虽明显处于不同的发展阶段，但窑前活动场及窑室、火膛组合形式的相近，说明至少在仰韶中期，先民们已对陶窑布局有较全面的考虑，到庙底沟二期文化时期发展得更先进、更完善，此窑或可作为宁家坡遗址陶窑的雏形。

灰坑是仰韶中期发现最多的遗迹，共53座。形状主要有圆形袋状坑、筒状坑、锅底状坑及不规则形坑，其中以筒状坑的比例较高，为32.1%。灰坑规模大小不一，部分袋状坑和筒状坑制作规整，坑壁加工光滑平整，应作为窖穴使用，其余多加工粗糙，为取土坑或垃圾坑。

文化遗物除大量陶质器皿外，还出土有生产工具，如陶刀、石刀、蚌刀、石铲、纺轮、石锤、圆陶片②等，装饰品陶环、骨笄、骨锥等。其中陶刀和石刀较有特色，两侧均有缺口，多为长方形。石刀以打制为主，陶刀均由残陶片改制而成。

陶器作为最主要的文化遗物，成为反映不同时期文化面貌的主要参照。此期陶器以泥质红陶为主，占61.3%，其次为夹砂褐陶，约18.4%。以素面和素面磨光陶为大宗，占到42.8%。纹饰以线纹、弦纹为主，主要饰于尖底瓶、夹砂罐等类器物器表。此期的彩陶较多，均以黑彩为主，图案多样，以弧线三角纹、圆圈纹、勾叶纹、横杠纹及多道弧线纹为主，整体图案显得疏朗而美观。器形有尖底瓶、葫芦口瓶、叠唇无沿盆、折沿盆、敞口钵、敛口钵、夹砂罐、彩陶盆、彩陶钵、彩陶罐、器盖、甑、釜、灶、敛口瓮等，以平底器居多，少见圜底器。其中尖底瓶形制多样，有罐形口、重环式双唇口、退化双唇口及单唇口，与其演变或年代的相对早晚有关。敞口钵多在口沿部位施宽彩带，通常内侧极窄而口沿外则宽至4、5厘米，以红或红褐彩为主。敛口钵部分口沿外施窄黑彩带。

---

① 山西省考古研究所：《垣曲宁家坡陶窑址发掘简报》，《文物》1998年10期。
② 王炜林、王占奎：《试论半坡文化"圆陶片"之功用》，《考古》1999年12期。

二、仰韶中期遗存发展的阶段性及文化性质

该时期典型的器物组合尖底瓶、夹砂罐、钵、盆、瓮及彩陶纹饰特征鲜明，各自的演变所形成的差异性表明其具有分期意义。尤其是Ⅲ区遗存，依据遗迹间的相互叠压打破关系以及典型单位之间主要器物特征的对比分析，可将该遗址仰韶中期遗存分为早、晚两段。Ⅰ区和Ⅱ区的仰韶中期遗存均为晚段，现将Ⅲ区的作一说明：

早段的遗迹单位主要有：Y301、Y302、H321、H302、H303、H306 等。

晚段的遗迹单位主要有：H309、H311、H312、H313、H324、H327 等。

早段出土器物较多的单位有 Y301、Y302、H321 等，典型器物尖底瓶瓶口均作坠腹罐形，如 Y301∶1（图三一，6；图版二，1）、H302∶1（图五三，6）、H321∶22（图四七，8），与垣曲小赵遗址① H8∶2、芮城东庄村遗址② H117∶1∶1、翼城北橄遗址③第二期遗存ⅡT1302④∶6 的同类器相似。夹砂弦纹罐 Y301∶12（图三一，1；图版九，4），侈口、圆折腹，较翼城枣园遗址④第三期遗存中的 T2②∶1 腹部弧度略大，又与该遗址的晚段折腹罐 H83∶40（图三五，12）略有差异，由圆折腹变为明显折腹状，同时在折腹处施一周附加堆纹并经戳压，从三件器物腹部的变化，可观察到 Y301∶12 的形制是处于枣园第三期与该遗址仰韶中期晚段的中间形态。敛口罐 H321∶21（图四八，8）与北橄二期的同类器 F2∶2 相似。钵类器中以敞口钵为主，且多为红顶钵，与枣园遗址中的敞口深腹平底钵相近，但器底没有发现粟粒印痕及刻划的一周凹弦纹，以复原器 Y301∶2（图三一，12；图版三，1）和 Y301∶3（图三一，5；图版三，4）为例，均大敞口、小平底微凹。盆类器多卷沿，如 H321 出土的卷沿盆（图四七，4、11、14）略多，形制与南橄 H1⑤的同类器相似。

晚段遗存相对早段明显增多，三个发掘区均有分布。该期的典型器物组合尖底瓶、夹砂鼓腹罐、敛口钵、叠唇无沿盆、折沿盆及饰有以弧线三角、圆点、横杠、勾叶纹为主的彩陶片在多数灰坑均有发现。此外，葫芦口瓶、甑、灶、夹砂小罐（可能作釜之用）、敛口瓮、器盖等在典型单位也有出土。该期的文化面貌较单纯，重环口的尖底瓶、夹砂鼓腹罐器、盆、钵等典型器物组合在夏县西阴村⑥、垣曲小赵⑦、陕县庙底沟⑧、河津固镇⑨等遗址的庙底沟文化遗存中均可找到相近的同类器物。器物上较特殊的鸟首状装饰如 H103∶9（图七四，17；图版八，6）、H103∶16（图七四，

---

① 中国社会科学院考古研究所山西工作队：《山西垣曲小赵遗址 1996 年发掘报告》，《考古学报》2001 年 2 期。

② 中国科学院考古研究所山西工作队：《山西芮城东庄村和西王村遗址的发掘》，《考古学报》1973 年 1 期。

③ 山西省考古研究所：《山西翼城北橄遗址发掘报告》，《文物季刊》1993 年 4 期。

④ 山西省考古研究所：《翼城枣园》，北京：科技文献出版社，2004 年。

⑤ 山西省考古研究所：《翼城四遗址调查报告》，《文物季刊》1992 年 2 期。

⑥ 山西省考古研究所：《西阴村史前遗存第二次发掘》，见《三晋考古·第二辑》，山西人民出版社，1996 年。

⑦ 中国社会科学院考古研究所山西工作队：《山西垣曲县小赵新石器时代遗址的试掘》，《考古》1998 年 4 期；《山西垣曲小赵遗址 1996 年发掘报告》，《考古学报》2001 年 2 期。

⑧ 中国科学院考古研究所：《庙底沟与三里桥》，科学出版社，1959 年。

⑨ 山西省考古研究所：《山西河津固镇遗址发掘报告》，见《三晋考古·第二辑》，山西人民出版社，1996 年。

14）与西阴村 H32∶7、翼城北橄遗址第三、四期遗存中的鸟头基本一致。葫芦口瓶 H55∶2（图六七，8）瓶口器壁斜直，与小赵遗址 T1④∶9 相近；而 H83∶13（图三四，13）瓶口微外侈，与小赵遗址 H34∶1、西阴村 Y1∶1 相近。彩陶钵 H45∶5（图六一，3；图版五，3）主体纹饰与晋中地区段家庄遗址① H3∶8 虽略有差异，但形制很相近。彩陶网格纹钵 H83∶24（图三六，5）与西阴村 H30∶7 形制基本相近。通过整体观察该期遗存如 H30、H45、H83、H245、H309 等典型单位，与西阴村 H30、H34、小赵遗址 H34 面貌相近，均为典型的庙底沟文化。

该遗址仰韶中期遗存特征较为鲜明，早、晚段遗存的差异主要表现在典型器物的演变方面，如尖底瓶瓶口由坠腹罐形发展为重环式双唇口，敞口红顶小平底钵演变为敛口钵，折沿盆由卷沿向折沿发展，叠唇无沿盆则逐步增多。通过早段遗存与北橄遗址、东庄村遗址及枣园遗址的相互对比，可将其归为庙底沟文化的早期阶段，相对年代晚于枣园文化时期，与北橄二期相当或略晚。早段遗存虽较晚段遗存发现略少，但其意义却大于后者，为晋南地区仰韶文化谱系的进一步完善又增添了新材料。北橄二期与三期之间的缺环②或可在此找到链接。

第二节　对上亳遗址仰韶晚期遗存的认识

该期文化遗存也较丰富，尤其在 Ⅱ 区中，比例基本与仰韶中期遗存相当。文化面貌颇具特色，文化遗迹目前仅发现灰坑一种，但其形制多样，以袋状坑和筒状坑所占比例较大，尤其是部分袋状坑坑壁及坑底经过专门修整，坑壁光滑，坑底平坦。与仰韶中期相比，袋状坑和筒状坑的比例增加，而锅底状坑和不规则坑则明显减少。

文化遗物种类也明显增多，生产工具类仍继续使用石刀和由陶片改制的陶刀。此外，石斧、石锛、石铲等农业生产工具制作更加规整且数量增加，如磨制类石器多通体磨光。装饰类器物如骨笄、骨锥、石环、陶环等也出土较多，仅 H205 石环和陶环数量就 10 余个。此期生产工具类与装饰类器物数量的增多，表明当时人类在注重农业的同时，对美的追求也促使其意识形态的提升。

这一时期出土的陶质器皿与仰韶中期相比，夹砂陶数量增多，约占陶片总量的 41.4%，同时灰陶比例上升，包括泥质灰陶、夹砂灰褐陶和灰陶，约占陶片总量的 30%。纹饰种类增多，以篮纹和附加堆纹最为明显，其次为线纹、弦纹及绳纹等。彩陶数量则明显下降，装饰图案以网格纹、窄带纹等几何纹样为主，除黑彩外，部分为红彩或褐彩。此期的陶器种类在仰韶中期典型器物组合尖底瓶、夹砂罐、盆、钵、瓮等的基础上，形制略有发展且种类更加多样，如器盖、豆、鼎、杯等数量的增多，以及新器形"倒 T 形器"（或为抹泥陶拍）、牛角钵、宽沿盆、圆锥形屋顶状捉手、蛤蟆形器等的出现。

依据典型器物尖底瓶、夹砂罐等的形制演变，可将该期文化遗存分为以 H7、H11、H94 等为代表的早段和以 H78、H238、H247 等为代表的晚段。

早段：尖底瓶承袭庙底沟文化时期的双唇口，但唇部已退化为单唇口，颈部弧长，圆肩，长身，尖底。如 H7∶1（图一一二，1）与 H7∶3（图一一二，3；图版一一，1）为同一尖底瓶的上半

---

① 国家文物局、山西省考古研究所、吉林大学考古学系：《晋中考古》，北京：文物出版社，1999 年。
② 薛新明、宋建忠：《北橄遗存分析——兼论庙底沟文化的渊源》，《考古与文物》2002 年 5 期。

部和下半部，与西王村遗址①H4：2：44和H33：1：4形制相近，与大地湾遗址②同类器H374：22仅口部略有差异，一为单唇口，一为平唇口，但器身整体相似。夹砂罐多为形体略显矮胖的鼓腹型，最大腹径靠上，器身开始施加附加堆纹。

晚段：尖底瓶形制发生变化，陶质较早段以泥质红陶为主转为夹砂、泥质的灰褐陶较多，尤其是口部特征，已演变为喇叭口，短弧颈，圆弧肩，中短身，圆钝底，器身多拍印篮纹。如H247：1（图九八，4；图版一三，1）形制与商县紫荆遗址③同类器H124：20基本相同，H238：1（图九九，3；图版一三，2）与仰韶村四期陶器P1.22：1④形制相近。此段的夹砂罐的腹径略往下移，口沿下多施加堆纹，整体器形较早段稍显瘦长。

通过对比分析早、晚段尖底瓶的形制，基本上与许永杰所划分的黄土高原仰韶晚期遗存谱系中的第一期和第四期相对应，也即仰韶晚期遗存的出现期与结束期⑤。因此，该遗址的仰韶晚期遗存早、晚段之间还存在缺环。但该期遗存的发现仍在一定程度上弥补了晋南地区尤其是垣曲盆地仰韶晚期遗存发现较少的缺陷，同时其晚段遗存的发现也有利于进一步探讨垣曲盆地仰韶晚期与庙底沟二期文化早期之间的演进关系。

此期较特殊的器物即H238出土的蛤蟆形器（图九九，7；图版一五，1、2），整体呈筒状，顶端平面密布戳按而成的小圆圈，以象征其背部疙瘩，在近器壁处钻有两圆孔以示其眼睛，顶端侧边贴附有已残断的四肢以及刻划浅槽而成的"一"字形嘴部，其上侧的两小孔显示出其鼻孔，整体形态惟妙惟肖，似一只嘴角上扬正微笑着的蛤蟆，给人以一种喜庆感。如此写实的陶器造型在同时期的其他地区还未曾发现，其中的寓意耐人寻味。蛙、蟾蜍、蛤蟆在古代似乎并无太大差异，陶器器表装饰蛙纹则出现较早，早在姜寨遗址半坡期即发现彩陶盆内侧写实的蛙纹⑥（原彩版一），之后在陕县庙底沟遗址⑦（原图版九，1）也有发现，发展到马家窑文化时期则作为主要的图案大量描绘在彩陶器表。无论是半坡文化常见的鱼纹、庙底沟文化的鸟纹还是马家窑文化的蛙纹，纹饰的整体由写实、生动向抽象、规范化演变⑧。作为纹样施绘于陶器器表，由最初的写实到往后的抽象，这可以从画法的逐渐熟练以及绘画数量增多的角度来分析，用抽象画法既不失动物纹样所代表的寓意又可提高绘制速度，如此演变也符合常理。但对于真正的实物造型则相对困难些，此期与马家窑文化基本同时，受其彩陶文化的影响，制作写实的蛤蟆形器，应与其背后所代表的寓意，即当时的意识形态有关。对于蛙纹的认识，大体有月神说、生殖崇拜说、图腾说及人体自身的崇拜⑨等。

该器出土于灰坑中，从其器表观察，顶端也即蛤蟆背部并无磨损痕迹，表明其应该是朝上放置

---

① 中国科学院考古研究所山西工作队：《山西芮城东庄村和西王村遗址的发掘》，《考古学报》1973年1期。
② 甘肃省博物馆文物工作队：《甘肃秦安大地湾遗址1978至1982年发掘的主要收获》，《文物》1983年11期。
③ 商县图书馆、西安半坡图书馆、商洛地区图书馆：《陕西商县紫荆遗址发掘简报》，《考古与文物》1981年3期。
④ 严文明：《从王湾看仰韶村》，见《仰韶文化研究》，文物出版社，1989年。
⑤ 许永杰：《黄土高原仰韶晚期遗存的谱系》，北京：科学出版社，2007年。
⑥ 西安半坡博物馆、陕西省考古研究所、临潼县博物馆：《姜寨遗址——新石器时代遗址发掘报告》，北京：文物出版社，1988年。
⑦ 中国科学院考古研究所：《庙底沟与三里桥》，北京：科学出版社，1959年。
⑧ 李泽厚：《美的历程》，见《李泽厚十年集（第一卷）》，合肥：安徽文艺出版社，1994年。
⑨ 如鱼：《蛙纹与蛙图腾崇拜》，《中原文物》1991年2期。

的，应当不是实用器。对其具体的含义还有待进一步的探讨。同时，近年来，庙底沟文化时期陶塑作品的出土，如吉县沟堡遗址[1]和高陵杨官寨遗址[2]的镂空人面覆盆形器的相继发现，似乎蕴含着中原地区相近的意识形态，因此，也不排除在同期的其他遗址中再次出土蛤蟆形器的可能。

第三节　对上亳遗址庙底沟二期遗存的认识

该时期文化遗迹目前虽仅发现灰坑一种，但其形制多样，与仰韶晚期相比，袋状坑比例继续上升，约占遗迹总量的50%，筒状坑、锅底状坑和不规则形坑则相对减少。出土遗物极其丰富，石铲、石刀等生产工具，骨锥、骨笄等装饰品，大量的陶片和50余件复原陶器，进一步丰富了垣曲盆地庙底沟二期文化的材料并加深了人们的认识。

此期的陶器无论从数量还是种类上，都较仰韶文化时期有明显提高。数量增多，种类多样化，器物向大型化发展。陶质以夹砂灰陶和泥质灰陶为主，约占陶片总量的88%，纹饰以篮纹、绳纹和附加堆纹最常见，其中以横篮纹较多。彩陶在此期更为少见。陶器的形制以平底器为大宗，其次为三足器和少量圜底器。主要类型有鼎、斝、釜灶、夹砂深腹罐、小口高领罐、厚胎缸、豆、杯（筒形杯、薄胎彩陶杯、盂形杯等）、刻槽盆、带鋬盆、宽沿盆、敞口盆、器盖等。袋足器形的出现也使制作方法相应改变，即新增加的模制技术，多用于斝足的成型，同时泥条圈筑法仍占主导地位。

从器物的形制来看，该遗址出土的陶器类均可在古城东关[3]庙底沟二期文化早期遗存中找到相近器形，如盆形鼎H12:1（图版一九，1）与东关ⅠH101:39相近，均折沿，平底盆形，足较高大且足面贴附堆纹。斝均高领较直，圆折腹略扁，腹径大于口径，三袋足间距较近，器形整体较高大，如H8:1（图版一九，4）、H219:2（图版一九，5）与东关ⅠH251:62相近。小口高领罐均喇叭口微侈，圆弧肩或略圆折，器表多拍印斜篮纹，且篮纹之间分组明显，如H231:1（图版二一，3）与东关ⅠH251:54相似。夹砂深腹罐出土数量最多，侈口较大，流行花边口沿，腹部呈筒状或微外鼓，器表于绳纹或篮纹之上贴附数周堆纹，如H249:3（图版二四，4）与东关ⅠH28:53相近。厚胎缸多为圜底，近底部胎明显加厚，且在内壁涂抹一层砂泥，器表纹饰粗深，如H236:16（图版二一，1）与东关ⅠH216:34和ⅠH251:77相近。盆类器发现较多的为带鋬盆，有双鋬与三个鋬手之分，多舌状，均敞口、斜腹、平底，器表素面或拍印篮纹，如H12:19（图一五六，8）与东关ⅠH251:60相近。泥质双鋬罐器形较大，侈口、折沿、深腹，多附鸡冠形鋬手，如H12:50（图版二四，2）与东关ⅠH193:6相近。

此外，以H12为例，其中可复原的两件盆形鼎和一件斝，形制与垣曲宁家坡遗址[4]H3066的同类器基本一致，整体面貌均体现为庙底沟二期文化早期遗存的特征。值得注意的是，经过观察，发现一部分器物外底留有粟粒外壳之类的印痕，多为泥质类，少量夹砂器，常见于带鋬盆、泥质双鋬罐、夹砂罐等器形底部。经统计H12中泥质类器底有一半外底留有印痕。此类印痕的大量发现，一方面可能是出于制作陶器时为避免与轮盘之类器物粘贴而采用的一种技术方法；另一方面，不排除

---

[1] 王京燕：《吉县沟堡遗址》，见《三晋考古·第三辑》，山西人民出版社，2006年。
[2] 陕西省考古研究院：《陕西高陵县杨官寨新石器时代遗址》，《考古》2009年7期。
[3] 中国历史博物馆部、山西省考古研究所、垣曲县博物馆：《垣曲古城东关》，北京：科学出版社，2001年。
[4] 薛新民、宋建忠：《山西垣曲宁家坡遗址发掘纪要》，《华夏考古》2004年2期。

当时人类农业栽培谷物技术的提高，从而致使谷物外壳大量出现而被用于其他方面。

相对于仰韶文化时期，此期的器形均较大，而且大件器物如夹砂罐、泥质双鋬罐等多易变形，口沿部位尤其明显。但对于数量较少的器类，如薄胎彩陶杯、盂形杯、双腹豆等则明显受到南方屈家岭文化的影响，如彩陶杯H208:1（图版二七,4）、H236:15（图版二七,5）与淅川下王岗遗址①同类器T21④:97（原图版六三,4）相近，青龙泉遗址②中出土大量此类器物的彩陶片（原图版三三、三四）。盂形杯H48:6（图一六七,5）也可在青龙泉遗址中找到相近器物H11:6（原图版三六,四）。厚胎缸、筒形杯则是大汶口文化中较常见的器形，如厚胎缸H236:16（图版二一,1）、筒形杯H9:6（图版二七,3）与蒙城尉迟寺遗址③尖底尊F42:19、杯H110:1相近。由此可见，在庙底沟二期文化时期，文化之间的交流逐渐增多，尤其是受东方大汶口文化与南方屈家岭文化的影响较多。

第四节 对上毫遗址龙山期遗存的认识

该遗址龙山文化遗存发现较少，零散分布于三个发掘区，文化遗迹——灰坑数量明显减少，较规整的袋状坑发现极少，多为筒状、锅底状和不规则形坑。出土遗物以陶片为主，泥质灰陶为大宗，纹饰以绳纹和方格纹较多，器形主要有鬲（单把鬲和双鋬鬲）、侈口鼓腹罐、双耳罐、双腹盆、豆、甗、器座等，部分器物的胎壁较薄，应与其制陶技术的提高有关。同时，从陶片遗留的制作痕迹观察，龙山时期的制陶技术已多样化，将轮制、模制和手制相结合，以轮制为主。

以典型单位H5、H50为主的常见器形均可在东关遗址④龙山文化晚期遗存中找到相近的同类器物，如单把鬲H50:1（图版二八,3）与东关ⅢH1011:2相近；双鋬鬲H5:15（图一八七,8）与东关ⅠH220:19相近；侈口鼓腹罐H5:2（图一八七,7）与东关ⅣH33:20相近；单耳罐H5:3（图一八七,5）与东关ⅢH43:9相近；双耳罐H5:9（图版二八,4）与东关ⅢH43:4相近；敞口盆H5:16（图版三〇,2）与东关ⅣH61:17相近；甗H201:1（图版二九,3）与东关ⅠH265:68相近；器座H108:1（图版二九,6）与东关ⅣH174:1（原文将其定名为大口罐，器物图应翻转180°）相近。通过对比分析，该遗址此期文化遗存的相对年代与古城东关龙山文化晚期相当。

从器物的形态方面分析，可以看到多种文化之间的交流。如单耳鬲受到关中地区客省庄二期文化⑤的影响，直领肥袋足鬲如H314:1（图版二九,5）领部及裆部贴附堆纹，应是源于游邀文化⑥的影响，而双耳罐、双腹盆、侈口鼓腹罐则是王湾三期文化⑦的典型器类。该遗址因与陕县三里桥遗址⑧地理位置的相近性，从其文化遗存的整体面貌来看，与三里桥第二期文化遗存基本一

---

① 河南省文物研究所、长江流域规划办公室考古队河南分队：《淅川下王岗》，北京：文物出版社，1989年。
② 中国社会科学院考古研究所：《青龙泉与大寺》，北京：科学出版社，1991年。
③ 中国社会科学院考古研究所：《蒙城尉城寺——皖北新石器时代聚落遗存的发掘与研究》，北京：科学出版社，2001年。
④ 中国历史博物馆部、山西省考古研究所、垣曲县博物馆：《垣曲古城东关》，北京：科学出版社，2001年。
⑤ 梁星彭：《试论客省庄二期文化》，《考古学报》1994年4期。
⑥ 吉林大学边疆考古研究中心、山西省考古研究所、忻州地区文物管理处忻州考古队：《忻州游邀考古》，北京：科学出版社，2004年。
⑦ 韩建业、杨新改：《王湾三期文化研究》，《考古学报》1997年1期。
⑧ 中国科学院考古研究所：《庙底沟与三里桥》，北京：科学出版社，1959年。

致，属于同一文化类型，即三里桥类型。以单把鬲、双䤕鬲、侈口鼓腹罐、单耳罐、双耳罐、双腹盆、甗、器座等为主要器类，同时受到周边不同类型文化因素的影响，从而使文化面貌呈现出多样性。

第五节 余 论

上亳遗址位于垣曲盆地亳清河东岸，是继古城东关遗址、小赵遗址、宁家坡遗址之后，又一处重要的新石器时代遗址，文化遗存以仰韶中期、仰韶晚期和庙底沟二期为主，此外有部分龙山期和东周时期遗存。

首先，从遗迹的分布情况来看，以仰韶中期最丰富，约占遗迹总量的38%。其次为仰韶晚期与庙底沟二期，各约占24%。到龙山文化时期，则急剧下降至6%。不同时期遗迹之间均交叉分布，并未形成明显分区。同时，遗迹也以仰韶中期的种类较丰富，有房址、陶窑和灰坑等，其余则仅发现灰坑。从文化遗迹的分布及种类分析，可推断该遗址在仰韶中期时最繁盛，聚落规模应较大，到仰韶晚期与庙底沟二期，则略有缩小，龙山时期则几近衰落。参考周边不同时期的遗址规模，庙底沟二期文化时期南部的宁家坡遗址面积近6万平方米，龙山文化时期周边的小赵遗址、宁家坡遗址等遗存都急剧减少，而位于海拔较高处的丰村遗址①面积则扩大近30万平方米。由此可见，垣曲盆地亳清河流域不同时期聚落群中心聚落不断变迁②，结合距今四五千年所发生的恶劣环境③，上亳遗址龙山时期急剧衰落的原因即可见一斑。

其次，从不同文化时期的衔接与发展的角度观察，仰韶中期的早段遗存相对年代相当于北橄二期，其源流可追溯到枣园文化④，仰韶中期晚段遗存与周边同时期典型遗址一致，如北橄、小赵、西阴村、陕县庙底沟遗址等，表明此时的文化面貌在晋南、豫西是相近的，几乎没有差异。从尖底瓶口部形态的演变分析，该遗址仰韶晚期早段与仰韶中期晚段是基本衔接的，其年代与西王村Ⅱ期相当，仰韶晚期晚段尖底瓶瓶口呈喇叭形，底部较圆钝，陶质也发生明显变化，以灰、灰褐陶为主，如此大幅度的差异，说明两者之间应存在一定的缺环。相反，对于该遗址的庙底沟二期文化来说，典型器物小口高领罐与仰韶晚期晚段的尖底瓶相比较，口部特征基本相同，差别仅在于平底与钝尖底，同时夹砂罐花边口沿与附加堆纹也延续下来，表明二者之间是直接演进的关系，但器物组合的不同，说明二者之间有质的区别，分属于不同的文化阶段。对于该遗址的龙山文化可能限于发掘面积，未发现早期遗存，与庙底沟二期文化遗存之间也存在缺环。

最后，从文化因素的角度分析不同时期区域间的交流情况。仰韶中期和仰韶晚期该遗址遗存与关中（如高陵杨官寨遗址）、临汾盆地、豫西地区的文化面貌一致，均以红陶为主，器物组合尖底瓶、盆、钵、夹砂罐等形制相近。但在庙底沟二期文化时期，以峨嵋岭为界的垣曲盆地与临汾盆地则出现差异，如前者多鼎、斝、小口高领罐，后者则少鼎、斝，且特有的扁壶在垣曲盆地几乎没有发现。与此同时，垣曲盆地与豫西地区的文化面貌仍基本一致，受到周边大汶口文化和屈家岭文化

---

① 中国社会科学院考古研究所山西工作队：《山西垣曲丰村新石器时代遗址的发掘》，见《考古学集刊》第5集，1987年。
② 中国国家博物馆考古部：《垣曲盆地聚落考古研究》，北京：科学出版社，2007年。
③ 夏正楷、杨晓燕：《我国北方4ka B.P.异常洪水事件的初步研究》，《第四纪研究》2003年11期。
④ 薛新明、宋建忠：《庙底沟文化渊源探析》，《中原文物》2003年2期。

等的影响。到龙山文化时期，临汾盆地与垣曲盆地之间的差异更加明显，以鬲、扁壶、圈足罐等为代表的陶寺类型形成，而垣曲盆地与豫西地区则为三里桥类型，与周边客省庄二期文化、王湾三期文化等交流更加频繁。

总之，上亳遗址作为一处内涵丰富的新石器时代遗址，对完善垣曲盆地整个新石器时代的谱系起到了佐证和补充的作用，相对丰富的仰韶晚期遗存弥补了古城东关四期遗存偏少的不足，填补了与庙底沟二期文化之间的缺环，同时，为研究整个垣曲盆地的聚落布局及演变增添了新材料。

附录一　上亳遗址陶器研究[①]

王小娟

上亳遗址位于垣曲盆地亳清河东岸，文化遗存丰富。本文以Ⅰ区新石器时代陶器遗存为对象，对其年代、制法及化学组成分别进行分析、研究。

第一节　年代学研究

依据遗迹之间的叠压打破关系与器物组合及其典型器物特征，该遗址的新石器时代文化遗存可明显分为四期（图一）。

一期：仰韶中期。属于此期的单位主要有 H4、H13、H14、H19、H25、H29、H30、H33、H34、H37、H38、H39、H45、H55、H68、H73、H76、H83、H85、H103、H105。

二期：仰韶晚期。属于此期的单位主要有 H6、H7、H11、H15、H20、H22、H27、H31、H58、H61、H62、H74、H78、H84、H92、H94、H109。

三期：庙底沟二期。属于此期的单位主要有 H8、H9、H12、H32、H35、H43、H48、H63、H65、H101。

四期：龙山时期。典型单位有 H5、H50。

一、类型学分析

界定一种考古学文化需要把握其功能和结构两个方面。把握文化结构需从两方面着手：遗存的组合与类型学方法的运用。遗存组合的相对稳定反映了文化其他侧面的相对稳定，遗存组合出现质的差别反映整个文化结构质的变化[②]。任何一种文化都有其特定的器物组合，表现其特定的文化面貌。本文从陶器的自身特征，即陶质、陶色、纹饰、器类等方面以及典型器物的形态着手，分析各个时期的文化特征。

1. 仰韶中期陶器型式分析

通过典型灰坑陶片的统计分析，可知仰韶中期泥质红陶最多，其次为夹砂褐陶；素面和磨光素面陶为大宗，约占陶片总量的54%，纹饰以线纹、弦纹为主，彩陶片较多（图二）；器形主要有尖底瓶、葫芦口瓶、盆、钵、夹砂罐、瓮等（图三）。

以下即选取典型陶器作型式分析。

尖底瓶口　数量较多。依据唇部特征分为三式。

[①] 本文为王小娟在山西大学历史文化学院学习时的硕士论文，指导教师为宋建忠研究员。在此发表时略作修改。

[②] 余西云：《西阴文化：中国文明的滥觞》，科学出版社，2006年，第22页。

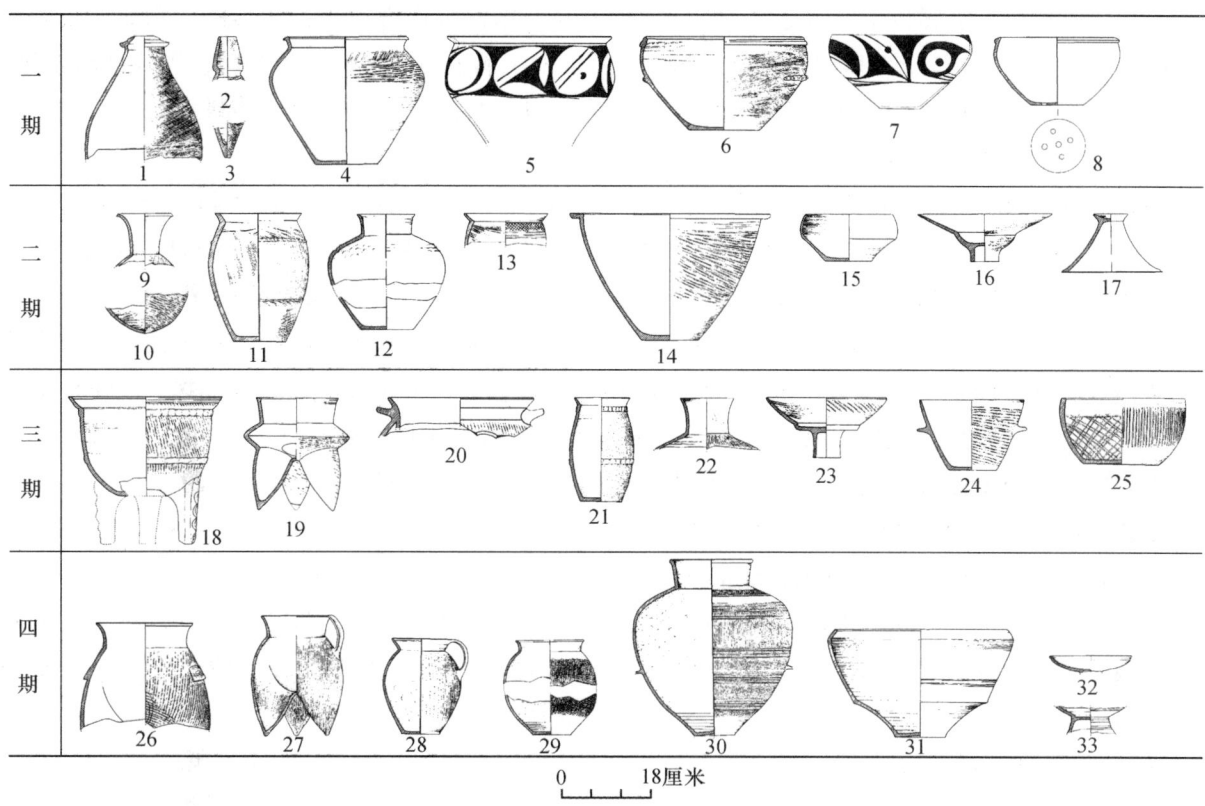

图一 上亳遗址陶器分期图

1、3. 尖底瓶（H33∶3、4） 2. 葫芦口瓶（H55∶2） 4. 夹砂鼓腹罐（H25∶1） 5. 彩陶盆（H38∶6） 6. 叠唇无沿盆（H4∶14） 7. 敛口钵（H45∶5） 8. 盆形甑（H33∶10） 9、10. 尖底瓶（H78∶2、7） 11. 夹砂鼓腹罐（H11∶2） 12. 泥质圆腹罐（H11∶1） 13. 彩陶罐（H11∶32） 14. 宽沿盆（H6∶11） 15. 敛口钵（H94∶5） 16. 豆（H78∶3） 17. 器盖（H11∶3） 18. 鼎（H12∶1） 19. 斝（H8∶1） 20. 釜灶（H32∶3） 21. 夹砂深腹罐（H12∶34） 22. 小口高领罐（H12∶24） 23. 豆（H12∶12） 24. 双錾盆（H12∶20） 25. 刻槽盆（H12∶14） 26. 双錾鬲（H5∶15） 27. 单耳鬲（H50∶1） 28. 单耳罐（H5∶1） 29. 侈口鼓腹罐（H5∶2） 30. 双耳罐（H5∶9） 31. 双腹盆（H5∶10） 32、33. 豆（H5∶15、H50∶7）

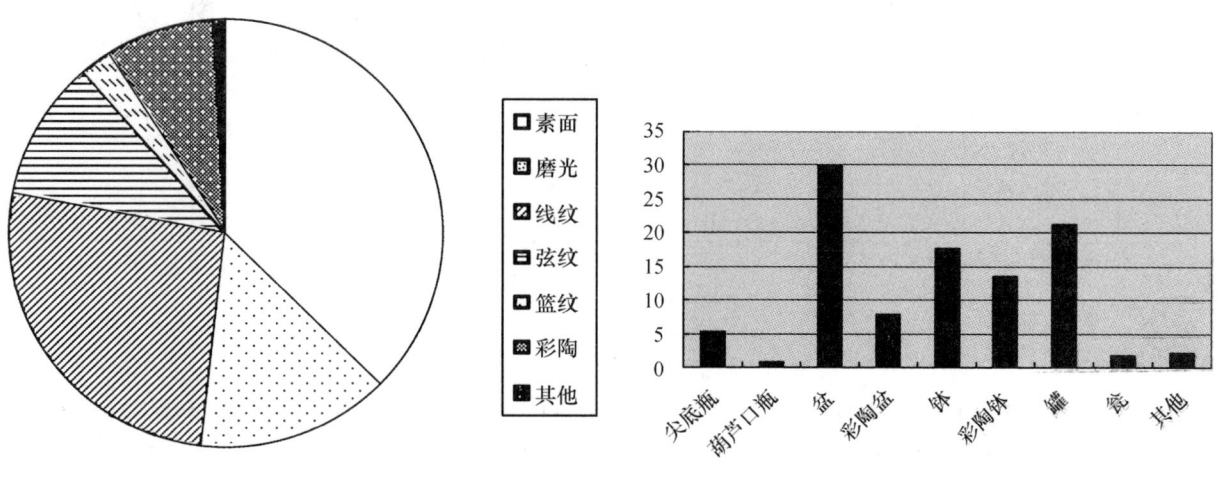

图二 仰韶中期纹饰饼状图　　　　图三 仰韶中期器形柱状图

Ⅰ式　重环口，上唇位于下唇之上，双唇界面明显。瓶口制作方法为：在颈部上侧加泥条做成上下唇，下唇包住瓶颈口。H14∶4，泥质红陶，下唇面较上唇面宽平，唇尖为圆唇；器身饰斜线纹。口径4.4、残高8.6厘米（图四，4）。H45∶1，泥质红陶，上、下唇面宽相近、斜平，尖圆唇；器身线纹较乱。口径4.2、残高10.5厘米（图四，1）。

Ⅱ式　退化双唇口，上唇较宽、上仰，下唇窄平，界面以浅凹槽示意为双唇。制法为：器身颈部向外延伸成外唇，再在其内侧加泥条做成上唇。H30∶1，泥质红陶，颈部素面。口径4.4、残高6厘米（图四，5）。H83∶10，泥质红陶，颈部素面，其下饰斜线纹。口径4、残高4.3厘米（图四，2）。

Ⅲ式　退化成单唇口，唇面斜平，内侧上仰，外侧为尖圆唇。制法为：在器身瓶颈口上侧直接加泥条做成唇部。H83∶8，泥质红陶，器表涂白陶衣，素面。口径4.7、残高4厘米（图四，6）。H13∶2，红胎，内外壁为灰色；素面。口径5、残高4.2厘米（图四，3）。

尖底瓶底　内壁泥条筑成痕迹明显。依据器壁与底部夹角的不同分为二式。

Ⅰ式　底尖，角度为30°~60°，器表饰线纹。H33∶4，泥质红陶，底部磨出一小平面；残高7厘米（图四，7）。H4∶9，泥质红陶，底部略经磨损。残高6.6厘米（图四，9）。

Ⅱ式　角度变大，在60°以上，器表拍印篮纹。H83∶1，泥质红陶，器壁横篮纹较稀疏，近底部经刮削。残高9.4厘米（图四，8）。H83∶12，泥质红陶，器表斜篮纹较规整。残高7.6厘米（图四，10）。

葫芦口瓶　依口部形态分为二式。

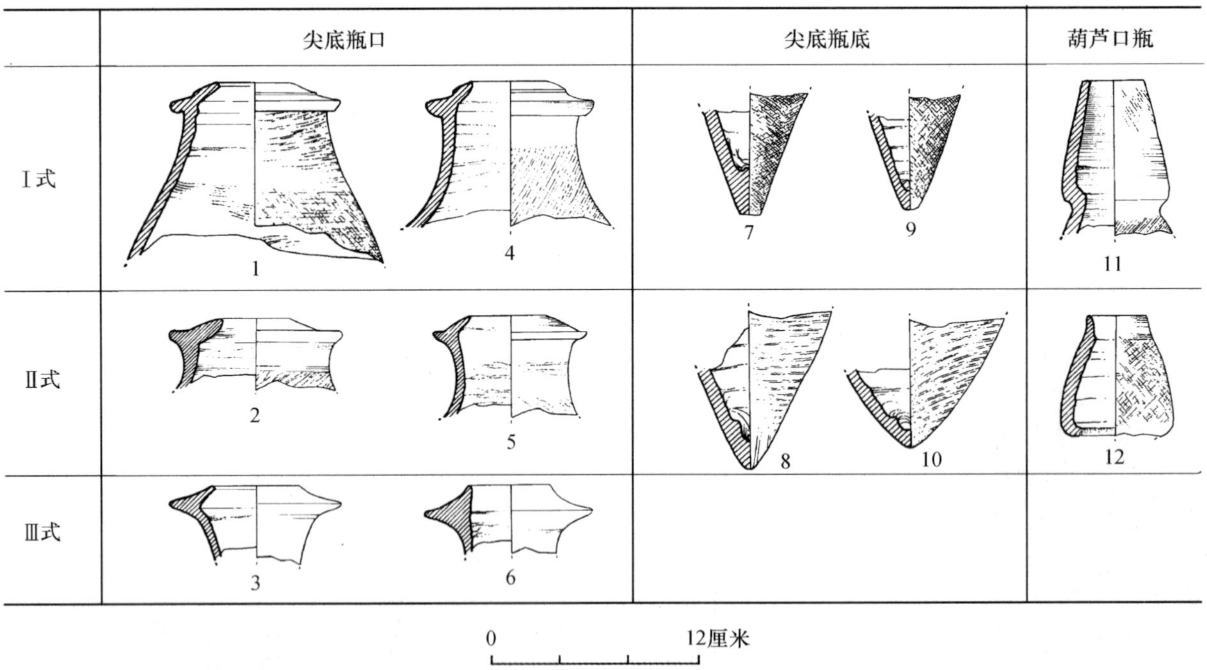

	尖底瓶口		尖底瓶底		葫芦口瓶
Ⅰ式	1	4	7	9	11
Ⅱ式	2	5	8	10	12
Ⅲ式	3	6			

0　　　　12厘米

图四　仰韶中期典型陶器型式图之一

1、4. Ⅰ式尖底瓶口（H45∶1、H14∶4）　2、5. Ⅱ式尖底瓶口（H83∶10、H30∶1）　3、6. Ⅲ式尖底瓶口（H13∶2、H83∶8）
7、9. Ⅰ式尖底瓶底（H33∶4、H4∶9）　8、10. Ⅱ式尖底瓶底（H83∶1、H83∶12）　11. Ⅰ式葫芦口瓶（H55∶2）
12. Ⅱ式葫芦口瓶（H83∶13）

Ⅰ式　H55:2，泥质红陶，圆方唇，瓶口外壁斜直向下，束颈，颈腹交接处转折明显，瓶口与颈部素面，其下饰斜线纹。口径 3.6、残高 9.2 厘米（图四，11）。

Ⅱ式　H83:13，泥质红陶，侈口，尖圆唇，沿微外卷，瓶口外壁可见交错线纹。口径 3.6、残高 7.2 厘米（图四，12）。

盆在此期的数量最多，均为泥质陶，以叠唇无沿盆、折沿盆和彩陶盆为主，另有窄沿盆、带鋬盆等。

叠唇无沿盆　敛口，唇面加厚，突出于口沿外。依据最大径位置的不同分为三型。

A 型　最大径位于叠唇外部，腹斜收，较浅。H33:8，红陶，圆唇，唇面略窄，器表素面磨光。口径 27、残高 9 厘米（图五，1）。

B 型　最大径稍下移，距叠唇略远，上腹微外弧。H4:14，红陶，上唇面圆方，下唇面略圆尖，唇面略宽中间微凹，腹部饰两个对称波浪状的长泥条器鋬，鋬下即收腹，平底；器表素面，不甚平整，可见明显刮削痕。口径 33、底径 14.8、高 19.5 厘米（图五，2）。

C 型　圆鼓腹，腹径明显大于口径，最大径位于鼓腹处。H33:9，红陶，尖圆唇，唇面较厚，口沿下由外而内钻有一小孔；器表素面。口径 28、残高 16（图五，3）。H103:9，红陶，窄圆唇，腹中部即最大径处附有鸟头形装饰，其上施数周凹弦纹。口径 28、残高 13.5 厘米（图六，13）。

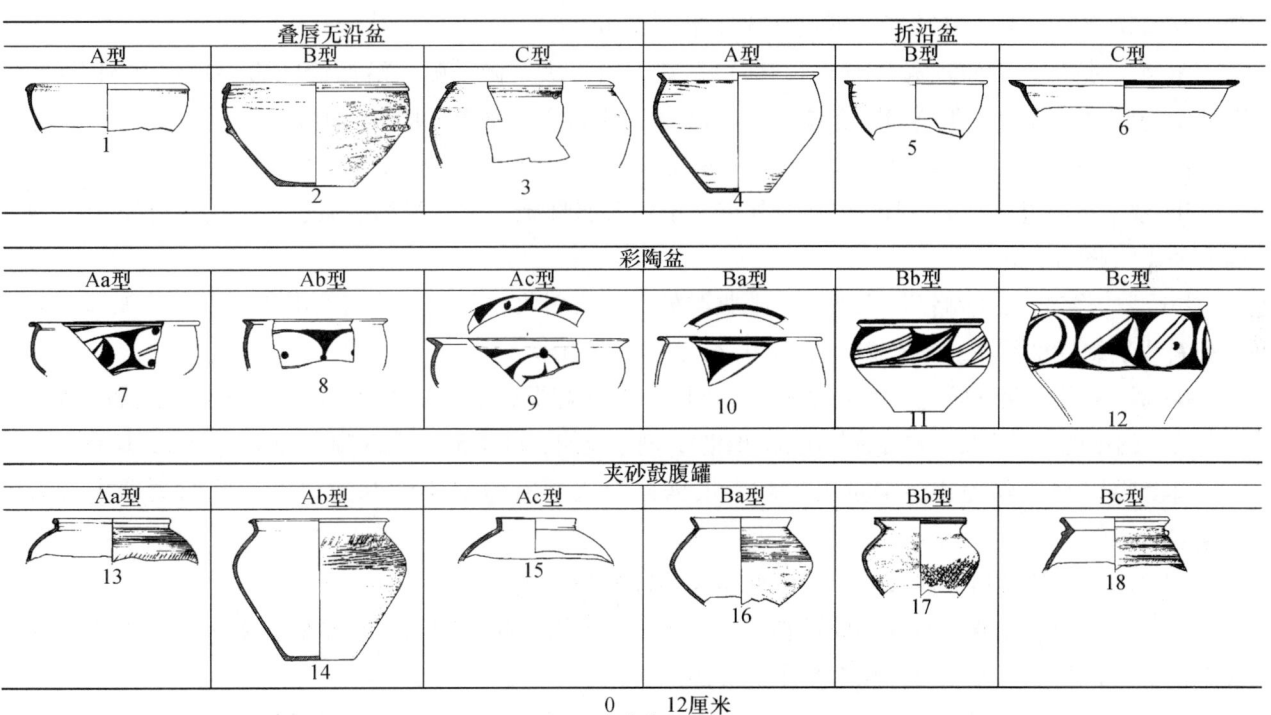

图五　仰韶中期典型陶器型式图之二

1. A 型叠唇无沿盆（H33:8）　2. B 型叠唇无沿盆（H4:14）　3. C 型叠唇无沿盆（H33:9）　4. A 型折沿盆（H73:8）
5. B 型折沿盆（H103:6）　6. C 型折沿盆（H34:3）　7. Aa 型彩陶盆（H83:34）　8. Ab 型彩陶盆（H83:35）　9. Ac 型彩陶盆（H13:4）　10. Ba 型彩陶盆（H4:13）　11. Bb 型彩陶盆（H29:1）　12. Bc 型彩陶盆（H38:6）　13. Aa 型鼓腹罐（H68:8）
14. Ab 型鼓腹罐（H25:1）　15. Ac 型鼓腹罐（H29:2）　16. Ba 型鼓腹罐（H4:4）　17. Bb 型鼓腹罐（H30:3）
18. Bc 型鼓腹罐（H34:6）

盆形甑　H33:10，橘黄色陶；敛口，叠唇，腹圆弧斜收，底部分布5个圆形气孔；内壁附有一层厚水垢；是在B型叠唇无沿盆底部戳孔而成。口径23、底径11、高14.2厘米（图一，8）。

折沿盆　均敞口，折沿。依据腹部形态分为三型。

A型　上腹较圆，深腹。H73:8，红陶，侈口，折沿略宽，圆唇，上腹略圆，下腹斜收，平底；器表素面磨光，内壁口沿下有刮削修整痕。口径30.4、底径11.6、高22.8厘米（图五，4）。

B型　腹壁略外弧，缓慢斜收，腹略浅。H103:6，红陶，侈口，折沿略窄，圆唇，腹壁缓收；器表素面磨光。口径27、残高10.7厘米（图五，5）。

C型　腹壁斜直，浅腹。H34:3，红陶，大敞口，宽沿斜平，圆方唇，唇部绘黑彩，器表素面。口径43.2、残高6.5厘米（图五，6）。

彩陶盆　均泥质红陶，用黑彩在口沿及上腹部绘各种纹样，器表磨光。依据口径与腹径的关系分为两型。

A型　口径大于腹径，浅腹。依口部形态分为三亚型。

Aa型　折沿卷缘圆唇。H83:34，上腹圆弧，下腹急转内收；唇部施彩带，上腹饰弧边三角纹、圆点纹和横杠纹等。口径32、残高10厘米（图五，7）。

Ab型　折沿，沿面斜平。H83:35，侈口，方唇，腹壁略弧；沿面施彩带，腹部饰弧边三角纹和圆点纹组成的图案。口径27、残高9.3厘米（图五，8）。

Ac型　折沿，沿面较宽。H13:4，侈口，圆方唇，腹壁微外弧；沿面绘凹边三角纹和圆点纹，腹部绘勾叶纹、弧边三角纹和圆点纹等。口径38、残高9.2厘米（图五，9）。

B型　口径小于腹径，腹较深。依口沿形态分为三亚型。

Ba型　折沿卷缘圆唇。H4:13，腹外鼓，沿边及唇部施彩带，腹部绘弧边三角纹。口径31、残高9厘米（图五，10）。

Bb型　侈口，折沿略窄。H29:1，上腹圆鼓，下腹斜收，平底；沿面施彩带，上腹绘弧边三角纹和斜线纹组成的图案。口径24、底径9.2、高17.6厘米（图五，11）。

Bc型　折沿，沿面较宽。H38:6，侈口，圆唇，上腹略圆，下腹微内曲；沿面施彩带，腹部绘弧边三角纹、圆点纹、斜线纹、勾叶纹等组成的图案，规整疏朗。口径34、残高22.5厘米（图五，12）。

钵类器以泥质陶为主，少量夹砂。根据器形主要有敞口小钵和敛口钵，此两类器中均有彩陶。

敞口小钵　均敞口，浅腹略弧。依据器表装饰分为二式。

Ⅰ式　素面磨光或口沿施一周黑彩带。H73:7，泥质红陶，圆唇，小平底；器表素面磨光，外底有刮痕。口径13、底径6、高5.5厘米（图六，7）。

Ⅱ式　口沿施一周红彩带且不甚规整。H30:8，泥质红陶，圆唇，斜弧腹，近底部内收明显，唇部及沿外施一周红彩，不甚规整。口径14、残高6厘米（图六，8）。

敛口钵　依据腹部形态分为三式。

Ⅰ式　微敛口，上腹略圆，下腹斜直。H45:5，泥质红陶，圆方唇，平底；腹部用黑彩绘有弧边三角纹、圆点纹、横杠纹、勾叶纹组成的图案。口径29、底径11.6、高13厘米（图六，1）。H85:5，泥质红陶，圆唇，器表素面磨光。口径24、残高7厘米（图六，4）。

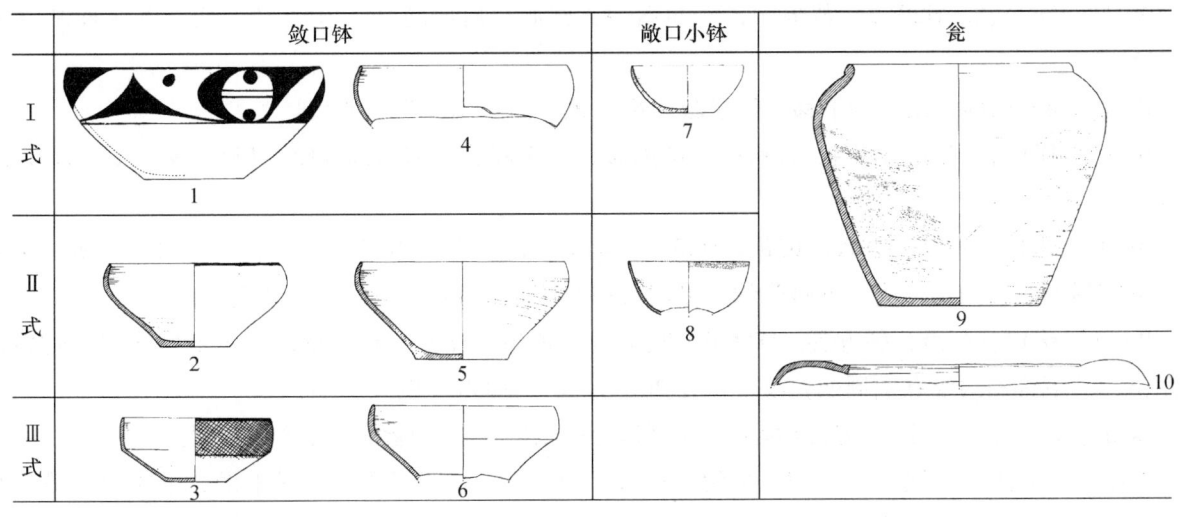

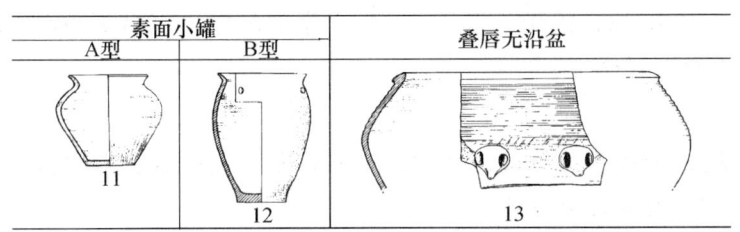

图六　仰韶中期典型陶器型式图之三

1、4. Ⅰ式敛口钵（H45∶5、H85∶5）　2、5. Ⅱ式敛口钵（H83∶20、19）　3、6. Ⅲ式敛口钵（H30∶9、6）　7. Ⅰ式敞口小钵（H73∶7）　8. Ⅱ式敞口小钵（H30∶8）　9. Ⅰ式瓮（H73∶1）　10. Ⅱ式瓮（H83∶32）　11. A型素面小罐（H30∶17）　12. B型素面小罐（H30∶18）　13. C型叠唇无沿盆（H103∶9）

Ⅱ式　敛口，鼓肩，下腹微内曲。H83∶20，泥质红陶，圆唇，平底，沿外施一周窄黑彩带，不甚规整。口径19.5、底径8、高9.5厘米（图六，2）。H83∶19，泥质褐陶，圆唇，平底，器表刮削后磨光，内壁有细密轮纹。口径23.6、底径10.5、残高11.3厘米（图六，5）。

Ⅲ式　敛口，折腹，上下腹转折明显。H30∶6，泥质褐陶；圆唇，上腹圆折，下腹内曲；器表磨光，内壁有细密轮纹。口径21、残高8.3厘米（图六，6）。H30∶9，陶色发白；口近直，圆唇，折腹明显，平底；上腹绘褐彩网格纹，绘画不甚规整，彩带伸出边外。口径17、底径7、高7.3厘米（图六，3）。

罐类器物数量仅次于盆而位居第二，以夹砂陶为主，泥质类较少。下面所列均为夹砂陶，器表多经烧烤，器类有鼓腹罐、素面小罐、折腹罐、大口罐等，以前二者较常见。

鼓腹罐　依据最大径位置的不同分为两型。

A型　圆肩略鼓，最大径位于肩部。依口沿形态的不同分为三亚型。

Aa型　口近直或微侈，矮领，圆唇。H68∶8，褐陶，口微侈，沿内有一周凹槽，圆鼓肩，肩部饰弦纹，其下饰线纹。口径22、残高8.2厘米（图五，13）。

Ab型　侈口，斜平沿，尖唇。H25∶1，灰褐陶，沿面圆凸，溜肩外鼓，肩部线纹较乱，下腹斜收，平底。口径23.5、底径13、高26.8厘米（图五，14）。

Ac 型　矮直领。H29∶2，黄褐陶，沿面微凹，圆肩，肩部磨光。口径15、残高8.4厘米（图五，15）。

B 型　溜肩鼓腹，最大径下移，位于腹中部。依口沿形态分为三亚型。

Ba 型　侈口，圆唇。H4∶4，红褐陶，圆鼓腹，下腹斜收，肩部饰弦纹。口径19、残高16.5厘米（图五，16）。

Bb 型　侈口，平沿，方唇，束颈。H30∶3，褐陶，沿边有一周斜平台，唇部有两周凹槽，腹略鼓，下腹斜内收，肩部磨光，下腹隐约可见斜方格纹。口径17.5、残高14.8厘米（图五，17）。

Bc 型　侈口，折沿，斜方唇。H34∶6，灰褐陶，颈部胎较厚，溜肩较甚，颈下横线纹上附扁长小泥突，其下饰斜线纹和数周凹弦纹。口径20、残高10厘米（图五，18）。

素面小罐　器形较小，均经烧烤过，或可作为釜来使用。依腹部形态分为两型。

A 型　腹圆鼓，较浅。H30∶17，褐陶，侈口，斜方唇，上腹经手抹略显平滑，下腹较粗糙，有纵向刮削痕。口径9、底径5.5、高10.6厘米（图六，11）。

B 型　深腹，器体瘦长，腹壁略弧。H30∶18，褐陶，侈口，圆唇，平底较厚，口沿下贴有小圆泥饼，素面。口径10、底径5.5、高15厘米（图六，12）。

瓮　依据肩部特征分为两型。

A 型　溜肩微鼓。H73∶1，夹砂红陶，胎致密；敛口，圆唇，斜弧腹，平底；器表素面有刮削痕，内壁刮痕明显。口径26、底径19、高28.4厘米（图六，9）。

B 型　圆鼓肩。H83∶32，泥质红陶，敛口，方唇，器表施红陶衣磨光。口径36、残高3厘米（图六，10）。

2. 仰韶晚期陶器型式分析

此期泥质陶所占比例高于夹砂陶，占陶片总数的58.6%；陶色分灰、灰褐、褐、红、红褐和黑色五类，其中泥质红陶和红褐陶占27.2%，夹砂灰陶和灰褐陶占21.3%，泥质灰陶占18.6%，夹砂褐陶占11.7%；黑陶占2.9%。陶器仍以素面和素面磨光为大宗，占陶片总数的52.2%；纹饰中篮纹明显增多，其次为线纹，附加堆纹也成为主流纹饰而位居第三，彩陶的数量则明显下降（图七）。基本器物组合相同，仅罐的比例超过盆而占居第一位，鼎、豆、器盖的数量略有增加（图八）。

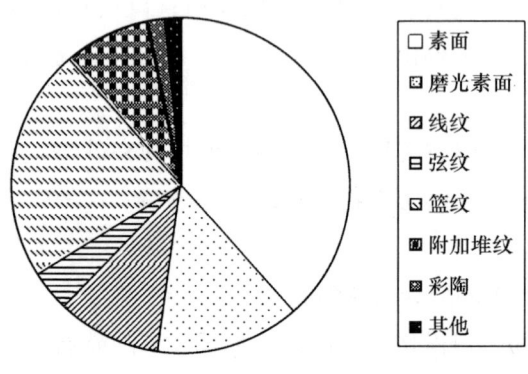

图七　仰韶晚期纹饰饼状图

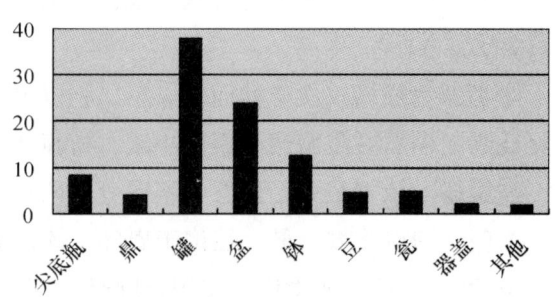

图八　仰韶晚期器形柱状图

典型器物型式分析：

尖底瓶　依据口部特征分为三式。

Ⅰ式　尖圆唇，唇面宽扁，内侧微上仰，细颈。H7∶1，泥质红陶，瓮棺葬，腹部被切锯，内壁有白色骨朽痕；单唇，唇面斜平，溜肩，腹圆鼓，中间内凹呈亚腰；胎壁薄；腹部拍印篮纹；颈部内侧泥条痕明显，腹内壁有陶垫窝。口径 5.5、最大腹径 30、残高 47.2 厘米（图九，1）。

Ⅱ式　喇叭状、大敞口，颈部加长，与肩相接处附一周堆纹。H58∶1，夹砂黄褐陶，斜方唇，溜肩；颈部经斜向刮削，较粗糙，肩部拍印疏浅篮纹。口径 19、残高 17 厘米（图九，2）。

Ⅲ式　喇叭口、外侈，唇外斜，高领。H61∶1，泥质褐胎灰陶，陶土未经淘洗；斜方唇中间有一周凹槽，素面。口径 10.5、残高 9.5 厘米（图九，3）。H78∶2，夹砂灰陶，斜方唇，领较高，肩部拍印篮纹；领肩相接处内壁有竖向细密按压痕。口径 11、残高 11 厘米（图九，4）。

尖底瓶底　依据腹底夹角角度的变化分为三式。

Ⅰ式　锐角，角度在 65°～70° 之间。H7∶3，泥质红陶，瓮棺葬的下腹部，腹部有割据凹痕；器表拍印篮纹，内壁近底部泥条缝明显。残高 26.2 厘米（图九，5）。

Ⅱ式　底钝略有一小突起。H22∶1，夹砂黄褐陶，内壁为灰色，胎壁薄；器表拍印横篮纹，近底部素面；内壁有小垫窝，内底中央留有褶皱。残高 13.3 厘米（图九，6）。

Ⅲ式　圆钝底，无小突起，夹角在 105°～125° 之间。H31∶1，夹砂灰褐陶，器表拍印篮纹，内壁可见泥条缝，内底中央有放射状褶皱纹。残高 6.5 厘米（图九，7）。H78∶7，泥质灰陶，器表拍印篮纹，内底中央有泥突，其上有修抹痕。残高 8.4 厘米（图九，8）。

鼎　均平底罐形鼎，依腹部形态分两型。

A 型　器形略小，垂腹，最大径位于近底部。H6∶3，夹砂褐陶，侈口，斜平沿，圆唇，腹中下部拍印菱形纹，扁足，足面堆纹略短。口径 15、高 18 厘米（图一〇，11）。

B 型　器形较大，圆鼓腹，最大径位于腹中部。H62∶1，夹砂灰陶，侈口，宽折沿，沿边平面内凹，尖唇，腹部拍印篮纹并附三周堆纹，扁足，足面附一道竖堆纹。口径 26.5、高 24.6 厘米（图一〇，12）。

夹砂罐　数量多，器表陶色不均匀，形制多样，主要有三种器形。

圆腹罐　H11∶6，灰陶，口残，为小口，圆肩，肩部拍印篮纹，内壁有垫窝。残口径 11.6、残高 12.4 厘米（图一〇，10）。

鼓腹罐　侈口，腹略圆鼓，腹径大于口径。依据有无双鋬分为两型。

A 型　无鋬。根据口沿形态分为三亚型。

Aa 型　侈口，折沿，沿面微凹，唇内卷。H7∶8，灰褐陶，方唇，器表拍印横篮纹并附堆纹。口径 20、残高 6 厘米（图一〇，1）。

Ab 型　侈口，折沿，沿边有一周平面。H11∶2，器表红褐、深褐色相间，陶色不匀；侈口略窄，尖圆唇，腹略鼓，平底；腹中部隐约可见绳纹，下部隐约拍有方格纹，其上附两道窄堆纹；内壁刮削痕明显。口径 18、底径 10.8、高 26.9 厘米（图一〇，2）。

Ac 型　侈口，折沿，沿边略平，沿外侧有一周突起。H11∶12，褐陶，器表颜色不均；口沿内折棱明显，唇部按压成花边口，器表拍印横篮纹并附一周堆纹。口径 27、残高 9 厘米（图一〇，3）。

B 型　口沿下带鸡冠形鋬手。根据口沿形态分三亚型。

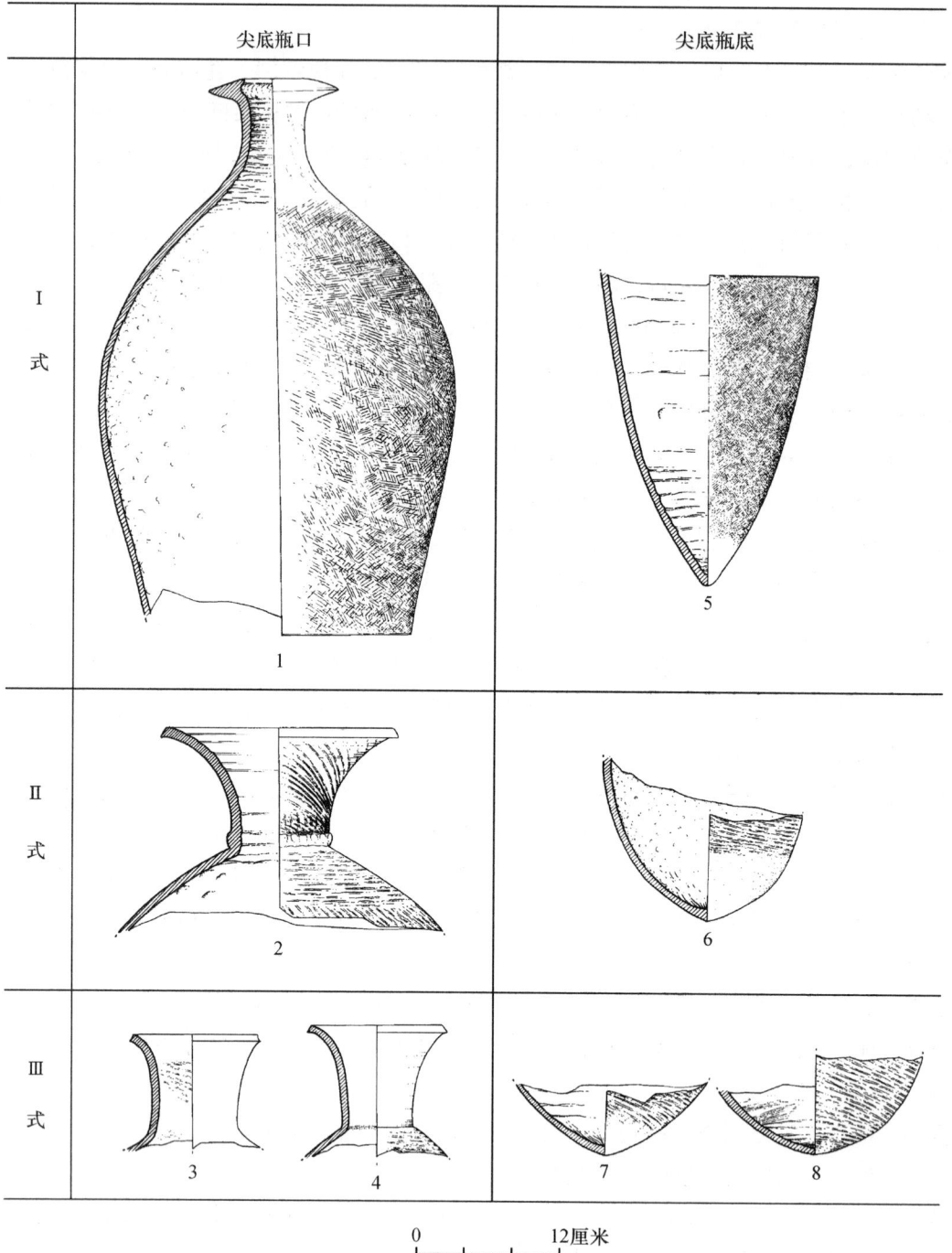

图九　仰韶晚期典型陶器型式图之一

1. Ⅰ式尖底瓶口（H7:1）　2. Ⅱ式尖底瓶口（H58:1）　3、4. Ⅲ式尖底瓶口（H61:1、H78:2）　5. Ⅰ式尖底瓶底（H7:3）　6. Ⅱ式尖底瓶底（H22:1）　7、8. Ⅲ式尖底瓶底（H31:1、H78:7）

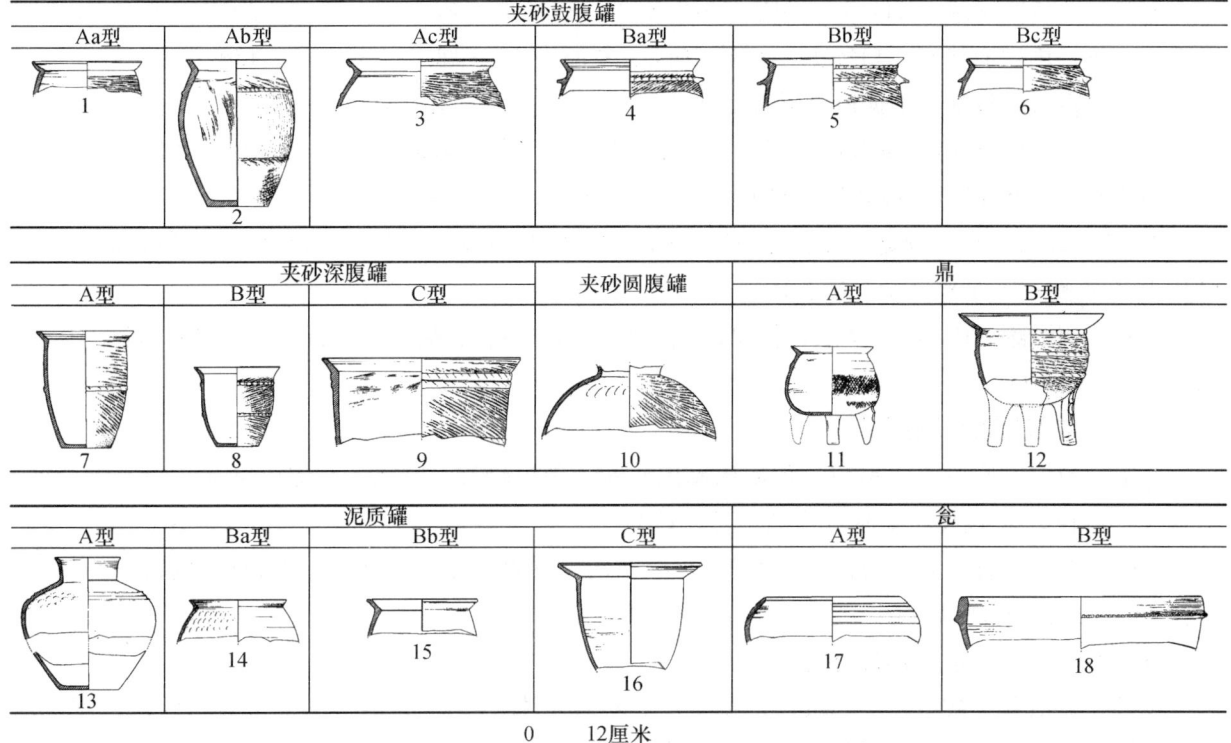

图一〇 仰韶晚期典型陶器型式图之二

1. Aa 型鼓腹罐（H7:8） 2. Ab 型鼓腹罐（H11:2） 3. Ac 型鼓腹罐（H11:12） 4. Ba 型鼓腹罐（H84:2） 5. Bb 型鼓腹罐（H11:21） 6. Bc 型鼓腹罐（H11:19） 7. A 型深腹罐（H15:2） 8. B 型深腹罐（H11:23） 9. C 型深腹罐（H62:3） 10. 圆腹罐（H11:6） 11. A 型鼎（H6:3） 12. B 型鼎（H62:1） 13. A 型泥质罐（H11:1） 14. Ba 型泥质罐（H61:8） 15. Bb 型泥质罐（H78:10） 16. C 型泥质罐（H15:8） 17. A 型瓮（H78:11） 18. B 型瓮（H84:3）

Ba 型　侈口，沿面略内凹。H84:2，褐陶，圆唇，沿下附三齿鸡冠形鋬手；器表拍印斜篮纹，于鋬手处附一周堆纹。口径 25、残高 7 厘米（图一〇，4）。

Bb 型　侈口，折沿，沿边有一周平台。H11:21，黄褐陶，尖唇，腹略斜直，附扁长鸡冠形斜鋬手；器表拍印斜篮纹，口沿下与鋬手处各附一周堆纹。口径 26、残高 9 厘米（图一〇，5）。

Bc 型　侈口，折沿略窄，唇部按压成花边口。H11:19，灰陶，附扁长鋬手，器表拍印篮纹。口径 21、残高 7 厘米（图一〇，6）。

深腹罐　侈口，口径大于腹径，腹深。依据口沿与腹部特征分为三型。

A 型　侈口，沿边平面内凹，沿面不平整，腹较深。H15:2，灰褐陶，尖圆唇，腹壁斜直微弧，平底，整体瘦长；器表拍印稀疏斜篮纹，中间附一周堆纹。口径 17.5、底径 9、高 21.5 厘米（图一〇，7）。

B 型　侈口，沿面平整，沿边有一周平面，腹上部微鼓，整体较 A 型敦胖。H11:23，灰陶，沿边台面不显，圆唇，腹略弧，平底；器表拍印篮纹，附两周堆纹。口径 15.3、底径 7.4、高 14.6 厘米（图一〇，8）。

C 型　侈口，折沿，沿面较宽，腹壁斜直，器形较大。H62:3，黄褐陶，圆方唇，沿边平台较宽；器表拍印斜篮纹，口沿下附两周堆纹，腹中部亦有堆纹。口径 36、残高 16 厘米（图一〇，9）。

泥质罐　依据不同形制分为三型。

A 型　小口圆腹罐。H11：1，褐陶，颜色不均，口微侈，矮直领，圆肩，鼓腹，平底；肩部饰两周凹弦纹，内壁有垫窝。口径 12、底径 10.8、复原高 24.4 厘米（图一〇，13）。

B 型　侈口鼓腹罐。根据口沿形态分两亚型。

Ba 型　侈口，折沿。H61：8，灰陶，圆唇，腹略鼓，器表素面磨光，口沿有细密轮纹，内壁可见三周垫窝。口径 17.5、残高 7.6 厘米（图一〇，14）。

Bb 型　侈口，折沿较宽，沿边有一周平面。H78：10，灰陶，方唇，口沿内侧与器表素面磨光。口径 20、残高 6.5 厘米（图一〇，15）。

C 型　宽沿罐。H15：8，灰陶，侈口，宽沿面，圆方唇，腹略弧，素面。口径 26、残高 19.6 厘米（图一〇，16）。

瓮　依口部形态分两型。

A 型　敛口，圆肩。H78：11，泥质褐胎黑皮陶，敛口较甚，圆方唇，器表磨光，口沿下饰四周凹弦纹。口径 25、残高 8.2 厘米（图一〇，17）。

B 型　大口近直，器壁略直。H84：3，夹砂灰陶，圆唇较宽，沿下有一周花边堆纹，器表磨光。口径 44、残高 9.6 厘米（图一〇，18）。

盆　数量较多。依据器形分为四型。

A 型　宽沿盆。数量较多。敞口，宽平沿，沿面有数道凹槽，器形较大。H6：11，夹砂灰陶，沿面有四周凹槽，圆方唇，斜弧腹，平底；器表拍印篮纹。口径 36、底径 11.3、高 26.6 厘米（图一一，1）。

B 型　窄折沿盆。H10：2，泥质褐胎、黑皮陶，侈口，斜平沿，圆唇，上腹圆折；器表磨光。口径 32、残高 10.3 厘米（图一一，2）。

C 型　敛口盆。H78：8，泥质灰陶，沿面斜平、内突，斜腹，平底；口沿及器表素面磨光，器底刮修划痕明显。口径 30.3、底径 15.5、高 13.2 厘米（图一一，3）。

D 型　敞口盆。H27：11，红褐胎黑皮陶，陶土未经淘洗，含有砂砾；大敞口，斜方唇，斜直腹，平底，腹部附泥条按压形成鋬手；口沿下有一小圆孔，为对钻而成，腹中部饰一周堆纹。口径 28、底径 11、高 14.3 厘米（图一一，4）。

钵　依据器形分两型。

A 型　H94：5，泥质红陶，敛口，方唇，圆折腹，下腹内曲，平底；器表施赭红陶衣、磨光，近底部素面，内壁可见细密轮纹。口径 18、底径 9.6、高 9.8 厘米（图一一，12）。

B 型　H10：6，夹砂褐陶，敞口近直，圆唇，斜弧腹，平底；器表隐约可见篮纹。口径 22、底径 10、高 8 厘米（图一一，13）。

豆　依据豆盘形态分为三型。

A 型　折腹盘。H94：1，黑皮陶，敛口，圆唇，折腹下有一周凹槽，上腹磨光。口径 17、残高 5.1 厘米（图一一，5）。

B 型　圆盘。大敞口，圆唇，斜壁外弧，近盘底内凹形成盘心。依据豆盘腹壁的不同分二亚型。

Ba 型　H20：1，泥质灰陶，近盘底外侧有一周凸折棱，盘底为圜底；内壁素面磨光。口径 27.5、残高 9 厘米（图一一，6）。

Bb 型　H78：3，褐胎黑皮陶，陶土未经淘洗，夹有小沙砾；近盘底略外弧，盘底为平底，内壁素面磨光；豆柄断茬处修磨平整，为二次使用。口径 28、残高 10 厘米（图一一，7）。

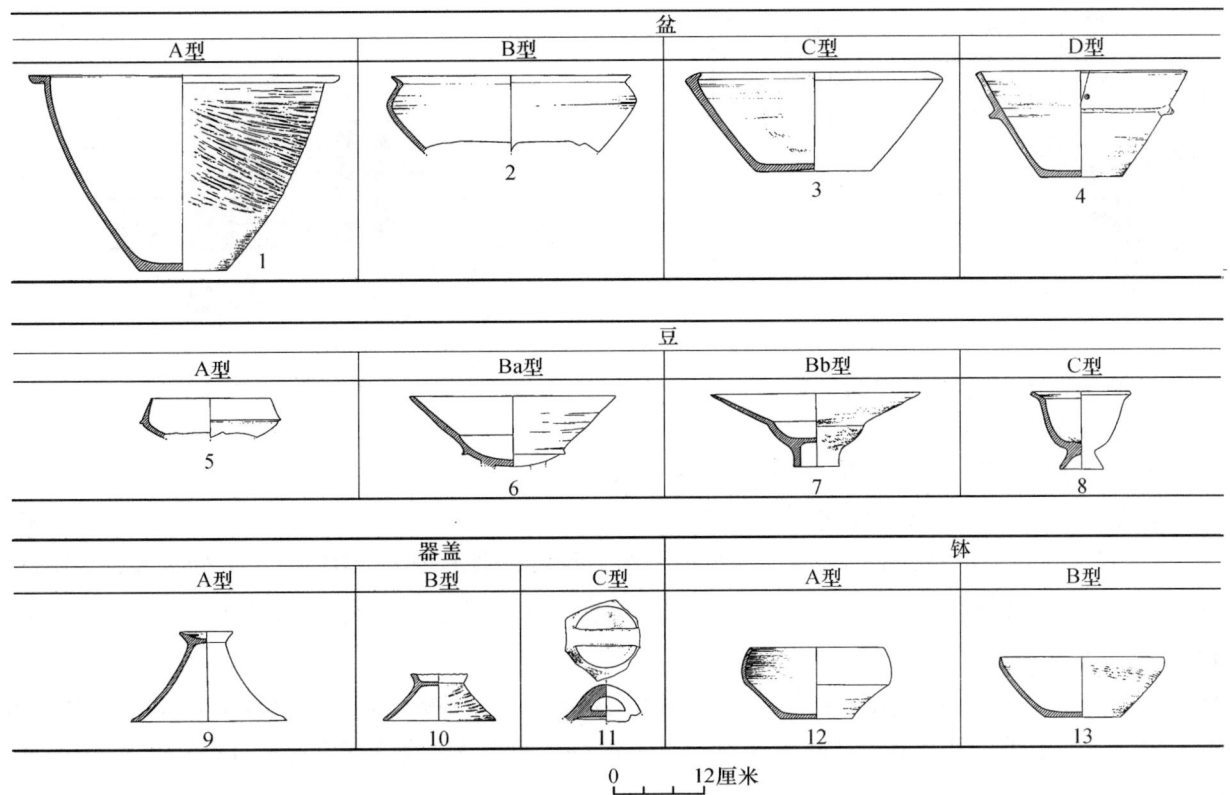

图一一 仰韶晚期典型陶器型式图之三

1. A 型盆（H6:11） 2. B 型盆（H10:2） 3. C 型盆（H78:8） 4. D 型盆（H27:11） 5. A 型豆（H94:1） 6. Ba 型豆（H20:1） 7. Bb 型豆（H78:3） 8. C 型豆（H6:15） 9. A 型器盖（H11:3） 10. B 型器盖（H6:9） 11. C 型器盖（H74:3） 12. A 型钵（H94:5） 13. B 型钵（H10:6）

C 型　盆形豆盘。H6:15，泥质灰陶，侈口，折沿，沿面微凹，圆唇，弧腹较深，下接小圈足；器表素面，内底有褶皱。口径 12.9、底径 5.8、高 10.5 厘米（图一一，8）。

器盖　依据不同形态分为三型。

A 型　似喇叭形豆座。H11:3，泥质灰胎黑皮陶，敞口，圆唇，器壁内弧，捉手呈饼状内凹；器表素面磨光。口径 21、高 12.2 厘米（图一一，9）。

B 型　覆碗形。H6:9，夹砂灰褐陶，敞口，方唇，器壁略外弧，花边形圈足捉手；器表不甚规整，隐约可见篮纹。口径 15、高 6.3 厘米（图一一，10）。

C 型　似罐底加环状捉手。H74:3，夹砂灰陶，残，平底上加环形捉手。残高 5.2 厘米（图一一，11）。

3. 庙底沟二期陶器型式分析

此期以灰陶和灰褐陶为主，其中夹砂类占 49.4%、泥质类占 39.2%，其次为褐陶（包括黄褐陶和红褐陶）、黑陶，红陶最少。器表素面和素面磨光者约占 22%，纹饰以篮纹居多，绳纹其次，附加堆纹比较发达，还有少量方格纹、弦纹等（图一二）。器形主要有鼎、斝、釜灶、小口高领罐、夹砂深腹罐、缸、刻槽盆、带鋬盆、豆等（图一三）。

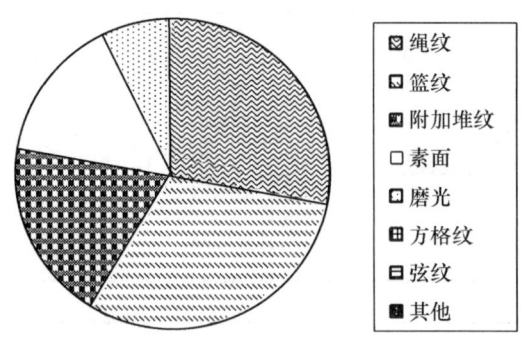
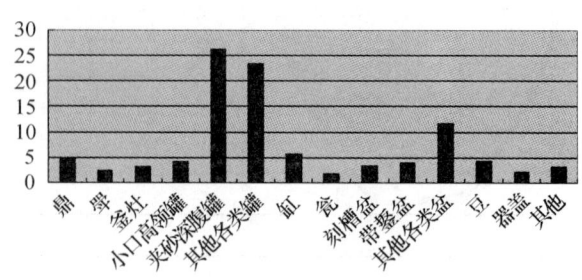

图一二　庙底沟二期纹饰饼状图　　　　　　图一三　庙底沟二期器形柱状图

鼎　依据器形特征分为两型。

A型　平底盆形鼎。根据口沿形态与腹部特征分为二式。

AⅠ式　侈口，折沿，沿面较宽，腹壁略外弧，深腹，器形较大。H12:1，夹砂灰陶，尖圆唇，口沿内划有一周凹槽，腹部拍印竖篮纹并附两周宽扁堆纹，宽足，足面贴一竖行堆纹。口径32、高31厘米（图一四，1）。

AⅡ式　侈口，圆唇，沿略窄平，腹壁略直，器形略小。H43:1，夹砂灰陶，腹部饰竖绳纹并附三齿鸡冠形錾手，足宽扁，足面中间附一道竖堆纹，两侧为刻划的斜凹槽。口径18.2、高13.8厘米（图一四，2）。

B型　圜底罐形鼎。H12:4，夹砂灰陶，侈口，折沿，圆唇，垂腹，最大径在近底部，腹饰绳纹，足上侧施条状堆纹一周。口径13、残高8.2厘米（图一四，3）。

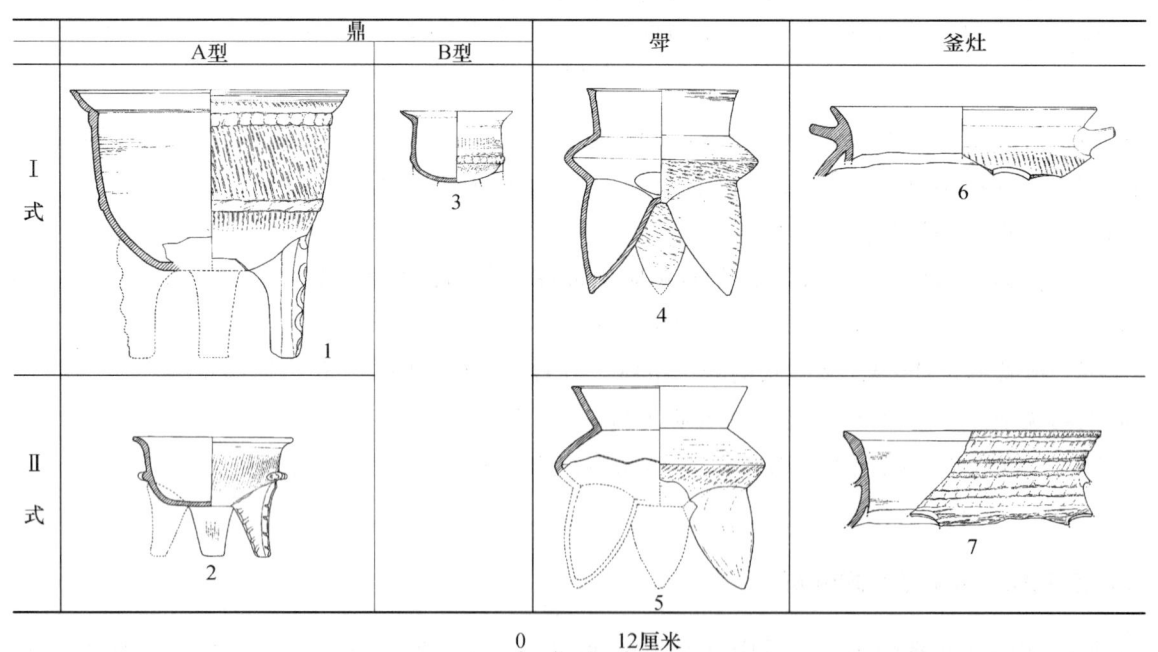

图一四　庙底沟二期典型陶器型式图之一
1. AⅠ式鼎（H12:1）　2. AⅡ式鼎（H43:1）　3. B型鼎（H12:4）　4. Ⅰ式斝（H8:1）　5. Ⅱ式斝（H12:5）
6. Ⅰ式釜灶（H32:3）　7. Ⅱ式釜灶（H43:5）

斝　高领，折腹略浅，大袋足。腹部以上多泥质，腹底部及袋足多夹砂。内壁多附有水垢。依据口部形态分为二式。

Ⅰ式　口微侈，领近直，折腹明显。H8∶1，灰陶，窄平沿，上腹经抹光，下腹及袋足拍印有疏浅的篮纹。口径17.3、高23.6厘米（图一四，4）。

Ⅱ式　侈口，斜直领，扁腹圆折。H12∶5，黑皮陶，平沿，领及上腹部磨光，略带光泽，下腹拍印篮纹，袋足上隐约可见竖向刮削痕。口径20、高23.3厘米（图一四，5）。

釜灶　依据釜与灶交接位置的不同分为二式。

Ⅰ式　侈口较大，釜与灶的交接位置偏上，位于口沿下。H32∶3，夹砂灰陶，方唇，带舌形鋬，残存灶壁器表饰绳纹。口径30、残高8厘米（图一四，6）。

Ⅱ式　侈口，釜与灶的交接位置下移，离口沿略远。H43∶5，夹砂灰陶，折沿略窄，方唇上按压凹槽，呈花边状，口沿下附多道宽扁堆纹，扁长鋬手残。口径20、残高11厘米（图一四，7）。

小口高领罐　依据领部的高低不同分为两型。

A型　高领。根据口部形态分为二亚型。

Aa型　侈口，圆唇，领略直，显瘦高。H12∶24，泥质灰陶，溜肩，领部素面不规整，肩部拍印竖篮纹，内壁可见泥条缝。口径11、残高10.5厘米（图一五，6）。

Ab型　喇叭口较大，圆唇，领略显敦胖。H12∶27，泥质灰陶，肩略圆，领肩之间有一周凹槽，领部素面，肩部拍印篮纹；领部内壁留有不规整凹痕，领口有细密轮修纹。口径12.2、残高9.5厘米（图一五，7）。

B型　口略小，微侈口，斜直领较矮。H12∶30，泥质灰陶，溜肩略圆，器表可见斜向刮痕。口径8、残高11厘米（图一五，8）。

夹砂深腹罐　依据口沿分为三型。

A型　侈口，体瘦高。依腹部形态分为二亚型。

Aa型　腹壁较直，呈筒腹。H12∶35，灰陶，侈口，圆唇，腹部带鸡冠形小鋬手，器表滚压绳纹并附堆纹；内壁有修抹痕，口沿经烧烤痕迹明显。口径13、残高16厘米（图一五，1）。

Ab型　腹部略鼓，呈腰鼓形。H12∶34，灰陶，侈口，唇部按压花边，束颈，平底；器表饰绳纹并附两周宽扁堆纹。口径11.5、底径8.6、高22厘米（图一五，2）。

B型　侈口，折沿，唇部较宽，体较大。依腹部形态分为二亚型。

Ba型　直壁。H12∶32，灰陶，斜方唇，略经按压呈花边；器表拍印篮纹，口沿下附一周宽扁堆纹，内壁可见圆形垫窝。口径31、残高11.5厘米（图一五，3）。

Bb型　腹略鼓。H12∶38，灰陶，斜方唇、内折，唇部按压略呈花边，口沿略有变形，器表拍印竖篮纹，口沿下附一周堆纹。口径22、残高12厘米（图一五，4）。

C型　口略大，近直口，斜平沿。H43∶8，灰陶，圆方唇，腹壁斜直，器表拍印篮纹并附堆纹，口沿下堆纹较厚；经烧烤，有烟熏痕迹，内壁修抹痕明显。口径24、残高9厘米（图一五，5）。

泥质双鋬罐　依据口沿形态分为三型。

A型　侈口，折沿，沿面上仰，方唇。H12∶51，泥质灰陶，腹壁斜直下收，平底；器表拍印篮纹；内壁上腹部可见明显的5周垫窝。口径34、底径15、高38厘米（图一六，1）。

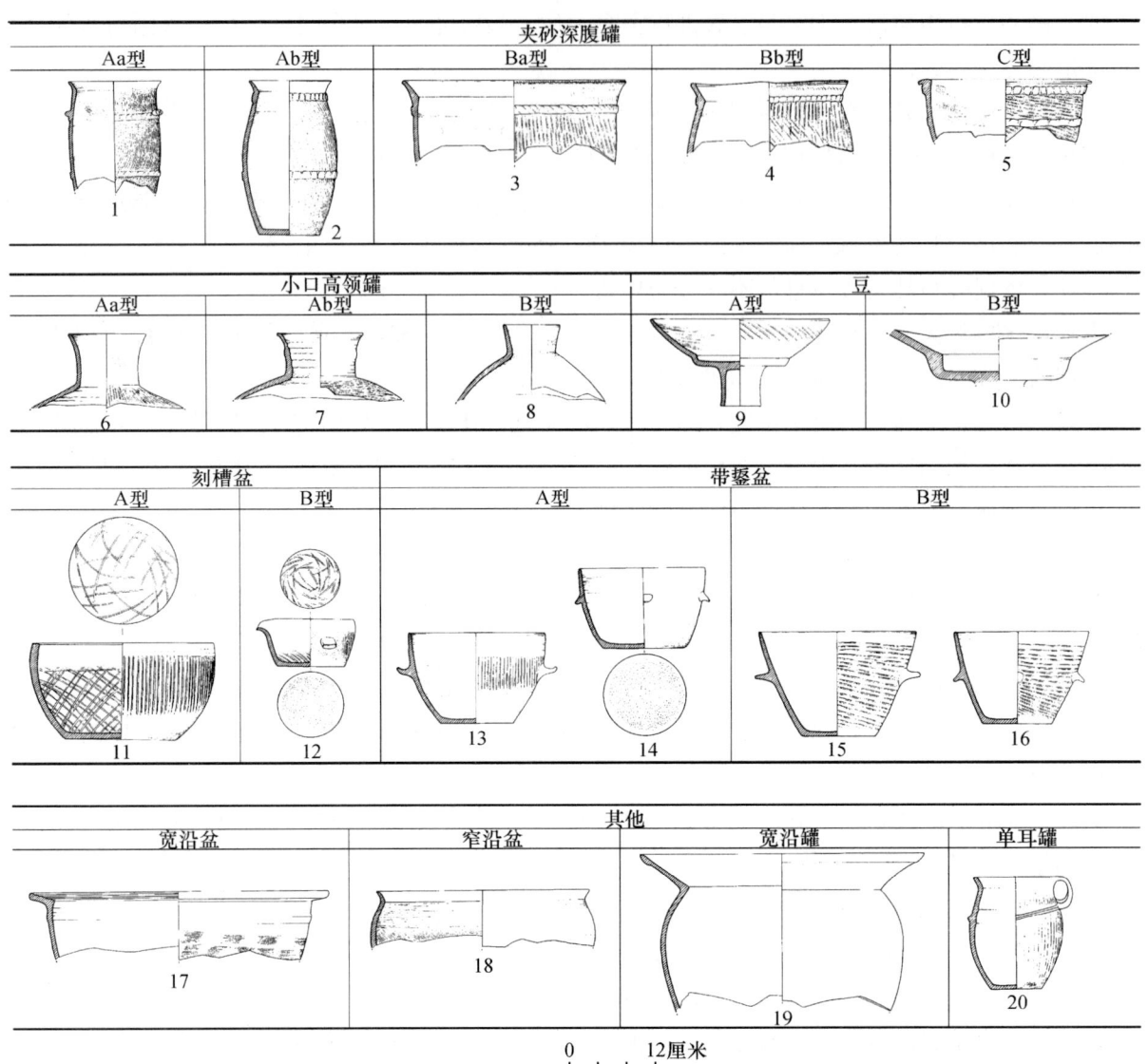

图一五 庙底沟二期典型陶器型式图之二

1. Aa 型夹砂深腹罐（H12∶35） 2. Ab 型夹砂深腹罐（H12∶34） 3. Ba 型夹砂深腹罐（H12∶32） 4. Bb 型夹砂深腹罐（H12∶38） 5. C 型夹砂深腹罐（H43∶8） 6. Aa 型小口高领罐（H12∶24） 7. Ab 型小口高领罐（H12∶27） 8. B 型小口高领罐（H12∶30） 9. A 型豆（H12∶12） 10. B 型豆（H12∶59） 11. A 型刻槽盆（H12∶14） 12. B 型刻槽盆（H12∶15） 13、14. A 型带鋬盆（H12∶16、17） 15、16. B 型带鋬盆（H12∶20、21） 17. 宽沿盆（H12∶60） 18. 窄沿盆（H35∶2） 19. 宽沿盆（H8∶2） 20. 单耳罐（H12∶39）

B 型 侈口，折沿外翻，圆方唇。H12∶50，泥质灰陶，大口，口沿略有变形，腹微鼓，平底；器表拍印篮纹，口沿下磨光，其下戳刻一周麦穗状小坑；内壁近底部有一周明显手指垫窝。口径36、底径17.5、高46.1厘米（图一六，2）。

C 型 侈口，尖圆唇。H12∶54，泥质灰陶，腹壁外鼓，平底；口沿下附三周堆纹，上腹部隐约可见篮纹，外底留有粟粒印痕。口径30.7、底径15.3、高33.8厘米（图一六，3）。

缸 体大，胎厚重。形状不同，分为三型。

A 型 大口，折沿，唇部多花边，器表多涂抹黄泥。依腹部形态分二亚型。

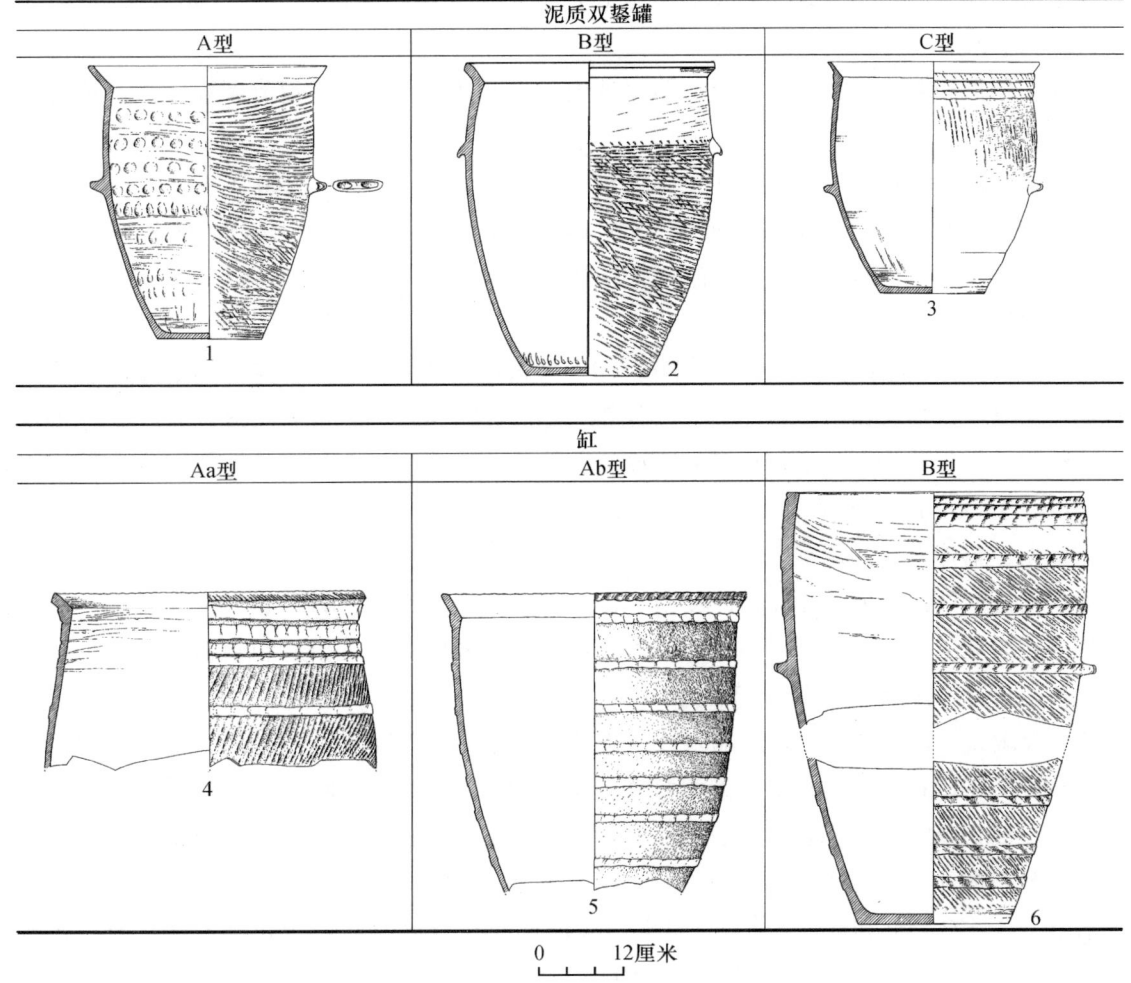

图一六 庙底沟二期典型陶器型式图之三

1. A型泥质双錾罐（H12：51） 2. B型泥质双錾罐（H12：50） 3. C型泥质双錾罐（H12：54） 4. Aa型缸（H12：40）
5. Ab型缸（H12：41） 6. B型缸（H12：45）

Aa型　腹壁外鼓。H12：40，夹砂灰陶，侈口，折沿略窄，斜方唇上压印绳纹成花边口，器表滚压粗绳纹并附堆纹再涂抹黄泥，口沿下附数道宽扁堆纹。口径44、残高25.8厘米（图一六，4）。

Ab型　腹壁斜直内收。H12：41，夹砂灰陶，侈口，折沿较宽，唇部滚压花边较规整；器表于绳纹上附数周堆纹再涂抹黄泥。口径44、残高43.6厘米（图一六，5）。

B型　直口，腹壁略直。H12：45，泥质灰陶，方唇上拍印错乱篮纹，腹中部有鸡冠形錾手，平底；器表拍印斜篮纹并附多道堆纹，口沿下抹光，自上而下附三道宽扁堆纹；内壁留有刮削修抹痕。口径44、底径22、复原高63厘米（图一六，6）。

刻槽盆　依据整体特征分为两型。

A型　体略大，口微敛，腹外弧，内壁刻槽深且规整。H12：14，夹砂灰陶，平方唇，腹壁外饰规整竖篮纹，内壁刻槽较长，先刻底部，腹部先右斜后左斜交错刻槽，然后在上腹刻一周横槽。口径25.4、底径15.6、高13.8厘米（图一五，11）。

B型　体小，口略敞，有流，腹壁略直，带小錾手。H12：15，夹砂灰褐陶；圆唇，腹外壁饰竖绳纹，内壁近底部始刻槽，较疏乱、不甚规整；器底留有粟粒印痕。口径12.6、底径9.6、高6.5厘米（图一五，12）。

带鋬盆　均泥质灰陶。敞口，带鋬，附鋬处内壁均内凹，平底，多留有粟粒印痕。依腹部形态分为两型。

A型　腹壁外弧，腹略深。H12∶16，圆唇，附舌形双鋬，腹中部拍印竖篮纹；口沿有细密轮纹，腹部留有沾水修抹痕。口径19、底径10.3、高12.7厘米（图一五，13）。H12∶17，圆唇，三个舌形鋬手均匀分布于腹部，器底留有放置在粟粒上的印痕，素面。口径17.5、底径11.6、高12.1厘米（图一五，14）。

B型　腹壁斜直，腹深。口大底小。H12∶20，大敞口，圆唇，舌形双鋬，器表拍印横篮纹；口沿处有细密轮修纹，器底留有粟粒印痕。口径22、底径10、高14.7厘米（图一五，15）。H12∶21，圆唇，外壁附三个舌状鋬手，器表拍印横斜篮纹，篮纹分组明显，每组宽约2.5厘米，器底留有粟粒印痕。口径19.6、底径9.6、高13厘米（图一五，16）。

豆　依据豆盘形态分为两型。

A型　豆盘壁外弧，近底部外折，棱角明显，盘底呈一浅凹心。H12∶12，泥质灰陶；敞口，圆唇，豆柄呈直筒状，断面经修磨平整，为二次使用；豆盘外壁上半部拍有粗疏篮纹，其下素面，较粗糙。盘口径25、底径5.6、高12.3厘米（图一五，9）。

B型　大敞口，盘壁斜直，近底部内收，棱角不明显，盘心较深。H12∶59，泥质灰陶，豆盘壁为泥质，盘底夹细砂；豆盘内外壁均素面磨光，盘底素面。残高6.8厘米（图一五，10）。

宽沿盆　H12∶60，泥质灰陶；沿面有五周凹弦纹，方唇，斜腹；器表拍印有横篮纹，每组宽度约2厘米，分组明显。口径42、残高9.5厘米（图一五，17）。

窄沿盆　H35∶2，泥质灰陶，侈口，圆唇，弧腹圆折；口沿及器表磨光，内壁有横向和斜向刮削修整痕。口径30、残高8厘米（图一五，18）。

宽沿罐　H8∶2，泥质灰陶，侈口，宽沿，圆唇，腹部圆鼓，素面磨光。口径40、残高22.5厘米（图一五，19）。

单耳罐　H12∶39，夹砂灰陶，侈口，方唇，颈微束，口沿附有宽环耳，其上拍印有篮纹，腹部于竖篮纹上附一道斜向堆纹。口径11.5、底径7.2、高15.8厘米（图一五，20；图版二五，4）。

4. 龙山时期的陶器型式分析

此期的文化遗存发现较少，其中H5、H50的陶片很单纯，可作为典型单位。通过这两个灰坑的陶片统计，这一时期泥质陶所占比例略高于夹砂陶，为52.6%；陶色有灰、灰褐、褐、红和黑，其中灰陶和灰褐陶的比例为78.5%，占陶片总数的大部分；纹饰方面，以方格纹、篮纹、绳纹为主，三者占陶片总数的59.7%，其中方格纹占26.3%，素面和磨光陶比例略有下降（图一七）。器形方面，就这两个单位而言，有单耳鬲、双鋬鬲、侈口鼓腹罐、单耳罐、双耳罐、双腹盆、甗、浅盘豆等典型器物。

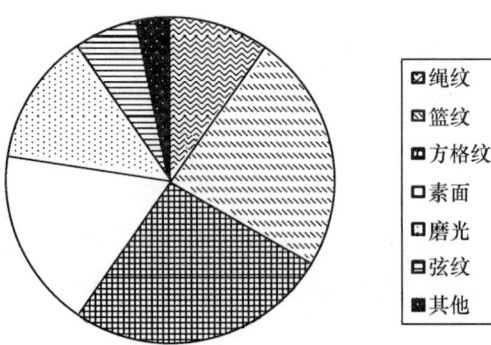

图一七　龙山期纹饰饼状图

鬲　均为夹砂陶，器表滚压绳纹，手制与模制结合，依据不同器形分为两型。

A 型　双鋬鬲。H5:15，陶色不均，红褐胎，器表黄褐、灰褐相间；侈口，束颈，颈腹间有一周凹弦纹，袋足两侧附舌状鋬，中间有一凹槽，裆部贴附泥片加固，并滚压横向绳纹；内壁近裆部有交错反绳纹，袋足内则为规整竖向反绳纹，为三足合制。口径20、残高11.1厘米（图一八，1）。

B 型　单耳鬲。H50:1，灰陶，侈口，圆唇，束颈，三足微外撇，一袋足上附有与口部基本平齐的宽扁桥形单耳；领部抹光，袋足滚压竖向绳纹，裆部滚压横向绳纹，三袋足内壁均有反绳纹，为三足分制。口径14.5、高24.7厘米（图一八，2）。

侈口鼓腹罐　依据口沿不同分为两型。

A 型　H50:2，夹砂黄褐陶，侈口，斜折沿，沿边有一周凹槽，沿面内凹，斜方唇，溜肩，腹部拍印斜方格纹。口径20、残高8厘米（图一八，3）。

B 型　H5:2，夹砂灰陶，口微侈，矮领，圆唇，沿边有一周凹槽，平底微凹。腹部拍印方格纹；口沿抹光，下腹部内壁可见螺旋式拉坯指印，外底留有偏心涡纹。口径14、底径7.8、复原高19.8厘米（图一八，4）。

单耳罐　H5:1，夹砂灰陶，侈口，圆唇，口沿近唇部有一周浅凹槽，矮领，鼓腹，扁桥形耳，平底；领部抹光，腹部及耳面滚压竖绳纹，内壁有陶垫窝。口径12、底径8、高19.5厘米（图一八，5）。H5:3，夹砂灰陶，侈口，圆唇，矮领，鼓腹，附桥形耳；器壁较薄，领部有细密轮纹，器表拍印方格纹；近底部内壁可见螺旋式拉坯指印。口径13、残高18厘米（图一八，6）。

甑　H50:3，夹砂灰陶，为甑腰部位，腰部贴附两周堆纹，其下饰竖绳纹，内壁贴泥条并按压成凸棱状箅隔，上侧抹平，下侧留有泥条粘贴缝。残高6.8厘米（图一八，13）。

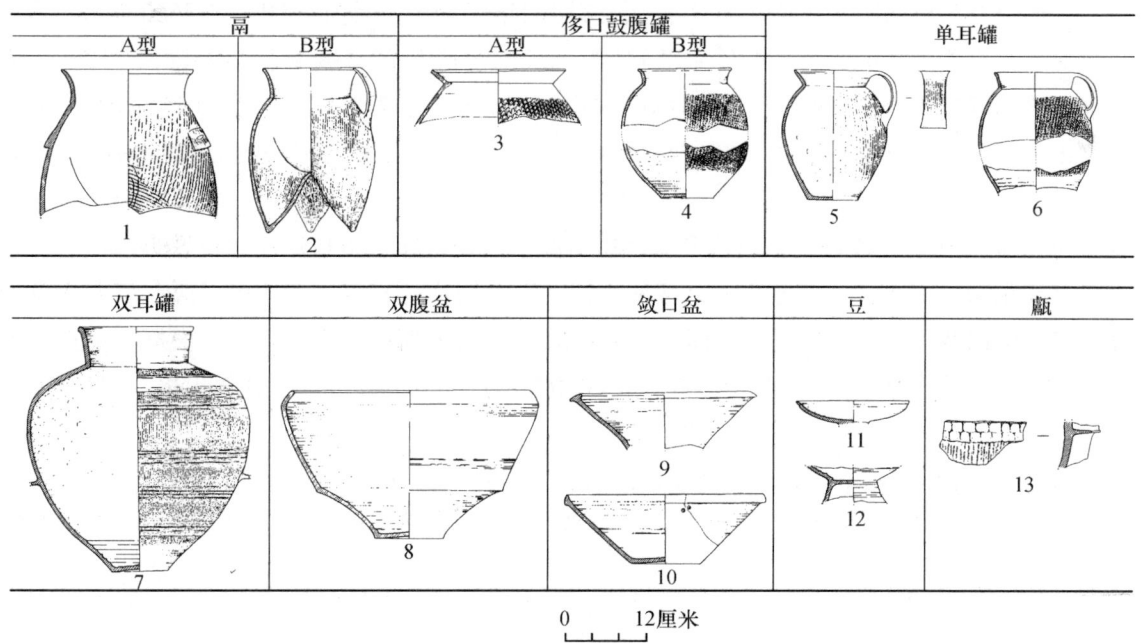

图一八　上亳遗址龙山期典型陶器型式图

1. A型鬲（H5:15）　2. B型鬲（H50:1）　3. A型侈口鼓腹罐（H50:2）　4. B型侈口鼓腹罐（H5:2）　5、6. 单耳罐（H5:1、3）　7. 双耳罐（H5:9）　8. 双腹盆（H5:10）　9、10. 敛口盆（H50:4、H5:16）　11、12. 豆（H5:13、H50:7）　13. 甑（H50:3）

双耳罐　H5:9，泥质灰陶，口微侈，圆唇，领略高，圆肩，球形体，小平底，双耳残，胎壁较薄；领及肩部磨光，肩部上下两组凹弦纹中间饰交叉戳点纹，腹部拍印竖篮纹，其上施四组并列的凹弦纹，近底部素面；口沿有细密轮纹，腹内壁近底部及内底有螺旋式拉坯指印，外底留有偏心涡纹（图一八，7）。

双腹盆　H5:10，泥质褐陶，敛口，其下有一周凸棱，双腹，折腹突出不明显，下腹内弧，底微凹；上腹磨光，中间施二组两道并列凹弦纹，下腹素面，器底有同心细划纹；近底部内壁留有螺旋式拉坯指印。口径36、底径10.3、高22.5厘米（图一八，8）。

敛口盆　H5:16，泥质灰陶，敛口，圆唇，斜直腹，底略凹，口沿磨光，沿下有两个小钻孔；器表素面，内壁修整刮痕明显。口径29.8、底径10.5、高10.5厘米（图一八，10）。H50:4，泥质灰陶，敛口，尖圆唇，口沿内凸、磨光，斜腹略内弧，底残；内外壁刮痕明显。口径28、残高8.5厘米（图一八，9）。

豆　H5:13，泥质黄褐陶，敞口，浅盘，内外壁轮修痕明显。口径17厘米，残高3厘米（图一八，11）。H50:7，黑皮陶，盘底接圈足豆座，盘内壁留有螺旋式拉坯指印，外壁磨光，柄外壁饰有凹弦纹。残高5厘米（图一八，12）。

二、绝对年代分析

仰韶中期典型器物双唇口尖底瓶、夹砂鼓腹罐、叠唇无沿盆、折沿盆、以弧线三角为主题的彩陶钵、盆等，与庙底沟遗址仰韶文化遗存[1]、西阴遗址H30[2]、小赵遗址仰韶文化第二期[3]同类器基本相同，依据余西云对西阴文化年代的总结[4]，该期的年代应在公元前4000～前3500年间。

仰韶晚期根据器物特征，至少可分为以H7为代表的早段和以H78为代表的晚段。H78采集木炭经北京大学加速器质谱^{14}C测试，年代为距今4210±60（未经树轮校正），^{14}C半衰期为5568。笔者用OxCalv3.10软件2004年数据校正，得出绝对年代（图一九），以公元前2900～前2840较可信。

庙底沟二期以H12为代表，平底盆形鼎、侈口高领大袋足鬶、釜与灶连接位置近口沿、夹砂深腹罐、小口高领罐、刻槽盆、带鋬盆等，与东关庙底沟二期文化早期遗存[5]相对应，可归入韩建业所划分的晋西南豫西西部南区庙底沟二期——龙山时代陶器分期中的第三期[6]。根据相关遗址所提供的^{14}C测年数据[7]，如东关遗址BK84043（IT2H28为BC3095-2910）、BK84038（IT19H101为

---

[1] 中国科学院考古研究所：《庙底沟与三里桥》，科学出版社，1959年。
[2] 山西省考古研究所：《西阴村史前遗存第二次发掘》，《三晋考古·第二辑》，山西人民出版社，1996年，第1～46页。
[3] 中国社会科学院考古研究所山西工作队：《山西垣曲小赵遗址1996年发掘报告》，《考古学报》2001年2期，第223页。
[4] 余西云：《西阴文化：中国文明的滥觞》，科学出版社，2006年，第99、100页。
[5] 中国历史博物馆部等：《垣曲古城东关》，科学出版社，2001年，第504、505页。
[6] 韩建业：《晋西南豫西西部庙底沟二期——龙山时代文化的分期与谱系》，《考古学报》2006年2期，第184页。
[7] 中国社会科学院考古研究所：《中国考古学中碳十四年代数据集1965—1991》，文物出版社，1992年，第47、49、50、149页。

BC2855-2466)、庙底沟遗址 ZK-0111（H558（5）为 BC2890-2581）、丰村遗址 ZK-1239（T201-T212（3B）为 BC3013-2665），可推测该遗址庙底沟二期文化绝对年代为公元前 2900～前 2500 年。

龙山时期典型单位 H5、H15，其中的典型器物单耳鬲、双鋬鬲、侈口罐、双耳罐、敛口盆、豆等，均可在东关遗址龙山文化晚期遗存、夏县东下冯龙山晚期遗存中找到同类器物，形制基本相同。如东关ⅣH33、ⅣH61、ⅣH220、ⅠH140 晚期灰坑①和东下冯 H240②等。该期的两个典型单位完全可归于韩建业所划分的晋西南豫西西部南区庙底沟二期——龙山时代陶器分期中的第七期③，此期东关遗址没有相应的 ^{14}C 测年数据，但依据ⅠH140 打破龙山早期ⅠH158、ⅠH109④，根据后者所提供的 3 个 ^{14}C 测年数据⑤可对上亳遗址龙山文化遗存的年代上限作个判断，即不早于公元前 2400 年。依据东下冯龙山晚期的四个数据⑥，ZK-0971（T240③为 BC2289-2042 年）、ZK-0972（T240④为 BC2281-1989 年）、ZK-0621（F203 为 BC2133-1787 年）、ZK-0387（T208③为 BC1925-1705 年），大体范围在公元前 2200～前 1800 年之间。

从各文化时期的绝对年代来看，仰韶晚期晚段与庙底沟二期文化早期之间存在部分重合，庙底

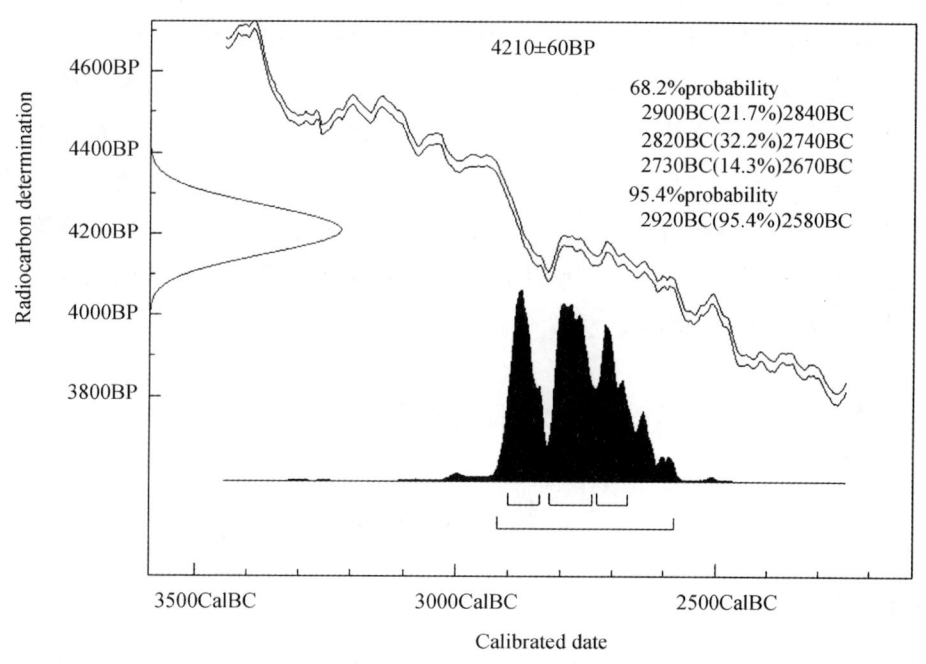

图一九　仰韶晚期 H78 木炭所测 ^{14}C 树轮校正曲线图

---

① 韩建业：《晋西南豫西西部庙底沟二期——龙山时代文化的分期与谱系》，《考古学报》2006 年 2 期，第 187 页。
② 中国社会科学院考古研究所等：《山西夏县东下冯龙山文化遗址》，《考古学报》1983 年 1 期，第 75～78 页。
③ 韩建业：《晋西南豫西西部庙底沟二期——龙山时代文化的分期与谱系》，《考古学报》2006 年 2 期，第 187 页。
④ 中国历史博物馆部等：《垣曲古城东关》，科学出版社，2001 年，第 340 页。
⑤ 中国社会科学院考古研究所：《中国考古学中碳十四年代数据集 1965—1991》，文物出版社，1992 年，第 49～51 页。
⑥ 中国社会科学院考古研究所：《中国考古学中碳十四年代数据集 1965—1991》，文物出版社，1992 年，第 30～32 页。

沟二期与龙山时期之间有一段空白。从公元前 4000~前 1800 年，虽有间断，但一直延续下来，尤其是仰韶晚期与庙底沟二期文化时期的衔接，即公元前 2900~前 2500 年，为二者之间关系的进一步深入研究，提供了新材料。

三、文化因素分析

仰韶中期的庙底沟文化起源于晋南豫西地区①，在其壮大之后，对外形成强大的辐射波，直接或间接地影响其他文化类型，以成熟玫瑰花彩陶图案最具特征②。仰韶晚期，盛极一时的庙底沟文化开始解体，中心区对外的辐射力和凝聚力逐渐减弱以至消失，仰韶文化由统一走向分化③。该遗址褐彩网格纹、罐形鼎应是受到豫中地区同时期秦王寨文化的影响。晋西南地区是庙底沟二期文化的策源地④，以釜灶、斝、小口高领罐、夹砂深腹罐和鼎为其基本的陶器组合。此期对外影响较弱，相对则受到黄河下游大汶口文化与长江中游屈家岭文化的影响，如有大汶口文化的觚形杯（图三〇，5）、屈家岭文化的双腹豆（图一五，9、10）等，此外在Ⅱ区还可见到屈家岭文化的典型彩陶小杯，大汶口文化的尖底尊。龙山文化时期文化间的交汇融合、相互渗透表现得空前剧烈，中原地区的几支亲缘性很强的地方文化，彼此面貌相近、关系错综复杂，在外围山东龙山文化、湖北石家河文化等的环绕中，形成了"以中原为中心"的态势⑤。该遗址龙山时期遗存明显的归入三里桥类型，与绳纹单把鬲为特征的客省庄二期文化⑥和以侈口鼓腹罐、双腹盆、双耳罐等为本体因素的王湾三期文化之间存在密切的关系。这反映出该遗址随着时间的演进，与其他地区文化之间的交流逐渐增多，明显存在着外来文化因素。

第二节 陶器制法研究

一、研究方法概述

1. 国内外相关研究

陶器作为考古遗址中出土数量最多的文化遗物，在考古学文化研究中起着举足轻重的作用。陶器的多角度研究也丰富了对考古学文化的认识。汪海宁的《古代陶器的研究视野》⑦对陶研究的方法论进行了总结并提出一些新思路，秦小丽的《陶器研究方法论》⑧则以日本考古学界在陶器方

---

① 薛新明、宋建忠：《庙底沟文化渊源探析》，《中原文物》2003 年 2 期，第 17、29 页。
② 苏秉琦：《中国文明起源新探》，生活读书新知三联书店，1999 年，第 21 页。
③ 戴向明：《黄河流域新石器时代文化格局之演变》，《考古学报》1998 年 4 期，第 402 页。
④ 山西省考古研究所：《山西考古四十年》，山西人民出版社，1994 年第 1 版，第 81 页。
⑤ 赵辉：《中国的史前基础——再论以中原为中心的历史趋势》，《文物》2006 年 8 期，第 52 页。
⑥ 梁星彭：《试论客省庄二期文化》，《考古学报》1994 年 4 期，第 401 页。
⑦ 汪海宁：《古代陶器的研究视野——有关中国考古学方法的几点思考》，《东南文化》1997 年 2 期，第 6~19 页。
⑧ 秦小丽：《陶器研究方法论——以恢复社会生活为目的的陶器研究方法》，见《中国史前考古学研究——祝贺石兴邦先生考古半世纪暨八秩华诞文集》，三秦出版社，2003 年，第 417~435 页。

面的研究成果为基础，对陶器研究方法的总结更加全面，并且从微观角度观察陶器，介绍了许多新方法。同时国外的 Pottery Analysis① 和 Pottery in Archaeology② 也全方位地介绍了陶器的研究方法，从最基本的陶器的产生及其历史、陶器制作的原材料到陶器的制作、使用以及研究方法的介绍，后者较多的是对大量相关文献的总结。

具体到单个方面的研究，则以李文杰的制陶工艺研究③最具代表性，同时民族考古学家对现存少数民族原始制陶术的调查，对于研究古代人类的手工制陶具有重要的参考价值。此外，结合自然科学技术的新方法，许志勇强调了陶器化学组成分析在新石器时代考古研究中的意义④，M. S. Tite 更是结合自然科学技术分析陶器的生产、分配与消费的全过程⑤。

2. 制法总结归纳

本节的制法研究是指陶器烧制以前对坯体加工技术的分析研究，以观察法为主，主要从成型、整形和装饰三个方面对各期陶器的制作工艺进行分析。

表一中列出了目前国内外关于陶器制作过程的三个阶段中所使用的方法，大多可相互对应，但仍有差别。成型方法中，李文杰将模制法独立出来，是因为该方法在制作过程中借助模具来手制成型，较单纯的手制法进步；整形方法中，李文杰简单地归纳为四种方法，而 Rice 依据不同方法所产生的效果将其分为两大类，即伴有二次成型的功能与仅对器表产生影响的整形方法；而装饰方法中，二者的归类则明显不同，Rice 分为两类，一类为渗透或移植器表，一类为在器表上添加附件，而李文杰依据整个成型过程中所产生的具有装饰效果的纹饰的先后顺序划分为三类。

本章的成型方法中手制、模制、轮制都会涉及，但以手制法使用最多，其中基本上都采用泥条筑成法（Coiling），只是 Rice 依据泥圈是由一段泥条圈筑而成还是多段泥条相接成一圈，细分为 ring building 和 segmental coiling 两种方法⑥。经仔细观察，本文依从李文杰的观点，分为泥条圈筑法和泥条盘筑法以及正筑与倒筑法⑦。泥条筑成法指将泥料先搓成泥条，再用泥条筑成坯体的方法。依据其具体叠筑泥条方式的不同分为两种：一种将泥条一圈一圈落叠而上，每圈首尾相接，称泥条圈筑法；一种将泥条一根接一根连续延长，盘旋而上，称泥条盘筑法。根据制作先后顺序的不同分为：正筑法即先筑器底后筑器壁；倒筑法即先筑器壁后筑器底。

---

① Prudence M. Rice. Pottery Analysis: A Sourcebook. The University of Chicago Press, 1987.
② Clive Orton. Paul Tyers and Alan Vince. in: Pottery in Archaeology. Cambridge University Press, 1993.
③ 李文杰：《中国古代制陶工艺研究》，科学出版社，1996 年。
④ 许志勇：《陶器化学组成分析在新石器时代考古研究中的意义》，《北方文物》2004 年 4 期，第 101~106 页。
⑤ M. S. Tite. Pottery Production, Distribution, and Consumption: The Contribution of the Physical Sciences. Journal of Archaeological Method and Theory, 1999, 6 (3): 181~233.
⑥ Prudence M. Rice. Pottery Analysis: A Sourcebook. The University of Chicago Press, 1987: 127.
⑦ 李文杰：《中国古代制陶工艺研究》，科学出版社，1996 年，第 2 页。

表一　陶器制作方法及命名对照表

	Rice[1]	李文杰[2]
成型 Forming	Hand building: pinching and drawing, slab building, molding, casting, coiling (roll building, segmental coiling and spiral coiling). Throwing	手制：捏塑法、泥片贴筑法、模具敷泥法、泥条筑成法（泥条圈筑法和泥条盘筑法） 模制 轮制
整形 Finishing	Secondary forming: beating/padding, scraping, trimming/fettling. Affect the surface alone: smoothing (smoothing, burnishing, polishing), texturing.	拍打、刮削、湿手抹平、慢轮修整
装饰 Decoration	Surface penetration and displacement: simple impressing, stamping, rouletting, rocker stamping, punctuation. Addition to the surface: joints to the surface, color additions (paints, slips, glazes).	坯体成型或整形过程中产生的纹样：如绳纹、篮纹等 坯体整形或修整之后故意施加的纹饰：如弦纹、附加堆纹等 器表磨光：分素面磨光、涂陶衣后磨光和施彩后磨光三种

注：1）依据 Prudence M. Rice 所著 *Pottery Analysis: A Sourcebook* 的第三部分 Pottery Manufacturing Technology 所介绍的方法，P113~166。
2）根据李文杰编著的《中国古代制陶工艺研究》一书中所介绍的方法进行归纳总结。

整形方法分为两类：第一类为修整坯体，具体方法包括拍打、刮削；第二类为修整器表，具体方法即指修抹（Smoothing）依据最终所产生的效果分为抹平（smoothing, burnishing）和磨光（polishing）[1]，二者的区别在于是否使器表产生光泽，后者更多地起到装饰的效果，可归入装饰方法中的第二类。

装饰方法分三类：第一类为器表装饰各种纹饰；第二类为改变器表颜色与磨光，如涂抹陶衣、上釉等；第三类为器表贴加附饰物。

二、仰韶中期的陶器制法

1. 坯体的成型工艺

成型方法均为手制，多采用泥条筑成法，泥条都是从内侧加上。通过观察，泥条缝隙多呈水平状，断定以泥条圈筑法为主。部分泥质类器物上遗留有细密规整的轮纹，推测一部分坯体是在慢轮上制作的。

泥条筑成法在现存少数民族的原始制陶术中经常用到，如云南怒族[2]就采用泥条圈筑法盘筑坯体器壁；汪宁生对云南傣族制陶的研究[3]中，第一类型与第二类型均采用泥条圈筑法，不同之处是后者是在转盘上进行的，有些村落在两圈泥条之间加一根细泥条使二者结合更加牢固。

此期中典型器物有尖底瓶、葫芦口瓶、夹砂罐、盆、钵、瓮，而要观察成型方法，必须依靠陶片内壁、断面所遗留的制作痕迹。就现有材料，此期的泥质类陶器制作都较规整，胎壁致密，基本

---

① Prudence M. Rice. Pottery Analysis: A Sourcebook. The University of Chicago Press, 1987: 138.
② 赵美、万靖：《怒族手工制陶术调查》，《四川文物》2008年1期，第26~27页。
③ 汪宁生：《云南傣族制陶的民族考古学研究》，《考古学报》2003年2期，第243、246页。

没有缝隙，仅尖底瓶的瓶口、瓶底泥条之间的缝隙明显，夹砂罐个别也可见泥缝。此处的制法观察，即以这两类器形为主。

尖底瓶口在上一章型式分析时同时依据制法分为三式，也即瓶口制法有三种。

第一种，即Ⅰ式，在颈部上侧加泥条，先往内仰，再往外下侧延展使泥条包住颈口，之后在唇面上用尖状工具划割，做出上下唇。如 H83:6（图二〇，1）、H55:1（图二〇，2）、H33:1（图二〇，3）的内壁，唇颈之间均有一条很明显的缝隙，从断面亦可看出唇颈间的接缝。

第二种，即Ⅱ式，颈部向外延伸直接形成下唇，再在其内侧加泥条做成上唇（叫内唇或许更合适），上下唇之间用工具按压凹槽或划一道细缝做标志。如 H38:3（图二〇，5）的断面即可看出上唇与颈口之间的接缝；H30:1（图二〇，4）从上唇断面可知泥条为上下相叠而成。

第三种，即Ⅲ式，直接在颈口上侧加泥条做出唇部，唇面基本不需要加工。此类瓶口已退化为单唇口，制法亦变得相对简单些。如 H76:4（图二〇，6）、H83:8（图二〇，7）内壁唇颈之间的缝隙明显，H76:4 断茬处颈口脱落，可明显看出唇部与颈口的对接痕。

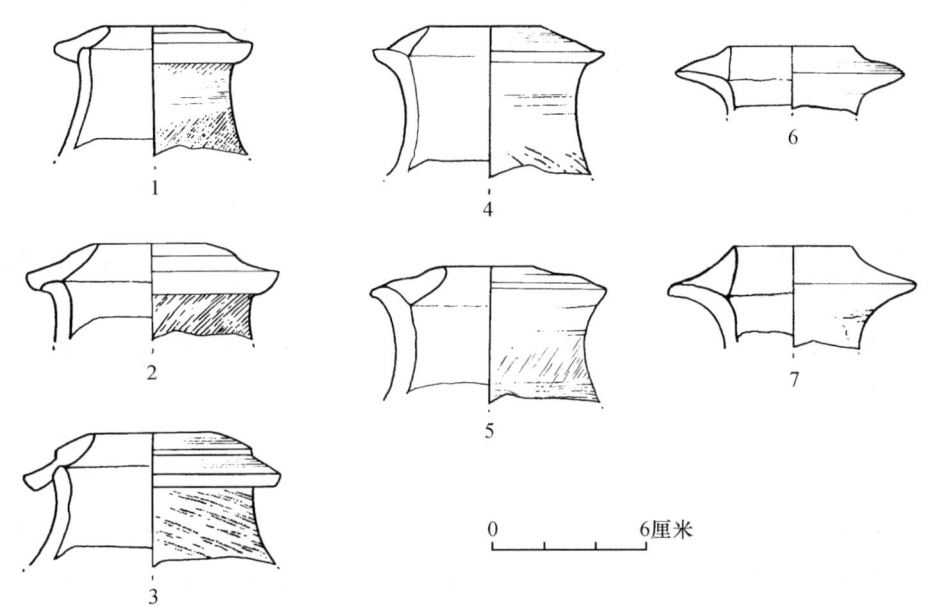

图二〇　仰韶中期尖底陶瓶口部制法图
1~3. Ⅰ式（H83:6、H55:1、H33:1）　4、5. Ⅱ式（H30:1、H38:3）　6、7. Ⅲ式（H76:4、H83:8）

尖底瓶器身应该为泥条筑成，但因未发现完整器，所以具体采用何种方法不甚清楚。依据 H85:2（图二一，1），残留瓶口及肩部，实为尖底瓶，但双唇已脱落，瓶口经修磨平整，为二次使用；内壁的泥条缝隙呈水平状，为泥条圈筑而成；从断面泥缝向器内倾斜，可知为正筑。

尖底瓶近底部内壁的泥条缝多数很明显，且下侧的叠压上侧的，断面泥缝外倾，明显采用倒筑法，同时泥条缝隙呈水平状，可知用泥条圈筑法。如 H4:9（图二一，5），从内底的泥条走向及泥突，可知当时以顺时针方向圈筑泥条，最后一圈将泥条端塞进尖底所留的孔中。

从尖底瓶瓶口、器身及瓶底三部分所留泥条痕迹观察，可知尖底瓶为分段圈筑，上半身采用正筑法，下半身采用倒筑法，瓶口随形态的演变制法有所不同，整体趋于简便。

葫芦口瓶 H83:13（图二一，3）瓶口即明显由四周泥条圈筑而成，泥缝内倾，为正筑。

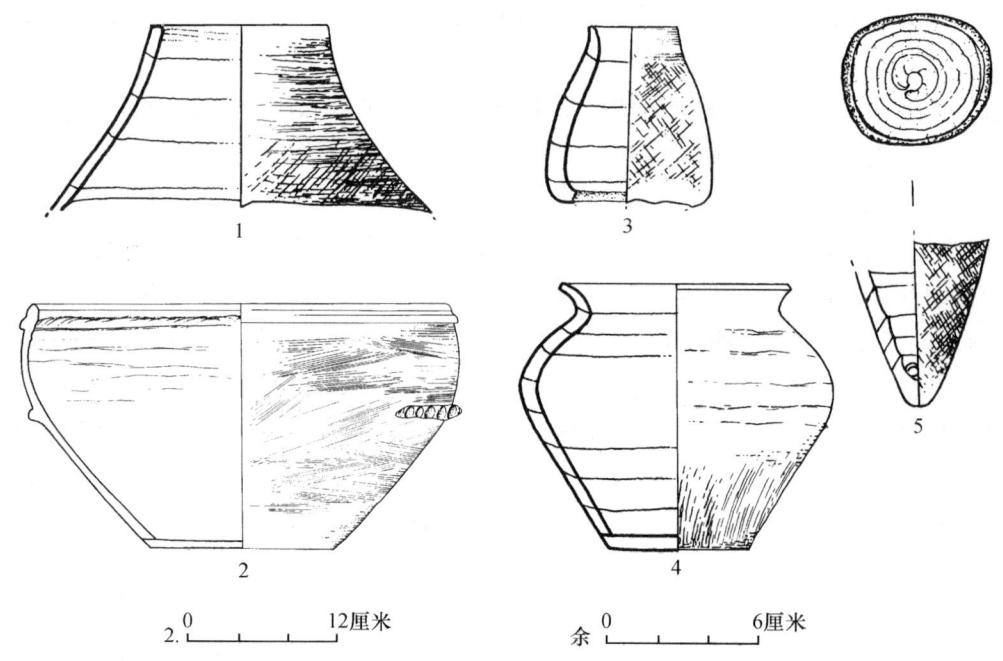

图二一　仰韶中期陶器坯体的手制（泥条筑成法）成型工艺
1. 瓶口（H85∶2）　2. 叠唇无沿盆（H4∶14）　3. 葫芦口瓶（H83∶13）　4. 素面小罐（H30∶17）　5. 尖底瓶底（H4∶9）

素面小罐 H30∶17（图二一，4）从内外壁的泥缝观察，可知由九圈泥条于器底边缘上侧依次叠筑而成。

叠唇无沿盆 H4∶14（图二一，2）内壁口沿下有一条泥缝，其下可见手抹凹痕，不规整；在器底边缘上侧筑器壁。

2. 坯体的整形工艺

整形指在初坯成型过程中或初坯成型后所做的各种修整，以使坯体更加完美。常见的整形方法有拍打、刮削和修抹。坯体的修整通常不是单单使用一种方法，而是多种方法结合使用，从而达到所需的效果。

拍打即重复拍打器壁，可以说是整形的第一道程序。在目前调查的少数民族原始制陶术[①]中，多数使用木拍拍打器壁，通常在内壁垫手指或专用的圆石或陶垫，从而遗留有一系列垫窝痕。若使用刻有纹饰的陶拍，器表即会留有相应的纹饰。拍打器表可提高胎壁的致密度、消除泥条缝隙、减

---

① 在目前所调查的少数民族制陶术中，制陶工具中均列有木拍、陶垫（卵石）、竹刮、竹刀等，考古遗址中除陶垫有出土外，木质类工具因不易保存而未有出土，在此可借鉴现存原始制陶术中的工具。
如李仰松：《原始制陶工艺的研究》，见《民族考古学论文集》，科学出版社，1998年，第57页。
汪宁生：《云南傣族制陶的民族考古学研究》，《考古学报》2003年2期，第243、245、251页。
赵美、万靖：《怒族手工制陶术调查》，《南方文物》2008年1期，第25、26页。
张季：《西双版纳傣族的制陶技术》，《考古》1959年9期，第488、489页。
杨原：《云南元谋苴林的慢轮制陶工艺》，《考古》1987年9期，第848页。
李根蟠、卢勋：《云南碧江县加车寨怒族制陶业调查——兼谈原始制陶业的几个问题》，《中原文物》1984年4期，第53页。
李仰松：《云南西盟佤族制陶概况》，见《民族考古学论文集》，科学出版社，1998年，第28、29页。

薄器壁、改变或调整坯体的外形。

如泥质罐 H34:2（图二二,1），胎土未经淘洗，夹有细小砂砾，内壁有两周手指垫窝，往左倾，如若制陶者左手垫于内侧，右手持拍拍打器壁，可知是以顺时针方向移动拍打修整坯体的。鼓腹罐 H30:3（图二二,2）下腹部隐约可见斜方格纹，后又经修抹，可见该器形用方格纹陶拍拍打打器壁工序在先，修抹程序在后；内壁还可见错乱刮削痕。

刮削指用工具刮割坯体，使坯体变薄并消除不规整之处，是整形过程中最费时的一道工序。少数民族原始制陶术中常见用竹刮、竹刀刮削坯体。

如素面小罐 H30:17（图二一,4）下腹部即有很明显的纵向刮削痕，砂砾外露于器表。叠唇无沿盆 H4:14（图二一,2）器表遗留有横向、斜向的刮削痕。敞口小钵 H73:7（图二二,3）器底有交错刮削痕。

修抹指用手或借助工具将器表或内壁修抹平整，是单纯地对器壁进行修整，没有上述两种方法所具备的二次成型功能。Rice 更是详细地分为 smoothing（抹平）和 burnishing（磨光）两种，前者使用的是软而柔韧的工具，如布、草或手，后者使用的是光滑而坚硬的工具，如卵石、骨器等①。用手修抹通常称为湿手抹平，是在坯体未干时或重新沾水后进行修抹，多有细泥浆析出。若放在转盘上进行修抹，则会留下规整的细密轮纹，称为慢轮修整。

如素面小罐 H30:17（图二一,4）上腹部经湿手修抹，器表依稀可见细泥浆遮掩住泥条缝隙。叠唇无沿盆 H4:14（图二一,2）内壁，口沿下有三道不规整的修抹凹痕。带錾盆 H38:7（图二二,5）内壁有数道修抹浅凹痕，器表可见手指垫痕。

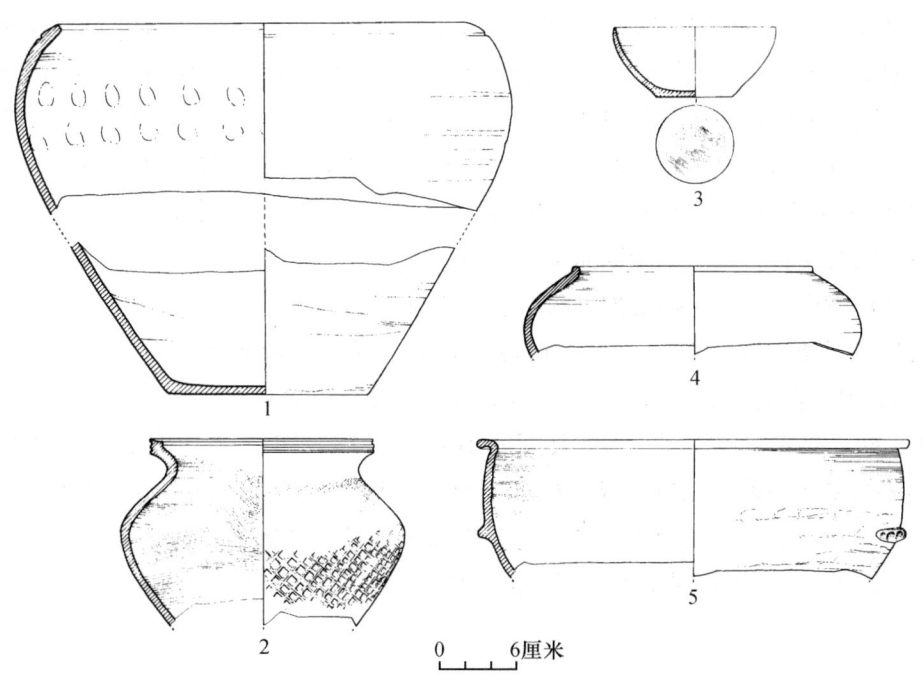

图二二　仰韶中期陶器坯体整形工艺
1. 泥质罐（H34:2）　2. 夹砂鼓腹罐（H30:3）　3. 敞口小钵（H73:7）　4. 泥质罐（H45:3）　5. 带錾盆（H38:7）

---

① Prudence M. Rice. Pottery Analysis: A Sourcebook. The University of Chicago Press, 1987: 138.

考古遗址中出土仰韶时期的轮盘①证明当时已有慢轮制陶技术。民族考古学中，汪宁生所研究的云南傣族制陶中的第二类型即在转盘上圈筑泥条②。因是借助转盘旋转所产生的动力来修整坯体，会在器表留有细密且较规整的旋转轮纹，此种痕迹多见于口沿和上腹部。如泥质罐H45∶3（图二二，4）内外壁均可见细密轮纹。

成型与整形工艺，二者并不是截然分开的，如汪宁生在云南傣族制陶术研究中的第四类型，即是分段成型后进行修整，再接着盘筑器壁③。这里将其分开，是出于行文方便，与实际情况可能不会完全吻合，这点请读者特别注意。

3. 坯体的装饰工艺

此期的装饰以第一类和第二类为主，第三类相对较少。现举例如下：

第一类，器表装饰各种纹饰。在此期的纹饰饼状图中可看出以线纹、弦纹为主。

线纹即细绳纹，仔细观察可看到有绳股印痕，线纹多为绕绳圆棍滚压于器表形成。尖底瓶的器表通常饰线纹，如H33∶3（图二三，6）器表交错滚压线纹。

弦纹是用顶端为尖细状的工具戳划而成的，多见于夹砂罐与泥质盆的上腹部。如鼓腹罐H4∶4（图二三，7）上腹即施有规整的凹弦纹，应是在轮盘上慢速旋转时施加的。

第二类，改变器表颜色与磨光。此期主要是通过涂抹陶衣和绘彩来使器表更加美观。而磨光是指用坚硬的工具打磨器表，使其光滑而有光泽，在李文杰所述的三类中，此期以素面磨光和施彩后磨光为主。

此期的陶衣较少。如鼓肩瓮H83∶32（图二三，5）即在涂抹红陶衣之后磨光，器表有光泽。

彩陶在此期中占8.1%，以黑彩为主，另有少量褐彩和红彩，均在烧制以前绘制上去的，所以不易脱落。彩陶图案多样，如彩陶钵H4∶11（图二三，3）、彩陶盆H38∶6（图二三，11）器表即用黑彩绘有弧线三角纹、圆点纹、勾叶纹、窄条带纹等，纹样疏朗而美观；折腹钵H30∶9（图二三，9）器表用褐彩绘成网格纹；敞口小钵H30∶8（图二三，4）口沿施一周红彩带。彩陶的器表均经磨光，不仅美观，同时使彩料按压于胎壁而不易脱落。

第三类，贴加附饰物，具体指附加堆纹及各种附件。

附加堆纹是将泥条贴附于器表，既达到装饰效果，同时也起到加固作用。如折腹罐H83∶40（图二三，8）腹中部即贴附有一周泥条，并用工具戳压成花边状。

附件有小泥饼、鸟首形纽、鋬手等。如素面小罐H30∶18（图二三，10）、大口罐H37∶6（图二三，2），在器表简单地贴附小泥饼，或对称或不对称，给人一种简约的美感。叠唇无沿盆H103∶9（图二三，1）腹中部饰有一周鸟首形纽，突显出双眼和嘴部，形象而生动。叠唇无沿盆H4∶14（图二〇，2）腹中部的双鋬是用长泥条上按压坑窝而成，仅具装饰效果，而无实际功用。

---

① 禚振西：《我国制陶转盘的起源及早期的应用》，《考古与文物》1989年4期，第80～84、90页。
李仰松：《仰韶文化慢轮制陶技术的研究》，《考古》1990年12期，第1100～1106、1068页。
② 汪宁生：《云南傣族制陶的民族考古学研究》，《考古学报》2003年2期，第246页。
③ 汪宁生：《云南傣族制陶的民族考古学研究》，《考古学报》2003年2期，第251页。

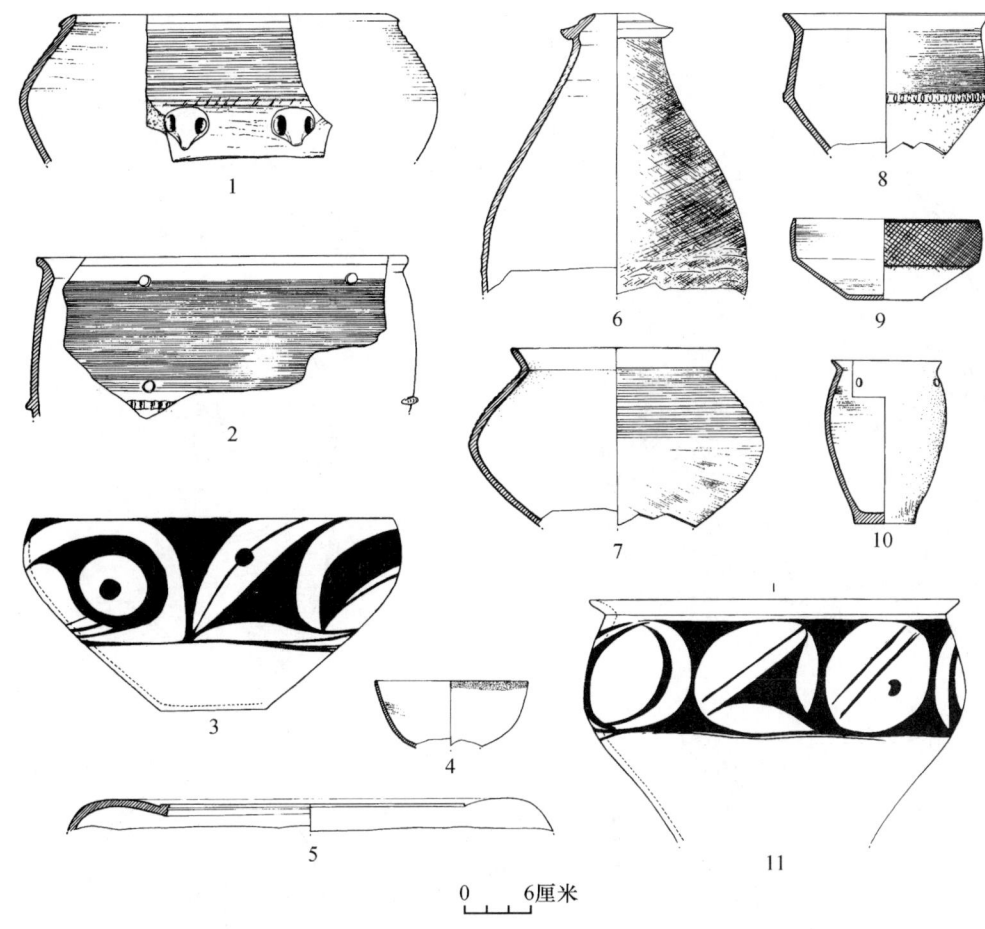

图二三　仰韶中期陶器坯体的装饰工艺
1. 叠唇无沿盆（H103∶9）　2. 大口罐（H37∶6）　3、9. 彩陶钵（H4∶11、H30∶9）　4. 敛口小钵（H30∶8）　5. 瓮（H83∶32）　6. 尖底瓶（H33∶3）　7. 鼓腹罐（H4∶4）　8. 折腹罐（H83∶40）　10. 素面小罐（H30∶18）　11. 彩陶盆（H38∶6）

三、仰韶晚期的陶器制法

1. 坯体的成型工艺

成型方法为手制，仍采用泥条筑成法。下面介绍几种器物的具体成型方法。

尖底瓶在第二章中分为三式，Ⅰ式与Ⅱ式的口部做法不同。

Ⅰ式 H7∶2（图二四，1）内壁泥条之间的缝隙明显，尤其是颈部，虽泥条经按压呈现花边状，但仍可看出上侧的叠压下侧的，且泥缝呈水平状，知其为正筑泥条圈筑；唇部已退化为单唇，且内口较直，根据下侧的泥条缝，推断唇部应是直接在颈部加一泥条经修整而成，颈部无需外撇。

Ⅱ式 H58∶1（图二四，5）内壁颈肩相接处泥缝明显且略靠下，为颈在内肩在外相套接，相接处外壁贴附一周堆纹；肩部内壁亦有泥缝，为泥条圈筑。

Ⅲ式 H78∶2（图二四，3）颈部外壁隐约可见泥条缝，内壁与肩相接处有短竖细密的按压痕。

从上述三式瓶口制法的描述中，可知尖底瓶均为手制，仅口部做法稍有不同。Ⅰ式延续了庙底

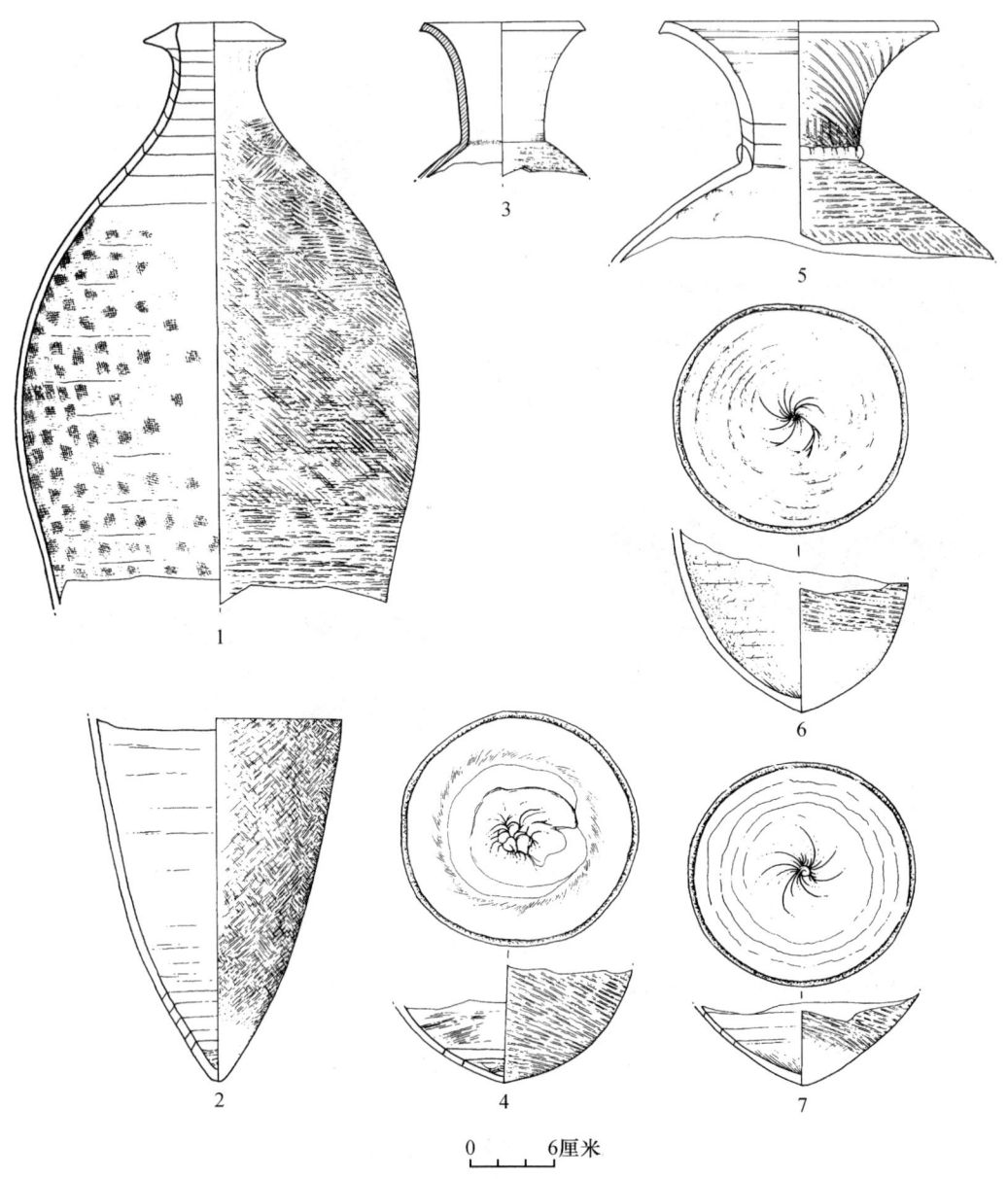

图二四　仰韶晚期尖底陶瓶制法图

1. Ⅰ式尖底瓶（H7:2）　2. Ⅰ式尖底瓶底（H7:3）　3. Ⅲ式尖底瓶口（H78:2）　4、7. Ⅲ式尖底瓶底
（H78:7、H31:1）　5. Ⅱ式尖底瓶口（H58:1）　6. Ⅱ式尖底瓶底（H22:1）

沟文化时期Ⅲ式唇部的做法而又更加简化，直接在颈部上叠加泥条，口近直。Ⅱ式因颈部变长，改为颈在内肩在外相套接，有所创新。Ⅲ式颈内壁细密的按压痕，表明其无疑是延续了Ⅱ式的做法。

尖底瓶底部均为倒筑泥条圈筑而成，只是因修整程度或方式的不同而呈现出不同的表现形式。

Ⅰ式尖底瓶底 H7:3（图二四，2）内壁可见断续泥缝，近底部则很明显，呈水平状，断面泥缝向器外倾斜，且下侧的叠压上侧的，为倒筑泥条圈筑而成；从内底泥条端顺时针方向的走向可知陶匠以顺时针方向倒筑泥条圈筑器壁。Ⅱ式和Ⅲ式的内底也可见泥缝，但均经过修抹。依据内底中央遗留痕迹，分为两种。一种有泥突，另一种有放射状褶皱。如Ⅱ式 H22:1（图二四，6）内壁泥缝隐约可见，内底中央有↺褶皱，为倒放着陶匠以逆时针方向拍打器表，使器壁收缩所致，可作为倒筑成型法的证据①；Ⅲ式H31∶1（图二四，7）内壁可见两条水平状泥缝，内底中央有↺放射状褶皱，可知陶匠以顺时针方向拍打器壁；Ⅲ式H78∶7（图二四，4）内底中央泥条明显，为顺时针方向走向，最后一圈泥条末端压住首端，再转而向上遂成泥突。

圆腹罐H11∶6（图二五，2）套接痕迹明显，泥缝内倾，为领在内肩在外相套接，内壁的泥缝被陶垫窝压住。

鼓腹罐H11∶2（图二五，1）于器底边缘上侧正筑圈筑泥条，泥条缝向器内倾斜。

圈足小豆H6∶15（图二五，4；图版一八，2）豆盘底和圈足上侧均刻划沟槽，目的是洒水易于吸收，方便对接，豆盘内底留有褶皱，可知豆盘为倒筑泥条而成，后拍打器表所致。

器盖H6∶9（图二五，3）先在平底上正筑泥条成碗状，再翻扣坯体，于平底上侧加泥条并按压呈花边圈足；内壁泥缝外倾，圈足与器底间的缝隙也较明显。

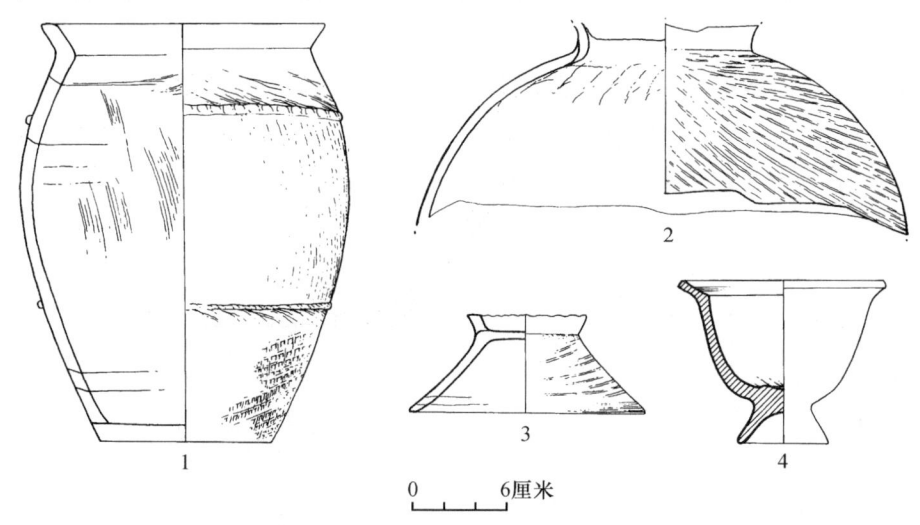

图二五　仰韶晚期陶器坯体的手制（泥条筑成法）成型工艺
1. 鼓腹罐（H11∶2）　2. 圆腹罐（H11∶6）　3. 器盖（H6∶9）　4. 圈足豆（H6∶15）

2. 坯体的整形工艺

整形方法有拍打、刮削和修抹，其中以第一类修整坯体的拍打和第二类修整器表的湿手抹平为主。

拍打最好的依据就是内壁所遗留的垫窝，从垫窝的走向或偏向也可推断当时旋转或拍打坯体的方向。如泥质罐H61∶8（图二六，2）、H11∶1（图二六，3）和夹砂圆腹罐H11∶6（图二五，2）内壁均可见右倾的垫窝，可知当时陶匠多逆时针方向拍打坯体，而轮盘则以顺时针方向旋转。尖底瓶H7∶2（图二四，1）内壁密布小垫窝，凹陷处印有细浅方格纹（或布纹），推测为陶垫上的装饰纹

---

① 李文杰：《中国古代制陶工艺研究》，科学出版社，1996年，第70页。著者的阐述是以陶轮按顺时针方向旋转，用右手持陶拍拍打外表。此处，笔者是从陶匠的角度来解释的，即不管有无轮盘，陶匠顺时针旋转坯体，相对地就以逆时针方向拍打器表了。

样。尖底瓶底 H22∶1（图二四，6）内壁分布密集的垫窝，叠压住泥条缝隙。

刮削通常是用刮板（或竹刮）进行的，在内外壁留下各种不同的刮痕。如彩陶罐 H94∶6（图二六，1）内壁即有很明显的斜向刮痕。鼓腹罐 H11∶2（图二五，1）内壁与器表均可见刮痕，内壁刮痕深浅不一，与含砂砾有关；近底部隐约可见方格纹，应是拍打器壁所致。敛口盆 H78∶8（图二六，4）外底有错乱刮痕。

修抹时因具体借助的工具不同，可以分为多种方法，少数民族的原始制陶中多借助布条或直接用手进行修抹①。目前常提到的方法是湿手抹平和慢轮修整。

湿手抹平，因沾水后或在坯体未干时进行修抹，所以通常会留下指纹印痕。如尖底瓶底 H78∶7（图二四，4）内底即可见较明显的一周指纹印。器盖 H6∶9（图二五，3）内壁经湿手修抹，有细泥浆析出。

慢轮修整的细密轮纹多见于泥质类器物口沿。如泥质罐 H61∶8（图二六，2）和 H94∶6（图二六，1）口沿内外均可见规整的细密轮纹。敛口钵 H94∶5（图二六，5）上腹部内壁的细密轮纹更是清晰可见。

修整方法同样是一器多用，几种方法先后共同使用，以达到满意的效果。

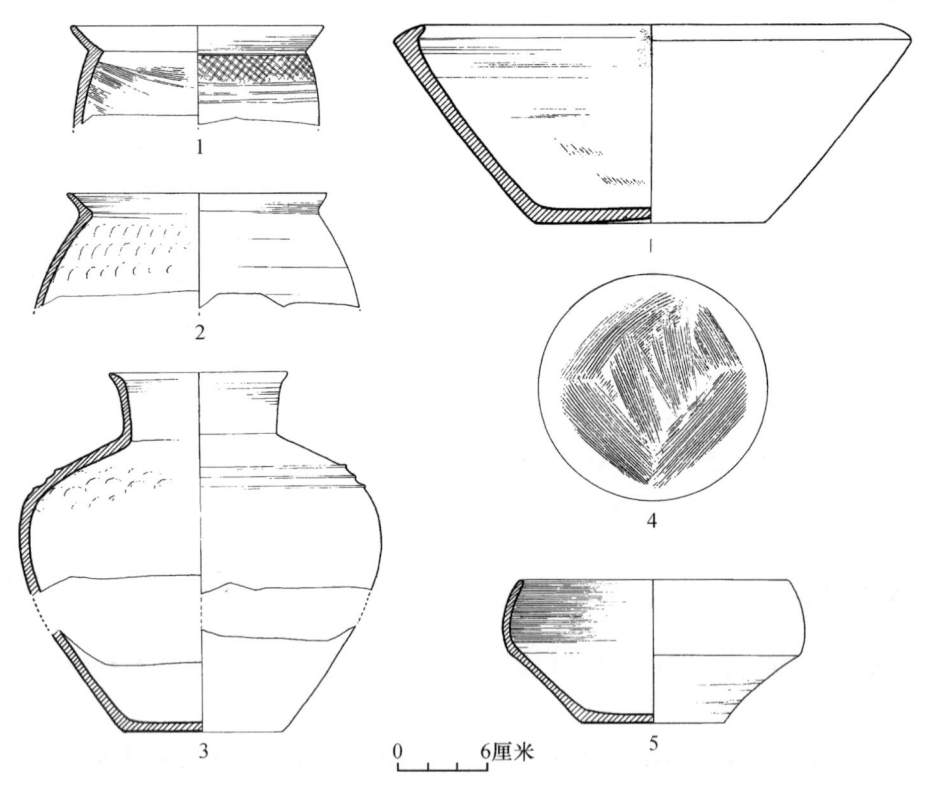

图二六　仰韶晚期陶器坯体的整形工艺
1. 彩陶罐（H94∶6）　2、3. 泥质罐（H61∶8、H11∶1）　4. 敛口盆（H78∶8）　5. 敛口钵（H94∶5）

---

① 李仰松：《仰韶文化慢轮制陶技术的研究》，《考古》1990年12期，第1101~1104页。在介绍部分民族的制陶情况中，所举的五个例子中，四个是用布条蘸水修整口沿，一个用手掌抹平器壁。

3. 坯体的装饰工艺

装饰方法以第一类的装饰各种纹样为主，第三类添加附饰物其次，第二类器表颜色的改变则明显减少。

第一类，从仰韶晚期纹饰饼状图中，可知以篮纹为主，其次是线纹、弦纹，还有少量方格纹。

篮纹是用刻有篮纹的陶拍拍打器表，在装饰器表的同时，也加固了器壁。如尖底瓶 H61∶3（图二七，2）、H22∶1（图二四，6）、H78∶7（图二四，4）器表均拍有规整的篮纹，且两组篮纹间相互交叠。

弦纹在仰韶文化中多指凹弦纹，是用尖状工具戳划上去的。如敛口瓮 H78∶11（图一〇，17）肩部饰五周凹弦纹。

鼎 H6∶3（图二七，3）腹中部拍印方格纹，根据腹下部中断的纹饰，可知拍打在先，后又经修抹。

第二类，改变器表颜色的方法，涂抹陶衣和施彩明显减少，随之，磨光也以素面磨光为主。

涂抹陶衣以红陶衣为主，如敛口钵 H94∶5（图二六，5）仅近底部未涂抹，余皆施红陶衣后磨光，带有光泽。

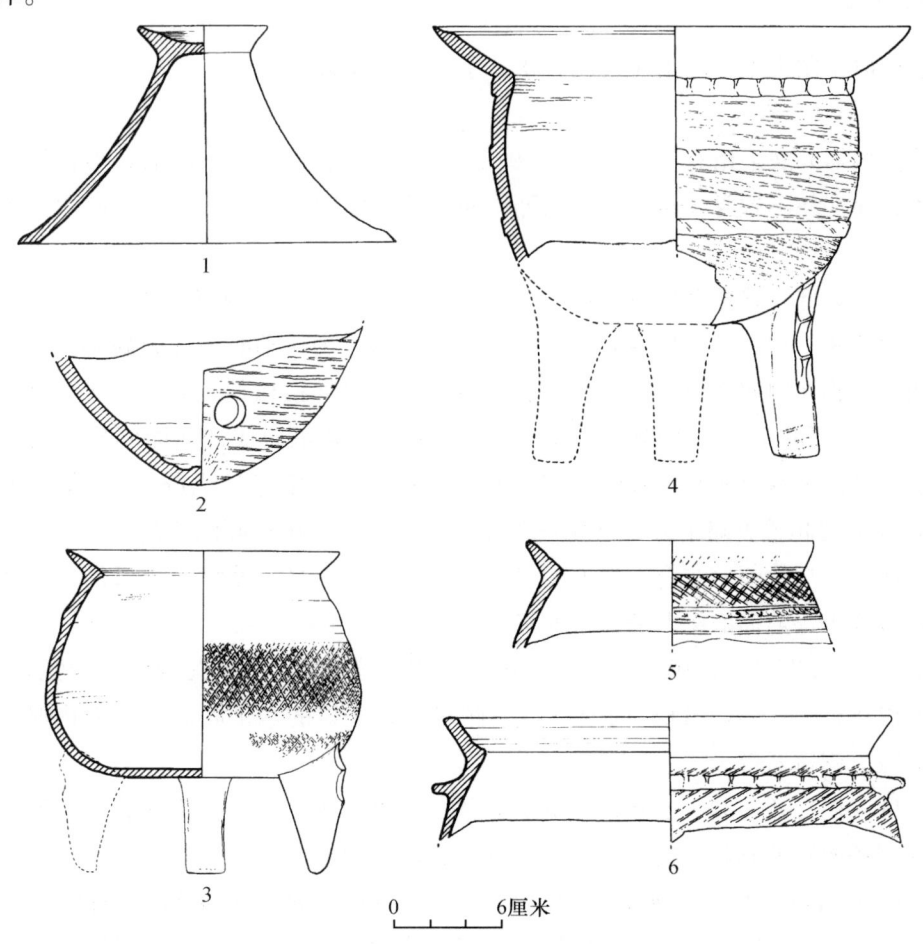

图二七　仰韶晚期陶器坯体的装饰工艺
1. 器盖（H11∶3）　2. 尖底瓶底（H61∶3）　3、4. 鼎（H6∶3、H62∶1）　5. 彩陶罐（H11∶32）　6. 鼓腹罐（H84∶2）

彩陶施彩以红、褐色为主。如彩陶罐H94：6（图二六，1）、H11：32（图二七，5）分别用褐彩、红彩绘网格纹。

素面磨光者多泥质陶，如泥质罐H61：8（图二六，2）、圈足豆H6：15（图二五，4）、敛口盆H78：3（图二六，4）、器盖H11：3（图二七，1）器表均打磨光滑。

第三类，添加附饰物。首先，夹砂类器物腹部的附加堆纹明显增多，其次，一部分夹砂罐带有鋬手。

如夹砂鼓腹罐H11：2（图二五，1）即在器表修抹之后于腹部施加两道堆纹。鼎H62：1（图二七，4）腹部与鼎足均贴附堆纹。鼓腹罐H84：2（图二七，6）带双鋬并附有一周堆纹。

四、庙底沟二期的陶器制法

庙底沟二期的器形种类较多，除传统的鼎、罐、盆、豆等，新出现的器形有斝、釜灶、刻槽盆，而泥质双鋬罐、双鋬盆则较以前的形制有所不同。此期尖底瓶消失，进一步演化为小口高领罐。

1. 坯体的成型工艺

成型方法仍以手制为主，新出现模制技术，手制与模制兼用。

（1）手制

此期泥质类陶器外底多留有粟粒印痕（图二八，4、9、11），应是将粟类小颗粒铺垫在轮盘上以起隔离作用，使泥坯不致黏在转盘上，从而推断慢轮的使用已较普遍。具体的手制方法仍是泥条筑成法。

小口高领罐的口部多采用套接技术将领与肩部相接，从残留的领部泥缝呈水平状的现象推断，采用的是泥条圈筑法。如H12：24（图二八，1）领肩相接处内壁即有一周微翘起的泥条，其下缝隙明显，从断面看为领在内肩在外相套接，器表相应位置有涂泥按压的不规整凹痕。H9：1（图二八，2）领内壁有两条水平状泥缝，泥条向器内倾斜，正筑泥条圈筑而成；断面领肩相接处，缝隙内斜度较大，其下有竖向细密褶皱纹，外壁相接处亦凹凸不平，是拍打（或按压）器表所致。H12：29（图二八，6）在领肩相接处略下方，可见一条泥缝，其下有一排右倾的垫窝。

新器形釜灶为釜与灶圈的结合，如H32：3（图二八，5）即先做出釜及口沿，再在其外侧贴附灶圈，之后安装鋬手，断面的粘贴缝隙很明显。

夹砂罐H12：34（图二八，10）在圆饼底边缘上侧圈筑器壁，内壁泥缝向器内倾斜，为正筑。

泥质罐H12：55（图二八，11）内壁口沿下侧有两条明显的水平状泥缝，向内倾，正筑圈筑泥条；在器底边缘上侧筑器壁。

器盖H8：11（图二八，8），在平底上先正筑圈筑器壁呈碗状，之后倒扣，于平底上侧加筑泥条成圈足；内壁泥条向器外倾斜，器表亦可见泥缝，为倒筑而成。

豆盘与豆柄采用对接技术。如H32：10（图二八，3）盘底中央即刻划沟槽，周围有手抹痕。H12：13（图二八，7、图版二三，2）为盘与柄部相接残片，从断面可观察到一横向两竖向缝隙，豆柄顶部由两部分组成，即先在内侧盘筑两圈呈柄心，再在其外盘筑泥条成豆柄，之后与豆盘对接，相接处下侧再贴泥条加固。

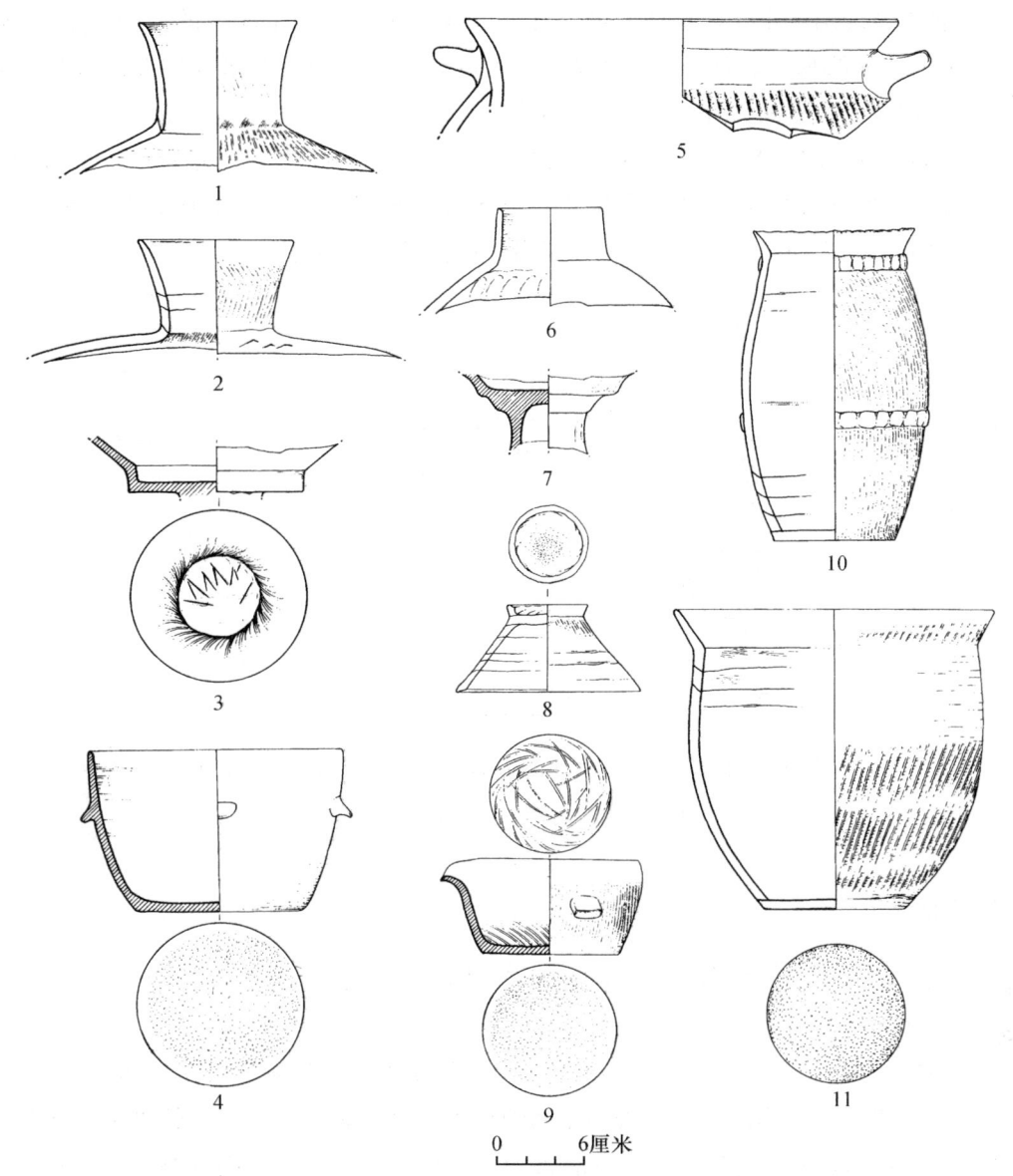

图二八　庙底沟二期陶器坯体手制成型工艺

1、2、6. 小口高领罐（H12:24、H9:1、H12:29）　3、7. 豆（H32:10、H12:13）　4. 带錾盆（H12:17）　5. 釜灶（H32:3）　8. 器盖（H8:11）　9. 刻槽盆（H12:15）　10. 夹砂深腹罐（H12:34）　11. 泥质罐（H12:55）

（2）手制与模制兼用

模制法主要是借用模具制作坯体，依据具体使用方法的不同分为模具敷泥法和模制法，前者较原始，是通过挤压或涂抹的方式将泥料敷于模具内外（内模敷泥法和外模敷泥法）①，后者是将泥条圈筑（或盘筑）。在模具外表，再拍打（或滚压）。成与坯体形状相同、大小相近坯体的方法②。传统上的模制法指后者，通常用于制作袋足器。而手制仍采用泥条筑成法。

---

① 李文杰：《中国古代制陶工艺研究》之《第贰篇　甘肃秦安大地湾一期制陶工艺研究》，科学出版社，1996年，第35页。
② 李文杰：《垣曲古城东关遗址制陶工艺研究》，见《垣曲古城东关》，科学出版社，2001年，第545页。

此期这两种方法的结合主要体现在斝的制作中。模制是针对斝足而言的，如斝足 H12:10（图二九，1）内壁有明显的水平状泥条缝和反篮纹，是将泥条圈筑于饰有篮纹的斝足模具外表，再拍打、刮削而成；内壁泥条缝向器外倾斜，采用倒筑法。

斝 H8:1（图二九，2）分段做成上半身和圜底，之后底在外上腹在内相套接，最后采用榫卯法将袋足的上端插入圜底；领部和折腹处内壁均可见泥缝，领部为正筑。斝 H12:5（图二九，3）从断面和折腹处可看出底部包住上腹，袋足贴附在圜底上而并未插入器底。

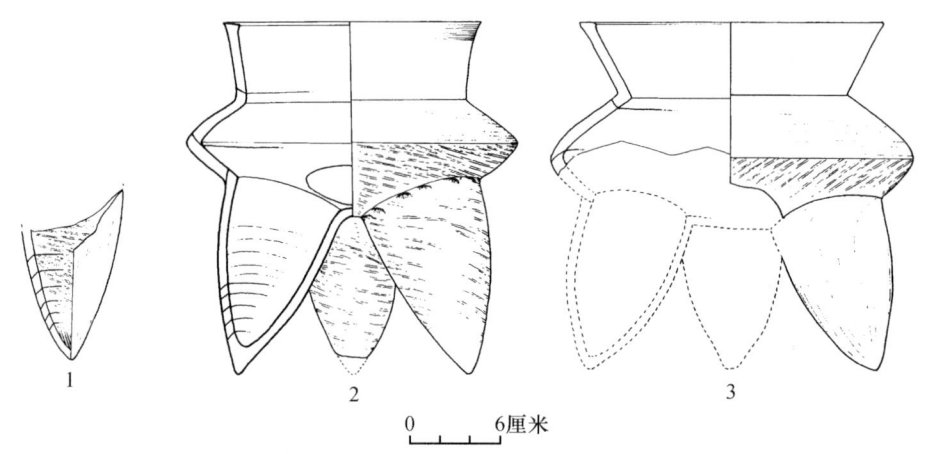

图二九　庙底沟二期陶器坯体成型（手制与模制兼用）工艺
1. 斝足（H12:10）　2、3. 斝（H8:1、H12:5）

2. 坯体的整形工艺

修整坯体的方法有拍打、刮削、湿手抹平和慢轮修整，其中以拍打为主。

拍打是修整中最常用的方法，多使用篮纹拍子拍打器表，内壁垫有陶垫或卵石。

如泥质双錾罐 H12:51（图三〇，3）内壁垫窝排列规整且很明显，器表有篮纹。H12:50（图三〇，10）近底部有一周垫窝向左倾，表明用篮纹拍子拍打器表时，坯体在轮盘上以逆时针方向旋转，制陶者则顺时针方向拍打器壁。夹砂深腹罐 H12:32（图三〇，2）内壁有一周圆垫窝。小口高领罐 H12:29（图二八，6）肩内壁有一周右倾垫窝。

刮削器壁可使胎壁变薄，也可消除泥缝。

如泥质盆 H35:2（图三〇，1）内壁先横向，其下再斜向刮削，刮痕极明显也较规整。夹砂罐 H43:8（图三〇，7）内壁有不规整的刮削痕。

湿手抹平因沾水，会有细泥浆析出。如带錾盆 H12:17（图二八，4）内壁和器表均可见细泥浆析出。泥质双錾罐 H12:54（图三〇，4）上腹部隐约可见篮纹，同时器表有细泥浆析出而略显平滑，可知拍打工艺在先，之后再经修抹。

慢轮修整遗留的细密轮纹多见于口沿部位。如带錾盆 H12:16（图三〇，8）口沿内外均有轮纹。

此期的慢轮修整与湿手修抹结合，即在轮盘转动的同时，双手对器壁进行修抹，因此时的转速已较快，含有拉坯倾向，所以胎壁会有些凹凸不平。如小口高领罐 H12:27（图三〇，5）口部有细密轮纹，但领部坯体凹凸不平，应是在修整口部时坯体未干，含有拉坯倾向。敞口盆 H43:19（图三〇，9）内壁隐约可见泥缝，同时胎壁略有凹凸，为修抹时较用力所致。

此外，小口高领罐 H12:31（图三〇，6）腹部内壁手指修抹凹痕较深，与龙山时期的快轮拉坯指纹不同，快轮拉坯的指纹很规整，而该器的指纹则深浅不一，凹痕边缘也有波动，解释为在慢轮上修整坯体时修抹、按压泥条更合理些，同时领肩部的两条泥缝说明采用了泥条筑成法。但此时所谓的慢轮修整，即将接近龙山文化时期的快轮拉坯技术，可看做是其前奏。

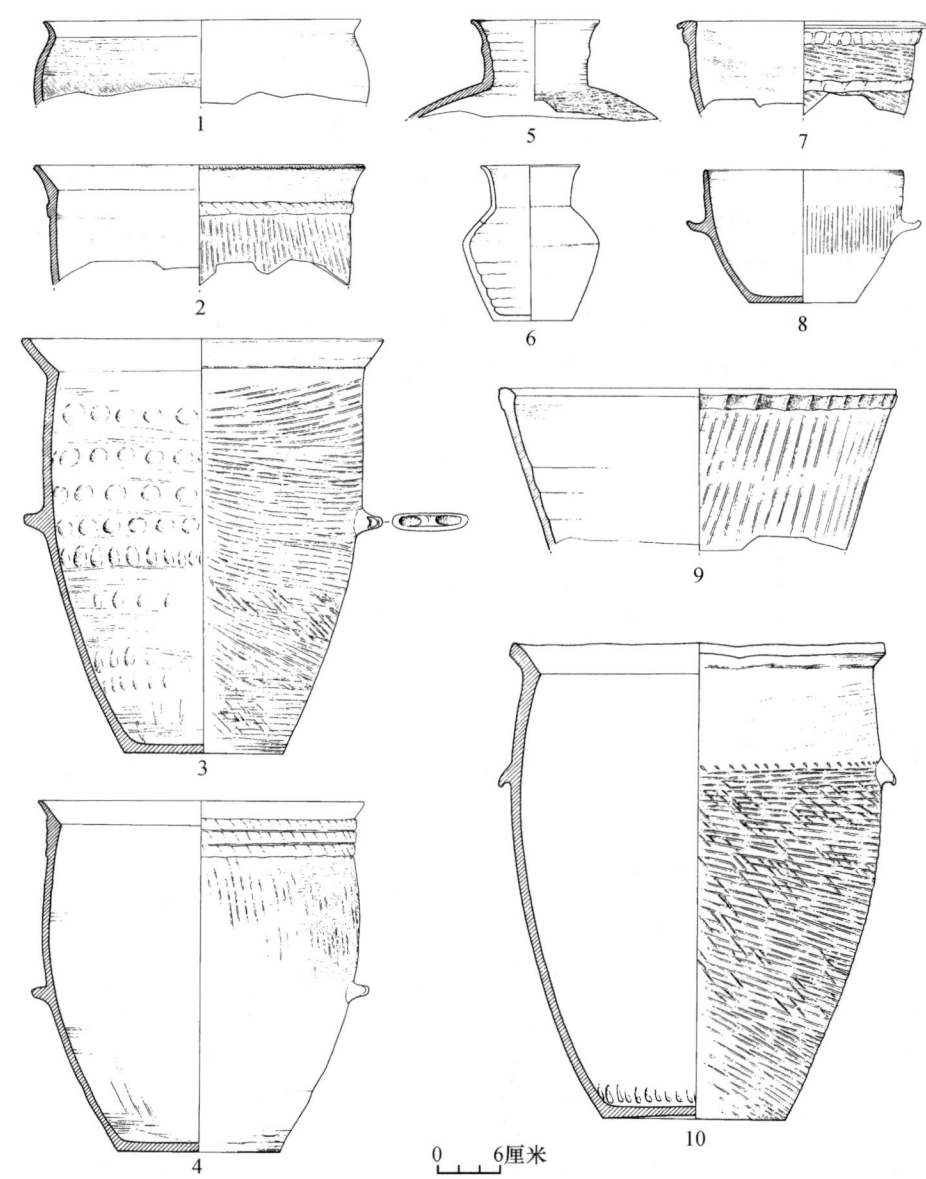

图三〇　庙底沟二期陶器坯体整形工艺
1. 泥质盆（H35:2）　2、7. 夹砂深腹罐（H12:32、H43:8）　3、4、10. 泥质双錾罐（H12:51、54、50）
5、6. 小口高领罐（H12:27、31）　8. 带錾盆（H12:16）　9. 敞口盆（H43:19）

3. 坯体的装饰工艺

第一类，在器表施加纹样。以篮纹和绳纹为主，篮纹多拍印于器表，而绳纹多为滚压。另外还有戳刺纹。

如带鋬盆 H12:20（图三一，6）器表横斜篮纹规整，每组宽约 2.5 厘米，相互之间留有空隙。宽沿盆 H12:60（图三一，7）器表的篮纹分组很明显且组间相隔较远，每组宽约 3 厘米。

夹砂罐 H12:35（图三一，1）器表绳纹方向不甚一致，上腹为竖向滚压，而下腹则为斜向，中间有交叉。

戳刺纹是用尖状工具戳刻上去的。如泥质双鋬罐 H12:50（图三〇，10）腹部饰有一周戳刺纹，其下拍印篮纹。

此外，多在口沿滚压或按压成花边。如缸 H12:41（图三一，4）用绕绳圆棍滚压唇部而成花边状。深腹罐 H32:6（图三一，3）唇部按压不明显，略成花边口。

第二类，改变器表颜色和磨光。彩陶在此期数量极少，磨光基本以素面磨光为主。

如斝 H12:5（图二九，3）上腹及领部打磨光滑，器表黑亮。小口高领罐 H12:31（图三〇，6）器表亦经磨光。杯 H9:6（图三一，5）内壁有泥条缝，器表打磨光滑。

第三类，添加附饰物。以附加堆纹为主，其次是鋬手，此外还有桥形耳、圆饼、鹰嘴式纽等。

附加堆纹通常饰于篮纹或绳纹之上，既美观又可起到加固器壁的效果，是庙底沟二期文化时期器表装饰的主要特征之一。如缸 H12:41（图三一，4）器表滚压绳纹之后，又贴附数道堆纹。

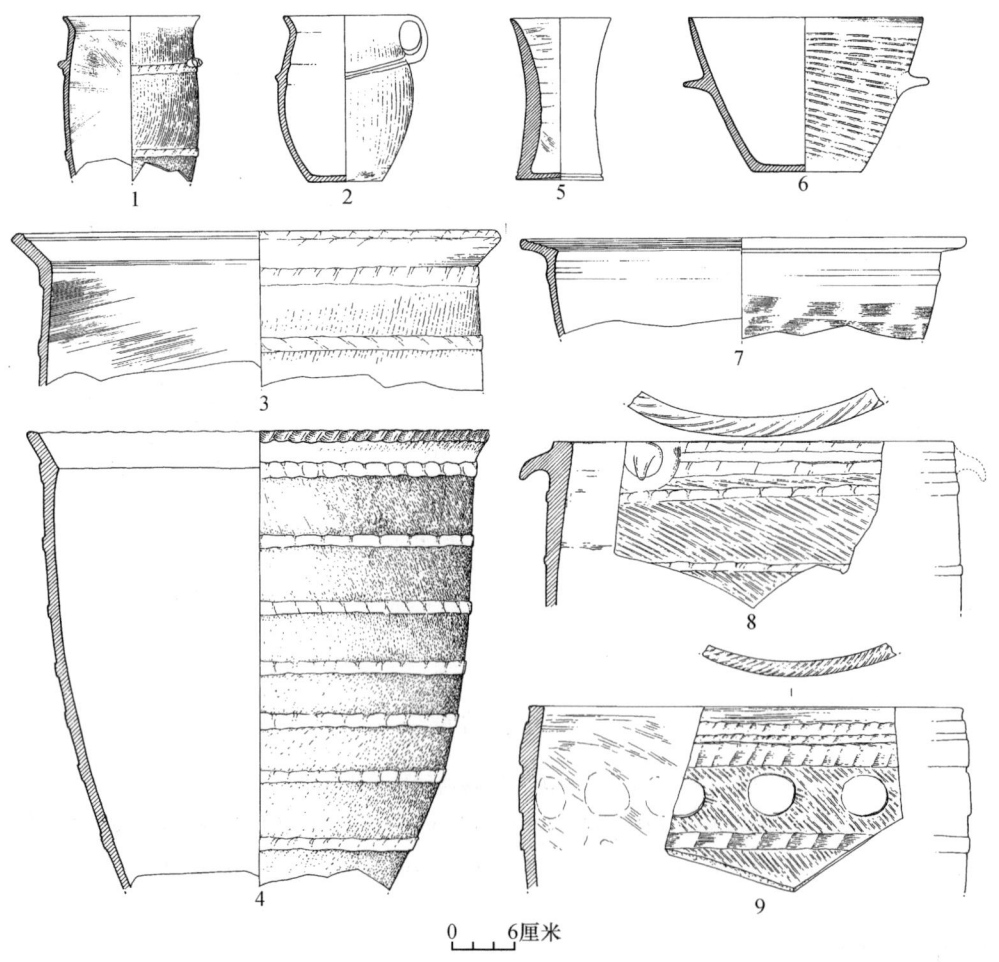

图三一　庙底沟二期陶器坯体装饰工艺

1、3. 夹砂深腹罐（H12:35、H32:6）　2. 单耳罐（H12:39）　4、8、9. 缸（H12:41、H43:15、H12:58）　5. 杯（H9:6）　6. 带鋬盆（H12:20）　7. 宽沿盆（H12:60）

鋬手多贴附于腹部，安装鋬手部位的内壁均略凹，应是按压时在内壁垫物作依托所致。如带鋬盆 H12:20（图三一，6）、泥质双鋬罐 H12:51（图三〇，3）附鸡冠形双鋬，刻槽盆 H12:15（图二八，9）附舌形鋬手。

单耳罐 H12:39（图三一，2）于腹中部附一道斜向的窄堆纹，并安装单耳。缸 H12:58（图三一，9）和 H43:15（图三一，8）于口沿下贴附圆饼和鹰嘴式纽作装饰。

五、龙山时期的陶器制法

1. 坯体的成型工艺

成型方法有轮制、手制与模制兼用、手制三种，其中以轮制为主。

（1）轮制

轮制即快轮制陶，指利用轮盘快速旋转所产生的惯力将泥料直接拉坯成型①。轮制器物的内壁一般留有螺旋式拉坯指印，这可作为快轮制陶的直接证据，外底遗留的用线绳将坯体从轮盘上切割下来时所产生的偏心涡纹可作为佐证②。现举例如下：

双腹盆 H5:10（图三二，1）折棱以下内壁有明显的螺旋式拉坯指印，由于经过修整，外底留有同心圆纹；该器折棱的下侧有一周接缝，应是采用上下段分别轮制，然后上段在外下段在内套接而成。

双耳罐 H5:9（图三二，4）下腹部内壁留有螺旋式拉坯指印，外底有偏心涡纹。

两件泥质器底 H5:17（图三二，3）和 H50:15（图三二，5）内壁均有螺旋式拉坯指印，外底残留有偏心涡纹。

夹砂罐 H5:2（图三二，2）下腹部内壁留有螺旋式拉坯指印，外底有偏心涡纹；内底有顺时针方向的螺旋式拉坯指印，导致内底的轮廓线呈现为波状曲线。

（2）手制与模制兼用

从目前整理的材料来看，这种方法仅见于鬲的成型。

双鋬鬲 H5:15（图三三，1），靠近裆部的内壁有反交错绳纹，而袋足内侧为规整的反竖绳纹，所以该鬲为三足合制而成；上半身为手制，内壁泥条缝隙向器内倾斜；裆部下侧加泥条并按压，起加固作用。

单耳鬲 H50:1（图三三，3），三袋足内壁都有竖向的反绳纹，为分别模制；颈部内壁有泥条缝，向器内倾斜，为正筑。

（3）手制

单耳罐 H5:1（图三三，2），在圆饼底边缘上侧筑器壁，内壁及外表都可见接缝；口沿内壁泥条缝内倾，为正筑；近底部在壁底相接处抹泥，其上可见一周接缝，绳纹微有间断；内壁有垫窝。

---

① 李文杰：《中国古代制陶工艺研究》，科学出版社，1996年，第17页。
② 笔者曾在陶吧做试验，在快轮上拉坯，若沾水较少时，就会产生很明显的拉坯指印，若沾水较多时，则会留下细密的指纹。偏心涡纹经陶吧老师指导，是在坯体微干时，用线绳慢慢切割下来，速度太快则不会留下涡纹。

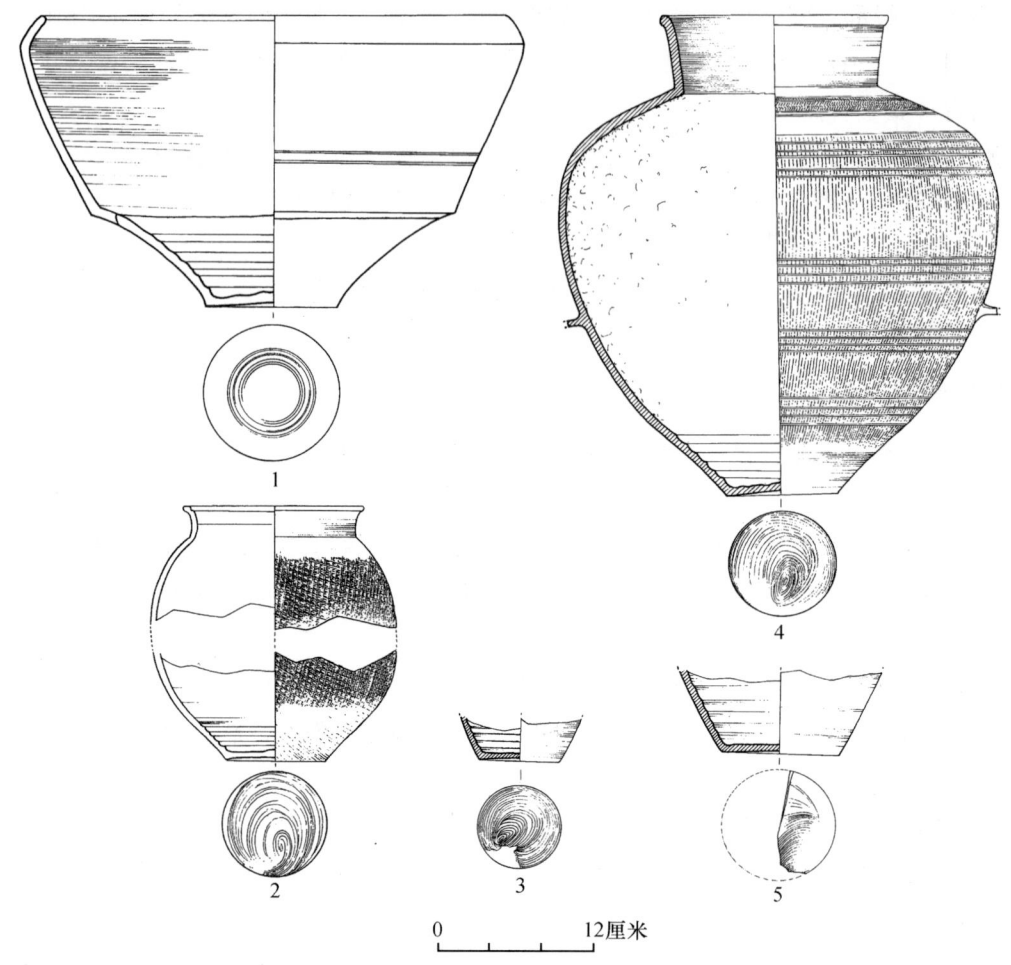

图三二 龙山期陶器坯体的轮制成型工艺
1. 双腹盆（H5:10） 2. 夹砂罐（H5:2） 3、5. 器底（H5:17、H50:15） 4. 双耳罐（H5:9）

2. 坯体的整形工艺

修整的方法有快轮慢用修整、拍打、附加泥条等。

快轮慢用修整指快轮拉坯成型的毛坯在轮盘慢速旋转的条件下，用刮板进行刮削修整或用湿手抹平使它变为成坯[①]。轮制的器物内外壁普遍留有规整的细密轮纹。

如双腹盆 H5:10（图三二，1）内壁及外壁素面部分、双耳罐 H5:9（图三二，4）口沿和近底部、盆 H5:16（图一八，10）内外壁、两件器底（图三二，3、5）外壁均有明显且纹理较深的用刮板刮削的细密轮纹。夹砂罐 H5:2（图三二，2）在未拍方格纹的近底部留有斜向的刮削痕。单耳鬲 H50:1（图三三，3）、单耳罐 H5:1（图三三，2）口沿内外壁均有浅细轮纹，为湿手修抹痕迹。

拍打，一般是用手或陶垫（卵石）垫于内壁作依托，用陶拍拍打器壁。如双耳罐 H5:9（图三二，4）和单耳罐 H5:1（图三三，2）内壁均有垫窝。

---

① 李文杰：《垣曲古城东关遗址制陶工艺研究》，见《垣曲古城东关》，科学出版社，2001年，第561页。

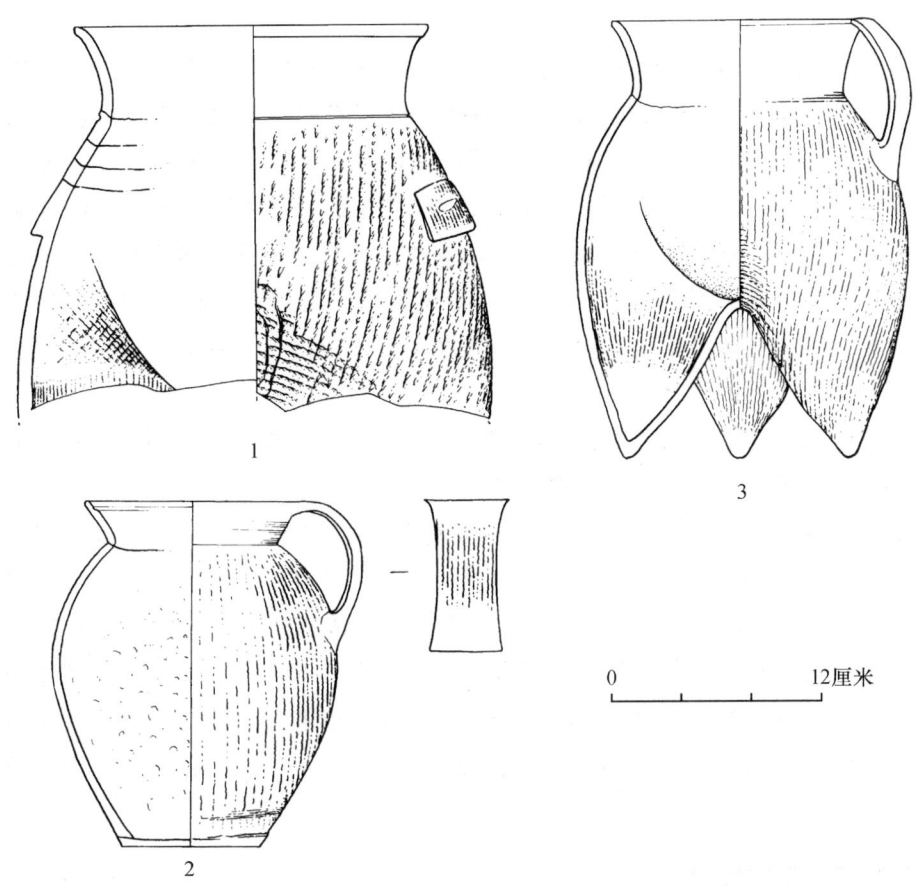

图三三　龙山期陶器坯体的手制及手制与模制兼用成型工艺
1. 双鋬鬲（H5:15）　2. 单耳罐（H5:1）　3. 单耳鬲（H50:1）

附加泥条一般用于加固鬲的裆部，如双鋬鬲（图三三，1）裆底部即可见明显的泥条贴附缝隙。

3. 坯体的装饰工艺

第一类，于器表装饰各种纹样。此期以方格纹、篮纹、绳纹为主，另有弦纹。

侈口鼓腹罐 H5:2（图三二，2）器表拍印方格纹。

双耳罐 H5:9（图三二，4）腹部篮纹上间施以凹弦纹，弦纹割断篮纹，可知拍印篮纹的工序在先。

双鋬鬲 H5:15（图三三，1）腹部及裆部均滚压绳纹。

第二类，彩陶基本没有，磨光均为素面磨光。如双腹盆 H5:10（图三二，1）上腹部打磨光滑。

第三类，添加附饰物。如双鋬鬲 H5:15（图三三，1）在袋足两侧贴附鋬手。

此期的桥形把手或双耳，虽也是在坯体成型后安装上的，但均具实用功能，不仅仅是作装饰。

六、陶器使用痕迹观察

使用痕迹指通过观察陶片残留，从而判断器物曾被使用或二次利用。对于具体用途的阐释，则需要进行陶片残留物的分析。本小节仅就观察到的使用痕迹作简单描述与归纳。主要表现为钻孔与二次使用。

钻孔是最常见的现象。如仰韶中期的叠唇无沿盆 H33∶9（图三四，2）、彩陶盆 H37∶5（图三四，1）口沿下均有一小孔，为从外向内单面钻孔。仰韶晚期敞口盆 H27∶11（图三四，3）口沿下小孔，为对钻而成。龙山时期敛口盆 H5∶16（图三四，9）口沿下两小孔斜对，钻孔规整，推断已使用管钻技术。小孔附近均为残断处，据此一般学者通常认为钻孔以系绳绑缚残破器而再次使用，但在云南傣族河边寨，献给土司及缅寺供佛用的钵，口沿也有孔，是作系绳悬挂之用①。因此，总结钻孔的功用，至少可作两种推测，一种是因器物残破，需钻孔系绳捆绑以便继续使用，另一种，不排除在器物成型之初即已钻孔，为系绳悬挂之用。该遗址所举例者，经笔者仔细观察，应属前者，即为二次利用而进行的修补钻孔。

此外，在仰韶晚期尖底瓶腹部近底部 H61∶3（图三四，7）有一较大圆孔，孔径 1.6 厘米，由外向内戳（或钻）成此孔较大，应有其特殊用途。

二次使用指器物残破之后，经修整加工，再次重复利用。如仰韶中期的尖底瓶口 H85∶2（图三四，6）在双唇脱落之后，将瓶口磨平后再次使用。豆的二次使用相对较多，如仰韶晚期 H78∶3（图三四，4）、庙底沟二期 H12∶12（图三四，8）均在豆柄残断处修磨平整后再次使用。

另外，仰韶中期的叠唇无沿盆 H4∶15 内壁留有红色颜料，推测其本身专用于盛放颜料，也不排除废弃后颜料又正好弃置于盆内的可能，因器表未见有红色粉末，前者的可能性更大一些。

庙底沟二期灰坑中出土的陶斝，腹与袋足内壁多见厚厚的一层水垢，表明其应是作为水器使用的。

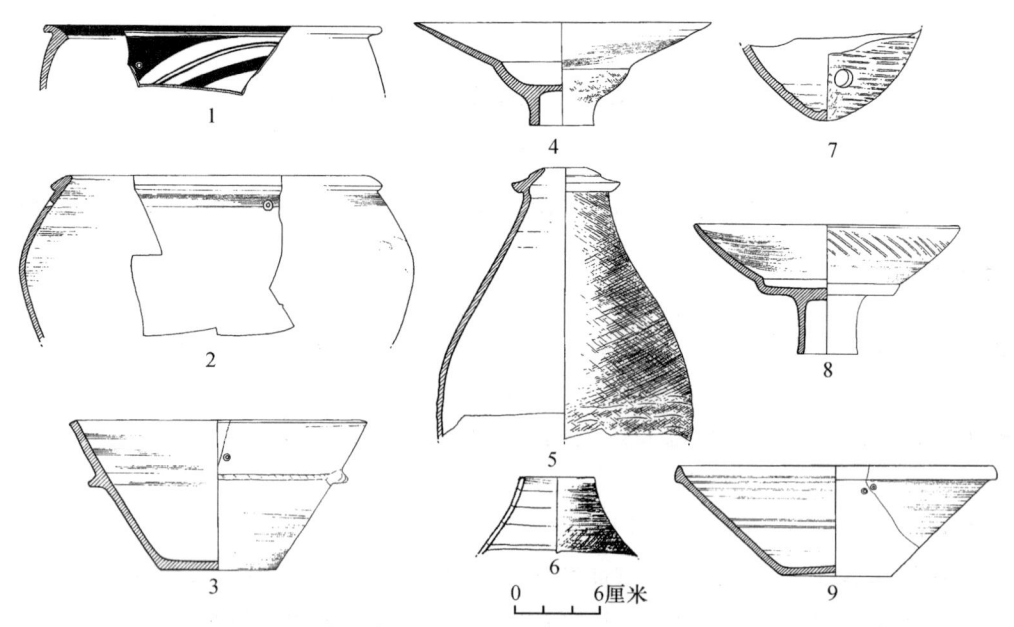

图三四　陶器使用痕迹观察

1. 彩陶盆（H37∶5）　2. 叠唇无沿盆（H33∶9）　3. 敞口盆（H27∶11）　4、8. 豆（H78∶3、H12∶12）　5、6. 尖底瓶（H33∶3、H85∶2）　7. 尖底瓶底（H61∶3）　9. 敛口盆（H5∶16）

---

① 汪宁生：《云南傣族制陶的民族考古学研究》，《考古学报》2003 年 2 期，第 244 页。

七、陶器制法的总体特征

通过观察研究，将上亳遗址陶器的制作工艺特征总结如下：

（1）就整体成型方法而言，仰韶中期和仰韶晚期以手制为主，庙底沟二期出现模制技术，龙山时期模制技术进一步发展，同时轮制占主导地位。

（2）整形方法方面，仰韶中期以刮削和修抹为主，仰韶晚期以修抹和拍打为主，庙底沟二期与龙山时期均以拍打和慢轮修整为主。

（3）装饰方法，仰韶中期以线纹和彩陶为主，仰韶晚期彩陶少见，出现篮纹、方格纹等，庙底沟二期以篮纹、绳纹和附加堆纹为主，錾手等附件增多，龙山时期以绳纹为主，把手、耳等附件随器形的改变而出现。装饰方法整体以在器表装饰纹样为主，但随时代变化，各期的主体纹样也随之改变。

依据制法三个方面的总结，可将该遗址陶器制法的发展划分为三个阶段。第一阶段即仰韶文化时期，指该遗址的仰韶中期和仰韶晚期，手制技术已较成熟。第二阶段即庙底沟二期文化时期，以新器形（斝）和新技术（模制法）的出现为标志。第三阶段，即龙山文化时期，制作方法多样，轮制为主，器物规整。

第一阶段以尖底瓶的制作方法为例，仰韶中期多双唇口，通常先做下唇，再做上唇，至仰韶晚期随瓶口演变成喇叭口，制法亦相对简单，颈、肩部相套接。对于尖底瓶底，仰韶中期多呈锐角，内壁的泥条缝明显，而仰韶晚期多为钝角，内壁相应可得到拍打修抹，泥缝不明显，但拍打器表会使内壁出现褶皱。第二阶段，在器物外底多发现粟粒印痕，且以泥质陶为主，应与该阶段普遍使用慢轮制陶有关。从少数民族原始制陶术的调查[①]中，一般先在轮盘上洒一层草木灰，以防止泥料与轮盘黏住，从而起到隔离的作用。同时，内壁垫窝增多，器表篮纹分组明显，显示出拍打技术的频繁使用。第三阶段，在上一阶段模制斝袋足的基础上，进一步使用到鬲的制作上，发展为三足合制或三足分别模制。轮制技术使器物胎壁更加轻薄、规整。从具体器物的制法方面，亦可看出该遗址的居民随着时间的演进，其制作陶器的工艺逐步发展，并不断改进和创新，与使用痕迹中钻孔技术的提高相对应（由单面钻孔—对钻—管钻）。

第三节 陶器化学组成分析

一、样品情况及分析方法

1. 样品情况

本次试验样品，以上亳遗址陶片为主，此外在其他相关遗址中亦选取少量样品，以作对比分

---

① 如汪宁生：《云南傣族制陶的民族考古学研究》，《考古学报》2003年2期，第246页。
张季：《西双版纳傣族的制陶技术》，《考古》1959年9期，第489页。
傣族制陶工艺联合考察小组：《记云南景洪傣族慢轮制陶工艺》，《考古》1977年4期，第252页。
本文所描述的粟粒印痕，不排除草木灰中带有粟壳等，即最后可观察到的粟粒印痕，或最初亦为草木灰，只是粟壳类在器底留下了印迹，而灰则混同到泥料中了。

析。上亳遗址样品选择较细，根据各期陶质陶色的不同，每类选取 5 个以上标本。其他遗址则选取各文化时期的典型陶质陶色的标本。采用的所有样品均选自各遗址中的典型单位，可辨器形者均为常见器物。

上亳遗址依据分期，选取仰韶中期、仰韶晚期、庙底沟二期、龙山时期及东周时期陶片共 95 块，另有 4 块红烧土，总计 99 件样品。其他遗址，分别位于垣曲盆地与临汾盆地，庙底沟文化时期有垣曲苗圃遗址（4 件）、临汾翼城北橄遗址（7 件）；仰韶晚期有垣曲苗圃遗址（6 件）；庙底沟二期有垣曲宁家坡遗址（11 件），侯马东呈王遗址（4 件），陶寺遗址（11 件）；龙山文化时期有陶寺遗址（22 件），翼城南石遗址（5 件），曲沃东许遗址（6 件），总计 76 件。分析样品总共 175 件。

2. 实验仪器

所有样品的测试均在北京大学考古文博学院科技考古 LA-ICP-OES 实验室完成。实验仪器由美国 Leeman 公司 Prodigy 型全谱直读发射光谱（ICP-OES）与美国 New Wave 公司 UP266 Macro 型 Nd: YAG激光器（激光剥蚀进样系统）组成。首先将美国国家标准局玻璃标准 NIST610、Corning 博物馆玻璃标准 Corning-B 与 Corning-D 共同上机测试，建立标准曲线（直线线性回归系数大于 0.995①）；之后测试样品，每个样品读数三次，求平均值②。

3. 分析方法

使用激光剥蚀进样电感耦合等离子体发射光谱（LA-ICP-OES）方法分析所选样品胎土③的化学成分，包括 Al、Fe、Si、K、Na、Ca、Mg、Ba、Ti、P 等共 10 个主量元素以及 Cu、Zn、Mn、Sr、Y、Ce、Yb、La、Sc、Gd、Dy、Zr 等 12 个微、痕量元素的含量④。

主量元素组成决定陶瓷的物理性质和外观，也反映陶瓷的原料种类和工艺。微量元素虽不影响陶瓷的物理性质，却可以提供关于原料产地的信息⑤。考虑到二者反映的信息不同，上亳遗址陶土的化学组成分析采用所有测试元素进行主成分分析，以综合两者的信息来全面反映陶土所代表的意义，而在不同遗址之间的横向对比分析中，选取微量元素进行主成分分析，以便更直接体现不同地区制陶原料的差异。

对于输出的数据，利用 SPSS 多元统计软件，通过降维处理，选用主成分分析方法进行分析。对于分析结果，如果两个主成分共解释所有变量的方差不低于 50%，则选用简单的二维散点图来表示，否则就需要选取三个主成分，图示也相应地显示为三维的散点图。

---

① 其中 Y、Zr 两元素的回归系数低于 0.995，其 RSD 值较大，可能和这两种元素在样品中分布不均匀有关系。
② 分析结果表明，主量元素含量的相对标准差（RSD）都小于 5%，百分量级的元素基本可以达到小于 3%。
③ 所测一般均为陶片断面——胎土部位，泥质陶因陶土细腻无夹杂物，用框选取测试范围，夹砂陶则以曲线方式选取，从而避开沙砾等夹杂物，因此，本文所测样品如果没有特殊提示，均指制陶原料中的黏土部分。
④ 该分析系统的优点是：无需制样，取样量小，可达到微损和近无损分析；检出限低，对于激光进样系统，常见元素的检出限达到 ppm 级；精确性高，当元素含量大于 100ppm 时，相对标准偏差（RSD）通常小于 5%。
⑤ 陈铁梅：《科技考古学》，北京大学出版社，2008 年，第 160 页。

二、上亳遗址陶器的化学组成

1. 陶片与红烧土的成分分析

从图三五[①]中可看出,红烧土与陶片差异明显,陶片相对聚集在一起。依据统计分析结果,4块红烧土[②]较陶片的化学成分,CaO 含量较高,Fe_2O、Al_2O_3 含量相对偏低。红烧土中的 CaO 含量达 5%~12%,与黄土成分中的 CaO 含量接近[③],而该遗址又处于黄土堆积区,选用随处可见的黄土修筑窑室、铺垫地面[④]也在情理之中。

以上分析表明,红烧土与制作陶器的陶土原料明显不同。

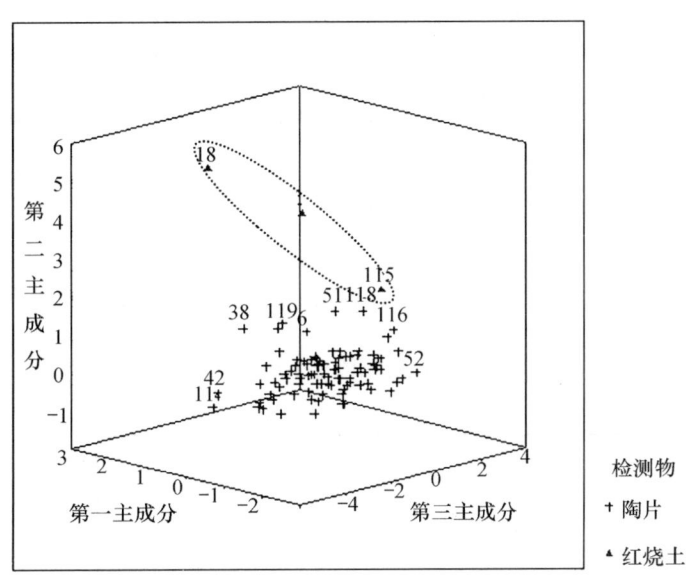

图三五 红烧土与陶片的主成分散点图

2. 所有陶片的成分分析

所有陶片无论从分期,还是从陶色上划分,除 86 白陶离散较远外,其余均聚集在一起(图三六[⑤]、图三七),表明该遗址除白陶为特例外,制作陶器的胎土原料基本相近,Al_2O_3 含量均低于 20%,为普通易熔黏土[⑥]。如此,可作两种推测,即一种为该遗址的所有陶器均为外来品,另一种为本地生产。鉴于从仰韶中期至东周时期,历三千余年陶土的化学成分均未发生大的变化,同时大

---

① 三个主成分共解释所有变量方差的 51.3%。
② 其中 18 与 19 重叠,均为庙底沟文化时期。
③ 刘东生:《中国的黄土堆积(中国黄土分布图说明书)》,科学出版社,1965 年,第 208 页。其中山西马兰黄土的钙含量平均值为 7.76%。
④ 4 块红烧土,1 出自窑室,余均出自灰坑。
⑤ 图三六与图三七,三个主成分共解释所有变量方差的 51.5%。
⑥ 李文杰:《陶器的化学组成与制陶原料的关系——兼论中国古代制陶工艺的分期和类型》,见《中国古代制陶工艺》,科学出版社,1996 年,第 331、332 页。

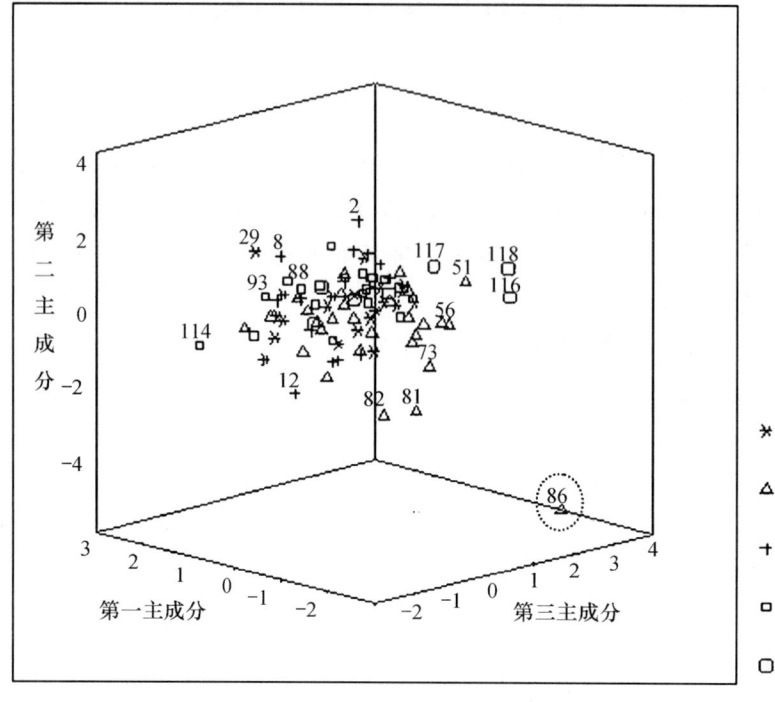

图三六　不同时期陶片主成分散点图

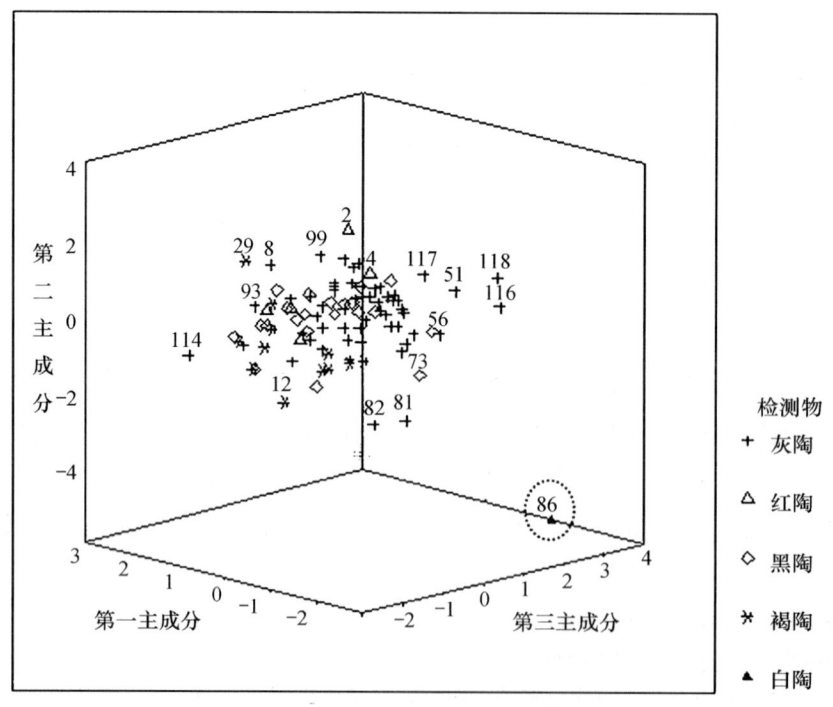

图三七　不同陶色陶片主成分散点图

批量的普通陶器的使用，无疑使前者不攻自破，从而阐明该遗址的大多陶器应为本地生产。

不同陶色的陶器（白陶例外），其胎土原料的化学成分相近而无大的差异，表明陶色的划分是依据器表颜色的不同，与窑内烧造气氛有关①，而与各自的黏土成分无大的关系。

分析结果显示，白陶较其他陶片的化学成分中，MgO、CaO、Fe_2O_3 含量略低，而 Al_2O_3 含量则较高，达 27%，为高铝质耐火黏土②。此块白陶的器形为陶斝，有学者认为陶寺遗址墓葬中的陶斝很可能是作为列器使用的③，此处虽无法证明该白陶真正的用途，但器形特殊，应该有其特殊的功用。

该白陶处在庙底沟二期文化时期，同时期其他地区相对应的文化有山东地区的大汶口文化与长江中游的屈家岭文化。山东泰安大汶口遗址白陶的主量元素含量④与其接近，均为高铝质黏土，而屈家岭文化的前身大溪文化中湖北关庙山遗址白陶⑤则 MgO 含量高而 Al_2O_3 低，明显不同于北方地区的白陶。如此分析，则可以肯定该遗址的白陶为北方高铝质白陶，大汶口文化的白陶器形多为陶鬶，也是特殊器物。若从交流与贸易的角度考虑，该白陶斝并非完全意义上的搬入品，更谈不上是模仿器⑥，因为斝这一器形庙底沟二期文化时期仅见于中原地区，山东地区并没有此器形。而目前山东地区的白陶发现相对较多，应有其相应的产地，中原地区发现较少，还无法断定是否也有相应的白陶产地，此问题的解决有待于考古工作的进一步开展。如果说制作该白陶的陶土来自于山东地区，经本土的制陶工匠制作而成，似乎可作为一种解释。

上述分析表明，除白陶斝之外，其余陶器的胎土成分基本一致，为普通易熔黏土，陶器为本地生产。白陶的制作原料明显不同，为高铝质黏土，化学成分与山东地区同时期的大汶口文化的白陶相近，二者之间或许存在着交流与贸易，但白陶斝具有特殊功用则是可以肯定的。

3. 黑陶化学成分的探讨

笔者在挑选样品时，依据器表黑色的深浅程度及陶胎的细微差异，将黑陶分为黑皮陶、黑陶和蛋壳黑陶三类来描述。黑皮陶指器表黑色略浅，似析出一层稀薄的泥浆，胎多为褐胎或夹心胎；黑陶是相对于黑皮陶而言，器表的黑色匀称且相对厚重些，一些器物的器表磨光而有光泽，胎多灰胎，也有褐胎；蛋壳黑陶，指胎壁相对较薄的一类，灰胎，器形较小，器表黑色极其匀称，制作精致，磨光者更显美观，但并非典型的山东蛋壳黑陶⑦。

从图三八⑧中可看出，黑陶的胎土与器表离散度不大，但胎土聚集的相对集中一些。说明胎土

---

① 李家治：《中国科学技术史·陶瓷卷》，科学技术出版社，1998年，第29页。
② 李文杰：《陶器的化学组成与制陶原料的关系——兼论中国古代制陶工艺的分期和类型》，见《中国古代制陶工艺》，科学出版社，1996年，第332页。
③ 卜工：《文明起源的中国模式》，科学出版社，2007年，第299页。
④ 李家治：《中国科学技术史·陶瓷卷》，科学技术出版社，1998年，第35页。
⑤ 李家治：《中国科学技术史·陶瓷卷》，科学技术出版社，1998年，第36页。
⑥ 秦小丽：《陶器研究方法论——以恢复社会生活为目的的陶器研究方法》，见《中国史前考古学研究——祝贺石兴邦先生考古半世纪暨八秩华诞文集》，三秦出版社，2003年，第431、432页。文章提出有关陶器移动的四个类型，反映出地域间的交流，但上亳遗址白陶斝无法归入其中任何一类，有待探讨。
⑦ 目前在各类报告中均可见到黑陶、黑皮陶的命名，在此，想借助化学成分来分析三者之间有无实质性的差异。
⑧ 三个主成分共解释所有变量方差的 53.2%。

与器表的化学成分还是有一些差异的,从化学元素含量的数据对比中,发现器表较胎土的 K_2O 含量高。

图三九[①]显示出,笔者所划分的三类黑陶,相互之间均有交叉,说明三者器表化学成分之间没有实质性的差异。

图四〇的分布与图三八相同,只是变量不同,前者以时期为参考,可看出龙山时期的黑陶相对集中,与仰韶晚期、庙底沟二期没有交叉。

依据目前对黑陶制作工艺的研究[②],通常认为与渗碳工艺有关。在藏族传统制陶工艺的调查中,其间对黑陶烧制过程的展示[③],再次用实例证明渗碳(烟熏)才是黑陶制作工艺中的关键。所以对黑陶的研究应主要对其烧造工艺中碳含量及烧失量的变化进行分析。

就目前的测试结果,可总结如下结论:黑陶的胎土成分与其他陶片成分相近,说明黑陶亦为本地生产;黑陶器表与胎土成分的差异,显示出黑陶器表经过专门的加工处理,目前已认可其与渗碳工艺有关;笔者所划分的三个类别,器表之间或胎土之间均无大的差异,但因受所测元素中无碳元素的限制,不排除三个类别的差异在于其器表渗碳量多少的不同而导致器表黑色程度的不一致;就不同时期器表化学成分来说,龙山时期的样品相对集中,或许与其工艺的进步有关,此外,仰韶晚期与庙底沟二期样品之间交叉分布,而龙山时期与二者均无交叉,可认为前二者之间在黑陶器表的处理方面,工艺无大的差异,二者之间关系较密切,均处于过渡阶段,至龙山时期,黑陶的制作工艺有所发展并相对成熟。

三、垣曲盆地与临汾盆地相关遗址的横向对比分析

在此小节的对比分析中,依据相关遗址所选样品的种类,从上亳遗址中选出与其他遗址同时期且同一种类的样品进行分析,以达到选用样品标准的统一。分析结果如下:

图四一~图四四显示出垣曲盆地与临汾盆地在新石器时代不同阶段陶土化学组成的变化。图四一[④]显示仰韶中期,三个遗址样品交叉分布,表明此时两盆地陶土的化学组成相近。图四二[⑤]显示仰韶晚期,所选遗址均处垣曲盆地,苗圃遗址的样品穿插于上亳遗址中,说明此时垣曲盆地不同遗址间陶土的化学组成未发生变化。庙底沟二期文化时期,从图四三[⑥]中可看出,垣曲盆地与临汾盆地明显划分为两个区域,垣曲盆地的两个遗址间样品仍交叉分布,而临汾盆地的两个遗址样品则相对离散,显示出差异。说明从此期开始,两盆地间陶土的化学组成发生大的变化,制陶原料明显不同。龙山文化时期,图四四[⑦]仍显示为两个不同的区域,但有个别样品出现在另一区域内。

---

① 图三九与图四〇,三个主成分共解释所有变量方差的60.2%。
② 沈建兴等:《龙山黑陶显微结构分析和渗碳工艺研究》,《中国陶瓷》2008年44卷第3期,第43~45页。
朱铁权等:《双墩遗址黑陶渗炭工艺初探》,《文物保护与考古科技》2005年17卷第2期,第1~8页。
③ 陆斌:《藏族传统制陶工艺现状的调查》,《中国陶瓷》2007年43卷12期,第74~76页。
④ 第一主成分与第二主成分共解释所有变量方差的50.5%。
⑤ 第一主成分与第二主成分共解释所有变量方差的53.9%。
⑥ 第一主成分与第二主成分共解释所有变量方差的50%。
⑦ 三个主成分共解释所有变量方差的63%。

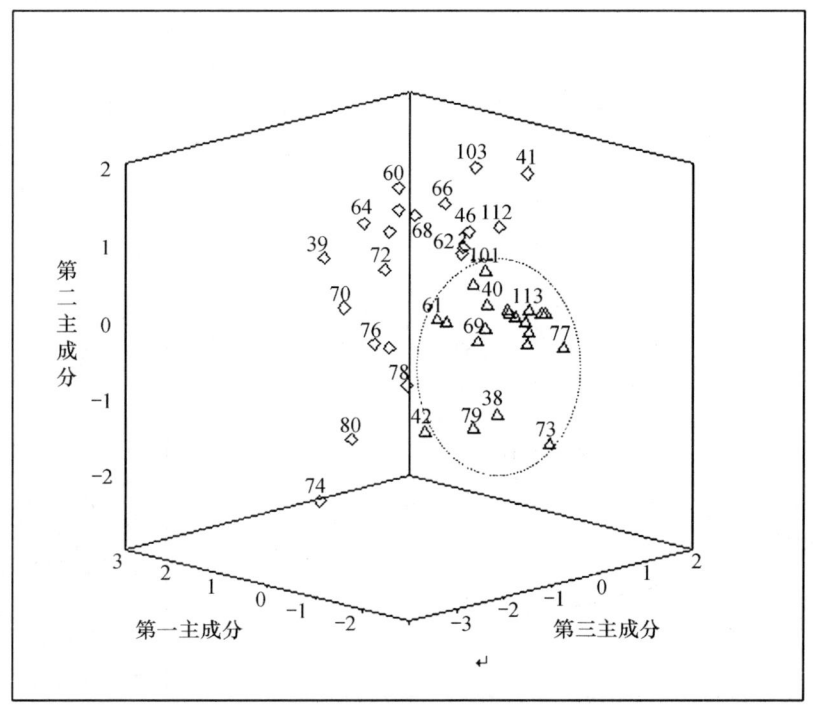

图三八　黑陶胎土与器表主成分散点图

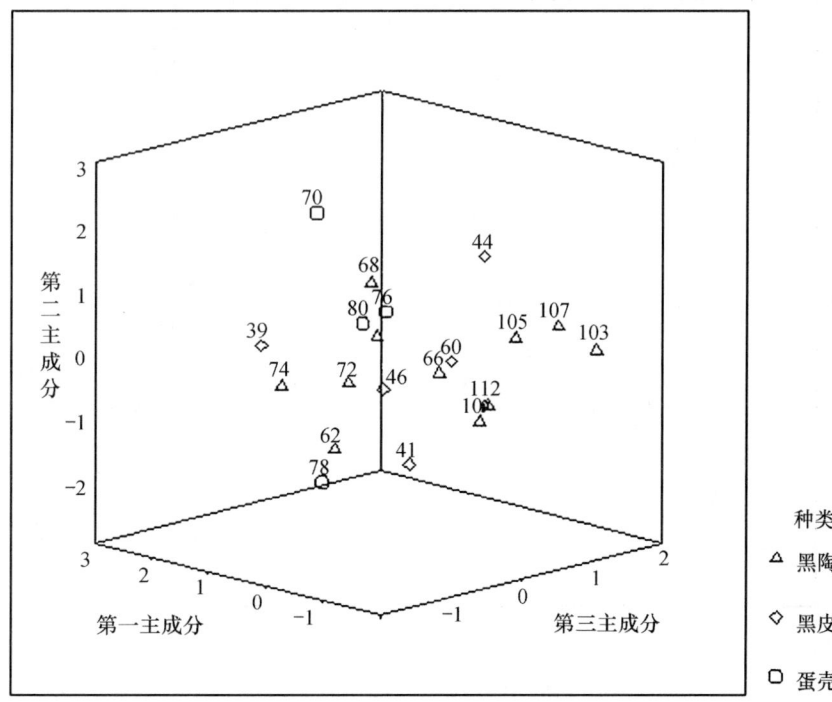

图三九　各类黑陶器表成分散点图

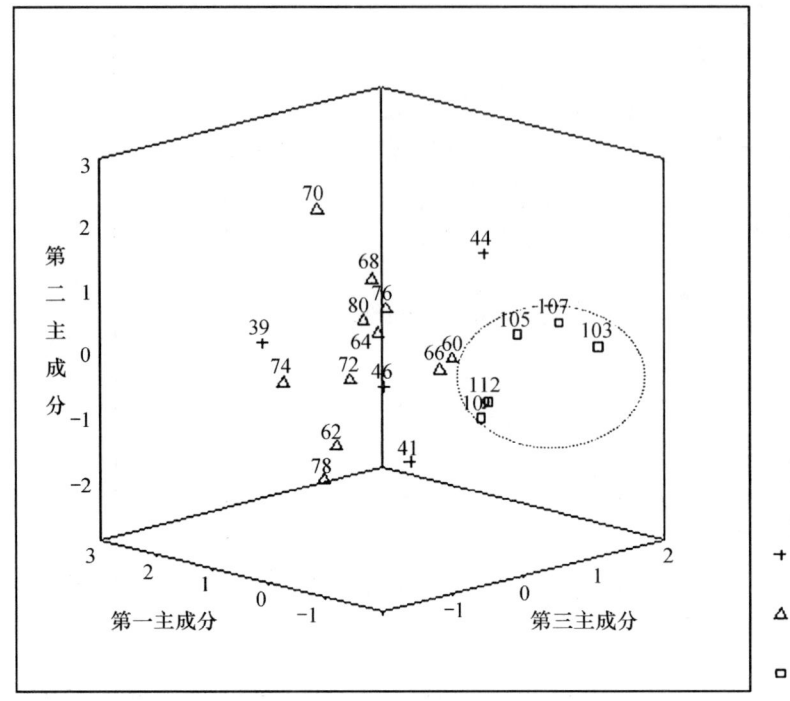

图四〇　不同时期黑陶器表主成分散点图

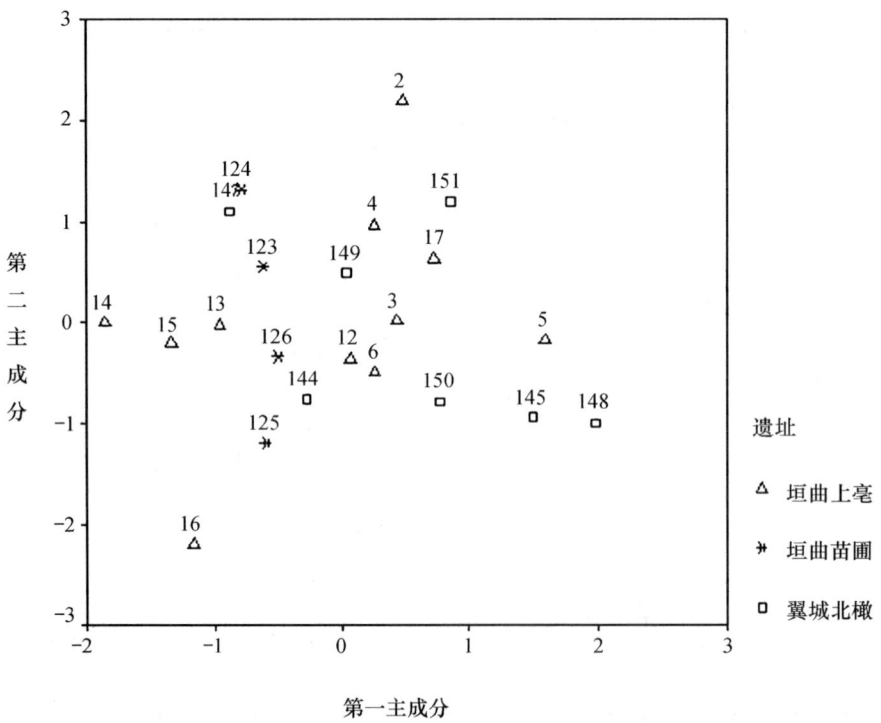

图四一　仰韶中期相关遗址主成分散点图

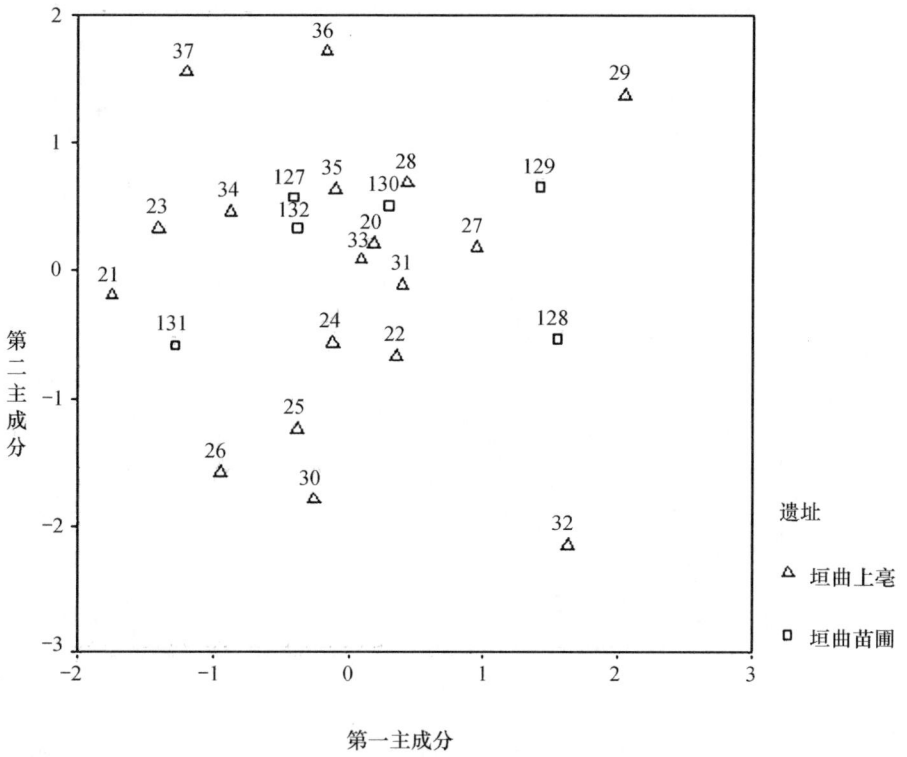

图四二　仰韶晚期相关遗址主成分散点图

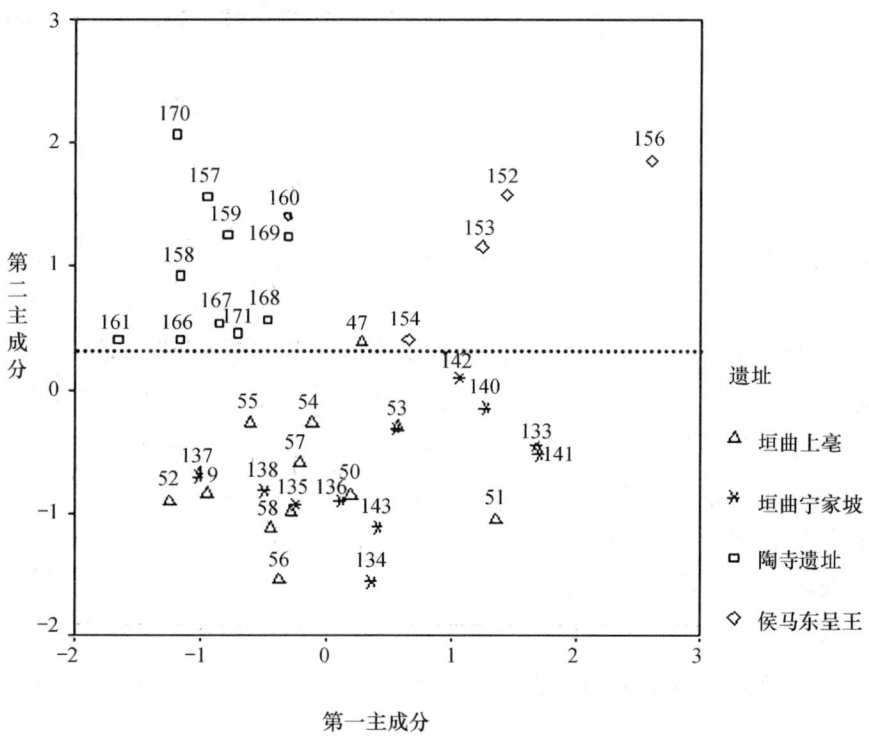

图四三　庙底沟二期相关遗址主成分散点图

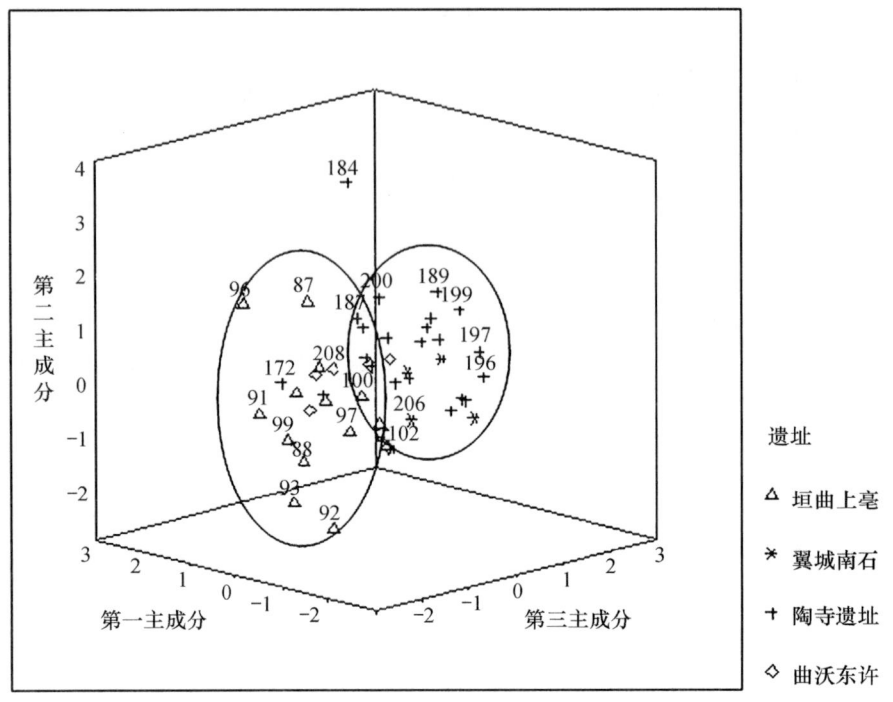

图四四　龙山期相关遗址主成分散点图

以上分析表明，垣曲盆地与临汾盆地陶土的化学组成在仰韶文化时期基本相近，在庙底沟二期文化时期发生大的转折，化学组成显示出明显的差异，龙山文化时期差异进一步延续，但不同遗址个别样品间交叉分布。

四、制陶原料化学组成分析小结

通过分析研究，对于上亳遗址的陶土原料，得出初步结论如下：

（1）上亳遗址陶片与红烧土的化学组成明显不同，即制作陶器的陶土与红烧土的土料来源不一样。

（2）上亳遗址从仰韶文化时期至东周时期，历三千余年，虽中间有间断，但陶器胎土的化学成分仍基本相近，为普通易熔黏土，表明该遗址的陶器为本地生产。

（3）该遗址唯一的一件白陶斝，化学组成明显不同于其他陶片，为高铝质黏土，可能非本地所产，或许与同时期山东地区的大汶口文化之间存在交流或贸易，同时表明其本身具有特殊的功用。

（4）上亳遗址黑陶的胎土与器表化学成分的差异，应与其烧造过程中的渗碳工艺有关。随时间的演进，龙山时期对器表的处理技术进一步规范化。

（5）垣曲盆地同时期各遗址陶器的化学组成基本相近，至少从仰韶中期至庙底沟二期，该盆地内的制陶原料基本相同。

（6）垣曲盆地与临汾盆地在仰韶文化时期陶器间的化学组成差异不明显，但到庙底沟二期文化时期则明显不同。

对于结论的总结，也引发一些相关问题的探讨。

首先，对于经三千余年陶土化学组成未发生大的变化的原因的探讨。从民族学的角度观察，不排除该遗址历代制陶者均在相近地点取土的可能性①。或者说明当时所选用的黏土分布很普遍。

其次，特殊器类——白陶，目前在中原地区新石器时期遗址中发现较少，其产地与本身的功用有待进一步研究。与此关系较密切的山东地区，通过对大汶口文化白陶鬶的复制研究②，在遗址附近找到了化学成分相近的白陶土，从而证明其白陶器为本地生产。

最后，垣曲盆地与临汾盆地的陶土化学组成在庙底沟二期文化时期发生大的变化，再一次显示出这一阶段的重要性。联系上文的制陶技术，此期也发生一些变化，即模制法的出现与运用。如若上升到文化的高度，此期也正好处于两盆地龙山文化时期不同文化类型形成前的酝酿阶段③。

---

① 赵美、万靖:《怒族手工制陶术调查》,《南方文物》2008 年 1 期, 第 26 页。怒族制陶者一家至少最近三代所用陶土均在同一地点取土。
② 尉崇德:《大汶口文化时期白陶鬶制作工艺的探讨与复制研究》,《考古与文物》1999 年 3 期, 第 36 页。
③ 龙山文化时期临汾盆地形成陶寺类型, 而运城盆地则归于三里桥类型。

附录二 上亳遗址 ^{14}C 测年数据

送测单位：山西省考古研究所

测定日期：2004 年 2 月 10 日

实验室编号	样品	样品原编号	^{14}C 年代（BP）	误差
BA03325	木炭	03YST126H78	4210	60

注：BP 为距 1950 年的 ^{14}C 年代。

计算年代采用的 ^{14}C 半衰期为 5568 年，年代数据未作树轮年代校正。

北京大学　加速器质谱实验室

第四纪年代测定实验室

附录三　上毫遗址陶器化学组成测试报告

王小娟　王晓毅

一、样品情况

上毫遗址文化遗存主要为仰韶中期、仰韶晚期、庙底沟二期、龙山时期与东周时期，本次测试样品均来自这5个时期，以Ⅰ区遗存为主，个别为Ⅱ区和Ⅲ区。陶片样品选择以陶质陶色为划分标准，每类选取5个以上。样品总计99个，其中陶片95，另有4块红烧土。样品描述详见表一。

表一　上毫遗址测试样品描述　　　　　　　　　　　　　　（单位：毫米）

编号	出土单位	取样部位	陶质陶色	文化时期	陶片断面表观	其他特征
1	Y301	红烧土块		仰韶中期	细砂，有孔隙，断面较干净	厚15.57
2	H30	尖底瓶腹片	泥质红陶	仰韶中期	陶色一致，有小孔隙	素面，胎厚7.61
3	H45	尖底瓶腹片	泥质红陶	仰韶中期	陶色基本一致，有小孔隙	饰线纹，胎厚7.76
4	H4	盆腹片	泥质红陶	仰韶中期	陶色基本一致，有小孔隙	唇下饰凹弦纹，胎厚5.87
5	H4	敛口钵腹片	泥质红陶	仰韶中期	陶色一致，有小孔隙	器表磨光，胎厚4.30
6	H30	彩陶片	泥质红陶	仰韶中期	器表深红色，断面陶色一致，有小孔隙	施黑彩，磨光，胎厚5.67
7	H38	缸腹片	泥质灰陶	仰韶中期	陶色一致，有孔隙，有个别灰色颗粒	素面，胎厚11.44
8	H45	盆腹片	泥质灰陶	仰韶中期	表里较中间颜色浅，有孔隙	器表磨光，胎厚6.03
9	H73	盆腹片	泥质灰陶	仰韶中期	外层偏褐色，内层灰色，有孔隙	器表磨光，胎厚6.02
10	H4	盆口沿	泥质灰陶	仰韶中期	器表颜色稍偏褐，断面基本一致，呈灰色，有孔隙	内外壁均磨光
11	H19	盆口沿	泥质灰陶	仰韶中期	陶色一致，有孔隙	素面
12	H4	罐腹片	夹砂褐陶	仰韶中期	陶色一致，夹灰、白色颗粒，砂砾较多	肩部饰凹弦纹，胎厚7.29
13	H4	罐口沿	夹砂褐陶	仰韶中期	外层红褐色，内层褐色，夹灰、白色颗粒，砂砾较多	肩部饰凹弦纹，胎厚5.05
14	H30	罐腹片	夹砂褐陶	仰韶中期	表里褐色，中间红褐色，夹灰、白颗粒，砂砾相对较细	素面，胎厚6.95
15	H19	罐口沿	夹砂褐陶	仰韶中期	外层褐色，内层红褐色，夹灰、白颗粒	素面
16	H30	罐口沿	夹砂褐陶	仰韶中期	陶色基本一致，夹、白颗粒，砂砾较小	素面
17	H45	盆口沿	夹砂褐陶	仰韶中期	陶色基本一致，呈灰色，夹、白颗粒	素面
18	H19	红烧土块		仰韶中期	内有麦秆类痕迹，有孔隙	不规整
19	H38	红烧土块		仰韶中期	表面抹黄泥，磨光，中间灰，细砂，外层红色薄	厚21.27，或为地面

续表

编号	出土单位	取样部位	陶质陶色	文化时期	陶片断面表观	其他特征
20	H31	尖底瓶近底腹片	夹砂灰陶	仰韶晚期	外层红褐色，内层黄褐色，夹灰、白颗粒，砂砾较小	饰横篮纹，胎厚6.20
21	H22	罐腹片	夹砂灰陶	仰韶晚期	陶色基本一致，夹灰、白颗粒	饰横篮纹，胎厚7.42
22	H11	罐腹片	夹砂灰陶	仰韶晚期	陶色基本一致，呈褐色，夹灰、白颗粒	饰横篮纹，胎厚4.50
23	H84	缸腹片	夹砂灰陶	仰韶晚期	表里较中间颜色稍深，夹灰、白颗粒	磨光，胎厚8.77
24	H84	缸腹片	夹砂灰陶	仰韶晚期	陶色基本一致，夹灰、白颗粒	磨光，胎厚10.68
25	H11	罐口沿	夹砂灰陶	仰韶晚期	陶色基本一致，夹灰、白颗粒	素面
26	H58	尖底瓶腹片	夹砂褐陶	仰韶晚期	外层黄褐，中间红褐，里层灰色，夹灰、白颗粒	篮纹隐约可见，胎厚6.48
27	H58	罐腹片	夹砂褐陶	仰韶晚期	外层红褐色，内层黄褐色，夹灰、白颗粒	饰篮纹，胎厚9.54
28	H11	罐腹片	夹砂褐陶	仰韶晚期	器表陶色不匀，此处陶色基本一致，呈褐色，夹灰、白颗粒	饰一周附加堆纹，胎厚11.30
29	H11	罐腹片	夹砂褐陶	仰韶晚期	陶色基本一致，夹灰、白颗粒	素面，胎厚5.20
30	H11	罐腹片	夹砂褐陶	仰韶晚期	器表陶色不匀，此处陶色表里褐，中间偏灰，夹灰、白颗粒	饰篮纹，胎厚6.12
31	H84	罐腹片	夹砂褐陶	仰韶晚期	外层灰褐，内层黄褐，夹灰、白颗粒	饰一周附加堆纹，胎厚12.14
32	H11	罐腹片	泥质灰陶	仰韶晚期	外层红褐，内层灰色，有小孔隙	素面，胎厚6.76
33	H11	罐腹片	泥质灰陶	仰韶晚期	陶色基本一致，有小孔隙	素面，胎厚4.80
34	H15	罐腹片	泥质灰陶	仰韶晚期	陶色基本一致，有小孔隙	磨光，5.70
35	H36	尖底瓶口沿	泥质灰陶	仰韶晚期	陶色基本一致，有小孔隙	素面
36	H58	罐腹片	泥质灰陶	仰韶晚期	陶色基本一致，有小孔隙	饰篮纹
37	H94	瓮口沿	泥质灰陶	仰韶晚期	陶色基本一致，有小孔隙	素面
38	H94	折腹豆口沿	黑皮陶	仰韶晚期	分5层，依次为红褐、黄褐、灰、黄褐、红褐，有小孔隙	口沿磨光，胎厚5.26
40	H10	盆腹片	黑皮陶	仰韶晚期	陶色基本一致，呈褐色，有孔隙	磨光，胎厚7.28
42	H10	钵口沿	黑皮陶	仰韶晚期	表里红褐，中间灰色，有小孔隙	磨光，胎厚6.73
45	H58	钵口沿	黑皮陶	仰韶晚期	表里灰，中间黄褐，有孔隙	磨光，颜色较浅，胎厚4.83
47	H202	罐腹片	夹砂灰陶	庙底沟二期	陶色基本一致，夹灰、白颗粒	饰绳纹，胎厚5.33
48	H207	罐腹片	夹砂灰陶	庙底沟二期	陶色基本一致，夹灰、白颗粒	饰绳纹，胎厚6.47
49	H43	罐口沿	夹砂灰陶	庙底沟二期	陶色一致，夹灰、白颗粒，砂砾较小	素面，胎厚6.12
50	H43	罐口沿	夹砂灰陶	庙底沟二期	陶色一致，夹灰、白颗粒，砂砾较小	沿下饰一周厚附加堆纹
51	H12	釜灶腹片	夹砂灰陶	庙底沟二期	陶色基本一致，夹灰、白颗粒	饰篮纹，胎厚6.35
52	H12	腹片	夹砂灰陶	庙底沟二期	陶色一致，夹灰、白颗粒，有大砂砾	饰绳纹，胎厚6.92
53	H43	刻槽盆腹片	泥质灰陶	庙底沟二期	陶色基本一致，有小孔隙	器表素面，胎厚6.42

续表

编号	出土单位	取样部位	陶质陶色	文化时期	陶片断面表观	其他特征
54	H202	高领罐腹片	泥质灰陶	庙底沟二期	陶色基本一致，有孔隙	器表饰篮纹，胎厚5.75
55	H43	高领罐肩部	泥质灰陶	庙底沟二期	陶色基本一致，质密	器表磨光，胎厚3.38
56	H12	腹片	泥质灰陶	庙底沟二期	陶色一致，有孔隙	饰篮纹，胎厚5.76
57	H8	宽沿罐腹片	泥质灰陶	庙底沟二期	陶色基本一致，有孔隙	器表磨光，胎厚5.57
58	H202	罐腹片	泥质灰陶	庙底沟二期	陶色基本一致，有小孔隙	器表磨光，胎厚6.03
59	H43	盆腹片	黑皮陶	庙底沟二期	表里黄褐，中间灰色，有小灰、白颗粒	器表磨光，胎厚6.56
61	H12	斝腹片	黑皮陶	庙底沟二期	陶色基本一致，呈深灰，有小灰、白颗粒	上腹磨光，折腹处8.25
63	H12	豆座片	黑皮陶	庙底沟二期	陶色基本一致，呈灰，较质密	磨光，厚3.07
65	H12	豆座片	黑皮陶	庙底沟二期	陶色基本一致，呈灰，较质密	磨光，厚3.04
67	H12	盆腹片	泥质黑陶	庙底沟二期	陶色基本一致，呈灰，有孔隙	磨光，较光滑，厚3.91
69	H12	腹片	泥质黑陶	庙底沟二期	陶色基本一致，呈灰，较致密	磨光，厚3.01
71	H12	斝腹片	泥质黑陶	庙底沟二期	陶色一致，上腹泥灰，下腹夹灰、白颗粒	磨光，有光泽，厚5.05
73	H32	小杯底	蛋壳黑陶	庙底沟二期	陶色基本一致，有小孔隙	磨光，有光泽，近底壁厚4.47
75	H12	小杯腹片	蛋壳黑陶	庙底沟二期	陶色基本一致，有小孔隙	磨光，有光泽，壁厚1.82
77	H12	小杯近底	蛋壳黑陶	庙底沟二期	陶色基本一致，有小孔隙	磨光，有光泽，壁厚2.25
79	H12	小杯底	蛋壳黑陶	庙底沟二期	陶色基本一致，质密	磨光，有光泽，近底壁厚3.03
81	H8	厚胎缸	夹砂灰陶	庙底沟二期	外层红褐，中间褐色，里层深褐，夹灰、白颗粒，砂砾不大	器表饰横粗篮纹，厚19.81
82	H43	厚胎缸	夹砂红陶	庙底沟二期	陶色一致，夹灰、白颗粒	器表饰粗篮纹厚10.22
83	H43	厚胎缸	夹砂灰陶	庙底沟二期	表里黄褐，中间深灰色，有小灰、白颗粒，质密，有孔隙	器表饰粗篮纹，厚13.47
84	H12	厚胎缸	夹砂灰陶	庙底沟二期	陶色基本一致，夹灰、白颗粒	器表饰篮纹，胎厚14.33
85	H12	厚胎缸	夹砂灰陶	庙底沟二期	陶色基本一致，深灰，夹灰、白颗粒，有孔隙	饰篮纹，有粒状小孔，厚20.21
86	H8	斝口沿	白灰陶	庙底沟二期	陶色一致，有小孔隙	内壁抹光，厚4.67
87	H5	单耳罐腹片	夹砂灰陶	龙山时期	陶色一致，夹灰色颗粒	器表饰方格纹，胎厚3.07
88	H5	单耳罐腹片	夹砂灰陶	龙山时期	陶色一致，夹灰色、白色颗粒等	饰竖绳纹，胎厚4.38
89	H50	甗腹片	夹砂灰陶	龙山时期	陶色一致，夹灰色、白色颗粒等，砂砾较粗	饰竖绳纹，胎厚8.45
90	H50	腹片	夹砂灰陶	龙山时期	陶色基本一致，夹灰色、白色颗粒，质较密	饰篮纹，带横丝，厚5.76
91	H5	罐口沿	夹砂灰陶	龙山时期	陶色基本一致，呈深褐，夹灰色、白色颗粒	器表饰绳纹

续表

编号	出土单位	取样部位	陶质陶色	文化时期	陶片断面表观	其他特征
92	H5	鬲腹片	夹砂灰陶	龙山时期	器表灰色，断面红褐色，夹灰色、白色颗粒等	饰竖绳纹，胎厚3.83
93	H5	鬲足片	夹砂灰陶	龙山时期	器表灰色，断面红褐色，夹灰色、白色颗粒等	饰竖绳纹，胎厚4.30
94	H5	双耳罐领部	泥质灰陶	龙山时期	表里层较中间颜色稍深，有小孔隙	素面，唇部磨光，胎厚5.55
95	H50	盆口沿	泥质灰陶	龙山时期	表里层较中间颜色稍深，有孔隙	素面，胎厚6.58
96	H50	豆口沿	泥质灰陶	龙山时期	表里层较中间颜色稍深，有小孔隙	素面，胎厚11.65
97	H201	罐口沿	泥质灰陶	龙山时期	表里灰色，中间黄褐，最中间为灰色，分5层，有小孔隙	素面，抹光，胎厚4.50
98	H5	盆口沿	泥质灰陶	龙山时期	陶色基本一致，有孔隙	器表磨光，内壁有修整棱痕
99	H2O1	罐口沿	泥质灰陶	龙山时期	陶色一致，有孔隙	器表磨光
100	H201	腹片	泥质灰陶	龙山时期	表里较中间色深，有孔隙	饰篮纹，厚5.40
101	H50	豆腹片	泥质黑陶	龙山时期	内外黄褐色，中间灰色	器表磨光，陶致密，胎厚5.00
104	H5	盆腹片	泥质黑陶	龙山时期	陶色基本一致，呈深灰色，有孔隙	素面磨光，有光泽，胎厚6.32
106	H5	腹片	泥质黑陶	龙山时期	表里黄褐，中间灰，有孔隙	素面磨光，有光泽，胎厚7.41
108	H50	腹片	泥质黑陶	龙山时期	陶色基本一致，呈褐色，有孔隙	器表磨光，厚4.47，黑皮陶？
110	H50	豆腹片	泥质黑陶	龙山时期	表里黄褐，中间灰，有孔隙	器表磨光
113	H5	浅豆盘腹片	泥质黑陶	龙山时期	器表灰，内壁黑，断面陶色基本一致，颜色近灰，有孔隙	素面，内壁抹光，胎厚5.35
114	H50	厚胎缸腹片	夹砂灰陶	龙山时期	表里层黄褐，中间灰色，夹白石英颗粒等	器表饰粗篮纹，胎厚24.63
115	H5	红烧土块		龙山时期		厚15.59
116	H99	板瓦片	泥质灰陶	东周	陶色一致，有孔隙	器表饰绳纹，厚9.80
117	H99	板瓦片	泥质灰陶	东周	陶色一致，有小孔隙	器表饰绳纹，厚10.04
118	H99	板瓦片	泥质灰陶	东周	陶色一致，有孔隙	器表饰绳纹，厚13.38
119	H99	腹片	泥质灰陶	东周	表里较中间色浅，有孔隙	器表饰绳纹，厚6.97
120	H99	腹片	泥质灰陶	东周	陶色基本一致，有孔隙	器表饰抹断绳纹，厚6.51
121	H99	近底腹片	泥质灰陶	东周	外层深灰、内层褐，有孔隙	素面，厚6.24
122	H99	近底腹片	泥质灰陶	东周	表里灰褐，中间灰，有孔隙	器表有修整痕，厚9.67

二、实验方法

1. 实验仪器

激光剥蚀进样系统，美国 New Wave 公司 UP266 Macro 型 Nd: YAG 激光器。

ICP-OES，美国 Leeman 公司 Prodigy 型全谱直读发射光谱。该仪器采用百万像素、大面积、程序化固态检测器阵列（L-PAD），结合固定式中阶梯光栅光学系统。具有分辨率高、色散率大、全谱一次曝光完成、同步背景与内标校正等特性。

2. 实验条件

激光器：激发功率 14mj；能量输出 100%；剥蚀直径 515 微米；氦气流量 800ml/min。
ICP-OES：高频发生器功率 1.1kW；雾化器压力 25psi，拍照时间 30s，每个样品读数三次。

3. 分析方法

使用激光剥蚀进样电感耦合等离子体发射光谱（LA-ICP-OES）方法分析所选样品胎土[①]的主成分。将样品以其所测部位朝上放入盛样器内，激光打样获取化学元素数据。包括 Al、Fe、Si、K、Na、Ca、Mg、Ba、Ti、P 等共 10 个主量元素与 Cu、Zn、Mn、Sr、Y、Ce、Yb、La、Sc、Gd、Dy、Zr 等 12 个微、痕量元素。该分析系统的优点在于无需制样，取样量小，可达到微损和近无损分析；检出限低，对于激光进样系统，常见元素的检出限达到 ppm 级；精确性高，当元素含量大于 100ppm 时，相对标准偏差（RSD）通常小于 5%。

三、测试结果

测试结果见表二。

对于输出的数据，利用 SPSS 软件，通过降维处理，选用主成分分析方法进行分析。得出以下认识：

上亳遗址陶器与红烧土的化学成分不同，说明二者制作原料的不同；上亳遗址新石器时代与东周时期陶器的化学组成基本一致，说明制作原料中的黏土部分未发生大的变化，该遗址的陶器亦为本地生产；白陶斝较特殊，其化学成分明显不同于其他陶片，属于高铝质黏土，推测存在与外来文化之间的交流；上亳遗址黑陶器表与胎土的化学成分存在差异，其制陶工艺有待于进一步探讨。

[①] 所测一般均为陶片断面——胎土部位，泥质陶因陶土细腻无夹杂物，用框选取测试范围，夹砂陶则以曲线方式选取，从而避开沙砾等夹杂物，因此，如没有特殊提示，所测样品均指胎土中的黏土部分。

表二 上亳遗址测试样品化学元素含量

编号	Na$_2$O	MgO	CaO	Fe$_2$O$_3$	Al$_2$O$_3$	SiO$_2$	P$_2$O$_5$	K$_2$O	TiO$_2$	BaO	Mn	Co	Cu	Zn	Sr	Y	Ce	Yb	Zr	Gd	Dy	Sc	备注
1	1.73	2.75	12.23	6.32	15.14	57.42	0.10	3.15	0.78	0.11	1401	0	58	153	506	39	99	5	439	49	32	23	
2	0.92	3.08	1.41	8.57	18.15	63.30	0.04	2.95	1.00	0.10	2314	16	57	166	236	41	93	5	206	64	48	25	
3	0.35	2.34	2.05	8.20	18.40	63.68	0.18	3.14	0.96	0.13	1480	27	55	130	372	37	78	6	352	60	35	23	
4	0.95	2.72	1.78	7.58	18.09	63.96	0.08	3.27	0.93	0.09	1283	14	56	151	218	50	84	6	163	60	41	23	
5	0.49	2.73	2.05	8.56	17.83	63.10	0.17	3.31	1.02	0.17	1265	26	66	200	367	53	69	7	207	62	37	24	
6	0.85	3.01	3.81	7.74	17.79	62.34	0.15	2.80	0.87	0.10	1258	15	59	164	324	42	61	6	265	57	33	25	
7	0.86	2.42	1.76	7.72	17.56	64.59	0.08	3.43	0.99	0.10	1747	21	65	159	166	41	87	5	305	61	44	21	
8	0.89	2.91	3.19	8.69	18.63	60.18	0.46	3.49	0.94	0.15	1678	6	31	183	243	45	83	6	165	71	40	27	
9	0.84	2.96	1.97	7.97	18.01	63.47	0.14	3.04	0.94	0.11	1289	24	44	143	238	42	78	5	205	63	38	25	
10	0.72	2.76	1.70	8.50	19.49	61.97	0.07	3.34	0.86	0.10	1656	3	68	158	151	37	67	6	197	63	42	25	
11	0.88	2.43	2.09	7.43	17.12	65.38	0.08	3.15	0.86	0.10	1161	9	50	145	166	34	76	5	254	53	41	22	
12	0.18	1.54	2.33	8.38	20.99	61.59	0.08	3.08	0.89	0.19	1035	26	43	107	275	38	79	6	223	55	30	29	
13	0.08	1.76	1.67	7.94	19.09	64.37	0.00	3.29	0.93	0.13	921	22	47	122	168	35	79	5	181	50	31	26	
14	0.42	1.80	2.08	6.75	17.35	66.48	0.02	3.26	0.74	0.22	1052	14	50	97	221	33	70	5	140	45	26	21	
15	0.09	1.72	1.67	8.01	18.31	65.54	0.10	2.84	0.85	0.08	952	19	49	121	147	34	63	5	208	53	29	23	
16	0.21	1.84	2.41	7.96	17.40	64.69	0.32	3.41	0.77	0.16	744	17	99	127	199	31	53	5	231	53	25	26	
17	0.27	2.22	3.46	9.00	16.74	61.84	0.19	4.26	1.25	0.19	1157	30	31	132	167	50	82	6	207	68	34	27	
18	1.18	2.79	11.51	6.83	16.08	56.86	0.25	3.13	0.85	0.14	1142	1	58	169	393	137	83	21	373	62	36	26	
19	1.18	2.79	11.51	6.83	16.08	56.86	0.25	3.13	0.85	0.14	1142	1	58	169	393	137	83	21	373	62	36	26	
20	0.63	2.38	2.14	8.14	18.48	62.91	0.09	3.59	0.83	0.17	1264	18	40	145	220	44	99	6	282	62	37	24	
21	0.36	2.05	2.05	7.81	17.94	65.22	0.03	2.95	0.83	0.08	822	6	43	128	124	25	62	4	141	54	32	21	
22	0.36	2.64	1.88	9.14	20.12	61.14	0.00	3.09	0.89	0.10	851	23	53	154	152	41	64	6	217	69	35	27	
23	0.66	2.11	1.51	7.26	17.96	66.04	0.08	2.87	0.77	0.10	1077	7	38	113	139	32	83	5	188	53	37	21	
24	0.69	2.29	1.62	8.15	19.16	63.58	0.06	2.82	0.91	0.10	1175	17	37	140	137	47	69	6	248	59	39	25	
25	0.06	2.02	1.56	8.49	20.15	62.50	0.02	3.54	0.92	0.10	861	8	42	142	137	37	59	6	257	62	35	25	

附录三　上亳遗址陶器化学组成测试报告

续表

编号	Na$_2$O	MgO	CaO	Fe$_2$O$_3$	Al$_2$O$_3$	SiO$_2$	P$_2$O$_5$	K$_2$O	TiO$_2$	BaO	Mn	Co	Cu	Zn	Sr	Y	Ce	Yb	Zr	Gd	Dy	Sc	备注
26	0.47	2.07	1.69	7.62	17.65	65.90	0.09	2.69	1.00	0.13	926	24	35	123	197	31	62	5	343	54	33	22	
27	0.09	2.16	1.82	8.63	19.41	62.52	0.08	3.41	1.07	0.17	1887	23	66	150	195	40	75	6	292	68	36	28	
28	0.51	2.80	2.12	8.53	18.13	62.65	0.36	3.22	0.95	0.16	1347	11	47	150	328	39	73	5	148	66	38	27	
29	0.56	3.18	2.08	8.69	18.23	61.75	0.41	3.39	0.94	0.17	2523	39	44	201	251	46	79	7	192	68	41	29	
30	0.17	2.07	2.19	7.73	17.37	65.34	0.05	3.37	0.92	0.15	904	15	39	147	187	44	51	6	265	60	33	24	
31	0.09	2.02	2.29	8.65	19.02	62.55	0.30	3.44	0.89	0.16	957	12	43	160	247	40	75	5	208	68	34	29	
32	0.89	2.31	2.11	8.16	17.79	63.51	0.29	3.32	0.84	0.17	936	17	41	160	270	83	68	10	270	62	41	26	
33	0.93	2.39	1.47	8.63	19.26	62.75	0.06	2.89	0.94	0.10	1120	4	19	151	155	44	84	6	221	66	40	27	
34	0.83	2.25	1.67	7.54	17.63	65.39	0.14	3.06	0.81	0.09	1025	15	40	121	155	40	78	5	158	55	40	23	
35	0.65	2.37	1.51	7.62	17.38	65.83	0.02	2.99	0.96	0.10	1591	25	28	157	222	35	75	5	215	57	42	23	
36	0.80	2.47	1.80	8.11	18.12	63.73	0.20	3.32	0.81	0.10	1431	11	55	129	162	39	91	5	146	61	44	25	
37	0.52	2.22	1.60	7.41	17.79	65.77	0.04	3.18	0.76	0.10	1198	10	52	123	140	28	92	4	123	55	37	23	
38	0.84	2.23	2.20	8.05	18.65	62.25	0.31	3.72	1.02	0.15	1142	28	53	151	285	99	91	12	277	63	49	27	
39	0.77	2.48	3.43	9.08	16.36	61.20	1.19	3.98	0.73	0.19	924	9	98	173	431	41	55	6	139	101	29	29	38器表
40	0.64	2.61	2.10	8.65	19.87	60.67	0.24	3.49	0.93	0.11	1006	38	66	158	241	36	67	6	192	63	32	29	
41	1.03	2.45	2.33	7.41	16.76	65.02	0.17	3.29	0.82	0.10	4656	15	112	194	217	36	47	5	288	78	53	25	40器表
42	0.16	1.82	2.30	8.86	19.92	61.23	0.47	3.33	1.10	0.17	604	12	64	170	308	60	88	7	173	67	36	31	42红褐
43	0.08	1.96	1.91	8.49	19.71	62.61	0.03	3.32	0.95	0.14	791	12	57	153	198	46	72	6	186	62	30	26	42器表
44	0.10	2.13	2.70	8.93	19.71	60.27	0.25	3.89	1.06	0.18	763	33	120	273	341	45	55	7	343	64	28	27	
45	0.59	2.34	1.58	8.52	19.17	62.64	0.12	3.36	1.04	0.11	1293	12	39	145	251	37	83	6	166	59	43	27	
46	0.66	2.51	1.93	7.22	17.38	63.40	0.15	5.26	0.80	0.09	886	12	90	264	190	41	52	5	173	84	32	27	45器表
47	0.32	1.91	1.59	7.40	16.61	67.34	0.00	3.21	0.87	0.12	1917	43	38	146	134	37	66	5	274	51	36	24	
48	0.40	2.00	2.16	7.33	17.18	66.34	0.00	3.07	0.79	0.09	811	14	37	141	128	37	55	5	151	53	31	24	
49	0.47	1.95	1.52	6.71	15.89	69.19	0.00	2.71	0.80	0.08	930	19	38	104	159	26	47	4	215	46	31	20	
50	0.07	2.10	1.83	8.44	18.23	64.86	0.00	2.80	0.81	0.08	930	20	30	128	195	41	67	6	248	62	30	27	

续表

编号	Na₂O	MgO	CaO	Fe₂O₃	Al₂O₃	SiO₂	P₂O₅	K₂O	TiO₂	BaO	Mn	Co	Cu	Zn	Sr	Y	Ce	Yb	Zr	Gd	Dy	Sc	备注
51	0.74	2.44	2.06	6.99	16.14	66.30	0.06	3.67	0.76	0.13	1341	19	31	122	173	127	53	11	133	57	47	21	
52	0.44	2.27	1.92	6.46	15.33	69.21	0.00	2.92	0.73	0.09	1081	14	25	119	123	28	49	4	157	45	31	18	
53	0.53	2.04	2.04	7.85	15.95	66.28	0.67	3.01	0.81	0.15	953	14	45	144	242	45	101	6	306	61	32	27	
54	0.57	2.34	2.00	7.54	16.18	66.38	0.07	3.23	0.75	0.13	1342	22	38	147	205	35	52	5	165	54	27	24	
55	0.91	2.14	1.33	6.89	15.95	68.38	0.00	2.90	0.73	0.08	1431	22	38	133	120	30	54	4	103	49	33	21	
56	0.77	2.33	1.56	6.45	15.15	68.95	0.00	3.18	0.75	0.08	880	16	31	119	146	54	44	6	393	49	30	21	
57	0.92	2.18	1.85	7.30	15.75	67.44	0.04	2.94	0.83	0.09	1118	13	37	155	164	35	62	5	152	51	32	23	
58	0.70	2.09	1.61	7.00	15.27	68.65	0.00	3.08	0.80	0.11	881	7	33	112	141	42	68	6	238	51	31	23	
59	0.77	2.35	2.24	6.63	16.89	66.14	0.14	3.28	0.77	0.16	1266	21	49	165	259	29	53	4	138	76	32	25	59器表
60	0.59	2.78	2.74	7.75	17.10	63.12	0.36	4.03	0.80	0.12	1473	18	245	258	307	26	91	5	166	85	29	27	
61	0.40	2.48	2.41	8.42	16.76	63.48	0.81	3.51	0.82	0.14	1137	32	49	153	245	40	63	6	227	66	26	28	61器表
62	1.13	2.32	2.60	7.06	17.03	64.10	0.45	3.88	0.69	0.14	1166	8	68	200	237	35	55	5	189	74	33	25	
63	0.76	2.30	2.26	7.02	17.94	64.41	0.32	3.55	0.78	0.11	1156	17	47	137	182	42	77	5	282	75	37	27	63器表
64	0.60	2.57	3.16	8.13	17.14	61.78	1.05	3.92	0.80	0.18	2564	31	148	176	349	37	55	6	214	91	37	28	
65	0.66	2.35	1.88	7.22	16.07	66.66	0.27	3.19	0.83	0.11	1131	29	39	131	153	35	90	5	144	62	31	24	65器表
66	0.70	2.53	2.72	7.48	17.79	62.70	0.52	3.93	0.81	0.15	3402	26	147	185	256	38	71	5	210	81	43	27	
67	0.83	2.40	1.99	6.97	18.00	64.91	0.14	3.39	0.77	0.08	1214	0	48	99	129	48	64	6	148	79	40	26	67器表
68	0.73	2.55	2.64	7.81	18.01	59.26	0.61	6.85	0.85	0.11	1536	19	89	254	223	52	88	7	179	93	37	31	
69	0.59	2.33	1.97	7.58	16.22	65.56	0.51	3.49	0.87	0.15	925	19	40	159	198	47	56	6	159	57	31	26	69器表
70	0.55	2.54	3.34	8.95	18.77	58.95	1.23	3.92	0.93	0.18	1422	26	106	217	353	71	78	9	156	95	40	33	
71	0.56	2.27	2.30	8.17	15.74	64.93	0.99	3.48	0.80	0.15	886	14	47	147	203	39	65	5	165	61	30	26	71器表
72	0.53	2.26	2.67	8.36	14.99	64.26	0.97	4.24	0.86	0.15	845	19	129	276	242	33	49	6	235	60	24	26	
73	0.80	1.38	1.64	5.85	18.12	67.43	0.11	2.85	1.06	0.09	712	21	32	74	126	40	72	5	184	64	34	25	73器表
74	0.61	1.15	3.90	5.74	17.08	65.86	0.74	2.80	1.08	0.25	635	12	82	101	546	55	81	6	189	64	29	26	
75	0.48	2.20	1.58	8.86	18.33	63.99	0.08	2.87	0.88	0.14	1660	43	41	180	158	45	63	6	177	68	37	31	

续表

编号	Na$_2$O	MgO	CaO	Fe$_2$O$_3$	Al$_2$O$_3$	SiO$_2$	P$_2$O$_5$	K$_2$O	TiO$_2$	BaO	Mn	Co	Cu	Zn	Sr	Y	Ce	Yb	Zr	Gd	Dy	Sc	备注
76	0.36	2.12	2.65	8.69	17.91	62.55	0.66	3.10	0.86	0.23	1183	28	74	182	351	42	54	6	168	69	26	30	75器表
77	0.97	1.86	1.49	6.53	14.81	70.25	0.00	2.63	0.75	0.12	974	7	31	125	163	31	51	5	243	46	35	22	
78	0.98	1.72	3.66	5.34	16.64	66.15	0.45	3.32	0.91	0.15	790	11	114	114	415	38	61	5	289	56	28	21	77器表
79	0.48	1.76	1.99	6.18	20.76	63.01	0.26	3.65	1.05	0.15	608	26	41	151	187	46	71	6	215	65	30	31	
80	0.43	1.63	3.45	5.74	19.71	62.23	0.52	4.16	1.06	0.19	644	16	104	156	411	53	64	6	220	60	25	29	79器表
81	0.51	1.23	2.00	7.32	15.52	69.28	0.00	2.27	0.79	0.14	424	14	33	98	237	51	38	6	473	55	26	23	
82	0.32	1.14	1.49	7.62	18.12	67.48	0.00	2.09	0.95	0.15	598	21	32	136	209	41	35	6	262	53	27	24	
83	0.97	2.14	2.16	7.50	14.41	68.04	0.36	2.68	0.83	0.19	1129	26	40	133	410	36	63	5	212	52	27	26	
84	0.50	2.09	2.60	6.48	14.63	68.17	0.43	3.47	0.71	0.11	1606	17	33	117	174	47	192	5	197	66	33	23	
85	0.80	1.99	1.54	6.78	15.10	69.15	0.12	2.82	0.81	0.11	1258	24	30	110	141	39	52	5	344	50	31	23	
86	0.20	0.81	0.93	2.33	27.09	64.95	0.00	1.88	1.21	0.04	288	15	32	54	261	67	71	9	332	26	31	28	
87	0.88	2.23	1.84	7.97	18.97	63.74	0.05	2.77	0.85	0.09	983	13	40	125	145	55	92	5	210	59	37	23	
88	0.01	2.61	2.24	7.92	16.97	63.67	0.43	4.46	0.92	0.07	1591	20	63	106	174	41	60	5	179	54	32	20	
89	0.52	2.74	2.57	7.07	16.09	66.63	0.05	2.84	0.81	0.09	1295	16	46	139	189	34	69	6	138	48	35	19	
90	0.65	2.85	1.35	7.97	18.53	63.77	0.06	3.23	0.93	0.10	1326	17	46	164	223	45	82	6	207	55	39	24	
91	0.35	2.37	2.95	8.95	18.41	62.29	0.18	2.83	0.88	0.18	1174	22	53	161	311	41	74	4	180	63	30	26	
92	0.20	2.38	1.63	7.61	15.77	67.18	0.08	3.99	0.89	0.06	1610	14	80	101	142	28	62	5	126	49	33	18	
93	0.20	2.51	2.19	8.14	16.88	64.08	0.09	4.50	0.94	0.18	1916	16	76	116	278	30	65	5	258	53	32	21	
94	0.72	2.26	1.61	8.00	18.44	64.34	0.12	3.06	0.83	0.08	1091	6	47	152	144	34	79	4	130	57	38	22	
95	0.86	2.20	1.72	7.47	17.50	65.72	0.09	2.99	0.81	0.09	1187	4	40	118	149	29	73	7	118	53	36	21	
96	0.82	2.52	2.10	8.62	19.23	62.07	0.11	3.05	0.89	0.10	1311	23	51	156	189	58	97	5	223	66	43	26	
97	0.72	1.84	2.15	7.88	17.82	64.69	0.15	3.11	0.81	0.14	856	6	43	152	272	31	49	5	169	53	27	22	
98	0.65	2.43	1.79	8.24	18.31	64.08	0.08	2.99	0.81	0.10	1256	16	49	138	144	37	107	5	127	61	39	24	
99	0.75	2.63	1.50	8.71	18.57	62.20	0.19	3.91	0.89	0.09	1620	17	51	166	155	36	88	5	134	62	38	24	
100	0.84	2.12	1.67	7.50	17.53	66.06	0.04	2.65	0.85	0.09	845	16	40	141	147	36	58	5	171	54	32	21	

续表

编号	Na$_2$O	MgO	CaO	Fe$_2$O$_3$	Al$_2$O$_3$	SiO$_2$	P$_2$O$_5$	K$_2$O	TiO$_2$	BaO	Mn	Co	Cu	Zn	Sr	Y	Ce	Yb	Zr	Gd	Dy	Sc	备注
101	0.70	2.67	2.13	8.00	18.26	62.84	0.25	3.53	0.80	0.16	1604	23	54	168	245	40	64	5	140	61	34	24	101灰褐
102	0.68	2.59	2.19	7.89	18.30	63.18	0.15	3.32	0.80	0.14	1365	20	48	143	226	30	49	4	176	59	28	24	101红褐
103	0.75	2.54	2.18	8.57	18.78	61.14	0.20	4.21	0.86	0.15	2452	27	196	239	284	22	102	4	154	54	56	26	101器表
104	0.60	2.52	1.96	8.16	18.62	63.37	0.05	3.21	0.84	0.14	1644	15	47	139	193	63	79	8	151	62	43	25	
105	0.63	2.61	2.99	8.14	18.56	60.42	0.16	4.61	0.84	0.25	1482	27	111	213	435	26	57	5	174	58	42	24	104器表
106	0.70	2.34	1.99	8.15	18.19	63.94	0.07	3.16	0.82	0.13	1634	23	47	154	203	38	77	6	464	59	41	25	
107	0.66	2.48	2.61	7.97	17.90	61.42	0.13	4.87	0.80	0.27	2236	44	117	232	400	30	79	5	144	58	41	24	106器表
108	0.57	2.56	3.19	8.41	19.02	61.73	0.06	2.93	0.93	0.13	1046	12	41	162	213	38	79	6	231	66	37	26	
109	0.70	2.38	3.57	7.37	17.75	62.58	0.12	3.96	0.83	0.13	1155	17	112	178	283	24	65	4	189	50	53	23	108器表
110	0.55	2.71	2.00	8.66	19.44	61.29	0.21	3.55	0.94	0.13	1589	21	51	151	199	50	60	7	202	65	39	27	
111	0.57	2.78	1.91	8.29	19.08	62.02	0.15	3.57	0.90	0.13	1424	19	50	161	172	34	67	5	157	64	35	25	110黄褐
112	0.71	2.73	1.82	7.93	17.87	62.94	0.16	3.91	0.81	0.14	1779	27	99	171	227	23	54	5	185	58	36	23	110器表
113	0.84	2.31	2.11	7.71	18.62	63.54	0.19	3.26	0.73	0.11	989	5	44	132	186	35	60	5	319	61	34	24	
114	0.53	1.70	2.87	9.07	20.44	60.09	0.33	3.15	0.99	0.22	1967	50	57	169	395	49	78	6	177	70	34	28	
115	1.54	2.51	5.42	5.90	15.03	64.72	0.21	3.19	0.74	0.14	831	5	47	136	278	28	53	4	338	41	25	17	
116	1.19	2.18	0.61	6.51	16.63	68.49	0.09	2.96	0.74	0.08	831	2	36	97	116	40	59	7	387	54	40	22	
117	1.29	2.38	0.80	7.09	17.37	66.23	0.11	3.33	0.79	0.07	868	7	54	130	141	41	63	5	138	60	39	24	
118	1.50	2.40	0.71	6.83	16.97	66.57	0.10	3.52	0.83	0.06	1052	8	41	131	124	55	61	7	551	58	44	24	
119	0.79	3.34	1.83	8.36	18.92	61.97	0.41	2.80	0.86	0.13	1099	22	52	137	372	59	76	8	393	60	39	24	
120	0.84	2.36	2.72	8.28	19.02	61.81	0.13	3.27	0.97	0.12	1433	33	53	161	208	48	84	6	166	57	41	24	
121	0.69	2.33	1.96	7.40	18.68	63.82	0.11	3.37	1.01	0.09	1193	12	46	133	165	46	92	6	133	50	40	23	
122	0.63	2.21	2.90	7.74	18.25	63.27	0.09	3.26	0.94	0.15	1251	31	44	148	207	43	86	6	217	56	34	25	

注：主量元素即氧化物以百分比含量计算，微量元素以 μg 计算。
备注中所写者的是同一陶片（数字为编号，与附表一对应）断面（陶色不一致者）或器表的测试数据。

Summary

This book is the report of the excavation of 2002 ~ 2003 at the Shangbo Site, Wangmao Town in Yuanqu County, Shanxi Province by Shanxi Provincial Institute of Archaeology.

The Shangbo site is located at the east bank of the Boqing River which is the largest tributary of the Yellow River in the Yuanqu Basin. According to the landform which is that the northwest part is higher than the southeast part, we selected three sections as the excavated zones. The totally excavated area is about 2750 square meters. Different features composed of houses, kilns and pits were unearthed, and lots of artifacts made of stone, bone, horn and shell were discovered. Obviously, the pottery was the most important part, and more than 200 pieces were restorable. By the excavation, the archaeologists know that the main remains of the site could be divided into five periods: the middle period of Yangshao Culture, the late period of Yangshao Culture, Miaodigou Ⅱ, Longshan period and Dongzhou period.

This report is divided into eight chapters:

Chapter one: Preface

Chapter two: Stratum and periodization

Chapter three: Remains of the middle period of Yangshao Culture

Chapter four: Remains of the late period of Yangshao Culture

Chapter five: Remains of Miaodigou Ⅱ period

Chapter six: Remains of Longshan period

Chapter seven: Remains of Dongzhou period

Chapter eight: Conclusion

The site was mainly Neolithic remains. Among them, the middle period and the late period of Yangshao Culture and Miaodigou Ⅱ remains are popular, but Longshan remains are relatively less. In order to display the primary materials as many as possible and reflect the site's cultural situation objectively and completely, we introduce the artifacts as the unit not as the type.

In the middle period of Yangshao Culture, the features are various which consisted of houses, kilns and pits. The house is semi-subterranean round shaped, and the kilns are horizontal pits, that are the chamber is in front of the fire box at the same level. The pits are quite a lot and most are tubular and cauldron shaped. The cultural relics include artifacts made of stone, bone and pottery. Most of the pottery is red with, followed by the brown pottery with sands inside. The usual vessels are *jiandiping* bottles, basins, bowls, jars, urns ect, which are mainly flat bottoms. By analyzing the stratigraphy and characters of the typical pottery vessels, this period could be divided into two stages. The ruins of the earlier stage are only discovered in the Ⅲ zone, and the typical wares are sharp-base bottles with the fallen-belly jar shaped mouth, open mouthed bowels with the red string painted outside the rim, and stringed coarse jar. These characteristics are similar to those of Beihan site in Linfen basin which is in the early phase of the Miaodigou Type. The later stage remains are widely distributed in the three zones, and the whole situation is similar to the Xiyin site which is in the period of great prosperity of the Miaodigou Type.

In the late period of Yangshao Culture, the majority of pits are bag-shaped and tubular shaped. Pottery is the major remains, and the sandy paste category is more than the former period. Meanwhile, the number of grey pottery increase, but the painted potteries obviously decrease. The typical types of pottery vessels are the same as before on the whole, such as *jiandiping* bottles, jars, basins ect, but the shape and number had changed. Some special shape wares are appeared. Unearthed from the pit H238, the pottery vessel which looks like a frog shape is unique, which has a vivid form and the meaning is indefinite but interesting. In view of the evolution of the characters of the typical wares, such as sharp-base bottles, coarse jars, and basins ect, this period could be divided into two stages. Though there is a little gap between the earlier stage and the later stage, the discovery of the remains in the later stage provides important clues to further study the connection between the late period of Yangshao Culture and the Miaodigou II Culture in the Yuanqu basin.

In the Miaodigou II Culture, the bag-shaped pits were prevalent, occupied roughly 50 percentage of the all pits. Pottery as the main remains, are much more various in types of vessels than before, and several kinds are new, such as *jia* tripods, *fuzao* vessels, *kecao* basins ect. Other usual wares are *ding* tripods, *shenfuguan* jars, *xiaokouguan* jars, *daipanpen* basins, cups, bottles ect. More than 50 pieces are restorable. The grey pottery is dominating. Basket-marking, cord-marking and clay strip are the representative surface decoration. The clay coiling is still the common hand forming technique to make pottery. What's more, molding as a new forming technique has appeared which is applied to make the tripod vessels. In this period, there are some interactions between different cultural types in near areas, especially the influences of the Dawenkou Culture in the east and the Qujialing Culture in the south are obvious.

The remains of Longshan Culture are not abundance compared with other periods. The shapes of most pits are irregular. Pottery is mainly grey, and the vessels have become much more regular and thinner than before. The typical types are *li* tripods, jars, *shuangfupen* basins, cups, *yan* vessels ect. The pottery making technique has greatly improved in this period, and the forming technique is diversified, which is composed of throwing, molding and coiling, and throwing is predominant.

The Shangbo site is an important Neolithic site which has abounded cultural remains. The most important thing is that the remains of the late period of Yangshao Culture as the major part, provide supplementary information to bridge the gap between the Dongduan IV and Miaodigou II Culture. At the same time, large numbers of valuable materials of this site are useful to further recognize the Neolithic cultural sequences and study the distribution and evolution of Neolithic settlements in Yuanqu Basin.

图　版

图版一三

1. 尖底瓶（H247∶1）

2. 尖底瓶（H238∶1）

3. 夹砂罐（H11∶2）

4. 缸（H11∶14）

仰韶晚期陶器

图版一四

1. 倒梯形器（H6∶34）

4. 倒梯形器（H6∶35）

2. 倒梯形器（H6∶34）

5. 倒梯形器（H6∶35）

3. 罐形鼎（H238∶7）

6. 豆（H78∶3）

仰韶晚期陶器

图版一五

1. 蛤蟆形器（H238:6）

4. 鼎（H6:2）

2. 蛤蟆形器（H238:6）

5. 器盖（H6:10）

3. 器盖（H233:3）

6. 器盖（H11:3）

仰韶晚期陶器

图版一六

1. 夹砂罐（H84∶1）

4. 夹砂罐（H84∶2）

2. 夹砂罐（H11∶8）

5. 夹砂罐（H11∶12）

3. 彩陶罐（H11∶32）

6. 彩陶钵（H204∶6）

仰韶晚期陶器

图版一七

1. 夹砂罐（H15∶2）

2. 夹砂罐（H11∶23）

3. 彩陶片（H58∶11）

4. 捉手（H6∶36）

5. 缸（H233∶2）

仰韶晚期陶器

图版一八

1. 小杯（H61∶7）

4. 小杯（H62∶2）

2. 豆（H6∶15）

5. 罐（H205∶1）

3. 盆（H78∶8）

6. 钵（H205∶2）

仰韶晚期陶器

图版一九

1. 鼎（H12∶1）

4. 斝（H8∶1）

2. 鼎（H43∶1）

5. 斝（H219∶2）

3. 釜灶（H203∶4）

6. 斝（H236∶1）

庙底沟二期陶器

图版二〇

1. 刻槽盆（H12:15）

4. 带鋬盆（H214:8）

2. 带鋬盆（H12:17）

5. 钵（H8:4）

3. 带鋬盆（H12:21）

6. 带鋬盆（H12:16）

庙底沟二期陶器

图版二一

1. 厚胎缸（H236：16）

2. 小口高领罐（H202：4）

3. 小口高领罐（H231：1）

4. 豆（H12：12）

5. 小口高领罐（H12：27）

庙底沟二期陶器

图版二二

1. 厚胎缸口沿（H228:4）

4. 厚胎缸口沿（H43:21）

2. 厚胎缸底（H231:7）

5. 厚胎缸口沿（H43:2）

3. 厚胎缸底（H231:7）

6. 器底（H12:153）

庙底沟二期陶器

图版二三

1. 缸口沿（H231∶6）

4. 盆（H12∶73）

2. 豆盘与柄衔接部位（H12∶13）

5. 缸口沿（H12∶58）

3. 豆盘与柄衔接部位（H32∶11）

6. 缸口沿（H43∶15）

庙底沟二期陶器

图版二四

1. 泥质双䀇罐（H12：46）

3. 泥质双䀇罐（H12：54）

2. 泥质双䀇罐（H12：50）

4. 夹砂深腹罐（H249：3）

庙底沟二期陶器

图版二五

1. H12∶34

3. H236∶18

2. H12∶35

4. H12∶39

庙底沟二期夹砂陶罐

图版二六

1. 器盖（H202∶6）

4. 小口高领罐（H12∶31）

2. 器盖（H202∶5）

5. 柱盘（H48∶2）

3. 宽沿罐（H203∶1）

6. 高领小罐（H219∶1）

庙底沟二期陶器

图版二七

1. 小杯（H102:12）

4. 彩陶杯（H208:1）

2. 小杯（H236:13）

5. 彩陶杯（H236:15）

3. 杯（H9:6）

6. 钵（H323:1）

庙底沟二期陶器

图版二八

1. 泥质罐（H12∶57）

3. 单把鬲（H50∶1）

2. 泥质罐（H12∶55）

4. 双耳罐（H5∶9）

庙底沟二期与龙山期陶器

图版二九

1. 单耳罐（H211∶1）

4. 单耳罐（H5∶1）

2. 小罐（H240∶6）

5. 鬲（H314∶1）

3. 甑（H201∶1）

6. 器座（H108∶1）

龙山期陶器

图版三〇

1. 罐（H201∶2）

4. 盂（H215∶1）

2. 盆（H5∶16）

5. 盂（T304②∶1）

3. 双腹盆（H5∶10）

6. 盆（H215∶3）

龙山期与东周陶器